Ulrich Eibach

Medizin und Menschenwürde

Ethische Probleme in der Medizin aus christlicher Sicht

R. BROCKHAUS VERLAG WUPPERTAL UND ZÜRICH

TVG – Wissenschaftliche Taschenbücher

Die Theologische Verlagsgemeinschaft (TVG) ist eine Arbeitsgemeinschaft der Verlage R. Brockhaus Wuppertal und Brunnen Gießen. Sie hat das Ziel, schriftgemäße theologische Arbeiten zu veröffentlichen.

»Für Angelika«

CIP-Kurztitelaufnahme der Deutschen Bibliothek

Eibach, Ulrich:
Medizin und Menschenwürde: eth. Probleme in d. Med. aus christl. Sicht / Ulrich Eibach. – 4., erg. u. korrigierte Aufl. – Wupptertal: Brockhaus, 1993
(Wissenschaftliche Taschenbücher; 10)
ISBN 3-417-29710-9
NE: GT

4., ergänzte und korrigierte Auflage 1993

Gesamtherstellung: Breklumer Druckerei Manfred Siegel KG
Umschlaggestaltung: Carsten Buschke, Solingen
ISBN 3-417-29710-9

INHALT

VORWORT

Die vorliegende Arbeit setzt das fort, was in meiner 1974 veröffentlichten Dissertation »Recht auf Leben – Recht auf Sterben« begonnen wurde. In dieser Arbeit liegt das Schwergewicht auf der Erörterung konkreter ethischer Probleme, die zu einem großen Teil durch den medizinischen Fortschritt – besonders in der Intensivmedizin – erst aufgeworfen wurden (Teil C). Anthropologische und ethische Überlegungen grundsätzlicher Art bilden jedoch die unerläßliche Voraussetzung zur Erörterung der Einzelfragen (Teil A u. B). Die Konkretheit, mit der ethische Probleme der Medizin erörtert werden, mag für die evangelische Ethik ungewöhnlich erscheinen. In zahlreichen Gesprächen mit Ärzten und Schwestern stellte sich jedoch heraus, daß sich auch der Theologe und Seelsorger an der »Übersetzung« allgemeiner ethischer Überzeugungen in das praktische Betätigungsfeld beteiligen muß, wenn Ethik Handeln bestimmen soll.

Die Ausarbeitung der Einzelfragen wäre in dieser Weise nicht möglich gewesen, wenn ich nicht durch eigene pflegerische Tätigkeit und vor allem als Seelsorger in der Bonner Chirurgischen Universitätsklinik und einer Tumorklinik ein Jahr lang täglich und seither in ehrenamtlicher Nebentätigkeit mit Bereichen der Medizin konfrontiert worden wäre, die zur ethischen Reflexion nötigen. Dabei waren mir die zahlreichen guten Beziehungen zu Ärzten, Pflegern und Schwestern und vor allem zu den Patienten eine große Hilfe. Als Ergebnis meines besonderen Bemühens um einen Ansatz zur Seelsorge auf Intensivstationen habe ich einige Ausführungen aufgenommen (C/III), die die Krankenhausseelsorger zu dieser Tätigkeit ermutigen sollen. Dieses Buch soll aber in erster Linie zur Klärung der ethischen Fragen der modernen Medizin aus christlicher Sicht beitragen. Es wendet sich daher besonders an Krankenhausseelsorger, Ärzte, Schwestern und Juristen, die unmittelbar mit diesen Fragen konfrontiert sind. Die hier diskutierten Probleme dürften jedoch auch von allgemeinem Interesse sein, zumal das Gesundheitssystem mehr und mehr zum zentralen sozialpolitischen Thema unserer Gesellschaft wird.

Mein besonderer Dank für das Entstehen dieser Arbeit gilt Herrn Prof. Dr. theol. M. Honecker. Als sein Assistent bekam ich erst die Zeit und Möglichkeit, das theoretisch aufzuarbeiten, was ich in der Krankenhausseelsorge erfahren hatte. Er hat die Anfertigung dieser

Arbeit mit hilfreichen Gesprächen und kritischem Rat gefördert und das Manuskript gelesen. Zu danken habe ich auch Herrn Prof. Dr. theol. F. Böckle für einige Gespräche über Einzelfragen. Für den medizinischen Teil der Arbeit gilt mein Dank in erster Linie dem Neurochirurgen Herrn Prof. Dr. med. et phil. R. Wüllenweber (Berlin), mit dem ich in den Jahren 1969–1973 einen regen Austausch über viele der hier behandelten Probleme hatte. Neben zahlreichen anderen Ärzten und Schwestern habe ich besonders Frau Dr. med. B. Zschaege (Fachärztin für Innere Medizin und Psychiatrie) und Herrn Dozent Dr. med. M. Siedek (Oberarzt der Chirurg. Universitätsklinik Bonn) für Gespräche über Hämodialyse und Organtransplantationen, den Herren Dr. med. C. Piekarski (Psychosomatische Abt. der Med. Universitätsklinik Bonn) und Dr. med K. Rommelsheim (leitender Anaesthesist der Intensivstation der Chirurg. Universitätsklinik Bonn) für Gespräche über Probleme der Intensivtherapie und Herrn Dr. med. K. Rieder (Facharzt für Radiologie und Onkologie) für Gespräche über Probleme der Krebstherapie zu danken. Dankbar bin ich auch Herrn Pfarrer G. Fliedner (Krankenhausseelsorger) und Dr. med. H. Graf v. Lehndorff (Krankenhausseelsorger) für die Freiheit, die sie mir in der Gestaltung der Krankenhausseelsorge ließen, und den hilfreichen Gedankenaustausch über Probleme der Seelsorge.

Ganz besonderer Dank gebührt meiner Frau, Dr. med. Angelika Eibach-Bialas, für das ständig begleitende kritische Gespräch beim Entstehen dieser Arbeit und die Durchsicht des Manuskripts.

Bonn, im März 1976 Ulrich Eibach

VORWORT zur 3. Auflage

Die anhaltende Nachfrage nach diesem Buch macht eine Neuauflage möglich. Eine gründliche Neubearbeitung hätte einen völligen Neudruck notwendig gemacht. Stattdessen habe ich diese Neuauflage mit einer neuen Einleitung, in der der gegenwärtige Stand der Diskussion über die in diesem Buch angesprochenen Themen aufgezeigt wird, und mit einer Ergänzung der seit 1976 erschienenen wesentlichen medizin-ethischen Veröffentlichungen zum Thema versehen.

Darüberhinaus wurde ein Personenregister der wichtigen im Text zitierten oder diskutierten Autoren aufgenommen. Für die Erstellung dieses Registers danke ich Herrn Pastor Holger Tietz/Weyhe-Leeste.

Bonn, im Februar 1988 Ulrich Eibach

EINLEITUNG: Gegenwärtige Herausforderungen medizinischer Ethik

Das zu Anfang des vorigen Jahrzehnts noch herrschende Zutrauen in die Fortschritte technischer Medizin ist heute eher in eine entgegengesetzte Einstellung umgeschlagen. Bei dieser häufig einseitigen Kritik an der Schulmedizin wird jedoch verkannt, daß wir heute diejenige Organisation von Medizin haben, die man sich in den Zeiten des alles beherrschenden Fortschrittsglaubens allgemein wünschte.

Der Glaube an die Machbarkeit von Gesundheit leugnet die Notwendigkeit, Krankheit und Tod auch zu erleiden, und gerade diese einseitige Fixierung auf technische Lösungen macht unfähig, andere Formen der Krankheitsbewältigung als Korrektur in das auf die technische Bekämpfung von Krankheiten hin organisierte Medizinsystem einzubringen.

Das Krankenhaus ist diejenige Einrichtung, in der die Gesellschaft ihre Erwartung, daß Gesundheit machbar sei, institutionalisierte. Das wirft solange relativ wenige Probleme auf, wie die Krankheit erfolgreich bekämpft werden kann und von daher die Bedürfnisse des Patienten mit der Struktur des Krankenhauses weitgehend übereinstimmen. Sobald dies nicht mehr möglich ist, decken sich die *Bedürfnisse der Person* immer weniger mit den *Zielen,* auf die hin das Krankenhaus organisiert ist. Je geringer die Möglichkeit der Heilung ist, um so mehr hat der Patient auch Bedürfnisse, die mit dem medizinischen Instrumentarium und den dadurch bestimmten Verhaltensweisen des Personals nicht befriedigt werden können. Weil das Krankenhaus einseitig auf die technische Bekämpfung von Krankheit und Tod hin organisiert ist, wird auch der todkranke Patient meist bis zuletzt so behandelt, als wäre seine Krankheit nicht »zum Tode«. Das Krankenhaus ist auf *Macht* über Krankheit und Tod hin organisiert, weder der Verzicht auf technische Machtausübung noch erst recht das Aufkommen des Gefühls der Hilflosigkeit und Ohnmacht gegenüber der letztlich immer siegenden Übermacht des Todes ist strukturell vorgesehen. Derartiges kann nur gegen die dem System immanente Struktur durchgesetzt werden.

Es ist also der Erkenntnis Rechnung zu tragen, daß die Eigengesetzlichkeiten des Medizinsystems einerseits und das Wohlergehen von Menschen andererseits sich häufig nicht decken, daß eine annähernde Entsprechung erst durch bewußtes ethisches Entscheiden und Handeln herbeigeführt werden muß.

Für die meisten Bereiche der Medizin ist nicht die Findung neuer ethischer Normen das Problem, sondern die Durchsetzung der als ethisch gültig anerkannten sittlichen Überzeugungen. Der christliche Glaube hat nie die Ansicht vertreten, aus dem *Wissen* um das Gute folge selbstverständlich auch das Tun des Guten; er setzt nicht einmal voraus, daß dem menschlichen *Sollen* notwendig auch menschliches *Können* entspreche. Er rechnet mit der Wirklichkeit des Bösen, der Sünde, und zwar auch in der Dimension einer nicht individuell zurechenbaren Schuld: als übergreifend strukturelle Größe, ja sogar als etwas, was unter dem Mantel des Guten verborgen sein kann. Er will uns nicht nur die Augen für die Endlichkeit unseres Wissens und Könnens und für unsere Ohnmacht gegenüber der Übermacht des Todes öffnen, sondern auch für die Erfahrung der Fehlbarkeit, der Sünde, des Widerstands des Menschen selbst und der von ihm geschaffenen Strukturen gegen das anerkannte Gute. Fragt man also, wie ethische Einsichten durchzusetzen sind, so ist der Blick einerseits auf das Medizinsystem und seine Sachzwänge und zum anderen auf die Menschen zu lenken, die in ihm als medizinisches Personal (Ärzte, Schwestern u. a.) tätig sind, und nicht zuletzt auf die, die dieses System als Patienten in Anspruch nehmen.

Eine Analyse des Medizinsystems muß notwendig auf die Fragen stoßen, inwieweit die einseitig technisch ausgerichtete Medizin eine notwendige Folge ihrer ausschließlichen Orientierung an naturwissenschaftlicher Methodik ist, der ein mechanistisches Verständnis von Leben entspricht, wie es endgültig im 19. Jh. zum die Medizin beherrschenden Paradigma geworden ist:[1] Krankheit wird als Defekt der »Körpermaschine« betrachtet, die durch chemische und technische Eingriffe zu »reparieren« ist. Nicht die Frage, *warum* Krankheiten, sondern *wie* sie auf der Ebene der kleinsten Bausteine des Lebens entstehen und zu therapieren sind, beherrscht die Medizin. Die Zusammenhänge zwischen der Person, ihrer Umwelt und ihrer Krankheit werden weitgehend ausgeblendet. Die von L. v. Krehl begründete Heidelberger internistische Schule[2] hat zwar im 20. Jh. nochmals versucht, einer ganzheitlichen Betrachtung des Menschen in der Medizin Geltung zu verschaffen und viele Krank-

[1] Vgl. A. I. u. K. E. Rothschuh, Konzepte der Medizin in Vergangenheit und Gegenwart, 1978.

[2] Vgl. P. Christian, Das Personverständnis im modernen medizinischen Denken, 1952; D. Rössler, Der »ganze« Mensch, 1962.

heiten aus der Biographie der Person als Störung der »Lebensordnung«[3] zu verstehen, doch ist dieser Versuch, den Menschen wieder als Subjekt in eine ihn zum Objekt machenden Medizin einzuführen, in der Praxis gescheitert.[4] L. v. Krehls Modell lebt weiter außerhalb der Schulmedizin in Außenseitermethoden, die es in teils unhaltbarer Weise dahingehend verabsolutieren, daß alle Krankheiten Folge und Ausdruck seelischen Geschehens seien.[5] Die Kritik an der Medizintechnik erhält durch solches, teils der New-Age-Bewegung zuzurechnendes Gedankengut[6] erheblichen Auftrieb.

Ärzte fühlen sich durch die Kritik an der Medizin oft zu Unrecht angegriffen, sei es, weil man ihre Fähigkeit überschätzt, ethisches Handeln in der und gegen die Organisationsstruktur einer komplexen Institution wie das Krankenhaus durchzusetzen, sei es weil sie ihre Berufsauffassung der Kritik ausgesetzt sehen. Dies führt zu einer allgemeinen Verunsicherung über das richtige ethische Handeln, die dadurch verstärkt wird, daß sich der Pluralismus der Wertauffassungen in der Gesellschaft allmählich auch in der Ärzteschaft widerspiegelt und eine einheitliche Standesethik unterhöhlt. Von daher erklärt sich die bei Ärzten zunehmende Tendenz, sich die eigenen Anschauungen juristisch absichern zu lassen oder von den Juristen klare Verhaltensnormen zu verlangen[7]. Am deutlichsten ist diese Verrechtlichung an der Aufklärung der Patienten bei diagnostischen und operativen Eingriffen zu bemerken, bei der es mehr um die rechtliche Absicherung des Arztes geht als um die Befähigung des Patienten zu einer eigenständigen Entscheidung und um die einfühlsame Hinführung zu einer die ganze Existenz betreffenden Wahrheit über eine unheilbare Krankheit[8].

[3] V. v. Weizsäcker, Der kranke Mensch (1951), 330, 368.

[4] Wir stehen deshalb wenigstens in der deutschen Medizin vor der kuriosen Situation, daß wir einerseits zwar eine psychosomatische Medizin mit meist psychoanalytischer Ausrichtung haben, die einen Teil des Menschen, die Seele, und seelische Befindensstörungen (mit körperlichen Auswirkungen), aber nicht den ganzen Menschen zu behandeln vermag, und andererseits eine Schulmedizin haben, die den Körper wie eine seelenlose Maschine behandelt. Einen anderen Ansatz von psychosomatischer Medizin vertritt die Schule von Th. v. Uexküll (Hg.), Lehrbuch der psychosomatischen Medizin, 1979.

[5] Vgl. Th. Dethlefsen, R. Dahlke, Krankheit als Weg, 1983.

[6] Vgl. F. Capra, Wendezeit, 1983.

[7] Die Verrechtlichung der Medizin bzw. der medizinischen Ethik spiegelt sich wider in einer Fülle von juristischen Publikationen zum Thema »Medizin und Recht« sowie in der Gründung der Zeitschrift »Medizinrecht« (1983ff.); vgl. auch die von A. Eser im Enke-Verlag Stuttgart hg. Reihe »Medizin und Recht«; vgl. ferner W. Wieland, Strukturwandel, 1986.

[8] Vgl. S. 349ff J. Siegrist, Arbeit und Interaktion im Krankenhaus, 1978.

Über Sterben und Tod ist in den letzten Jahren eine kaum noch überschaubare Fülle von Büchern geschrieben worden, von denen vor allem die von E. Kübler-Ross[9] bekannt wurden. Wenn man fragt, was sich daraufhin im Verhalten von und gegenüber Sterbenden in und außerhalb der Krankeninstitutionen wirklich geändert hat, so sind nur recht spärliche Erfolge zu vermelden. Die über Literatur angelesene Fremderfahrung vermittelt weitgehend ein Bild vom Sterben, das sich nur sehr bedingt in Änderungen des eigenen Verhaltens gegenüber fremder und eigener Krankheit zum Tode umsetzen läßt. Die allermeisten todkranken Patienten klammern sich ans Leben, setzen teils illusorische Hoffnungen auf die Medizin und laufen, wenn diese sie enttäuscht, nicht selten zu teils obskuren »Heilern«. Die Verdiesseitigung des Lebens hat dazu geführt, daß der Mensch den Sinn des Lebens fast nur noch in ungebrochener Leistungs- und Genußfähigkeit sieht und daß die Medizin ihm diese garantieren soll.

Die Medizin, die sich die technische Beseitigung der Krankheit zum Ziel setzt, entspricht der gesellschaftlichen Verdrängung des Todes. Zugleich rückt der Mediziner in eine Rolle, in der ihm Macht über den Tod zugesprochen wird. Diesem Sog, der schließlich zur Verleugnung des Todes führt, kann der Arzt erliegen, indem er sich als Kämpfer gegen den Tod versteht und der Vorstellung einer ihm von Patienten zuphantasierten Macht über den Tod nicht widersteht.

Der christliche Glaube eines Arztes hätte sich zunächst darin zu bewähren, daß er seine eigene Endlichkeit und seine letztlich bleibende Hilflosigkeit gegenüber dem Tod so realisiert, daß er allen ihm von außen her zugetragenen und von innen her aus ihm selbst aufsteigenden Allmachtsphantasien zum Trotz demütig Gott als den alleinigen Herren über Leben und Tod bekennt. Christliche Ethik hätte dafür einzutreten, daß die Menschen unserer Zeit nicht einer Leugnung des Todes verfallen. Eine Ethik, die den Tod so bedenkt, ist eine Ethik menschlicher Selbstbescheidung, die das Herrsein Gottes und eine letzte Unverfügbarkeit des Lebens anerkennt und deshalb dem Gedanken der »Machbarkeit« grundsätzlich kritisch gegenübertritt.

[9] Vgl. Literaturverzeichnis

Die Unverfügbarkeit des Lebens wird heute von zwei Seiten in Frage gestellt: Durch die Entwicklung der Medizintechnik, die immer mehr Verfügung über das Leben gewinnt, bemächtigte man sich zunächst des Endes und dann auch des Anfangs des Lebens[10], und auf beiden Seiten wird immer stärker manipuliert.

Wir stehen jedoch nicht vor der Frage, ob wir überhaupt in das Leben manipulierend eingreifen dürfen, sondern vor der Notwendigkeit zu entscheiden, welche Manipulationen dem Willen Gottes entsprechen und dem Wohle des Menschen dienen und welche den Charakter des »Machens« im Sinne willkürlichen Verfügens und der Leugnung des Herrseins Gottes über das Leben haben, darin letztlich auch der Bestimmung des Menschenlebens widersprechen und ihm mehr schaden als helfen.

Gegen die Manipulation des Lebensendes wendet sich eine verbreitete Kritik insbesondere an der Intensivmedizin. Dabei wird oft verkannt, daß es nicht leicht ist, zwischen heilsamer und schädlicher Manipulation des Lebens objektiv zu unterscheiden und durch ethisches Entscheiden die Eigengesetzlichkeiten der Medizintechnik zu steuern. Dazu bedürfte es aber nicht nur grundlegender Änderungen in der Einstellung zu Krankheit und Tod bei sehr vielen Ärzten und Schwestern, sondern noch viel mehr bei den Patienten, d. h. in der Gesellschaft überhaupt.

Die derzeitige Diskussion über »Sterbehilfe« ist keinesfalls nur eine Reaktion auf Inhumanitäten der Medizin, denn man kann nicht bestreiten, daß diese auch erhebliche Erfolge in der Schmerzlinderung aufzuweisen hat, so daß die Menschen heute überwiegend weniger qualvoll als noch vor einigen Jahrzehnten sterben. Die Debatte über Sterbehilfe ist auch Folge sich wandelnder Lebenseinstellungen in der Gesellschaft. Den manipulativen Möglichkeiten der Medizin, denen der Patient oft hilflos ausgeliefert ist, will die »Deutsche Gesellschaft für Humanes Sterben« (DGHS) damit begegnen, daß sie den unbedingten Vorrang des Selbstbestimmungsrechts des Patienten vor dem Verfügungsrecht der Ärzte geltend macht[11], eine Tendenz, die zunehmend auch von Juristen vertreten wird und die dem Wandel der Werteinstellungen in der Gesellschaft entspricht, in der der Wert des Lebens immer mehr von der Selbstverwirklichung her

[10] Vgl. U. Eibach, Experimentierfeld; ders. Gentechnik.

[11] Das Selbstbestimmungsrecht und die letzte Lebensphase des Menschen. 5. Europäischer Kongreß für Humanes Sterben, hg. und zu beziehen durch die DGHS, Augsburg 1985.

relativiert wird. Sofern es beim Recht auf Selbstbestimmung nur um den Schutz des Menschen vor Fremdverfügung geht, sind keine theologischen Einwände zu erheben. Diese sind erst geltend zu machen, wenn der Mensch als autonomer Herr seines Lebens angesehen wird, der auch eine Verfügung zum Tode treffen darf, wenn also die Selbsttötung oder die Tötung auf Verlangen vom Tötungsverbot ausgenommen wird. Wenn die Würde des Menschenlebens nur von seiner Freiheit her begründet und der Sinn des Lebens ausschließlich in der aktiven Gestaltung des Lebens gesehen wird, dann muß ein Leben, das fast nur noch erlitten wird, notwendig zu »lebensunwertem« Leben erklärt werden, das von seinem Dasein zu erlösen ist. In der Auseinandersetzung mit den Verbrechen der Medizin im »Dritten Reich« hat V. v. Weizsäcker [12] herausgestellt, daß der ungeheure technische Aufwand zur Erhaltung des Lebens und die Vernichtung von Leben sich nicht widersprechen, daß beiden die Ideologie des Machens von Gesundheit zugrundeliege, die – wenn medizintechnisch nichts mehr zu machen ist – die Ohnmacht ihres Versagens nicht erträgt und daraufhin zum »Wegmachen« von Leben schreitet, da dieses ganz offensichtlich jeden innerweltlichen Sinn verloren hat. Sowohl der Kampf gegen den Tod an sich, wie auch das Verlangen, dem Leben bewußt ein Ende zu setzen, wenn das Ich entmächtigt wird, sind Weisen des aktivistischen Überspielens des Todesgeschicks auf dem Hintergrund der Annahme, daß der Mensch Herr seines eigenen Lebens sein soll und daß es kein »Jenseits« des diesseitigen Lebens gibt.

In Holland findet auch nach dem Scheitern einer Gesetzesinitiative zur Straffreiheit der Tötung auf Verlangen (1986) eine heftige Auseinandersetzung über »direkte« Sterbehilfe statt, an der sich auch die Kirchen beteiligen. In einem von der Gereformeerde Kerken erarbeiteten und 1985 den Gemeinden zur Beratung vorgelegten Papier »Euthanasie en Pastoraat« wird erstmals in der Verlautbarung einer Kirche die Meinung vertreten, »daß die Entscheidung, das eigene Leben zu beenden oder beenden zu lassen, vom christlichen Glaubensstandpunkt gesehen, verantwortet sein kann«[13]. Begründet wird dies vor allem mit einem angeblich christlichen Freiheitsverständnis, wonach der Mensch sein Leben »in die eigene

[12] Siehe S. 283; vgl. 183ff, 286ff.

[13] Unveröffentlichtes Manuskript; ebenso H. M. Kuitert (1986), 93ff., 164ff. Vgl. dgg. S. 212ff.

Hand« und Verantwortung nehmen soll und »die Liebe des Gesetzes Erfüllung« ist. Das christliche Verständnis von Freiheit als Freiheit in der Abhängigkeit von Gott und je neu im Glauben widerfahrende Befreiung von mir selbst zum Glauben an Gott und zur Liebe zum Nächsten wird hier fast ganz dem liberalistischen, die autonome Selbstverfügung betonenden Freiheitsverständigung angepaßt. Die Praxis in Holland zeigt bereits heute, daß die Tötung auf Verlangen keinesfalls auf extreme Einzelfälle und auf wirklich Sterbende beschränkt bleibt[14], sondern durchaus auch »unwürdig« dahinsiechende alte Menschen dabei im Blick sind, die sich und anderen nicht eine Last werden wollen. Im Kontext dieser Diskussion ist auch der in der BRD von Professoren des Strafrechts und der Medizin 1986 vorgelegte »Alternativentwurf eines Gesetzes über Sterbehilfe« zu sehen, nach dem ein Gericht bei Tötung auf »ausdrückliches und ernstes Verlangen« »von Strafe absehen kann, wenn die Tötung der Beendigung eines schwersten, vom Betroffenen nicht mehr zu ertragenden Leidenszustandes dient, der nicht mehr durch andere Maßnahmen behoben oder gelindert werden kann«. Einer Straffreiheit der Tötung auf Verlangen soll nicht generell, sondern nur unter ganz bestimmten, vom Richter nachträglich zu überprüfenden Umständen stattgegeben werden, so daß niemand im Moment der Handlung sicher sein kann, ob er Strafe oder ob er keine zu erwarten hat. Damit kann es zu einer unzumutbaren und peinlichen Verrechtlichung des Sterbens kommen, und das Tor zur Tötung wird nicht nur in den extremen Ausnahmesituationen geöffnet, so daß nachträglich nie hinlänglich überprüfbar ist, ob ein ausdrückliches und freies Verlangen vorlag oder ob die Umstände wirklich unabänderlich waren[15].

Probleme der Intensivtherapie lassen sich alle durch einen Behandlungsabbau lösen[16]. Es ist also einseitig bei der Erörterung der Sterbehilfe durch Tötung nur Patienten, die an Krebs und AIDS lei-

[14] Man schätzt nach Angaben von Chris Rutenfranz (Kriminologisches Institut der Universität Nimwegen) die Zahl derer, die pro Jahr auf Verlangen hin getötet werden wollen, auf etwa 5000. In Holland bejahen 76 % der Bevölkerung die »Euthanasie« unter bestimmten Umständen, in der BRD traten nach einer Umfrage des Allensbacher Instituts (1986) 66 % und (1987) 79 % der Bevölkerung dafür ein, daß eine Tötung auf Verlangen straffrei sein soll. Nur 15 % treten für eine Bestrafung ein. 1973 waren nur 50 % der Befragten für eine Tötung auf Verlangen (Herder-Korrespondenz 28/1974, 177).

[15] Vgl. S. 319ff.

[16] Vgl. S. 368ff.

den, und die Intensivtherapie im Blick zu haben und Bereiche wie Neurologie, Psychiatrie und vor allem die der Geriatrie, in denen oft ein jahrelanges schweres Siechtum bei eingeschränktem Selbstbewußtsein vorkommt, außer acht zu lassen.

Ein erheblicher Prozentsatz der Kosten im Gesundheitswesen wird durch die ständig steigende Zahl behandlungsbedürftiger betagter Menschen verursacht. Das gilt auch für die Kosten der Krankenhäuser[17], die mit etwa einem Drittel der gesamten Krankheitskosten mit Abstand den höchsten Kostenfaktor im Gesundheitswesen darstellen. Und hier wird wiederum der größte Teil für Patienten ausgegeben, die unheilbar sind und in ihrer letzten Lebensphase stehen.[18] Bereits 1959 stellte R. Dubos[19] die Frage, ob der ethische Gedanke der Erhaltung und Pflege des Lebens aller Menschen noch Geltung behalten werde, wenn er erst einmal der Feuerprobe des ökonomischen und sozialen Drucks unterworfen würde. Die Kostenexplosion im Gesundheitswesen, die sozialen Wandlungen und der Wandel der Werteinstellungen in der Gesellschaft kann zumindest einen latenten Druck hin auf eine »gelenkte Sterblichkeit« entstehen lassen, den man bei jeder Lockerung des Tötungsverbots bedenken muß.[20] Eine verborgene Gefährdung des Lebensrechts geht nicht zuletzt von den sich mit ökonomischen Interessen verquickenden Wertvorstellungen aus, in denen die Leistungs- und Genußfähigkeit, die jugendliche Lebenskraft dominieren. Dadurch rückt der schwer behinderte Mensch leicht in die Kategorie »lebensunwertes« Leben; und nicht etwa wegen seiner sozialen Schädlichkeit, sondern

[17] Von den 114 Milliarden DM Krankheitskosten im Jahre 1985 fielen 35 Milliarden auf die Krankenhäuser, 19,8 auf die Ärzte, 16,6 Milliarden auf Arzneimittel. 1960 betrugen die Gesundheitskosten 9,5 Milliarden DM, 1969 = 24 Milliarden, 1973 = 43 Milliarden, 1985 = 114 Milliarden.

[18] Dabei spielt die Verlagerung des Sterbens in die Krankenhäuser eine erhebliche Rolle. In der Zeit des stärksten sozialen Wandels (von der Groß- zur Kleinfamilie, Berufstätigkeit der Frau, Mobilität der Familien) von 1963-1973 nahm der Prozentsatz derer, die in Krankenhäusern sterben, um 33 % zu. In den Großstädten sterben heute bis zu 90 % der Menschen in Kranken- und Pflegeinstitutionen.

[19] The Mirage of Health, London 1959, 205ff.

[20] Anfragen an eine gerechte Verteilung der Kosten im Gesundheitswesen stellen sich nach wie vor (vgl. S. 96ff., 378ff., 542ff.). Manche der in dieser Hinsicht 1975 noch bestehenden Probleme - wie z. B. die begrenzten Kapazitäten bei der Dialyse, Nierentransplantation und in der Herzchirurgie (S. 465ff.) – bestehen heute nicht mehr oder sind entschärft. Geblieben ist die Diskrepanz zwischen technisch fortschrittlichen und pflegenden Bereichen des Gesundheitswesens (vgl. S. 542ff.). Vgl. zu diesem Problem jetzt Agich, G. J./C. E. Begley (Eds.); E. E. Shelp, Justice (Literaturnachtrag).

angeblich allein um seiner selbst willen möchte man ihn durch einen »gnädigen« Tod von seinem elenden Dasein befreien.[21]

Keinesfalls darf man sich von der bloßen Behauptung blenden lassen, daß alles, was heute zu diesen Fragen gedacht und gesagt wird, nichts mit dem Gedankengut zu tun habe, das die Verbrechen der NS-Medizin geistig vorbereitete, vor allem das auf den ersten Blick so einleuchtende vulgärutilitaristische, den Wert des Lebens nach seinem Nutzen bzw. Schaden für die Gesellschaft berechnende Denken.[22]

Die deutsche Ärzteschaft scheint sich dessen noch bewußt zu sein. Sie hat ihre Bedenken gegen die Abtreibung und ihre ablehnende Haltung zur direkten Tötung eindeutig herausgestellt. Und doch zeigen sich auch bedenkliche Entwicklungen, so etwa, wenn die vorgeburtliche Diagnostik und damit auch die »vorgeburtliche Euthanasie« mit Kosten-Nutzen-Berechnungen gerechtfertigt wird, in denen die Kosten für diese Methoden verglichen werden mit den immens höheren Kosten der Behandlung und Pflege behindert geborener Menschen.[23] Erstmals ist 1985 in standesethischen Richtlinien der Ärzteschaft der fundamentale ethische Grundsatz, menschliches Leben nie bloß als Mittel zum Zweck zu gebrauchen, dadurch mißachtet worden, daß man verbrauchende Experimente mit Embryonen, die bei der künstlichen Befruchtung überzählig sind, unter bestimmten Voraussetzungen für erlaubt hält.[24] Damit droht der Schutz werdenden Lebens von den Forschungsinteressen abhängig zu werden. Daran zeigt sich die der Medizin innewohnende Gefahr, alles für sittlich gut zu halten, was einen therapeutischen Erfolg verspricht, ohne daß dabei die Mittel, mit denen dies erreicht werden soll und die durch sie berührten ethischen Grundsätze ethisch gesondert bedacht werden, der gute Zweck also die Mittel heiligt.[25]

Hatte man bei der Organentnahme noch daran festgehalten, daß das Tötungsverbot unbedingt zu beachten und Organe nicht von todgeweihten, aber noch lebenden Menschen entnommen werden dürfen, so wird dieser Grundsatz jetzt für den Umgang mit Embryonen und später vielleicht auch in anderen Bereichen der Medizin au-

[21] 1973 (siehe Anm. 14) sprachen sich bereits 38 % der befragten BRD-Bürger für eine Tötung »Geisteskranker« aus.
[22] Vgl. S. 270ff.; R. Löw, Leben aus dem Labor, 1985, 17-110.
[23] Vgl. U. Eibach, Gentechnik, 139ff.
[24] Ebd., S. 124ff., 231ff.
[25] Vgl. U. Eibach, Experimentierfeld, S. 219ff.

ßer Kraft gesetzt. Dahinter tut sich ein Geist auf, der ziemlich bedenkenlos das technisch Machbare legitimiert. Dem ist aus christlicher Sicht entschieden Widerstand zu leisten, weil darin die Fiktion lebt, es sei eine Möglichkeit des Menschen, das Leiden an Krankheit und Tod mit technischen Mitteln weitgehend aus der Welt zu schaffen, und weil damit das Vertrauen einseitig auf die technische Bekämpfung von Leiden gerichtet und der Geist jener Medizin gefördert wird, der das Leben ohne Bezug auf einen ewigen Wert primär nach seinem Nutzen betrachtet.

Demgegenüber ist festzuhalten, daß es auch andere Formen der Bewältigung von Krankheit und Sterben gibt und daß die Humanität einer Gesellschaft weniger davon abhängt, ob wir diese oder jene Krankheit besser technisch bekämpfen können, als vielmehr davon, ob wir bereit und fähig sind, die Leidensgestalt des Menschen in unserem Denken, Fühlen und Handeln anzunehmen und ins private und gesellschaftliche Leben zu integrieren – ob wir also als einzelne und Gesellschaft fähig bleiben zum tätigen Mit-Leiden. Christliche Ethik hat darauf aufmerksam zu machen, daß es neben der Gesundheit andere Werte gibt, von deren Beachtung die Humanität in der Gesellschaft abhängt. Dazu gehört nicht zuletzt die Achtung der Würde des Menschenlebens, die in der Beachtung einer letzten Unverfügbarkeit menschlichen Lebens einen unverzichtbaren Ausdruck findet.

A. Geistige Hintergründe und ethische Problematik des medizinisch-technischen Fortschritts

Das Bewußtsein von den *Grenzen* dessen, was der Mensch mittels seiner technischen Möglichkeiten machen soll, ist erst seit der Studie des »Club of Rome« über die »Grenzen des Wachstums« und die Zerstörung des ökologischen Gleichgewichts in der Natur wieder geweckt worden und hat die bis vor wenigen Jahren herrschende Fortschrittseuphorie stark gedämpft. Die Probleme der heutigen Medizin und des Gesundheitswesens sind im Zusammenhang mit dem allgemeinen technischen Fortschritt und den durch die Industrialisierung bedingten Wandlungen in der Struktur und Lebensweise der Gesellschaft zu sehen. Daß das Gesundheitswesen bedingt durch den Rückgang des wirtschaftlichen Wachstums und die weiter rapide steigenden Kosten für die Gesundheitsfürsorge in die Kritik gerät, ist verständlich, doch wäre es fatal, wenn primär die ökonomischen Grenzen bestimmend würden für das, was im Bereich des Gesundheitswesens getan werden *soll.* Wenn dadurch erst wieder deutlich wird, daß nicht all das, was medizinisch-technisch getan werden *kann,* auch getan werden *soll,* so ist das ein Hinweis darauf, daß ethische Überlegungen in der Medizin bisher offenbar keine entscheidenden Grenzen für das technisch Machbare bildeten, sondern daß man einfach davon ausging, daß dann, wenn man die medizinischen Möglichkeiten nur gezielt fortentwickle und genügend anwende, selbstverständlich den wahren Interessen der Menschen an Gesundheit und Glück gedient werde. Die Voraussetzung, daß der medizinisch technische Fortschritt in sich nur *gut* sei, weil er dem Wohle des Menschen diene, muß heute hinterfragt werden, und zwar in Hinsicht darauf, ob in den medizinisches Handeln leitenden Interessen überhaupt noch ein Wissen darum lebendig ist, was der Mensch ist und sein soll und was von daher gesehen für ihn gut ist, also seinem Wohle dient, und ob und wie dieses Wissen um das für den Menschen *Gute* dann auch *bestimmend* wird für medizinisches Handeln.

I. Auf welchem kulturellen Hintergrund müssen die ethischen Probleme der heutigen Medizin gesehen werden?

Das Weltverständnis der griechischen Antike unterscheidet sich grundsätzlich von dem der Neuzeit. Für den Menschen der Antike hatte der »Kosmos« etwas Sakrales an sich[1], in ihm waltete eine ewig gültige göttliche Harmonie, die eine Grenze menschlichen Eingreifens in die Natur bildete, denn wer sich gegen die ewige Ordnung des Kosmos verging, zog den Zorn der Götter auf sich. Diese Ehrfurcht vor der Harmonie des ewig Gleichen und »Göttlichen« im Kosmos bestimmte die abendländische Geistesgeschichte über das Mittelalter hinaus. Die nominalistische Theologie der Spätscholastik begriff jedoch die Allmacht des welttranszendenten Gottes als absolut freie Macht (potentia absoluta) und die von ihm geschaffene Welt nicht als einzig mögliche und unveränderliche, sondern als eine zufällige, veränderbare und widerrufliche[2]. Die Natur galt nicht mehr als ein von göttlichem Fluidum durchwalteter Kosmos, in dessen Harmonie man der Gottheit ansichtig wurde, sie wurde auch immer weniger – wie in der Stoa –Lehrmeisterin und Norm, sondern zunehmend »Grundstoff« und »Möglichkeitsfeld« für veränderndes menschliches Handeln[3]. An die Stelle der Ehrfurcht vor der Natur und der Harmonie des »Ganzen« und der Frage nach dem Sinn und Wesen des Ganzen trat eine Forschung, deren methodische Prinzipien die *Isolation* und *Quantifizierung* waren[4], die die »Natur« nicht mehr als heilige Norm verstand, sondern die Forschung als den Weg zur Nutzung und Anwendung der Naturkräfte durch das Experiment und als Mittel zur Umgestaltung der Welt auffaßte. Zunächst nahm man zwar den Körper des Menschen selbst noch aus diesem Verständnis von Natur als Experimentierfeld aus, entzog den Menschen aufgrund der Heiligkeit und Unantastbarkeit seines Lebens der analysierenden Verfügungsgewalt, doch nachdem *Descartes*[5] nicht nur die Welt, sondern auch den menschlichen Leib als »geistlose Maschine« beschrieben hatte,

[1] Vgl. Dijksterhuis, 19 ff.; Wagner, 13 ff.
[2] Vgl. Howe (1971), 60 ff., bes. 81 ff.; Dijksterhuis, 184 ff.; Wagner, 36 ff., 46 ff.
[3] Vgl. van Melsen, 57 ff., 154 ff.; Eibach (1974), 287 ff.
[4] Zur Kritik an diesen Prinzipien vgl. Müller, passim, bes. 30 ff.
[5] Meditationes, Meditatio VI (bes. S. 153 der Meiner'schen Ausgabe); vgl. Dijksterhuis, 451 ff.

wurde der Weg für verändernde Eingriffe auch in die menschliche Natur grundsätzlich frei.

Über diese »Entsakralisierung« der Natur kann man aus theologischen und ethischen Gründen nicht nur froh sein. Sie hat dazu geführt, daß Gott im Bereich der objektivierbaren Natur keine Rolle mehr zugebilligt[6] und daß die Natur der zur Willkür ausartenden Verfügungsgewalt des Menschen ausgeliefert wurde. In Erkenntnis der Zerstörung der Natur (ökologische Krise) hat man diese Haltung gegenüber der Natur dem israelitisch-christlichen Weltverständnis anlasten wollen[7]. Dieses entmythisierte und entsakralisierte den Kosmos und unterstellte die Schöpfung – wenn auch in eingeschränktem Maße – der Verfügung des Menschen in Verantwortung vor Gott[8]. Die jüdisch-christliche Eschatologie und die damit verbundene Zeitvorstellung, denen zufolge die Welt endlich und einmalig und die Geschichte auf ein Endziel hingerichtet ist, standen dem antiken Denken von der göttlichen Harmonie und dem ewigen Kreislauf der Natur entgegen. Hinzu kam der Glaube, daß diese Welt eine »gefallene Schöpfung« ist, in der nicht nur Gott, sondern auch das Böse seine Macht ausübt, und zwar gerade auch durch sich in der Natur entladende Kräfte. Das gläubige Wissen darum, daß Krankheiten, Elend, Schmerzen und Leiden und der in ihrem Gefolge auftretende Tod nicht zu Gottes guter Schöpfung gehören, stachelte zum berechtigten Kampf gegen diese negativen Seiten der Natur auf. Gleich ob die technische Weltveränderung der Neuzeit ihre Wurzeln in diesem israelitisch-christlichen Weltverständnis hat[9], eine Rückkehr zum

[6] Howe (1970, 232) zitiert den Philosophen F. v. Baader: »Die besonders durch Cartesius in Schwung gekommene geistlose Auffassung der Natur muß die naturlose Auffassung des Geistes und die gottlose Auffassung beider zur Folge haben.« Wagner (S. 53) macht darauf aufmerksam, daß die »Entweltlichung Gottes« und die »Verstofflichung der Natur« Zwillingsprobleme sind, die zur »stillschweigenden Voraussetzung der modernen Naturforschung« wurden.

[7] Vgl. bes. C. Amery, Das Ende der Vorsehung. Die gnadenlosen Folgen des Christentums, 1972; Lynn White jun., Die historischen Wurzeln unserer ökologischen Krise, in: F. Schaeffer, Das programmierte Ende, 1973, 71 ff. Vgl. dazu G. Altner, Schöpfung am Abgrund, 1974, 11 ff.

[8] »Die Technik kann ihr Tun als Erfüllung des Gebots ›macht euch die Erde untertan‹ verstehen«, sagt C. F. v. Weizsäcker (S. 190), der zu der Ansicht neigt (S. 196), »daß die moderne Welt ihren unheimlichen Erfolg zum großen Teil ihrem christlichen Hintergrund verdankt«. Vgl. Picht, 353; Howe (1970), 231 f.; Wagner, 31 ff.

[9] H. Blumenberg (Die Legitimität der Neuzeit, 1966) hat diese im Anschluß an Fr. Gogartens Verständnis von Säkularisierung entwickelte Anschauung radikal bestritten und behauptet, daß das neuzeitliche Weltverhältnis sich gerade im Kampf gegen den theologischen Absolutheitsanspruch, besonders den Gnadenmonismus

antik-sakralen Weltverständnis[10] ist nicht mehr möglich, nicht zuletzt deshalb, weil das, was die unversehrte und wünschenswerte Natur ist, uns letztlich verborgen ist und bleibt[11].

Als die christliche Hoffnung auf das von Gott allein herbeizuführende Reich Gottes in der Neuzeit immer mehr in den Glauben an die Vollendung der Menschheit durch den Menschen selbst verkehrt wurde[12], da ersetzte der »homo faber« Gott als Schöpfer und Vollender der Geschichte durch sich selbst, die Forschung wurde als »Offenbarung« betrachtet, es entstand die Idee der Machbarkeit aller Dinge[13], und die naturwissenschaftliche Forschung wurde zum wesentlichsten Mittel des Fortschritts auf das Reich der Vollendung hin. Die »Tendenz zur Welterlösung durch Forschung« gewann in demselben Maß an Kraft, »in dem der Erlösungsgedanke der Kirchen zurücktrat«[14]. Diese »Wissenschaftsreligion«, die aus der Verbindung des Glaubens an die Machbarkeit aller Dinge durch eine quantifizierende Experimentalwissenschaft mit der Utopie eines säkularisierten Reiches der Vollkommenheit erwuchs, erfuhr ihre Begründung durch englische und französische Denker des 17. und 18. Jahrhunderts[15] und setzte sich unter dem Eindruck der Erfolge der Naturwissenschaften bis in unsere Tage fort, so daß *C. F. v. Weizsäcker*[16] zu dem Urteil kam: »Der Glaube an die Wissenschaft – der Szientismus – spielt die Rolle der herrschenden Religion unserer Zeit.« Die Wissenschaftler werden zu Trägern von Geheimnissen, die die Schlüssel zur

des Augustinus und der Spätscholastik, entwickelt habe und daß der »Prozeß der theoretischen Neugierde« also gerade ein Prozeß gegen das christliche Gottes- und Weltverständnis sei. Zur Kritik an Blumenberg vgl. W. Pannenberg, Die christliche Legitimität der Neuzeit, in: Gottesgedanke und menschliche Freiheit, 1972, 114 ff.

10 Vgl. dazu Jonas, 73 ff.; Illich, 173 f. u. Literatur Anm. 7

11 Vgl. B/II/3 u. 4

12 Francis Bacon z. B. sah die Aufgabe der Wissenschaft darin, das verlorene »Paradies« wiederherzustellen. Vgl. K. Löwith, Weltgeschichte und Heilsgeschehen, 1967, 62 ff.; ders., Vorträge und Abhandlungen zur Kritik der christlichen Überlieferung, 1966, 139 ff.; H. Lüthy, in: R. W. Meyer (Hrsg.), Das Problem des Fortschritts – heute, 1969, 1 ff.

13 »Die Machbarkeit wird als ein neues Kriterium der Wahrheit begriffen; richtig ist das, was ›geht‹, was funktioniert« (Picht, 354). Vgl. schon H. Freyer, Theorie des gegenwärtigen Zeitalters, 1955, 15 ff.; A. Gehlen, Die Seele im technischen Zeitalter, 1964, 28 ff.

14 Wagner, 36; vgl. 86.

15 Zu nennen wären vor allem F. Bacon, R. Boyle (England), Turgot, Condorcet, Saint-Simon, Comte (Frankreich); vgl. K. Löwith, Weltgeschichte . . ., 68 ff.; Wagner, 80 ff.

16 S. 177; vgl. R. A. Kalish, in: Pearson (Ed.), 82 f.

Weltbemächtigung und zur Wahrheit zu sein scheinen. Die Wissenschaftler selbst finden sich im Besitz einer Wahrheit »die sie in ihren eigenen Augen sowohl wie in denen der Welt eint. Sie sind in eine priestergleiche Rolle gedrängt, ob sie es wollen oder nicht.«[17] Damit scheiden die Erkenntnisse der Naturwissenschaften aus dem allgemeinen Begreifen weitgehend aus, und die Öffentlichkeit erkennt nicht oder zu spät die Gefahren, die die Forschung unausweichlich mit sich bringt[18]. Über der Faszination des Neuen und Machbaren werden die negativen Nebenfolgen der neuen Techniken – auch von den Experten, die die Probleme oft nur im verengten Rahmen ihrer Wissenschaft, nicht aber auf ihre gesamtgesellschaftliche Bedeutung hin bedenken – zu leicht übersehen.

Der Mensch will heute nicht mehr vor den Grenzen, die ihm die Natur setzt, und auch nicht mehr vor der Kompliziertheit seiner eigenen Natur kapitulieren. War der Mensch selbst lange Zeit der Verfügungsgewalt durch den Menschen entnommen, so ist ein wesentliches Kennzeichen der neuesten Phase der Biomedizin, daß sie den Menschen so in die Welt einordnet, daß er nicht nur Gegenstand der Forschung, sondern auch der Machbarkeit und Planung wird[19]. Die neuesten Techniken der Biomedizin, Pharmakologie und Psychologie richten sich auf eine Umformung und Neubildung des Menschen selbst in seinen leiblichen, seelischen und sozialen Bezügen. Verborgene Ziele einer am utopischen Denken ausgerichteten Wissenschaft scheinen die künstliche Schaffung von Lebewesen und die Besiegung des Todes zu sein. Die Ziele an sich stammen schon aus der Entstehungszeit der »Wissenschaftsreligion« und sind letztlich bereits bei den »Alchemisten« des Mittelalters zu finden[20]. Schon *Descartes* war der Meinung, daß man bei besserer Kenntnis des menschlichen Körpers das Leben auf ein paar Jahrhunderte verlängern könnte. Er beschäftigte sich mit Medizin und »folgte sein Leben lang einem Irrlicht: er wollte den Tod bezwingen, und zwar nicht nur den Tod der Seele, sondern auch den des Körpers«[21]. Der russische Naturphilo-

[17] C. F. v. Weizsäcker, 7; vgl. Moltmann (1972 b), 313; Illich, 55 ff. Daß die Forscher die Rolle der Priester übernehmen sollen, wurde von Saint-Simon und Comte ausdrücklich gefordert (vgl. Wagner, 92 ff.; 54).

[18] Vgl. Wagner, 119 ff., 150 ff.

[19] Vgl. schon Schelsky, 17.

[20] Vgl. Wagner. 35 f.

[21] L. Roth, zitiert bei Choron, 119. Ähnliche Gedanken äußerte auch der franz. Aufklärungsphilosoph Condorcet (vgl. Wagner, 91).

soph *N. Fedoroff*[22] (1825–1900) hielt es für eine Pflicht, die Technik in den Dienst der Besiegung des Todes als Ziel menschlichen Handelns zu stellen. Aber erst in unseren Tagen wagten es Wissenschaftler, die persönliche körperliche Unsterblichkeit für einen großen Teil der Lebenden zu verkünden, weil die Biotechnik zur Besiegung des Todes in der Lage sei[23]. Der Kampf gegen das Altern und den Tod ist zu einem wissenschaftlichen Unternehmen riesigen Ausmaßes geworden[24]. Man kann sich des Eindrucks nicht ganz erwehren, als lebe ein großer Teil der Biomedizin von dem Impuls, den Menschen unsterblich zu machen. Wissenschaft wird für eine »erlösende Kraft« gehalten[25].

Die Anfänge der Medizin in der Antike sind gekennzeichnet durch den Willen zum Heilen, zum Bewahren und Wiederherstellen des »gesunden« Menschseins[26]. Es ist nicht zu bestreiten, daß das Motiv des *Heilens* auch heute noch im wesentlichen die Medizin bestimmt. Aber es reicht zur Kennzeichnung der Hintergründe des medizinischen Fortschritts doch nicht mehr aus. Der Mensch scheint ein Wesen zu sein, das von Natur aus nach Wissen verlangt und gezwungen ist, alles zu untersuchen, wozu ihn die Neugierde treibt, gleich ob die Ergebnisse negative oder positive Folgen für die Menschheit haben[27]. Das Ideal einer Wissenschaft, die ihren Zweck in sich selbst und in der Wahrheitssuche habe und daher zweckfrei sei, entspricht dem aristotelischen Wissenschaftsverständnis, wie es sich in der bis heute üblichen Unterscheidung von Theorie und Praxis (Anwendung) erhalten

22 Vgl. K. H. Ratschow, Die Technik als theologisches Problem, in: Porta 14 (1971), 24 f. (Zeitschrift der Akademikergemeinschaft der SMD, Marburg). Ähnlich ist die Ansicht von H. Gödan (1971), 242 ff.; vgl. zur Kritik, B/II/4, Anm. 5 ff.

23 Ein extremes Beispiel solcher Verkehrung von Wissenschaft in Pseudoreligion bildet das Buch von R. C. W. Ettinger, The Prospect of Immortality, 1964 (dtsch. Aussicht auf Unsterblichkeit, 1965; zur Kritik vgl. Eibach, 1973, 54 ff.). Wie sehr solche Phantasien dem Verlangen von Menschen entgegenkommen, zeigt sich daran, daß sich schon bald nach Erscheinen des Buches zahlreiche Menschen nach den Vorschlägen von Ettinger haben einfrieren lassen oder einen Platz im »Tiefkühl-Schlafsaal« gekauft haben, um, wenn ihre Krankheit heilbar ist, wieder auferweckt zu werden. Das Urteil Illichs (S. 55) trifft zu: »Die Magie wirkt, weil die Absichten von Patient und Magier koinzidieren.«

24 Nach G. R. Taylor (Die biologische Zeitbombe, 1969, 117 f.) arbeiteten 1968 in den USA bereits über 1 000 wissenschaftliche Teams an den Problemen des Alterns und seiner Besiegung.

25 Ettinger, 109.

26 Vgl. C/I/2, Anm. 35 ff.

27 H. Blumenberg (Die Legitimität der Neuzeit, 1966, Teil III) beschreibt die neuzeitliche Wissenschaftsgeschichte als »Prozeß der Neugierde«.

hat[28]. Wissenschaft und Praxis bedingen sich heute jedoch nicht nur[29], sondern das die Erkenntnis leitende Interesse der Wissenschaftler wird zunehmend von gesellschaftlichen Bedürfnissen beherrscht. Dies ist bei einer angewandten Wissenschaft wie der Medizin schon immer unbestritten gewesen, wird sie doch bestimmt durch das Bedürfnis der Menschen nach *Gesundheit*, die wesentlichste Voraussetzung des Bedürfnisses nach einem »glücklichen« und leistungsfähigen Leben. Dennoch ist es auch dem Mediziner möglich, seine wissenschaftliche Neugierde zu befriedigen[30], denn die Beseitigung pathologischer Störungen setzt den Einblick in den Ablauf natürlicher Prozesse voraus. Eine vertiefte wissenschaftliche Einsicht in die natürlichen und pathologischen Prozesse eröffnet die Möglichkeit neuer Heilverfahren und wirksamer Behandlung. Der Erfolg der Heilverfahren ist wiederum »die Grundlage für weitergehende Planung und Zielsetzung. Der planerische Vorgriff ist seinerseits wieder Grundlage für neue Möglichkeiten des Heilens und Erkennens. Man kann diese drei Schritte nicht immer in zeitlicher Folge anordnen. Heilenwollen, Erkennenwollen und Planenwollen sind oft eng miteinander verbunden.«[31] Der Arzt kann Wissenschaftler und Helfer

[28] Bei Aristoteles (vgl. Metaphysik, 981/982) finden sich statt der Begriffe »Theorie« und »Praxis« die Begriffe »Praxis« und »Poiesis«. Praxis ist die Tätigkeit, die ihr Ziel in sich selbst hat, während Poiesis die Tätigkeit ist, die ihren Zweck außer sich hat (für etwas). Moralisch gut oder schlecht würde ein Produkt demnach erst durch die Anwendung zu einem bestimmten Zweck. Der Entwurf und die Herstellung des Objekts aber ist nach Aristoteles wertneutral, weder gut noch schlecht (vgl. Wagner, 13 ff.; Dijksterhuis, 19 ff.; zur Kritik vgl. Böhme, 393 f.)

[29] Das Dogma der »Wertfreiheit« bzw. der »Freiheit der Forschung« verleiht dem Forscher »Immunität« gegen die Folgen der Forschung und erlaubt ihm, sich auf die Position einer rein »instrumentellen Vernünftigkeit« zurückzuziehen (vgl. zur Kritik: M. Horkheimer, Kritische Theorie, Bd. II, 1968, 137 ff.; Habermas, 48 ff., die eine auf die gesellschaftliche Praxis bezogene Wissenschaft fordern, die sich durch eine kritische »humane« Vernunft leiten läßt, die sich an der Idee des guten Lebens ausrichtet). Vgl. Honecker (1971), 31 ff. Zur Kritik am Dogma der Wertfreiheit vgl. Wagner, 80 ff.; Picht, 344, 353 ff., 377 ff.; van Melsen, 139 ff.; Moltmann (1972 b), 312 ff.; vgl. auch H. Albert, Traktat über die kritische Vernunft, 1969, 62 ff.; H. Albert u. E. Topitsch (Hrsg.), Werturteilsstreit, 1971.

[30] Wissenschaft hat freilich nicht die Bedürfnisse der Gesellschaft in vordergründiger Weise zu befriedigen, denn erstens stellt sich die Frage, wie festgestellt werden kann, was wahre Bedürfnisse des Menschen sind und was das »gute Leben« ist, dem sie dienen soll, und zweitens wird man den Bedürfnissen vielleicht auch immer besser dienen können, je mehr man alle Möglichkeiten erforscht, was eine gewisse Unabhängigkeit der wissenschaftlichen Forschung von auf der Hand liegenden gesellschaftlichen Bedürfnissen rechtfertigt (vgl. H. Seiffert, Einführung in die Wissenschaftstheorie, Bd. 1., 1971, 172 ff.).

[31] Vgl. Altner, 264.

des Menschen zugleich sein, doch erwächst aus dieser Doppelrolle eine starke Gefährdung für den Patienten, wenn der Wille zum Heilen nicht einziger Maßstab allen Experimentierens bleibt[32].

Der Drang zur Erforschung des Menschen und der Wille zum Bewahren und Heilen lassen sich auf die anthropologischen Grundbedürfnisse nach *Erkenntnis* der Dinge (Neugierde) und nach *Gesundheit* zurückführen. Darüber hinaus wird der Fortgang der Medizin noch durch vielfältige andere Interessen der Ärzte und durch die in der Gesellschaft herrschenden Lebens- und Wertvorstellungen bestimmt. Als unter dem Eindruck der Erfolge der Wissenschaft der Glaube an die Machbarkeit aller Dinge aufkam, und als die christliche Hoffnung auf eine Vollendung im jenseitigen Reich Gottes durch die Erwartung der Vervollkommnung der Menschheit aus sich selbst im Fortschritt der Geschichte ersetzt wurde, da änderte sich auch zunehmend die Einstellung der Menschen zu Krankheit und Tod. Bis in unser Jahrhundert hinein galten sie noch als selbstverständliche »Schicksalsmächte«, gegen die man sich trotz allen Aufbäumens nicht schützen könne, weil sie entweder von überirdischen Mächten verhängt seien oder doch wenigstens als ewige Gesetze der Natur die Grenzen und die Vergänglichkeit alles Lebenden aufzeigten. Der Tod war vor allem ein wesentlicher Ansatzpunkt religiösen Denkens, das sich nicht damit abfinden kann, daß der Tod gleichbedeutend sein soll mit der Vernichtung persönlichen Lebens. So hoffte der Mensch auf ein Leben nach dem Tode, in dem Krankheit und Tod keinen Platz mehr haben sollten. Das »ewige Leben« war gegenüber dem irdischen Leben mit seinen Beschwerden und Leiden das zu erstrebende höhere Gut, ja letzteres galt weithin nur als Vorbereitung auf das ewige Leben, um dessentwillen Leid und Schmerz in dieser Welt auch ertragen

32 Vgl. A/II, Anm. 37; C/II/3, Anm. 65 f. Auf die Problematik der Verquickung von Helfer und Wissenschaftler im Arzt ist von vielen Autoren hingewiesen worden (vgl. Pellegrino, 37 f.). Der Drang zum Erforschen seltener Krankheiten und sich als Wissenschaftler ausweisen zu müssen, bringt die Gefahr mit sich, daß der Mensch zum »Gegenstand« von teils schädigenden Experimenten wird (vgl. dazu die von H. K. Beecher und M. H. Pappworth, »Menschen als Versuchskaninchen«, zusammengetragenen zahlreichen Fälle, berichtet bei Blüchel, 272 ff.; vgl. auch Finzen, 126 ff.; Lüth (1972), 284 ff.). Daher haben H. K. Beecher (Ethics and Clincal Research, in: The New England Journal of Medicine, 1969, 1354 ff.) und A. Finzen (S. 140) eine Trennung der Rollen von Wissenschaftler und Arzt gefordert, wobei sich der Arzt nur dem Wohl des Patienten verpflichtet fühlen soll und an den Patienten, die er betreut, nicht zugleich wissenschaftliche Forschungen vornehmen darf.

werden und sogar einen Sinn haben konnten. In den unabänderlichen Konstanten des irdischen Lebens, auch in Krankheit und im Sterben, sollte der Mensch sich für das ewige Leben bewähren. Der Tod machte die Vergänglichkeit aller irdischen Freuden nur zu offenkundig[33].

Heute leben wir »in einer Epoche des Übergangs, die die 2 000jährige Geschichte einer Symbolisierung des Todes als einer Chance zum ewigen Leben hinter sich läßt und die radikale Diesseitigkeit menschlichen Daseins eben erst als Aufgabe kultureller Sinndeutung ergreift.«[34] Zugleich läßt sich beobachten, daß der Mensch nicht nur sein Grundbedürfnis nach einem gesunden, leidensfreien und glücklichen Leben, sondern auch die Sehnsucht nach unendlichem Fortbestand seines persönlichen Lebens festhält[35], aber die Erfüllung dieser Bedürfnisse nunmehr von der Medizin erwartet. Der Wille zum leidfreien, glücklichen und zum »ewigen« Leben äußert sich in der Erwartung der Beseitigung aller Entsagungen und Leiden oder gar des Alterns und des Todes durch die Medizin. Die Bedürfnisse der Menschen stimmen offenbar mit den geheimen Zielsetzungen fortschrittsgläubiger Mediziner überein. »Die moderne, kosmopolitische medizinische Zivilisation leugnet die Notwendigkeit des Menschen, Schmerz, Krankheit und Tod zu akzeptieren. Die medizinische Zivilisation ist auf das Ziel hin geplant und organisiert, den Schmerz zu beseitigen, die Krankheit auszutilgen und den Tod zu bekämpfen. Das sind neue Ziele – und Ziele, die nie zuvor Leitlinien des sozialen Lebens waren.«[36] Erst da, wo ein Leben ohne Leiden zur machbaren Größe und Gesundheit zur kaufbaren *Ware* wird, werden schmerzfreies Leben, Altern und Sterben zu selbstverständlichen Erwartungshaltungen und kann der Erfahrung von Leiden in Krankheit, Altern und Sterben kein Sinn mehr zugebilligt werden. So wird auch die Erhaltung des irdischen Lebens zur obersten Norm. Die Fiktion einer Welt ohne Krankheit und Tod, eines Lebens in ständig jugendlich vitaler Lebenskraft und die Vorstellung, daß Krankheit und Tod in erster Linie auf noch bestehende ärztliche und technische Unzu-

33 »Die bloße Voraussicht des unvermeidlichen Endes, die jeden Augenblick gegenwärtig ist, muß in alle libidinösen Beziehungen ein repressives Element bringen und die Lust leidvoll machen« (H. Marcuse, Triebstruktur und Gesellschaft, 1965, 265).

34 v. Ferber (1970), 247 f.

35 Vgl. Eibach (1974), 24 ff.; 47 ff.

36 Illich, 95.

länglichkeiten zurückzuführen seien, tauchen auf[37]. Sensationelle Erfolge in der Lebensverlängerung und die Zukunftsutopien mancher Wissenschaftler förderten den blinden Glauben an die Allmacht der Medizin noch. Durch diese gesellschaftliche Erwartungshaltung haben sich manche Mediziner an Unternehmen gewagt, die ihnen die Bewunderung der Öffentlichkeit eintrugen (z. B. Herztransplantation), die aber äußerst ambivalente Folgen haben. Wenn medizinisches Handeln und menschliche Bedürfnisse sich gegenseitig bedingen, dann besteht auch für die Medizin die Gefahr, daß sie sich unkritisch von dem leiten läßt, was die Gesellschaft als ihre Bedürfnisse ausgibt. Was die wahren und realisierbaren *Bedürfnisse* der Menschen sind, bedarf der kritischen Klärung ehe diese für die Wissenschaft zu erkenntnisleitenden Interessen werden. Andererseits darf sich die Medizin nicht von Faktoren leiten lassen, die sich nicht an den berechtigten Interessen und Bedürfnissen der Menschen und der Gesellschaft ausrichten und ihnen nicht dienen[38]. Das erfordert die vorgängige Klärung dessen, was die wahren Bedürfnisse des Menschen und der Sinn seines Lebens sind, und die Ausarbeitung einer darauf basierenden ausgewogenen Wertstruktur für Individuum und Gesellschaft.

Die Meinung, daß die Menschen gesünder und glücklicher würden, wenn man sie nur konsequent genug mit den neuesten medizinischen Errungenschaften behandeln würde, ist tief erschüttert. Daß eine Zentrierung der Medizin auf die wahren Bedürfnisse der Menschen – man könnte auch sagen, ihre Indienstnahme durch den Menschen – überhaupt noch gegeben ist, ist von *I. Illich* bestritten worden. Die Medizin sei kein humanes Unternehmen mehr, das sich an den Bedürfnissen der Menschen orientiert, sondern unterliege einem *eigengesetzlichen Wachstum*, das nicht durch die wahren Bedürfnisse der Menschen zustande komme. Die »Technokratiethese«, daß also »sozusagen die Mittel die Ziele bestimmen oder besser, daß die technischen Möglichkeiten ihre Anwendung erzwingen«[39], träfe auch auf die Medizin zu, die daher auch auf die Mobilisierung und Steuerung entsprechender gesellschaftlicher Bedürfnisse und Inter-

[37] Vgl. G. Bally, Todeserwartung, Sterben und Trauer heute, in: Schultz (Hrsg.), 94 f.; Schelsky, 6; R. A. Kalish, in: Pearson (Ed.), 82 ff.; Bowers, 76 f.; v. Ferber (1963), 351 ff.; Eibach (1974), 36 ff.
[38] Vgl. Anm. 30; van Melsen, 144 f.; Böhme, 394; B/II/2.
[39] Schelsky, 25; vgl. H. Freyer, aaO (Anm. 13), 15 ff.; Wagner, 122 ff.

essen angewiesen sei und diese erst zu ihrem Nutzen erzeuge[40]. Träfe die These zu, so unterläge der Mensch auch einer Fiktion, wenn er meint, daß wenigstens die Medizin primär oder gar ausschließlich dazu diene, Bedürfnisse des Menschen zu befriedigen und Leiden zu beseitigen[41]. Diese Berufung auf die Unausweichlichkeit des Sachzwangs macht den Menschen zum ohnmächtig passiven Objekt seiner eigenen Produkte. Diese Theorie ist die moderne Variante des »Schicksalsglaubens«, der den Menschen zur Resignation zwingen kann. Sie muß trotz ihrer fatalistischen Einseitigkeit selbst im Bereich der Medizin bedacht werden, da aufgrund der Technisierung der Medizin[42] die Mittel zu oft die Oberhand über die Zwecke gewinnen, weil schon allein die bloße Möglichkeit die Anwendung erzwingt. Der technische Fortschritt und Fortschrittsenthusiasmus überflügelt in der Medizin bei weitem die bewußten verantwortlichen Entscheidungen für eine Humanisierung der wachsenden technischen Möglichkeiten. Hier rächt sich der Rückzug der naturwissenschaftlich orientierten Mediziner auf eine angeblich wertfreie Wissenschaft, die die Frage nach dem Sinn ihres Tuns zu selbstverständlich für gelöst hielt, sich von der Verantwortung für die Folgen ihres Tuns entlastete und nicht mehr sehen wollte, daß das »Richtige« bzw. »Mögliche« von dem »Guten«, die Wissenschaft von der Humanität Sinn und Wert empfängt[43]. Angesichts der teils bedrohenden Möglichkeiten der Biowissenschaften hat nicht mehr die Frage Priorität, was wir tun können, sondern die Frage: »Wie unterscheiden wir, was getan werden *soll*, von dem, was getan werden *kann*?«[44] Wo die Frage nach dem *Sinn* wissenschaftlich-technischen Tuns unterbleibt, da verliert man die Frage nach dem *Guten*, dem »Menschenwürdigen« und »Humanen« aus dem Auge.

Die These von der Autonomie und dem Sachzwang der technischen Mittel wird dadurch relativiert, daß der Fortschritt der Wissenschaf-

40 Vgl. Picht, 344; Böhme, 394; Jonas, 74 f.; C/IV/1.

41 Nach Schelsky (S. 11, 40) täuscht sich der Mensch mit dem Mythos, daß er im »Mittelpunkt der Dinge« stehe, über seine Ohnmacht angesichts der Übermacht der Technik und der sie beherrschenden Zwänge hinweg.

42 Auf jedem Gebiet der technischen Entwicklung wird »einmal der Punkt erreicht, jenseits dessen der Mensch im Schatten seiner eigenen Schöpfungen steht« (Pellegrino, 35) und dann registrieren muß, daß sich der Konstrukteur in seine Konstruktion verloren hat (Schelsky, 41). Vgl. C. F. v. Weizsäcker, Die Einheit der Natur, 1971, 23.

43 Vgl. Picht, 354 f.; Wagner, 124 f.; van Melsen, 146 f.; Böhme, 394.

44 D. M. MacKay, in: Jungk/Mundt (Hrsg.), 207.

ten auch bedingt und verursacht ist durch die »wissenschaftliche Neugierde« und abhängig ist von anthropologischen und gesellschaftlichen Bedürfnissen und politischen Entscheidungen. Zwischen wissenschaftlicher Forschung, menschlichen und gesellschaftlichen Bedürfnissen und Entscheidungen und der Eigengesetzlichkeit der Mittel besteht ein unauflösliches Wechselverhältnis. Sie bilden gemeinsam ein rückkoppelndes Regelsystem. Mittel werden meist nur produziert, wenn ein Bedürfnis oder ein Verwendungszweck in der Gesellschaft da ist, der dann auch die Anwendung bestimmt. Doch sind schon lange nicht mehr die »natürlichen« menschlichen Bedürfnisse allein die Richtlinien der Produktion, vielmehr bestimmt, vermehrt und produziert die Produktion, unter Bezugnahme auf gewisse anthropologische Bedürfnisse, die Bedürfnisse des Menschen[45], und zwar um so mehr, je mehr die bewußte Diskussion über die wahren Bedürfnisse eines »guten« Lebens und den Sinn des Lebens verstummt. Die Beeinflussung der anthropologischen und gesellschaftlichen Bedürfnisse durch die Fortschritte der Medizin läßt sich leicht nachweisen[46]. Die Medizin verdankt ihre Erfolge vor allem der gierigen Aufnahme und dem umfassenden Einsatz von Medikamenten und biotechnischen Geräten. Die Gefahr, die den Menschen bei einer Identifikation medizinischen Tuns mit dem technisch Möglichen droht, ist in der Medizin besonders groß, da sie die Mittel unmittelbar an Menschen anwendet. Aber die Öffentlichkeit scheint diese Gefahren ohne weiteres in Kauf zu nehmen, da die bewundernswerten Erfolge der Biomedizin das menschliche Grundbedürfnis nach einem gesunden Leben schon verändert haben. Das Vertrauen in die Machbarkeit aller Dinge und die Säkularisierung christlicher Jenseitshoffnung sind verursacht und geprägt durch die Erfolge der Technik. Der Glaube an eine von Krankheit und Leiden freie Welt und die Erwartung der Besiegung des Todes haben zwar im Grundbedürfnis nach Gesundheit ihren Ansatz, konnten aber nur durch die faszinierenden

[45] »Der Bereich der Herstellung bestimmt, wessen man bedürfen und was man gebrauchen muß, um ein gutes Leben zu führen« (Böhme, 394). Vgl. Jonas, 73; Moltmann (1972 b), 326 ff.; Einleitung, Anm. 12 f.; C/IV/1.

[46] Deutlich wird das an Medikamenten mit negativen Nebenwirkungen (vgl. Blüchel, 291 ff.). Aber auch an den oralen Konzeptionsverhütungsmitteln läßt sich das gut zeigen, denn sie entsprechen einerseits einem Bedürfnis der Gesellschaft, wirken andererseits selbst aber auch wieder verändernd auf die Sexualmoral und darüberhinaus. Daß allerdings menschliche Grundbedürfnisse sich unter dem Einfluß medizinischer Erfolge gänzlich ändern (so Moltmann, 1972 b, 318), ist doch unwahrscheinlich (vgl. C/IV/1).

Fortschritte in der Biomedizin zu einer Erwartung werden, an die immer mehr Menschen sich klammern. Weil die Medizin Gesundheit und ein langes Leben ermöglicht, die Voraussetzung für den Genuß des Lebens und das individuelle Glück sind, deshalb erblicken viele in der Medizin die Wissenschaft, die das *Heil* ermöglicht. Wer an den Gütern der Wohlstandsgesellschaft voll teilnehmen will und sie genießen will, muß gesund sein. »Indem die Immanenz der Gesellschaft hergestellt ist, indem sie sich nicht mehr ins Jenseits verlängert oder mit diesem kompensierende Beziehungen unterhält, treten Gesundheit und Leben als oberste und allgemeine Werte auf, die erst soziales Leben ermöglichen können.«[47] Von daher wird verständlich, daß Menschen von der Medizin die Verhinderung aller Krankheiten, das leidensfreie Ausleben der Lebensspanne und größtmögliche Verlängerung der Lebensdauer und ein problem- und schmerzloses Sterben verlangen. Alle Hemmungen des Lebensvollzugs sollen beseitigt werden, denn der Schmerz und das Leiden haben keinen Sinn mehr und sollen daher rasch betäubt und beseitigt werden. Die Fähigkeit und Bereitschaft, Schmerz und Leiden zu ertragen, wird so immer geringer.

Die Leiden hindern nicht nur das Individuum, sondern auch das Kollektiv am größtmöglichen Wohlstand, an dem Kranke und Arbeitsunfähige nur zehren. Daher hat die industrielle Gesellschaft »zum erstenmal in der Geschichte das Ziel der Lebenserhaltung und Lebensverlängerung explizit in ihre Charta aufgenommen.«[48] Es ist eines der wichtigsten und mit größter Geltung ausgestatteten Ziele. Pseudoreligiöse Erwartungen richten sich auf die Medizin, der man eine »erlösende Kraft« zubilligt. Es erhebt sich die Frage, ob diese Erwartungen echt menschlichen Grundbedürfnissen oder fehlgeleiteten Bedürfnissen des Menschen der Industriegesellschaft entspringen. Sicherlich ist die menschliche Kultur und sind die menschlichen Bedürfnisse keine unveränderlichen und abgeschlossenen, sondern für Wandlungen offene Systeme, so daß sich auch die Grenzen des Menschenwürdigen ständig verschieben. Aber sind nur das Glück ohne Schmerz und Leid und nicht auch die Fähigkeiten zu leiden, zu altern und zu sterben menschliche Grundbefindlichkeiten? Zur Klärung sol-

[47] Fuchs, 183.
[48] Fuchs, 181; vgl. Anm. 36.

cher Fragen bedarf es anthropologischer Besinnungen, die den Rahmen naturwissenschaftlichen Denkens übersteigen und die die in der Gesellschaft vorfindlichen Vorstellungen vom Sinn und Ziel des Menschseins deshalb nicht kritiklos übernehmen, weil sie auf fehlgeleiteten Bedürfnissen beruhen können. Läßt die Medizin sich von diesen Bedürfnissen in ihrer Aufgabenstellung leiten, so kann sie zum Instrument unberechtigter Interessen gesellschaftlicher Gruppen, der öffentlichen Meinung oder auch des Staates werden, kann inhuman werden, und die Ärzte können in die Rolle von Sozialbiologen hineingezogen werden[49].

[49] Vgl. Pellegrino, 57; Finzen, 144; C/IV/2.

II. Warum bedarf es einer Ethik in der Medizin? – Darf oder muß es eine medizinische Sonderethik geben?

Die aufgezeigten drei grundlegenden Triebfedern des wissenschaftlich-technischen Fortschritts, die wissenschaftliche Neugierde (Erkennenwollen), die anthropologischen und gesellschaftlichen Bedürfnisse und der Sachzwang bzw. die Autonomie der technischen Mittel, bedingen sich gegenseitig. Soweit sie voneinander noch relativ unabhängig sind, besteht die Chance einer bewußt gestaltenden Lenkung der technischen Entwicklung im Sinne menschlicher Zielsetzungen. An der Möglichkeit einer Integration des technischen Fortschritts in die »Ordnung der Humanität«[1] muß der Mensch um seiner selbst willen interessiert sein, wenn man nicht an der Fiktion festhält, daß mit dem biomedizinischen Fortschritt eine »Glücksgarantie« verbunden sei und daß, wenn man nur in vermehrtem Maß technische Kenntnisse und naturwissenschaftlich rationale Methoden auf die Probleme des Menschen anwendet, diese notwendig immer glücklicher werden müßten.

Der grundlegende Fehler dieser technokratischen Anschauung besteht darin, daß man meint, gesellschaftliche und menschliche Probleme und Bedürfnisse durch technische Verfügungsgewalt regeln und befriedigen zu können. Auch ist die damit meist verbundene Annahme widerlegbar, daß eine Ethik empirisch fundierbar sei und sich ethische Werte aus naturwissenschaftlichen Erkenntnissen und Fakten ableiten lassen. Wenn »der Szientismus seine Hoffnung darauf setzt, die Wissenschaft werde uns aus ihrem eigenen Wesen heraus die nötige Leitung in den Angelegenheiten der Menschen geben, so ist er eine falsche Religion. Geht sein Glaube so weit, so ist er Aberglaube; . . . das Verhaltensschema der Wissenschaft braucht den Hintergrund einer Ethik, die uns die Wissenschaft selbst nicht zu geben vermocht hat.«[2] *M. Weber*[3] hat dieses Problem für die Medizin so beschrieben: »Die allgemeine ›Voraussetzung‹ des medizinischen Betriebs ist, trivial ausgedrückt: daß die Aufgabe der Erhaltung des Lebens rein als solche und die möglichste Verminderung des Leidens rein als solche bejaht werden. Und das ist problematisch . . . Ob das

[1] Vgl. Moltmann (1972 b), 326.
[2] C. F. v. Weizsäcker, 15. f.; vgl. A/I, Anm. 28 f.
[3] Wissenschaft als Beruf, in: Ges. Aufsätze, 1922, 541; vgl. Kautzky (1972), 4 f.; Literatur A/I, Anm. 29.

Leben lebenswert ist und wann? – danach fragt sie nicht. Alle Naturwissenschaften geben uns Antwort auf die Frage: Was sollen wir tun, wenn wir das Leben *technisch* beherrschen wollen? Ob wir es aber technisch beherrschen sollen und wollen und ob das letztlich eigentlich Sinn hat: – das lassen sie ganz dahingestellt oder setzen es für ihre Zwecke voraus.« Die ganze medizinische Wissenschaft unterläge also – in Kants Terminologie – dem »hypothetischen Imperativ«, daß, wenn man Leben erhalten will, man alle technischen Mittel zur Erforschung der Krankheiten und zur Erhaltung des Lebens einsetzen müsse. Ob diese hypothetische Regel aber auch ein »kategorischer Imperativ« ist, also absolute Geltung hat, hängt doch eindeutig davon ab, ob wir dem menschlichen Leben und seiner Gesundheit einen so hohen Wert beimessen, daß es immer »wert« ist, mit allen Mitteln erhalten zu werden, und von der Frage, was menschliches Leben ist. Welchen Sinn es hat, Medizin zu betreiben, kann mit naturwissenschaftlichen Methoden nicht angegeben werden.

Richtig ist an dieser These, daß aus empirischen Erkenntnissen selbst keine Werte abgeleitet werden können und daß mit rein naturwissenschaftlicher Methodik keine Werte und Ziele gesetzt werden können, daß diese vielmehr in nicht naturwissenschaftlich verifizierbaren Grundvoraussetzungen verankert sind. Nicht haltbar jedoch dürfte das Postulat der Wertfreiheit der Wissenschaften in dem Sinne einer strengen Trennung von *Tatsachen* und *Wertungen* sein, denn dann wird verkannt, daß die Fragestellungen der Biomedizin immer von Wertsetzungen herkommen, von einem bestimmten Interesse geleitet sind, so daß in den erforschten Tatsachen die in der Fragestellung (z. B. der Art des Experiments) enthaltenen Wertentscheidungen auch enthalten sind und daß die Ergebnisse nur innerhalb des Bezugssystems, aus dem sich die Fragestellungen ergeben, sinnvoll gedeutet werden können. Jede neue Information erweitert aber auch das Bezugssystem und bestätigt oder erweitert damit das Wertsystem und die Beurteilungsbasis für künftige Fragestellungen. Eine erfolgreiche Heilung liefert zugleich neue Information für weitergehende Planungen und Zielsetzungen[4]. Eine Information ist nur dann wertvoll, wenn sie im Rahmen eines Bezugssystems eingeordnet und gedeutet

[4] Vgl. A/I, Anm. 31. Unter Information verstehen wir dabei das, was neue Information erzeugt (vgl. C. F. v. Weizsäcker, Die Einheit der Natur, 1971, 39 ff.; 324 ff.).

werden kann, in dem die Kriterien für die Beurteilung neuer Fakten auf ihren Wert hin irgendwie enthalten sein müssen.

Das der Medizin letztlich zugrundeliegende Wertsystem, das alle Maßnahmen in der Medizin direkt oder indirekt bestimmt, ist der Auftrag, *zu heilen und menschliches Leben zu erhalten*. Diese empirisch nicht begründbare Grundentscheidung bestimmt die Richtung medizinischen Forschens und Behandelns. So werden ständig Informationen in bezug auf diese Grundvoraussetzung gewonnen, und diese ist in jedem untergeordneten Bezugssystem zur Deutung der Fakten immer schon offen oder versteckt so mit den Fakten verklammert, daß eine Interpretation der Fakten auch immer eine Wertentscheidung enthält, die den Tatsachen nicht immanent ist, sondern ihnen von dem Grundwert her, der Gesundheit des Menschen zu dienen, »zufließt« oder zukommt, die Fakten demnach aber auch zu ethisch bedeutsamen und wertvollen Entscheidungshilfen werden läßt. Die Fakten geben mit einem unterschiedlichen Maß an Wahrscheinlichkeit darüber Auskunft, daß z. B. ein Patient bald am Hirntumor sterben wird, wenn er nicht operiert wird, daß er mit einer bestimmten Wahrscheinlichkeit trotz oder infolge der Operation sterben wird. Die empirische Medizin und ihre Methoden geben also darüber Auskunft und liefern auch die Mittel dazu, wie man das Verhältnis von Chance und Risiko abwägen und verbessern kann. Es muß nachdrücklich darauf hingewiesen werden, daß die erste Voraussetzung für ärztliches Handeln die sorgfältige wissenschaftliche Abwägung aller empirischer Faktoren ist, weil sie die persönliche Entscheidung aufgrund von Wertvorstellungen allererst als sachgerecht legitimiert[5]. Die Registrierung aller Faktoren vollzieht sich auf der Basis rein naturwissenschaftlicher Methodik. In der zum Handeln führenden Entscheidung werden diese Kenntnisse auf ein nicht naturwissenschaftlich begründbares Wertsystem bezogen. Die bewußte und verantwortliche Handlung setzt eine »Sinndeutung« des Beobachteten durch ein Subjekt voraus, wenn damit dem Ziel »Gesundheit des Menschen« gedient werden soll.

Im Hinblick auf die Bestimmung des Todeszeitpunkts haben

[5] So besonders Wüllenweber, 257; vgl. C/II/4/c/cc u. d/db. Jedoch muß ebenso betont werden, daß aufgrund fachlicher Kenntnisse nicht automatisch die Alleinkompetenz in ethischen Entscheidungen beansprucht werden kann (vgl. Kautzky, 1972, 4; Ritschl, 30 f.).

W. Bushart und *P. Rittmeyer*[6] dieses Verhältnis von zunehmenden technischen Möglichkeiten, notwendiger Information und ethischer Entscheidung treffend formuliert: »Für den Arzt am Krankenbett nimmt . . . die Verantwortung über die Fortführung oder Beendigung einer Intensivbehandlung oder gar eine Organentnahme zu, und der apparative Aufwand, der für derartige Entscheidungen die notwendigen Informationen liefert, wächst mit der Zunahme der Erkenntnis und der technischen Möglichkeiten.« Diese Autoren machen damit auf zwei entscheidende Punkte des Handelns in der modernen Medizin aufmerksam. Die Mittel der Medizin haben einem Zweck zu dienen, und sie sind zugleich die Bedingung und die entscheidenden Hilfen dafür, diesem Zweck sachgerecht dienen zu können. Aber der Gebrauch dieser Mittel als Entscheidungshilfen macht Entscheidungen und damit verantwortliches Handeln nicht zunehmend überflüssig, sondern eher schwieriger und komplizierter. Zwar schalten die verbesserten Möglichkeiten der Abwägung von Chance und Risiko durch technische Mittel mögliche Fehldiagnosen und Fehlprognosen immer mehr aus, grenzen also den Raum und das Feld risikoreicher ethischer Entscheidungen ein, bürden allerdings dem Fachmann, der die Mittel handhabt und die Ergebnisse auf die Chancen und Risiken hin deuten muß, zunehmend mehr Verantwortung auf, weil davon der Einsatz weiterer biotechnischer Mittel abhängt, die man früher gar nicht kannte, so daß man den Dingen ohne bewußte Entscheidung ihren Lauf lassen konnte.

Um zu entscheiden, ob Maßnahmen sinnvoll sind, muß der Mediziner eine Vorstellung vom Zweck der Medizin haben. Wenn es zu verantwortlichen ethischen Entscheidungen immer mehr der genauen Diagnose mittels technischer Geräte bedarf, so müßte dieser Verbesserung der Mittel zur Entscheidung auch eine Verbesserung und genauere Fassung des Wertsystems entsprechen, auf das hin Entscheidungen gefällt werden sollen und an dem sich medizinische Maßnahmen als sinnvoll zu erweisen haben.

Durchweg hat sich die Zweckbestimmung der Medizin auf die nicht falsche Formel reduziert, die Gesundheit und das Leben zu erhalten[7], aber doch fast immer in dem bedenklichen Sinn, das *biologische* Le-

[6] In: Lawin (Hrsg.), 616; vgl. C/II/4/c.
[7] Vgl. dazu die ärztlichen Gelöbnisse, abgedruckt in: Weber (Hrsg.), 28 ff.; zum Hippokratischen Eid vgl. C/I/2, Anm. 3 u. 41 ff.

ben mit allen Mitteln zu verlängern. Die Anwendung dieses Prinzips wäre relativ einfach, wenn ein für allemal für alle Zeit und für alle Menschen in gleicher Weise feststünde, was Gesundheit und was Leben ist. Bei einer Identifikation von Gesundheit mit körperlichem Wohlbefinden (bzw. körperlicher Unversehrtheit) und von Leben mit biologischer Existenz schien dann auch das Ziel der Medizin bis in unsere Zeit relativ eindeutig definiert. Das abstrakte Wertprinzip, »Leben immer zu erhalten«, ermöglicht es, bei Entscheidungen auf Differenzierungen gemäß der individuellen Situation der Patienten zu verzichten. Eine unter solchen Regeln arbeitende Medizin kann das Subjekt aus ihren Entscheidungen ausklammern. Das ethische Denken und Urteilen könnte sich auf die Aufstellung des abstrakten Obersatzes, Leben zu erhalten, beschränken, aus dem sich mit Notwendigkeit alle anderen Entscheidungen ohne Befragung der betroffenen Personen ergeben würden. Verschreibt sich die Medizin einem derart abstrakten ethischen Obersatz und bedenkt nicht die Situation und die Würde der Person immer neu, so verhindert diese Einstellung nicht eine Unterwerfung des Menschen unter die Macht der Mittel, ja, verwehrt gerade die Integration des bio-medizinischen Fortschritts in die Ordnung der Humanität.

Vielleicht war die Identifikation von »menschlichem Leben« mit der »biologischen Existenz« ethisch so lange unbedenklich, wie die Medizin nicht über modernste Mittel der Lebensverlängerung verfügte. Der medizinische Fortschritt hat jedoch dazu geführt, daß die Befolgung des abstrakten Prinzips, die biologische Existenz am Leben zu erhalten, immer häufiger inhumane Folgen zeitigt. Aus diesem Dilemma kommt man nicht allein dadurch heraus, daß man sich mit *P. Röttgen*[8] auf die hilfreiche Regel beruft: »Liebe deine Kranken wie dich selbst und tue ihnen nichts an, was du dir nicht selbst angetan haben möchtest! Dann werden die technischen Grenzen der Medizin keine ethischen Probleme sein.« Nach dieser von der »Goldenen Regel« abgeleiteten *Einfühlungsregel*[9], soll man dem Nächsten nichts antun, was man unter gleichen Umständen nicht selber angetan haben möchte, vor allem soll man ihm keinen Schmerz und kein Leid zufügen, das man nicht selbst zu erfahren und zu ertragen bereit ist.

[8] S. 92.

[9] Vgl. H. Reiner, Philosophische Ethik, 1964, 186 ff.; H. van Oyen, in: Gründel/van Oyen, 102 ff.; Schüller, 56 ff.; B/II/2, Anm. 27,46,52 f.

Man soll sich also aufgrund eigener Erfahrungen in die Lage des anderen versetzen. Den meisten Ärzten fehlt aber die Erfahrung eigener schwerer Krankheit und allen die des Sterbens. In gesunden Tagen wird kaum jemand wirklich in der Lage sein zu sagen, was er für sich getan haben möchte für den Fall, daß er schwerkrank wird. Ohne in Kommunikation mit dem Patienten einzutreten und seine Lebensvorstellungen zu erfragen, wird niemand sagen können, was der Wunsch und Wille des Patienten ist, denn die Lebensvorstellungen und die Fähigkeit, Leiden zu ertragen, sind »kulturell« vermittelt und recht unterschiedlich[10].

Besteht die ethische Aufgabe des Arztes darin, nach bestem Gewissen aufgrund seines Wissens und seiner Erfahrung Leiden zu beheben und zu lindern und soviel wie möglich zu *helfen*, ohne mehr zu *schaden* und dem *Wohl des ganzen Menschen* in seiner leib-seelischen Einheit zu dienen[11], so tritt in dieser positiven und negativen Bestimmung und Abgrenzung die eigentliche Problematik zutage, die darin besteht, näher zu füllen, was Begriffe wie helfen, schaden, Wohl des ganzen Menschen und menschliches Leben bedeuten. Wer helfen, heilen und retten will, muß wissen, wem er helfen, wen und was er heilen und retten will, weil diese Begriffe erst von daher ihren Sinn bekommen; man müßte also wissen, was das Wohl des Menschen ist, was seine Bedürfnisse sind, was Gesundheit und Krankheit bedeuten, was heiles und was nicht mehr heilenswertes und rettenswertes menschliches Leben ist. Das erschließt sich nicht mehr einfach vom Begriff des biologischen Lebens her. Solange das menschliche Leben durch elementare Not und Seuchen bedroht war, überwand der biotechnische Machtzuwachs diese Not, und der Gebrauch der Mittel ergab sich von selbst, weil durch ihn vermeidbare Leiden beseitigt wurden. Der Auftrag der Medizin bestand in der Negation des Negativen, nämlich der vermeidbaren und elementar lebensbedrohenden Gefahren, z. B. der Infektionskrankheiten. Geht der medizinische Machtzuwachs aber »über das Notwendige hinaus, so kann er lebensfeindlich verwendet werden und neue Not produzieren«[12], denn die Medizin steht dann nicht mehr allein im Dienst des Überlebens der biologischen Existenz, sondern im Dienste dessen, was die Ethiker

[10] Vgl. C/II/1 u. 2; Illich, 98 ff.
[11] Vgl. die ärztlichen Gelöbnisse (Anm. 7); Gütgemann, 333; Lentrodt, 302.
[12] Moltmann (1972 b), 316; vgl. Illich, 64 ff.

seit Aristoteles als »Idee des guten und glücklichen Lebens« preisen.

Eine objektive und allgemeingültige Fassung des Gesundheitsbegriffs ist nur noch bedingt möglich. Da die jeweilige Person und ihr Lebenssinn im Gesundheitsverständnis impliziert sind, ist die Medizin gezwungen, primär das Subjekt und seine Interessen zu berücksichtigen, wenn sie dem Wohl des Menschen dienen will. Das zeigt die »metaphysische Not« auf, die der biotechnische Fortschritt neben den psychischen und physischen Nöten aufgeworfen hat. Nachdem die Utopien von einem glücklichen Leben machbar erscheinen, ist »nicht ihre vermutliche Unerfüllbarkeit, sondern eher ihre teilweise Erfüllbarkeit das Problem für die zugrunde liegende Ethik«[13], denn nun kann der Auftrag der Medizin nicht mehr nur »via negationis« bestimmt werden, sondern bedarf der Füllung dessen, was menschliches Leben positiv ist und sein soll. Hier gehen die menschlichen Auffassungen aber so weit auseinander, daß sich kaum eine gemeinsame Grundvorstellung von dem herausstellen läßt, was Leben sinnvoll und glücklich macht. Für manche hat das Leben keinen »transzendenten Bezugspunkt«, sie sehen in jeglichem Schmerz und Leid und vor allem im Tod das Lebensglück zerstörende Übel, die unbedingt beseitigt werden müssen, andere sehen unter der Voraussetzung der »Transzendenz des Lebens« gerade in der persönlichen Bewährung angesichts von Krankheit, Alter und Tod den Sinn ihres Lebens. Sie legen keinen Wert darauf, daß in ihrem Leben jeder Schmerz mit Medikamenten beseitigt, das Leben ungebührlich verlängert oder gar der Tod besiegt und das Sterben mittels medizinischer Mittel zu einem unbewußten Geschehen wird. Aus derart verschiedenen Vorstellungen läßt sich nur schwer eine einheitliche und allgemeinverbindliche Anschauung von dem entwickeln, was der Sinn und die Grenzen menschlichen Lebens sind, wie lange menschliches Leben erhaltenswert ist und was als *unzumutbare* Beeinträchtigung und Schädigung des Lebens anzusehen ist. So sehr es nötig ist, daß die Mediziner das Subjekt (primär den Patienten) in ihre Entscheidungen einbeziehen, so wichtig ist doch auch die Ausarbeitung einer von möglichst vielen akzeptierten und der menschlichen »Natur« und Bestimmung entsprechenden Konzeption von dem, was menschliches Leben ist, was das *Menschenwürdige*, das *Gute* und das *Humane* ist und wo die Grenzen der Verfügung über menschliches Leben liegen

[13] Moltmann (1972 b), 316.

sollen. Dies ist nötig, weil die Ärzte mit der Berücksichtigung zu divergierender individueller Erwartungen überfordert sind und weil diese Interessen unbegründet sein und dem Wesen des Menschseins widersprechen können. Die Ausarbeitung der Grundzüge der Humanität ist eine Aufgabe anthropologischer Forschung und Besinnung aller mit dem Menschen befaßten Wissenschaften und nicht zuletzt eine Sache der öffentlichen Diskussion, die auch in dieser Hinsicht neu entfacht werden müßte[14].

Die entscheidende Gefahr, die die Ausarbeitung einer allgemeinverbindlichen Vorstellung von »Humanität« mit sich bringt, liegt darin, daß in ihr primär die Interessen der Gesunden, Starken und am »Fortschritt« der Menschheit Interessierten sich niederschlagen, die Interessen der Kranken und Schwachen aber nicht berücksichtigt werden, m. a. W., daß die Belange und die Rechte des Individuums den übermächtigen Interessen der an der Mehrung des Wohlstands und der Genußfähigkeit ausgerichteten Gesellschaft »*geopfert*« werden. Im Hinblick auf die zunehmende Zahl der Kranken, Alten und dauernd Pflegebedürftigen, aber auch im Blick auf mögliche »Experimente am Menschen«, die für den Fortschritt der Medizin im Interesse der Gesellschaft wünschenswert sind, besteht die ganz schwierige und voller Gefahren steckende Problematik nach einem ausgewogenen Ausgleich der Interessen von Individuum und Gesellschaft, die nicht selten divergieren oder gar entgegengesetzt sind. Im Grundsatz können wir der Kennzeichnung des Problems und der Intention von *Ed. Pellegrino*[15] zustimmen, daß wir gezwungen sind, »das individuelle und das allgemeine Wohl einander kritisch gegenüber zu stellen . . . Jedes Recht muß nach Ausübung und Situation durch den sozialen Zusammenhang bedingt sein, in dem es erscheint.« Die Schwierigkeit ist nicht die, wie zwischen »Individualismus und Kollektivismus ein für allemal zu entscheiden, sondern (wie) die Erfordernisse der Individuation mit denen der Sozietät zu verbinden (sind), also Solidarität zu verwirklichen« ist[16].

Daß Bereiche der Medizin zum Instrument staatlicher und gesellschaftlicher Interessen werden können, hat sich am Euthanasie-Programm des Dritten Reiches gezeigt. Die Vernichtung »lebensunwer-

[14] Vgl. Böhme, 394.
[15] S. 42; vgl. zur ethischen Begründung B/II/2, Anm. 43 ff.; B/II/5, Anm. 56 f.; C/IV/2.
[16] V. v. Weizsäcker (1947), 14.

ten Lebens« war leider keine »nazistische« Erfindung, sondern beruhte in ihren Ansätzen und Umrissen auf einem vorgefundenen Konzept, das ausgebaut und mit einer in der neueren Geschichte einmaligen Gründlichkeit praktiziert wurde[17]. Daran wird deutlich, daß eine sich als »wertfrei« verstehende Medizin mit ihren Ergebnissen und Möglichkeiten »in die Beliebigkeit schon vorhandener sozialer, ökonomischer und politischer Interessen oder des persönlichen Geschmacks«[18] geraten und im Sinne von deren Werten *»verwertet«* werden kann. Wie *V. v. Weizsäcker*[19] vermutete, ist ganz besonders die Medizin, die das menschliche Leben »biologistisch-mechanistisch«, nicht aber in einer Bezogenheit auf Transzendenz versteht, dafür anfällig, zum Instrument willkürlicher und inhumaner Zielsetzungen der Gesellschaft oder herrschender Gruppen in ihr zu werden. Das scheinbar »wertneutrale« biologistische Menschenbild ist ein denkbar unzureichender Schutz gegen den Mißbrauch der medizinischen Macht, weil es sich mit jeden beliebigen Interessen verbinden läßt. Die Medizin müßte daran interessiert sein, ein wirklich von vornherein der »Humanität« verpflichtetes Menschenbild als Grundlage zu haben, in das die gesellschaftlichen Vorstellungen zwar eingehen dürfen, das aber dennoch zwischen den Bedürfnissen der Gesellschaft und denen des Individuums so vermittelt, daß die Medizin den Belangen *aller* Menschen und damit der Humanität verpflichtet bleibt. Es erheben sich ernsthafte Bedenken sowohl gegen eine wertneutrale Medizin als auch gegen eine zu enge Koppelung der Medizin an die jeweiligen Bedürfnisse der Mehrheit oder der Herrschenden der Gesellschaft, die den legitimen Interessen der schwachen Individuen zuwiderlaufen können.

Daß in unserem Staat die *Rechte des Individuums* in einem relativ ausgewogenen Verhältnis zu den *Rechten der Gesellschaft* stehen, daß daher der Grundsatz noch Geltung hat, daß auch schwächere Menschen ein Recht auf Leben haben, wie groß auch immer die Last sein mag, die dadurch der Gesellschaft auferlegt wird, daß die Medi-

[17] Vgl. C/I/2.

[18] Moltmann (1972 b), 312; vgl. A/I, Anm. 32; C/I/2, Anm. 28,31 f.

[19] (1947), 11 f. In diesem Zusammenhang ist auf den sogenannten Dokumentenstreit zwischen A. Mitscherlich und dem bekannten Göttinger Physiologen H. Rein hinzuweisen. Rein verteidigte die sich als wertneutral verstehende Wissenschaft gegen den Vorwurf Mitscherlichs, daß gerade dieses Wissenschaftsverständnis mit an dem Mißbrauch der Medizin im Dritten Reich Schuld trage (vgl. Mitscherlich/Mielke, 7 ff.; Hartmann, 319 ff.). Vgl. A/I, Anm. 29; C/I/2.

zin sich gemäß dem Eid des Hippokrates und dem Genfer Gelöbnis[20] noch primär dem Schutz des Lebens des Individuums verpflichtet fühlt, ist keine hinreichende Garantie dafür, daß sich das nicht ändern könnte oder gar ähnliche Vorfälle wie im Dritten Reich sich wiederholen könnten. Erkennt die Leistungsgesellschaft mit ihrer hedonistischen Glücksmoral erst einmal, daß sie eine immer größer werdende Zahl von Menschen am Leben erhält, die dem Wohlstand und Glück der Gesellschaft nur abträglich sind und die Medizin die Zahl dieser Menschen ständig vermehrt, so wird man vielleicht das Recht dieser Menschen auf Lebenserhaltung wieder in Frage stellen. Dem herrschenden Wertsystem werden die Kriterien der Auswahl entsprechen, und wahrscheinlich wird der »Nutzen für die Gesellschaft« das Kriterium werden, nach dem sich das Recht auf Lebenserhaltung bemessen soll. Was wird geschehen, wenn man die Ärzte in die Rolle von »Praktikern der Sozialbiologie«[21] hineinzieht, wenn man von ihnen nicht mehr nur eine Geburtenkontrolle erwartet, sondern wenn sie auch entscheiden sollen, wem die Zeugung erlaubt ist, um eine genetische Verschlechterung des Erbguts zu verhindern oder eine »bessere Gattung« hervorzubringen, wenn man von ihnen die Entscheidung und Durchführung erwartet, wer von den Altersschwachen, Geisteskranken und Krüppeln weiterleben darf und wen man sterben lassen – richtiger gesagt – töten soll, wer Ersatzorgane, Organtransplantate etc. bekommen darf und wer nicht, damit auf diese Weise die drohende Überbevölkerung, vor allem mit Alten und Kranken, geregelt wird? Wird die Geburtenkontrolle durch die *Sterbekontrolle* ergänzt werden? Die unausgewogen hedonistische Wertstruktur der Konsum- und Leistungsgesellschaft ist nicht nur unfähig, Alter, Krankheit, Leid und Tod einen Sinn zu geben und die Schwachen zu schützen, sondern stellt wahrscheinlich die größte Bedrohung für die Alten und Schwachen dar[22].

Die Erfahrungen aus dem Dritten Reich sollten soviel gelehrt haben, daß es für die Medizin nötig ist, ein »Menschenbild« und »Ethos« zu haben, das ihr verwehrt, zum Instrument beliebig wechselnder politischer und gesellschaftlicher Interessen zu werden, ih-

[20] Vgl. Anm. 7; teils abgedruckt auch bei Krauß, 129 ff.

[21] Nach Pellegrino erwartet die Öffentlichkeit das bereits. »Als ein Praktiker sozialer Biologie wird der Arzt gezwungen, alle Voraussetzungen zu überprüfen, auf denen sein traditionelles Verhältnis zum Patienten beruht« (S. 57). Vgl. Finzen, 144 f.

[22] Vgl. C/IV/2.

rem Druck einfach nachzugeben oder die hedonistische Moral der Gesellschaft sogar dafür auszunützen, beeindruckende und den gesellschaftlichen Utopien entgegenkommende, aber möglicherweise die Prioritäten falsch setzende und auf Kosten anderer hilfsbedürftiger Menschen gehende medizinische Experimente durchzuführen, vielleicht nur, um dadurch reich und angesehen zu werden. Die medizinische Ethik sollte dazu befähigen, die berechtigten Anliegen des Individuums gegen die doktrinäre Sinngebung der Gesellschaft und das Gewinnstreben der Pharmaindustrie zu schützen und die Forderungen der Gesellschaft und der Ärzte auf ihre Berechtigung hin zu prüfen. Denn die Gefahr besteht nicht darin, daß das Recht des Individuums überhaupt einem anderen Recht gegenüber ausgewiesen werden muß und den Zwecken der Gesellschaft in Grenzfällen auch einmal untergeordnet werden darf, sondern darin, daß das herrschende hedonistische Wertsystem zwar auf das Glück des Individuums ausgerichtet ist, daß es aber blind ist gegen alle Werte und alle Individuen, die das Glück der Mehrheit der Gesellschaft nicht steigern oder gar hemmen, die sich aber selbst nicht verteidigen können[22a].

Der sicherste Schutz gegen den Mißbrauch medizinischer Macht und eine Manipulation des Menschen ist aber immer noch die *Berücksichtigung der individuellen Interessen* der Person. Das setzt eine Kommunikation zwischen Arzt und Patient voraus, in der der Arzt die Bedürfnisse und Wünsche des Patienten erfährt und der Patient über die Diagnose, die möglichen Behandlungsmethoden und die Prognose weitgehend aufgeklärt wird. Einer solchen Aufklärung stehen nun mancherlei Schwierigkeiten im Weg. Sicherlich gefällt sich auch mancher Arzt in seiner »priestergleichen Rolle«, in der er sein Fachwissen als Herrschaftswissen über die Patienten hütet und ausnützt. Ohne Zweifel ist es nötig, medizinisches Handeln und seine Folgen für Mensch und Gesellschaft wieder einzuholen in gesellschaftliche Diskussion. Dies ist bei einer Wissenschaft, die wie die

[22a] Die Bedürfnisse und vordergründigen Erwartungen der Gesellschaft an die Ärzte (vgl. A/I, Anm. 30) können nicht nur durch die Werbung der Pharmaindustrie usw. fehlgeleitet sein (vgl. C/IV/1), sondern sie stellen auch eine gefährliche Herausforderung für die Ärzte dar. Dies kann z. B. an dem Lütticher Gerichtsverfahren gegen Eltern und einen Arzt wegen gemeinschaftlich begangenen Mords an dem durch Contergan geschädigten Kind deutlich werden. Unter dem massiven Druck der »öffentlichen Meinung« wurden die Angeklagten freigesprochen (vgl. C/I/2, Anm. 61 f.). »Sobald . . . ein größerer Teil der Gesellschaft die Euthanasie befürwortet, wird der Arzt auch ohne Legalisierung massivem Druck ausgesetzt, dem er sich nur schwer entziehen kann« (Finzen, 144). Vgl. Einleitung, Anm. 29.

Medizin von entscheidender und unmittelbarer Bedeutung für Gesellschaft und Individuum ist und das Leben zunehmend beeinflußt, unbedingt notwendig. Bei sachgerechter Information über das medizinisch-technisch Machbare und seine Folgen muß man auch dem Laien in vielen Fällen eine Entscheidungsfähigkeit zubilligen darüber, welche Behandlungen im Blick auf die zukünftigen finanziellen Belastungen »sinnvolle« und »wünschenswerte« Unternehmungen sind, welche Grundprinzipien Voraussetzung für Experimente am Menschen sein sollen, welche Forschung und Behandlungen in der Medizin Priorität haben sollen, vor allem aber, welches Menschenbild und welche ethischen Grundsätze für die Medizin leitend werden sollen. Wenn auch viele Mediziner Entscheidungen zu solchen Fragen nur durch ihre Berufsgruppe gefällt sehen wollen, so ist dagegen doch das Recht auf eine gesellschaftliche Kontrolle der Medizin unbedingt zu fordern[23]. Obwohl die Sachinformation und das Aufzeigen von Entscheidungsmöglichkeiten und Entscheidungskonsequenzen Sache des Fachmanns und Grundlage einer solchen Diskussion sind, ist die Wissenschaft auf den »wissenschaftlich-ethischen Dialog angewiesen, in dem allein der Konsensus über leitende Interessen, Werte und Wertprioritäten gewonnen werden kann«[24]. Die distanzierte und rationale Diskussion gesellschaftlicher und moralischer Aspekte der Biomedizin liegt freilich auf einer anderen Ebene als die unmittelbare Begegnung zwischen Arzt und hilfesuchendem Patienten. Es ist sehr fraglich, ob in dem Arzt-Patient-Verhältnis ein »herrschaftsfreier Dialog« überhaupt möglich ist[25].

Die Wissenschaftler selbst müßten an der öffentlichen Diskussion über die gesellschaftliche Relevanz ihrer Forschung interessiert sein, um die Verantwortung für die oft ambivalenten Folgen nicht allein auf sich ruhen zu lassen, sondern die Basis der *Verantwortungsträger* zu erweitern. Wenn viele Forschungsergebnisse in ambivalenter Weise angewendet werden können und manche direkt zum eindeutig »negativen« Gebrauch bestimmt sind, so ist die Unterscheidung von wertfreier Theorie und zweck- und wertbestimmter Anwendung (po-

[23] »Der Arzt wird Experte für medizinische Fragen bleiben, aber seine Politik muß auf einen weiteren sozialen Rahmen als je zuvor eingestellt sein« (Pellegrino, 57). »Ich glaube kaum, daß, wie einige meiner Kollegen behaupten, die Zuständigkeit allein dem ärztlichen Forscher überlassen werden kann« (ebd. 60). Vgl. Kautzky (1972), 4 f.

[24] Moltmann (1972 b), 313; vgl. Ritschl, 30 ff.

[25] Vgl. C/II/1.

iesis) nicht mehr möglich[26]. Dann kann sich aber auch kein Wissenschaftler mehr von der Verantwortung für die Folgen seines Tuns entlasten wollen. Andererseits wird aufgrund der Abhängigkeit der Forschung von gesellschaftlichen Interessen die Gesellschaft es sich nicht erlauben dürfen, den Forschern alle Verantwortung anzulasten. Wo Forschung ein die gesamte Gesellschaft tragendes und bestimmendes Phänomen geworden ist, da ist letztlich die Gesellschaft für die Forschung und ihre Ergebnisse verantwortlich[27]. Der Dialog zwischen Wissenschaftlern und Öffentlichkeit dient letztlich dazu, die Folgen der Forschung für die Gesellschaft so durchsichtig zu machen, daß die Gesellschaft dazu mündig wird, Verantwortung für die Folgen der Wissenschaft zu übernehmen, negative Folgen möglichst zu vermeiden und die Ziele und die Prioritäten der Forschung zu bestimmen. Die Wissenschaftler und die Gesellschaft werden sich von der Verantwortung für die negativen Folgen des technischen Fortschritts auch dann nicht entlasten können, wenn keine Personen direkt haftbar gemacht werden können, wenn keine persönliche Schuld und kein nachweisbares gesellschaftliches Versagen vorliegt, sondern die negativen Wirkungen eindeutig Folge der Eigengesetzlichkeit und Unberechenbarkeit der Mittel sind[28]. Wer die Herrschaft über die Natur mittels der Technik will und die Ergebnisse der Technik in Anspruch nimmt, der hat zugleich die Verantwortung für alle voraussehbaren und nicht voraussehbaren guten und bösen Folgen der technischen Zivilisation zu übernehmen und kann nicht einmal die unberechenbaren, geschweige denn die voraussehbaren negativen Folgen »metaphysischen Mächten« anlasten. Dem Maß der Verfügung über die Natur und den Menschen und der Gestaltung der Welt durch die Technik entspricht auch das Maß der Verantwortung für die Auswirkungen[29]. Die Menschheit kann sich weder der Verantwortung für

[26] Vgl. Böhme, 394

[27] »Wenn es nicht erlaubt sein soll, von einer kollektiven Verantwortung zu sprechen, so verliert die Rede von der Verantwortung überhaupt ihren Sinn« (Picht, 345).

[28] Hinzuweisen ist in diesem Zusammenhang auf die Contergan-Fälle und das Ende des riesigen Prozesses, in dem keine »Personen« schuldig gesprochen und direkt haftbar gemacht wurden (vgl. Blüchel, 323 ff.). »Niemand kann haftbar gemacht werden, und trotzdem trifft uns alle die Schuld und treffen uns alle die faktischen Konsequenzen« (Picht, 369 f.).

[29] »Der Mensch, der über die gesamte Zukunft der von ihm hervorgebrachten Welt verfügt, trägt für die Zukunft im Ganzen die Verantwortung. Eine solche Verantwortung konnte es in der bisherigen Geschichte nicht geben. Sie wird uns durch die Expansion menschlicher Macht, aus der die technische Welt hervorgeht, aufgezwungen« (Picht, 376). »Je mehr Macht der Mensch gewinnt, desto größer wird seine Verantwortung« (Moltmann, 1972 b, 319).

das »radikal Böse« der Wissenschaften entziehen noch von der für das Böse »sub specie boni« (= im Gewand des Guten), bei dem ja gerade die Gefahr besteht, daß die Menschen keinen Widerstand leisten[30].

Da die Wissenschaftler und Ärzte oft die einzigen sind, die wenigstens einigermaßen rechtzeitig die Konsequenzen ihres Handelns erkennen könnten, fällt ihnen die Aufgabe zu, die Ambivalenz der Forschung, das Böse »sub specie boni« zu durchschauen, die Anwendung vielleicht für eine gewisse Zeit zu verhindern, in dieser Zeit die Öffentlichkeit »aufzuklären«, damit sie auf den Umgang mit der neuen technischen Macht ethisch vorbereitet wird und ihre Anwendung dann vielleicht der Kontrolle sozialethischer Normen unterwerfen kann, ehe es zu großen negativen Auswirkungen kommt[31]. Der »Schlüsselposition« der Naturwissenschaften und der Medizin in unserer Gesellschaft entspricht auch eine *Schlüsselposition der Naturwissenschaftler und Ärzte in der ethischen Verantwortung*. Das sittliche Verantwortungsbewußtsein »muß sich im Handeln des Wissenschaftlers und Technikers verkörpern, einfach weil dieses Handeln ethische Dimensionen hat«[32], die zuerst und am ehesten von ihnen selbst erkannt werden können. Das entläßt die Wissenschaftler nicht aus der Verantwortung, ihre Erkenntnisse und Entscheidungen möglichst allen, die sie betreffen, durchsichtig und nachvollziehbar zu machen, denn sittliche Verantwortung ist die Verantwortung *für* die Folgen des Handelns für das Individuum und die Gesellschaft[33].

Sie ist aber auch Verantwortung *vor* einer Instanz, die letztlich nicht das eigene Gewissen sein kann, wenn Wissenschaft nicht Selbstzweck ist, sondern im Auftrag der Gesellschaft geschieht, mit ihren Bedürfnissen verklammert ist, der Menschheit dienen soll und ihr Leben unmittelbar beeinflußt. Was oder wer ist dann aber die Instanz, vor der die Wissenschaftler und Ärzte verantwortlich sind für ihr Handeln? Ist es das Individuum? Ist es die Gesellschaft? Aner-

30 Vgl. van Melsen, 152 f.

31 Schon A. Gehlen (Anthropologische Forschung, rororo 138, 1965, 101) verwies darauf, daß die Kontrolle immer erst nach Katastrophen einsetzt. Vgl. Müller, passim.

32 van Melsen, 152. Die Auffassung, daß erst dann, wenn die Wissenschaften uns die Methoden der Macht geliefert haben, die Ethiker uns zur Verantwortung der Macht bringen sollen, beachtet nicht die Autonomie und den Zwang zur Anwendung vorhandener Mittel. »Werden Wissenschaft und Ethik getrennt, so kommt die Ethik fast immer zu spät« (Moltmann, 1972 b, 312).

33 Zum Verständnis von »Verantwortung« vgl. Picht, 318 ff., 343 ff.; Bonhoeffer, 236 ff.

kennt man, daß zwischen den Interessen des Individuums und den Interessen der Gesellschaft ein nicht aufhebbarer Widerspruch bestehen kann, so wird es fraglich, ob eine von beiden diese Instanz sein kann. Da der mögliche und faktische Widerspruch zwischen den Interessen des Individuums und denen der Gesellschaft in dieser Welt letztlich nicht aufzulösen ist, ohne das Individuum der Gesellschaft oder die Gesellschaft dem Individuum zu opfern[34], ist dieses Problem ein Hinweis darauf, daß die Instanz, *vor* der man Verantwortung *für* etwas – und das sind letztlich das Individuum und die Gesellschaft – trägt, jenseits dessen liegen muß, *für* das man Verantwortung trägt, also letztlich dem Individuum und der Gesellschaft »transzendent« sein muß[35]. Von daher müßte sich dann in theologischen Überlegungen unter Berücksichtigung humanwissenschaftlicher Erkenntnisse auch das erschließen lassen, was das wirklich Menschliche, die *Humanität* ist und was die wahrhaften Rechte des Individuums und was die der Gesellschaft sind. Die theologische Ethik behauptet, in diesen Fragen einen wesentlichen Beitrag liefern zu können.

Die Ausweitung der Verantwortungsträgerschaft ist auch ein Ziel des aufklärenden Gesprächs zwischen Arzt und Patient[36]. Auch der Arzt ist ein Mensch, »dessen Fortkommen von der Qualität seiner wissenschaftlichen Arbeit abhängt«, der mit anderen Menschen auf jeden Fall den Zug nach Macht, Ruhm, Beförderung und Reichtum gemein hat, dem darum daran gelegen ist, neue Methoden auszuprobieren und wichtige Entdeckungen zu machen, und der dem mächtigen Einfluß der profitorientierten Pharmaindustrie ausgesetzt ist[37]. Die Gefahr, daß der Patient zum Mittel und Objekt solcher Interessen gemacht wird, ist nicht von der Hand zu weisen. Auch wenn die Beweggründe des Mediziners »edlerer Natur« sind, z. B. Wahrheitssuche, Forschungsförderung, Suche nach neuen Heilungsmethoden, Verbesserung der Menschheit, so kann das »schwache Flämmchen

[34] Vgl. Anm. 15 f.; B/II/2.

[35] Ihrer »inneren Struktur nach ist ›Verantwortung für etwas‹ immer verbunden mit der ›Verantwortung vor jemandem‹. Die Instanz, vor der Herrschaft verantwortet werden muß, geht dabei über den Bereich dessen, für das man verantwortlich ist hinaus und läßt sich darum nur als etwas Transzendentes erfassen« (Moltmann, 1972 b, 319; vgl. Bonhoeffer, 236 ff.).

[36] Vgl. C/II/1.

[37] So Pellegrino, 49. Vgl. Einleitung, Anm. 12 f.; C/IV/1. Zu Experimenten vgl. A/I, Anm. 32 u. C/II/3, Anm. 65 f. »Das angebliche Wohl des Patienten ist nicht selten das Alibi, mit dem der Drang, medizinisches Neuland zu betreten, bemäntelt wird« (Opderbecke, in: Eser, Hrsg.).

des Gewissens« (Pellegrino) doch in einer Wolke von undurchsichtigen Rechtfertigungsgründen leicht untergehen. Daher ist die offene und wahrhaftige Information des Patienten der wirksamste Schutz für ihn und auch für den Arzt, dessen Gewissen und Verantwortungsfähigkeit sonst leicht »überstrapaziert« werden könnten. Wenn es unbestreitbar zunehmend viele Fälle gibt, bei denen eine Aufklärung nicht möglich ist und die sich einer positiv rechtlichen Einordnung und einer objektivierbaren Nachprüfung durch andere Fachleute entziehen[38], wenn infolge der Technisierung der Medizin auch immer mehr Mittel eingesetzt werden müssen, die eine Entscheidung als sachgerecht legitimieren und zu deren Handhabung und Deutung nur der Fachmann befähigt ist[39], und wenn der technische Fortschritt zunehmend zur »Verführung« wird, dann werden den Ärzten immer mehr komplizierte und risikoreiche Entscheidungen zugemutet, und eine immer größere Verantwortung fällt auf sie zurück. Wenn das so ist und wenn sachliche und fachliche Entscheidungen sehr oft schon ethische Entscheidungen implizieren, dann muß sich das »ethische Gewissen« zunehmend »im *Gewissen* des Menschen inkorporieren, der diese Tätigkeiten ausübt«[40]. In der jeweils konkreten und oft zum sofortigen Handeln zwingenden Situation muß sich das verantwortliche Bewußtsein und Gewissen des Arztes bewähren. Über die unausweichlich mit dem technischen Fortschritt größer werdende Last der Verantwortung müssen sich Wissenschaftler und Ärzte bewußt werden.

Eine medizinische Ethik sollte dem Arzt eine Orientierung zum Handeln anbieten und so verantwortliches Entscheiden erleichtern, ohne von der persönlichen Verantwortung zu befreien. Verantwortlich zu handeln hat der Arzt – wie jeder andere Wissenschaftler – gegenüber einer Instanz, die jenseits des Bereichs liegt, der den Naturwissenschaften zugänglich ist. Die Charakterisierung und Ausprägung dessen, was als »zu inkorporierendes Gewissen« zu gelten hat, ist allerdings nicht nur eine persönliche Sache des Arztes, sondern auch eine öffentliche Angelegenheit. Die neuen Möglichkeiten in der technisierten Medizin müssen mehr denn je auf ihre sozialen und ethischen Auswirkungen überdacht werden. Andererseits müssen

38 Vgl. C/II/1 u. 2.
39 Vgl. Anm. 5 f.; 23.
40 van Melsen, 151; vgl. Anm. 32.

auch die Menschenbilder und die Wertvorstellungen der verschiedenen gesellschaftlichen Gruppierungen in ihrer Bedeutung für die medizinische Ethik besser geprüft werden. Ärztliches Handeln ist zumindest mitbestimmt durch die persönlichen und gesellschaftlichen Vorstellungen von dem, was der Mensch ist und sein sollte. Diese anerzogenen Menschenbilder werden unter anderem auch im Studium noch wesentlich geprägt. Eine nur pragmatisch-technische Ausbildung der Ärzte, die sich überhaupt nicht um soziale und ethische Fragen kümmert, ist bei der sozialen Relevanz dieser Wissenschaft nicht mehr zu verantworten. Auch Vorlesungen und Seminare über Ethik reichen nicht aus. Soziales und menschliches Handeln muß im Umgang mit Menschen eingeübt werden. Die Fragen des ärztlich-ethischen Handelns können letztlich nicht durch eine kasuistische Morallehre und nicht losgelöst von der Begegnung mit dem leidenden Menschen geklärt werden. Das verlangt, daß die klinischen Lehrer die ethische Auseinandersetzung herbeiführen und auf sie vorbereitet sind[41]. Das ethische Bewußtsein wird am ehesten im lebendigen Umgang mit den Patienten unter vorbildhafter Anleitung der ausbildenden und leitenden Ärzte und im Dialog mit den Vertretern anderer Disziplinen geprägt. Das geschärfte ethische Bewußtsein ersetzt zwar nicht rechtliche Absicherungen und auch nicht eine Kontrolle der Wissenschaft, ist aber ein besserer Schutz gegen den Mißbrauch der Macht biotechnischer Mittel, gegen die persönlichen Interessen von Ärzten und Forschern, die Interessen der Industrie und gegen die an Erfolg und Wohlstand orientierte öffentliche Meinung als positiv rechtliche Fixierungen, die oft nicht praktizierbar und noch weniger nachprüfbar sind.

Wenn die Gesellschaft Wert darauf legt, daß ihre Vorstellungen vom Menschen, von Humanität und ihre Wertvorstellungen in einer medizinischen Ethik gebührend berücksichtigt werden, dann müssen ihre Vertreter und vor allem die Vertreter verschiedener Wissen-

[41] Pellegrino (S. 58 f.) stellt bei seinen Überlegungen zur Reform der Ausbildung Folgendes in den Mittelpunkt: »Die wirksamste Methode, Interesse an ethischen Fragen bei Studenten zu wecken, ist, sie in der klinischen Situation zu diskutieren, am Bett als Teil täglicher klinischer Erfahrung. Interdisziplinäre Besprechungen in bezug auf einen bestimmten Patienten, mit dem die Studenten zu tun hatten, werden nach meiner Erfahrung gut aufgenommen. Das verlangt, daß Theologen, Philosophen, Rechtsanwälte bereit sind, in einen Krankheitsfall einzutreten, an einem konkreten Dialog teilzunehmen und ihre Standpunkte in einer Atmosphäre des Gebens und Nehmens zu entwickeln.« Gerade Krankenhausseelsorger sollten diesen Dialog führen und dazu fähig sein (vgl. C/III/2).

schaften auch in den konkreten Dialog mit den Medizinern und in die konkrete Konfrontation mit ihren Problemen eintreten. Nicht nur die »Medizin muß in ständige und anerkennende Gespräche mit Sozial- und Humanwissenschaften treten, mit Jura, Theologie, Politischen Wissenschaften«[42], sondern diese Wissenschaften auch mit der Medizin. Der Soziologe und der Politiker werden in diesem Dialog zur Ausarbeitung brauchbarer Richtlinien für die Medizin vielleicht besonders die Interessen der Gesellschaft wahrnehmen, der Jurist vielleicht die individuellen Rechte und die Würde der Person verteidigen. Dem Ethiker könnte die Aufgabe zufallen, die Forderungen der Gesellschaft auf ihr Recht hin zu untersuchen, sie in ihrer doktrinären Einseitigkeit zu durchleuchten, die ethischen Folgen für das Zusammenleben in der Gesellschaft und für das Individuum zu ermitteln, damit vor allem die Würde der Person gegenüber dem Sachzwang der Technik, dem Profitstreben der biomedizinischen Industrie und den persönlichen und wissenschaftlichen Interessen der Forscher und Ärzte und gegenüber den Wertvorstellungen der Stärkeren in der Gesellschaft geschützt wird. Die oft divergierenden Ansprüche von Individuum und Gesellschaft sollten in ein ethisch vertretbares Verhältnis gebracht werden. Dazu bedarf es der vorgängigen Ausarbeitung einer ausgewogenen Wertstruktur und eines Bedenkens dessen und eines Wissens um das, was angesichts der konkreten und sich ständig wandelnden Situationen »Menschlichkeit« heißt und was das für den Menschen »Gute« ist.

Der Theologe wird in diesen Dialog die Vorstellungen der christlichen Tradition von dem einbringen, was offenbarte Aussage über die Bestimmung und die Würde des Menschen, die Menschlichkeit und die Nächstenliebe ist; er wird vor allem den Blick für die Ambivalenz des Fortschritts, für das Böse und Absurde, für die Leiden und Ungerechtigkeiten öffnen, jedem enthumanisierenden Trend Widerstand entgegensetzen und die Bereitschaft der Öffentlichkeit zur humanen Hilfe für die Schwachen und die sittliche Verpflichtung der Forscher und Ärzte zum die Menschlichkeit fördernden Handeln wecken und wachhalten müssen. »Christliche Ethik hat dafür einzutreten, daß der Mensch in seiner Sorge für die Zukunft menschlich bleibt und nicht der versucherischen Täuschung einer Selbstvergötterung anheimfällt.«[43] Um die Relevanz und Aussagbarkeit christlicher Glau-

[42] Pellegrino, 57.
[43] Altner, 265; vgl. Gollwitzer, 139 f.; Böhme, 395; Moltmann (1972 b), 311.

bensaussagen in der konkreten Situation zu prüfen, bedarf es für den Theologen der Begegnung mit der Wirklichkeit, des Dialogs mit praktizierenden Forschern und Ärzten und der Kenntnis der Einzel- und Gesamtproblematik, um den christlichen Glauben in diesen Situationen sachgemäß zur Geltung zu bringen und »Mitverantwortung« übernehmen zu können[44]. Anspruch auf Allgemeinverbindlichkeit christlich-ethischer Aussagen wird der Theologe auch in der pluralistischen Gesellschaft aus theologischen Gründen noch erheben, mit Gehör wird er aber nicht mehr rechnen können als die Vertreter der übrigen Interessengruppen der Gesellschaft. Als Vertreter einer Kirche wird er deren Ansichten in den Dialog mit den übrigen Interessengruppen einbringen, deren Aussagen und ihre Voraussetzungen kritisch untersuchen und mit ihnen zusammen dann versuchen, ethische Leitlinien für eine medizinische Ethik auszuarbeiten. »Gesellschaftlich wirken kann die Kirche nur insoweit, als die Gesellschaft und die öffentliche Meinung . . . ihr Wirken akzeptiert«[45], sie kann, »wie andere weltanschauliche Gruppen auch, ihre sozialethischen Vorschläge nur zur Diskussion stellen und danach streben, sie in einer rationalen Diskussion einsichtig, plausibel zu machen«[45], soweit das für christliche Ethik ohne Anerkennung des sie tragenden und begründenden christlichen Glaubens und für Wertvorstellungen überhaupt möglich ist. Die christliche Ethik wird heute nur dann für die Öffentlichkeit verbindlich sein können, wenn sie sich der Überprüfung durch diese aussetzt und von ihr als verbindlich akzeptiert wird. Soweit die christliche Vorstellung vom »Menschenwürdigen« für die medizinische Ethik von entscheidender Relevanz ist, wird sie sich gegenwärtig noch überwiegend mit einer allgemeinen und »besonnenen« Vorstellung vom »Humanen« decken[46], in Grenzfällen aber doch auch erheblich von dieser Vorstellung abweichen können, wie es sich in dieser Arbeit vor allem an der Stellung zu Problemen der sogenannten »Euthanasie« zeigen wird.

[44] »Es geht keineswegs nur darum, daß der Theologe im Wissenschaftler ein allgemeines Gefühl der Verantwortlichkeit zu erwecken hätte, um ihn dann, so ausgerüstet, in seine konkrete Verantwortung zu entlassen. Das Neuartige unserer Lage besteht gerade darin, daß sich der Theologe mit dem Nichttheologen gemeinsam dieser Verantwortung stellen muß« (Howe, 1971, 18).

[45] M. Honecker, Sozialethische Aspekte des Kirchenverständnisses, in: EvTh 30 (1970), 85 f.; vgl. C/II/3, Anm. 12.

[46] Vgl. Sporken (1971), 20 ff.; 39 f.

B. Anthropologische, allgemeinethische und theologische Aspekte und Voraussetzungen einer medizinischen Ethik

Bisher wurde deutlich, daß eine medizinische Ethik unter Berücksichtigung des Standes der medizinischen, der personellen und finanziellen Möglichkeiten, der Erwartungen und Wertvorstellungen von Individuum und Gesellschaft, der Eigeninteressen der Ärzte, der medizinischen Institutionen und der pharmazeutischen und biotechnischen Industrie auszuarbeiten ist. Da diese Faktoren wandelbar sind, bedarf es bei ethischen Überlegungen der stets neuen Reflexion auf diese Gegebenheiten, so daß auch die medizinische Ethik einem stetigen Wandel unterliegt. Wenn die Ethik durch diese Faktoren mitbestimmt wird, kann es im Grunde auch kein ärztliches »Sonderethos« geben, wenn es sich nicht um ein die eigenen Standesinteressen verteidigendes »Gruppenethos« handeln soll. In eine medizinische Ethik müssen nach kritischer Prüfung vor allem die in der Gesellschaft gültigen Werte in einer dem Fachgebiet gemäßen Weise eingebracht werden. Dabei kommt den medizinischen Berufen das wesentliche Mitspracherecht zu, denn sie werden durch die auszuarbeitenden ethischen Kriterien in ihrem Handeln unmittelbar bestimmt und sie können am ehesten die Methoden ermitteln, mit denen die Wertvorstellungen durch einigermaßen objektivierbare und gegen Mißbrauch abgrenzende Kriterien umsetzbar sind.

Das Wertempfinden ist nicht zuletzt durch die Vorstellungen von dem bestimmt, was der Mensch ist und sein soll, was das »Menschliche« ist. Die Aufgabe der Ethik besteht in erster Linie darin, Leitlinien für unser Handeln zu entwickeln, durch die die Verwirklichung und Entfaltung dessen ermöglicht wird, was wir unter dem »Humanum« und dem Sinn des Menschseins verstehen. Insofern ist unser »Menschenbild« Grundlage aller ethischen Normen und selbst in erster Linie immer *ethisch* und nur zum geringen Teil von den empirischen Wissenschaften geprägt. Diesen kommt die Aufgabe zu, die physischen, psychischen und sozialen Bedingungen für das aufzuzeigen, was wir für das »Humanum« halten.

Ein schwerwiegender Mangel fast aller philosophischer und vieler theologischer Anthropologien besteht darin, daß sie sich fast nur an den höchsten Möglichkeiten des Menschseins, an der vollen Entfaltung der personalen Fähigkeiten orientieren, dabei aber nicht beachten, daß viele Menschen aufgrund angeborener oder erworbener Krankheiten nicht oder nicht mehr die psychophysischen Voraussetzungen zum Vollzug derart hoher geistiger Leistungen haben. Man darf daraus nicht den Schluß ziehen, daß der philosophische Personbegriff für die Medizin ohne Belang sei, weil er den schwerkranken Menschen nicht mitbedenkt, vielmehr muß es Aufgabe auch der Mediziner sein, die Einseitigkeit eines derartigen Personverständnisses und die gefährlichen Konsequenzen aufzudecken, die von ihm bei der Übertragung in die medizinische Praxis ausgehen. Es bedarf zur anthropologischen Fundierung einer medizinischen Ethik gerade der Ausarbeitung einer »Anthropologie des kranken Menschen«, in der besonders die Grenzen menschlichen Lebens, schwere Krankheit und Sterben bedacht werden.

Gerade der Umgang mit kranken, versehrten und sterbenden Menschen provoziert ja die Fragen nach dem, was menschliches Leben und Sterben ist, worin die Würde und der Wert dieses Lebens besteht, wann dieses Leben erlischt und der Mensch tot ist. Die ungefähre Klärung dieser Fragen ist unabdingbare Voraussetzung für eine ethische Urteilsfindung in Einzelproblemen. Das kann nicht heißen, daß diese Fragen aufgrund empirischer Ergebnisse der Medizin allein beantwortet werden könnten; es kommt jedoch darauf an, möglichst klar herauszustellen, wo die Grenzen empirischer Methoden und Erkenntnisse liegen und welchen Beitrag sie zur Objektivierung von nicht empirisch begründbaren Vorstellungen und Überzeugungen leisten. Die philosophische und auch die theologische Anthropologie wiederum sind gerade für die Grenzbestimmungen menschlichen Daseins auf die exakten Erkenntnisse der Biologie und Medizin angewiesen, haben auf sie Bezug zu nehmen und sie zu integrieren in ihre Vorstellungen vom Sinn und Ziel des Menschseins. Daß jedes medizinische Handeln und nicht erst die Ausarbeitung einer medizinischen Ethik zur Überschreitung empirischer Methodik zwingt, ist letztlich darin begründet, daß das Objekt der Medizin ein menschliches *Subjekt*, der Mensch als *Person* ist. Person ist ein Begriff, der eindeutig nicht empirischer Erkenntnis entspringt, obgleich Personsein in dieser Welt an biologisches Leben gebunden ist. Das therapeutische Bemühen der Medizin zielt auf den Menschen als Person und auf die Erhaltung und Heilung der biologischen Existenz nur insofern, als personales Leben sich in ihr verwirklicht. Für die Mediziner ist es daher ganz entscheidend zu wissen, was wir unter *personalem Dasein* verstehen, wo und wann es *beginnt* und *endet* und worin seine *Würde* und sein *Wert* besteht und begründet ist.

I. Medizinische und psychische Aspekte des menschlichen Lebens, Sterbens und Todes

1. Körper – Hirn – Person: Was sind die physischen und psychischen Voraussetzungen für menschliches Leben?[1]

Unsere Vorstellungen von dem, was menschliches Leben ist, sind wesentlich vom empirisch nicht überzeugend begründbaren Empfinden geprägt, daß der Mensch unter allen Lebewesen eine ganz besondere Stellung einnimmt. Wir empfinden »zwischen Tier und Mensch einen solchen Wesensunterschied, daß wir uns nur schwer einen echten fließenden Übergang zwischen ihnen vorstellen können«[2]. Demnach bestünde zwischen Tier und Mensch ein unüberbrückbarer qualitativer Sprung, der dem Menschen eine absolute Sonderstellung und damit eine unvergleichbare Würde einräumt. In der Philosophie begründete man diese Sonderstellung des Menschen meist damit, daß der Mensch teil am Absoluten, an der Weltvernunft, habe und daß dieses »Göttliche« sich im Menschen widerspiegle. Erst seit diese Metaphysik in der Neuzeit in Frage gestellt wurde – und seit *M. Schelers* letztem Versuch, die Sonderstellung des Menschen doch noch aus der Beziehung zum Absoluten (Geist) zu begreifen –, hat man die Einmaligkeit des Menschen aus dem Vergleich mit dem Tier zu begründen versucht. Es soll hier nicht untersucht werden, inwieweit das wirklich gelungen ist[3], sondern nur auf Konsequenzen dieses Denkmodells hingewiesen werden.

Das entsprechende Menschenbild gründet sich ganz auf die psychisch-geistigen Fähigkeiten des Menschen, in denen er sich von den Leistungen der Tiere unterscheiden soll; es orientiert sich also fast ausschließlich an den höchsten Fähigkeiten. Die niederen psychischen Leistungen des Menschen, die er weitgehend mit den höheren Tieren teilt und die angeblich das »Tierische« im Menschen ausmachen sollen, läßt dieses Denkmodell fast völlig außer acht. So sehr

[1] Diese Ausführungen sind eingehender begründet in Eibach (1974), 75–122. Es wird fast nur auf nach der Abfassung dieses Buches erschienene Literatur ausdrücklich Bezug genommen.

[2] B. Hassenstein, Das spezifisch Menschliche nach den Resultaten der Verhaltensforschung, in: H.-G. Gadamer-Vogler (Hrsg.), Neue Anthropologie, Bd. 2, 1972, 88.

[3] Vgl. Eibach (1974) 112–127.

man sonst auch die Einheit von Körper (bzw. Leib) und Seele betonen mag, man ist über den metaphysischen und auch über den idealistischen Dualismus von einem kausal bestimmten Organismus einerseits und einem sich in Freiheit selbstbestimmenden »transzendentalen« Subjekt (Person) andererseits noch nicht hinausgekommen. Dazu kommt, daß Fähigkeiten, die als spezifisch menschlich herausgestellt werden, z. B. willentlich vernünftiges Handeln, Sprechen, Denken, Wertempfinden, Triebhemmung, moralisches Handeln, ästhetisches Empfinden, Wissen um den Tod, Leben in Hoffnung usw., fast alle in Ansätzen auch bei den höchsten Tieren zu beobachten sind. Somit kann ein absolut qualitativer Unterschied zwischen Tier und Mensch, der den besonderen Wert des menschlichen Lebens gegenüber tierischem hinreichend absichert, mittels empirischer Methoden kaum überzeugend aufgewiesen werden. Man muß also bezweifeln, daß ein solches anthropologisches Modell zur Basis einer medizinischen Anthropologie werden kann, die gerade das kranke und versehrte Menschensein zu bedenken hat.

Eine Konsequenz dieses Menschenbildes für den Bereich medizinischen Handelns bestünde darin, daß man den Menschen, bei denen die spezifischen Signaturen menschlichen Lebens endgültig ausgefallen sind, das Menschsein überhaupt abspricht und sie dann auch nicht mehr weiter als Menschen behandelt und pflegt, ja, sie sogar wegen »Unwert« auslöschen darf – eine Argumentation, mit der man die Vernichtung von »Menschenhülsen« schon oft zu legitimieren versucht hat[4]. Daß es sehr viele »menschliche Wesen« gibt, bei denen die spezifischen Signaturen menschlichen Daseins ausgefallen oder erst gar nicht entwickelt sind, kann man in den geriatrischen und psychiatrischen Anstalten an vielen hirnsklerotischen alten Menschen und bei geistig schwer behinderten Kindern sehen. Es wäre eine verheerende, aber doch logische Folgerung aus dem dargelegten Menschenbild, diesen Menschen das Menschsein abzusprechen und sie als »untermenschliche Wesen« auszulöschen.

Gegen solche Schlüsse kann man vom Boden desselben Denkmodells aus nicht etwa damit argumentieren, daß man für diese Menschen ein empirisch nicht aufweisbares menschliches Bewußtsein »sui generis« postuliert[5], denn Bewußtsein ist keine spezifisch

[4] Vgl. unten C/I/2 u. 3.
[5] So z. B. Thielicke (1970), 23 u. 49.

menschliche Eigenschaft. Es wäre im Rahmen dieses Denkmodells inkonsequent, den Verlust des Menschseins erst dort anzusetzen, wo das Bewußtsein unwiderruflich verlorengegangen ist, also z. B. bei schwerster Zerebralsklerose, apallischem Syndrom (Ausfall der Funktionen der Großhirnrinde), schwersten Hirnmißbildungen bei Säuglingen usw. Eine Desintegration der spezifischen Strukturen der »Persönlichkeit« kann nach dieser an den höchsten Persönlichkeitswerten orientierten Anthropologie bereits bei viel geringeren Graden der Hirnschädigung eintreten[6].

Es ist ganz offensichtlich, daß das gezeichnete anthropologische Modell nicht auf biologischen Erkenntnissen aufbaut, sondern abhängig ist von »Wertschätzungen«, für die man nachträglich eine physiologische Untermauerung sucht. Wir haben es dann meist mit einem »Schichtenmodell« der Persönlichkeit zu tun, in dem sich die Schichten der Person gemäß der Hierarchie der vorgängig festgelegten Werte aufbauen, wofür z. B. die aristotelische und thomistische Seinslehre und die Ontologie N. Hartmanns Beispiele wären.

Nach N. Hartmann[7] bildet das reale Sein eine Sphäre durchgängiger Abhängigkeit, die sich in vier hierarchisch geordnete Schichten unterteilt; das Materielle, das Organische, das Psychische und das Geistige. Nur im Menschen vereinigen sich alle vier Schichten zu einer Ganzheit, doch sei es allein die Schicht des Geistigen, die den Menschen zum Menschen, zur Person mache. Zu was wird der Mensch aber, wenn die geistige oder auch noch die psychische Schicht ausfallen? Verliert er sein Personsein, wird er zu einem »Etwas«, zu einem dreischichtigen höheren Tier oder zu einem zweischichtigen niederen Lebewesen? Das ist eine nur logische Konsequenz, wenn in der Anthropologie die Schichtentheorie der Person dominiert.

Ganz anders liegen die Verhältnisse, wenn nicht die Schichtentheorie, sondern die Ganzheit des menschlichen Seins ontologische Priorität hat. Dann wäre eine Zerstörung der Person nur bei einer Auflösung der Ganzheit des leib-seelischen Geschehens gegeben, die Schichten der Person dürften nicht isoliert, sondern müßten im Rahmen dieser Ganzheit betrachtet werden, und Wertungen müßten

[6] Janzen (85, 98 ff.) berichtet von Fällen, wo bei »erhaltener Intelligenz, auch bei ungestört sich darbietender intellektueller Hochbegabung, bei unbeeinträchtigten Leistungen aller psychischen ›Werkzeuge‹« der »›Charakter‹, die ›Person‹, tiefgreifend verändert« waren.

[7] Vgl. zur Kritik Eibach (1974), 114 ff., 337 ff.

sich zunächst auf die Ganzheit und erst sekundär auf die in dieser Ganzheit feststellbaren Teile und Schichten beziehen. Auf dem Boden eines solchen anthropologischen Modells könnte auch eine »Überformung« der niederen Schichten durch die höheren als endgültig und unverlierbar gedacht werden, da das Teil und die niederen Schichten ihren *Wert* durch die Teilhabe an der Ganzheit und ihrem Wert bekommen; so bliebe das seelische und das vegetative Leben auch dann immer *menschliches* Leben, wenn die es überformende Schicht des Geistigen im Einzelfall ausfiele oder erst gar nicht aufträte. Für die Fälle, in denen ein Menschenkind die Stufe der »geistigen Persönlichkeit« erst gar nicht erreichen kann, könnte zusätzlich das Argument angeführt werden, daß die Zugehörigkeit zur »Gattung« Mensch teil gibt an der Bestimmung, dem Wert und der Würde allen Menschenlebens. Die Gattung – und damit schon die Keimzellen als Träger der Kontinuität der Gattung – trägt die »Merkmale« der Überformung in sich, so daß alles von der Gattung hervorgebrachte Leben gesundes oder krankes und versehrtes *menschliches* Leben ist, das am Wert der Gattung voll teilhat. Es kann also keinesfalls »untermenschliches« Leben sein.

Man hat immer wieder versucht, die Schichtentheorie der Persönlichkeit mit neuroanatomischen und neurophysiologischen Argumenten zu untermauern. So hat *E. Rothacker* (Die Schichten der Persönlichkeit, 1952) eine Schichtentheorie auf den morphologischen Schichten des Gehirns aufbauen wollen, indem er im Anschluß an *Fr. Kraus* eine Tiefenperson (Es-Schicht) von einer an die Leistungen der Hirnrinde gebundenen »kortikalen Person« (Ich-Schicht) unterschied. Die Fehler entsprechender hirnphysiologischer Theorien sollen hier nicht mehr im einzelnen aufgezeigt werden[8]. Der Begriff »Schichten« erweckt die Vorstellung, als gebe es Persönlichkeitsbereiche, die sauber getrennt »übereinander« liegen und ebenso getrennt zur Auswirkung gelangen. Damit lenkt dieser Begriff aber von der Dynamik des Hirngeschehens ab, denn Bewußtsein und höhere psychisch-geistige Leistungen kommen nur durch ein komplexes Zusammenwirken der stammesgeschichtlich jüngeren Teile der Großhirnrinde (Neokortex) mit den älteren Teilen und den einzelnen Re-

[8] Vgl. dazu das jetzt in Dtsch. erschienene Buch von H. Kuhlenbeck, Gehirn und Bewußtsein, 1973; ferner Janzen, bes. 59 ff. u. K. Wezler, Menschliches Leben in der Sicht des Physiologen, in: Gadamer-Vogler (Hrsg.), aaO 292 ff; bes. 342 ff.; Eibach (1974), 84 ff.

gionen des Stammhirns zustande, so daß die Leistungen, die die »Persönlichkeit« ausmachen, nicht einem bestimmten Teil des Hirns allein zuzuordnen sind. Das ist seit der Überwindung der klassischen Lokalisationslehre allgemein anerkannt.

Die Frage nach dem »Sitz« der *Person* und des Bewußtseins und Selbstbewußtseins ist also nicht beantwortbar[9], weil es diesen speziellen Sitz nicht gibt. Gerade Schädigungen im Stammhirnbereich bewirken oft tiefgreifendere Persönlichkeitsveränderungen als starke Schädigungen der Hirnrinde[10]. Diese Erkenntnisse machen die Anschauung hinfällig, als sei allein das Großhirn oder gar nur das Stirnhirn der die Persönlichkeit konstituierende Organteil. Wenn schon das Menschsein von einem Organ und seinen Funktionen abhängig gemacht werden soll, käme das Gesamthirn in dem komplexen Zusammenspiel seiner Funktionen in Frage, denn wahrscheinlich sind gerade die Beziehungen zwischen Hirnstamm und Hirnrinde der entscheidende Faktor im Aufbau der »Persönlichkeit«.

Damit wird nicht bestritten, daß die Feinkoordination und Integration der Hirnleistungen und damit die höchste Ausprägung psychisch-geistiger Merkmale abhängen von bestimmten Ausdifferenzierungen der Hirnrinde, vor allem dem Scheitelhirn und den basalen Teilen des Stirn- und Schläfenhirns und ihren integrierenden Leistungen. Diese Hirnteile sind die phylogenetisch jüngsten und ontogenetisch sich am spätesten, erst nach der Geburt allmählich in ihren Funktionen voll entfaltenden Teile des Hirns, so daß es auch beim Säugling erst nach und nach zur vollen Ausgestaltung persönlichkeitsbestimmender Merkmale kommen kann.

Ob nun der durch Krankheit bzw. Unfall bedingte Ausfall oder das durch genetische oder embryonale Schäden verursachte Fehlen solcher »Persönlichkeitsmerkmale« dem Verlust des *Person-* und *Menschseins* gleichzusetzen ist und so auch zur Todesdefinition herangezogen werden darf, hängt von der Wertsetzung ab, ob man die *Person* nur durch bestimmte Leistungen konstituiert sein läßt und damit das Mensch- und Personsein gleichsetzt mit der »Persönlich-

[9] Janzen, 84; Wezler, aaO 348 f., 353ff., 366ff.; D. O. Hebb, Einführung in die moderne Psychologie, 1969, 130 ff.

[10] Vgl. den von Janzen, 93 f. berichteten Fall. »Ganz unterschiedliche Anteile aus dem Gesamt einer ›Persönlichkeit‹ werden verändert, gestört, zerrüttet, verloren, je nachdem ob Anteile des Kleinhirns, des Zwischenhirns oder des Schläfenhirns erkrankten« (ebd. 82; 54).

keit«, d. h. dem Grad der eigentätigen Ausgestaltung spezifischer individueller Merkmale der Person.

Gibt es eine andere, weniger von philosophisch-weltanschaulichen Wertsetzungen abhängige biologische Basis, an der sich unser Verständnis von *Person* ausrichten kann? Hier bietet sich die oben bereits eingeführte Erkenntnis der »*Ganzheit* des Lebens« an, biologisch gesprochen: der *Organismus*-Gedanke. Wurden in der dargestellten anthropologischen Konzeption biologische Erkenntnisse zur Untermauerung eines nicht naturwissenschaftlich begründ- und ableitbaren Person- bzw. Persönlichkeitsverständnisses herangezogen, so soll hier nun nicht der umgekehrte Weg gegangen werden und das Personverständnis einem biologistischen Denken untergeordnet werden, um dann aus diesem eine naturalistische Ethik abzuleiten. Biologische Fakten an sich liefern keine ethischen Normen. Es kann sich auch nicht um eine das Stufenmodell völlig ausschließende anthropologische Konzeption handeln. Vielmehr geht es um die rechte Zuordnung beider Modelle und um die Frage, welches Modell ontologische Priorität haben darf und soll. Es muß sich dann bei der Durchführung zeigen, ob es, wenn wir an einem biologischen Modell ansetzen, zu einer Unterordnung der »Ontologie der Person«, die am Vollzug menschlichen Daseins im Akt freiheitlicher Selbstgestaltung anhebt, unter eine »Ontologie des Seienden« und nur »Naturhaften« kommen muß[11]. Eine rein personalistische Anthropologie bekommt die Grenzen menschlichen Daseins »nach unten hin« und damit auch die Grenzfälle menschlichen Daseins, die schwer kranken, versehrten und sterbenden Menschen und den faktischen Tod, nicht in den Blick. Daher kann sie auch zu höchst gefährlichen Schlußfolgerungen führen. Insofern ist für eine medizinische Anthropologie der Ansatz am biologischen Modell sinnvoll und notwendig, wenn auch nicht ausreichend.

Es soll nicht verschwiegen werden, daß das Ganzheitsmodell nicht rein biologisch ist, denn es hat den seit der Antike verbreiteten Gedanken zur Grundlage, daß das Ganze mehr ist als die Teile und die Summe der Teile. In der Biologie hat besonders *A. Portmann*[12] die

11 Daß diese Befürchtung unberechtigt ist und daß dieser Weg auch philosophisch von existentialen Denkern wieder beschritten wird, zeigt das Buch von Hans Jonas, Organismus und Freiheit. Ansätze zu einer philosophischen Biologie, 1973.

12 A. Portmann, Biologische Fragmente zu einer Lehre vom Menschen, 1969³, 14; vgl. Eibach (1974), 118 ff.

Ganzheit, die Gestalt, den Organismus in den Mittelpunkt biologischer und anthropologischer Überlegungen gerückt und nachdrücklich betont, daß die Idee der Ableitung der höheren Gestalt aus der niederen und ihren einzelnen Teilen in die Irre führt. Das »Wesen der höheren Gestalt läßt sich nicht aus den Bedingungen der niederen Form verstehen, selbst wenn es hochwahrscheinlich ist, daß sie von den letzteren abstammt« und sich aus einzelnen Organen zusammensetzt. Wenn das Einzelteil seine Funktion nur im Rahmen des Ganzen bekommt, dann kann sein Sinn nur von der Ganzheit her erfaßt werden, dann hat aber auch die Ganzheit, der Organismus, ontologische Priorität vor den Teilen, den Organen.

Vor allem *V. v. Weizsäcker*[13] hat aufweisen können, daß die personale Existenz nur von der Ganzheit des Organismus und seinen Vollzügen her zu verstehen und auf sie zu beziehen sei. In der philosophischen Anthropologie ist der gleiche Gedanke schon von *J. G. Herder* und in unserer Zeit von *A. Gehlen*[14] geltend gemacht worden. Die Sonderstellung, die Individualität und Personalität des Menschen werden hier nicht von einem Organteil – etwa dem Gehirn – und seinen spezifischen Leistungen her begründet, sondern aus der Ganzheit der leib-seelischen Beschaffenheit und Vollzüge. In dieser Sicht können auch die morphologischen Besonderheiten des menschlichen Körpers und der Körper an sich in ihrer Bedeutung für die Ausprägung der Person und ihres Charakters[15] genügend gewürdigt werden. So ist es seit langem unbestritten, daß der aufrechte Gang, der das Freiwerden des Armes und der Hand zu differenzierten Bewegungen und die Erhebung des Haupts zur Erweiterung des Sehraums und damit zur besseren Erfassung der Umwelt ermöglicht, unmittelbar mit der Ausprägung entsprechender hirnanatomischer Strukturen und psychisch-geistiger Leistungen verbunden ist[16]. Im Bereich der Embryologie konnten A. Portmann u. a.[17] zeigen, daß die

[13] Besonders in »Der Gestaltkreis«, 1950.

[14] Der Mensch, seine Natur und seine Stellung in der Welt, 1962[7]; zur Kritik an Gehlen vgl. Eibach (1974), 115 f.

[15] Vgl. K. Goerttler, Morphologische Sonderstellung des Menschen, in: Gadamer-Vogler (Hrsg.), aaO 215 ff. und zur Konstitutionslehre W. Kretschmer, ebd. 258 ff.

[16] »In enger gegenseitiger Rückkoppelung von Motorik und Sensorik bilden sich gerade diejenigen *Gehirnteile*- und funktionen aus, durch die sich der Mensch über die höchsten lebenden Säugetiere emporhebt« (K. Wezler, aaO 340).

[17] AaO 104; vgl. D. Starck, Embryologie, 1965, 334; E. Blechschmidt, Vom Ei zum

menschliche Ontogenese nicht ein Werdegang ist, der zunächst tierisch ist und erst an einem bestimmten Punkt in eine letzte Etappe von menschlichem Gepräge übergeht; der Mensch durchläuft also in seiner Entwicklung nicht einen Fisch-, Reptilien- und zuletzt Affenzustand – wie es dem Stufenmodell entspräche –, sondern sein Werden ist von allem Anfang an in seinen entscheidenden Zügen »spezifisch menschlich«, so daß sich aus menschlichen Keimzellen nur gesundes oder versehrtes Menschenleben, nie aber ein höheres oder niederes Tier entwickeln kann. Wie versehrt auch immer das ungeborene oder geborene Leben ist, das aus menschlicher genetischer Information hervorgegangen ist, es ist und bleibt menschliches Leben, solange es als Ganzheit lebt.

Das Denken, das der Ganzheit des Organismus ontologische Priorität einräumt, hat insgesamt gesehen eine solide biologische Basis. Die Analyse menschlichen Verhaltens zeigt, daß neben dem Gehirn notwendig immer auch andere Organe als wahrnehmende und ausführende Organe beteiligt sind, daß das ganze »senso-motorische System«, ja der ganze Organismus immer als psychophysische Ganzheit beteiligt und beansprucht ist. Zwar ist das Körpergeschehen im starken Maß im Gehirn zentriert und repräsentiert und hat hier seine zentrale Kontrollinstanz, ohne die es nur für kurze Zeit geordnet ablaufen kann, doch kann das Gehirn nicht als »Sitz der Seele« oder der Personalität bezeichnet werden, denn es ist ein von allen Seiten benachrichtigtes und beeinflußtes System, ein »geführter Führer« (Portmann). Individuum und dann auch Person ist letztlich nicht ein Teil des Körpers, sondern die ganze körperlich-seelische *Einheit,* der lebendige und beseelte Organismus, der *Leib.* Das, was wir als Seele und als Subjekt oder *Person* bezeichnen, findet im Leib, dem lebendigen Körper, allererst sein »Ausdrucksfeld«, denn das Subjekt kann nur insoweit in Erscheinung treten, als es sich »verleiblichen«, d. h. im Leib »verkörpern« und manifestieren kann. Daher ist der Körper nicht ein Ding, das ich habe, sondern gelebter Organismus, *Leib*, in dem und durch den sich das Subjekt vollzieht, Leib, der *ich* also selbst *bin.* Der Leib ist die im Vollzug des Lebens gesetzte Einheit von Körperlichem und Seelischem, er ist das Feld der »Autoorganisation« des

Embryo, 1968, ders., Die pränatalen Organsysteme des Menschen, 1973; G. H. Graber/F. Kruse (Hrsg.), Vorgeburtliches Seelenleben, 1973.

Geistigen (F. J. J. Buytendijk), das *Ausdrucksfeld* des Subjekts und das Eintrittsfeld seiner Mit- und Umwelt.

Die gelebte Existenz ist immer eine Einheit, in der sich die Beziehung von Körper und Seele fortwährend neu ausbildet. Der Leib ist das Schnittfeld von Natur und Geschichte, von Vorgegebenheit und Aufgegebenheit der Existenz, von Gebundenheit und Freiheit der Person. Der Körper gehört zum spezifischen Sein des Menschen unabdingbar hinzu, er konstituiert die *Person,* die sich im Leibe verwirklichende Existenz und nicht eine abstrakte Geistigkeit ist. Erst dann, wenn der Entwurf der Existenz im Leibe mißlingt, wenn dem leiblichen Vollzug der Existenz ein unaufhebbarer Widerstand entgegentritt – besonders bei Krankheit und schwerer Versehrtheit des Körpers – wird der Leib als *Objekt,* das ich *habe,* erfahren. Kann sich die Existenz nicht mehr recht im Körper verwirklichen, nicht mehr voll *verleiblichen,* so »verkümmert« die Person. Gerade bei der aufgrund von Krankheit mißlingenden Verleiblichung der inneren Existenz zeigt sich, daß das »Leib-Haben« ein Modus des »Leib-Seins« ist, der als unnormal, als Behinderung und als Krankheit empfunden wird. Menschen mit »intaktem Geist«, aber erheblicher körperlicher Versehrtheit, z. B. schwersten Lähmungen, leiden an der »Einengung« ihrer Möglichkeiten, sich leiblich zu verwirklichen; aber auch ganz abgesehen davon ist es irrig, eine tiefgreifende Störung der Persönlichkeitsstruktur nur bei Schädigungen des Gehirns, nicht aber bei schweren körperlichen Krankheiten und Versehrungen anzunehmen.

Die Orientierung der Anthropologie am »Organismus« ermöglicht durchaus die Einbeziehung der Um- und Mitwelt, denn der Körper ist zwar ein komplexes Ordnungsgefüge, das auf die Aufrechterhaltung des planvollen Zusammenwirkens der Teile zum Gesamtorganismus abgestimmt ist, doch ist er trotzdem kein geschlossenes, sondern ein »offenes System«, das aus der Umwelt lebt und das erst aus dieser Weltbeziehung eine mehr oder weniger reiche Innenwelt, Individualität und Personalität aufbaut. Daß die Persönlichkeit stark »verkümmert«, wenn der Bezug zur Um- und Mitwelt infolge Krankheit schwer gestört ist oder gar ausfällt, daß aber der Organismus als Ganzheit und damit das Individuum noch lange ohne diese Bezüge leben kann, deutet an, daß das Verhältnis des Organismus zur Umwelt ein anderes ist als das der Organe zum Organismus. Die Umwelt ist variabel, der Bezug zur Umwelt ist »offen«, d. h. freiheitlicher und viel weniger physiologisch vermittelt und festgelegt als der Bezug der Organe zueinander im Organismus. Die Abgegrenztheit des Leibes von anderem Sein konstituiert die Individualität im Gegenüber zur Umwelt. Bei Ausfall der eigentätigen und bewußten Umweltbeziehungen erlischt das Dasein des Individuums aber nicht. Zwischen der Integration der Organe zum Organismus und der des Organismus in die Umwelt besteht eine tiefe Zäsur[18]. Für die Bezüge zur Umwelt spielt – wie für die Integration der Organe zum Organismus – das Zentralnervensystem (ZNS), besonders das Gehirn, die entscheidende und letzte Rolle[19]. Fallen die Funktionen des Gesamthirns total aus, so bricht die Integration der Organe zum Organismus ohne »künstliche« Stützung von außen sehr bald zusammen. Das ist jedoch nicht der Fall, wenn nur die Funktionen des Großhirns ausfallen, die Stammhirnfunktionen aber weithin intakt bleiben. Wenn – wie wir dargestellt haben – der Organismus in seiner integrierten Ganzheit der *Lebensträger* ist, dann bedeutet der irreversible Zusammenbruch des Gesamtsystems, nicht aber der Ausfall von Teilfunktionen, das Ende und den Tod des Organismus als beseelter Leib und als Individuum.

Die anthropologische Relevanz dieses Modells sei nochmals herausgestellt. Wenn als Träger des menschlichen Lebens das integrierte Gesamtsystem, der lebendige Organismus, der Leib, betrachtet wird, so werden zunächst keine wertmäßigen Differenzierungen in höhere und niedere, menschliche und rein animalische Lebensäußerungen vorgenommen, sondern es wird nur nach ihrer Bedeutung für die Aufrechterhaltung der Integration der Organe zum Organismus gefragt. Nach dieser Auffassung wird Leben von allem Anfang der Entwicklung des Organismus an[20], also von der Keimzellenverschmelzung an, als leib-seelische Ganzheit verstanden. Diese Ganzheit differenziert sich langsam zu höheren Integrations- und Lebensfunktionen aus, die im Sterben wieder abgebaut werden. Die Individualität, d. h. die Aus- und Abgegrenztheit von der Umwelt, hängt ganz an der Integration der Teile zum Ganzen, zum Organismus. Er allein ist Träger individuellen Lebens, nicht aber die Organe und Zellen. Folg-

[18] Daher ist die Übertragung des Organismus-Gedankens auf eine Gesellschaft von Individuen nur sehr bedingt möglich.

[19] Zur Rolle des Kreislaufsystems vgl. B/I/2, Anm. 4 f.

[20] Zu den daraus sich ergebenden Problemen über den Beginn menschlichen Lebens und den »Wert« früher Embryonalstadien vgl. Eibach, (1972), 152 ff.

lich sind alle leiblich-seelischen Lebensformen dieser Ganzheit Ausdruck des Lebens dieses speziellen Individuums, d. h., aus der Verschmelzung menschlicher Keimzellen hervorgegangenes Leben ist immer menschliches Leben und bleibt es bis zum Tod. Die Qualität, »Mensch« zu sein, kommt ebensowenig erst sekundär zum biologischen Leben hinzu wie die leiblich-seelische Einheit der Lebensäußerungen; sie ist mit dieser immer zugleich gegeben. Damit ist mit »Mensch« zunächst noch nicht mehr gemeint als diese bestimmte Gattung der Säugetiere. Verbinden wir aber mit dem Begriff »Mensch« spezifische Wertgesichtspunkte, so meinen wir den Menschen als *Person*, betrachten sein Leben also bezogen auf eine den biologischen Begriff »Leben« übersteigende Größe.

Soll dieses, aus empirischen Befunden nicht ableitbare Verständnis von Person Anhalt an empirischen Erkenntnissen haben, so ist das Personsein auf das individuelle Leben, d. h. den Organismus als integrierte lebendige Ganzheit zu beziehen. Damit wäre dieses leiblich-seelische Leben unabdingbare Voraussetzung personalen Lebens, bekäme aber zugleich teil an dem transzendenten Wert der *Person*. Der Wert, Person zu sein, käme so dem menschlichen Leben vom Lebensbeginn bis zum Zusammenbruch des Organismus immer zu, gleich welche Ausprägung dieses Leben annimmt. Die Zuordnung des Begriffs »Person« zum Leben des Organismus ist sinnvoll, denn sie verhindert, daß der Wert der Person von spezifischen Leistungen einzelner Organteile abhängig gemacht wird, deren Ausfall sonst dem Ende der Person gleichkäme. So aber kann menschliches Leben jeder Art im Lichte des Wertes der Person gesehen werden, der das biologische Leben übersteigt.

Bei ontologischer Priorität des Lebens als integrierte *Ganzheit* kann dem »Ganzheitsmodell« zu Recht auch das hierarchische »Stufenmodell« sinnvoll ein- und untergeordnet werden. Die Ganzheit kann verschiedene Komplexitätsgrade der Ausprägung haben. Mit zunehmender Ausdifferenzierung des Lebens kommt es zu einer Entfaltung derjenigen Qualitäten, die wir als »Persönlichkeitsmerkmale« bezeichnen möchten, wobei wir unter *Persönlichkeit* die selbsttätig lebensfähige, eigentätig handelnde, die ihr Personsein in freiheitlichen Akten vollziehende *Person* verstehen. So wie die Ganzheit des Organismus den Rahmen bildet, innerhalb dessen es zur Entfaltung aller angelegten Lebenspotenzen kommen kann, so ist der Begriff *Person* der Rahmen und die Basis, auf der die mehr oder weniger starke Ausbildung der *Persönlichkeit* sich vollziehen kann, ohne daß das Fehlen oder der Ausfall von Persönlichkeitsmerkmalen den Verlust des Mensch- und Personseins nach sich zöge, solange der Organismus als Ganzheit lebt. Die Ausprägung der Persönlichkeitsmerkmale und ihre durchaus mögliche hierarchische Abstufung bringt eine notwendige Differenzierung nach sogenannten qualitativen Gesichtspunkten in den Lebensbegriff ein und ist insofern bei Ein- und Unterordnung in das »Ganzheitsmodell« und bei dessen ontologischer Priorität eine sinnvolle Ergänzung desselben. Man darf auch nicht übersehen, daß dem zunehmenden Abbau der Persönlichkeitsmerkmale bei schwerer Krankheit und im Sterben häufig auch ein Abbau der Integrationsebenen des Organismus parallel geht. Doch kann bei der dargelegten Unterscheidung von *Person* und *Persönlichkeit* der Ausfall von Persönlichkeitsmerkmalen nicht zum Verlust des Mensch- und Personseins und seines Wertes führen, solange der Organismus als Ganzheit und damit als Individuum existiert. Der *Wert, Person* zu sein, ist dem Organismus zwar nicht immanent, sondern transzendent, ist ihm aber dennoch als bleibendes, unverlierbares *Kontinuum* bis zum Tod zugeordnet.

2. *Tod und Sterben: Wann ist der Mensch tot und wie vollzieht sich sein Sterben?*

Auf dem Hintergrund des zuletzt entworfenen anthropologischen Modells läßt sich ein überzeugendes Verständnis des Sterbens und Todes des Menschen entwickeln[1]. Nach der »ganzheitlichen« Auffassung vom menschlichen Leben ist der Organismus als Funktionsgefüge und integrierende Ganzheit – nicht aber einzelne Organe, Organteile oder gar Zellen – *Lebensträger* individuellen Lebens. Daraus ergibt sich, daß der Tod des *Individuums* (Individualtod) und so auch der *Tod des Menschen* als *Person* mit dem Tod des Organismus als integrierender Ganzheit gegeben ist. Da jede Todesdefinition ein bestimmtes Verständnis von »Leben« voraussetzt, impliziert diese Aus-

[1] Zum Folgenden vgl. Eibach (1973), 60–83; ders. (1974), 75–84; ferner den Sammelband von Krösl-Scherzer (Hrsg.); Fritsche, 10 ff.; Weißauer-Opderbecke, 2 ff. u. dazu J. Gerlach, in: Anästhesiologische Informationen, 1973, 4 f.

sage die nicht rein biologische Prämisse, nach der *individuelles* Leben nur das einigermaßen selbsttätige, abgegrenzte und integrierte Leben einer Ganzheit ist, die wir biologisch als Organismus bezeichnen.

Eine andere Todesdefinition orientiert sich am kleinsten lebenden Baustein des Organismus, der Zelle, und versteht demzufolge unter *Tod* – im Unterschied zum Sterben, das ein Prozeß ist – den *Zustand* des »Abgestorbenseins« aller Stoffwechselvorgänge in den Zellen, die den Körper konstituieren, einen Zustand, den man als *Totaltod* (J. Gerlach) bezeichnen kann. Diese Todesdefinition ist nur scheinbar biologisch exakter als die am Leben des Gesamtorganismus orientierte, denn sie impliziert die Prämisse, daß Leben vom Teil, vom kleinsten Baustein her zu verstehen und an ihn gebunden sei. Die einzelnen Zellen sterben je nach Organ, Zelltyp und äußeren Bedingungen erst lange Zeit nach dem Zusammenbruch der Integration der Teile zum Organismus ab. Eine solche Todesdefinition ist für die medizinische Praxis und das auf sie bezogene Recht untauglich, und wir lehnen sie auch deshalb als für den Tod des Menschen maßgebend ab[2]. Sie ist jedoch vor allem zu verwerfen, weil das Teil seinen Zweck nur im Ganzen hat und nur vom Ganzen her in seinem Sinn gedeutet werden kann, so daß der Organismus als die höhere Integrationsstufe, die allein integriertes und individuell selbsttätiges Leben ermöglicht, ontologische Priorität vor dem Leben der Teile hat. Dieser Gedanke ist von der vor allem von *A. Portmann* vertretenen »Gestaltbiologie« her gesehen der biologisch einzig sinnvolle Zugang zum Verständnis von Leben und Tod.

Individuelles Leben ist also gegeben durch die Integration der Teile zum Organismus, der *Lebensträger* ist. Die Todesdefinition bezieht sich auf diesen Lebensträger; sie muß zwei wesentliche Kriterien erfüllen, daß nämlich erstens der *Tod die Negation des Lebensträgers* ist und zweitens, daß diese Negation *irreversibel*, also unwiderruflich und endgültig ist[3]. Wenn der Organismus als Funktionseinheit Lebensträger ist, dann ist der Tod des Organismus und also der Tod des Individuums mit der irreversiblen Desintegration, dem unwiderruflichen Zusammenbruch dieser Funktionseinheit »Organismus« gege-

[2] Weißauer-Opderbecke, 4 f.

[3] J. Gerlach (aaO 5) ist darin zuzustimmen, daß man eigentlich keinen Zustand und keine Phase im Leben als *Tod* bezeichnen sollte, in der eine Wiederbelebung grundsätzlich möglich erscheint. Ein reversibler Zustand sollte nicht Tod genannt werden.

ben. Das läßt uns die Frage stellen, wodurch der Zusammenbruch der integrierten Ganzheit bedingt wird. Hier kommen letztlich nur die beiden »homöostatischen Systeme«, das Herz-Kreislauf- und das Zentralnervensystem (ZNS) in Betracht, da sie die Integration der Organe zum Organismus bewirken. Dabei hat das ZNS, vor allem das Gehirn als zentrale Schaltstelle des ZNS, eine übergeordnete regulierende Funktion über das Herz-Kreislaufsystem. Bei endgültigem Ausfall aller regulierenden Funktionen des Gesamthirns, der den Hirntod unwiderruflich macht, kann zwar der Kreislauf noch für wenige Tage erhalten bleiben[5], doch ist dann der Zusammenbruch des Gesamtsystems definitiv eingeleitet und irreversibel geworden. Das ist beim Ausfall der Herzfunktionen nicht der Fall, da die Funktionen des Herzens durch eine Maschine (Herzlungenmaschine) oder Transplantate ersetzt werden können, was für das Hirn nicht möglich sein wird[6]. Es sei nochmals betont, daß der Hirntod, also der Tod eines Teiles des Organismus (Partialtod), nur insofern für die Definition des Todes der Ganzheit »Organismus« und damit für den »Individualtod« in Anspruch genommen wird, als das Gehirn als die zentrale Schaltstelle des Nervensystems letztlich die Instanz ist, die die Integration der Teile zum Ganzen bewirkt und gewährleistet. Mit dem irreversiblen Ausfall aller integrierenden Funktionen des Gehirns ist die totale Desintegration des Organismus und damit die Zerstörung des Trägers individuellen Lebens eingeleitet und binnen kürzester Zeit manifest. Entscheidend für die Todesdefinition ist also letztlich die *Irreversibilität* des Funktionsverlusts des Gesamthirns, der zugleich das unwiderrufliche schnelle Zusammenbrechen des Organismus bedeutet. Die Irreversibilität selbst ist mit naturwissenschaftlichen Methoden nicht direkt, sondern nur im nachhinein vom eingetretenen Zusammenbruch der Hirnfunktionen her faßbar.

Diese Definition des Todes identifiziert den Hirntod (Tod des Gesamthirns) mit dem »Individualtod« und damit mit dem »Menschentod« und dem Tod der *Person*, weil mit dem Tod des Gesamthirns »der Verlust der leib-seelischen Ganzheit und infolgedessen das Aufhören jeglicher Individualität«[7] gegeben ist. Der Hirntod wird also nicht deshalb mit dem Individualtod gleichgesetzt, weil allein im Ge-

[5] Chr. Käufer, Der Sterbevorgang in medizinischer Sicht, in: Concilium 10 (1974), 274, gibt an, daß »diese Frist auf 2 bis höchstens 5–6 Tage beschränkt« ist.
[6] Zur Transplantation des Gehirns vgl. C/II/5/a, Anm. 29.
[7] H. v. Kress (1970), 1.

hirn die bewußtseinstragende und persönlichkeitsbestimmende Instanz gesehen wird. Eine solche am philosophischen *Persönlichkeitsbegriff* ansetzende und von Wertgesichtspunkten ausgehende Todesdefinition müßte ja den Tod des Menschen mit dem Ausfall derjenigen Funktionen als gegeben ansehen, die man vorher aufgrund von Wertschätzungen als persönlichkeitsbildend herausgestellt hat. Diese am Stufenmodell der Persönlichkeit orientierte Todesdefinition würde in ihrer Konsequenz nicht nur dazu führen, daß man den Tod der Person mit dem irreversiblen Ausfall des Großhirns und vielleicht dadurch bedingter Bewußtlosigkeit identifizieren müßte, wie es zunehmend mehr gefordert wird, sondern auch dazu, daß man die Person für *tot halten* oder *erklären* müßte[8], wenn bestimmte persönlichkeitsbestimmende und -konstituierende psychische Merkmale, keinesfalls aber jegliche Bewußtheit und auch nicht das gesamte Großhirn ausgefallen sind. Wie bereits dargelegt, wäre aus hirnphysiologischen Gründen eine anatomische Lokalisation eines so verstandenen Todes der Person im Großhirn oder Teilen von ihm unmöglich[9]. Selbst wenn man auf anatomische Verifikation des Todes verzichten und sich nur an von außen beobachtbare psychologische Phänomene, vor allem den *Bewußtheitsgrad*, halten würde, könnte man nur *gleitende Übergänge* des Bewußtheitsgrads feststellen, vom klaren Selbstbewußtsein als Wissen um sich selbst und Vermögen der Reflexion bis hin zum getrübten Bewußtsein, das gegen das Unbewußte ohne feste Grenze in stetigem Übergang verschwimmt und dann in der Bewußt- und Reaktionslosigkeit endet[10].

Selbst bei total bewußtlosen Menschen mit sogenanntem »apallischem Syndrom«, bei denen bei bestehenden Stammhirnfunktionen die Großhirntätigkeit endgültig ausgefallen ist, sind die Lebensäußerungen zwar stark reduziert und teils unkoordiniert, »jedoch grundsätzlich vorhanden«[11]. Ganz abgesehen davon, daß Bewußtsein – so-

[8] So die Neurochirurgen Röttgen, Kuhlendahl, die Physiologen Akert, Kubicki (vgl. Der Spiegel 29, 1975, Nr. 7, 40 ff) und am extremsten der amerikanische Ethiker Fletcher (1973), 114 f. (vgl. C/I/3). Dgg. vgl. die bei Wunderli, 107 ff. zitierten Neurochirurgen etc. u. Eibach (1974), 80 ff. Vgl. zur theol. Beurteilung des Todeszeitpunkts B/II/5, Anm. 19 ff.

[9] Vgl. B/I/1, Anm. 4–9; wie aus dem von Janzen (93 f.) berichteten Beispiel hervorgeht, können die Phänomene eines apallischen Syndroms schon bei einigermaßen intaktem Großhirn auftreten.

[10] Zur näheren Begründung Eibach (1974), 91 ff.

[11] Käufer, aaO 247; vgl. Wunderli, 108. Immerhin können Menschen mit apallischem Syndrom bei künstlicher Ernährung und guter Pflege Jahre überleben.

gar Selbstbewußtsein – keine spezifisch menschliche Qualität ist und wir über das subjektive Erleben von Menschen mit schweren Hirnschäden und getrübtem Bewußtsein (z. B. bei Zerebralsklerose) nichts aussagen können, wird keiner überzeugend festlegen können, durch den Ausfall welcher psychischer Leistungen und bei welchem Grad von Bewußtseinstrübung das Individuum sein Menschsein verliert, so daß sich auch Begriffe wie »geistig tot« und ähnliche als ungeeignet erweisen, den Tod des Menschen zu kennzeichnen. Die einzig überzeugende und biologisch-anthropologisch zu rechtfertigende Lösung des Problems liegt darin, daß der Organismus die Individualität konstituiert, daß Personsein auf diese Individualität zu beziehen ist und daß der *Tod der Person* mit dem *Individualtod* identisch ist, der mit dem irreversiblen Ausfall aller Funktionen des Groß- und Stammhirns als gegeben angesehen werden darf.

Diese Definition des Todes wird nur der grundlegenden Fragestellung nach den letzten *Grenzen* menschlich personalen Lebens gerecht. In bezug auf ein angemessenes Verständnis des *Sterbens* bedarf das der Todesdefinition zugrundeliegende »Ganzheitsmodell« doch der Ergänzung durch das »Stufenmodell« der Person. So sehr wir betonen, daß der Tod *der* Person mit dem Individualtod identisch und mit dem Hirntod gegeben ist, so sehr ist auch hervorzuheben, daß der *Abbau* der »Persönlichkeit« sich schrittweise vollzieht mit dem mehr oder weniger schnellen Verlust persönlichkeitsbestimmender Merkmale. Dem *Tod der Person* geht der Tod des Menschen als wahrnehmender und selbstbewußter Person voraus, die um ihren eigenen Zustand weiß, Informationen aus der Umwelt bewußt aufnimmt und verarbeitet. Wir können das als den Tod *für* die Person selbst bezeichnen, insofern der Mensch sich nun selbst nicht mehr als »Ich« erfährt, also keine bewußte Beziehung zu sich selbst und damit auch zur Umwelt hat. Man kann diesen Tod den »intrapersonalen« oder auch den »psychologischen« oder »phänomenologischen« Tod nennen[12].

Dieser *psychologische Tod* ist mit Sicherheit dann gegeben, wenn der Mensch endgültig nicht mehr sinnvoll auf Umweltreize reagiert und antwortet, wahrscheinlich aber schon dann, wenn unwiderruf-

[12] Weismann u. Hackett (nach Bowers, 43 f.) verwenden den Begriff »intrapersonaler Tod«, weil der Mensch sich selbst nicht mehr als »Ich« erlebt, R. Kastenbaum (in: Pearson, bes. 23 f.) den Begriff psychologischer oder phänomenologischer Tod. Zum Begriff »Persönlichkeitstod« vgl. B/II/5, Anm. 25.

lich keine *verbale* oder *nonverbale Kommunikation* mehr mit ihm möglich ist. Man muß aber mit *R. Kastenbaum*[13] betonen, daß dieser psychologische Tod *nicht* mit dem Tod *der* Person gleichzusetzen und daß er auch von außen her nicht zuverlässig festzustellen ist, weil die Übergänge von hellwachem Selbstbewußtsein über Bewußtseinstrübung und Dahindämmern bis zu totaler Bewußtlosigkeit ohne deutliche Zäsuren ineinander übergehen. Während eine genaue Bestimmung des Eintretens des psychologischen Todes unmöglich sein dürfte, kann eine Grenzziehung nach unten hin doch gewagt und so ein Kriterium für den psychologischen Tod angegeben werden. Dieses Kriterium wäre die *irreversible Bewußtlosigkeit* im Sinne der Unfähigkeit, Außenreize bewußt aufzunehmen und zweckmäßig und sinnvoll zu beantworten.

Vom »psychologischen Tod« sollte man eine Form des Todes unterscheiden, die wir als »interpersonalen«[14] oder »*sozialen Tod*« bezeichnen wollen, obgleich man den Begriff »Tod« im strengen Sinne hier nicht anwenden dürfte[15], da dieser Tod kein irreversibler *Zustand* ist. Das Kriterium der »Irreversibilität« ist hier wenigstens so lange nicht erfüllt, wie der psychologische Tod noch nicht eingetreten und damit die Fähigkeit zur Kommunikation noch erhalten ist. Wenn wir diese Form des Todes dennoch hier einführen, so deshalb, weil sie zwar nicht notwendig aber doch faktisch häufig vorkommt und für die ethische Betrachtung des Bereichs um Altern und Sterben von entscheidender Bedeutung ist.

Wir möchten unter »sozialem Tod« den selbst verschuldeten oder aufgezwungenen Abbruch der Kommunikation mit den Mitmenschen und die Ausgliederung aus und Isolierung von dem gesellschaftlichen Leben verstehen, durch die besonders alte, psychisch schwer kranke, unheilbar kranke und sterbende Menschen in eine ausweglose Isolierung, Hoffnungslosigkeit und Verzweiflung gestoßen werden. Suizid und der psychosozial bedingte vorzeitige Tod der Person sind sehr häufig die Folge[16]. Zwar kommt diese Dimension

13 AaO 24; vgl. B/I/1, Schluß.

14 So Kastenbaum, aaO 14 f.; vgl. Bowers, 41 ff. Wie die Untersuchungen von Witzel (1971 u. 1973) auf einer internistischen Intensivstation zeigen, tritt der psychologische Tod beim größten Teil der Patienten erst wenige Stunden vor dem Individualtod ein. Ein entgegengesetztes Bild ergibt sich auf neurochirurgischen Intensivstationen aufgrund der zahlreichen schweren Hirnverletzungen.

15 Vgl. Anm. 3.

16 Vgl. Eibach (1975) 139 ff.; ders. (1974), 29 f, 34 ff., 44 ff., 61 ff.; Sudnow, 96 ff.; A. Finzen (Hrsg.), Hospitalisierungsschäden in Krankenhäusern, 1974.

des Todes und des Lebens beim Ansatz am biologischen Leben nicht recht in den Blick, ist in der Einheit der psycho-physischen Existenz aber doch vorgezeichnet, da der biologische Organismus als »offenes System« mit der Umwelt verflochten ist, aus der er lebt, und da vor allem erst diese Umweltbeziehung eine mehr oder weniger reiche Innenwelt (Seelenleben) ermöglicht. Ohne Bezug zur Umwelt baut sich das seelische Leben kaum normal auf, und bei Abbruch der Beziehungen verkümmert es bald so, daß der Mensch schwer depressiv werden kann. Die Depression ist Ausdruck der Abwesenheit des Lebens als des Geschehens, das sich in Beziehungen verwirklicht. Sie äußert sich häufig in »apathischer« Reglosigkeit und Starre, nicht selten verursacht durch tiefe Hoffnungslosigkeit und Ausweglosigkeit. Sie trägt damit alle Zeichen des Todes an sich, ja führt ihn oft herbei. Gerade weil diese Form des Todes die anthropologisch gesehen »eigentliche« Dimension menschlichen Daseins in den Blickpunkt rückt und weil sie nicht notwendig unabänderlich und menschlichem Tun unzugänglich ist, ist sie für die Ethik von so entscheidender Bedeutung.

Im Gegensatz zum Tod ist das *Sterben* kein Zustand, sondern ein *Prozeß*. Eine überzeugende Definition dafür zu finden, wer ein sterbender Mensch ist und wann der Sterbeprozeß einsetzt, dürfte wesentlich schwieriger sein als die schon nicht unproblematische Definition des Todes. Dennoch ist eine Klärung nötig, will man nicht undifferenziert bei der Lebensverlängerung um jeden Preis als ethischem Prinzip der Medizin stehenbleiben. Ganz abgesehen von der Frage, ob es Ziel der Medizin sein sollte, den Tod an sich zu bekämpfen, ist es sinnvoll, grundsätzlich zu unterscheiden zwischen einem Krankheitsverlauf oder Unglücksfall, der in eine *akute, lebensbedrohende Krise* führt, grundsätzlich aber behebbar oder doch wenigstens zum Stillstand zu bringen ist, und einem mehr oder weniger schnell verlaufenden Krankheitsprozeß, der nicht grundsätzlich zu stoppen, allenfalls zu verlangsamen ist, also ein Grundleiden darstellt, das zum Tode führt.

Als entscheidendes Kriterium wäre demnach auch in eine Definition des Sterbens die *Irreversibilität* einzuführen. Doch kann dieses Kriterium allein nicht hinreichend sein für eine Definition dessen, was wir als Sterbeprozeß verstehen, denn zweifellos ist der ganze Lebensprozeß vom Beginn der Entwicklung an über den Aufbau der Persönlichkeit bis zum Höhepunkt ihres Lebens und dem dann einsetzenden Überwiegen des Abbaus der Lebensfunktionen ein irreversibler Prozeß der »Biomorphose«, der notwendig auf den Tod als den Endpunkt des Lebens zugeht. Insofern ist der Tod zumindest unter biologischen Gesichtspunkten nicht der absolute Gegensatz des Lebens, sondern dem Lebensgeschehen immanent. Der Höhepunkt des Lebens ist der Tiefpunkt des Todes, und der Tiefpunkt des Lebens ist der Tod, denn Leben ist Werden und Vergehen[17].

Den ganzen Lebensprozeß oder doch die Phasen mit überwiegendem Abbau als Sterbeprozeß zu verstehen, brächte eine für unsere Absicht unzweckmäßige Ausweitung. Das Kriterium der *Irreversibilität* eines Krankheitsverlaufs, der notwendig zum Tod führt, muß folglich ergänzt werden durch den Faktor *Zeit*, also die *Geschwindigkeit*, mit der ein Krankheitsprozeß zum Tode führt. Wird festgestellt, daß eine tödliche Krankheit vorliegt, so ist – läßt man nicht absehbare neue Heilmethoden außer acht – der Prozeß unumkehrbar und nicht mehr zu stoppen und damit eine grundsätzliche Verfügung über das Leben nicht mehr möglich. Das Kriterium der »Irreversibilität« einer Krankheit, die notwendig den Tod herbeiführt, zeigt also an, daß Leben und Tod sich menschlicher Verfügung letztlich entziehen. Die Irreversibilität kann immer nur im nachhinein, also nach einer grundsätzlichen Verfügung über das Leben, festgestellt werden. Eine letzte Verfügung über das Leben wäre Menschen nur möglich, wenn sie den Tod grundsätzlich besiegen, nicht aber nur Krankheiten bekämpfen könnten. Wenn eine Heilung oder ein Aufhalten der Krankheit nicht mehr möglich ist, wird sich das Bemühen der Medizin darauf richten, die Geschwindigkeit des Krankheitsverlaufs zu vermindern. Weil das in zunehmendem Maß auch bei unheilbaren Krankheiten gelingt, wird man nicht jeden Menschen mit unheilbarer Krankheit als Sterbenden bezeichnen dürfen. Es ist medizinisch gesehen nur dann sinnvoll, von Sterben zu sprechen, wenn der Prozeß so rasch unaufhaltsam fortschreitet, daß er nach den jeweiligen Kenntnissen in absehbarer Zeit die Desintegration aller Lebensfunktionen herbeiführt.

Eine Definition des Sterbens muß rein formal sein, da sie nicht, wie bei der Todesdefinition, direkt auf ein Organ bezogen werden kann; sie muß aber das Kriterium der Irreversibilität und den Zeitfaktor enthalten, so daß man folgende Definition für *Sterben* vorschlagen könnte: *Sterbend im mediznischen Sinn ist ein schwer kranker* (bzw. schwer verletzter) *Mensch dann, wenn es zu einem objektivierbar ir-*

[17] Zur eingehenden Begründung vgl. Eibach (1973), 34–60; ders. (1974), 20 ff.

reversiblen und unaufhaltbar fortschreitenden Prozeß kommt, der erfahrungsgemäß in absehbarer Zeit zu einem Zusammenbrechen einer bzw. mehrerer lebenswichtiger Organfunktionen führt[18]. Das kritische Moment in dieser Definition ist die Objektivierung des Zeit- bzw. Geschwindigkeitsfaktors. Mancher wird das »in absehbarer Zeit« so eng fassen, daß darunter wirklich nur im engen Sinn moribunde Menschen, also komatöse Zustände zu fassen sind. Das ist aber eine zu enge und für den Zweck der Definition nicht dienliche Fassung des Zeitfaktors. Entscheidend ist vielmehr, ob der Prozeß unaufhaltsam oder einigermaßen kontinuierlich auf den Zusammenbruch lebenswichtiger Organfunktionen hinläuft, ohne daß er mit den zur Verfügung stehenden Mitteln wirklich so verzögert werden kann, daß der Mensch dadurch eine für sein Leben sinnvolle Zeit der Lebensentfaltung gewinnt und ihm nicht nur eine Verlängerung der Leidens- und Sterbenszeit auferlegt wird.

Ehe wir diese, ein rein naturwissenschaftliches Verständnis des Sterbens überschreitende Äußerung näher erläutern, sei betont, daß die objektiven Kriterien dafür, ob ein Mensch im Sinne der Definition ein sterbender ist, sich je nach Art der Krankheit und damit nach den jeweiligen methodischen Möglichkeiten der zuständigen medizinischen Fachgebiete bestimmen. Die Zustände und die Veränderungen der Gehirn-, der Kreislauf-, der Atem- und Stoffwechselfunktionen wären ausgehend von dem jeweiligen *Grundleiden* zu messen. Bei sorgfältiger Beachtung möglichst aller wesentlichen Funktionen kann man in sehr vielen Fällen die Irreversibilität und den Verlauf so diagnostizieren und prognostizieren, daß man mit einem Höchstmaß an Objektivität das Urteil »sterbend« aussprechen kann, während dies in anderen Fällen nicht möglich ist. Aber Definitionen sind dazu da, Eindeutigkeit zu schaffen, die Fälle unter ihnen zu subsummieren, die den aufgestellten Kriterien Genüge tun, und von jenen Fällen abzugrenzen, für die keine Eindeutigkeit zu erlangen ist. Man sollte aus der Tatsache, daß Fehlurteile vorkommen können, nicht den Schluß ziehen, es könnten überhaupt keine eindeutigen Kriterien ermittelt werden, vielmehr sei jeder schwere Krankheitsverlauf grundsätzlich offen auf eine Besserung hin.

[18] Diese Definition verdanke ich der Zusammenarbeit mit Neurologen, Internisten und Chirurgen auf einer Arbeitssitzung eines Medizinerkreises der Studentenmission in Deutschland. Vgl. Haemmerli, 558.

Wenn z. B. ein Tumor trotz intensiver Bestrahlung und Chemotherapie metastasiert und schnell wächst oder wenn die Leberfunktionswerte bei einer Leberzirrhose oder Vergiftung ständig abfallen und bestimmte Größen unterschreiten, wenn es mehrmals binnen kurzer Zeit zum Herzstillstand kommt u. a., dann sollte man medizinisch-technisch nicht mehr so handeln, als sei der weitere Verlauf noch offen.

Das Verhalten der Ärzte und des Pflegepersonals gegenüber schwer erkrankten Patienten läßt oft ohnehin erkennen, ob man ihnen eine Überlebenschance einräumt. In der Behandlung von und im Verhalten zu solchen Patienten, bei denen man z. B. gar nicht mehr damit rechnet, daß sie das Krankenhaus noch lebend verlassen oder die man nur zum Sterben nach Hause entläßt oder in ein anderes, weniger spezialisiertes Krankenhaus abschiebt, treten ja – ob nun der Patient über den Ernst seiner Krankheit aufgeklärt wurde oder nicht – meist allzu deutliche Veränderungen ein, die auf der für jeden Beteiligten und wachen Beobachter selbstverständlichen Überzeugung beruhen, daß man den Patienten nicht mehr retten kann. Eine solche Veränderung wird den meisten betroffenen Patienten bald bewußt[19].

Wie bereits angedeutet, kann allein die Möglichkeit, den baldigen Eintritt des Todes erfolgreich zu verhindern, noch nicht dagegen sprechen, daß es sich um sterbende Menschen handelt.

Wir führten aus, daß für ein angemessenes Verständnis des Sterbens das »Ganzheitsmodell« der Person der Ergänzung durch das »Stufenmodell« der Persönlichkeit bedarf, weil das Sterben nicht wie der Tod ein Zustand, sondern der Prozeß des plötzlichen oder schrittweisen *Abbaus* persönlichkeitsbestimmender Merkmale und damit der Persönlichkeit ist, soweit wir unter Persönlichkeit die sich selbst bestimmende und entwerfende Person verstehen. Insofern ist das Sterben der Prozeß der Entmächtigung der Persönlichkeit, die spätestens dann eingetreten ist, wenn der »psychologische Tod« mit Sicherheit gegeben ist. Es wäre also durchaus sinnvoll, wenigstens alle Prozesse zwischen dem psychologischen Tod und dem Individualtod (Tod der Person) als Sterbeprozeß zu verstehen. So könnte man z. B. Menschen mit kontinuierlich fortschreitender Zerebralsklerose, die bereits kein Bewußtsein ihrer selbst mehr haben (Ichbewußtsein) und nicht mehr sinnvoll auf Umweltreize reagieren, als sterbend bezeich-

[19] Vgl. Glaser u. Strauss, 163 ff.; Sudnow, 89 f, 96 ff., 118 ff.; Eibach (1974), 47 ff.

nen, aber vielleicht auch irreversibel bewußtlose Menschen (wie Apalliker), deren Primärleiden (Hirnschädigung) nicht kontinuierlich fortschreitet, aber Sekundärerkrankungen verursacht, die den Tod herbeiführen.

Aus diesen Überlegungen folgt, daß auch diejenigen als sterbende Menschen bezeichnet werden können, die infolge einer zur Lebenserhaltung nötigen Behandlung (Hirnoperation) persönlichkeitsbestimmende Merkmale verlieren müßten, vor allem das Bewußtsein ihrer selbst und die bewußte Wahrnehmung ihrer Umwelt, also ihre Kommunikationsfähigkeit. Alle medizinischen Maßnahmen, die nicht zur Schmerzlinderung, sondern zur Lebensverlängerung bei unheilbar kranken Menschen durchgeführt werden, aber nicht zugleich garantieren, daß der Mensch unter dieser Behandlung nicht zerbricht und nach dieser Behandlung für längere Zeit er selbst sein kann, sind recht zweifelhafte Verlängerungen des Sterbens, in die der schwerkranke Mensch mit größter Sicherheit nicht einwilligen würde, wenn er um die Folgen solcher Maßnahmen wüßte.

Unsere bisherigen Ausführungen zeigen, daß es nicht leicht ist, hinlängliche und objektive Kriterien für den Zeitpunkt zu finden, von dem an man vom sterbenden Menschen sprechen kann. Zwar sind die Irreversibilität und Geschwindigkeit bzw. Kontinuierlichkeit des Krankheitsverlaufs zum Tode hin unverzichtbare Kriterien, doch läßt sich vor allem das letztere Merkmal nur schwer prognostizieren. Schon das könnte ein Hinweis darauf sein, daß man das, was Sterben ist und bedeutet, noch weit weniger als das, was Krankheit ist[20], allein vom objektiven Standpunkt der Medizin her in den Griff bekommen kann, daß man vielmehr immer die *Person* kennen und betrachten muß, deren Leben im Prozeß schwerer Krankheit zu Ende geht.

Für den betroffenen Menschen selbst beginnt der Prozeß des Sterbens als psychologisches und menschliches Geschehen mit dem ersten Ahnen und Fühlen, spätestens aber mit der mehr oder weniger bewußten Erkenntnis, daß die Krankheit nicht heilbar ist und zum Tode führen wird. *E. Kübler-Ross*[21] läßt den nach ihren Untersuchungen in fünf – zählt man die Phase der Auflösung der Umweltbezüge (psychologischen Tod) bis zum Individualtod hinzu, so wären es sechs – Phasen (bzw. Stufen) verlaufenden Sterbeprozeß mit dieser

[20] Vgl. Eibach (1974), 292 ff.
[21] (1971), passim; dies. (1974), 9 ff.; Eibach (1974), 46 ff., Sporken (1973), 39 ff.

Erkenntnis des Patienten beginnen, auf die der Patient in einer ersten Phase mit einer bewußten oder unbewußten Verdrängung und Verleugnung antwortet, der dann die Phasen des Zorns (Aggression), des Verhandelns mit dem »Schicksal«, der Depression und der Annahme des Schicksals folgen sollen oder können. Auf keinen Fall darf man diese Einsichten zum allgemeingültigen Schema erheben. Zwar hat E. Kübler-Ross selbst darauf hingewiesen, daß es immer wieder im Verlauf des Prozesses zu Rückschlägen kommen kann, daß der Patient in einer bestimmten Phase, häufig z. B. in der Depression, verharren kann, doch haben Kritiker, wie der auf diesem Gebiet ebenfalls sehr erfahrene amerikanische Psychologe *R. Kalish*[22] betont, daß das Sterben ein viel zu individuelles Geschehen sei, als daß man es in einem allgemeingültigen Verlaufsschema erfassen könne. In der Tat ist die Art, wie jemand als Mensch stirbt und das Sterben durchsteht, sehr von dem betroffenen Menschen, seinem Alter, seinen Einstellungen, seiner ganzen psychischen und personalen Konstitution, aber auch den mitmenschlichen Beziehungen und Verpflichtungen und nicht zuletzt von der Art der tödlichen Erkrankung und ihrem Verlauf abhängig. Schmerzen, wechselnde physische Zustände beeinflussen immer das psychische Geschehen.

E. Kübler-Ross hat ihre Erfahrungen hauptsächlich an an Krebs Erkrankten gemacht. An Krebs sterben aber nur etwa ein Fünftel aller Menschen in zivilisierten Ländern. Vor allem geht sie von den Verhältnissen in den USA aus, wo man den Patienten viel häufiger als in Europa und allgemein auch recht gründlich und teils rigoros über seinen Zustand und die Prognose aufklärt und aufklären muß, nicht nur aus humanen, sondern auch aus finanziellen Gründen[23]. Nicht zuletzt wegen der völlig anderen versicherungsrechtlichen Verhältnisse wird in Europa von den Ärzten nach wie vor den Patienten die Diagnose und Prognose bei tödlichen Erkrankungen nur selten offen und verständlich mitgeteilt, ja, oft werden bewußt falsche optimistische

[22] Mündliche Ausführungen auf dem Symposion über »Suizid und Euthanasie« vom 13.–15. 3. 1975 im Zentrum für interdisziplinäre Forschung der Universität Bielefeld. Kalish überspitzte die Kritik dahingehend, daß er behauptete, daß niemand anderes als Frau Kübler-Ross diese Phasen feststellen könne, eine Kritik, die der Verf. aufgrund seiner Tätigkeit als Seelsorger in einer Strahlenklinik nur teils für berechtigt hält. Kübler-Ross (1974, 30 f., 72 f.) bestätigt jetzt selbst, daß die Phasen kein allgemeingültiges, starres Verlaufsschema darstellen. Witzel (1975, 191) stellte fest, daß nur 25 % der Patienten alle fünf Phasen durchlaufen und zur Annahme ihres Sterbens kommen.

[23] Vgl. dazu C/II/1, Anm. 49.

Aussagen gegenüber Patienten gemacht[24], obgleich es heute durch zahlreiche Untersuchungen als absolut sicher erwiesen gelten kann, daß bei längeren Sterbeprozessen fast alle Patienten meist schon früh, spätestens aber bei eindeutigen äußeren Anzeichen und unzweideutigen Behandlungen um die Tödlichkeit ihrer Krankheit wissen, selbst wenn sie häufig nicht davon reden, weil z. B. die Mitmenschen ihnen die Gelegenheit dazu nicht geben[25]. Aus diesen Gründen dauert die Phase der Unwissenheit – also die Phase von der Diagnose einer unheilbar tödlichen Krankheit bis zum ersten Ahnen der Todeszeit – und dann auch die zweite Phase der Unsicherheit darüber, ob diese Ahnung wirklich zutrifft[26], meist ungebührlich und unnötig lange. Gerade dann, wenn von ärztlicher Seite immer wieder falsche Hoffnungen gemacht werden, kann die Phase der Unsicherheit bis kurz vor den totalen Zusammenbruch anhalten, ohne daß es zu einem wirklichen Wissen um und einer Vorbereitung auf das Sterben kommt.

Daß illusionäre Hoffnungen oft trotz gegenteiligen Befindens leicht geweckt werden können und entsprechende Äußerungen von seiten der Ärzte und anderer oft begierig aufgenommen werden, hängt auch mit dem unzweifelhaften Phänomen zusammen, daß der Mensch ohne Hoffnung offenbar nicht leben kann und daß er sich – wie *S. Freud* und jetzt E. Kübler Ross[27] u. a. feststellen – in seinem Unterbewußten kein definitives Ende und keine Auslöschung seiner Person denken kann, vielmehr leben will und nach Dauer, Bestand und Vollendung über den Tod hinaus verlangt. Aus dem Widerspruch zwischen diesem Drang zum Leben und dem allem biologischen Leben immanenten Tod (Endlichkeit des Lebens)[28] dürfte das allgegenwärtige Phänomen der Furcht und Angst vor dem Tode und die darauf aufbauende Verleugnung des Todes erwachsen, selbst wenn die Verdrängung des Todes in der heutigen Form eine Folge kultureller und gesellschaftlicher Veränderungen ist[29]. *H. Plügge* hat durch Analysen bei sterbenden Menschen aufgezeigt, daß im Sterben, wenn die Leiblichkeit des Menschen einer tiefgreifenden

[24] Vgl. C/II/1.
[25] Vgl. C/II/1, Anm. 14 ff.
[26] Darauf haben Sporken (1973), 41 ff, u. Genewein/Sporken (1975), 278 ff. zu Recht aufmerksam gemacht.
[27] Vgl. Kübler-Ross (1971), 10, 19 ff.; Hinton, 99 ff.; Choron, 19 ff.
[28] Vgl. Eibach (1973), 34 ff.; ders. (1974), 20 ff.
[29] Vgl. Eibach (1974), 36 ff.; ders. (1975), 139 ff.

Verwandlung unterworfen wird und der Mensch sich zunehmend mehr von der Umwelt abkehrt, sich mit dem Aufhören des Fragens und Sorgens auch das menschliche Grundphänomen *Hoffnung* zutiefst wandelt. Die angesichts des unausweichlichen Todes illusionären, auf die Welt und ein Fortleben in ihr gerichteten Hoffnungen münden in die *eine* Hoffnung ein, die auf einen irgendwie gearteten, doch sicheren Fortbestand der Person, auf eine Selbstverwirklichung in der Zukunft, auf eine unbestimmbare, doch irgendwie zu sichernde Erneuerung[30] der Person zielt. Diese Deutung wird durch die Untersuchungen von E. Kübler-Ross und *L. Witzel*[31], die eine signifikante Zunahme des Glaubens an ein Fortleben bei nahendem Tod konstatieren, in etwa gestützt.

Bei aller Kritik am »Sterbemodell« von E. Kübler-Ross können die Hinweise auf ein phasentypisches Verhalten bei gleichzeitigem Wissen darum, daß die Stadien unscharf ineinander übergehen und Rückschläge immer wieder vorkommen, doch für den Umgang mit sterbenden Menschen sehr hilfreich sein. Gleichzeitig zeigte sich auch, daß der psychische Prozeß des Sterbens nicht synchron den physischen Vorgängen verlaufen muß. In manchen Fällen wird es so sein, daß der Mensch seinen Tod erahnt und um ihn weiß, obgleich vom exakt medizinischen Befund her noch nicht feststeht, ob der Krankheitsverlauf wirklich tödlich sein wird. Meist wird jedoch die tödliche Krankheit, also die Unabänderlichkeit der Krankheit zum Tode, im nachhinein zunächst vom Arzt festgestellt, also erst ihm und dann früher oder später, je nachdem ob der Arzt aufklärt oder nicht, dem Patienten bewußt werden. Schon mit dem Wissen des Arztes um die Tödlichkeit der Krankheit werden sich die zwischenmenschlichen Beziehungen verändern; das ist aber erst recht der Fall, wenn der Patient selbst dieses Bewußtsein erlangt hat[32] und wenn für

30 H. Plügge, Über Hoffnung, in: A.Sborowitz (Hrsg.), Der leidende Mensch, 1960, 439; vgl. Eibach (1974), 56 ff. Anders ist die Deutung von Wiesenhütter (1973 b), 54 ff.; der die Hoffnung und Gelöstheit vieler Sterbender in der letzten Phase vor dem Tode in pantheistischer Weise als Befreiung vom partikularen Sein zum Eingang ins »All-Eine« deutet (zur Kritik vgl. B/II/4, Anm. 42 ff.). Vgl. Hampe, 45ff.

31 Kübler-Ross (1971), 81 ff.; diess. (1974), 150 ff. Nach Witzel (1973, 1374) glauben von 73 Sterbenden 61 an ein Weiterleben nach dem Tode, von einer Kontrollgruppe nicht sterbender Patienten nur 24. Die Festigkeit des religiösen Glaubens nehme mit der Verschlechterung des Zustands zu, die Angst jedoch ab. Ähnlich Hinton, 83 f.

32 Wie sehr sich das Verhalten von Menschen zu unheilbaren und sterbenden Menschen von dem zu heilbaren oder wenigstens nicht sterbenden Menschen unterscheidet, machen die Untersuchungen von Glaser/Strauß; Sudnow; Bowers u. a.; Kübler-Ross deutlich. Vgl. Lüth (1972), 133 ff.

alle unübersehbar der Sterbeprozeß eingetreten ist. Auf jeden Fall kommt dem Wissen um die Tödlichkeit der Krankheit, vor allem dem des Patienten selbst, aber in geringerem Maße auch dem des Arztes, der Schwestern und der Angehörigen eine wesentliche Bedeutung für das Verständnis und eine Definition des Sterbens zu. Wo dieses Wissen nicht verleugnet wird, ist mit ihm immer der entscheidende Einschnitt im Leben gegeben, der den Überschritt vom Leben zum Tode für den Menschen einleitet. Nur wo dieses Wissen gegeben ist, ist es dem Menschen möglich, den Tod auch entgegen dem jeder Kreatur innewohnenden Drang zum Leben anzunehmen, zu bejahen und die »Illusion« des Fortlebens in dieser Welt preiszugeben. Nur dann wäre das Sterben Erleiden und Tat in einem, und wären auch im Sterben die beiden dargelegten anthropologischen Grundmodelle aufeinander bezogen.

II. Leben, Krankheit, Sterben und Tod aus theologischer und ethischer Sicht

Nach den biologisch-anthropologischen Ausführungen ist es sinnvoll, den Begriff *Person* auf das *Individuum* zu beziehen, das durch den Organismus konstituiert wird, so daß die Person weithin mit ihrem *Leib*, dem Ausdrucksfeld der Person, identisch ist. Daher ist der *Tod des Menschen* mit dem *Individualtod* gleichzusetzen. Nur bei der ontologischen Vorordnung des »Ganzheitsmodells der Person« vor das »Stufenmodell der Persönlichkeit« kann dem Menschenleben ein Wert und ein Lebensrecht bis zum Tod unabhängig vom Grad der Realisation von Persönlichkeitswerten gesichert werden. Das Ganzheitsmodell rückt die Grenzen menschlichen Daseins ins Blickfeld und steckt sie ab, bedarf aber der Ergänzung durch das Stufenmodell, das an den Realisationsgraden der Persönlichkeit ausgerichtet ist. Auch beim theologischen Verständnis menschlichen Daseins werden sich zwei ähnliche Modelle zu ergänzen haben. Insofern wird man trotz aller Verschiedenheit in der Methodik und den Ergebnissen von konvergierenden Argumentationsweisen reden können, was ein Hinweis auf die Komplementarität der Sichtweisen in der biologischen und der theologischen Anthropologie sein kann. Dabei ist zu beachten, daß die theologische Anthropologie den Menschen nicht als ein phänomenologisch zugängliches und hinsichtlich seiner Eigenschaften greifbares Modell auffaßt[1], denn das »Eigentliche« des Menschen ist in diesem Sinn nicht vorfindlich, sondern ist im Lichte der in Jesus Christus geoffenbarten und in endgültiger Weise gelebten Gemeinschaft mit Gott zu sehen. Diese »eigentliche« Dimension des Menschseins muß den empirischen Wissenschaften, die sich nur mit dem faktisch vorfindlichen Menschen befassen, verborgen bleiben. Die theologische Anthropologie blickt zwar auch auf den vorfindlichen »alten« Menschen, kann auch bei ihm ansetzen, bleibt aber nicht bei einer immanenten Betrachtung stehen, sondern deutet das faktische Sein im Lichte der in Jesus Christus konkret gewordenen Zuwendung Gottes zum Menschen und von diesem mit Gott geeinten »neuen« Menschen her. Insofern reden empirische und theologische Anthropologie nur teils von demselben »Gegenstand«.

[1] Vgl. Thielicke, ThE I, Nr. 821.

1. *Würde, Wert und Bestimmung menschlichen Lebens: Zur Unterscheidung der Person von ihren Fähigkeiten und ihrer Krankheit – Wider die Bewertung des Menschen nach seiner Leistungsfähigkeit*

Noch gilt das menschliche Leben in unserer Gesellschaft als hohes Gut, zu dessen Bewahrung man möglichst kein Mittel scheuen soll. Das hängt zusammen mit der besonderen Achtung, die man dem Menschen im Unterschied zum Tier meist entgegenbringt. Wir haben bereits herausgestellt[1], wie problematisch es ist, die Würde menschlichen Lebens aus der Sonderstellung gegenüber dem Tier zu begründen. Die theologische Anthropologie hat zusammen mit der philosophischen diesen Weg beschritten, ging immer vom gesunden Menschen und seinen höchsten geistigen Möglichkeiten aus und bedachte nicht die biologischen Voraussetzungen und die unteren Grenzen des Menschseins. Folglich klammerte sie den kranken Menschen, der die Zeichen des »spezifisch Menschlichen« nicht aufweist, aus ihrem Menschenverständnis aus und ließ unbedacht, ob dieses versehrte Leben »Mensch« ist und worin der Wert seines Daseins begründet ist. Für eine medizinische Ethik kann jedoch nur eine Anthropologie Grundlage sein, die alle Menschen in ihrer Ganzheit erfaßt und die gerade das kranke Menschenleben und die unteren Grenzen des Menschseins berücksichtigt. Gerade im Hinblick auf schwer versehrte, etwa altersschwachsinnige oder hirngeschädigte Menschen, deren psychische Leistungen unter dem Niveau von Tieren liegen können, ist es von entscheidender Bedeutung, die besondere Würde des Menschen nicht damit zu begründen, daß er *über* dem Tier steht, sondern damit, daß er in besonderer Weise unter Gott steht[2], daß Gott in eine besondere Beziehung zum Menschen getreten ist und ihm darin eine ausgezeichnete Bestimmung und einen besonderen Auftrag gegeben hat. Die theologische Anthropologie geht davon aus, daß der Mensch *Mensch* nur durch Gottes Beziehung zu ihm und »seine Beziehung zu Gott und durch seine Bestimmung zur Einheit mit Gott ist«[3]; sie hat diese Erkenntnis im einzelnen in ihren Konsequenzen darzulegen, soll es nicht zum Verlust des Themas

[1] Vgl. B/I/1, Anm. 11 ff.
[2] Vgl. Thielicke, ThE II/1, Nr. 1252.
[3] W. Pannenberg, Das christologische Fundament christlicher Anthropologie, in: Concilium 9 (1973), 430.

christlicher Anthropologie und zur Einbuße ihrer kritischen Funktion gegenüber anderen Menschenbildern kommen.

Sicherlich redet christliche Anthropologie nicht isoliert von Gottes Beziehung zum Menschen und des Menschen Beziehung zu Gott; sie fragt auch nach den natürlichen Bedingungen des Menschseins, weiß aber, daß sich der Sinn, das Wesen und der Wert menschlichen Lebens nicht von den psychophysischen Voraussetzungen her, auch nicht aus dem Abstand gegenüber dem Tier, nicht aus seinem »Woher« und der Analyse seiner Genese, sondern nur aus seinem »Woraufhin«, seiner Bestimmung erschließen lassen[4]. Gründet man den Wert menschlichen Lebens auf seinen biologischen Ursprung, so wird der biologische *Zweck* des Individuums, nämlich die Erhaltung der Art, zum Kriterium für den *Sinn* des Menschenlebens, und dieser Wert erlischt dann, wenn der biologische Zweck ausfällt und der Mensch der Gesellschaft mehr schadet als nützt. Die Bestimmung, der *Sinn* menschlichen Daseins darf nicht von seinem biologischen *Zweck* für die Gattung her erschlossen werden, vielmehr sind die biologischen Voraussetzungen des Menschseins im Lichte der und im Bezug auf die dem Menschen von Gott gesetzte Lebensbestimmung zu sehen und in ihrem Sinn zu deuten. Nicht nur der Mensch, sondern die ganze Schöpfung ist um der Geschichte und des Bundes Gottes mit dem Menschen willen geschaffen, auf ihn hingeordnet, erhält von diesem Ziel her ihren Sinn, ihr Wesen und ihren Wert[5].

Für die Anthropologie ergibt sich aus dieser Sicht, daß nicht die biologische Natur, also nicht die quantitativen Voraussetzungen des Menschseins an sich wertvoll und »heilig« sind, sondern die dem Menschen gesetzte Bestimmung zur Gemeinschaft mit Gott und den Mitmenschen. Der Mensch ist in der theologischen Anthropologie immer als Person zu verstehen, zu der Gott in Beziehung getreten ist. Die *personale Mitte* der menschlichen Existenz bildet gerade die transzendentale Verwiesenheit auf den personalen Gott, so daß das *Zentrum* der Person und damit auch der *Wert* der Person gar nicht in der biologischen Natur an sich, sondern in dieser Beziehung Gottes zum Menschen und des Menschen zu Gott zu suchen ist. Allein in dieser besonderen Beziehung und Bestimmung ist der unvergleichli-

[4] Vgl. Thielicke, ThE II/1, Nr. 1273.

[5] Zur eingehenden Begründung vgl. die Darstellung der Anthropologie K. Barths bei Eibach (1974), 123–188 und 282 ff.

che Wert des menschlichen Körpers begründet. Die *Unterschiedenheit* von biologischer Individualität (Körper) und *personaler Existenz* bedeutet nicht die Entgegenstellung beider, schließt vielmehr die positive Bezogenheit und die Untrennbarkeit von Natur und Person insofern ein, als jeder personale Akt, einschließlich des Glaubens an Gott, einen naturhaften Prozeß zur Voraussetzung hat. Der *Leib* als das Schnittfeld der Gottes-, Menschen- und Weltbeziehung und der »Kreatürlichkeit« der Existenz ist »nicht Gegenstand, den wir besitzen, der außerhalb unseres eigentlichen Seins steht, er ist nicht nur Naturgrundlage und das Werkzeug, auf das wir angewiesen sind, das aber nicht zu unserem Wesen gehört, sondern er ist lebendige Gestalt unseres Wesens, der notwendige Ausdruck unseres individuellen Daseins, in dem der Sinn unseres Lebens die Verwirklichung finden soll«[6]. Wenn der Leib die Person in dieser Weise konstituiert, so hat er in seiner konkreten Gestalt als Körper voll teil an der *Würde* und dem Wert der Person, so daß Ehrfurcht vor dem Menschen immer in erster Linie als Ehrfurcht vor dem leiblichen Leben konkret wird. Insofern ist auch der Aussage *D. Bonhoeffers*[7] zuzustimmen, daß das Recht auf Leben im Seienden, d. h. im Dasein an sich besteht. Das kann nicht bedeuten, daß der Wert menschlichen Lebens dem biologischen Leben an sich immanent ist[8]. Allein die Erkenntnis, daß der Mensch eine unlösliche Einheit von Seele und Leib ist, vermag ebenso wenig vor einer Abwertung des leiblichen Lebens ins »Mechanistische« und »Unwerte« zu schützen wie *A. Schweitzers*[9] auf einem vitalistischen Lebensbegriff basierender Ruf zur Ehrfurcht vor dem Leben und zum Einswerden mit dem jedem Leben innewohnenden »Willen zum Leben«. Wird der Wert menschlichen Lebens derart immanent gesehen, so kann es auch zum Verlust dieses Wertes kommen, wenn die Zeichen menschlicher »Selbsttranszendenz« ausfallen.

Die immanenten Anzeichen von »Selbsttranszendenz« sind zu unterscheiden von der theologisch verstandenen Transzendenz, die darin begründet ist, daß der Mensch Geschöpf Gottes ist, zu dem Gott sich in eine besondere Beziehung gesetzt hat, das er als Bundespart-

[6] W. Eichrodt, Theologie des Alten Testaments, Bd. II/III, 1961^4, 98; vgl. U. Eibach (1974), 167 ff. u. B/II/5.
[7] S. 174; vgl. Lessing, 100 f.
[8] Vgl. unten Anm. 15 ff.
[9] Vgl. Kultur und Ethik, 1955, bes. 235 ff; zur Kritik vgl. B/III

ner *erwählt* hat, damit sich durch diesen Partner »Mensch« Gottes Wille mit der Schöpfung verwirklicht. Der ausgezeichnete Auftrag des Menschen gründet ganz in der einzigartigen Zuwendung Gottes zum Menschen, durch die und mit der zugleich die Bedingungen zur Erfüllung der Lebensbestimmung gesetzt werden. Die Erfüllung menschlichen Lebenssinns ist nur als Antwort auf das das Menschsein konstituierende Schöpfungswort zu denken, durch das der Mensch sich selbst in seinem Dasein *empfängt*. Voraussetzung allen Tuns des Menschen ist das Schaffen, das Gewähren, das »Ja« Gottes und das *Empfangen* menschlichen Lebens. Menschliches Dasein gründet ganz in der *Passivität*, die durch Gottes Aktivität bedingt ist. Gottes Schöpfungshandeln begründet menschliches Dasein und setzt damit auch seine Bestimmung und seinen Wert. »Das Sein des Menschen gründet im Ja Gottes, sofern dieses allererst dergleichen wie ein ›es ist‹ gewährt«[10].

Gott nimmt das »Ja«, durch das er Dasein »werden« läßt, auch dann nicht zurück, wenn sich der Mensch eigenmächtig der Bestimmung seines Lebens verweigert und sich damit in Widerspruch zu Gott setzt, erst recht aber nicht, wenn er aufgrund einer physischen und psychischen Versehrtheit die Voraussetzungen zum Leben im Glauben an und Gehorsam gegenüber Gott verliert oder erst gar nicht besitzt. Sicherlich darf man für eine angeborene oder durch Krankheit und Unfall erworbene Versehrtheit nicht Gott als Urheber anführen, so als habe Gott dies in seiner Schöpfung eingeplant. Man kann und darf sie aber auch nur selten auf persönliche Sünde und Schuld des leidenden Menschen und seiner Angehörigen zurückführen (vgl. Lk 13,1–5; Joh 9,1–3). Dennoch wird man sie – theologisch gesehen – als Wirkung der das individuelle Menschsein übergreifenden, das gesellschaftliche Sein bestimmenden Schuldverflechtungen, vor allem aber der übergreifenden »Chaosmacht« des »Bösen« ansehen müssen, der der Mensch *unterworfen* ist. Diese »Chaosmacht« ist – ebenso wie die Sünde – nicht von Gott eingeplant, mit ihr letztlich desselben widergöttlichen Ursprungs und daher ebenso rätselvoll, unerklärlich, unberechenbar und unheimlich wie die Sünde und steht folglich wie diese unter Gottes »Nein«. Sie ist von Gott her gesehen eine Unmöglichkeit[11], die faktisch aber dennoch in ihrer zer-

[10] E. Jüngel, Die Möglichkeit theologischer Anthropologie, in: EvTh 22 (1962), 533; vgl. Eibach (1972), 170 ff.

[11] Die Gedanken schließen an K. Barths Sicht an, der von der Sünde und der mit ihr im

störenden Macht in Gottes Schöpfung sehr wirklich, wirksam und mächtig ist.

Man sollte eine derartige theologische Deutung von Krankheit und Leiden, die den Zusammenhang zwischen Sünde und Krankheit in dem widergöttlichen »Bösen« gegeben sieht, das in den Mächten »Sünde« und »Krankheit« konkret wirksam ist, nicht vorschnell als »mythologisch« abtun und dieser Interpretation die naturwissenschaftliche Deutung entgegensetzen, die jede Krankheit zur kausal erklärbaren »natürlichen«, d. h. der Natur immanenten »Sache« erklärt. Der Mensch erfährt die Krankheit nicht als *Sache*, sondern als das Dasein bedrohende und gewaltsam von außen in das Leben eindringende *Macht*, als etwas »Unnatürliches«, gegen das man Gegenmächte mobilisiert. Dieses »natürliche Empfinden« gegenüber Krankheit, Schmerzen, vorzeitigem Sterben wird durch die Bibel nur gestützt[11a] und damit begründet, daß Gott nicht ein Gott des Todes ist. Seine Verheißung ist der Einbruch des Lebens in die Todeswelt[12], ist Verheißung ihrer Besiegung und bringt Hoffnung auf die Neuschöpfung einer Welt ohne Sünde, Leiden und Tod, durch die das »Nichtige« die gute Schöpfung Gottes zu zerstören droht. So ist »jede Einbeziehung dieses Nichtigen in Gottes gute Schöpfung« und damit jede »theoretische Synthese«[13] von Schöpfung und Nichtigem und jede Verharmlosung der Mächte und Wirkungsweisen des Nichtigen zum »Natürlichen« ausgeschlossen, da das Nichtige das von Gott schlechthin »Verneinte« ist, dem in dem »*Nein*« Gottes jedes *Recht* auf Gottes Schöpfung abgesprochen ist, auch wenn durch diesen Rechtsspruch Gottes die faktische *Macht* des Nichtigen noch nicht endgültig beseitigt ist[14].

Wenn der Mensch als Geschöpf durch Gottes »Ja« ins Dasein gerufen und als Person konstituiert wurde und Gott die Sünde, das Leiden, die Krankheit als Wirkungsweisen des Nichtigen verneint hat, dann kann die Krankheit auf keinen Fall aus diesem von Gott ins Da-

Zusammenhang stehenden »Chaosmacht« des Todes als von »ontologischen Unmöglichkeiten« (vgl. z. B. KD III/2, 740) spricht. Vgl. dazu W. Krötke, Sünde und Nichtiges bei Karl Barth, 1971, 30 ff; Eibach (1974), 190 ff.

11a Vgl. z. B Jes. 11,1 ff. 25,8; 65,17 ff; Röm 8,18 ff; Offb. 21,1 ff.

12 Gollwitzer, 284.

13 Barth, KD III/3, 344; vgl. KD III/4, 416 ff; vgl. W. Krötke, aaO 45 ff. und unten B/II/4.

14 Zu dieser Unterscheidung von Macht und Recht des Nichtigen im Anschluß an K. Barth vgl. R. Weth, bes. 428 ff.; Josuttis, 127 ff; ders., Zur Frage nach dem Sinn der Krankheit, in: WzM 27 (1975), 12 ff.; vgl. auch Sölle, 17 ff.

sein gerufenen Wesen der Person entspringen. Theologisch gesehen ist es von Gottes Urteil über das Nichtige her berechtigt, die *Person* und ihre *Krankheit* so zu trennen[15], wie in Gottes Urteil Sünde und Person unterschieden werden. Könnte die »Krankheit« die Person zerstören, so hätte diese von Gott verneinte »Chaosmacht« die Kraft, Gottes Schöpfung zu vernichten und Gottes »Ja« und Treue zu seiner Schöpfung und damit sein Herrsein, sein »Schöpfersein«, seine »Gottheit« aufzuheben. Wenn die Würde des Menschen in seiner »Gottebenbildlichkeit« gründet, also darin, daß Gott den Menschen zu seinem Partner geschaffen hat und zu ihm als Partner in Beziehung tritt, so ist der besondere Wert menschlichen Daseins nicht eine ontisch-immanente Eigenschaft, sondern ist in dem *Geschehen* der Beziehung Gottes zum Menschen gegeben, ist also etwas »Verliehenes«, das »in und durch den begründet ist, der sie verleiht«[16], der diese Auszeichnung des Menschen setzt und erhält. Einen Verlust dieser Würde des Menschen, als Geschöpf Partner Gottes und so Person zu sein, kann es solange nicht geben, wie der Mensch als irdisch-leibliches Wesen lebt, gleich wie versehrt seine Leiblichkeit ist, und so lange, wie Gottes *Treue* zu seinem Geschöpf besteht und Gott als der Herr über das »Nichtige« gedacht wird. Die die leibliche Existenz anfechtenden Gestalten des Nichtigen, Sünde, Leiden, Krankheit, Tod, können den Menschen in seinem Menschsein vor Gott nicht disqualifizieren, ihn nicht zum lebenden »Nichtmenschen« machen, denn die Gottebenbildlichkeit ist *unzerstörbar*, sie ist »ein Kontinuum, das bleibend jedem Moment unseres Lebens und Sterbens zugeordnet ist«[17], so daß menschliches Leben in seiner irdischen Gestalt bis zum Tod nicht »entmenschen« kann.

Das Urteil Gottes über die die Schöpfung bedrohenden Mächte, Sünde und Todeswelt, ist ergangen im Tod und in der Auferweckung Jesu Christi. In diesem Geschehen hat Gott seine Treue, sein »Ja« zu

[15] H. Gödans (zuletzt 1972, 184 ff.; vgl. dgg. Eibach, 1974, 240 ff.) harte Kritik an gewissen psychosomatischen Theorien (V. v. Weizsäcker, A. Jores, V. E. Frankl, E. v. Gebsattel u. a.), nach denen eine Krankheit Aufschluß über das Wesen der Person gibt und aus ihr zu erklären ist, ist nur dann berechtigt, wenn man unter theologischen Gesichtspunkten die Person und von ihrer Krankheit scheidet, also zwischen einem »ontisch-immanenten« und einem »transzendentalen« Wesen der Person unterscheidet. Empirische Befunde beweisen, daß die Krankheit auch Ausdruck persönlichkeitskonstituierender Anlagen und Lebensweisen sein kann. Vgl. B/II/4.

[16] Thielicke, ThE I, Nr. 836; vgl. 823 ff; vgl. Eibach (1974), 129 ff.

[17] Thielicke, ThE I, Nr. 855, ThE II/1, 1260 ff; Eibach (1974), 144 ff.

seiner Schöpfung bestätigt, bewährt und im Widerspruch zum Nichtigen endgültig gemacht. Diese Zuwendung Gottes zum Menschen beschreibt die Bibel als Geschehen der Liebe Gottes, als *Agape*, die bedingungslose und grenzenlose Liebe Jesu Christi, als Barmherzigkeit, ungeteilte Hingabe, ja, »Dahingabe« und »Selbstpreisgabe« zugunsten jener bedürftigen Menschen, die in den Augen der Welt *wertlos*, ja »Schädlinge« sind und nichts gelten. Die Liebe Gottes zum Sünder (vgl. Lk 15), zu den vor der Welt Schwachen und Verachteten (1 Kor 1,25 ff.; Mt 5,3 ff.), den »Wertlosen«, ja den Feinden Gottes (vgl. Röm 5,6 ff.; Mt 5,44) richtet sich nicht auf den vorhandenen Wert, nicht auf das Liebenswerte; sie findet diesen Wert überhaupt nicht vor, sondern schafft ihn – wie *M. Luther*[18] sagt –, *indem* sie liebt, indem sie sich des Sünders, des Feindes, der Verachteten, der Armen, der Kranken usw. annimmt. Gott macht sie liebenswert und wertvoll, errettet sie aus ihrer Wertlosigkeit, *indem* er selbst ihre Schuld, ihr Leiden, ihre Krankheit zu seiner eigenen Sache macht, sie wieder in seine Gemeinschaft hineinnimmt und ihrem Leben damit einen letzten Sinn und Wert schenkt, zuteilt, zueignet. Diese Liebe Gottes gibt und schafft jedem Menschen »in jeder, auch der zweifelhaftesten Gestalt, den Charakter des Einmaligen, Einzigartigen, Unwiederholbaren und Unersetzlichen«[19] vor Gott.

Wenn sich die christliche Anthropologie an der in Jesus Christus Mensch gewordenen Liebe ausrichtet, kann sie nicht die »Verklärung hohen Menschentums«[20] sein, sondern kann nur das barmherzige »Ja« des mitleidenden Gottes gerade zum Sünder und zum ausgestoßenen und hilfsbedürftigen Menschen geltend machen. Im Gekreu-

[18] »Amor Dei non invenit sed creat suum diligibile, Amor hominis fit a suo diligibli« (These 28 der Heidelberger Disputation, WA 1, 354, 35 f.). Luther erläutert die These so: Die »Liebe Gottes, die im Menschen lebendig ist, liebt, was sündig, schlecht, töricht, schwach ist, um es gerecht, gut, weise, stark zu machen . . . Denn die Sünder sind schön, weil man sie liebt, nicht aber liebt man sie, weil sie schön sind« (Dtsch. nach Münchener Ausg. Bd. I, 137). Zur neutest. Grundlage dieser Gedanken vgl. G. Eichholz, Die Theologie des Paulus im Umriß, 1972, 163 ff.; G. Friedrich, Was heißt das: Liebe?, Calwer Hefte 121, 1972. Es soll mit dieser Betonung der Agape, des »Für-seins« für den anderen, nicht bestritten werden, daß die Agape im menschlichen Bereich meist nur im Medium des »Eros«, des »Mitseins« mit dem anderen, und der Humanität konkret wird (so zu recht gegen A. Nygren, Eros und Agape, 1931 u. 1937, Thielicke, ThE III, Nr. 1845 ff. u. Barth, KD IV/2, 825 ff.).

[19] Barth, KD III/4, 385. Zur Kritik am Mißbrauch des Liebes- und Opfergedankens zur Legitimierung der Tötung aus Mitleid und der Vernichtung aufgrund von »Unwert« vgl. B/III/1 u. 2.

[20] Bonhoeffer, 76 f.

zigten sind wir mit der Gestalt des elenden und leidenden Menschen konfrontiert[21]; der leidende Gottesknecht, der »ohne Gestalt und Schönheit«, verlassen und verachtet von allen Menschen voller Schmerzen und Krankheit, ja, nicht mehr menschlich war, so daß man sich vor ihm entsetzte und sein Angesicht vor ihm verbarg (Jes 52,14; 53,2 f.), zeigt den Differenzpunkt zu allen humanistischen Menschenbildern auf[22]. Sie alle orientieren sich an den höchsten geistigen Zügen menschlichen Seins, definieren das Wesen der Person durch ihre Existenz, ihre eigenen Taten und lassen damit die *Person* nur in ihren Taten konkret werden, identifizieren Personsein also mit dem, was der Mensch in mehr oder weniger freier Selbstbestimmung durch seine Taten aus sich macht und sich selbst an Sinn und Wert verschafft. Wenn hingegen die Person vor allen Akten freiheitlicher Selbstbestimmung und Taten durch Gottes schöpferisches Wort und das »Ja« Gottes und seine versöhnende Liebe konstituiert wird[23] – ein Ja, das auch angesichts des sündhaften Widerspruchs des Menschen und der Mächte des Nichtigen durchgehalten wird –, folgt daraus die wesentliche Erkenntnis christlicher, an der Rechtfertigung des Sünders aus Gnaden ausgerichteter Anthropologie, daß die *Person* von ihren *Fähigkeiten* und *Werken*, Taten und Untaten zu unterscheiden ist[24]. Diese Erkenntnis verblaßt umso stärker, je mehr der Anspruch an den Menschen gestellt wird, sich selbst in seiner Geschichte durch seine Taten Sinn zu verschaffen und sich darin selbst zu vollenden. Der Mensch ist in seinem *Personsein* sowohl im Blick auf seinen Ursprung (sein Geschaffensein durch Gott) als auch auf seine Zukunft (sein Bestehenkönnen im Tod und in Gottes Gericht) ganz auf die un-

21 Barth, KD III/2, 288.

22 Vgl. J. Moltmann, Mensch, 1971, 37; ders. (1972 a), 34 ff., 71 ff.

23 Die Gottebenbildlichkeit »beruht auf der Eigenschaft des Vaters, ›Vater‹ geblieben zu sein. Sie beruht auf dem Bilde, das Gott von uns hat« (Thielicke, ThE I, 855; vgl. Gleichnis vom verlorenen Sohn Lk. 15,18 ff.).

24 H. J. Iwand (Nachgelassene Werke Bd. IV, Gesetz und Evangelium, 1964, 69) formuliert die reformatorische Unterscheidung von Person und Werk so: »Die Werke haben nicht einen Wert für die Person, sie haben keinen schöpferischen Wert . . . Es geht also darum, daß der Mensch nicht Schöpfer seiner selbst sein kann in seinem Tun« und angesichts des Todes und des Gerichtes Gottes nicht sein eigener Erhalter. »›Opera non faciunt personam, sed persona facit opera‹, nicht die Werke machen die Person aus, sondern die Person macht den Wert der Werke aus« (ders., Glaubensgerechtigkeit nach Luthers Lehre, 1964, 48; vgl. M. Luther, WA 39 I, 283,9). Den gleichen Gedanken hat unter ethischen Aspekten E. Jüngel in einem Vortrag »Zukunft und Hoffnung« vor dem Ev. Arbeitskreis der CDU herausgestellt (gedruckt in: Ev. Verantwortung Heft 1, 1975, 3 ff.); vgl. ders., Tod, 158 f.; Gollwitzer, 144 f.

verdiente Zuwendung, die Gnade Gottes, also auf ein »*Empfangen*« von Sein, Sinn und Wert angewiesen. *Personsein* wird durch die Aktivität Gottes konstituiert und erhalten, dem gegenüber der Mensch nur Empfangender sein kann.

Der Mensch schafft sich als Person nicht selbst; sein *Personsein* ist also immer schon durch Gottes Schöpfungstat all dem *vorgegeben*, was der Mensch aufgrund seiner Möglichkeiten als Geschöpf in selbständigem Handeln aus sich selber macht. Damit soll nicht geleugnet werden, daß dem Menschen mit seinem Geschaffensein zugleich von Gott eine Lebensbestimmung, ein Auftrag für das zeitliche Leben gegeben ist, dementsprechend er sich selbst als Person entfalten soll. Worin aber ist der Sinn und Wert des Menschenlebens in dieser Zeit zu finden, wenn ihm die psychophysischen Fähigkeiten zur Selbstverwirklichung teilweise oder ganz verlorengehen oder gar nie eigen waren? Ist oder wird das Menschenleben dann *sinnlos* und damit auch *wertlos*, wenn das Bewußtsein getrübt bleibt, für immer ausfällt, wenn der Mensch verwirrt und nicht mehr »Herr seiner Sinne«, seines Lebens ist, wenn er sich nicht mehr selbst gestalten und »verwalten« kann, wie es spätestens in den letzten Phasen des Sterbens jedem Menschen widerfährt? Allein der Glaube, daß auch solches Menschenleben Geschöpf Gottes ist und als solches an der Bestimmung menschlichen Seins teilhat und so vor Gott Wert hat, gibt auf diese Fragen keine hinreichende Antwort. Betrachtete man gerade das von Geburt schwer versehrte Leben allein von seinem Ursprung, seinem Geschöpfsein her, so bliebe es durch die Macht des Nichtigen von der Vollendung menschlichen Lebens ausgeschlossen, es hätte keine vollendende Zukunft, die es aus der faktisch aufzeigbaren Sinnlosigkeit seines irdischen Daseins zu erretten vermöchte und ihm teil gäbe an der vollendeten Gemeinschaft mit Gott, die alle Auswirkungen des Nichtigen beseitigt. An dem menschlichen Leben, das zu keinen geistigen Akten und auch nicht mehr zum Glaubensvollzug fähig ist, bricht die Frage nach Sinn und Wert unüberhörbar auf. Sie kann letztlich nicht beantwortet werden, wenn man den Tod und sein »Danach«, das ewige Leben, die »endgültige Gemeinschaft Gottes mit dem Geschöpf, die alles Nichtige hinter und außer sich hat«[25], die Auferstehung, die Verwandlung, die Neuschöpfung, die allein Gottes Möglichkeit und Tat ist, aus den theologischen Überlegungen

[25] Weth, 440.

ausklammert und behauptet, daß der christliche Glaube kein Interesse am »ewigen Leben«[26], sondern nur an der immanenten Erneuerung der Welt durch den Menschen selbst habe.

In der Menschwerdung, dem Tod und der Auferstehung Jesu Christi bewährte sich endgültig Gottes »Ja« zu seinem Geschöpf und geschah zugleich sein Widerspruch, sein »Nein« gegen das Nichtige. Das »Ja« bezieht sich auf den Menschen als *Person*, das »Nein« auf die *Taten*, durch die der Mensch sich in seiner Lebensbestimmung verfehlt hat und damit in Widerspruch zu Gott getreten und der Macht des Nichtigen verfallen ist, und auf die dem Menschen nicht zurechenbaren überpersönlichen Wirkungen des Nichtigen. Die Unterscheidung der Person von ihren Taten ist das eschatologische Werk Gottes, der in seinem endgültigen Gericht über Sinnhaftigkeit und Sinnverfehlungen bzw. Sinnlosigkeit, über Wert und Unwert keinen, der im Glauben das in Jesus Christus ergangene Urteil annimmt – aber auch keinen, der es aufgrund seiner Versehrtheit nicht annehmen kann –, nach seinen *Taten* und Unterlassungen beurteilen will, durch die er sein Leben vor Gott verwirkt hat. Dieser letztlich eschatologische, jetzt aber schon im Evangelium zugesagte unbedingte Freispruch des Sünders[27], also der Freispruch der Person von ihren Taten, schließt die »Verheißung endgültiger Vernichtung des Nichtigen«[28] und der Auferweckung und Neuschöpfung der *Person* ein. Ohne die Auferweckung der Toten bliebe das im Tod Jesu ergangene Urteil über das Nichtige ein Urteil, das dem Nichtigen zwar das Recht auf Gottes Geschöpf, die *Person*, abspricht; aber ohne sie wäre dieser Freispruch nicht am Geschöpf, dem er gilt, zum Vollzug gekommen. Erst die Auferweckung der Toten, die *Vollendung* der in dieser Zeit noch der Macht des Nichtigen unterworfenen Schöpfung (Röm 8,18 ff.) bedeutet die universale Durchsetzung des im Tod Jesu Christi von Gott erklärten Rechts auf sein und der Treue zu seinem Geschöpf. Erst dadurch wird die faktisch noch bestehende Macht der Todeswelt (1 Kor 15,26; Off 21,1 ff.) beseitigt und auch die »sinnlos« leidende und lebende Kreatur aus ihrer Sinnlosigkeit erlöst und zur Sinn schenkenden Vollendung gebracht (Röm 8,23).

Der Mensch kann nicht durch das, was er aufgrund seiner Fähig-

[26] So z. B. Leuenberger, 99 ff.; zur Kritik vgl. B/II/4, Anm 33, 41 ff.
[27] Vgl. H. J. Iwand, aaO (Glaubensgerechtigkeit), 62 f.
[28] Weth, 436; vgl. Jüngel (1969), 430 ff.

keiten aus sich selber macht und an Ansehen, Sinn und Wert erwirbt, vor Gott bestehen. Er kann sich damit auch nicht ewigen Sinn und Wert, nicht einen *Selbstwert* seiner Person durch seine Taten verdienen. Menschsein vollzieht sich vor Gott in der Spannung von Sein und Sollen, Wesen und Existenz, Vorgegebenheit und Aufgegebenheit, Geschaffensein und Bestimmung, in der der Mensch sich immer wieder in Widerspruch zu Gott setzt und sein Leben verfehlt. Menschliches Leben bliebe daher vor Gott immer unvollendetes, schuldiges, verfehltes Leben, das so viel wert ist, wie es sich selbst Wert verschafft, dem aber kein bleibender Wert zukäme, wenn Gott es nicht zur Vollendung seiner Bestimmung bringen würde durch die Auferweckung von den Toten. Daß Gott den, der an sein in Jesu Tod und Auferstehung ergangenes Urteil glaubt, nicht nach seinen Taten richtet, sondern die Person von ihren Taten scheidet, ist nur dann von Bedeutung, wenn der Person durch diesen Freispruch ewiges ,d. h. vollendetes Leben bei und mit Gott gewährt wird. Die Rechtfertigung des Sünders bleibt ohne die Gewißheit der Auferweckung der Person eine durch die Todeswelt als sinnlos erwiesene Behauptung. Die zukünftige Vollendung der Person, das »Heil« in der vollendeten Gemeinschaft mit Gott, macht des Menschen »Gottesebenbildlichkeit«, seinen Wert und seine Würde aus. Dieser einzigartige Wert ist dem Menschen als Gabe verheißen, wird ganz allein von Gott garantiert, ist aber dennoch nicht nur zukünftig, sondern begründet auch den Wert des zeitlichen Lebens, gibt ihm Sinn und einen unauslöschlichen Selbstwert abgesehen von allen Nutzwerten. Denn *dieses* einmalige irdische Leben, wie verfehlt, versehrt und »sinnlos« es auch immer sein mag, hat eine einzigartige Zukunft[29], die uns durch Gottes in Jesus Christus konkret gewordene vergebende Liebe als Freispruch und Verheißung des Lebens erneut so zugesprochen und im Glauben *zugeeignet* ist, daß sie *schon jetzt* für dieses zeitliche Leben gilt. Die im Tode Jesu Christi geschehene Versöhnung Gottes mit dem Menschen (2 Kor 5,19) und das in seiner Auferweckung verbürgte vollendete und ewige Leben vor Gott gibt dem Menschen schon auf Erden in jeder, auch der entstelltesten Gestalt, den Charakter des unersetzlichen, unverlierbaren einzigartigen Wertes, von Gott geliebte und der Gemeinschaft mit ihm für wert geachtete Person zu sein.

[29] Vgl. Eibach (1974), 175 ff. u. 200 ff.

Die Theologie sollte sich hüten, die Vollendung der irdischen Existenz zum ewigen Leben in der Auferweckung von den Toten einfach als einen wenig relevanten Zusatz zu einer an der diesseitigen Verbesserung der Welt allein ausgerichteten »Eschatologie« zu betrachten. Denn nur dann, wenn es eine Auferweckung, Erlösung und Vollendung des irdischen Lebens durch Gott gibt, gibt es eine wirklich einmalige Würde des Menschen, die ihn vor jeder Disqualifizierung zu »untermenschlichem«, nichtmenschlichem und »lebensunwertem« Leben schützt, wenn er durch angeborene oder erworbene Versehrtheit oder im Sterben die Möglichkeit nicht oder nicht mehr hat, sein Menschsein selbst zu gestalten, oder auch, wenn er sich durch »menschenunwürdige«, »unmenschliche« Taten schwerstens am Sinn des Menschseins verfehlt[30]. Der ausgezeichnete Wert menschlichen Lebens gründet in der besonderen Zuwendung Gottes zum Menschen, die ihm ewiges Leben und so einen »ewigen« Wert verbürgt und folglich auch sein jetziges Leben zu einem einzigartigen Wert macht, ihm Wert schenkt, nicht aber von ihm fordert, daß er sich selbst durch sein Tun erst einen Wert vor Gott schafft. Der Wert des Menschenlebens vor Gott besteht zunächst in dem, was der Mensch nicht aus sich selber machen kann. Er kann sich nicht selbst ins Dasein rufen, und er kann sein Leben nicht selber vollenden und ihm nicht einen Sinn, Wert und Bestand über den Tod hinaus verschaffen. Nur dann, wenn die Person eine sie vollendende Zukunft über den Tod hinaus hat, kann ihr zeitliches Leben einen einmaligen, einzigartigen »Eigenwert« jenseits aller »Verwertbarkeit« haben.

Wenn der Sinn und der Wert menschlichen Daseins diesem in der dargelegten Weise nicht immanent, sondern »transzendent«, d. h. von Gott her »zugewendet« ist vor aller Antwort des Menschen auf diese Zuwendung, wenn also der »Empfang von Sinn«[31] dem Menschenleben Wert gibt vor all dem, wodurch der Mensch durch sinnhaftes Tun sich Wert und Ansehen schafft, dann ist die Würde, der Wert des Menschen, seine Gottebenbildlichkeit, ein Kontinuum, das bleibend jedem Moment seines Lebens und Sterbens bis zum Tod *zu*-

[30] Daß der Mensch auch dadurch nicht zum »Unmenschen« wird, hat Jüngel (aaO, Anm. 24,10) gut herausgestellt. »Der christliche Glaube steht und fällt damit, daß er es wagt, in dem Täter die Person ernstzunehmen. Das heißt Rechtfertigung des Sünders. Sie verbietet es, die beste Tat ebenso wie die schlimmste Untat mit dem Ich zu identifizieren, das sie tat.«

[31] Vgl. Gollwitzer, 69 ff., 224 ff., 297 ff.; Jüngel (1969), 419 ff.

geordnet[32], also unverlierbar und letztlich auch nicht quantifizierbar und verrechenbar ist. Wird das so gesehen, dann ist und bleibt der *Sinn* und der *Wert* menschlichen Lebens und damit das leiblich-seelische Leben einer letzten radikalen Verfügung durch die Person selbst und durch andere Personen entzogen. So wie es dem Menschen nicht möglich ist, sich selbst und seine »absolute Zukunft«, sein »Heil«, selbst zu schaffen und damit seinem Leben einen einzigartigen, unvergänglichen Wert zu geben, so ist es dem Menschen auch nicht begründet möglich und erlaubt, letztgültig und unwiderruflich über den Sinn und den Wert des eigenen und des Lebens anderer zu richten und zu verfügen und das eigene oder das Leben anderer für sinnlos und unwert zu erklären, ihm so das Lebensrecht abzusprechen und dann sich oder anderen auch das Leben zu nehmen. Das Urteil über den letzten Sinn und Wert des Daseins und vor allem das Urteil »lebensunwert« – d. h. das Leben ist sinnlos, nichtig, total verfehlt, ohne Zukunft und also »vernichtenswert« – steht uns Menschen nicht zu[33], solange Gott dieses Urteil nicht gefällt hat.

Die von Jesus Christus gelebte bedingungslose Hingabe an den Menschen und das darin der christlichen Gemeinde gegebene Gebot der Nächsten-, ja der Feindesliebe (Joh 13,34 f.; Mtth 5,44) verbieten dieses absolute Richten, vertrauen vielmehr auch die Menschen der geduldigen Obhut der Gemeinde an (1 Kor. 13,7), die zu einer Belastung für Mitmenschen und Gesellschaft werden, weil sie nicht mehr »tauglich« und »nützlich« sind. Wenn die Liebe Christi als »Annahme des anderen ohne Rücksicht auf das eigene Wohlergehen«[34] nur in etwa Motivation, Kriterium und Maßstab christlichen Handelns ist, dann zeigt sie sich darin, daß sie gerade die nicht fallen läßt, die der Gesellschaft nicht mehr nützen. Wie versehrt menschliches Leben und wie belastend seine Pflege auch sein mag, es ist wertvoll, weil von Gott geliebt und des ewigen Lebens wert geachtet. Es ist daher als Mensch zu achten, zu behandeln, selbst dann, wenn es Gottes Wort nicht mehr verstehen, wenn es Mitmenschen nichts mehr geben und ihnen nicht auf ihre Liebe antworten kann, wenn es nur noch in Barmherzigkeit gepflegt werden kann. Vielleicht ist gerade der Beistand für den ganz hilflosen Menschen, der nicht einmal mehr

32 Thielicke, ThE I, Nr. 855, ThE II/1, 1260 ff.

33 Barth, KD III/4, 484 sagt richtig, daß schon die Bildung des Begriffs »lebensunwert« Sünde sei. Vgl. B/II/5, Anm. 3 ff.

34 Moltmann (1972 a), 217; vgl. Anm. 18 f. u. B/II/5, Anm. 40 ff.

um Hilfe rufen kann und der in seiner stummen Hilflosigkeit der Hilferuf selbst ist, ein »Abglanz« der bedingungslosen Zuwendung Christi zum Menschen, die Wert schafft, statt Wert zu fordern und »Unwert« zu vernichten. Auf jeden Fall ist der Gedanke, man solle diese hilflosen Menschen aus »Liebe« zu anderen vernichten oder »höheren Zwecken« *opfern*, um ihnen so einen »sinnhaften« Tod zu schaffen[35], indem man die Gesellschaft von der Last der Pflege befreit, das genaue Gegenteil von der Liebe, deren Inhalt Barmherzigkeit mit den und Hingabe an die Verachteten und Hilflosen ist. Von dieser Liebe her wird auch deutlich, daß die Wendung »lebensunwertes Leben« völlig unsinnig ist, weil menschliches Leben einen »Eigenwert«, einen »Selbstzweck« darstellt, solange es Leben ist, also bis zum Individualtod. Deshalb hat es bis zum Tod das Recht auf eine »menschenwürdige« Behandlung und Pflege.

2. *Ehrfurcht vor und Liebe zu den schwachen Gliedern der Gesellschaft: Zur Unterscheidung von »Wert« und »Nutzen« menschlichen Lebens – Die Verantwortung der Gesellschaft für die »nutzlosen« Glieder – Gleiches Recht auf Leben und Gesundheit für alle!*

Man kann gegen das gezeichnete Verständnis vom Menschen den Einwand erheben, es werde eine abstrakte »Person ohne Taten«[1] konstruiert und der Mensch mit der Erfüllung seines Daseins auf ein von Gott zu schaffendes Jenseits vertröstet. Ehe man diesen Vorwurf erhebt, sollte man bedenken, welche ethische Relevanz diese anthropologischen Aussagen haben. Der Arzt *V. v. Weizsäcker*[2] hat in Auseinandersetzung mit der Vernichtung »unwerten Lebens« im Dritten Reich darauf hingewiesen, daß, wenn man »einen *Wert* des diesseitigen, zeitlichen Lebens annimmt, ohne Rücksicht auf einen ewigen Wert« und ein ewiges Leben, dieses zeitliche Leben an sich »unwert« sein und werden kann. »Man kann dies auch so ausdrücken, daß die Definition des Lebens, welches seinen Sinn, Zweck oder Wert nicht

[35] So Schmalenberg, 166 ff.; vgl. B/III u. C/I/2–4.

[1] So der Vorwurf von D. Sölle (Dtsch. Allg. Sonntagsblatt, Nr. 10, 9. 3. 75) gegen E. Jüngel (B/II/1, Anm. 24).

[2] (1947), 11 f.; ähnlich auch L. Loeffler, Lebensunwertes Leben, RGG 3. Aufl., Bd. IV, 1960, 256; vgl. C/I/2 u. 3.

transzendent versteht, keinen inneren Schutz gegen den Begriff eines unwerten Lebens im biologischen Sinn besitzt.«[2] Am Beispiel derjenigen Menschen, die durch Krankheit, Unfall oder altersbedingten Abbau jede Möglichkeit verloren haben, ihr Leben selbstbewußt zu gestalten, sich selbst Sinn und Wert zu verschaffen, besonders aber an dem von hirngeschädigten Kindern, die nie die Möglichkeit selbstbewußten Lebens und eigentätiger Sinngebung hatten, deren Leben weder durch sie selbst noch durch die Mitmenschen geheilt und erneuert werden kann, die auch keinen ersichtlichen Wert und Nutzen für die Gesellschaft und ihre Zukunft haben, deren Lebenswert daher nicht überzeugend vom Wert und Sinn der Gattung und Gesellschaft her begründet werden kann – an solchen Beispielen muß man sich ja die Frage stellen, worin denn der Wert dieses in dumpfer Bewußtheit, Verwirrtheit, Apathie, Bewußtlosigkeit dahinlebenden oder dahinsiechenden Menschenlebens besteht, wenn es nicht den Gott gibt, der auch solches Leben und Sterben aus dieser dumpfen »Sinnlosigkeit« zu erlösen und zur Vollendung der Bestimmung seines Daseins zu bringen vermag.

Die vom eschatologischen Freispruch des Sünders durch Gott her sich eröffnende Unterscheidung der *Person* von ihren Möglichkeiten und Taten und die in diesem Freispruch implizierte Verheißung der endgültigen Vollendung der unter der Sinnlosigkeit des Nichtigen leidenden Kreatur (Röm 8,18 ff.) gewährt dem Menschenleben einen Sinn und Wert, der seinem Leben an sich nicht innewohnt, sondern der »von anders woher, von außen uns zugeeignet« wird, und zwar durch Gottes »schöpferisch an uns handelnde Gerechtigkeit, die uns Wert gibt, statt Wert von uns zu fordern«[3]. Daß der Wert des Menschenlebens auf dieser *gnädigen* Liebe und Tat Gottes beruht, »hat gesellschaftskritische Bedeutung gegen . . . die Wertung des Menschen nach seinem Nutzen in der gegenwärtigen Gesellschaft«[4]. In einer Gesellschaft, in der der Mensch einseitig nach seinen Leistungen bewertet wird, behauptet man weithin eine Identität von Person und Taten, die auf dem Boden dieses Denkens selbst nicht bestritten werden kann. Die theologische Unterscheidung der Person von ihren Taten – auch von der auf Gottes Anruf im Glauben antwortenden Tat – und von den diese Taten erst ermöglichenden oder gar

[3] Gollwitzer, 76.
[4] Ebd. 46, vgl. 62 ff., 122 ff.

nicht vorhandenen Fähigkeiten, räumt dem menschlichen Leben eine Würde ein, die ihm jenseits aller innerweltlich aufweisbaren und verrechenbaren *Funktions-* und *Nützlichkeitswerte* einen *Selbstwert* zubilligt. Dieser Selbstwert könnte und müßte sich gerade da aktualisieren – und zwar durch die, die die Gnade Gottes im Glauben annehmen –, wo der Funktionswert, die »Verwertbarkeit« des Menschen in der Leistungs- und Konsumgesellschaft ausfällt und versehrte, alte, sieche Menschen vielleicht als »lebensunwertes« Leben erachtet werden und in ihrem Lebensrecht bedroht sind[5].

In einer Gesellschaft, in der es zunehmend mehr pflegebedürftige und dahinsiechende Menschen gibt und in der die Kosten für das Gesundheitswesen bedrohlich anwachsen, wird das jetzt noch allgemein akzeptierte Bekenntnis, daß die Würde und der Lebenswert des Menschen unverlierbar und unantastbar sind, auf die Dauer nicht unbestritten bleiben. Wo der Sinn menschlichen Daseins nicht mehr immanent einsichtig zu machen sein wird (aber auch schon da, wo er nicht mehr von dem Nutzen für die Gesellschaft her begründbar ist), da kann sich bei wachsendem ökonomischen Druck eine zunehmende Intoleranz gegenüber denjenigen breit machen, die nie zur Mehrung des Wohlstands beitragen, vielmehr ohne ersichtlichen Sinn und Zweck an ihm zehren. Je mehr der Gedanke verblaßt, daß individuelles menschliches Leben gegenüber der Gesellschaft einen *Selbstwert* darstellt, der ihr nicht einfach geopfert werden darf, sobald es der Gesellschaft materiell nur schadet, umso mehr wird mit der angeblichen Sinnlosigkeit versehrten Lebens seine Pflege als sinnlos hingestellt, folglich sein Lebensrecht in Frage gestellt und vielleicht auch die Forderung zur Vernichtung solcher – wie man sagen wird – im Grunde nur noch »vegetierender«, aber nicht mehr menschlicher »Wesen« erhoben und eines Tages wieder praktiziert werden. Dabei macht es keinen wesentlichen Unterschied, ob man solchen Menschen das Menschsein abspricht, sie also mit dem Argument umbringt, sie seien keine Menschen mehr, oder ob man die Vernichtung noch »ideologisch« als notwendiges »Opfer« für die höheren Belange der Gesellschaft verklärt, durch das man auch *»sinnlosem«* Leben und Sterben Sinn und Wert verschaffen will[6]. Wo der Wert menschlichen

[5] Vgl. ebd.63; Thielicke, ThE III, Nr. 2743; Bonhoeffer, 20 f.; Barth, KD III/4, 483 ff.; Eibach (1974), 177 ff, 256 ff.
[6] So Schmalenberg, 166 ff; vgl. B/III/1 u. C/I/3.

Lebens nicht »transzendent«, nicht als *Gabe*, sondern als *Leistung* verstanden wird, da kann es keinen *Selbstwert* der Person, sondern nur einen Wert der Person nach ihrem Nutzen »für etwas«, nach ihrer »Verwertbarkeit« für das geben, was angeblich höher steht und wertvoller ist als sie. Wo der Wert des Menschen mit seinem Nutzen identifiziert wird, da ergibt sich notwendig die Scheidung in »lebenswertes« und »lebensunwertes«, weil nutzloses Leben, mit der die Tür zu schlimmsten Formen der Inhumanität geöffnet ist.

Der spezifische Beitrag, den das gezeichnete christliche Menschenverständnis in die Ethik einbringt, kann in der Unterscheidung von *Nutzen* und *Wert* erfaßt und entfaltet werden. Der Mensch stellt einen *Letzt-* oder *Selbstwert* dar, der nicht auf seinen immanenten Zweck, seinen »Wert für« hinterfragt werden sollte. Im Gegensatz zum Selbstwert bedeutet der Nutzen immer einen »Mittelwert, der Wert ist nur dank der Werthaftigkeit eines anderen, von dem er abhängt und auf das hin er dienend bezogen ist; Nutzen heißt: Wert für . . . und Sinn für . . .: vom Sinn des Ersten zum Sinn des Nächsthöheren . . . Aufhören könnte dieses Fragen erst, wenn es mündete in einem begründenden Sein«[7], das nicht von höheren irdischen Größen her seinen Wert erhält, sondern *in sich selbst* so sinn- und wertvoll ist, daß es nicht »eine Funktion für anderes ist, sondern alles andere für dieses, weil es ›für sich selbst‹ . . . absolut sinnhaft«[7] ist. In dieser Weise aus sich selbst und durch sich selbst lebend, also keiner Sinn- und Wertgebung bedürftig, ist nur Gottes Sein, der deshalb auch allem anderen Sein bleibenden Sinn und Wert verleihen kann, indem und soweit er es ins Leben ruft und diesem Leben Teil gibt an seinem »ewigen Leben«. Wo Gott in Beziehung zum Menschen tritt, seinem Leben eine besondere Bestimmung und Verheißung gibt, da wird, ist und bleibt auch *menschliches Leben in sich selbst wertvoll*, da hat es einen unverlierbaren Letzt- und Selbstwert, der in dieser Beziehung Gottes zum Menschen begründet, aber nicht anderwärts aus Mittelwerten ableitbar und daher auch nicht gegen andere Werte verrechenbar und von ihnen her hinterfragbar ist. Der *Wert* und das *Recht des Lebens* besteht zunächst im Dasein selbst und nicht in irgendwelchen Nutzwerten für Höheres. Es verliert diesen Wert nicht, wird nicht »lebensunwertes« Leben, da Gottes Liebe und

[7] Gollwitzer, 51 f.

Treue dem irdischen Leben bis zum Tode gilt und Wert gibt und *schenkt*, statt Wert zu *fordern.*[8]

Das Recht auf Leben ist ein »Basiswert«, der allen anderen Werten, den »Konsekutivwerten«, vorgeordnet ist, aus ihnen nicht begründet und durch sie nicht relativiert und aufgelöst werden kann, sondern diese erst begründet und ihnen ihre rechte Funktion gibt. Das Recht auf Leben ist eine *Setzung* dessen, der das Leben schafft. Es ist zugleich mit dem Werden des Geschöpfs gegeben. Dieses Recht ist unverletzlich und unantastbar[9]; über das Leben darf nicht absolut verfügt werden, es sei denn durch den, der es gesetzt hat und durch den sein Wert begründet ist. Eine Begründung des Selbstwerts »von unten nach oben« im Rückschlußverfahren von den Mittel- und Konsekutivwerten ist unmöglich, da die Kette der Begründung in der Zweck-Mittel-Relation kein rational einsehbares Ende hat und da auch die Konsekutivwerte wieder Setzungen sind, die ihren Wert durch die Beziehung auf einen gesetzten Letztwert (Endwert) bekommen und sich wie dieser keinesfalls zwingend aus einem vom Niederen zum Höheren hierarchisch geordneten Stufenmodell des realen Seins und des Menschen ergeben[10]. Auch kann der Selbstwert des Lebens in diesem, alles menschliche Sein erst ermöglichenden Sinne, keine Setzung des Menschen selbst sein, weil der Mensch nicht sein eigener Schöpfer sein kann[11]. Wer daraus den Schluß zieht, daß die Gattung der Schöpfer des Individuums sei, daß sich sein Wert daher vom Sinn der Gattung her erschließt, billigt dem Menschen doch wieder keinen Selbstwert zu, weil er entweder den Sinn

[8] Vgl. Bonhoeffer, 173. Einen Selbstwert hat die Person, weil ihr eine ewige Zukunft verheißen ist. So ist die Person ein »Gut«, das Dauer hat, und daher ein »Endwert« (Letztwert) ist.

[9] Vgl. Grundgesetz, Artikel 2,2.

[10] Vgl. Gollwitzer, 122 ff. So wie es unmöglich ist, höhere Formen organischen Seins aus niederen abzuleiten und die Würde des Menschen aus dem Vergleich mit dem Tier zu begründen (vgl. B/I/1, Anm. 12), so ist es auch nicht möglich eine Werthierarchie »von unten nach oben« aufzubauen, wohl aber ist beim Ausgang von einem absoluten Letztwert eine Hinordnung von Mittelwerten (relativen Werten) auf den Letztwert festzustellen. Der Stellenwert dieser Konsekutivwerte kann je nach geschichtlichen Umständen wechseln. Die in diesen Ausführungen teils implizierte Begründung von Ethik, Moral und Recht in der Ontologie bzw. Anthropologie, von Sollen in Sein, von moralischen in außermoralischen Werten, von präskriptiven in deskriptiven Urteilen, bzw. von Verpflichtungsurteilen in Werturteilen kann nicht näher erörtert werden. Zur Sicht »analytischer Ethik« vgl. R. M. Hare, Freiheit und Vernunft, 1973, 17 ff. u. Frankena, 27 ff. u. 115 ff.

[11] Vgl. B/III/2.

des Individuums mit den Interessen der Gesellschaft identifiziert oder das gesellschaftliche Leben höher bewertet als das Individuum, dieses damit aber zur Funktion der Gattung und seinen Wert zu einem Nutzwert macht.

Soweit zur Unterstützung des Vorrangs der Rechte der Gesellschaft vor denen des Individuums biologische Fakten ins Feld geführt werden, identifiziert man den *Sinn* menschlichen Lebens mit seinem biologischen *Zweck*, der Erhaltung der Art.[12] Dient ein Lebewesen diesem Zweck nicht mehr durch Fortpflanzung, Brutpflege oder Vermittlung von Erlerntem, so ist sein Leben zweck- und nutzlos, und sein Tod erweist sich im Sinne der Selektionstheorie als objektiv zweckmäßig, denn er schafft neuen Lebensraum und Nahrung für die fortpflanzungsfähigen Nachkommen. Selbst wenn das Selektionsprinzip das zureichende Erklärungsmodell der biologischen Evolution sein sollte, ist noch nicht darüber entschieden, inwieweit die in ihm implizierten »Kategorien« der biologischen Evolution auch für die kulturelle Evolution der Menschheit und für die Gesellschaft maßgebend sind und moralische Prinzipien gesellschaftlichen Zusammenlebens sein sollten[13]. Dann wird nämlich ein angebliches »Naturgesetz« zugleich zum »obersten Gesetz der Regelung zwischenmenschlicher Beziehungen, der oberste biologische Wert wird zum höchsten sittlichen Wert«[14]. Mit dieser Ableitung von Normen gesellschaftlichen Handelns will der Sozialdarwinismus Ethik in »Naturgesetzlichkeit« fundieren und sie so wissenschaftlich begründen, ohne daß die gerade in diesem Punkt nötige wissenschaftstheoretische Frage gestellt wird, inwieweit aus der Natur erhobene Fakten an sich verbindliche Hinweise auf Werte und durch sie zu bestimmendes Handeln liefern, und ohne sich genügend klar zu machen, mit welchem Recht man Menschsein auf das biologische Sein der Gattung Mensch reduziert oder diesem doch wenigstens den absoluten Vorrang vor anderen Dimensionen des Menschseins einräumt, deren Eigenständigkeit damit bestritten wird. Zudem wird einfach übergangen, daß das Verhältnis von Individuum und Gattung schon auf der Ebene der »Natur« ambivalent, wenn nicht gar antagonistisch ist, da der Lebenstrieb des Individuums, der auf den Fortbestand des Einzelwesens

[12] Vgl. Eibach (1973), 40 ff.
[13] Vgl. dazu die in C/I/2, Anm. 27 ff. angegebene Literatur.
[14] Peters, 339.

zielt, den Erfordernissen der Gattung unterworfen und von außen her gewaltsam gebrochen wird[15]. Daß das biologisch Gute auch das für menschliches Zusammenleben Gute sei, wird fraglich, wenn man die Prinzipien untersucht, die der Sozialdarwinismus der Selektionstheorie Darwins entnommen und zur Basis der Moral erhoben hat. Die sogenannte »natürliche Auslese« besteht eigentlich nur in der unterschiedlichen Fortpflanzungshäufigkeit verschieden ausgerüsteter Organismen[16], doch sind im Sozialdarwinismus vor allem die »Metaphern« Überleben des Geeignetsten und Stärksten, Kampf ums Dasein, Überleben der Art, Verbesserung der Gattung bestimmend geworden.

Diese *Ethik des Kampfes ums Dasein* geht aus vom Prinzip der *Selbsterhaltung* und Selbstdurchsetzung *gegen andere* und auf Kosten anderer aufgrund der größeren *Stärke*. Der Wert des Individuums bestimmt sich damit nach der Stärke seines Durchsetzungsvermögens, seinem Erfolg und dem, was es dadurch zur Erhaltung und Besserung der Gattung beiträgt; er wird quantifizierbar, meßbar an der Leistung und am Nutzen und Schaden für die Gattung. Das Einzelwesen verliert seinen Wert, wenn es den Gattungszielen nicht mehr dient, und erst recht, wenn es ihnen schadet und bedrohlich wird. Unter der Vorherrschaft des *Prinzips der Stärke* und der größten Rechte der Stärksten kommt der leidende und schwache Mitmensch nur in den Blick unter dem negativen Aspekt seiner Minderwertigkeit und dem, was nicht sein soll, sondern »abgeschafft« werden muß, weil es nicht verwertbar, vielmehr schädlich ist. Die Verachtung der Schwachen durch die »Mythologisierung des Starken, Schönen und Tüchtigen« im Sozialdarwinismus, bei Nietzsche u. a.[17] bereitete das Programm der Rassenhygiene und der »Euthanasie« im Dritten Reich intellektuell dadurch vor, daß man mit einer

15 Daß ein »Todestrieb« dem Individuum ebenso immanent sei wie der Lebenstrieb, wird von fast allen Verhaltensforschern (gegen S. Freuds Hypothese) verneint. Wenn der Mensch sich in seinem Unterbewußten seine Auslöschung nicht vorstellen kann, so ist dies ein psychologischer Hinweis darauf, daß »normal« nur der Lebenstrieb das Individuum bestimmt.

16 Das wird im Tierreich meist dadurch geregelt, daß das in Rivalenkämpfen ermittelte schönste und stärkste Tier die besten Paarungschancen hat und am ehesten zum Leittier wird. Durch die einseitige Auswahl nur weniger Merkmale kommt es häufig zu Überspezialisierungen, die die Art zugrunderichten können. Was dem Individuum als »gut« erscheint und ihm Lust bereitet, sichert durchaus nur bedingt das auf Vielfalt angewiesene Leben der Art.

17 Vgl. F. Hartmann, 307 u. 311 u. C/I/2, Anm. 25 ff.

biologisch-evolutionistischen Gesellschafts- und Fortschrittslehre vorgab, dem Wohle der Menschheit zu dienen, indem man das Tüchtige fördere, die Fortpflanzung der Untüchtigen verhindere und die Ausmerzung der Schädlinge der Gesellschaft betreibe, zu denen – wie *A. Hoche* sich ausdrückte[18] – in Zeiten nationaler Not und Sammlung aller Kräfte für höhere, fördernde Zwecke die »Schwächlinge aller Sorten«, die Geisteskranken, die unheilbaren und aufwendiger Pflege bedürftigen Menschen gehören. Auch mit solchen Gedanken verstand man sich als Helfer der Menschheit zum Überleben oder zur Vervollkommung, gab sich also den Anschein von Humanität, indem man im Namen dieser am Fortschritt der Gattung orientierten Moral zu schlimmsten Inhumanitäten gegen wehrlose Individuen überging. Wo die Menschenwürde ein am gesellschaftlich Erwünschten gemessener und ihm gemäß abgestufter Wert wird, da fällt die Grenze des Lebensrechts mit der Grenze der Verwertbarkeit nach gesellschaftlichen Zwecken zusammen, da darf man Menschenleben vernichten, wo Nutzen in Schaden umschlägt.

Man mag die Inhumanitäten sozialdarwinistischer Ethik dadurch ausgeschaltet sehen, daß die physische Not des Überlebens der Art bei uns[19] angeblich für immer gebannt ist. Aber könnte man sich, wenn der ökonomische Druck stärker wird, nicht doch wieder auf die sozialdarwinistische Ethik[20] und ihre »entlastenden« Konsequenzen besinnen? Sind nicht die in dieser Ethik implizierten Prinzipien – Durchsetzung gegen andere aufgrund von Stärke, Bemessung des Wertes von Leben nach seiner Verwertbarkeit für die Gattung, Vertrauen in die Verbesserung oder gar Vervollkommnung der Gattung – grundsätzlich zu hinterfragen? Nur dadurch, daß man – wie der »Evolutionäre Humanismus« von *J. Huxley* – nicht mehr primär die biologische Evolution und das physische Überleben, sondern vor allem die Erfüllung und Vervollkommnung psychosozialer Belange im Auge hat, die auf der Basis biologisch-materieller Bedürfnisbefriedigung aufbauen, sind die Gefahren dieses evolutionistischen Gesellschaftsmodells nicht zu überwinden. Denn darin ist immer noch der Glaube bestimmend, daß das Dasein durch den Menschen selbst vervollkommnet werden[21], daß ein »höherer Typ« von Mensch und eine

[18] Vgl. C/I/2, Anm. 24.
[19] Vgl. B/III/1/a.
[20] Vgl. B/II/5 u. C/I/2.
[21] »Im Mittelpunkt des Evolutionären Humanismus steht der Glaube, daß das Dasein

heile Welt ohne das »Böse« geschafft werden muß und kann. Dann bleibt der Mensch Funktion der Gattung, lebt nur um dieses Endziels willen und ist nur soviel wert, wie er zum Fortschritt zu diesem Endziel hin beiträgt. Er ist dann aber auch dem Kampf für dieses Endziel zu *opfern*, wenn er für diesen Zweck hinderlich und damit »*lebensunwert*« wird. Wo der Mensch in dieser Weise Funktion der Gesellschaft und ihrer Zukunft wird, da beruht der Wert des Menschen nicht auf seinem Dasein an sich, sondern auf seinem Nutzen für die Gattung, weil – wie *Fr. Nietzsche* sich ausdrückt – das jetzige Leben ein »Anders-sein-wollen«, nur Einzelfall und Wachstumsform des »Willens zur Macht«, Mittel zu Höherem ist[22]. Auf diesem Hintergrund wird dann auch die Vernichtung vor allem des schwachen Lebens zugunsten des »höheren Typus Mensch« gefordert.

Sicherlich ist das Verhältnis zwischen den Lebensinteressen des einzelnen – z. B. seinem Streben nach Gesundheit und Glück – und den Interessen der Gesellschaft schon von Natur aus ambivalent, ja teils stehen sie gegeneinander. *V. v. Weizsäcker*[23] hat zu Recht betont, daß die Schwierigkeit nicht darin besteht, zwischen »Individualismus und Kollektivismus ein für allemal zu entscheiden, sondern die Erfordernisse der Individuation mit denen der Sozietät zu verbinden, also Solidarität zu verwirklichen«. Diese *Solidarität* kann aber nicht erreicht werden, solange das Individuum und sein Wert nur eine Funktion der Gattung und ihrer Zukunft sind und eine Ethik des Kampfes um Dasein mit ihrem Prinzip der *Stärke* und der Durchsetzung *gegen* andere beherrschend ist und die Rechte der Schwachen in der Gesellschaft bedroht, vor allem derjenigen, die sich nicht verteidigen, organisieren und nicht von sich aus um Hilfe rufen können, sondern auf den Einsatz anderer für sie angewiesen sind. Hilflose Mitmenschen für die höheren Belange der Gesellschaft »opfern« zu wollen und dieses »Opfer« dann mit dem Motiv der »Liebe« zur Ge-

vervollkommnet werden kann. Dieser Glaube gründet sich heute auf Wissen«, schreibt J. Huxley (Ed.), Der evolutionäre Humanismus, 1964, 68. Der Genetiker J. Muller (ebd. 256) sieht die größte Aufgabe in der »Erschaffung eines mächtigeren Prometheus«, so wie Fr. Nietzsche (Schlechta, Bd. II, 768) sie in der »Erhöhung des Typus Mensch« sah. Solche Äußerungen entstanden vor der Erkenntnis der »ökologischen Krise« und der »Grenzen des Wachstums«, die einen Zukunftsschock auslösten, so daß durchaus wieder die Frage des »physischen Überlebens« beherrschendes Thema wissenschaftlicher, technischer und politischer Überlegungen wird. Vgl. Müller, passim.

22 Vgl. Schlechta Bd. II, 573, 600 f., 818 ff. u. dazu C/I/2, Anm. 55 ff.

23 (1947), 14.

sellschaft und ihrer Zukunft zu verbrämen[24], dürfte das genaue Gegenteil von dem sein, was an Gottes in Jesus Christus konkret gewordener Liebe sich als Liebe (Agape) erwiesen hat[25]. Soll das, was als Handeln aus Liebe zu bezeichnen ist, nicht inhaltsleer sein, sondern in der Liebe Christi seine Motivation und in etwa seinen Maßstab haben, dann sind die Gesunden an die Kranken gewiesen, die des »Arztes« bedürfen (Lk. 5,31); dann bestimmt sich Handeln aus Liebe primär durch das Maß an Zuwendung, Hingabe und Barmherzigkeit, dessen der leidende Nächste bedarf (Lk. 10,36). Maßstab von Liebe kann daher nicht der eigene Wille zum Leben, der Selbsterhaltungstrieb und die Selbstliebe sein (1. Kor 13,5 f; 10,24; Phil 2,4)[26].

Weder die »Goldene Regel«[27] (Mt. 7,12) noch das »wie dich selbst« in dem Gebot: »Liebe deinen Nächsten wie dich selbst«, kann als Einschränkung der Nächsten- und Feindesliebe in dem Sinne verstanden werden, als sei die »Selbstliebe« oder die »Liebe« zur Gattung Maß und Grenze der Liebe (1 Kor 13,5). Maß ist vielmehr die Liebe Gottes (Joh, 13,34 f) zum Sünder und die darin begründete Liebe zum Feinde (Röm 5,8.10; Mt 5,44). Diese vollkommene, bedingungslose Liebe und Hingabe Jesu an die Menschen ist zunächst als Erbarmen[28] mit denen zu verstehen, die in dieser Welt nichts nützen und gelten (Mt 5,3 ff.), die verachtet, schwach und ausgestoßen sind (1 Kor 1,26 ff.), denen Jesus durch seine Zuwendung die Liebe Gottes und ihren Wert vor Gott verkündete und die er durch seine Gemeinschaft mit ihnen und seine Heilungen wieder in die menschliche *Gemein-*

24 So St. Dixon u. E. Schmalenberg, vgl. B/III/1 u. C/I/3.

25 Vgl. B/II/1, Anm. 18 f. u. B/II/5, Anm. 41 ff.

26 So bei Augustinus (vgl. Thielicke, ThE I, Nr. 1712 ff.) und noch deutlicher bei Thomas von Aquin, der (S. Th., II – II q. 64 a. 7) darauf verweist, daß es »jedem Wesen naturhaft (sei), daß es sich, soweit es nur irgend kann, im Sein erhält« und daß es daher mehr gehalten sei, »für das eigene Leben als für das fremde Leben zu sorgen«. Vgl. B/II/5, Anm. 42 ff.

27 Zu Recht macht N. Hoerster (S. 67 ff.) darauf aufmerksam, daß die »Goldene Regel« (Alles, was A will, das B ihm tue, soll A auch B tun) nur dann sittlich (und ganz bestimmt im Sinne des Liebesgebots Christi) richtig verstanden ist und eine Pflicht gegenüber dem Nächsten begründen kann, wenn A und B sich unter gleichen Umständen befinden. Dann würde die Regel lauten: Du sollst andere so behandeln, wie du selbst sie dir gegenüber zu handeln verpflichtet hältst, vorausgesetzt, du befindest dich in den gleichen Umständen wie sie. Vgl. ebd. 71. Schüller (S. 66) formuliert so: »Behandle die anderen so, wie du es für ihre Pflicht hieltest, dich zu behandeln, befändest du dich in der gleichen Lage«. Vgl. Frankena, 68 f. u. 73 f.; B/II/5, Anm. 46 ff. u. A/II.

28 Das »Seid vollkommen wie« (Mt 5,47 f.) ist im Sinne von Lk. 6,36 als »Seid barmherzig wie euer Vater im Himmel« zu interpretieren.

schaft eingliedern wollte, aus der sie wegen »Verfehlungen« und »Krankheiten« ausgestoßen waren. Weil Leben immer Leben in Beziehung zu Gott und in der Gemeinschaft mit Menschen ist, darum zielt Jesu Liebe auf die Eingliederung in die menschliche Gemeinschaft, sucht das Wohl des leidenden Nächsten, nimmt ihn in »Obhut«, läßt ihm in der menschlichen Gemeinschaft das an Schutz und Fürsorge angedeihen, was er zum seinen Bedürfnissen entsprechenden Leben braucht, und räumt ihm das Maß an Gesundheit und an Lebenschancen ein, das er trotz seiner vielleicht unabänderlichen Krankheit haben kann. Diese Liebe, die zum »langmütigen«, ausdauernden Ertragen (1 Kor 13,4.6.) einer bestimmt oft sehr belastenden Betreuung bis ans Lebensende bereit ist und nicht darüber »erbittert« (1 Kor 13,5), ist *für* den schwachen Mitmenschen da und auf die Entfaltung seines ihm möglichen Lebens, aber nie *gegen* sein Leben gerichtet. Dieses »Für-den-anderen-da-sein« garantiert und bewahrt wahre *Humanität* und bringt sie gerade da zur Geltung, wo Menschen leistungsunfähig, schwach und der Verachtung so ausgesetzt sind, daß »sie wegen ihres Schwachseins als ›lebensunwertes Leben‹ vom Vorschlag der Ausmerzung bedroht sind«[29]. Es dürfte sich von diesem Verständnis von Liebe her verbieten, schwer leidende und daher »untaugliche« und »nutzlose« Glieder der Gemeinschaft als »Schädlinge« zu betrachten und zu behandeln, indem man sie in menschenunwürdige Gettos verbannt, die ihnen die letzten Lebenschancen nehmen und sie dem *sozialen Tod* aussetzen, oder indem man sie gar ausrottet. Eine Gesellschaft, die ein solches Verständnis von Überleben oder Fortschritt, Gesundheit und Glück entwickelt, ist nicht gesund, sondern »im Zusammenbrechen begriffen«[30], denn die Art, in der eine Gesellschaft mit ihren alten, kranken und schwachen Mitgliedern umgeht, ist in der Tat ein Test auf ihre Humanität.

Die Ethik des Kampfes ums Dasein baut auf dem Prinzip der Stärke und dem Vorrecht des Stärkeren auf oder gar seinem Recht, über die Schwachen zu verfügen, sie als »Material« für sich und die Gattung zu sehen und sie aus der Gesellschaft auszusperren oder gar zu vernichten, wenn sie hinderlich werden. Zu dieser Ethik gehört im Zeitalter wissenschaftlich-technischer Zivilisation ein Verständnis von Leben, das »Gesundheit mit Leistung und Genußfähigkeit« identifi-

[29] Gollwitzer, 318; vgl. Anm. 5.
[30] Barth, KD III/4, 484; vgl. Moltmann (1972 b), 320; vgl. B/III/1.

ziert[31] und Krankheit und Tod als »Betriebsstörungen« ansieht, die derzeit aufgrund noch bestehender medizinisch-technischer Unzulänglichkeiten noch nicht, grundsätzlich aber doch durch »Reparatur« behebbar sind. Das Verhältnis zu eigener Krankheit und Sterblichkeit »in der wissenschaftlich-technischen Arbeitswelt ist das Dokument ihres Zukunftsglaubens«[32], der mit den machbaren Fortschritten der Technik den Fortschritt zur heilen Welt, die »Abschaffung« von Leiden und Tod erreichen will. Die Medizin selbst wird »Arznei zur Unsterblichkeit«, Garantie für glückliches Leben ohne Leiden und Tod. Krankheit bedeutet dann einerseits – vom Kranken aus gesehen – Hindernis am Genuß und andererseits – von der Gesellschaft aus gesehen – Minderung der Produktion und des auf ihr basierenden Lebensstandards aller. Wo Krankheit in dieser Weise als persönlicher und sozialer Defekt, als »Betriebsstörung« gesehen wird, da »herrscht weithin der Gesichtspunkt der verminderten Verwertbarkeit des Kranken vor und nicht der seiner ihm von Gott verliehenen Würde. Die Überwindung der ›Panne‹ gilt dann eigentlich weniger dem Betroffenen (als Person), als seiner Wiedereingliederung in den Arbeitsprozeß unserer Gesellschaft.«[33] Die Gesundheit des einzelnen ist Basis seines persönlichen Glücks; und der Wohlstand einer Gesellschaft ist umso größer, je mehr ihre Glieder arbeitsfähig und gesund sind und je weniger personelle und finanzielle Mittel in ihre Gesundheit investiert werden müssen, denn diese Ausgaben zehren erheblich am höchstmöglichen allgemeinen Wohlstand, der wiederum Basis »persönlichen Genusses« ist. Insofern decken sich die Interessen des Individuums und die der Gesellschaft nach höchstmöglichem Wohlstand und Glück im Bereich des Gesundheitswesens so lange, wie eine Wiedereingliederung in den Arbeitsprozeß grundsätzlich erreichbar ist oder doch wenigstens die Gesundheit soweit wiederherstellbar ist, daß man die Kosten für längere Behandlung und Pflege einspart. Ist dies nicht mehr erreichbar, so erlischt das Interesse der Gesellschaft und der ihre Zielsetzungen aufnehmenden Medizin an dem bestmöglichen Ergehen der Person, zumal die Sorge dafür dann oft sehr langdauernd und aufwendig ist.

31 So Moltmann (1972 b, 320) im Anschluß an S. Freud. Ebenso M. Horkheimer, in: H. J. Schultz (Hrsg.), Was wissen wir von der Seele, 1968, 17.
32 G. Bally, in: H. J. Schultz, aaO 94 f.; vgl. Schaefer, 234 ff., 326 ff.
33 Lentrodt, 284 f.; vgl. T. Parsons, in: Mitscherlich u. a., 57 f.; H. Baier, ebd. 43 ff.

Der pflegebedürftige Mensch zehrt erheblich am »Bruttosozialprodukt«, wird zumindest unter ökonomischen Gesichtspunkten zum »Ballast« der Gesellschaft, die für ihn aufkommen muß, obwohl solche Investitionen nach der »Kosten-Nutzen-Rechnung« verfehlt sind. Die Folge der Bemessung des Lebenswertes nach den Nützlichkeitsmaßstäben der Leistungsgesellschaft ist zunächst natürlich nicht die Ausmerzung der »Schädlinge aller Sorten«, sondern ein verborgenes und auch offenes Desinteresse am Ergehen der dauernd pflegebedürftigen Mitmenschen, das sich in der mangelnden medizinischen und pflegerischen Betreuung gerade der »hoffnungslosen Fälle« aller Art, von den körperlich und geistig versehrten, den altersschwachen bis zu den unheilbar kranken Menschen niederschlägt. Für die aktivistische Ethik des Kampfes ums Dasein ist *Gesundheit* »machbar« und *Krankheit* ein »unverbindlicher Defekt«, der durch »Reparatur zu beheben ist«[34]. So werden Krankheit und zuletzt auch der Tod »abschaffbare« oder doch – nicht selten unter Absehen von der leidenden Person selbst und ohne nach ihrem Wohl und ihren persönlichen Belangen zu fragen – bis zum »letzten Atemzug« bekämpfbare Größen. Gelingt die *Abschaffung* der Krankheit nicht und wird das Sterben unausweichlich, so kann man sich gegenüber der Krankheit häufig nur noch im Modus der *Verleugnung* des Todes oder dem des *Verdrängens* und *Abschiebens* solcher aussichtslosen »Fälle« in Gettos verhalten.

Der Ethik der Stärke kann durchaus diese Bekämpfung des Todes bis zum Letzten entsprechen, weil das Sterben und der Tod in diesem Denken als der Gegensatz von »Stärke« keinen Platz haben und weil im Ethos der technischen Machbarkeit aller Dinge und der Verdinglichung der Person nach Kategorien der Verwertbarkeit und als Objekt medizinisch-technischer Behandlung andere als technische Verhaltensweisen nicht integriert und daher auch nicht einübbar sind. Dementsprechend sind die Krankenhäuser, je moderner und technisch perfekter sie eingerichtet sind, umso weniger auf eine umfassende ganzmenschliche Betreuung von Patienten, auf die Behandlung unheilbarer, aber medizinischer Betreuung bedürftiger Patienten und auf das Sterben eingestellt. Solche Anforderungen, besonders aber die Bedürfnisse von *sterbenden* Menschen und das *Sterben* überhaupt, widersprechen dem *Anstaltsziel*, die Krankheit zu beseitigen. Da das Sterben »in der Zweckbestimmung der Anstalten nicht vorkommt, ... wird die Sterbehilfe ... auch nicht in den beruflichen Sozialisa-

[34] Lüth (1972), 21; vgl. Engelhardt u. a., 224 f.; Schaefer, 234 ff.

tionsprozessen thematisch« und eingeübt[35]. Ärzte und Pflegepersonal werden in ihrer Ausbildung fast ausschließlich auf die Vermittlung biotechnischer Hilfen vorbereitet. Solange sich die Bedürfnisse von Patienten mit den Anstaltszielen decken, wird ihre Betreuung nicht zum Problem. Wandeln sich – wie im Sterben – die Bedürfnisse des Patienten zunehmend von einer rein medizinisch-technischen Bekämpfung der Krankheit in eine psychologische und ganzheitliche Betreuung als Person, so wird die menschliche Hilflosigkeit im Umgang mit Sterbenden offenbar. Ärzte und Schwestern, deren Denken wie die ganze Krankenhausstruktur auf die Beseitigung von Krankheit und die Bekämpfung des Todes ausgerichtet ist, empfinden nicht selten die Unausweichlichkeit des Sterbens und den Tod als persönliche Niederlage. So muß der Tod möglichst lange verhindert werden, weil er die Grenzen technischen Könnens offenbar macht und das an ihm ausgerichtete medizinische Ethos in Frage stellt. Ist die Begegnung mit dem Sterbenden nicht mehr technisch vermittelt, so zieht man sich soweit wie möglich von ihm zurück und nimmt dann in meist distanzierter Haltung nur noch vom »Exitus« Kenntnis[36].

Man wird gegen die These, daß für das Wohl pflegebedürftiger Menschen wenig investiert wird, natürlich ins Feld führen, daß gerade in den modernen Krankenhäusern alles nur Erdenkliche versucht und auch das Leben alter Menschen solange wie nur möglich verlängert wird. Dies beweist aber nur, daß ein Mensch, erst einmal in ein technisch gut ausgerüstetes Krankenhaus – vielleicht sogar eine Intensivstation – eingeliefert, ganz automatisch den Strukturen und der Maschinerie des auf die »Reparatur« von »Defekten« und die Bekämpfung des Todes ausgerichteten Krankenhausbetriebs unterworfen, »hospitalisiert«, »infantilisiert« und also als Person entmündigt wird[37]. Nur weil auch der unheilbare und der alte Mensch nun einmal in solche Krankenhäuser eingeliefert wird, wird er zum Objekt einer Maschinerie, der er sich ganz abgesehen von seinen personalen Bedürfnissen und seinen Vorstellungen von Behandlung häufig ohne oder gar wider seinen Willen unterwerfen muß. Daß auch das Leben von »unnützlichen« Menschen unter diesen Umständen bis zum Letzten verlängert wird, scheint aber weniger Ausdruck eines echten Interesses am Wohl der Person, als vielmehr Folge des ganz eigengesetzlich ablaufenden Krankenhausbetriebes zu sein, ist also eher Ausdruck einer Medizin, die den Menschen als Objekt der Reparatur und nicht als Person ernst nimmt, die dem abstrakten Prinzip, Leben um jeden Preis zu verlängern, gedankenlos, undifferenziert und ethisch blind folgt, ohne auf den konkreten Menschen und seine Vorstellungen von »Leben« Rücksicht zu nehmen. Das *Subjekt*, das L. Krehl, V. v. Weizsäcker u. a. wieder in die Medizin

[35] v. Ferber (1970), 242; vgl. Bowers, 14 ff.; Engelhardt u. a. , 11 ff.; Rohde, 207 ff.; Lüth (1974 a); 1 ff.; Lau, 36 ff.; Buddeberg, 741 f.

[36] Vgl. B/II/4, Anm. 48 ff.

[37] Vgl. Engelhardt u. a., 53 ff.; Rhode, 234 ff., 395 ff.; Lau, 41 ff.

einführen wollten, verschwindet zunehmend hinter den technischen Apparaturen und Behandlungsmethoden.

Versteht man »Auslese« nicht gleich als »Ausmerzung«, sondern leitet seinen Blick auf die höchst vermittelten, mehr passiven Formen des Abschiebens, Verbannens und Verdrängens von »aussichtslosen Fällen«, so ist offenkundig, daß diese Form der Auslese als Alternative zur Lebensverlängerung um jeden Preis praktiziert wird. In der Tat handelt es sich oft um ein »Entweder-Oder«, entweder die *Krankheit* des Patienten wird trotz Aussichtslosigkeit energisch weiter bekämpft mit dem ganzen pharmakologischen und technischen Instrumentarium, oder der Patient muß, wenn er überhaupt nicht mehr in die Struktur und Zielsetzung solcher Kliniken paßt, in andere, technisch weniger vollkommen ausgerüstete, sogenannte »Pflegekrankenhäuser oder -anstalten« abgeschoben werden. Da das Sterben dennoch in modernen Kliniken »vorkommt«, ereignet es sich zunehmend mehr unter den Bedingungen technischer Perfektion der »Intensivbehandlung«, in entsprechend eingerichteten Räumen oder ganzen Stationen, in die man – leider oft unnötig – zunehmend mehr Menschen in »terminalen Stadien«, meist zur Verlängerung des Sterbens, abschiebt. Ist das nicht möglich, so verbannt man sie auch heute noch oft in die Isolierung von nicht selten unwürdigen Sterbe- und Badezimmern. Da der Tod in den Zielsetzungen solcher Kliniken nicht vorkommt, werden nicht nur keine Umgangsformen mit Sterbenden eingeübt, sondern nicht einmal geeignete Räumlichkeiten für Sterbende eingeplant, ganz zu schweigen von Räumen für den Aufenthalt von Angehörigen, in denen ihnen – und auch dem betroffenen Personal – Gelegenheit zur emotionalen Konfliktbewältigung, etwa in Gefühlsausbrüchen, gegeben ist[38]. Krankenhäuser, die »etwas auf sich halten«, sträuben sich, Langzeitpatienten, unheilbar Kranke, medizinisch zu betreuende »Pflegefälle« und Sterbende aufzunehmen und zu behalten; sie schieben sie ab, um nicht in den »Geruch« technisch rückständiger »Nachsorgekliniken« und »Sterbekrankenhäuser« zu kommen. Die Mortalität muß möglichst niedrig gehalten werden. Das ganze Dilemma des Gesundheitswesens wird erst recht deutlich, wenn wir auf dem hier gezeichneten Hintergrund das Phänomen des *sozialen Todes* derer beleuchten, die keinen Platz in den modernen Kliniken, sondern nur in Anstalten und Pflegeheimen haben und in diese – zum großen Teil aus den modernen Kliniken kommend und dort am Leben erhalten – als aussichtslose Fälle abgeschoben werden[39].

Nach den bisherigen Ausführungen kann die Bekämpfung der Krankheit und des Todes mit allen nur möglichen technischen Mitteln einerseits und die Verbannung von aussichtslosen Fällen in Iso-

[38] Vgl. zur Intensivtherapie C/II/4 u. C/III.
[39] Vgl. C/IV

lierung und in teils menschenunwürdige Pflegeanstalten andererseits als Ausdruck des gleichen Ethos des Kampfes ums Dasein und der Machbarkeit aller Dinge gewertet werden. Es sollte verdeutlicht werden, warum die Tatsache, daß Leben in unseren modernen Kliniken oft ohne Rücksicht auf entstehende Kosten bis zum Letzten verlängert wird, weniger Gewähr dafür ist, daß der Mensch als Person ernst genommen und sein Lebenswert als einmalig, nicht quantifizierbar und verrechenbar erachtet wird, als vielmehr Zeichen dafür, daß das wissenschaftlich technische Zeitalter auch im medizinischen Bereich Institutionen mit Strukturen hervorbringt, die nach dem »Alles-oder-Nichts-Prinzip« entweder mit totalem, aber blindem Einsatz gegen die Krankheit und den Tod oder mit Abschieben in die Pflegeasyle funktionieren. Der Mensch wird in beiden Fällen als Subjekt entmündigt und zum Objekt einer verdinglichenden Behandlung und Pflege gemacht. Die Befürchtungen sind berechtigt, daß in unserer Gesellschaft immer mehr in dieser alternativen Weise auf Krankheit reagiert wird, daß die entsprechenden Strukturen dem Gesundheitswesen immer tiefer einprogrammiert werden, daß Übergangsformen, die eine differenzierte Berücksichtigung der Belange von Patienten zulassen und sein höchstmögliches Wohlergehen trotz Unheilbarkeit fördern, nicht genügend bedacht und geplant werden und daß aus den gleichen Einstellungen heraus, die technisch perfekte Strukturen erzeugen, auch eine wachsende gesellschaftliche Intoleranz gegenüber den Schwächsten der Gesellschaft entsteht, die eines Tages – wenn erst einmal der Rotstift im Gesundheitswesen kräftig streichen muß – vielleicht auch deren Recht auf Pflege in Frage stellt und eine »gelenkte Sterblichkeit« fordert.

Die zunehmende Zahl behinderter Kinder und alter und pflegebedürftiger Menschen, die wachsenden Ausgaben und der ständig steigende personelle Bedarf für ihre Pflege, die abnehmende Möglichkeit und Bereitschaft, kranke und altersschwache Menschen zu Hause zu pflegen, stellen eine große Herausforderung an die *Toleranz* der Gesellschaft ihnen gegenüber dar. Die wachsende Diskrepanz zwischen dem finanziellen und personellen Einsatz für die technisch fortschrittliche Medizin, die für die Wiederherstellung der Arbeits- und Leistungsfähigkeit sorgt und von der man die Beseitigung aller Leiden erhofft, und dem dürftigen Aufwand für die primär auf Pflege abgestellten Bereiche des Gesundheitswesens und die geringe öffentliche Wertschätzung der Arbeit in ihnen gibt Anlaß, die Warnung

V. v. Weizsäckers[40] heute wieder ganz ernst zu nehmen, daß der Geist der Medizin, die den »Menschen nur als Objekt nimmt« und den Wert des Menschen ohne Rücksicht auf einen »ewigen Wert« bestimmt, auch den »Unwert« des Lebens konstatieren und zur »Auslese« oder gar Vernichtung schreiten kann, wenn sich erst einmal entsprechende gesellschaftliche Erwartungen an sie richten. Man muß in diese Richtung gehende Befürchtungen heute wieder nicht für übertrieben halten, wenn man sich vor allem die vermittelten, mehr durch Unterlassen als durch aktives Töten verursachten Formen des Todes, besonders den *sozialen Tod*, vor Augen hält.[41] Die Verbannung der aussichtslosen Fälle in die Pflegeheime ist nur die andere und ergänzende Seite des ausschließlich mit technischen Mitteln geführten Kampfes ums Überleben. Beide Formen, das Elend der Krankheit zu »verdrängen«, entspringen demselben Ethos der Stärke, der Machbarkeit aller Dinge und des Zutrauens in den technischen Fortschritt. Wo nichts mehr zu machen ist, muß man sich der Erkenntnis des Versagens dieses Ethos durch Verbannung der sichtbaren Erfolglosigkeit in Gestalt des unheilbaren Menschen verschließen. Diese Weisen, mit der Krankheit »fertig zu werden«, zeigen die Unfähigkeit an, im Rahmen dieses herrschenden Ethos die Krankheit menschlich, d. h. dem Wohle des Menschen dienend, anzugehen und zu verarbeiten. Das Ethos der Stärke hat seine größte Schwäche in der Einordnung von und im Umgang mit leidenden Menschen. Es kann sich nur als Kampf gegen und Abschaffung von Krankheit und Leiden, nicht aber als *Fürsorge für* und *Solidarität mit* den leidenden Nächsten entfalten; es stößt aus der Gesellschaft aus, statt die Schwachen in »Obhut« zu nehmen, für sie da zu sein und Sorge zu tragen für die möglichst gute Entfaltung ihrer noch verbliebenen Lebensmöglichkeiten und für ihre Teilnahme am Leben in der menschlichen Gemeinschaft. *Ehrfurcht vor dem Leben* wird aber in der *Übernahme der Verantwortung für die hilfsbedürftigen Menschen konkret.* Eine humane Lösung der Probleme im Gesundheitswesen wird es nur geben können, wenn sich das Ethos des Kampfes ums Dasein und das Prinzip der Durchsetzung der eigenen Interessen auf Kosten der und gegen die schwachen Mitmenschen zu einem Ethos des »Friedens im Dasein« und zum »Prinzip der Selbsterfüllung« im Anderen und mit

[40] (1947), 11 u. 15; vgl. Anm. 2 u. F. Hartmann, 321 ff; vgl. A./II
[41] Vgl. C/IV.

dem Anderen, d. h. zum Prinzip der *Solidarität*[42], zum Mit- und Füreinander, verwandeln läßt.

Das »Recht auf Leben und körperliche Unversehrtheit«, das unser Grundgesetz (Artikel 2,2) jedem einräumt, schwindet nicht damit dahin, daß die körperliche und geistige Gesundheit nicht wiederherstellbar ist. Man kann dieses Grundrecht als das »gleiche Lebensrecht aller Menschen« interpretieren, das »auch dadurch zu verwirklichen (ist), daß bei Krankheit jeder unabhängig von seiner wirtschaftlichen Lage einen unbedingten Anspruch auf alle dem Stande der ärztlichen Wissenschaft entsprechenden Heilmaßnahmen hat«[43], muß aber hinzufügen, daß der Grundsatz der *Gleichheit* in der Behandlung auch dann nicht aufhört, wenn keine Heil-, sondern nur noch Pflegemaßnahmen durchzuführen sind. Hier wird das Grundrecht auf Leben durch den Grundsatz des gleichen Rechts aller auf Gesundheit und Sorge ums Leben interpretiert und dieses Recht wiederum durch das Recht auf die bestmögliche medizinische Behandlung, abgesehen von der wirtschaftlichen und sozialen Lage, also abgesehen vom Nutzen für die Gesellschaft, ausgelegt und abgesichert. Damit ist das *Wohl des Individuums*, nicht aber seine Leistung und sein Verdienst, zur Richtschnur medizinischer Behandlung erhoben. In der Tat ist der Grundsatz der Gleichheit und Unparteilichkeit in der Behandlung, wie er auch der »Goldenen Regel« zugrunde liegt, nur dann sittlich und dem Gebot der Nächstenliebe entsprechend ausgelegt[44], wenn die Umstände, in denen sich ein Mensch befindet, und die Bedürfnisse, die er hat, zum Kriterium dessen werden, was unter Berücksichtigung dieser Umstände gleiche Behandlung bedeutet. Der Grundsatz der Gleichheit ist konstitutives Moment dessen, was wir als austeilende *Gerechtigkeit* bezeichnen, denn er verhindert, daß Fähigkeiten, Verdienst und Leistung zum letzten Kriterium der Gerechtigkeit werden. Andererseits wird Gleichheit aber zum abstrakten und auch ungerechten und nicht mit dem Gebot der Nächstenliebe vereinbaren Prinzip, wenn wir bei der Frage, wie wir andere Menschen behandeln sollen, ihre Fähigkeiten und Bedürfnisse nicht in Betracht ziehen. »Die Gerechtigkeit verlangt auch, daß wir etwa schwer benachteiligten Menschen unsere besondere Aufmerksamkeit

[42] Moltmann (1972 b), 319.
[43] So das (Godesberger) Grundsatzprogramm der Sozialdemokratischen Partei Deutschlands (von 1959), Bonn o. J.
[44] Vgl. Anm. 27 f.

schenken, da sie nur so annähernd die gleiche Chance wie ihre Mitmenschen haben werden, ein glückliches Leben zu führen . . . Der grundlegende Maßstab der austeilenden Gerechtigkeit ist die *Gleichheit* der Behandlung«[45], aber es wird nur eine gerechte Behandlung sein, wenn man sich in die Situation anderer Menschen *einfühlt*[46], ihnen dann ihren Bedürfnissen entsprechend hilft, damit sie zu dem Maß an Gesundheit und Wohlergehen kommen, das sie haben könnten und das man selbst haben möchte, wenn man sich in *gleichen Umständen* befände.

Dieser ethische Grundsatz schließt ein, daß man benachteiligten Personen besondere Aufmerksamkeit und Zuwendung widmet und zu ihrem Wohlergehen »einen verhältnismäßig gleichen Beitrag« leistet[47], wie zum Wohl der Gesunden, Angesehenen und für die Gesellschaft »Nützlichen«. »Das meinen wir, wenn wir einen für unsere Kultur so wichtigen Begriff wie den von der gleichen Würde jedes menschlichen Individuums gebrauchen«, von Unantastbarkeit, Unverlierbarkeit und Achtung dieser Würde und des Selbstwerts der Person im gesellschaftlichen Leben und ihrem Recht auf Leben, Gesundheit und Wohlergehen reden. Das dürfte auch die dem Gebot der Nächstenliebe entsprechende und im Bereich der Sozialethik zur Geltung gebrachte inhaltliche Füllung dieses Gebots sein. Nur so wird die Durchsetzung der Interessen der Stärkeren auf Kosten der und gegen die Schwächeren zu einem gesellschaftlichen Für- und Miteinander verändert werden, in dem jeder dem anderen hilft, zu dem für ihn im Rahmen des Ganzen bestmöglichen Wohlergehen zu kommen. Angewendet auf den Bereich des Gesundheitswesens verpflichtet das zu den Anfragen, ob wir uns für die Lebensbedingungen und das ganzmenschliche Wohlergehen der geistig und körperlich Behinderten, Alten, Unheilbaren und Sterbenden ihren Bedürfnissen entsprechend ebenso einsetzen, wie für die Leistungsfähigen; ob wir darauf abgestellte institutionelle Einrichtungen ebenso großzügig fördern

[45] Frankena, 68 f. »Die Menschen gleich zu behandeln, bedeutet nicht, sie identisch zu behandeln; so einförmig ist die Gerechtigkeit nicht« (ebd. 69); vgl. Hoerster, 56 ff.

[46] In diesem Sinn hat H. Reiner (Philosophische Ethik, 1964, 186 ff.) die »Goldene Regel« als »Einfühlungsregel« ausgelegt. Vgl. Schüller, 66 f.; H. van Oyen, in: Gründel/van Oyen, 102 ff.

[47] Frankena, 70. Damit wird der Mensch, der viel Zuwendung bedarf, sittlich gesehen nicht »besser«, sondern nur »anders« behandelt, nicht weil er einen höheren Wert hat, sondern weil er der Hilfe mehr bedarf (vgl. Anm. 27 u. Schüller, 63 f.).

und planen, wie die auf Wiederherstellung von Leistung abzielenden Kliniken usw.; ob wir die für den Umgang mit diesen Menschen notwendigen und bestmöglichen Einstellungen und Verhaltungsweisen ebenso einüben, wie medizinisch technisches Können; und ob wir diese Menschen ebenso in ihrer Würde als Person achten, wie jugendlich vitale Menschen, und die Sorge um diese Menschen ebenso schätzen, wie medizinisch-technisch hervorragende Leistungen. Die aufgezeigte Diskrepanz zwischen der Förderung und Achtung technisch fortschrittlicher Gesundheitsfürsorge und den Pflegeeinrichtungen gibt Anlaß zu behaupten, daß die Ungleichheit der Sorge ums Wohlergehen bereits tiefgreifend in dem am Leistungs- und Genußprinzip orientierten Wertsystem der Gesellschaft und in den institutionellen Einrichtungen des Gesundheitswesens verankert ist. So kann man behaupten, daß man zwar für das höchstmögliche Maß an Gesundheit und Wohlergehen sorgen möchte, die moderne Klinik dafür aber nicht eingerichtet sei, daß man mit den dort üblichen Maßnahmen diesen Personen nicht helfe und sie deshalb nicht dort behalten könne und solle. Wo die institutionellen und personellen Voraussetzungen, für das relativ gleiche Maß an Wohlergehen dieser Menschen zu sorgen, fehlen und nicht geschaffen werden, wird man die Ungleichheit der Behandlung mit dem »Notstand« der fehlenden – aber doch zu schaffenden – Möglichkeiten rechtfertigen.

Die Gefährdung des Lebensrechts der Schwachen durch die Beurteilung nach dem »Nutzen für Höheres« wird nicht dadurch ausgeschlossen, daß man einfach die utilitaristische Regel von *J. Bentham* und *J. St. Mill* anwendet, das *größtmögliche Glück* für die *größtmögliche Zahl* von Menschen zu erreichen. Abgesehen von der Frage, was man mit Glück und Wohlergehen meint, ob man es individualistisch-hedonistisch oder mehr kollektiv versteht, schließt diese Regel ja nicht aus, daß die schwächsten Individuen, die dem größtmöglichen Glück der überwiegenden Mehrheit abträglich sind, der größeren Zahl um ihres größeren Glücks und Fortschritts willen »geopfert« werden dürfen. Das »Nützlichkeitsprinzip« sagt ja nur darüber etwas aus, daß und wie man das Wohl fördern und mehren soll, nicht aber, was das Wohl ist und wie es zu verteilen ist. Letzteres ist nur möglich aufgrund eines Verständnisses von Gerechtigkeit, das aus der Nützlichkeitsregel nicht ableitbar ist[48]. Gehen wir davon aus,

[48] Vgl. Frankena, 59 ff.; Hoerster, 9 ff.

daß das oben entfaltete Verständnis von *Gerechtigkeit* dem *Nützlichkeitsdenken vorzuordnen* und Maßstab für es ist, dann kann die Bentham'sche Regel nur so lauten: Es ist für das größtmögliche und den Umständen und Bedürfnissen der Person gemäße gleiche Maß an Wohlergehen *für alle* zu sorgen, auch für die Schwächsten, die dem größtmöglichen Glück (Wohlstand) der überwiegenden Mehrheit hinderlich sind[49]. So gefaßt könnte die Regel geltend gemacht werden, um mehr Gerechtigkeit im Gesundheitswesen und eine gerechte »Prioritätenordnung« zu erreichen[50]. Moralisch gut ist nur der »Einsatz für das Allgemeinwohl«, der das Wohl *aller* Glieder der Gesellschaft im Auge hat und ihr Recht auf Leben und Wohlergehen auch abgesehen von ihrem Nutzen für die Gesellschaft nach dem Grad ihrer Bedürftigkeit fördert, auch wenn diese Fürsorge das Glück und den Wohlstand der meisten schmälert und den »Fortschritt der Gattung« hemmt.

Die Unterscheidung von »Nutzen« und »Wert« des Menschenlebens ergab sich aus der theologischen Unterscheidung der Person von ihren Werken und der in der liebenden Zuwendung und Treue Gottes zum Menschen begründeten *Auszeichnung*, der Würde und dem Selbstwert der Person, der dem Menschen somit »transzendent« ist und bleibt, ihm aber zugesprochen und zugeeignet ist, so daß er sein Dasein in sich selbst wertvoll macht. Dieses Verständnis des Wertes der Person schließt noch nicht die Überordnung der Gesellschaft über das Individuum und die Bemessung des Wertes des Individuums nach dem Nutzen für die Gesellschaft aus; denn man könnte sagen, daß die Gesellschaft als Summe der Individuen und ihrer Zukunft auch vor und für Gott mehr wert sei als die einzelne Person. Wenn die Gattung den Wert der Person begründen soll, dann müßte die *Person* und nicht nur ihre positive Leistung für die Gattung im Gesellschaftsprozeß aufgehoben und bewahrt sein. Die Gesellschaft ist aber nur interessiert an den Taten. Die *Person* – auch berühmte Personen, ganz zu schweigen von der Masse der unbedeutenden und durch »Nummern« ersetzbaren und den »Schädlingen« der Gesellschaft – »ist der Nachwelt gleichgültig«[51]; ihrer gedenkt keiner länger ernsthaft. Zudem

49 G. Patzig (Ethik ohne Metaphysik, 1971, 52) formuliert die Regel so: »Unter allen uns jeweils möglichen Handlungen hat diejenige als sittlich richtig zu gelten, die nach Maßgabe der verfügbaren Einsicht die Interessen aller Wesen, auf die sie einwirken kann, in optimalem Maße vermehrt«.

50 Vgl. B/II/5, Anm. 62 ff. u. C/IV.

51 A. Camus, Der Mythos von Sisyphos, rde 90, 1956, 59.

impliziert die wertmäßige Überordnung der Gattung über das Individuum die Annahme, die Gesellschaft komme durch die sich summierenden Taten ihrer Glieder im Prozeß der Geschichte aus sich selbst zum vollendeten Endziel, um dessentwillen der einzelne da sein soll. Dagegen stellt *H. Gollwitzer*[52] zu Recht heraus, daß das Axiom, das Ganze sei mehr wert als das einzelne, beim Menschen zumindest dann versagt, wenn »die Person durch Leiden, Schuld und Tod unausweichlich auf ihre Individualität geworfen ist« und das Ganze und seine angebliche Vollendung ihr in ihren Nöten keinen sie tragenden Sinn mehr vermitteln kann. Warum schon soll sich das Individuum dem Fortschritt der Gesellschaft »opfern« oder um ihretwillen ein unwürdiges Lebensende und hohes Maß an Leiden auf sich nehmen, wenn es am vollendeten Endziel nie teilhaben wird und wenn selbst die Gattung Mensch nicht ewig, sondern vergänglich und damit auch nicht in sich selbst sinnhaft ist? Ist die Forderung, den Fortschritt oder den Erhalt der Gattung vorrangig durch Einsparungen in den Ausgaben für die »Nutzlosen« zu sichern, moralisch verwerflich, so ist die hinter solchem Fortschrittsglauben stehende Annahme der Unvergänglichkeit einer vollendeten Gesellschaft schon auf empirischer Basis widerlegbar.[53] Wenn aber auch das *Ganze* immer unvollkommen und vergänglich bleiben wird und damit letztlich nicht in sich selbst sinn- und wertvoll ist, so ist nicht einsichtig zu machen, wieso die Gattung und ihr Leben mehr wert sein soll als das Individuum. Wenn der Totalsinn der angeblich höchsten Ganzheit scheitert, weil auch sie keinen Bestand hat, dann stellt dieses Scheitern rückwirkend auch jeden Teilsinn in Frage, der vom Sinn des Ganzen her begründet wird.[54] Den Sinn und Wert der Person vom Sinn der Gesellschaft und ihrer Zukunft her zu begründen, dürfte deshalb nicht überzeugend möglich sein.

Vom Standpunkt christlicher Eschatologie aus ist das »Ganze« die Gesamtheit der durch Christus geliebten und erlösten Menschheit

[52] S. 145 ff.

[53] Hinzuweisen wäre auf die Deutung des 2. Hauptsatzes der Thermodynamik, der die Endlichkeit und Vergänglichkeit des Alls impliziert; auch aus biologischer Sicht ist es unwahrscheinlich, daß Gattungen in sich nicht altern und aussterben, ganz zu schweigen von dem Verfall von Kulturen und den uns heute deutlich gewordenen »Grenzen des Wachstums«.

[54] Vgl. Hammer, 91. Als Fr. Nietzsche seine anfängliche Anschauung aufgegeben hatte, daß das Leben zu immer höheren »Wachstumsformen« aufsteige, griff er zu dem wenig trostvollen Ausweg aus der Sinnlosigkeit des Daseins, der Lehre von der »ewigen Wiederkehr des Gleichen«.

und Schöpfung, von deren Vollendung auch deshalb kein Mensch ausgeschlossen werden kann, weil diese nicht in der Verlängerung der irdischen Geschichte durch den Menschen zu finden sein wird, sondern allein durch Gott jenseits der irdischen Zeit bewirkt wird. Diese *Vollendung* der Geschichte fällt zusammen mit der Vollendung *aller* im Glauben an Christus gestorbenen Menschen in der Auferweckung von den Toten durch Gott. Gottes Treue verbürgt den Toten nicht weniger den Anteil am kommenden Reich Gottes wie den Lebenden (vgl. 1 Thess 4,15)[55]. Weil weder die Vollendung der Gesamtheit der Menschheit noch die des Individuums Möglichkeiten menschlichen Handelns sind und weil beides in dem eschatologischen Werk Gottes, der Auferweckung der Toten und der Neuschöpfung, zeitlich und sachlich zusammenfallen wird, darum hat die Vollendung der Menschheit keine Priorität vor der des Individuums und die Gesamtheit der *Menschheit keinen größeren Wert* als der einzelne Mensch. Es gibt also keinen *Letztwert der Gesellschaft*, der nicht zugleich auch den *Selbstwert des Individuums* voll respektiert; es gibt aber auch keinen »absoluten« Wert des Individuums, in dem nicht zugleich auch der Wert aller Menschen mitgesetzt und geachtet ist. Weil die Vollendung des Individuums und die der Gesellschaft und damit der jetzt schon zugeeignete »Letztwert« von beiden *Gottes Werk* ist, nur als »Geschenk« *empfangen*, aber nicht durch menschliche Leistung *verdient* und gemacht werden kann, deshalb widerspricht die christliche Ethik jeder letzten Bewertung der Menschen und der Menschheit nach ihrer *Nützlichkeit* und der wertmäßigen Unterordnung der Menschheit unter eine Gruppe von einzelnen und einzelner unter die überwiegende Mehrheit der Gesellschaft.

Wenn es von diesem ethischen Standpunkt aus auch *keine Über- und Unterordnung von Gesellschaft und Individuum* und keine Bewertung der *Würde* und des Lebenswertes des Menschen nach seiner *Leistungsfähigkeit* und seinem *Nutzen* geben sollte, so bleibt doch die Frage, wie eine Lösung des tatsächlich bestehenden »Antagonismus von Individuum und Gesellschaft . . . unter den Bedingungen der menschlichen Geschichte erreichbar« ist.[56] Dazu gehört auch der Tatbestand, daß die Sorge um das Wohlergehen der Schwächsten

[55] Vgl. Gollwitzer, 147; W. Pannenberg, Grundzüge der Christologie, 1964, bes. 83 f.; ders., Zukunft und Einheit der Menschheit, in: EvTh 32 (1972), 394 f.
[56] W. Pannenberg, aaO (1972), 394.

nicht unbegrenzt möglich ist, wenn das Gemeinwesen »nicht andere wesentliche Aufgaben vernachlässigen will«[57], die für die »Lebensqualität« der Menschen und ihrer Zukunft nötig sind. Das Problem ließe sich lösen, wenn *alle* »ihre individuelle Befriedigung nur im Rahmen des allgemeinen Besten erstreben und nicht das allgemein Beste als Mittel ihrer Eigeninteressen benutzen«[58]. Das setzt aber voraus, daß die Menschen von Natur aus nicht egoistisch und böse, sondern gut und auf das Wohl des Mitmenschen bedacht sind. Offenbar legt sich der junge gesunde Mensch nicht einmal im Sinne der »Goldenen Regel« die Frage vor, wie er im Falle von schwerer Krankheit und Siechtum gepflegt werden möchte. Angesichts dessen, daß gerade die Schwächsten durch das herrschende doktrinäre Wertsystem der Leistungsgesellschaft bedroht sind, muß man mit *W. Pannenberg*[59] auf dem ethischen Grundsatz bestehen, »daß der einzelne Zweck und Maßstab des Gesellschaftssystems bleiben muß«, soweit dieser Grundsatz nicht als Freibrief zu individualistischer Willkür und Ausnutzung von Mitmenschen verstanden wird. Die Christen und die Kirchen verpflichtet das, vor allem für die Schwächsten durch Bereitschaft zu liebevoller Betreuung und durch geeignete Einrichtungen Sorge zu tragen und als Anwalt der schwachen Individuen, die sich selbst nicht Gehör verschaffen können, deren legitime Rechte gegen die mächtigen und sich von selbst durchsetzenden Interessen der starken Mehrheit der Gesellschaft zu verteidigen und entsprechenden Einfluß bei der Ausarbeitung einer *Prioritätenordnung* im Gesundheitswesen und der gesellschaftlichen Zielsetzungen überhaupt geltend zu machen.[60]

[57] Ruff, 127; vgl. B/II/5, Anm. 54 ff.

[58] W. Pannenberg, aaO (1972), 394; vgl. B/II/5, Anm. 62 ff.

[59] Ebd. 393. In gleicher Weise ist zu betonen, daß die Sorge um die zukünftigen Generationen keinen Vorrang hat vor der um die gegenwärtig lebenden Menschen, daß vielmehr das Wohl in der Gegenwart Maßstab aller nötigen Zukunftsplanungen sein sollte.

[60] Vgl. das B/II/5, Anm. 52 ff. und C/IV zur Verantwortung und zu den Prioritäten zu Sagende.

3. *Menschliches Leben als »Sein zum Tode« – Der Tod als »Grenze« des Lebens und »Begrenzung« des medizinischen Auftrags.*

Wenn die Würde des Menschen ein Kontinuum ist, das bleibend jedem Moment seines Lebens und Sterbens bis zum Tode »zugeordnet« ist, dann erhebt sich die Frage, ob nicht der Tod in jeder Form ein »Übel« ist, das mit allen erdenklichen Mitteln zu bekämpfen ist, um menschliches Leben um jeden Preis zu erhalten. An der Einstellung zu dem, was menschliches Leben ist und sein soll, entscheidet sich weithin das Verständnis dessen, was der Tod für den Menschen bedeutet. Beides wiederum bestimmt ganz entscheidend unsere Auffassung von dem, was Sinn und Ziel der Medizin ist. Diese sah ihre Aufgabe bis in unsere Zeit meist darin, menschliches Leben soweit wie möglich zu verlängern und zu erhalten, ja den Tod als lebenszerstörerisches »Übel« um jeden Preis zu bekämpfen. Für dieses Verständnis vom Ziel medizinischer Behandlungen berief man sich meist auf den »Hippokratischen Eid«. Diese Interpretation des Eides ist aber eine unzulässige Vereinfachung zu einer recht durchsichtigen, ohne tiefere Überlegung handhabbaren Regel, denn der Eid spricht davon, daß der Arzt zum Vorteil des Kranken handeln und ihm keinen Schaden zufügen soll[1], womit doch gemeint ist, daß keine ärztliche Maßnahme dem Menschen mehr schaden als helfen soll, wenn sie dem Anspruch gerecht werden will, eine therapeutische, d. h. dem Wohle des Menschen dienende Behandlung zu sein. Versteht man den Eid so, dann ist seine vereinfachte Interpretation, menschliches Leben zu verlängern, solange es in menschlichen Kräften steht, nur solange eine akzeptable Zielsetzung der Medizin, wie alle medizinisch möglichen Maßnahmen selbstverständlich dem Menschen mehr nützen als schaden, also »sinnvolle« Lebensverlängerung bewirken. Dieser Grundsatz ist aber »generell kaum mehr haltbar«[2], seitdem wir über technische Möglichkeiten der Lebensverlängerung verfügen, bei denen es fraglich ist, ob sie immer dem Wohl der Person dienen, ihr also mehr nützen als schaden, es sei denn man halte jede Lebensverlängerung für den größten Nutzen und den Tod immer für das größte, stets zu bekämpfende Übel[3].

[1] »In alle Häuser, die ich besuche, will ich zum Vorteil der Kranken kommen, mich freihaltend von allem vorsätzlichen Unrecht, von aller Schädigung . . .« (nach der Übersetzung bei L. Edelstein, 7. f.). Zur Kritik H. Siefert u. Lüth (1975), 17 ff.
[2] H. v. Kress (1970), 4; vgl. Krauß, 103 ff.; Wunderli, 123 ff.

Auch in dieser Frage bestimmen anthropologische Erkenntnisse die ethischen Zielsetzungen. Aus den bisherigen Ausführungen ging hervor, daß die Würde des Menschen letztlich keine ihm eigene, empirisch aufweisbare Qualität ist, sondern daß sie durch das *Geschehen* der Beziehung Gottes zum Menschen begründet, also eine geschenkte Würde ist, in und durch Gott begründet und garantiert, der sie als Geschenk verleiht, so wie er das Leben überhaupt als »Leihgabe«, nicht aber als Besitz gewährt. Gott bleibt daher der Herr des Menschenlebens, so daß nur ihm letzte Verfügungsmacht darüber zusteht. Dieses Leben hat seinen Sinn nicht in sich selbst und seiner Erhaltung, ihm kommt sein Sinn von außen, von Gott her zu als eine Bestimmung, auf die hin der Mensch leben, sein Leben gestalten und entwerfen soll und die nach zwei Dimenisonen, einer ewigen und einer zeitlichen hin zu entfalten ist. Die zeitliche Bestimmung enthält das, was der Mensch als Geschöpf Gottes in Freiheit tun soll und darf, die ewige das, was der Mensch nicht erschaffen, sondern nur *empfangen* kann, nämlich die Vollendung seines Daseins im neuen, nicht von Sünde, Elend, Krankheit und Tod gezeichneten Sein in der Gemeinschaft mit Gott. Damit sind zugleich die wesentlichen ethischen Fragen gestellt, ob man beim irdisch-menschlichen Leben einen »quantitativen« von einem »qualitativen« Aspekt unterscheiden darf[4], welche Bedeutung der Tod für das irdische Leben hat, wie dieses vom vollendeten »ewigen« Dasein bei Gott unterschieden ist und zu welchen ethischen Konsequenzen diese Unterscheidung führt.

Daß der Tod in der Bibel[5] fast nie ein selbständiges Thema ist, weist darauf hin, daß er an sich nicht nur der analysierenden Vernunft, sondern auch der theologischen Analyse und Deutung unzugänglich bleibt, nicht zuletzt deshalb, weil Gott der Lebendige schlechthin der »Quell des Lebens« ist (Ps 36,10), der nicht den Tod, sondern das Leben will. So wird der Tod im Alten Testament als Abbruch oder auch

[3] Nach H. Gödan hat auch in verzweifelten Lagen der Glaube die Triebfeder des Handelns des Arztes zu sein, daß er »ein Kämpfer ist gegen den Tod in der Tat *und* im Denken« (Christus und Hippokrates, 1958, 138; vgl. ders., Heilung des Todes, 1971, 24 ff; ders., 1972, 168 ff). Zur Kritik vgl. B/II/1, Anm. 15.

[4] Vgl. dazu B/II/5.

[5] Vgl. L. Wächter, Der Tod im Alten Testament, 1967; Chr. Barth, Die Errettung vom Tode in den individuellen Klage- und Dankliedern des Alten Testaments, 1947; Wolff, 150 ff.; G. Schunack, Das hermeneutische Problem des Todes, 1967; A. Strobel (Hrsg.), Der Tod – ungelöstes Rätsel oder überwundener Feind?, 1974, bes. 153 ff.; Jüngel, Tod, 75 ff; G. Greshake, 270 ff.; ders., Auferstehung der Toten, 1969, 175 ff.

als Ende des von Gott gewährten Lebens gesehen und im Neuen Testament auf dem Hintergrund thematisch, daß Jesus Christus »dem Tode die Macht genommen« und ewiges Leben eröffnet hat (2 Tim 1,10). Zwar steht bereits im Alten Testament das Negative des Todes, der Tod als Bedrohung und vorzeitiger Abbruch des Lebens (Jes 65,20.23) – teils unter Schmerzen und Qual – im Vordergrund, doch kommt er im Gegensatz zum Neuen Testament nur am Rande in seinem Straf- und Gerichtscharakter als »der Sünde Sold« (Röm 6,23; Jak 1,15) in den Blick. Die dogmatische Tradition hat fast nur die Stellen aus dem AT aufgenommen (Gen 3 u. Ps 90), die diese Seite des Todes bezeugen, doch muß die »Sündenfallgeschichte« (Gen 3) nicht so gedeutet werden, daß die Befristung der Lebenszeit an sich eine Strafe für die Sünde sei und der »Sündenfall« den Verlust einer ursprünglichen schöpfungsmäßigen Unsterblichkeit gebracht habe. Sowohl die Konsequenz, daß der Mensch unsterblich geschaffen sei[6], als auch die, daß die Sterblichkeit Strafe für die Sünde sei, hat erst das Judentum gezogen[7].

Die »Sündenfallgeschichte« beschreibt nicht die Sterblichkeit an sich, sondern das Leben in Mühe und Qual als Strafe der Sünde Adams. So fügt auch sie sich in die allgemein bezeugte Anschauung des Alten Testaments ein, »daß zwar der Tod des einzelnen Menschen durch die göttliche Strafe erfolgen kann, die Sterblichkeit des Menschengeschlechts jedoch zur göttlichen Schöpfungsordnung hinzugehört«[8]. Daß es für das menschliche Leben eine von Gott geschaffene Grenze gibt, menschliches Leben zeitlich begrenzt, also endlich ist, der Tod daher nicht widernatürlicher Abbruch des Lebens, düsteres Ende und Fluch sein muß, war dem alttestamentlichen Menschen so selbstverständlich, daß er nach gesegnetem und glücklich erfülltem Leben »alt und lebenssatt«[9], aber nicht lebensüberdrüssig sein Leben in Frieden beenden konnte. Der Tod an sich, die Endlichkeit, muß nicht ein Übel sein. Auf dem Hintergrund dieses Glaubens kann bejaht und angenommen werden, daß die Frist des Lebens von Gott

[6] Vgl. Weisheit 1,12–14 a und 23.

[7] Vgl. O. Michel, Der Brief an die Römer, 1963, 138; O. Kuss, Der Römerbrief, Exkurs: Sünde und Tod, 241 ff.; G. Eichholz, aaO (B/II/1, Anm. 18), 179 ff.

[8] L. Wächter, aaO 203; weitere Literatur Eibach (1974), 197 f.

[9] Vgl. 1 Mose 15,5; 25,8; 35,29; Ri 8,32; Hiob 42,17; 1 Chr 23,1; 29,28; 2. Chr 24,15. Selbst wenn dieses alles späte Zeugnisse des AT sein sollten, die zudem von »vorbildlichen« Männern berichten, ist die Haltung der Sache nach dem ganzen AT bekannt (vgl. Wächter, aaO 64 ff.).

gesetzt ist, die Macht des Todes in den Händen Jahwes liegt und der lebendige Gott und keiner sonst an den Grenzen des Lebens steht und das Leben umfängt. Im Neuen Testament wird der Tod als »Naturfaktum« nur am Rande reflektiert (1 Petr 1,24; Jak 4,14). Doch ist es fraglich, ob man aus dem das NT durchziehenden Zusammenhang von Sünde und Tod die ontologische Konsequenz einer »kreatürlichen Unsterblichkeit« des Menschen im leiblich-irdischen Dasein ziehen muß[10]. Möglich ist, daß Paulus, wenn er von der Verweslichkeit des »ersten Menschen« spricht (1 Kor 15,42 ff.), an eine notwendige Sterblichkeit des Geschöpfs dachte und mit der Aussage, daß die Sünde der »Stachel« des Todes sei (1 Kor 15,55 f.), nicht sagen wollte, daß die Sterblichkeit an sich ein Fluch sei, sondern das, was das Sterben und den Tod zu etwas Schrecklichem macht, so daß der Mensch den Tod nicht ins Leben integrieren, ihn nicht annehmen kann[10].

In der neueren Theologie hat vor allem *Karl Barth*[11] den Tod als »Naturfaktum«, als natürliche, von Gott geschaffene und damit dem Leben immanente Endlichkeit theologisch positiv gedeutet und sich damit gegen die gängige Anschauung abgegrenzt, daß – wie besonders im Buddhismus – die Endlichkeit an sich ein Übel und mit dem die gute Schöpfung bedrohenden »Nichtigen« identisch sei. Dabei wird für Barth die Unterscheidung zwischen dem Tod als *Grenze* des Lebens und dem Tod als *Fluch* über dem Leben weniger durch die unabweislichen Erkenntnisse notwendig, daß das Weltall und damit alles in ihm Seiende endlich und nach einer bestimmten Deutung des 2. Hauptsatzes der Thermodynamik auch vergänglich ist und daß der Tod eine dem höheren Lebewesen immanente Notwendigkeit ist[12], als vielmehr durch theologische Überlegungen, die hier in ihrer Problematik nur angedeutet werden können[13]. Weil der Tod wie die Geburt (bzw. Zeugung) zum Leben hinzugehört, der Mensch aus dem »Nichtsein« durch Gott ins Dasein gerufen wird und weil er als irdisches Leben wieder im Nichtsein (nicht aber »Nichts«) vor Gott endet, also von seinem Anfang und seinem Ende her und damit als gan-

[10] Vgl. Gollwitzer, 109, Anm. 49; Jüngel, Tod, 98 ff.

[11] Vgl. Eibach (1974), 188 ff. Zur Einordnung anderer Theologen vgl. ebd. 246 ff.; zur kath. Theologie vgl. Rahner, Tod, 98 ff. u. Pohier, 267 ff.

[12] Vgl. Eibach (1973), 34 ff.; dgg. wendet sich scharf Gödan (1972), 258 ff.

[13] Vgl. zu Barth W. Krötke, aaO (B/II/1, Anm. 11); Weth, 425; Eibach (1974), 197 ff.

zes Leben von Gott umfangen und bewahrt ist, deshalb kann die Endlichkeit irdischen Lebens kein »widernatürliches« *Übel*, kein »Unglücksfall« der Natur, sondern nur gute Fügung Gottes, ja eine »unaussprechliche Wohltat«[14] sein.

Die räumliche und zeitliche Begrenztheit irdisch-leiblichen Daseins konstituiert die kontingente Seinsweise des Menschen als konkrete und einmalige Person[15]. Nur in dieser leiblich und zeitlich befristeten Existenz ist der Mensch ein »Ich« im Gegenüber zu einem »Du«, ist er Person und nicht ein zerfließendes, konturloses »Etwas«, ist sein Leben die einmalige, unwiederbringliche Gelegenheit, sich gemäß seiner Bestimmung im irdischen Dasein zu verwirklichen. Zugleich macht diese Begrenzung vom Anfang und vom Ende her deutlich, daß der Mensch sein Leben nicht aus sich selber hat und daß er ihm nicht aus sich selber Bestand und einen unvergänglich einzigartigen Wert verschaffen kann, daß er also *Geschöpf* ist, sein Leben seinem Schöpfer verdankt, es von ihm empfängt und hinsichtlich seiner Bewahrung und Vollendung auf die lebenschaffende Gabe des Geistes als geschöpflichen und als erlösenden und die Schöpfung erneuernden Geist (Röm 8,11) angewiesen ist[16]. Hätte der Mensch unsterbliches Sein, so wäre er nicht auf die dauernde Zuwendung Gottes angewiesen, sondern autonom, sein eigener Urheber und Vollender, er wäre nicht Geschöpf, sein Sein gründete wie Gottes Sein in sich selber, sein Leben wäre nicht Gabe, sondern Besitz, er bedürfte weder des Mitmenschen noch Gottes. Daß der Anfang und das Ende des Lebens sich dem Bewußtsein des Menschen und damit seiner freien Selbstverfügung entziehen, mag empirischer Hinweis dafür sein, daß der Mensch sein Leben empfängt und einem Schöpfer verdankt, der ihm einen Anfang und ein Ende setzt, der es erhält und es von seinen Grenzen her umfängt, der des Menschen »Gegenüber« und »Jenseits«[17] und seine Errettung vor dem »Nichts« ist. Die Begrenztheit menschlicher Existenz ermöglicht, daß der Mensch Person, ein Ich im Gegenüber zu einem Du ist, daß sein Leben geschichtlich einmaliges Leben ist; sie dokumentiert den qualitativen Unterschied zwischen Schöpfer und Geschöpf und zeigt, daß die Vollendung der Existenz

[14] Barth, KD III/4, 664; vgl. Eibach (1974), 200 ff.; Weth, 428 ff.
[15] Vgl. Pohier, 269 f.
[16] Vgl. Eibach (1974), 162 f.; K. A. Bauer, Leiblichkeit das Ende aller Werke Gottes, 1971, bes. 163 ff.
[17] Barth, KD III/2, 770.

nicht in einer Verlängerung der Lebenszeit ins Unendliche der zerfließenden Weltzeit, sondern nur in der Annahme und Bewahrung des begrenzten Lebens durch Gott zu finden ist. Die Aufhebung der Endlichkeit menschlicher Existenz käme der Aufhebung der qualitativen Differenz zwischen Schöpfer und Geschöpf gleich. Wo dies das Ziel menschlichen Bemühens ist, da kann es nur Sünde, Widerspruch des Geschöpfs gegen seinen Schöpfer bedeuten, da wird das Leben nicht zur Sinnerfüllung menschlich-personalen Seins, sondern zur zunehmenden Entfremdung von dem führen, was sinnvolles menschliches Dasein ist.

Dem Menschen wird zugemutet, daß er seine »essentielle Endlichkeit« nicht als »existentielles Übel«[18] empfindet, sondern sie in Freiheit bejaht und annimmt. Das kann nicht heißen, daß er seine eigene Endlichkeit einfach resignierend hinnimmt als »Naturgegebenheit«, als den »harten Sieg der Gattung über das Individuum«[19] und vor allem der Natur über das Individuum, des Anorganischen (Materie) über das Organische (Leben)[20], des »Realitätsprinzips« *Tod* über das »Lustprinzip« *Lebensdrang*. Das soll auch nicht besagen, daß der Tod die angeblich unsterbliche Seele nicht zerstören (Platon u. a.) oder das »eigentliche Ich« gar nicht treffen kann (Fichte), daß man »die dumme physiologische Tatsache« Tod in eine »moralische Notwendigkeit« (Nietzsche) oder die ureigenste Möglichkeit eigentlichen Existierens (Heidegger) umbiegen oder verharmlosen solle als Aufgehen des Individuums in die höhere Einheit und den höheren Zweck »Gesellschaft« (Feuerbach, Marxismus) oder als Selbstpreisgabe und Auflösung des partikularen individuellen Seins aus Liebe zum unendlichen Universum, dem »All-Einen«, in dem es aufgehen und weiterleben soll (z. B. Schleiermacher). Der Tod ist Grenze (finis), aber nicht Ziel und Vollendung (telos) des Lebens, er ist nicht sich selbst vollendende Tat (Stoa), nicht meine Möglichkeit, sondern »jederzeit mögliche Nichtigung meiner Möglichkeiten« (Sartre), er ist nicht »Aufgehen« und »Aufgehobensein« in einer unsterblich gedachten Gattung (bzw. Gesellschaft) oder einem angeblich unendlichen Universum – beides scheint nicht weniger »Mythos« aufgrund menschlicher »Ewigkeitssehnsucht« zu sein als die individuelle Unsterblich-

[18] Tillich, 77.
[19] K. Marx, Frühschriften (hrsg. von S. Landshut, 1964), 239.
[20] S. Freud, Abriß der Psychoanalyse, Fischer TB, 1953, 12 u. 107 f.

keitshoffnung –; nein, der Tod ist Zerstörung. Er ist nicht Erlösung, sondern Vernichtung der Existenz und all ihrer Inhalte und Werte, der »fürchterlichste Nihilist« (E. Bloch), wenn er das Dasein in das Nichts stürzt, es aber nicht vor Gott stellt, wenn der Mensch aus dem Nichts auftaucht und in ihm vergeht und nicht als Person von Gott umfangen, bewahrt und »aufgehoben« wird.

Wenn der Mensch sich nicht mehr im gläubigen Vertrauen in seiner Endlichkeit Gott übergeben, sich nicht mehr in Freiheit Gottes Herr- und Schöpfersein anvertrauen kann, sondern sein eigener Schöpfer und Vollender sein will, dann kommt es zur Umdeutung der eigenen Endlichkeit in Unendlichkeit. Gegen die dann bedrohliche Tatsache der Sterblichkeit werden individuelle, kollektive und pantheistisch kosmische Unsterblichkeitshoffnungen ausgebildet, oder die Vollendung des Menschseins wird in der Verlängerung der Lebenszeit ins Unendliche gesucht und im Zeitalter immer neuer technischer Erfolge auch als medizinisch-technisches Planungsziel die Abschaffung des als Panne und Unglücksfall der Natur verstandenen Alterns und Sterbens ins Auge gefaßt[21]. Daß der Mensch gerade angesichts des Todes von solchen Hoffnungen beseelt ist und sich solche Planungsziele setzt, ist Ausdruck dafür, daß er in der »gefallenen Schöpfung« als Sünder sterben muß, ohne sterben zu können, daß der Tod als Abbruch eines vollendeten, oftmals verfehlten Lebens, nicht aber als friedliches Beenden eines vollendeten Lebens, das vor Gott bestehen kann, erfahren wird[22]. Wenn die Endlichkeit zu Gottes Schöpfung »von Anfang an« als konstitutive Signatur und nicht als Wirkung des Nichtigen und der Sünde hinzugehörte, dann müßte der Tod als Ende nicht den »Stachel« haben, daß wir nicht sterben wollen und können und doch sterben müssen, daß wir den Tod als widernatürlichen Abbruch und Gewaltakt (S. de Beauvoir) erleben, obgleich so etwas wie ein »natürlicher Alterstod« schöpfungsmäßiges ontologisches Kennzeichen menschlichen Lebens ist.

Der Tod macht die Vergänglichkeit alles Irdischen bewußt, er wird zur »unerschöpflichen Quelle aller Versagungen«[23] und ist als solcher auch nicht selten als Mittel der Repression und Rechtfertigung aller ohnehin nur vorübergehenden Elendszustände mißbraucht

[21] Zur Kritik vgl. Eibach (1974), 222 ff. u. B/III.
[22] Jüngel, Tod, 93 ff.
[23] H. Marcuse, Triebstruktur und Gesellschaft, 1965, 265.

worden. Insofern könnte man im Kampf gegen den Tod die Anzeichen einer Befreiung aus einer jahrtausendelangen Unmündigkeit sehen, in der der unbesiegbare Tod die Menschheit hielt. Wo die Besiegung des Todes zum Ziel medizinischen Handelns erhoben und die Unsterblichkeit als »machbar« proklamiert wird, da verkehrt sich Medizin jedoch in Pseudoreligion und Wissenschaft wird zur »erlösenden Kraft«[24]. Wer den Tod besiegt, wird Herr über Leben und Tod, tritt an Gottes Stelle. Wo die Medizin solche Zielsetzungen entwickelt, da werden die Ärzte zu Priestern, da leisten sie einer Anschauung Vorschub, in der zunehmend religiöses Vertrauen, Allmachts- und Ewigkeitserwartungen auf die Ärzte übertragen werden, die deren Beziehung zu Patienten erschweren und die Kranken selbst einer Illusion ausliefern. Der pseudoreligiöse Wissenschaftsglaube verkennt, daß das Bemühen der Medizin um Heilung dort »heillos« wird, »wo es sich als das Heil selbst ausgibt«[25], die von Gott gesetzte »Grenze« der Kreatur nicht mehr anerkennen, den Tod besiegen, den neuen Menschen und ewiges Leben herstellen will.

In der Tat ist schon die Sterblichkeit ein ambivalentes »Naturfaktum«, an dem die Vorläufigkeit dieser Schöpfung offenkundig wird. Aber dieses geschöpfliche »Noch-Nicht« kann doch nicht durch ein Geschöpf aufgehoben werden, das selbst den Bedingungen der Endlichkeit unterworfen ist und bleibt. Der Fortschritt zum »Heil« ist nicht »machbar«, er bleibt Gottes Wunder der Neuschöpfung vorbehalten, die nicht eine Zurückversetzung in den Stand der unversehrten, von der Sünde nicht gezeichneten Natur (restitutio ad integrum), sondern Verwandlung, »Umwälzung der Ordnung der Dinge«[26], also eine »neue« Schöpfung ist. Alles Handeln in dieser jetzigen Weltzeit steht unter den ontologischen Bedingungen einer begrenzten Welt, hat damit die »Grenzen« aller Kreatürlichkeit, die Endlichkeit von Raum und Zeit zu beachten. »Qualität« des Lebens läßt sich nur innerhalb dieser Grenzen finden, läßt sich nur sehr bedingt durch ein Hinausschieben der »natürlichen Altersgrenze« er-

[24] Einen deutlichen Eindruck davon vermittelt das Buch von R. W. Ettinger, Aussicht auf Unsterblichkeit, 1965. Der bekannte franz. Biologe J. Rostand verhieß in dem Vorwort die physische Unsterblichkeit noch für dieses Jahrh. Zu den Auswirkungen vgl. Eibach (1973), 50 ff. Vgl. A/I.

[25] Altner, 265.

[26] Pohier, 269. Das muß gegen Barths Lehre von der »Verewigung« und »Verherrlichung« des zeitlichen Lebens, die Jüngel (Tod, 145 ff.) noch stärker auszieht, doch betont werden. Vgl. Weth, 433 ff.; Eibach (1974), 215 ff.

reichen (Ps 90,10). Die Erfüllung und Vollendung des Menschseins kann man meist nicht zugleich mit der Verlängerung der linearen Lebenszeit »machen«, sie steht nicht in kausaler Beziehung zur Zahl der Lebenstage, liegt nicht auf einer ontologischen Ebene mit der quantitativen Lebenszeit[27]. Das Bedenken der Grenzen menschlichen Lebens zwingt daher auch zum Nachdenken über den Sinn, um dessentwillen Leben ist. Empörung gegen die Endlichkeit menschlichen Daseins ist nicht nur Sünde, Widerspruch gegen den Schöpfer[28], sondern verfehlt auch den Sinn menschlichen Daseins. Erst wenn der Tod nicht mehr als Grenze, sondern nur noch als Abbruch oder gar Vernichtung des Lebens ohne Hoffnung auf eine Vollendung des Menschen durch und bei Gott erlebt wird, wird das irdische Leben zu einer absoluten Größe, so daß die Lebenserhaltung um jeden Preis zum Dogma erhoben und die Sterblichkeit an sich als Feind und Übel bekämpft werden muß, aber nicht als von Gott gesetzte Grenze angenommen werden kann[29], weil die Ungeborgenheit, die Angst vor der ungewissen Zukunft oder der Vernichtung der Person und all ihrer Werte und Inhalte den Lebensdrang zur »Lebensgier« und zur Unfähigkeit zu sterben werden läßt.

Wenn man die Sterblichkeit und damit den Tod, der deshalb erfolgt, weil das Lebensprogramm aus endogenen und genetischen Gründen abgelaufen ist[30], also den »physiologischen Alterstod« als die natürliche und notwendige Folge des von Gott befristeten Lebens versteht, so kann nicht jede Abnahme und Beeinträchtigung der Lebenskraft Wirkung des die Schöpfung und das Geschöpf bedrohenden »Nichtigen« sein. Wenn irdisches Leben Werden und Vergehen, Zunahme und Abnahme von Lebenskräften ist, so kann die »konkrete Gestalt des Altwerdens und Abnehmens«[31] nicht widernatürlich, sondern nur Teil der für Gottes Absicht geeigneten[32] und daher guten Schöpfung sein, die in ihrer geschöpflichen Endlichkeit nicht »vollkommen«, sondern »vorläufig« ist. Diese »vorläufige Endlichkeit«

27 Vgl. Eibach (1974), 30 f.; bes. Anm. 44.

28 Vgl. Barth, KD IV/2, 530.

29 Vgl. Barth, KD III/4, 453 f. 388; Wunderli, 62.

30 Vgl. Eibach (1973), 34 ff.

31 Barth, KD III/4, 424 f.; Barth (ebd. 407) spricht sogar von einem Weg von vorherrschender Gesundheit zur vorherrschenden Krankheit.

32 So ist das »gut« der priesterlichen Schöpfungsgeschichte zu verstehen (vgl. Eibach, 1974, 204, Anm. 21). Barth (KD III/1, 438) spricht von der »Vollkommenheit der geschöpflichen Unvollkommenheit«.

bedingt ein »Noch-Nicht«, eine »Unvollendetheit«, die keinesfalls mit dem »Nichts« und dem »Nichtigen«[33] und der durch es verursachten »Nachtseite« verwechselt werden sollte. Allerdings macht sie die »Schattenseite« am Rande der Schöpfung aus, die als »harte Tatsächlichkeit« mit einem gewissen Maß an *Entsagung*, Leiden, Schmerz und Anfechtung verbunden ist; denn an der Grenze des Menschseins setzt auch die Gefährdung durch das Nichtige ein als Versuchung, der mit der Sterblichkeit gesetzten Angewiesenheit auf Gott zu entfliehen, um sich selbst »unendlich« und damit »autonom« zu machen (1 Mose 3,3 f.). Statt die »Unendlichkeit« zu gewinnen, fiel der Mensch in den Machtbereich des Nichtigen. Dies macht deutlich, wie gefährdet der Mensch von seiner »Grenze« her ist, wie besonders an dieser Grenze seine Ohnmacht gegenüber der Gefährdung durch das Nichtige sichtbar wird, wie er gerade hier nicht aus eigenen Kräften widerstehen und bestehen kann, sondern ganz auf Gottes Zuwendung, Nähe und Bewahrung angewiesen ist; denn die Lebensgrenze des Geschöpfs steht in Nachbarschaft zum bedrohlichen »Nichts«. Annahme der Begrenztheit des Lebens kann daher nur Bejahung der Angewiesenheit auf Gott den Schöpfer und gläubiges Vertrauen auf diesen Erretter vor dem von der Lebensgrenze her drohenden »Nichts« bedeuten. Wenn auch die Sterblichkeit von Menschen her unaufhebbar ist und nicht Gegenstand protestierenden menschlichen Kampfes sein sollte[34], so ist das Ende des Lebens doch auch nicht als Erlösung, Selbsterlösung oder Tat der Selbstvollendung zu verherrlichen. Allenfalls wird dem Menschen die Bejahung des Sterbens, die »Selbstpreisgabe« in die Hand Gottes »zugemutet«, zumal er »von Natur aus« nicht eine Synthese aus Endlichkeit und Unendlichkeit, Zeitlichem und Ewigem ist[35], die nicht sterben kann, aber trotzdem in größter Angst sterben muß. Von Natur aus müßte der Mensch als leib-seelische Einheit sterben können. Der Sterbende ist jedoch immer auf die Geborgenheit in Gott angewiesen, ihm wird jede Möglichkeit, sich selbst zu verwalten und vor dem »Nichtigen« und »Nichts« zu bewahren, genommen; seine Ohnmacht vor dieser Übermacht wird offenbar. Schon insofern war, ist und wird der Tod

[33] Barth selbst hält die Differenzierung auch terminologisch nicht immer durch. Vgl. W. Krötke, aaO 45 ff.

[34] Gegen Gödan (vgl. Anm. 3).

[35] Vgl. S. Kierkegaard, Der Begriff der Angst, Ges. Werke, übers. von E. Hirsch, 1958, 90; ders., Die Krankheit zum Tode, 1957, 8 f.

so lange ein höchst ambivalentes und bedrohliches Geschehen für den Menschen bleiben, wie die vorläufige Endlichkeit des Geschöpfs und die Nähe des Todes zum »Nichts« nicht durch Gottes »neue« Schöpfung beseitigt ist.

Trotz dieses »eschatologischen Vorbehalts« verpflichtet uns die theoretisch notwendige Geschiedenheit von Tod als *Grenze* des Lebens und Tod als *Fluch* über dem Leben auch im Bereich medizinischen Handelns möglichst zu *unterscheiden*. Zunächst muß anerkannt werden, daß jeder Mensch sterben *muß*, mithin auch sterben *darf*, ein Recht, das eigentlich nicht erst als solches postuliert werden müßte, wenn das Sterben und der Tod als Ende des irdischen Lebens diesem notwendig immanent sind[36]. Für alle »Sterblichen«, nicht zuletzt für das medizinische Personal, bringt das die Anforderung mit sich, zu lernen, das Sterben und den Tod als zum Leben hinzugehörig so anzunehmen, daß man den Tod nicht nur als eine nicht-sein-sollende Niederlage empfindet und bekämpft, sondern daß man sich von dem dem Leben innewohnenden Sterben auch »willig besiegen« lassen kann[37]. Es kann daher nicht mehr Ziel medizinischer Behandlung sein, in undifferenzierter Weise den Tod zu bekämpfen, Leben um jeden Preis zu verlängern, gleich welche Belastung dieses verlängerte Leben mit sich bringt. Das Ziel der Medizin ist zunächst einmal positiv zu formulieren: Es ist der Auftrag zur Erhaltung und Wiederherstellung der Gesundheit als Voraussetzung und Kraft, die es dem Menschen ermöglicht, der Bestimmung seines Lebens nachzukommen. Nicht die Verlängerung des Lebens an sich, sondern die Erhaltung der Bedingungen zu »sinnvollem« Leben ist der Auftrag der Medizin. *Nicht gegen den Tod*, sondern *für die Gesundheit*, also das Wohl der ganzen Person, hat die Medizin zu kämpfen[38]. Das ontologische Postulat eines »natürlichen Todes« impliziert die ethische Forderung, Sorge zu tragen für »ein Leben mit natürlichem Ende«[39].

36 So zu Recht Pohier, 262.

37 Rahner 1970, 328 f. Wie schwer sich die Ärzte mit dem Akzeptieren des Todes tun, berichtet Kübler-Ross (1974), 41,56,79 f.; vgl. Glaser/Strauß, 183 ff.

38 Gegen Gödan (Anm. 3); vgl. Illichs (S. 150 ff.) Kritik an der Bekämpfung des Todes.

39 Jüngel, Tod, 167, 169; vgl. Greshake, 275 f. Ähnliche Forderungen erheben neomarxistische Denker, die teils aber doch die Augen davor verschließen, daß der Tod schon als Naturfaktum in sich ambivalent ist, daß die Unfähigkeit zu sterben daher auch nicht allein den repressiven Bedingungen der Industriegesellschaft anzulasten ist (so vor allem W. Fuchs, Todesbilder in der modernen Gesellschaft, 1969, bes. 72; dgg. vgl. Eibach, 1975, 143 ff.). Zur Kritik am Todesverständnis des Marxismus

Dazu gehört der Einsatz dafür, daß möglichst wenig Menschen an Gewalt, Unfall und Krankheit vorzeitig sterben, jeder das »Maß seiner Tage« erfüllt ausleben (Jes 65,20.23) und dann in Würde und Frieden sterben kann. Das setzt vor allem die Schaffung der gesellschaftlichen, psychischen, pflegerischen und medizinischen Bedingungen voraus, die ein menschenwürdiges Sterben ermöglichen.

Bei dieser positiven Bestimmung des Auftrags der Medizin wird klar, daß ihre Bemühungen um den Menschen keinesfalls ausschließlich und eigentlich auch nicht in erster Linie auf die Heilung bereits eingetretener Krankheiten ausgerichtet sein dürfen. Das Postulat eines natürlichen Todes verpflichtet vielmehr dazu, daß die *Verhütung* von Krankheiten und Unglücksfällen Vorrang haben muß vor der Heilung eingetretener Krankheiten und der Lebensverlängerung bei tödlichen Krankheiten, ohne daß der Einsatz dafür durch die Bemühungen um Prophylaxe auch nur irgendwie geschmälert werden müßte, zumal die Prophylaxe die größte finanzielle und personelle Entlastung im Gesundheitsbereich bringen würde[40]. Wenn aber die Gesundheit nicht wiederherstellbar, der Krankheitsprozeß nicht aufhaltbar und das Sterben unausweichlich wird[41], dann erlischt nicht die Verpflichtung der Medizin, für das Wohl des Patienten zu sorgen, denn Sterben ist Teil des Lebens, ist seine letzte Wegstrecke, und es ist Pflicht des mediznischen Personals, dem sterbenden Mitmenschen jede mögliche Hilfe zu gewähren, damit er sein Sterben möglichst gut bewältigen und sein Leben in Würde beenden kann. Dabei muß sich der Arzt heute mehr denn je bewußt sein, daß die primär negative Zielsetzung der Medizin, den Tod zu bekämpfen bzw. den Tod hinauszuzögern, der positiven, den Bedürfnissen und dem Wohl des Menschen zu dienen, zuwiderlaufen kann; etwa wenn eine Verlängerung der leidvollen Sterbephase nicht notwendige Schmerzen zur Folge hat, was sich meist vermeiden ließe, wenn sich die Ärzte in solchen Situationen nur auf eine gute Schmerzlinderung konzentrierten und nicht zugleich eine Lebensverlängerung anstrebten[42]. Es ist der Auffassung *P. Tourniers*[43] uneingeschränkt zuzustimmen, daß die

vgl. Gollwitzer, 107 ff.; G. Giardi, Der Marxismus zum Problem des Todes, in: Concilium 10 (1974), 297 ff. u. H. Rolfes, Der Sinn des Lebens im marxistischen Denken, 1971, bes. 120 ff.

40 Vgl. C/IV/2.

41 Vgl. B/I/2, Anm. 18 f.

42 Vgl. C/II.

43 Bibel und Medizin, 1953, 258; vgl. H.-D. Hiersche, 219.

Aufgabe der Medizin darin besteht, dem Menschen leben zu helfen und ihm sterben zu helfen, d. h. ihm die bestmögliche Hilfe im Sterben zu geben. Diese muß den Rahmen medizinischer Behandlung überschreiten, da Sterben ein »ganzmenschliches« Geschehen ist. Insofern ist die Sorge für ein natürliches und menschenwürdiges Sterben Aufgabe aller Menschen, der Angehörigen, der klinischen Psychologen, der Seelsorger, der gesamten Gesellschaft; nicht zuletzt muß sie Gegenstand gesundheitspolitischer, sozialpolitischer, krankenhausorganisatorischer Überlegungen sein. Dabei darf man nicht verschweigen, daß viele Faktoren den Bestrebungen um ein friedliches Sterben zuwiderlaufen: das herrschende gesellschaftliche Wertsystem, die Veränderungen der Familienstruktur in der Industriegesellschaft, die Verdrängung des Bereichs um Altern und Tod aus dem Blickfeld der Öffentlichkeit, die daraus folgende Unfähigkeit zum Umgang mit Sterbenden, das Unvorbereitetsein auf den eigenen Tod, die Isolierung im Sterben und nicht zuletzt der immer mehr technisierte Krankenhausbetrieb. Deshalb ist zu befürchten, daß das Sterben zunehmend einsamer, unpersönlicher, mechanisierter und teils auch grausamer wird und daß die Menschen vor dieser Realität des Todes, die unter anderem seinen Fluch ausmacht, immer mehr fliehen und Ängste mobilisieren werden[44].

4. Der leidende und sterbende Mensch: Der Tod als »Übel« und »Fluch« über dem Menschen – Sinnwidrigkeit und Sinn von Krankheit und Sterben – »Annahme« des Sterbens und Todes? – Sterben als Tat? – Hilfe im Sterben!

Der natürliche »physiologische Alterstod« ist ein theologisch nicht leicht begründbares[1] und empirisch kaum verifizierbares ontologisches Postulat, denn er kommt ganz selten auch nur in Annäherun-

[44] Vgl. Eibach (1974), 36 ff., 61 ff. u. C/II/3.

[1] Die christologische Begründung bei Barth ist letztlich ein Zirkelschluß (vgl. Eibach, 1974, 206, Anm. 27), nicht unwesentlich dadurch motiviert, den unendlichen qualitativen Unterschied zwischen Gott und Mensch festzuhalten. Es ist zumindest äußerst fraglich, vom Sein Christi in der Zeit isoliert auf den Zustand des Geschöpfs »vor dem Fall« zurückzuschließen und damit vom Sündersein des Menschen abzusehen (vgl. zur Kritik schon O. Weber, Grundlagen der Dogmatik, Bd. I, 1955, 614 f.).

gen vor. Trotzdem müssen wir bei der Unterscheidung zwischen Leiden als »Ausdruck der Endlichkeit« einerseits und als Folge der »Entfremdung«, der Sünde und des überpersönlichen »Chaotischen« andererseits bleiben, und dies, obwohl die beiden Arten des Leidens niemals scharf auseinandergehalten werden können.[2] Es gibt keine überzeugenden theologischen Kriterien, um konkret zwischen »Natur« und »Unnatur« zu unterscheiden und auszumachen, welches Maß an Beeinträchtigung der Lebenskraft zum »natürlichen« Sterben hinzugehört. Deshalb besteht trotz der ontologisch scharfen Trennung der – wie Gott und das Nichtige – geschiedenen Weisen des Leidens die Gefahr, daß jede Rechtfertigung des Leidens als notwendige Schattenseite des Lebens zugleich auch die »Nachtseite« der gefallenen Schöpfung (oder wenigstens Teile von ihr) der nicht vollendeten Schöpfung Gottes zurechnet, damit eine »Versöhnung Gottes mit dem Elend«[3] der Todeswelt betreibt und so das *Recht* des »Nichtigen« auf die Schöpfung anerkennt, obwohl Gott in seinem in Tod und Auferweckung Christi über die »Todeswelt« ergangenen Urteil dem »Nichtigen« jedes Recht auf seine Schöpfung abgesprochen hat[4].

Aus der Befürchtung heraus, der Arzt werde, wenn er sich nicht mehr als »Kämpfer gegen den Tod« verstehe, in seiner ärztlichen Motivation und seinem Interesse am medizinischen Fortschritt gelähmt, ja könne sich sogar als »Handlanger« des Todes verstehen, fordert *H. Gödan*[5], daß man »Ärzte, die davon ›überzeugt‹ sind, daß ein Patient unheilbar ist, . . . überhaupt nicht mehr an das Krankenbett heranlassen . . . solle«, denn sie übertrügen sonst ihre resignative Einstellung und zerstörten die Hoffnung auf »Leben« beim Patienten; es sei aber Aufgabe des Arztes, mit allen erdenklichen Argumenten bis zuletzt »den Kranken zum Kampf gegen den Tod aufzustacheln«. Die Rede von der »Annahme« des Todes hält Gödan[6] ebenso für eine diabolische Versuchung, wie jede Versöhnung Gottes mit der ihm feindlichen Todeswelt. Angesichts dessen, daß fast niemand den

[2] Tillich, 80 ff.

[3] Der Gefahr ist auch Barth (vgl. KD III/3, 336 ff., III/4,425) nicht ganz entgangen (vgl. B/II/3, Anm. 33 u. Weth, 434). Hedinger hat sich am schärfsten gegen jede Form einer Annäherung von Gott und Elend gewandt. Vgl. ebenso Gödan (1972), 179 ff.

[4] Vgl. B/II/1, Anm. 13 f. Jeder Verharmlosung des Bösen und des Leidens als für den Fortschritt der Geschichte nun einmal notwendiges Übel (wie etwa bei Fr. Hegel und auch Teilhard de Chardin) ist zu wehren (vgl. Gollwitzer, 128 ff.).

[5] (1972), 109 u. 264.

[6] Ebd. 170 f.; 255 ff.

»natürlichen Tod« stirbt, bleibt Gödans Anfrage bestehen, mit welchem Recht man vor den grausamen Gestalten der Todeswelt kapituliert und sogar noch die Bejahung dieses als Schrecken erfahrenen Sterbens verlangt. Darf sich der Mensch einfach resignierend der entmächtigenden Gewalt des Todes ergeben, dem Gott selbst das Recht auf sein Geschöpf abgesprochen hat? Der Widerspruch Gottes gegen die Gestalten des Nichtigen macht deutlich, daß Gott und das Leiden – ebenso wie Gott und die Sünde – absolute Gegensätze sind, daß Sünde, Leiden und Tod nicht in Gottes Sein selbst sind[7]. Gott leidet vielmehr immer nur infolge seines Widerspruchs gegen das Nichtige. In den Krankenheilungen, in Leiden und Tod Jesu Christi wird dieser Widerspruch Gottes konkret, der die besondere Form der »Durchsetzung« des Rechtes auf seine Schöpfung und die Bewährung der Bundestreue Gottes zu seinem Geschöpf angesichts des Einbruchs von Sünde und Leiden in die Schöpfung ist. Doch ist »Gott gerade in der Person Jesu Christi am Leid und Tod des Geschöpfs nicht endgültig, sondern nur *vorübergehend* beteiligt«[8], um dann in der Auferweckung Jesu die eschatologische Bestimmung des Geschöpfs zu einem Sein ohne Leid und Tod ins Werk zu setzen. Daher ist zu fragen, ob nicht gerade dem Christen der gegen die Todeswelt protestierende Kampf bis zum Letzten ebenso aufgetragen ist, wie der gegen die Sünde. Wird nicht gerade darin das Recht Gottes und die eschatologische Bestimmung des Menschen gegenüber den Mächten des Nichtigen, die Feinde Gottes und des Menschen sind (1 Kor 15,25 f.), geltend gemacht? Nimmt der Mensch damit nicht teil an dem noch unabgeschlossenen Kampf Gottes gegen das Nichtige, wie er in dem »Ergrimmen« Jesu über die Chaosmächte und in seinen Heilungen als Entmächtigung der physischen Gestalt des aggressiven Nichtigen begonnen hat?[9]

Es stellt sich die Frage nach dem rechten Umgang mit Leiden, Krankheit und dem von Schmerzen gezeichneten Sterben. Wenn Gott diesen Mächten sein »Nein« entgegengesetzt hat, so besagt das,

[7] Gegen Moltmann (1972 a), 214. Zur Leidensfähigkeit Gottes vgl. ebd. 71 ff., 196 ff., 255 ff. u. E. Jüngel, Unterwegs zur Sache, 1972, 105 ff. u. K. Kitamori, Theologie des Schmerzes Gottes, 1972.

[8] Barth, KD III/1, 439.

[9] Vgl. Barth, KD III/2, 729; III/3, 354; III/4, 416 ff.; IV/2, 248 ff.; IV/3, 1022; Josuttis, 131 ff.; B. Klappert, Das Wunder Jesu im Neuen Testament, in: G. Ewald u. a., Das Ungewöhnliche, Wuppertal, 1969, 25 ff., bes. 42 f.; F. Hahn, Heil und Heilung, in: WzM 19 (1967), 406 ff.

daß diese Mächte keinen positiven Sinn haben, sondern sinnwidrig sind, weil sie in Gottes vollendeter »Neuschöpfung« vernichtet sein werden (1 Kor 15,26; Offb 21,1 ff.). Von daher gesehen besteht der letzte Sinn des Leidens in seiner Vernichtung, in der *Erlösung* aller Kreatur vom Leiden (Röm 8,18 ff.), in der sich die Offenbarung der Herrlichkeit Gottes (Joh 9,3; 11,4) zeigen wird. *Die Erlösung ist die Lösung der Frage nach dem Sinn des Leidens.* Der letzte Sinn der Krankheit kann dann auch nur ihre *Überwindung* sein[10]. Der alttestamentliche Mensch war vielleicht mit der Begrenztheit seines Lebens ausgesöhnt, soweit er in der Gewißheit lebte, daß Jahwe auch der Toten «gedenkt«, doch behielt auch für ihn der Tod überwiegend sein Janusgesicht, denn faktisch wurde er wohl sehr selten als friedliche Vollendung, sondern meist als vorzeitiger Abbruch des Lebens in oft schwer erträglichen Schmerzen erfahren. War der Mensch derart der »Machtsphäre« des Todes ausgesetzt, so brach nicht selten im Leiden wieder die letzte metaphysische Anfechtung in der klagenden Frage auf, ob Gott der Leidenden, Sterbenden und Toten denn »nicht mehr gedenkt« (Ps 88,6; 22,2f.).

Die Klagelieder des AT[11] zeigen, wie wenig sich die Menschen resigniert mit ihrer Krankheit abgefunden, wie sehr sie sich gewehrt (Jes 38) und mit ihrer Klage Protest vor Gott angemeldet haben. »Darin ist ein Wissen wirksam, daß das Heilsein . . . die Absicht des Schöpfers mit seinen Geschöpfen ist, und daß daher ein Mensch, dem die Heilung, das Heilsein versagt wird, natürlicherweise dagegen sich auflehnt. Der Wille des Kranken wird im AT so ernst genommen, daß die Klage des Kranken in seinem Kranksein bejaht wird, und zwar soweit, daß der mit Gott verbundene Mensch sich in seiner Klage gegen Gott wendet, der ihn nicht hört. Die Anklage Gottes als ein Bestandteil der Klage des sein Leid zu Gott Klagenden wird bejaht.«[12] In der Klage äußert sich der Protest gegen die Krankheit und der Wille zum Leben. Im Klagegebet tritt der Mensch vor Gott und appelliert an seine Barmherzigkeit, weil er weiß, daß Gott das Leben und nicht den

[10] Vgl. Eibach (1974), 192, Anm. 12; Josuttis, 133 ff.; Hedinger, 165 ff.; F. Mildenberger, Das Leiden Christi und das Leiden der Christen, in: H. Schulze (Hrsg.), 123 ff.; Schrage, 167 ff.

[11] Vgl. C. Westermann, Struktur und Geschichte der Klage im AT, in: Ges. Studien, ThB 24, 1964, 266 ff.; Chr. Barth, aaO (B/II/3, Anm. 5); H. W. Wolff, 211 ff.; K. Seybold, Das Gebet des Kranken im Alten Testament, 1973.

[12] C. Westermann, Heilung und Heil in der Gemeinde aus der Sicht des Alten Testaments, in: WzM 27 (1975), 7.

Tod will. Auch das NT anerkennt das »Seufzen« der leidenden Kreatur, die sich ängstet und nach Erlösung sehnt (Röm 8,22 f.). In der Klage ist sich der Mensch seiner erbärmlichen Lage bewußt, er verleiht seinem stummen Leiden, seinen Schmerzen, seiner Angst, dem Gefühl der Sinnlosigkeit und seiner Sehnsucht nach Erlösung mit Worten Ausdruck, statt alles apathisch über sich ergehen zu lassen[13]. Es kann nicht das Ziel seelsorgerlicher Begleitung von Kranken sein, das Recht auf Klage durch voreilige Sinngebung der Krankheit zu bestreiten oder den Menschen gar zur Kapitulation vor der Krankheit zu überreden. Weil die Krankheit in sich selbst letztlich keinen Sinn hat, klagt der kranke Mensch zu Recht und weigert sich damit, »die Herrschaftsmächte der Gegenwart als end-gültig anzuerkennen«[14], den Widerspruch zwischen dem gegenwärtigen Unheil und dem verheißenen Heil hinzunehmen. Er verleugnet damit nicht die *Macht*, die die Krankheit über ihn hat, bestreitet aber, daß sie – theologisch gesehen – ein *Recht* auf ihn hat. Der Wille zur Gesundheit hat im Widerspruch Gottes gegen das Nichtige seinen Grund, soll nicht in den Willen zum Tode umschlagen, sondern der Krankheit als dem Vorboten des Todes so lange Widerstand leisten[15] – gerade auch mit allen erdenklichen Mitteln der Medizin –, wie dieser Einsatz einen *sinnvollen* Erfolg verspricht. Diese Einschränkung rechtfertigt nicht das Elend der »Krankheit zum Tode«, fragt aber, ob der Widerstand gegen die Krankheit noch gottgewollt und sinnvoll ist, wenn er trotz unausweichlichen Sterbens noch auf die »Abschaffung« der Krankheit ausgerichtet ist. Wenn auch die Krankheit von der Person unterschieden werden muß[16], so sollte sie doch nicht isoliert von der Person als widergöttliche Macht bekämpft werden, will man der Person mit diesem Kampf nicht mehr Leiden als nötig zufügen. Die Krankheit ist zwar von der Person zu unterscheiden, mit menschlichen Mitteln aber nicht von der Person zu trennen. Deshalb sollte sie immer nur mit Blick auf die Person und nur soweit bekämpft werden, wie dieser Kampf dem größtmöglichen Wohl der Person dient. Nicht die Krankheit, sondern die *Person* sollte der Mittelpunkt ärztlicher und seel-

[13] Vgl. Sölle, 88.
[14] Josuttis, 136. Zur Kritik an der Unterdrückung der Klage in der Theologie vgl. Hedinger, 19 ff. u. 172 ff.; vgl. dazu die wesentlichen Ausführungen bei H. Tacke, Glaubenshilfe als Lebenshilfe, 1975, 238 ff., 266 ff.
[15] Vgl. Barth, KD III/4, 417 ff.
[16] Vgl. B/II/1, Anm. 13–15.

sorgerlicher Betreuung sein, in der das Recht der Krankheit auf die Person zwar bestritten, ihre Wirklichkeit und Macht aber nicht geleugnet, sondern von Patient, Arzt und Seelsorger angenommen werden müßte.

Die Bejahung der Wirklichkeit einer Krankheit zum Tode darf ihr nicht an sich Sinn und Wert für die Person zusprechen. Da es dem Menschen aber sehr schwer fällt, die Sinnwidrigkeit vielen Leidens anzuerkennen und der Sinnlosigkeit standzuhalten, neigt er dazu, mit jeder Bejahung des Leidens diesem zugleich einen Sinn zuzulegen, denn Leiden, das einen Sinn hat, läßt sich leichter ertragen[17]. Eine verbreitete, aber theologisch sehr problematische Sinngebung von Krankheit besteht in der Verbindung ihrer tatsächlichen oder vermeintlichen Ursache mit ihrem Sinn, wenn man in Krankheit die gerechte Vergeltung für individuelle Schuld sieht[18]. Jesus hat dieses Vergeltungsdenken, das in Krankheit und vorzeitigem Tod die Strafen Gottes für individuelle Schuld sieht, abgelehnt (Lk 13,1 ff.; Joh 9,2 f). Damit ist nicht bestritten, daß sie auch Folge von Schuld sein können[19], und erst recht nicht, daß Krankheit und Tod Symptome dafür sind, daß der Mensch sich von Gott losgesagt hat, und daß sie Folge der überindividuellen allgemeinen Schuldverfallenheit aller Menschen sind[20]. Die Sünde bringt den Tod hervor (Röm 6,23; Jak 1,15), und der Tod macht endgültig sichtbar, was die Sünde ihrem Wesen nach ist, nämlich Trennung vom Leben schenkenden und bewahrenden Gott. Sie wirkt den Tod, weil sie Entfremdung des Ge-

[17] Wie sehr die religiöse Traktat-Literatur hier mitgewirkt hat, zeigen J. Brenning u. a. , Leid und Krankheit im Spiegel religiöser Traktatliteratur. Eine Problemanzeige, in: Theologia Practica 7 (1972), 302 ff.

[18] Das sind keinesfalls längst vergangene mythische Auffassungen von Krankheit. Sie begegnen dem Krankenhausseelsorger fortwährend in Fragen wie: Warum gerade ich? Womit habe ich das verdient? usw. Vgl. Engelhardt, 102 f.; Bührer, 38 f.

[19] Vgl. B/II/1, Anm. 11; B/II/3, Anm. 6 f., 10. Paulus führt in Röm. 5,12 a–c Sünde und Tod auf Adam zurück, stellt den Tod damit als »Verhängnis« dar, und durch die Wendung (Röm 5,12 d), »weil sie alle gesündigt haben«, betont er zugleich die Verantwortung jedes Menschen. Der Tod ist somit zugleich unentrinnbares Schicksal und schuldhafte Konsequenz eigener Sünde. Rücksichtslosigkeit gegenüber dem eigenen und dem fremden Leben (z. B. im Straßenverkehr) kann zum Tod und zu bedauerlichen Grenzfällen des Lebens führen. Solche Folgen von Verantwortungslosigkeit sind zwar nicht als konkrete Strafe Gottes zu deuten, sind aber »Zeichen« dafür, daß der Mensch ohne Verantwortung der dem Nichtigen ausgelieferte Mensch ist. Insofern sind Schuldgefühle nach schweren Unfällen ernst zu nehmen (vgl. Bührer, 38 f.).

[20] Vgl. Barth, KD III/2, 731; Hedinger (43 ff.) bestreitet den Zusammenhang von Schuld und Leiden überhaupt, sieht dgg. in den Mängeln der Welt die primäre und in der Schuld nur die sekundäre Ursache des Leids.

schöpfs vom Schöpfer, Abbruch der Lebensgemeinschaft mit der Quelle des Lebens, und Entfremdung von den Mitmenschen ist, in Beziehung zu denen sich Leben verwirklicht, und Entfremdung vom eigenen Leibe und dem eigenen Selbst. Insofern ist der Tod die »Sichtbarkeit der Schuld«[21], *»sie empfängt, was sie ist«*[22]. Der Tod ist Abbruch der Beziehungen, in denen sich Leben ereignet, er ist der *Zustand* der *»Verhältnislosigkeit«*[23], und Krankheit ist die den Menschen nur partiell treffende Folge dieser Todverfallenheit, Vorbote des Todes. Dennoch will die Aussage, daß der Tod der Sünde Sold sei (Röm 6,23), Krankheit und Tod nicht auf die Sünde der Person als »Verursachungsprinzip« zurückführen. Beides sind überpersönliche Mächte, von der Sünde zu unterscheidende »Gestalten des Nichtigen«, denen der Mensch ausgeliefert ist, sobald und seit er sich von Gott lossagt und Gott ihn nicht mehr vor diesen Mächten bewahrt, sondern »zuläßt«[24], daß das Geschöpf diesen zerstörerischen Mächten ausgesetzt ist, die gerade an der geschöpflichen Endlichkeit angreifen. Der »zulassende Wille« Gottes ist keinesfalls unwirksam, sondern höchst wirksam, so daß der Mensch im Widerspruch zu Gott gerade im Tode mit dem Widerspruch und Zorn Gottes gegen sein schuldbeladenes Leben konfrontiert ist[25].

Psychologisch gesehen hat die Angst vor dem Tod ihre Wurzel oft in dem Gefühl der Unerfülltheit des Lebens, der Zerstörung des Selbstwertgefühls, in dem Zurückbleiben hinter den an das Leben gestellten Erwartungen und in der Angst, nach dem eigenen und dem Urteil »anderer« versagt zu haben[26]. Diese Beobachtungen lassen die theologische Deutung zu, daß die Todesangst ihren tiefsten Grund in der Angst vor der verfehlten Lebensbestimmung und der Nichtigkeit des Lebens, dem »Nicht-bestehen-Können« vor dem Gericht Gottes hat, das das verfehlte Leben endgültig aufdeckt. In dieser Angst ist der Mensch um die Zukunft seines Lebens vor Gott besorgt, weil das Verlassensein durch Gott das Gericht ist, das nicht in das »neutrale Nichts des Nichtseins, sondern in das negative Nichts des Verneint-

21 Rahner, Tod, 44.
22 O. Weber, Grundlagen der Dogmatik, Bd. I, 1955, 685.
23 Vgl. Jüngel, Tod, 98 ff.
24 Vgl. Barth, KD II/1, 670 ff. Zur Kritik an Barth vgl. Hedinger (81 ff.), der meint, daß der Begriff »Zulassung« die Allmacht und Liebe Gottes vorschnell miteinander versöhne.
25 Vgl. Barth, KD III/2, 740.
26 Vgl. Kübler-Ross (1971), bes. 20 f.; Prest, 16 f.

seins« durch Gott stürzt[27]. Sinn der neutestamentlichen Aussage vom stellvertretenden Leiden und Sterben Jesu Christi ist es, daß allein Christus diese »metaphysische Schrecklichkeit« des Todes voll erduldet hat, daß er allein von seinem Vater verlassen (Mk 15,34) und verworfen war und Gott wahrhaftig gegen sich hatte und damit den Tod als der Sünde Sold und totalen Abbruch des Lebens mit Gott ertragen hat, damit »das Sterben aller übrigen Menschen in der Gemeinschaft mit ihm Geborgenheit finden kann«[28]. Er allein ist dieser »verworfene Einzelne«, der dieses Gericht als radikale Negation des Lebens durch Gott, den Tod als Gericht über die Sünde ertragen mußte, damit wir – worauf bei Paulus Röm 6,23 die Betonung liegt – den Tod nicht mehr in dieser Weise als der Sünde Sold ertragen, sondern die »Gnadengabe« Gottes, das »ewige Leben«, durch den Glauben an Jesus Christus empfangen. Der »Tod hat seinen ›Stachel‹, das Instrument seiner Herrschaft, im Leben Gottes zurücklassen müssen«[29] (1 Kor 15,55). Daher kann unser Tod nur noch der »*Nachklang* des Fluches sein«, der nicht uns trifft, sondern an unserer Stelle Christus getroffen hat[30]. Das Leiden und der Tod Christi können nur noch »in Abschattungen in das Kreuz der leidenden Nachfolger« übergehen[31], denn nur sein Leiden ist in exklusiver Weise Leiden Gottes selbst an und infolge der Sünde. Allein durch sein Sterben wurde dem Tod der Stachel und die Macht genommen, Leben in der Sinnlosigkeit der Vernichtung der Person im »ewigen Tod« enden zu lassen und Geschöpf und Schöpfer endgültig zu trennen. Allein durch seine Auferweckung wurde unser Leben von einem Leben *zum* Tode zu einem Leben *aus* dem Tode, zu einem Leben zum »ewigen Leben« (2 Tim 1,10).

D. Sölle hat scharfe Kritik an diesem Gedanken der *Stellvertretung* geübt, weil hier das Leiden der Menschen zugunsten des Leidens eines einzigen »Menschen« verharmlost werde. Sie will stattdessen in Jesus nur das Vorbild sehen, das wissend sein Sterben vollzieht und zeigt, wie man Schmerz lebt[32] und im Leiden stark wird, um es zu überwinden und sich im sinnlo-

27 Gollwitzer, 257; vgl. Barth, KD III/2, 733 ff.

28 W. Pannenberg, Grundzüge der Christologie, 1964, 271; vgl. Gollwitzer, 250 ff.; Moltmann (1972 a), 55 ff.; 140 ff., 227 ff.; Barth, KD IV/1, 231 ff., 278 ff., 377 ff.

29 Jüngel, Tod, 142; vgl. W. Schrage, 165 ff.

30 Barth, KD II/2, 388.

31 Moltmann (1972 a), 57, vgl. 53.

32 S. 32 ff. u. 100 ff.; vgl. Hedinger (50 ff.); zur Entgegensetzung der Stellvertre-

sen Leiden Sinn zu verschaffen. Wo der leidende Mensch dies nicht mehr selbst kann, wo sein Leiden unabänderlich und stumpf ist, muß sein Leid dazu »dienen«, andere zur Bekämpfung des Leidens der Welt zu mobilisieren, wenn anders sein Leben nicht pure Sinnlosigkeit sein soll, denn auf eine »Erlösung von außerhalb zu hoffen«, wäre Flucht vor der Wirklichkeit, wäre nur die »narzißtische Hoffnung«, in einer »postmortalen« Existenz »ungekränkt, unverstümmelt und unsterblich zu sein«[33], eine Hoffnung, die nur unnütz Kräfte verschwendet, die gegen die Leiden der »prämortalen« Existenz und zur Verbesserung ihrer Lebensbedingungen aufgeboten und ausgenützt werden müßten. Hier wird Leiden als Motor für die Schaffung einer besseren Welt »verwertet« und damit der Sinn des Leids von seinem »Nutzen« her begründet. Es mag sein, daß an jedem Leiden »gelernt« werden kann und daß es deshalb kein »unnützes« Leiden gibt, doch bleibt auch dann die Frage, ob die Verwertbarkeit für eine bessere Zukunft der Gattung dem »stumpfen Leiden« der Kreatur Sinn verschaffen kann, wenn die leidenden Menschen selbst nie Anteil haben werden an der besseren oder vollendeten Zukunft der Gattung[34]. Auch hier ist nicht radikal gedacht, daß nur die Erlösung, die der leidenden Kreatur teil gibt an der neuen Schöpfung, die Lösung der Frage nach dem Sinn des Leidens ist. Anderenfalls wird »Sinnlosigkeit« in »Sinnhaftigkeit« umgelogen.

Wenn dem Tod seine »metaphysische Qual«, daß er vor das Nichts des Verneintseins durch Gott und die ewige Sinnlosigkeit des Lebens stellt, durch das stellvertretende Leiden Christi genommen ist, und wenn dem Glaubenden dies zugleich mit der Verheißung der Auferweckung gewiß wird, müßte der Tod dann nicht wenigstens für ihn die Züge der Sinnlosigkeit, Verzweiflung und Drohung der Vernichtung der Person verlieren und so zur leicht ertragbaren Last werden? Die Anfrage, ob das Leiden und Sterben nicht verharmlost werde, wenn man in ihm nur den »Nachklang«, das »Zeichen« des Gerichtes Gottes sieht, ist ja nicht ganz unberechtigt[35]. Für *K. Barth* ist – im

tungschristologie zur »Vorbild-des-Leidens-Christologie« vgl. F. Mildenberger, aaO (Anm. 10), 117 ff.

33 Sölle, 161 f. u. 170 f.

34 Vgl. B/II/2.

35 M. Luther sagt in der Auslegung zu Ps. 90: Der Mensch »Non est creata ad moriendum, sed mors peccati poena constituta est« (WA 40 III, 513, 25 f.). Wo, wie bei Luther, der Tod nur als Strafe für die Sünde gesehen wird, da vollzieht sich faktisch im Tod auch für den Gläubigen noch das verdiente Zorngericht Gottes, dem auch der Glaubende nicht entfliehen soll und kann; zugleich erfährt er aber im Tod Gottes gnädige, errettende und lebendig machende Zuwendung, so daß für Luther Gottes Zorn und Gottes Rettung, Gericht und Heil im konkreten Ereignis des Todes tatsächlich zusammentreffen, der Tod von daher notwendig und zu Recht seinen

Unterschied zu *M. Luther*[36] – der faktische Tod rechtmäßig (de iure) nicht mehr Folge der und Strafe für die Sünde und insofern auch nicht mehr »Medium« des Zorngerichts Gottes[37]. Daß der Tod, wie er uns faktisch begegnet, dennoch die *Zeichen* des Gerichts über uns trägt[38], also auch für den Glaubenden nicht der wiederhergestellte »natürliche«, ohne Schwierigkeiten annehmbare Tod ist, beruht darauf, daß er immer noch als Folge der das Geschöpf bedrohenden »Chaosmacht« *Krankheit* auftritt und insofern mit physischen und psychischen Schmerzen verbunden ist. Die Krankheit ist eine gegenüber der Sünde eigenständige Gestalt des Nichtigen, die mit der Aufhebung der ewigen Entfremdung von Gott, der Vergebung der Sünden nicht einfach aufgehoben ist (vgl. Mk 2,1 ff.), sondern einer neuen selbständigen Tat Gottes bedarf, nämlich der in der Versöhnung am Kreuz als Verheißung implizierten Vernichtung aller Gestalten des Nichtigen (1 Kor 15,26)[39]. Die Chaosmacht Krankheit – einmal mit der Sünde zugleich in die Schöpfung eingebrochen und aus ihr durch den Menschen selbst ebensowenig wie die Sünde verbannbar – hat an des Menschen Sterblichkeit ihre Chance, in der Schöpfung so tödlich zu wirken, daß sie zugleich mit den physischen und psychischen Leiden auch die »metaphysische Not« aufbrechen läßt in Gestalt einer wie immer gearteten Theodizeefrage (Hiob) oder als Angst vor der Aufdeckung eines schuldbeladenen Lebens, dem Abbruch aller Lebensbeziehungen und der Vernichtung der Person und all ihrer Inhalte und Werte. So zeigt sich dieser »Stachel« des Todes meist auch beim Gläubigen im Sterben zugleich mit den Schmerzen in der Angst vor der letzten »Verhältnislosigkeit«, dem totalen Verlassensein von Gott und den Mitmenschen (Ps 22,2), der Scheidung von der durchtragenden und rettenden Liebe Gottes (Röm 8,35 ff.), und als An-

Fluchcharakter als Zorngericht Gottes behalten muß. Entfremdung, Verzweiflung, Schmerzen usw. sind dann die physischen und psychischen Zeichen des Zorngerichts, die der Mensch zu Recht über sich ergehen lassen muß.

36 So auch H. Thielicke, Tod und Leben, 1946, 146 u. 184

37 Vgl. KD III/2, 725, 770.

38 Nach Jüngel (Tod, 167 ff.) hat der Tod sogar den Zeichencharakter des Gerichts verloren, so daß die Annahme des Sterbens für den Glaubenden selbstverständliche Möglichkeit wird, ja ihm die Verspottung des Todes erlaubt. Solche Verharmlosung der Chaosmächte verkennt ihre gefährliche Macht (vgl. Röm 8,32 ff.) und, daß auch der Christ im Sterben noch Christus als seinem Richter entgegengeht (2 Kor 5,10 u. ö.; so auch Barth, KD III/2, 780). Für Luther (vgl. Anm. 35) kann die Verspottung des Todes nur Hybris sein, da sich im Tod auch das Gericht Gottes ereignet (vgl. WA 40 III, 537, 18).

39 Vgl. B/II/1, Anm. 27 f.

fechtung der Hoffnung auf die Auferweckung der Toten, so daß auch der Christ das Sterben nicht einfach als Vollendung seines Lebens, sondern ebenso als das »Nichtseinsollende, als das Düstere und Beängstigende«[40] erfährt.

Sterben und Tod tragen noch den Charakter der Entfremdung von Gott, den Mitmenschen und der eigenen Lebensgeschichte, mithin den Charakter der Schuld, der Vereinsamung und der Verzweiflung. Der Sterbende steht in Gefahr, in tiefer Hoffnungslosigkeit und Depression zu versinken. Im Sterben muß der Mensch einerseits seine unwiederbringliche Lebensgeschichte möglichst annehmen und ihr einen Sinn geben können, zum anderen muß er die Gewißheit haben, daß dieses Leben nicht in Vergessenheit, Sinnlosigkeit und Vernichtung vergeht, sondern bleibenden Sinn besitzt und die Person Bestand über den Tod hinaus hat[41]. Wenn das Sterben unter diesen Vorzeichen nicht bejaht werden kann, dann verschwindet das »Selbstwertgefühl« oft durch die tiefe Kränkung, die der Tod für das »Ich« bedeutet, ins »Nichts« der Hoffnungslosigkeit und Verzweiflung. Dann wird Sterben sinn- und wertlos, und es siegt der Tod als Verendgültigung eines sich als nichtig erweisenden Lebens. Ein Sterben ohne Hoffnung in der »eigensinnigen Bekundung eines Lebens ohne Trost« ist – wie *A. Camus*[42] es darstellt – ein heroischer, aber letztlich doch absurder Versuch, weil Sterben überhaupt ohne »Unsterblichkeit« absurd und sinnlos bleibt[43], zumal es unmöglich ist, den Wert des Individuums und den Sinn seines Sterbens vom »Zweck« für die Gattung oder einer sonstwie unsterblich gedachten höheren Einheit her zu begründen. Deshalb sind auch die Forderungen abwegig, sich »im Sterben selbst unwichtig zu werden«[44], sich als Individuum willig den »höheren Wachstumsformen des Lebens« (Nietzsche), den höheren Belangen der Gattung zu »opfern«, die »narzißtische Hoffnung«, als Person ewiges Leben zu haben, preis-

40 Greshake, 277; vgl. Barth, KD III/4, 675 f.
41 Vgl. Anm. 70 u. B/I/2, Anm. 30 f.
42 Der Mythos von Sisyphos. Ein Versuch über das Absurde, rde 90, 54.
43 Vgl. Hammer, 56 f.
44 So Leuenberger (S. 110), der erklärt, christlicher Glaube sei nicht am ewigen Leben, sondern nur an der immanenten Erneuerung der Welt interessiert, und der deshalb verlangt, daß der Mensch sich im Sterben aus »Liebe« zu diesem höheren Zweck preisgibt. Zu D. Sölle vgl. Anm. 33; zu Fr. Nietzsche vgl. B/III/2; zur Auseinandersetzung mit L. Feuerbach und dem Marxismus, die den Sinn des Sterbens vom Zweck der Gattung her begründen, vgl. Eibach (1974), 210, 228, 235 u. Literatur B/II/3, Anm. 39.

zugeben zugunsten der höheren Zwecke einer doch irgendwie unsterblich gedachten Gesellschaft oder sich selbst in seinem partikularen Sein als Person aufzugeben zugunsten der höheren Einheit des »All-Einen«, des angeblich pantheistisch unendlichen »Universums«[45]. Die Größen, zugunsten derer hier die Selbstpreisgabe und das Opfer des Individuums verlangt wird und die dann auch dem Sterben einen Sinn verleihen sollen, sind letztlich jedoch nicht minder sterblich und vergänglich wie das Individuum selbst.[46] Die Sinnlosigkeit des Todes und nicht das Leben siegt letztlich, wenn keiner mehr der Toten gedenkt, wenn die totale Verhältnislosigkeit und damit das Nichts über das Leben und alles Sein triumphiert. Wo allerdings – wie im christlichen Glauben – Gott als der Herr des Todes bekannt wird, da wird auch seine Treue zu den Toten und sein »Gedenken« an die »Entschlafenen« (1 Kor 15,18.20.51; 1 Thess 4,13.15) so bezeugt, daß er »die vollendete Geschichte des Menschen nicht ins Nichts fallen läßt«[47], sondern dieser konkreten Person Anteil gibt an der sie vollendenden Geschichte mit Gott.

Wenn das Leben des Menschen Gott so wichtig ist, wie er es in Tod und Auferweckung Jesu Christi gezeigt hat, dann soll sich der Mensch im Sterben nicht unwichtig werden, sondern sein Leben von Gott so bejaht wissen, daß es auch im Sterben jederzeit sinn- und wertvolles Leben bleibt und als solches vor jeder »Nichtigkeit« bewahrt ist. Um das Leben in dieser Gewißheit beenden zu können, bedürfen die meisten Menschen im Sterben des mitmenschlichen und seelsorgerlichen Beistands. Der Fluchcharakter des Todes liegt nicht zuletzt darin, daß das Sterben in eine radikale Vereinsamung führen kann, in der Zweifel den Menschen so befallen, daß auch der tiefste Glaube an Gott in Frage gestellt werden kann. Ein zeichenhafter Schatten der Gottverlassenheit, die Jesus am Kreuz durchlitt, haftet jedem Sterben noch an. Wie Jesus in Gethsemane wünschte, daß seine Jünger ihm in der Auseinandersetzung mit dem nahen Tod wachend und betend beistünden, so warten die meisten Sterbenden auf Gemeinschaft. Wie alle Untersuchungen zur Psychologie des Sterbens zeigen[48], ist die

[45] So bei Fr. Schleiermacher u. a. (vgl. B/I/2, Anm. 30 f.).

[46] Zur Begründung vgl. B/II/2, Anm. 51 ff.

[47] Rahner (1970), 333; vgl. K. H. Ratschow, Erwarten wir noch etwas jenseits des Todes?, in NZfSystTh XIV (1972), 112 ff. u. Eibach (1974), 212 ff.; P. L. Berger u. R. Neuhaus (in: Luther, Monatshefte 14,1975, 152) nennen die Behauptung, daß die Hoffnung auf ein Leben nach dem Tod theologisch irrelevant sei, die endgültige Kapitulation vor dem modernen Denken.

[48] Außer Kübler-Ross (1971 u. 1974) vgl. C. Saunders, 63 ff.; Bowers, 44, 67 f.; Hinton, 117 ff.; Prest 81 ff.

Vereinsamung und Isolierung das, was die Sterbenden am meisten bedrückt, was ihre physischen Schmerzen ganz erheblich verstärkt und unerträglich macht[49]. Man kann einem Sterbenden meist nichts Schlimmeres antun, als ihn allein zu lassen und ihm damit zu demonstrieren, daß er als Person abgeschrieben und ohne Bedeutung für die Mitwelt ist, also schon nicht mehr zu den Lebenden gezählt wird. Der unheilbar Kranke empfindet diese Isolierung als »vorzeitiges Einsargen«[50], eine Form des Todes, die wir als *sozialen Tod* bezeichneten[51], den viele alte Menschen in isolierten Großstadtwohnungen, in Alten- und Pflegeheimen, aber auch hoffnungslos kranke Menschen in Krankenhäusern lange vor ihrem physischen Tod erleiden müssen.

Wenn die technisierte Medizin an ihre Grenzen gelangt, wenn der »Fall« nach der Lage der Dinge »hoffnungslos«, der Tod nicht mehr zu bannen ist, dann wandeln sich die Anforderungen der Patienten an das Personal; statt medizinisch technischer Behandlungen wird immer mehr menschliche Betreuung nötig. Doch gerade dann kommt es zur zunehmenden Distanzierung des Personals und leider oft auch der Angehörigen[52]. Die Gespräche mit dem Todkranken werden seltener, ihr Inhalt wird belanglos, die Arztvisiten werden immer kürzer oder man meidet sein Zimmer überhaupt. Auch Angehörigen kann der Besuch zur peinlichen Belastung werden, es kommt oft zu einer »Verschwörung des Schweigens«, nicht zuletzt deshalb, weil man das Sterben für sinnlos erachtet, keine angemessenen Worte mehr findet und in der Begegnung mit dem herannahenden Tod die Grenzen technischer Medizin und ärztlichen Könnens erkennen muß und den Tod als Bedrohung seiner selbst erlebt. Dadurch wird man so verunsichert und werden bewußte oder unbewußte »Abwehrmechanismen« mobilisiert, die den Umgang mit den Sterbenden erschweren[53]. Man fühlt sich außerstande, dem anderen im Sterben beizustehen, weil dies die Angst vor dem eigenen Sterben weckt. Um sich selbst zu schützen, meidet man das Gespräch mit dem Todkranken, läßt sich kaum noch auf Beziehungen und Gespräche ein, die seinen Bedürfnissen entsprechen. Die Verdrängung des Bereichs um den Tod aus dem öffentlichen Geschehen hinter die Türen von Kranken- und Pflegeanstalten und die Übertragung der Betreuung Sterbender und Toter an »professionelle« und gefühlsmäßig distanzierte Menschen verhindert die emotionale Vorbereitung auf das eigene Sterben, macht unfähig, dem Sterben anderer standzuhalten, und verhindert, daß Sprachformen eingeübt werden, die diesem Ereignis angemessen sind, eine Kommunikation mit Sterbenden

[49] Aus diesen Gründen wollen die meisten Menschen auch am liebsten zu Hause in vertrauter Umgebung sterben (vgl. Kübler-Ross, 1974, 88 ff.).
[50] So T. Tibbe, 10 f.; vgl. Bowers, 106 ff.
[51] Vgl. B/I/2, Anm. 14 ff.
[52] Vgl. dazu Glaser/Strauß, passim; Sudnow, 81 ff.; Eibach (1974), 49 ff.
[53] Vgl. Bowers, 62 ff., 106 ff.; Kübler-Ross (1971), 206 ff.

möglich machen und so den Sterbebeistand erleichtern[54]. Die objektivierende medizinische Fachsprache und die tabuisierende und teils ironisierende Krankenhaussprache dient nur dem Personal, das sich so oft vor unangenehmen Fragen der Patienten schützen und den Schein der Überlegenheit über die Krankheit auch im Sterben noch aufrechterhalten will und kann. Für eine Kommunikation, die auf die menschlichen Belange eines Sterbenden eingehen will, ist diese Sprache ungeeignet. Will man das Sterben humaner gestalten, so stellt sich für die »Gesunden« zunächst die Frage, wie sie sich mitten im Leben[55] mit der Tatsache der eigenen Sterblichkeit vertraut machen und auf das eigene Sterben vorbereiten können, und zwar nicht nur durch intellektuelle Einsicht, sondern vor allem durch emotionale Annahme und Verarbeitung. Wer sagt, das sei selbstverständlich und kein Problem, hat sich wohl der Tatsache seines eigenen »Seins zum Tode« noch nicht gestellt, sondern nur kognitiv wahrgenommen, aber nicht emotional angenommen und verarbeitet, daß *»ich«* sterben muß. Gerade das scheint aber die Voraussetzung für einen wirklich hilfreichen und nicht von Abwehrmechanismen bestimmten Sterbebeistand zu sein[56].

Die Vorbereitung auf den eigenen Tod gelingt meist umso besser, je öfter der Mensch mit Krankheit, Leiden und Sterben real konfrontiert wird und je mehr die Menschen, deren Tod man erlebt, Kommunikationspartner waren, je näher sie einem also standen[57]. Die Verdrängung des Todes erspart zwar die Konfrontation mit der Vergänglichkeit und dem Tod, *entlastet* von einem peinlichen Störfaktor, der das Zutrauen in den Fortschritt zur »heilen« Welt und in die Möglichkeiten der Medizin ständig untergräbt, verhindert damit aber zugleich auch die Vorbereitung auf den eigenen Tod und das Einüben des Sterbebeistands für andere. Es gehört zu den auffallenden Beobachtungen des Seelsorgers, daß gerade die Menschen, deren ganzes Leben nur von Gesundheit, Erfolg, Leistung und Besitz geprägt war, nur ganz schwer in ihr Sterben einwilligen, es meist bis zuletzt verleugnen oder in einer tiefen Resignation verharren. Die Verbannung der Erscheinungsweisen des Todes aus der Industriegesellschaft wirft tiefgreifende gesellschaftliche, individualpsychologische, aber auch ethische und theologische Probleme auf[58]. Insofern ist es eine Verkürzung der Per-

[54] Vgl. v. Ferber (1970), 241 ff.; Glaser/Strauß, passim; Sudnow, 81 ff.

[55] Der Psychoanalytiker G. Ammon hat auf einem Symposion »Zur Psychosomatik des sterbenden Patienten« (1974; Bericht in: WzM, 27, 1975, 33 ff.) ausgeführt, daß man die Auseinandersetzung mit Tod und Sterben nicht früh genug beginnen könne, schon im Kindesalter in der Familie, die daher zunächst ihre eigenen Ängste vor dem Tod aufarbeiten müsse.

[56] Vgl. Kübler-Ross (1971), 48,206 ff.; dies. (1974), 26,41,56,101 ff.; Bowers, 14,57 ff.

[57] Vgl. dazu A. Hahn, 15 ff., 34 ff.; Caruso 58 ff., 195 ff., 247 ff.; Eibach (1974), 36 ff.

[58] v. Ferber (1963), 338 ff.; Eibach (1975), 139 ff.

spektive, wenn man das Sterben und seine Bewältigung nur als medizinisch technisches und individuelles, nicht aber auch als gesellschaftliches Problem erfaßt und dann auch die Dimension des *sozialen Todes* von in Pflege- und Krankeninstitutionen abgeschobenen Menschen verharmlost, der Ausdruck der »Verdinglichung des Individuums« (M. Horkheimer) unter Verwertungsgesichtspunkten und als Objekt medizinischer Technik in der technisierten Industriegesellschaft ist.

Es ist vor allem auch Aufgabe der Angehörigen und Seelsorger, dem sterbenden Mitmenschen beizustehen und zu helfen, sein Sterben anzunehmen[59]. Dazu muß er »Trauerarbeit« leisten, in der die Loslösung vom irdischen Leben und der Welt vollzogen wird. Der Sterbende muß aber zugleich erfahren, daß andere für ihn da sind und daß er für sie wertvoll ist; und er muß Gelegenheit haben, mit anderen über seine Befürchtungen und Ängste zu reden und seine Emotionen zu äußern, denn so läßt sich das Sterben am ehesten bewältigen und verhindern, daß der Kranke an sich und dem Sinn und Wert seines Lebens verzweifelt, innerlich zerbricht und in tiefe Depression abgleitet und darin verharrt. Nicht der Tod als Grenze irdischen Lebens ist das eigentliche *Gegenteil von Leben*, sondern das nicht angenommene Sterben in tiefer *Depression* und Verzweiflung, totaler Vereinsamung und Hoffnungslosigkeit, die den Stachel und Fluch des Todes im tiefsten ausmachen. Der Fluch des Todes wird nur da wirklich bekämpft, wo man sich um den ganzen Menschen in seinen physischen, psychischen und geistlichen Belangen bemüht. Nicht der Tod an sich, sondern der Fluchcharakter des Todes ist zu bekämpfen. Der notwendige und als solcher *angenommene und bejahte Tod ist letztlich kein Fluch mehr, ihn muß man nicht mehr bekämpfen, sondern zu ihm muß man dem Menschen im Sterben verhelfen*, ohne auf eine mögliche Verlängerung des Lebens zu verzichten, in der der Kranke selbst noch »Sinn« erfahren kann. Doch sollte man auf jeden Fall dann, wenn der Tod innerlich bejaht ist, auf eine Lebensverlängerung verzichten, die um den Preis verlängerten Siechtums und leidvollen Sterbens erkauft wird. Zur Annahme und zum Ertragen des Sterbens können das medizinische Personal und die Angehörigen viel

[59] Dazu sind psychologische Kenntnisse über den Sterbeprozeß (vgl. B/I/2, Anm. 21 ff.) und die praktischen Hinweise von Kübler-Ross (1974) sehr hilfreich; vgl. auch Sporken (1973) u. Tibbe.

beitragen durch sachgerechte Pflege, gute Schmerzbekämpfung, Bereitschaft zum Gespräch und dadurch, daß der Sterbende nicht mit einer Atmosphäre der Lüge und des tödlichen Schweigens umgeben und als hoffnungsloser Fall in die Isolierung abgeschoben wird[60].

Nicht zuletzt ist es Aufgabe des *Seelsorgers*, durch den Zuspruch des Evangeliums von der Vergebung der Schuld, der Aufhebung der Sinnlosigkeit und der Auferweckung von den Toten Vertrauen in die Sinnhaftigkeit und den Wert des gelebten und nun abzuschließenden Lebens zu wecken, weil Gott dieses Leben bejaht hat, und die Hoffnung zu bestärken, daß Gott das abgeschlossene Leben nicht ins Nichts fallen, sondern vollenden wird[61]. Daß der Tod als *Grenze* des Lebens nicht Unheil bedeutet, ist unter dem *Fluch* des Todes faktisch verborgen und bedarf der ständigen Enthüllung im Zuspruch des Evangeliums, wie es *M. Luther*[62] in seinem »Sermon von der Bereitung zum Sterben« schön dargelegt hat: »Du mußt den Tod nicht in ihm selbst, noch in dir oder deiner Natur . . . betrachten, du bist anders verloren und wirst mit ihnen überwunden: Sondern mußt deine Augen, deines Herzens Gedanken und all deine Sinne gewaltiglich kehren von demselben Bild und den Tod stark und emsig ansehen . . . vornehmlich in Christo . . .; je tiefer und fester du dir dies Bild einprägst und ansiehest, je mehr fällt des Todes Bild ab . . . und hat also dein Herz Fried und mag mit Christo und in Christo geruhig sterben . . . Also mußt du dich um den Tod Christi allein bekümmern, so wirst du das Leben finden, und wo du den Tod anderswo ansiehest, so tötet er dich mit größter Unruhe und Pein«, denn »je tiefer der Tod betrachtet, angesehen und erkannt wird, je schwerer und gefährlicher ist das Sterben. Im Leben sollt man sich mit des Tods Gedanken üben und ihn zu uns fordern, wann er noch ferne ist und nicht treibt. Aber im Sterben, wann er von selbst schon allzu stark da ist, ist gefährlich und nichts nutz. Da muß man sich sein Bild ausschlagen«.

M. Luther hat in diesen seelsorgerlichen Ratschlägen den Tod nicht als Erlösung oder bloßes Naturfaktum bagatellisiert, ihn auch nicht verleugnet und erst recht nicht als in Freiheit vollzogene Tat der Selbstvollendung des Lebens »personalisiert«, wie es vor allem bei ei-

60 Vorbilder in dieser Hinsicht sind und wollen sein die Londoner Sterbekliniken St. Christopher u. St. Josephs; vgl. Eibach (1974), 71 ff.
61 Vgl. Eibach (1974), 352 ff.; Sporken (1972), 66 ff.; ders. (1973), 77 ff.
62 Münchener Ausgabe Bd. I, 1951, 358 f. (WA 2,689); vgl. Lessing 106 f.

nigen katholischen Theologen[63] der Fall ist, die dabei doch eher am sokratischen und stoischen Ideal des Sterbens als am wenig Züge des Heroischen tragenden Sterben Jesu[64] in Zittern und Zagen und Verzweiflung (Mk 14,32 ff.; 15,34) und am paulinischen ängstlichen Stöhnen und Seufzen der Kreatur unter der Todeswelt (Röm 8,18 ff.) und den Klagepsalmen orientiert sind. Wenn *K. Rahner*[65] den Märtyrertod als »den christlichen Tod schlechthin« darstellt, weil der Tod »der höchste Akt des Menschen (ist), in dem er in Freiheit sein Dasein total vollzieht«, »tätige Selbstvollendung von innen, ein aktives Sich-zur Vollendung-Bringen, aufwachsende, das Ergebnis des Lebens bewährende Auszeugung und totales Sich-in-Besitz-Nehmen der Person«, so widerspricht dieses heroische Ideal nicht nur der harten Tatsächlichkeit des Sterbens, sondern impliziert auch die theologisch höchst bedenkliche Hypothese, »daß das Leben im Augenblick des Todes – also noch ›vor‹ der Gottesbegegnung – zu einer inneren Vollendung« und Identität durch das »Ich« selbst gebracht wird[66]. Damit wird der Akt des Sterbens unter der Hand zum qualitativ wertvollsten Geschehen des Lebens und der Tod an sich zum höchst sinnvollen Ereignis, von dem her sich – wie bei *M. Heidegger* – der Sinn und der Wert des Lebens erschließt. Biblisch – die Bibel sieht den Tod vom Leben, nicht das Leben vom Tod her – ist dieser Gedanke auch dann nicht, wenn man zusätzlich herausstellt, daß er »gleichzeitig das Ereignis der radikalsten Entmächtigung des Menschen ist«[67]. Akzentuiert man in dieser Weise die freie Selbstbestimmung des Menschen als Basis des Personseins, so kann man zwar noch – wie K. Rahner – behaupten, daß sich menschliches Leben immer in der Spannung und Dialektik von Notwendigkeit und Freiheit, Vorgegebenheit und Auf-

[63] Zu nennen wären K. Rahner, Tod; L. Boros, Mysterium Mortis, 1958, J. Pieper, Tod und Unsterblichkeit, 1968; zur Kritik von kath. Seite vgl. Greshake, 271; vgl. Eibach (1974), 222 ff. u. Anm. 35 ff. Zur Kritik an Tendenzen, den Tod als Akt der Vollendung des Menschseins mittels psychotherapeutischer Betreuung hochzustilisieren, vgl. Tacke, 263 ff.

[64] In einer Zeit, in der im Judentum das Sterben des Märtyrers und im griechisch-römischen Raum das stoische Ideal des Sterbens als vorbildlich galten, wagten Markus und Matthäus die peinliche Tatsache zu berichten, daß ihr Meister »innerlich zusammengebrochen und in gänzlicher Verzweiflung gestorben sei« (Gollwitzer, 254; vgl. Moltmann, 1972 a, 140 ff., 228 ff.).

[65] Tod, 91, 85, 35, 30 (Reihenfolge der Zitate). Nach J. Pieper (aaO 128) ist der Tod immer »ein das Dasein von innen her abschließender Akt, . . . ein wirkliches Zu-Ende-bringen, Vollzug des Lebensganzen«.

[66] Greshake, 272.

[67] Rahner, Tod, 30.

gegebenheit, Natur und Geschichte, Erleiden und Tat abspielt, kann aber zu Recht – wie es alle Befürworter der Selbsttötung und der Tötung auf Verlangen seit der Stoa, über Nietzsche bis in unsere Tage tun[68] – auch die Konsequenz ziehen, daß das Leben dann aufhört, wertvoll und menschlich zu sein, wenn der Vollzug von freiheitlichen Akten der Selbstbestimmung nicht mehr oder nur noch ganz eingeschränkt möglich ist, wenn Leben nicht mehr Freiheit, sondern Notwendigkeit, nicht mehr Tat, sondern nur noch Erleiden ist. Wenn aber das Menschsein zunächst und zuletzt, von der Geburt und vom Tode her, in einem *Empfangen* von Leben, in einer Passivität gründet, die durch die »Aktivität des Schöpfers bedingt«[69] ist, dann kann diese Passivität kein Übel sein, dann schließt »die göttliche Aktivität des *Beendens* . . . menschliche Beteiligung aus, weil hier jede menschliche Aktivität nur ein illegitimer Vorgriff wäre«[69] und weil der Mensch sich und sein Leben überhaupt nicht aus sich heraus *vollenden*, allenfalls im Sterben abschließen kann, indem er sein »Enden« bejaht und noch ungeklärte Verhältnisse ordnet.

Diese Passivität, in der der Mensch den Tod erleidet, zerschlägt alle Aktivität, durch die die Person in ihrem Leib durch ihre Taten konkret wird. Der Kranke »verläßt allmählich, im Vollzuge kaum bemerkbar, seinen Körper *nach innen*: er zieht sich zurück. In diesem Vorgang verwandelt sich der Leib, indem er immer mehr zurückbleibt, zur Hülle . . ., weil die Welt nichts mehr für ihn bedeutet«[70]. Gleichzeitig mit dem Aufhören des Fragens und Sorgens wird die angesichts des Todes »illusionäre, auf die Welt gerichtete Hoffnung aufgegeben, um so die echte Hoffnung«[70] auf die Erneuerung und die Vollendung der Person zu gewinnen. Diese Abkehr von der Welt und Hinkehr zu einem »Danach« trägt äußerlich die Zeichen der zunehmenden Entmächtigung der Person. Doch darf diese Passivität, in der der Mensch all das erduldet, nicht verwechselt werden mit einer apathisch resignativen Ergebung, mit Depression und Hoffnungslosigkeit, denn gerade die Hoffnung auf die Erneuerung der Person ermöglicht es, die »Trübsal« des Sterbens in *Geduld* zu ertragen, ohne zu verzweifeln (Röm 5,1 ff.). So bleibt zwar im Sterben das Leben sinn- und wertvoll, gelebt zu werden, aber die Krankheit zum Tode

[68] Vgl. B/III/2.
[69] Jüngel, Tod, 116; vgl. Barth, KD III/4, 485; zur Begründung vgl. B/III.
[70] H. Plügge, Wohlbefinden und Mißbefinden, 1962, 70; vgl. B/I/2, Anm. 30 f. und bes. Hampe, passim.

wird nicht in sich zum sinnvollen Geschehen verfälscht. Vielmehr wollen der Glaube und die Hoffnung gerade die Kraft vermitteln, auch die letzte Sinnlosigkeit der Krankheit zum Tode zu durchstehen[71], ohne die Realität und Macht des Todes zu verleugnen, aber auch ohne in tiefe Depression zu verfallen. Krankheit wird als Verlust der *Identi*tät von Person und Leib und als *Kränkung* der Person und Störung ihres *Wertgefühls* erfahren. Sie kann nur insoweit bewältigt, ohne Zerstörung des Selbstwertgefühls und Zusammenbruch der Person ertragen werden, wie im Leben trotz Krankheit und abgesehen von ihr Sinn und Wert erfahren werden kann. Wo jedoch die Krankheit das ganze Leben bestimmt, es fixiert und lähmt, da wird sie zur für die Person tödlichen »Kränkung«, die zum totalen Zusammenbruch des Wertgefühls und des Charakters der Persönlichkeit führen und in tiefster Verzweiflung oder gar Selbsttötung enden lassen kann. Besonders dann, wenn der Sinn und Wert der Person mit Leistungs- und Genußfähigkeit identifiziert wird, raubt zumindest schwere unheilbare Krankheit dem Leben jeglichen Sinn, da der Mensch sich dann nicht mehr durch seine physischen und geistigen Taten Wert und Sinn verschaffen kann; dann wird das Leben mit der Krankheit und die Bejahung der Wirklichkeit des Sterbens schwer, dann verleugnet der Mensch sein Sterben oft bis zuletzt und kann buchstäblich nicht sterben, weil Sterben nur als Abbruch eines Lebens ohne letzten abschließenden Erfolg »widerfährt«. Man glaubt, das eigentliche Leben müsse erst jetzt beginnen, das bisher gelebte Leben sei letztlich ein »uneigentliches«, nur eine materielle Vorbereitung treffendes Leben gewesen, das man als solches nicht bejahen kann und will.

Man kann mit *P. Tillich*[72] von einem »Typus des Leidens sprechen, in dem Sinn erlebt werden kann, im Gegensatz zum sinnlosen Leiden«, wenn man festhält, daß das Leiden und das faktische Sterben in sich selbst immer jedes Sinnes entbehren[73]. Ist der unausweichliche

[71] Vgl. Josuttis, 122 f.

[72] AaO (Anm. 2), 81.

[73] Vgl. P. Lüth (1972), 118 ff. Wenn man 2 Kor 12,7 ff. häufig als Preis der Schwachheit interpretiert, so wird dabei verkannt, daß für Paulus das kreatürliche Leiden, seine Krankheit, absolut negativ bleibt. Die Schwachheit hat keine Kraft in sich selbst, positive Werte zu setzen, sie macht allenfalls deutlich, wie sehr der Mensch, besonders in Krankheit und Sterben, ganz auf die Kraft Gottes angewiesen ist und nur vom Vertrauen auf ihn, der die Toten erweckt (2 Kor 1,9), leben kann. Diese Kraft ist in keiner Weise menschliche Leistung und Besitz, sondern »Dynamis« Gottes, Leben aus dem besiegten Tod (Röm 11,5; 2 Kor 4,10), sie kann nur im

Tod aber angenommen, so kann man oft auch mit der tödlichen Krankheit leben und in der verbleibenden Lebensspanne sogar eine Intensität und Tiefe des Lebens in sich selbst, im gemeinsamen Leben mit Partnern und in der Beziehung zu Gott erfahren, die in »gesunden« Lebenstagen nie erlebt wurde. Nur kommt diese Kraft und Tiefe des Lebens nicht aus dem Sterben und Tod an sich, sondern aus dem im Erleiden der Krankheit sich erschließenden Zugang für andere Dimensionen des Lebens, die bisher verschlossen waren, für die man nun, da die üblichen Lebensziele ihre Bedeutung verlieren, offen wird, für die man nun »Zeit« hat und von denen her dann Kraft zum Leben angesichts des Todes »zufließt«. Sinn wird also *nicht aus* der Krankheit, sondern während des Erleidens der Krankheit von außerhalb der Krankheit empfangen und bewährt. Doch beraubt die tödliche Krankheit den Menschen allzuoft jeder Möglichkeit, Sinn und Wert aus sich heraus durch seine Taten zu verwirklichen. Mit zunehmender Mechanisierung des Sterbens und Isolierung des Todkranken wird dies immer häufiger der Fall sein. Dann wird deutlich, daß der Tod nicht menschliche Möglichkeit und Tat, sondern »Nichtigung« aller menschlichen Möglichkeiten, Entmächtigung und Erleiden ist, in dem der Mensch ganz auf den Mitmenschen und auf Gott geworfen und angewiesen ist, in dem er nur noch Sinn und Wert empfangen, nicht aber mehr selbst setzen kann.

Im Umgang mit der Krankheit und dem Bestehen im Sterben müßte sich die theologische Unterscheidung der Person von ihrer Krankheit und der von *Recht* und *Macht* der Krankheit bewähren. Der Protest gegen die Krankheit ist auf jeden Fall solange sinnvoll, wie grundsätzlich Aussicht auf eine Behebung der Krankheit besteht,

Glauben empfangen werden (vgl. W. Schrage, 150 ff.), nicht aber überwindet der Mensch von innen her aus eigener Kraft die Krankheit als äußere und uneigentliche Macht, wie in der Stoa, allenfalls erträgt er sie in Geduld, die aus der Hoffnung auf Erlösung durch Gott entspringt (Röm 5,1 ff.; 8,18 ff.), oder indem er lernt, daß die »Kränkung« durch die Krankheit dadurch aufgehoben werden kann, daß man ihre faktische Macht über den Menschen »annimmt«, die Krankheit aber nicht mehr »Hauptsache« (für Paulus war das sein Aposteldienst) sein läßt, sondern als »Nebensache« der Hauptsache unterordnet und dann von der Hauptsache her Sinn und Kraft zum Leben empfängt. Es kann sein, daß sich die Hauptsache erst in der Zeit der Krankheit erschließt. Insofern kann Krankheit zur Einsicht und Umkehr führen. Aber es geht im Leiden nicht um die Selbstdarstellung der Fähigkeiten des Menschen, sondern um die Bewährung der im Glauben empfangenen Kraft Christi zum Leben mit der Krankheit und angesichts des Todes. Jede Verharmlosung oder gar Glorifizierung von Leid und Tod ist für Paulus unmöglich (vgl. Schrage, 170 ff.).

denn er verhindert die resignative Unterwerfung unter das leidvolle Schicksal, moblisiert die menschlichen Gegenkräfte[74], und im Klagegebet ruft der Mensch Gott um Rettung an. Die Frage stellt sich, ob diese Haltung auch dann noch sinnvoll ist, wenn das »Schicksal« nicht mehr zu wenden, das Sterben unaufhaltsam ist und die Befreiung von der Krankheit durch Gottes »Wunder« ausbleibt. Soll der Mensch dann als der »ewige Rebell« aussichtslos um ein Weiterleben kämpfen, wider alle Hoffnung hoffen? Sollen medizinisches Personal, Seelsorger und Angehörige ihn mit der Illusion der Gesundung solange es eben geht »belügen«? Wird dann aber nicht Kraft, die für die Annahme des Todes, das Durchstehen des Sterbens, die Ordnung des abzuschließenden Lebens und seiner Verhältnisse benötigt wird, in ein illusionäres Ziel verschwendet und die Hinwendung des Menschen zur einzig möglichen Rettung, der Preisgabe an Gott, unmöglich gemacht? Wird der Sterbende so nicht spätestens dann, wenn die Illusion des irdischen Fortlebens zusammenbricht, im Verlust des Selbstwertgefühls, in Depression, Verzweiflung und dem »Willen zum Tod« enden?[75] Und muß der Seelsorger das nicht zuletzt aus der Angst vor dem Tod und der Unfähigkeit zu sterben geborene *Verhandeln* mit »überirdischen Mächten« unterstützen, wenn ihm die auch ihn verunsichernde Frage gestellt wird[76], wie Gott das zulassen kann?

Vielleicht ermöglicht gerade die theologisch zu behauptende Unterscheidung der Person von ihrer Krankheit auch dem sterbenden Menschen einen Umgang mit seiner Krankheit, in dem ihre Tödlichkeit nicht verleugnet, ihre Härte und Sinnlosigkeit nicht heruntergespielt, ihr nicht ein legitimer und heilsamer Sinn unterstellt, nicht ihr *Recht* auf die Person, wohl aber ihre *Wirklichkeit* anerkannt wird, ohne vor ihr zu kapitulieren. Die Frage kann dann nur lauten, wie es dem Menschen ermöglicht wird, der ihn tödlich bedrohenden Krankheit als Person standzuhalten, ohne zu verzweifeln, aber auch ohne die Negativität der tödlichen Krankheit in eine positive Chance für die Person zu verkehren, so als könne der Mensch aus sich heraus durch seine eigene Tat dem Tod seine »Nachtseite« nehmen und sich in dieser letzten heroischen Tat selbst vollenden. Zwar ist die Krankheit durch die Person anzugehen, und die Person ist durch menschlichen

[74] Vgl. Sölle, 79 ff.
[75] Vgl. Kübler-Ross (1971), 77 ff.; diess. (1974), 30 ff. u. 55 ff.
[76] Vgl. Bowers, 69 ff.

Beistand und seelsorgerlichen Zuspruch zu stärken, damit sie angesichts der Übermacht des Todes leben kann und nicht zerbrechen muß, doch ist die Verleugnung des Todes aufzugeben, die Macht der Krankheit zum Tode zu erkennen. Das sind Voraussetzungen dafür, daß den mit dem Sterben meist verbundenen Leiden und der Drohung der Nichtigkeit und Sinnlosigkeit widersprochen werden kann[77]. Daher kann die Dialektik von Widerspruch und Einverständnis, Tat und Erleiden im Sterben weder in »banale Mühelosigkeit«[78] noch in eine heroische Tat der Selbstvollendung in Freiheit – weder im Heroismus sokratischer oder stoischer Unerschütterbarkeit noch im Akt der Selbsttötung – aufgelöst werden. Im Sterben siegt immer die Übermacht der »Notwendigkeit« über die freie Selbstbestimmung des Menschen, der Mensch wird sich und seinem Bewußtsein ständig mehr entzogen, es wird seiner Freiheitsgeschichte von außen her ein Ende gesetzt und über ihn verfügt[79]. Dies ist nur dann kein Übel, wenn darin letztlich Gott am Werke und der Herr bleibt über das nichtigende Nichts, wenn das Leben in seiner Verfügung endet und von ihm bewahrt, erneuert und aufgehoben ist und eben deshalb auch seinen Wert behält, auch dort nicht unmenschlich und vernichtenswert wird, wo es bewußter Verfügung durch den leidenden Menschen selbst entzogen ist. Auch dann ist der Mensch von Gott wertgeachtet, selbst wenn sein Leben »faktisch« nur soviel Wert hat, wie die Mitmenschen es aufgrund dieses Selbstwertes achten und behandeln.

Weil zum menschlichen Leben diese Entmächtigung nicht zuletzt als Übergabe der menschlichen Freiheitsgeschichte an Gott immer hinzugehört, kann sie nicht unmenschlich und ein Übel sein, auch wenn die Umstände, unter denen der Mensch meist stirbt, faktisch so sehr die Zeichen des Fluches an sich tragen, daß der Mensch mit dem Tod keinen »freundschaftlichen Umgang« haben kann. Hier hat *M. Luther*[80] richtig gesehen, wenn er sagt, daß der christliche Glaube nicht dazu befreit, dem eigenen Tod ohne Angst in die Augen zu sehen, sondern auf den in Christi Kreuz und Auferweckung überwundenen Tod zu schauen. Christus ist es, der Vertrauen und Hoffnung auf die Annahme des Lebens durch Gott ermöglicht. Christlich gesehen ist dieses Hinsehen auf Christus und Vertrauen in die Tote er-

[77] Kübler-Ross (1971), 41 ff.; diess. (1974), 12 ff.
[78] Gollwitzer, 110, vgl. 286 f.
[79] Zur weiteren Begründung vgl. B/III/2.
[80] Vgl. Anm. 62; vgl. Tacke, 263 ff.

weckende Kraft Gottes (Röm 4,17) die letzte Tat der Freiheit des Menschen, in der er sich mit seinem Leben dem anvertraut, der es ihm gegeben hat und der es im Sterben wieder einfordert. Nur in diesem Sinn können wir mit *K. Rahner*[81] sagen: »Die letzte Tat seiner Freiheit, in der er total und unwiderruflich über sich verfügt, ist die Tat der willigen Annahme oder des letzten Protestes gegenüber seiner absoluten Ohnmacht, in der ein unsagbares Geheimnis – das, was wir Gott nennen – über ihn absolut verfügt. Im Tod wird sich der Mensch gänzlich entrissen, wird ihm jeder, auch der letzte Rest einer Möglichkeit, sich selbstmächtig zu verwalten, genommen.«

Mit der Kritik an jeder Verharmlosung und Glorifizierung von Leiden und Tod als Chance heroischer Bewährung und Tat der Selbstvollendung soll nicht bestritten sein, daß das Ertragen des Sterbens und Bejahen des Todes im Glauben auch Aktivität des Lebens aus Glauben und Hoffnung ist und daß man sich im Leben in den Tod einüben muß, eine Erkenntnis, in der die Psychologie M. Luther und die breite christliche Tradition der »ars moriendi« nur unterstützt. In diesem Sinn gilt auch, daß wir am Leiden »lernen« müssen für unser eigenes Leben und das der leidenden Mitmenschen, deren Leiden auch eine »Sinn-Quelle« der »Gesunden« ist, da es ihnen eine besonders sinnvolle innerweltliche Aufgabe stellt. Die Not des Nächsten soll uns aus unserer Tatenlosigkeit befreien, denn dadurch, »daß die Not ein Herz findet, das sie bewegt, schafft die Not gute Werke, durch die sie sich begrenzt.«[82] Das kann nur bedeuten, daß Leiden diesen relativen, sekundären, abgeleiteten Sinn, nicht aber, daß es in sich selbst einen Sinn hat. Leiden bleibt in diesem letzten Sinn sinnlos, wenn auch nicht zwecklos. Im relativen Sinn ist es für den Menschen nur dienlich, soweit es ihn zur Umkehr von verfehlten Lebensausrichtungen bringt, ihm tiefere Dimensionen seines Lebens eröffnet, soweit ihn sein Leiden befähigt, noch größeres Leiden seines Lebens und Sterbens zu bestehen, sich mit Mitmenschen zu »solidarisieren« und ihnen bei der Bewältigung ihres Leidens besser zu helfen. Helfende Liebe, »Mit-Leiden« ist ohne persönliche Leidensfähigkeit und Leidenserfahrung, die zur Einfühlung in das Leiden anderer befähigt, ebenso wenig möglich, wie das Durchstehen eigenen schweren Leidens, vor allem des Sterbens[83]. Im Sterben zu bestehen und es

[81] (1966), 276; vgl. dazu B/III/2/a.
[82] H. J. Iwand, aaO (B/II/1, Anm. 24), 215 f.

zu ertragen, ist meist umso leichter, je mehr man im Laufe des Lebens durch Entsagungen, Krankheiten und andere Vorboten der Todeswelt vorbereitet wird und sich mit der Tatsache der eigenen Sterblichkeit hat konfrontieren lassen und je mehr das Leben als »erfüllt« angesehen werden kann und von einer Hoffnung über den Tod hinaus bestimmt ist. Entsprechendes gilt auch für die Fähigkeit, anderen im Sterben beizustehen.

Die Verdrängung des Leidens aus der Öffentlichkeit ohne Verarbeitung und ohne am Leiden zu lernen, macht unfähig, Leidenszustände zu beheben oder zu lindern, und unfähig zum »Mit-Leiden«, schwächt also die humanen Kräfte der Gesellschaft. In diesem Sinn kann gesagt werden, daß Leiden, die ertragbar sind, der »Zucht« und »Besserung« dienen und daß Altern und »Krankheit ein ebenso wichtiger Lern- und Gestaltungsprozeß der Person (sind), wie das gesunde, aktive Leben«.[84] Jede vorschnelle Verdrängung des Leidens mittels betäubender Medikamente und durch Verbannung leidender Mitmenschen in die »Gettos« der Kranken- und Pflegeheime verhindert diesen notwendigen Lernprozeß. Mit *V. E. Frankl*[85] dem »*homo faber*« – dem aktivistischen Menschen – den »*homo patiens*« – den leidensfähigen Menschen – an die Seite zu stellen und Mut zum Leiden und zur Reifung im Leiden zu fordern, ist heute mehr denn je Notwendigkeit. Es kommt darauf an, zum Leiden und Mit-Leiden zu befähigen, Leiden tragbar zu machen, ohne auf den Kampf gegen das Leiden zu verzichten. Aber nicht allein, *daß* wir Leiden bekämpfen, sondern auch *wie* wir es bekämpfen, ausschalten und ertragbar machen und wie wir mit unabänderlichen Leiden umgehen, ist für das Menschsein des Menschen ethisch und praktisch entscheidend[86]. Die Fiktion eines schmerzfreien Lebens und die Verabsolutierung jugendlich vitaler Lebenskraft und des nur darauf aufbauenden Glücks und Genusses verschlimmert die Leiden der Welt, indem sie die gesellschaftliche Intoleranz gegenüber hilfsbedürftigen, vor allem un-

[83] Vgl. Frankl, 59 ff.; Sölle, 112 ff.; Eibach (1974), 263 ff; ders. (1975), 140 ff.; Illich, 98 ff.; vgl. Literatur B/II/2, Anm. 30 ff.

[84] Moltmann (1972 b), 320; vgl. H.-Chr. Piper, Kranksein – Erleben und Lernen, 1974.

[85] S. 64 ff.; vgl. Eibach (1974), 257 ff.; Böhme, 395.

[86] »Der Kampf gegen Krankheit und für Gesundheit ist sinnvoll, wenn er Menschen bereit macht, sich für die menschlichen Schmerzen der Liebe und für die produktiven Konflikte des Lebens und Sterbens zu öffnen, um sie human zu verarbeiten« (Moltmann, 1972 b, 320).

heilbaren Mitmenschen verstärkt, die Frage nach der Schuld am Leiden verdrängt und das Verantwortungsbewußtsein für diese Mitmenschen nicht mehr weckt. Wo alles Leiden, das »Pathos«, mit dem »Pathologischen« gleichgesetzt und nur mittels medizinischer Technik[87] und chemischer »Therapeutika« abgeschafft oder verdrängt werden soll und, wenn das nicht mehr möglich ist, die kranken und alten Menschen aus dem Blickfeld der »Gesunden« verbannt werden, da hat sich eine Anschauung von *Gesundheit* und Leben entwickelt, die höchst krankhaft und blind ist, weil sie nicht sehen will, daß der »Gott dieser neuen Religion« (R. Kalish) des leidfreien Genießens und des »Jugendlichkeitswahns« (G. Sieber) doch ständig von Krankheit, Unglück und Altern besiegt wird und ein Götze ist, der nur die für jeden nötige Erkenntnis verdunkelt, daß der Aspekt des Leidens als komplementärer Aspekt zu Leistung, Erfolg und Glück zum irdischen Leben so unabdingbar hinzugehört, daß dieses ohne *beide* Aspekte nicht menschlich sein und bleiben kann.

5. *Was ist und wann endet »sinnvolles« menschliches Leben? – »Quantität« und »Qualität« des Lebens – Zur Verantwortung von Patient, Angehörigen, medizinischen Personal und Gesellschaft.*

Wenn der Tod zum irdischen Leben des Menschen konstitutiv hinzugehört, dann ist menschliches Leben notwendig endlich, begrenzt von Zeugung und Tod. Vollenden kann es sich daher nicht durch eine zeitliche Verlängerung, die die Todesgrenze überspringen oder immer weiter hinausschieben will. Die den Menschen vollendende ewige Gemeinschaft mit Gott ist nicht in der Verlängerung der geschöpflichen linearen Lebenszeit zu finden. Dadurch, daß das Leben vom Tod begrenzt ist, wird es zum einmaligen und unwiderruflichen Leben einer konkreten Person[1]. Das geschöpfliche Leben ist Gabe Gottes, aber der Sinn und Wert des Lebens ist diesem an sich nicht immanent, vielmehr erschließt sich der Sinn des Lebens erst von seinem »Wofür«, seiner Bestimmung her, und sein Wert kommt ihm

[87] Vgl. I. Illichs (bes. 98 ff.) harte Kritik an der technischen Ausschaltung des »Unwerts« Schmerz.
[1] Vgl. B/II/3, Anm. 11 ff.

von daher zu. Daß menschliches Leben einen *Sinn* hat, der nicht mit dem biologischen *Zweck* der Erhaltung der Art zu verwechseln und aus der biologischen Natur an sich nicht ablesbar ist, gibt ihm einen qualitativen Aspekt, der auf der Basis der Vorgegebenheit psychophysischen Lebens erst verwirklicht werden soll und kann. Das Leben ist dem Menschen nicht nur *vorgegeben,* sondern auch *aufgegeben* als einmalige Gelegenheit, in seinem »Leben zum Tode« das wahre Leben nicht zu verlieren, sondern so zu gewinnen (5 Mose 30,19; Lk 12,15 ff.), daß Christus sich zu diesem Leben bekennen (Mk 8,34 ff. par.; 10,17 ff.) und dem einmaligen irdischen Leben bleibende Bedeutung vor Gott geben und ewiges Leben in Gottes Reich schenken kann. In der Spannung zwischen Vorgegebenheit und Aufgegebenheit, Sein und Sollen verwirklicht oder verwirkt der Mensch sein Leben, gibt ihm eine positive oder negative *Qualität,* die sein Leben als sinnvoll oder in seinem Sinn verfehlt erweist.

Das geschöpfliche Dasein des Menschen erhält nach biblischen Aussagen erst durch die Beziehung zu Gott und die Verwirklichung der von ihm gesetzten Bestimmung positiven Sinn und Wert, trägt ihn also nicht in sich selber. Daraus darf man aber keinesfalls den Schluß ziehen, daß es dem Menschen selber zusteht, über Sinn und Verfehlung, Wert und Unwert seines oder anderer Menschen Leben zu richten und das Leben für verwirkt und sinnlos zu erklären. *Leben* ist nach der Bibel primär das Geschehen der Beziehung zwischen Gott und Mensch. Der Mensch empfängt sein Leben als Gabe, die erst *wird,* indem Gott das Lebewesen durch seinen geschöpflichen Geist lebendig macht (1 Mose 2,7) und ihm zugleich eine Bestimmung setzt, der gemäß der Mensch leben soll. Primärer Bezugspunkt der »Transzendenz« menschlichen Lebens ist also nicht die Gesellschaft, sondern Gott, der Schöpfer des Lebens. Daher kann der Wert menschlichen Lebens nicht nur nicht aus seiner »Verwertbarkeit« für die Zwecke der Gesellschaft »berechnet« werden[2], sondern er ist menschlicher Be- und Verurteilung letztlich überhaupt entzogen. Über den letzten Sinn und Wert eines Lebens zu richten und zu verfügen, ist nur Sache Gottes, der es dem Menschen gegeben hat[3] und in Beziehung zu dem der Mensch sein Leben letztlich nur verfehlen kann. Wer es wagt, über das Leben eines Mitmenschen letztgültig zu

[2] Vgl. B/II/2.
[3] Vgl. Barth, KD III/4, 460 f. u. B/II/1 (Schluß).

richten, den Lebenswert anderer zu bestreiten, spricht sich selbst das verdammende Urteil, weil vor dem letzten Gericht Gottes jedes Leben sich als verfehlt und sinnlos erweisen würde (Röm 2,1 ff.; Mt 7,1 ff.), wenn Gott den Menschen nach seinen Taten beurteilte.

Wie schon das geschöpfliche Leben Gabe Gottes ist, so ist erst recht der bleibende Sinn und Wert des Lebens, die Vollendung des Menschseins durch Gott, *Gabe ohne Verdienst* des Menschen, Geschenk des Lebens aufgrund der Gewährung von Vergebung für ein schuldiges Leben und die Erlösung des von Krankheit und Leiden gezeichneten Lebens.

Diese Erlösung ist die Erneuerung, Bewahrung, Verherrlichung, Vollendung und Teilhabe des begrenzten, schuldiggewordenen, vielleicht auch schwer versehrten und zu keinen geistigen Akten fähigen »irdischen Lebens an Gottes Leben, Teilhabe befristeter Lebenszeit an Gottes Ewigkeit«[4]. Dieser zukünftige, aber jetzt schon dem irdischen Leben bis zum Tode zugeeignete Wert des vollendeten Lebens bei Gott gewährt jedem Menschenleben einen einzigartigen und unteilbaren *Selbstwert*[5]. Zugleich aber relativiert das »ewige Leben«, in dem das irdische Leben erst vollendet wird, dieses zu einem vorletzten vergänglichen Gut, das zeitlich befristet ist und dem Tod nicht entrinnen kann. Wenn es die irdische Person ist, zu der Gott sich in der Auferweckung von den Toten bekennt, der er am ewigen Leben teilgibt und die er vollendet, so ist die »Qualität« irdisch-leiblicher Existenz allenfalls daran zu bemessen, inwieweit der Mensch aufgrund seiner psychophysischen Konstitution seiner ihm von Gott gesetzten Bestimmung entsprechen kann. Diese Lebensbestimmung hat einen *ewigen* und einen, für das irdische Leben gültigen, *zeitlichen Aspekt.* Die Bestimmung des Menschen zum ewigen Leben gibt schon seinem irdischen Leben den unverlierbaren Wert, der ihm bis zum Tode unabhängig vom Grad seiner Versehrtheit bleibend zugeordnet ist und ihm die Würde als *Person* und das *Recht auf Achtung als Person* und eine *menschenwürdige Behandlung* auch und gerade in der letzten Lebensphase verbürgt.

Daraus folgt, wie wir darstellten, daß ein Mensch einem Mitmenschen das »Personsein« und das Lebensrecht nicht absprechen und

[4] Jüngel, Tod, 152; vgl. B/II/3, Anm. 26 f. u. Eibach (1974), 207 ff.
[5] Vgl. B/II/2, Anm. 7 ff.

mithin auch, außer in unabwendbar lebensbedrohlichen Konfliktsituationen, kein menschliches Leben töten darf.

Die Frage aber, ob und wie lange menschliches Leben mit allen zu Verfügung stehenden Mitteln der Medizin verlängert werden muß, kann nur von der Bestimmung her, die Gott für das zeitliche Leben des Menschen gegeben hat, entschieden werden. Diese Bestimmung, die den Sinn irdischen Lebens ausmacht, ergibt sich aus dem Doppelgebot der Gottes- und Nächstenliebe (Mk 12,28 ff. parr.). Der Mensch soll als ausgezeichnetes Geschöpf Gottes Wort in dieser Welt hören und Gott ehren, loben und in Wort und Tat so bezeugen, daß er in all seinem Tun auf Gottes Wort antwortet, dem Mitmenschen in Liebe begegnet und so *für* die Mitmenschen, ihr Leben und ihre Zukunft und für die Umwelt *Verantwortung* übernimmt und trägt und Gottes Liebe in verantwortlichem Handeln weitergibt. Der Mensch ist also um dieses Auftrags willen geschaffen, so daß sich der Sinn seines Lebens von diesem Ziel her erschließt. Dann ist aber auch der Wert der »biologischen Existenz« des Menschen vor allem darin begründet, daß der *Mensch nur in seinem Leib seiner Lebensbestimmung entsprechen kann*[6]. »Heilig« ist nicht die biologische Existenz und ihr Lebenstrieb in und an sich, sondern die ihr von Gott gesetzte Lebensbestimmung. Der Körper und seine Gesundheit stehen im Dienste dieses Lebenssinns, sind also nicht Selbstzweck. Der Kampf gegen die Krankheit ist deshalb nur solange sinnvoll und angemessen, wie er die psychophysischen Voraussetzungen für die Verwirklichung des Lebenssinns erhält. Sittliche Norm medizinischen Handelns ist also nicht die »biologische Natur«, nicht der Körper an sich, sondern immer nur »das *Verständnis* dieser Wirklichkeit und ihrer Sinngebung durch den Menschen«[7]. Alle ärztlichen Maßnahmen haben sich daher auf den Sinn des Menschseins zu beziehen und sind von diesem Ziel her zu bewerten[8].

Die psychophysische Existenz an sich ist also nicht Selbstzweck, sondern steht im Dienste eines ihr transzendenten Lebenssinns. Verliert das Leben seinen Bezug auf Transzendenz, so kann das psychophysische Leben und seine Gesundheit zum absoluten Wert und der Kampf gegen die Krankheit

[6] Vgl. B/I/1, Anm. 17 ff. u. B/II/1, Anm. 5 ff.; vgl. Lessing, 97 ff.
[7] F. Böckle, Kritische Überlegungen zum Naturbegriff, in: Arzt und Christ 13 (1967), 8; vgl. van Melsen, bes. 160 ff. u. Eibach (1974), 282 ff.
[8] So schon V. v. Weizsäcker (1947), 11 f.

zum blinden Vorgehen gegen den Tod und zu einer Lebensverlängerung um jeden Preis werden. Wenn der Verlust an »Transzendenz« irdisches Leben zum absoluten »Letztwert« werden läßt und die *Angst* vor dem Verlust dieses Wertes die kollektive Anstrengung erzeugt, den Tod zu beseitigen, dann werden einerseits Medizin zur Pseudoreligion und die Mediziner zu Priestern[9], und andererseits wird der Sinn des Lebens mit dem biologischen Leben an sich identifiziert. Das führt dann entweder zur ausschließlichen Betrachtung der biologischen Individualität und ihrer Lebensfunktionen und zur »Kodifikation der Tendenz zum automatischen Eingreifen«[10] und damit zum ethisch gesehen blinden Kampf gegen den Tod, weil die Frage nach dem Sinn des Lebens und damit auch der Behandlung gar nicht mehr gestellt wird, oder diese Identifikation von psychophysischer Gesundheit mit dem Sinn und Wert des Lebens führt zur Disqualifikation des schwerkranken Lebens zu »lebensunwertem« Leben oder gar zu seiner Vernichtung[11]. Die Befürchtung vieler Ärzte, daß dann, wenn die Erhaltung des rein biologischen Lebens »in der Rangordnung der Werte« nicht mehr grundsätzlich an erster Stelle steht, es nur noch ein kurzer Weg zur Vernichtung »nutzlosen« Lebens sei[12], besteht in einer Gesellschaft, die den Sinn menschlichen Lebens mit Leistung und Genuß identifiziert und seinen Wert nach der Verwertbarkeit für die Gesellschaft bemißt, nicht zu Unrecht. Auch der Einwand von *J. Gerlach*[13] ist zu bedenken, daß der philosophische Begriff der Person oder – wie wir aufgrund unserer Unterscheidungen genauer sagen müssen – der *Persönlichkeit* für eine Anwendung im mediznischen Bereich ungeeignet sei, weil er mittels naturwissenschaftlicher Methodik nicht objektivierbar ist. Doch scheint nicht diese Schwierigkeit das primäre Problem für die Orientierung der Medizin am Persönlichkeitsbegriff zu sein, sondern dessen ausschließliche Ausrichtung an den höchsten Akten freier Selbstbestimmung des Subjekts. Im idealistischen und romantischen Verständnis von Persönlichkeit sind die höchsten Leistungen menschlichen Geistes zu einem *Persönlichkeitsideal* zusammengefaßt, hinter dem schon jeder »normale« Mensch weit zurückbleibt, ganz zu schweigen von »versehrten« Menschen. Der tiefste Punkt menschlichen Wesens, die Grenzen des Menschseins, von deren Verwirklichung ab und bis zu denen das Prädikat »Mensch« zutrifft, kommen beim Ansatz an diesem Persönlichkeitsideal ebensowenig in den Blick[14], wie bei der seit *I. Kant* üblichen Bestimmung der Würde des Menschen als eines frei entscheidenden, sich selbst bestimmenden und verwirklichenden vernünftigen Subjekts. Basis und Voraussetzung der so

[9] Vgl. A/I, Anm. 12 ff.
[10] Marlet (1961), 254.
[11] Zur Begründung vgl. B/II/2.
[12] Wüllenweber, 254; vgl. Böckle (1975), 72 f.
[13] (1969 b), 734.
[14] Vgl. M. Landmann, Philosophische Anthropologie, 1964, 7; B/III/2/b, Anm. 57 ff.

verstandenen Würde der Person ist die Freiheit und sittliche Autonomie des Subjekts, und die Achtung seiner Würde ist Achtung vor der freien sittlichen Selbstbestimmung der autonomen Person. Wie »transzendental« auch immer diese postulierte Freiheit des Subjekts gefaßt werden mag, man wird nicht umhin können, daß dann, wenn diese Freiheit empirisch nicht mehr gegeben sein kann, wenn die »Natur« dem sittlichen Subjekt ihre Gesetzmäßigkeit aufzwingt, indem sie es der Fähigkeit zum Gebrauch der Vernunft, frei zu entscheiden oder seiner selbst und seiner Umwelt überhaupt bewußt zu sein, beraubt, wenn statt Freiheit also Notwendigkeit herrscht, daß dann auch der Würde der Person ihre Grundlage entzogen und der Mensch nicht mehr als Person zu achten und zu behandeln wäre[15]. Solange also die Würde des Menschen ausschließlich in der postulierten Selbsttranszendenz des freien sittlichen Subjekts gegenüber der »blinden« Notwendigkeit seiner biologischen Existenz begründet ist, hängt der Wert der Person letztlich doch ganz am Grad der Selbstbestimmung und Selbstverwirklichung der Person.

Nach dem dargestellten theologischen Verständnis jedoch ist die *Personwürde* nicht Folge, sondern *Voraussetzung* freien Ergreifens der von Gott gesetzten Lebensbestimmung, nicht erst zu realisierende »Aufgegebenheit«, sondern von Gott mit dem Leben selbst gesetzte »Vorgegebenheit«, nicht Aufgabe, sondern – wie das Leben selbst – *Gabe*. Und die bleibende Bedeutung und der »ewige« Wert menschlichen Lebens beruht nicht auf dem Grad der sittlichen Selbstvervollkommnung des Menschen, sondern auf der abgesehen von aller Leistung des Menschen geschenkten Erneuerung der Person durch die Auferweckung von den Toten. Theologisch gesehen ist die Person und ihre Würde, die Gottebenbildlichkeit des Menschen, in jeder

[15] Ob diese Konsequenz dadurch zu verhindern ist, daß man nicht von der einzelnen sittlichen Person, sondern von der Gattung als zu achtendem Selbstzweck ausgeht, die auch dem versehrten einzelnen Menschen teil an ihrer Würde gibt (vgl. B/I/1, Anm. 7 f. u. Eibach, 1974, 337 ff.), Menschenwürde also als »Mitgliedschaftswürde« in der Gesamtgesellschaft versteht, in der jeder seinen Platz und Wert auch abgesehen vom Nutzwert haben soll, scheint wegen der Schwierigkeit höchst fraglich, den Selbstwert der Gattung empirisch und logisch zu begründen (vgl. B/II/2, Anm. 50 ff.) und aufzuzeigen, worin denn der unersetzliche »Symbolwert« des einzelnen jenseits des Nutzwerts für die Gattung bestehen kann und faktisch besteht, wenn man diese kranken Menschen möglichst aus der Gesellschaft verbannt (vgl. C/IV), man ihnen also auch nicht mehr als »Symbole« im Rahmen des Ganzen begegnen will und kann. Sicherlich sollte man die Zugehörigkeit zur Gemeinschaft zunächst als deren Verpflichtung gegenüber dem Individuum verstehen. Daß K. Binding (vgl. C/I/2, Anm. 30) daraus allerdings auch das Recht der Gemeinschaft ableitete, gemeinschaftsschädigenden Menschen den Charakter des Rechtsguts abzusprechen und sie umzubringen, sollte zu Bedenken Anlaß geben. Vgl. B/III/2/b.

Hinsicht durch den ontologischen Vorrang von Gottes Wirken als Schöpfer und Vollender des Menschen vor all dem begründet, was der Mensch durch freie Selbstbestimmung in seinem Denken und Handeln aus sich selber macht[16] und an Persönlichkeitswerten verwirklicht. Die *Person* und ihr Wert wird also allein durch Gottes schöpferische und seine das Geschöpf in der Auferweckung erneuernde und vollendende Tat konstituiert, während die *Persönlichkeit* das ausmacht, was der Mensch in Glaube und Gehorsam von der ihm von Gott gesetzten Lebensbestimmung verwirklicht. Die Würde der Person ist damit auch menschlicher Selbstbestimmung »transzendent« und menschlicher Verfügung entzogen. Sie zu beurteilen, über ihren letzten Wert oder Unwert zu richten und der Person ein Ende zu setzen, steht nur dem zu, der dem Menschen das Leben gegeben hat[17]. Diese Zu- und Unterordnung des Begriffs Persönlichkeit unter den Begriff Person entspricht grundsätzlich der aufgrund biologisch-philosophischer Überlegungen dargelegten Sicht, nach der die Person die Basis bildet, auf der es zu einer mehr oder weniger starken Ausprägung der Persönlichkeit kommt[18].

Aufgrund dieser Vorordnung der Person, die mit dem biologischen Leben immer schon gegeben ist, vor dem an Freiheit und Selbstverwirklichung orientierten Persönlichkeitsbegriff ist die theologische Anthropologie in der Lage, sich nicht nur am »idealen Menschsein« auszurichten[19], sondern auch eine »Anthropologie des leidenden und kranken Menschen« zu entwerfen, ihren Blick auch auf die Mitmenschen zu richten, die keine Persönlichkeitswerte mehr verwirklichen können, und auf die Grenzen, an denen Personsein endet. Von ihren eigenen methodischen Voraussetzungen her ist die Theologie nicht in der Lage, direkte Kriterien für den *Tod der Person* anzugeben. Schon der alttestamentliche Mensch war hierin auf Naturbeobachtung angewiesen. Leben war für ihn das an den Körper gebundene und sich immer leiblich manifestierende Leben[20], das dann aufhört, wenn endgültig kein Atem (nefesch, Lebenshauch) mehr feststellbar ist (1 Mose 6,3 u. a.)[21]. Der hebräische Mensch konnte das biologische Phänomen *Atem* als *Zeichen des Lebens* (1 Mose 2,7) und sein Ver-

[16] Vgl. Jüngel, aaO (B/II/1, Anm. 28), bes. 436 u. B/II/1, Anm. 10.15 ff.
[17] Vgl. B/III/2/a.
[18] Vgl. B/I/1, Anm. 20 ff.
[19] Vgl. B/II/1, Anm. 20 ff. u. B/II/4.
[20] Vgl. Wolff, 25 ff., 58 ff.; 97 ff.; vgl. B/II/1, Anm. 5 f.
[21] Vgl. Wolff, 58 ff.; 1 Mose 6,3; Ps 104,29; Hiob 27,3; 34,14.

schwinden als *Zeichen des Todes* ansehen, weil das *ganze* geschöpfliche Leben für ihn menschliches Leben und Gabe Gottes war, der das Leben wieder einforderte, indem er den »Lebenshauch« vom Menschen abzog. Weil für die hebräische Auffassung vom Menschen Leben bis zum Tod immer eine Einheit von körperlichem und seelischem Leben darstellt, ist der *Leib Ausdrucksfeld der Person* und der *Tod der Person* mit dem Ende leiblichen Lebens identisch. Begriffe wie »geistig tot« oder »Tod der Persönlichkeit«, die aus dem aristotelischen Stufenmodell menschlichen Seins und einer dualistisch-idealistischen Anthropologie herrühren, sind der alttestamentlichen Anthropologie fremd. Heute können wir – entsprechend dem Stand unserer biologischen Kenntnisse und ihrer systematischen Reflexion[22] – im allgemeinen immer noch den endgültigen *Atem- und Herzstillstand* als Zeichen, als »*Realsymbole*« für das Ende des irdischen Lebens der Person annehmen, obgleich letztlich entscheidend und diagnostisch beweisend der *irreversible Hirntod* (Tod des Gesamthirns) ist. Er hat den Tod des Individuums (*Individualtod*) zur Folge, so daß mit ihm auch das Ende personalen Lebens, der *Tod der Person* gegeben ist[23]. Dem den Tod der *Persönlichkeit* als selbstbewußter und über sich selbst verfügender Person gegenüberzustellen[24], ist zwar grundsätzlich möglich, aber doch bedenklich, weil der Begriff »Persönlichkeit« schillernd ist und auch häufig mit dem Begriff »Person« verwechselt wird und weil er nur objektivierbar ist, soweit die empirischen Anhaltspunkte gegeben sind, die auch für den *psychologischen Tod* gelten[25].

Daß leibliches Leben immer bis zum Tod Ausdruck personalen Lebens ist, heißt noch nicht, daß mit jederart leiblichem Leben auch die Voraussetzungen zum Vollzug der Lebensbestimmung gegeben sind, wie sie im Doppelgebot der Gottes- und Nächstenliebe zum Ausdruck gebracht ist. Selbst wenn man anerkennt, daß nicht das technisch Machbare und die Erhaltung der biologischen Existenz an sich Krite-

[22] Vgl. B/I/2.

[23] Das ist eine von fast allen Theologen akzeptierte Auffassung; vgl. Eibach (1974), 341 ff. Schon K. Barth (KD III/2, 511) hält entschieden daran fest, daß erst der Tod des Leibes der Tod der Seele ist, die das Leben des Leibes ist. Zu den abweichenden Auffassungen vgl. C/I/3, Anm. 26 ff., 32 ff.

[24] So J. Wunderli, in: Neue Züricher Zeitung vom 27. 2. 75; vgl. ders., 102 ff.

[25] Wir verzichten daher auf den Terminus »Tod der Persönlichkeit« und verwenden stattdessen nur den Begriff »psychologischer Tod« im Unterschied zum mit dem Individualtod gegebenen »Tod der Person«.

rien ärztlichen Handelns sein dürfen, sondern das Bemühen um die »personelle Einheit des Menschen, seine geistig-seelisch-leibliche Existenz«[26], so wird damit meist doch nur das isolierte Einzelwesen in seiner sogenannten leib-seelischen Integrität gemeint. Dabei ist nicht genügend berücksichtigt, daß erst die durch den Leib gegebene Offenheit der Seele für die und ihre Beziehung zur Mit- und Umwelt eine mehr oder weniger reiche Innenwelt, die wir Seele, »Ich« oder »Selbst« nennen, ermöglicht, und daß das »Ich«, die Person, sich nur in der Beziehung zur Mit- und Umwelt verwirklichen kann; daß es verkümmern muß und zusammenbrechen kann, wenn aufgrund schwerer körperlicher Krankheit und Versehrtheit der Leib nicht mehr »Ausdrucksfeld« des Ich und »Eintrittsfeld« der Mit- und Umwelt sein kann[27], wenn die Person durch Erkrankungen der »Seele« unfähig zu mitmenschlichen Beziehungen wird oder wenn ein Mensch aufgrund von Alter, Krankheit, Versagen usw. von diesen Bezügen abgeschnitten und aus der Gesellschaft verbannt wird. Daraus ergibt sich einerseits, daß das schon angesprochene Phänomen des *sozialen Todes* keinesfalls nur zum Ausfall der mitmenschlichen Beziehungen, sondern immer auch zur »Schädigung« des »Ich« und oft zu seiner »Abtötung« und dem Tod der Person führt[28]. Andererseits erweist sich die auf dem Boden einer dualistisch-idealistischen Anthropologie entstandene Anschauung als irrig, daß eine körperliche Versehrtheit – wie groß auch immer sie sei – das als welt- und körperlos gedachte *Selbst*, die Persönlichkeit, nicht stark versehren könne, wenn nur das Gehirn als Organ des Denkens »intakt« bleibe. Ein Mensch, der aufgrund körperlicher Versehrtheit[29] nicht mehr in der Lage ist, seine inneren Gefühlzustände motorisch zu entfalten und sein »Ich« zu »verleiblichen«, der von sich aus keine mitmenschlichen Kontakte mehr aufnehmen kann, ist in seinem Menschsein schwerst und meist nicht minder behindert, wie ein geistig versehrter Mensch, abgesehen davon, daß er seine Unfähigkeit, sich leiblich zu verwirklichen, deutlich empfindet und an diesem Zustand leidet. Zudem verstärkt die Intoleranz der und die Verachtung durch die Gesellschaft und die Unfähigkeit der Mitmenschen, mit Behinderten

[26] Lentrodt, 302.
[27] Vgl. B/I/1, Anm. 12 ff.; Eibach (1974), 107 ff.
[28] Vgl. B/I/2, Anm. 15 ff. u. C/IV.
[29] Man muß dabei nicht nur an neurologische Schäden denken, vgl. C/II/3.

menschlichen Umgang zu haben, deren Leiden und läßt sie als »Pflegefälle« ständig vom »sozialen Tod« bedroht sein.

Die personale Existenz ist immer nur in ihrer Leiblichkeit wirklich, da der Leib einerseits die Abgegrenztheit, Eigenständigkeit und somit die Individualität konstituiert und andererseits zugleich die Offenheit der Existenz für Gott und die Mit- und Umwelt, also »Möglichkeit der *Kommunikation*« (E. Käsemann)[30] ist. Im Leibe ist aber auch des Menschen Solidarität mit der übrigen Kreatur und der Natur in den sie bedrohenden Mächten, Krankheit und Tod, gegeben. Im und am Leibe leidet der Mensch, hat er Schmerzen und vollzieht sich die zunehmende Desintegration der Person im Sterben. Als Schnittfeld von Natur und Geschichte ist der Leib Ausdrucksfeld der Person und der »Raum«, in dem und durch den sich die Begegnung mit Gott als Vernehmen des Wortes Gottes und als gehorsame Antwort auf das vernommene Wort (vgl. Röm 12,1 f.; 1 Kor 6,17 ff.) ebenso vollzieht wie die Begegnung mit dem Mitmenschen im Hören aufeinander und im helfenden Mit- und Füreinander. Als derartiges Schnittfeld der Beziehungen, die Leben ausmachen, ist der Leib mit der Person identisch; die *Entfremdung* jedoch zwischen dem »Ich« und dem »Leibe« wird als *Krankheit* erlebt. Aus dem, was wir von der Bedeutung der mitmenschlichen Beziehungen für den Aufbau und Bestand der Person, und dem, was wir aus theologischer Sicht zur Bestimmung des Menschen als sich in verantwortlicher Beziehung zu Gott und zum Mitmenschen verwirklichender Person gesagt haben, ergibt sich, daß *Person* in erster Linie ein *Relationsbegriff* ist, daß personales Sein durch die Beziehungen Gott-Mensch, Körper-Seele, Mensch-Mitmensch konstituiert ist. Mit dieser Reihenfolge ist zugleich die Rangfolge der einander begrenzenden und ermöglichenden Beziehungsebenen genannt. So ist *Person* zwar ein sozialer Begriff, aber nicht in der Weise, daß erst der Mitmensch und die Sozialbezüge die Person konstituieren[31] und daß die Beziehungen der Partner untereinander

[30] Vgl. dazu Eibach (1974), 167 ff.

[31] Das muß gegen die personalistische Anthropologie (z. B. Fr. Gogartens; vgl. dgg. Eibach, 1974, 144 ff. zu Barth) und auch gegen Moltmanns (1972 b, 323) schon das Gutachten zu Fragen des Schwangerschaftsabbruchs (E. Jüngel, E. Käsemann, J. Moltmann u. a., in: EvKo 8, 1971, 452 ff.; dgg. vgl. Eibach, 1972, 152 ff.) bestimmende Behauptung gesagt werden: »Wo Leben nicht angenommen, geliebt und erlebt werden kann, haben wir es nicht mehr mit menschlichem Leben zu tun«. Damit wird die Erwünschtheit bzw. Unerwünschtheit von Leben zum Kriterium des Lebenswerts und Lebensrechts. Gehen wir von dem von E. Jüngel (abgesehen vom

immer ihrer selbst bewußte Personen voraussetzten, denn gerade die einseitig bewußt verlaufende helfende Beziehung zum hilflosen oder auch bewußtlosen Menschen ist ein Sozialbezug, der in »Analogie« zur bedingungslosen Liebe und zum Erbarmen Gottes in Jesus Christus steht.

So wenig also mit dem Ausfall der Fähigkeit, eine selbstbewußte und partnerschaftliche Beziehung in Freiheit aufzubauen, der Mensch unmenschlich wird, so sehr ist doch mit dem Verlust dieser Möglichkeit die Sinnebene menschlichen Daseins ausgefallen, in der er sein Personsein im Gegenüber zu Gott und zum Mitmenschen selbst in Glauben, Gehorsam und Liebe verwirklichen soll. Wenn der Mensch dazu bestimmt ist, Gott zu vertrauen und zu verehren, als Mensch dem anderen in helfender Liebe zu begegnen und Verantwortung vor Gott für die Mit- und Umwelt zu tragen, so setzt die Erfüllung dieses Auftrags für die irdische Lebenszeit voraus, daß der Mensch die Fähigkeit hat, das Wort Gottes zu vernehmen, zu verstehen und ihm entsprechend zu leben, dem Mitmenschen zu begegnen und zu antworten und sich vor Gott und ihm zu verantworten. Psychische Voraussetzung dafür ist die *Kommunikationsfähigkeit*, die wiederum Bewußtsein im Sinne von *Selbstbewußtsein* zur Bedingung hat. Dafür ist aber auch ein gewisser Grad an Unversehrtheit des Körpers, an Beweglichkeit und eigentätiger Beherrschung von Körperfunktionen und eine Begrenzung des Maßes an physischem und psychischem Leiden Voraussetzung. Weil die Person sich immer im Leibe darstellt, wird die *Achtung ihrer Würde* zunächst in der *Ehrfurcht vor ihrem leiblichen Leben* konkret. Vor jedem Eingriff in den Körper ist daher abzuwägen, welche *Folgen* die Behandlung für die gesamte Daseinssituation des Menschen haben kann, ob sie mehr nützt als schadet, »und zwar nicht nur für den Menschen als eine iso-

genannten Gutachten) immer betonten ontologischen Vorrang von Gottes Wirken vor dem aus, was Gott durch menschliche Liebe wirklich macht, so müssen wir sagen, daß da, wo menschliches Leben nicht angenommen und geliebt wird, es sich um eine Art von Tötung handelt, die direkt zum »sozialen Tod« und indirekt zum physischen Tod führen kann. Moltmanns Behauptung auf das Lebensende übertragen, würde das hilfsbedürftige Leben siecher und debiler Menschen zu lebensunwertem Leben abstempeln und den Weg zur Vernichtung öffnen. Es wird deutlich, daß man sich theologischerseits nicht genügend klar gemacht hat, welche Parallelen trotz aller Unterschiede zwischen Lebensanfang (bzw. Abtreibung) und Lebensende (bzw. Tötung bewußtseinsgestörter Menschen) bestehen (vgl. dazu B/III/1, Anm. 19 ff., C/I/3 u. C/II/4). Vgl. Ringelings (S. 580 ff.) Kritik an der »Annahme«-Theorie.

lierte statische Größe, oder gar nur für deren anatomisch-physiologischen Bestand, sondern für den Menschen *als eine sich in der Begegnung* mit dem Mitmenschen *verwirklichende* Person«[32].

Wenn in dieser Weise gefragt wird, ob dem Menschen durch eine Behandlung »ein wirksamer Dienst erwiesen wird zur Erreichung dessen, was er als seine Lebensaufgabe ansieht«[33], ob ihm dadurch die Möglichkeit zur »Selbstverwirklichung in Mitmenschlichkeit« erhalten oder wiederhergestellt wird, so kann das »Ganze«, von dem her eine medizinische Behandlung bewertet werden muß, erheblich anders aussehen, als dann, wenn man nur die quantitative Lebensverlängerung oder auch die höchstmögliche Integrität des Leibes vor Augen hat. Denn ob ein Eingriff dem Wohl des ganzen Menschen dient und damit *sinnvoll* ist, hängt dann nicht mehr allein vom Leben individuell betrachtet, sondern auch von seinen mitmenschlichen Beziehungen ab. Solange die körperliche Krankheit behoben oder auf ein geringes Maß an Behinderung beschränkt werden kann, besteht meist ein direkter »kausaler« Zusammenhang zwischen der Besserung des körperlichen und der des psychosozialen Befindens der Person. Dies ändert sich jedoch, wenn das Leben nur um den Preis von schweren somatischen und psychosozialen Beeinträchtigungen erhalten oder verlängert werden kann oder wenn die Verbesserung der Gesamtsituation nur kurzfristig möglich ist und um den Preis eines dann umso längeren Leidens und Siechtums erkauft wird. In solchen Fällen ist nicht nur der Vorrang der leib-seelischen Integrität vor der Quantität der Lebenszeit, sondern auch der höhere Wert der gesamten Lebensbezüge der Person, also letztlich ihrer sozialen Daseinssituation vor dem individuellen Befinden zu behaupten[34]. Was für den einen Menschen ein erträgliches Maß an Leiden darstellt, kann für den anderen untragbar erscheinen, weil er eine andere Persönlichkeitsstruktur hat, andere Erwartungen an das Leben stellt und mit einem geringeren Maß an Daseinssinn vermittelnder Zuwendung von Mitmenschen rechnen muß. Für die Art und die Einleitung einer Behandlung sind daher in solchen Fällen nicht allein die Erhebung des somatischen Befundes und die Prognose für die quantitative Lebens-

32 Kautzky (1965), 45; vgl. ders. (1969 b), 372 ff.; Sporken (1971), 46 ff.; Ruff, 105 ff.; Eibach (1974), 289 ff., 311 ff; Häring, 124 f.; Thielicke (1970), 23 f.; Lessing, 110.

33 Sporken (1971), 49.

34 Vgl. Eibach (1974), 300 ff., 312 ff.

verlängerung, sondern vor allem die psychische Konstitution der Person, ihre Lebenseinstellungen, ihre familiäre Situation, die Chancen für ihre spätere Versorgung, also die gesamte psychosoziale Lebenssituation ausschlaggebend, von der ihr späteres Wohl abhängt[34]. Wer sich gegen die Berücksichtigung dieser Faktoren mit der Begründung wehrt, das sei keine medizinische Aufgabe, weil sich solche Faktoren nicht mittels quantifizierender Messungen objektiv feststellen lassen, verkennt, daß die Medizin nur solange dem Wohle des Menschen dient, wie sie sich dessen bewußt bleibt, daß das *Objekt* ihres Behandelns ein *Subjekt* ist[35] und als solches ernst genommen wird, und wie die Medizin *für* das Wohl der ganzen Person und nicht nur *gegen* einen »Defekt« und den Tod kämpft.

Es steht außer Frage, daß das, was für den je einzelnen Menschen in seiner konkreten Lebenssituation nicht mehr *sinnhaftes* Leben ist und daher nicht mit allen Mitteln erhalten und verlängert werden sollte, nicht mit quantifizierenden Methoden objektiv erfaßt und allgemein verbindlich gemacht werden kann. Doch wird man Bedenken haben, die Beurteilung dessen, was eine sinnhafte Lebensverlängerung ist, völlig ins Belieben der jeweiligen Person zu stellen. Abgesehen von der recht problematischen philosophischen Begründung einer Pflicht zum Leben[36] und der Mutmaßung vieler Psychiater[36], daß jeder geschwächte Wille zum Weiterleben und der Wille zum Tode psychopathologisch sei, erheben sich gegen die beliebige Beurteilung dessen, was sinnvolle Maßnahmen der Lebensverlängerung sind, ähnliche theologische Bedenken wie gegen die Selbsttötung oder Tötung auf Verlangen[36], wenn auch prinzipielle Unterschiede bestehen.[37] Der Christ wird nicht jedes Erkaufen von »Lebensquantität« um den Preis des Verlusts von »Lebensqualität« ablehnen dürfen; doch soll er in der Kraft des Glaubens auch bereit werden, seinen Tod anzunehmen, und nicht aus der Unfähigkeit zu sterben heraus eine Verlängerung des Lebens um jeden Preis anstreben. Nach dem dargelegten theologischen Verständnis von Leiden und Krankheit[38] ist es keinesfalls göttliches Gebot, vermeidbare Leidenszustände um der Bewährung des Glaubens willen zu suchen und auf sich zu nehmen, es sei denn um des Nächsten willen. Ebenso legt Gott keinem Men-

[35] Vgl. Böckle (1970), 448; Rahner (1975), 34 ff. u. C/II/1 u. 3.
[36] Vgl. B/III/2.
[37] Vgl. B/III/3.
[38] Vgl. B/II/4.

schen Leiden auf, damit andere Menschen ihm Liebe erweisen können. Gebot Gottes ist es vielmehr, Leiden zu verhindern und zu beheben, soweit durch die Art, wie es behoben wird, nicht die Liebe und die Hilfsbereitschaft unter den Menschen erkaltet, der Mensch überhaupt unfähig wird, Leiden zu ertragen und ihm nicht die Öffnung für tiefere Dimensionen des Menschseins verstellt wird[39]. Der Christ kann dazu gerufen sein, Leiden auf sich zu nehmen und in Geduld zu ertragen, wenn damit dem Nächsten gedient und *trotz* des Leidens im Leben Sinn erfahren wird. Aber ebensowenig, wie es Aufgabe der Seelsorge sein kann, Hoffnung auf Gesundung bis zuletzt zu wecken, ist es Gebot Gottes, den Willen zum Ertragen und Durchhalten um jeden Preis zu fordern.

Letztlich kann nur der leidende Mensch selbst im Glauben ermessen, wieviel Leiden er ertragen kann und um Gottes und des Nächsten willen auf sich nehmen soll, bis wann er in Krankheit und Tod zu bekämpfende Gestalten des Nichtigen zu sehen hat und wann sich ihm unter diesen Gestalten die zu ertragende und anzunehmende Fügung Gottes enthüllt. Mit einer gewissen theologischen Objektivität wird man sagen können, daß – außer in Grenzfällen – jede medizinische Maßnahme ethisch abzulehnen ist, die Lebensverlängerung um den Preis des Verlusts der *Kommunikationsfähigkeit*, des *Selbstbewußtseins* und der *Identität der Person* erkauft, sei es dadurch, daß ihr die Möglichkeit, sich zu verleiblichen, überhaupt genommen wird, sei es, daß die Person aufgrund schwerster Leiden nicht mehr sie selbst sein kann und innerlich und äußerlich zusammenbricht, oder sei es, daß mit Sicherheit unwürdigste Formen des »sozialen Todes« als Folge der Behandlung eintreten würden. Die Deutung, die der Patient seinem Leben und seiner Krankheit gibt, bestimmt auch die Art, in der er sich seine Behandlung wünscht. Aus theologischer Sicht wird man zwar sagen können, daß weder ein *blinder Lebenswille* noch ein unbegründeter *Todeswille* zur verpflichtenden Richtschnur ärztlichen Handelns werden muß, doch ist zu fordern, daß der Arzt die subjektive Einstellung des Patienten und seine überlegten Entscheidungen respektiert, zumindest aber nichts Gegenteiliges tut, soweit darin nicht ein ethisch unzumutbares Ansinnen gestellt wird. Es ist daher Pflicht des Arztes, den Patienten und, wenn dies nicht möglich ist, seine nächsten Bezugspersonen durch behutsame Aufklärung

[39] Vgl. B/II/3, Anm. 26 ff.; B/II/4, Anm. 80 ff.

über Diagnose, Prognose und alle erfaßbaren späteren Folgen für die gesamte Lebenssituation und durch gemeinsames »solidarisches« Suchen nach dem »Besten« zur Beurteilung der Lage und zur verantwortungsvollen Entscheidung zu führen[40].

Daß der Mensch sich in der Beziehung zum Mitmenschen verwirklicht, letztlich nur in der Begegnung mit und aus der Zuwendung von Mitmenschen leben kann, wird ja – wie beim Säugling und Kind – so auch beim Pflegebedürftigen ganz deutlich. Soweit sich das menschliche *Miteinander* vom Liebesgebot Jesu her versteht, ist es primär ein *Füreinander,* ein »Für-den-anderen-dasein«, in dem dem Nächsten Hilfe nach dem Maß seiner Bedürftigkeit gewährt wird und der Mensch nicht in erster Linie auf »das Seine«, das eigene Wohlergehen, sondern auf das des anderen (1 Kor 13,5; 10,24; vgl. Phil 2,4; Lk 10,36 f.) bedacht ist und auch eine schwere Belastung, die die Sorge um den anderen mit sich bringen kann, in Geduld und ohne zu »erbittern« erträgt (1 Kor 13,5 f.). Es ist aber doch zu fragen, ob das »Füreinander« als Modus des konstitutiven »Miteinanders«, ob meine aufopferungsvolle Pflege des hilfsbedürftigen Mitmenschen nicht doch Grenzen hat, die sich aus der Rücksicht auf das Wohlergehen von weiteren, meiner Verantwortung ebenso anvertrauten Mitmenschen und auf mein eigenes Wohlergehen ergeben. Wir haben dargelegt[41], daß das »wie dich selbst« im Gebot: »Liebe deinen Nächsten wie dich selbst« (3. Mose 19,18; Mk 12,31 parr.) nicht als Einschränkung und bedingendes Maß der Nächstenliebe zu verstehen ist. Und doch wird man nicht jede Rücksicht auf das eigene Wohlergehen im theologischen Sinne als *Eigensucht* und *Selbstsucht* (amor sui) bezeichnen können, in der sich das »Ich« absolut setzt oder eine Sonderstellung anmaßt, durch die der Nächste zum Mittel und Objekt für eigene Wünsche und Bedürfnisse wird. Aber man wird auch nicht die totale »Selbstaufopferung« für den Mitmenschen zum Maß erheben und von Angehörigen eine Pflege verlangen können – nur weil sie vom »Mitsein« her gesehen nun einmal die Nächsten sind –, unter der diese seelisch und leiblich zerbrechen müßten, so daß sie deshalb zuletzt vielleicht selbst der Pflege bedürfen. Damit wäre weder dem Kranken noch den Angehörigen noch der Gesellschaft gedient.

Sicherlich besteht kein Grund zu bestreiten, daß aus der besonde-

[40] Vgl. C/II/1, zu Problemen der Aufklärung.
[41] Vgl. B/II/1, Anm. 18 ff. u. B/II/2, Anm. 26 ff.

ren verwandtschaftlichen oder sonstigen Nähe zum kranken Menschen eine besondere Verpflichtung erwächst[42], sich seiner anzunehmen, zumal dies in den überwiegenden Fällen das Wohl des Pflegebedürftigen am meisten fördert[43]. Unter diesen Gesichtspunkten wären in der Tat viele Anfragen an die Leistungs- und Genußgesellschaft zu stellen. Abgesehen davon, daß die Pflicht zur Pflege durch Verwandte nur soweit bestehen kann, wie diese zu einer den Bedürfnissen des Kranken gerecht werdenden sachgerechten Pflege qualifiziert sind und die äußeren Umstände (Wohnverhältnisse etc.) es erlauben, ist eine solche Forderung zumindest dann dem Liebesgebot widersprechend, wenn man der Familie etwas aufbürden will, was man selbst in der gleichen Lage nicht zu tun und zu ertragen bereit wäre, und wenn man sich dem Ruf zur Hilfeleistung, der vom Kranken ergeht und durch den er mir zum Nächsten wird (Lk 10,36), mit dem Argument entzieht, daß man nicht der Nächste sei. In der Weise ist die Unbedingtheit des Gebots der Nächstenliebe nicht zu quantifizieren, daß man »innerhalb der ›Nächsten‹ nun Rangunterschiede und also Verpflichtungsgrade« feststellt[44], durch die man sich ein gutes Gewissen für unterlassene Nächstenschaft und Hilfeleistung schafft. Gerade wenn man einzelne Menschen mit einer schweren Pflege allein läßt, indem man Nächstenschaft nur auf die nächste Verwandtschaft (z. B. Ehepartner, Eltern) einengt und nicht einmal mehr als Nachbarschaft und Freundschaft versteht und auch keine entsprechenden Vereinigungen zur freiwilligen und berufsmäßig ausgeführten Unterstützung und Anleitung in der Pflege (z. B. Gemeindeschwestern u. a.) mehr aufbaut, wird die für das Wohl pflegebedürftiger Mitmenschen häufig denkbar ungünstige Unterbringung in Heimen mit der Bedrohung durch den »sozialen Tod« allzuoft notwendig. Mit der Einrichtung solcher »Verwahranstalten« schafft sich die Gesellschaft dann die moralische Entlastung und das gute

[42] Vgl. Schüller, 72 ff.
[43] Vgl. B/II/4, Anm. 48 ff.
[44] So Thielicke, ThE I, Nr. 1718, der sich damit gegen Thomas von Aquin und die sich ihm anschließende kath. Morallehre wendet. »Illi qui sunt magis proximi, sunt magis diligendi« (S. Th. II–II, 944 a 8 ad 3). Für das Wort »Nächste«, das im Deutschen wie im Lateinischen als Superlativ von »nahe« verstanden werden kann, wird im Griechischen »ho plesion« (Nahestehende, Mitmensch), also ein Positiv gebraucht, der dieses quantifizierende Mißverständnis der Nächstenliebe und Nächstenschaft von vornherein ausschließt, wie wohl am deutlichsten im Gleichnis vom barmherzigen Samariter (Lk 10,25 ff.) gezeigt ist.

Gewissen, der »Nächstenschaft« Genüge getan zu haben, ohne Einbuße eigenen Wohlergehens und damit auch ohne Nächstenliebe und persönliche Verantwortung. Wenn unsere Industriegesellschaft soziale Strukturen, Wohnverhältnisse und Werteinstellungen »produziert«, die Nächstenschaft auf Ehepartner reduziert oder zur totalen Isolierung alter und hilfsbedürftiger Menschen führt[45], so erzwingt diese »soziale Entfremdung« geradezu das Abschieben von Hilfsbedürftigen in die »institutionalisierte soziale Entfremdung« und den »sozialen Tod« in und außerhalb von Anstalten. Wenn aber die Umstände und die mangelnde Fähigkeit der Angehörigen und die Bedürfnisse des Kranken eine Betreuung in besonderen Institutionen nötig machen, so ist die Gesellschaft, die eben solche Sozialstrukturen will, die die maximale Ausnutzung der Arbeitskapazität und den größtmöglichen materiellen Wohlstand sichern, auch moralisch verpflichtet, Institutionen mit menschenfreundlichen Strukturen und menschlich guter und sachgerechter Betreuung zu schaffen.

Man muß auch beachten, daß gerade bei der Aufnahme von Behinderten und Kranken in die Familie die nötige Sorge um diese nicht in ungebührlicher Weise die Vernachlässigung des Wohlergehens der übrigen Familienmitglieder zur Folge haben darf. Liebe auszuteilen um den Preis der Schädigung des notwendigen »Wohlergehens« anderer, liegt nicht im Sinne des Liebesgebotes, in dem immer das Wohl *aller* mir anvertrauten Menschen bedacht und die Gerechtigkeit und Unparteilichkeit das Maß der austeilenden Liebe und geforderten Hilfe ist[46]. Der *Selbstwert*, um dessentwillen der leidende Nächste zu lieben und zu behandeln ist, kann ja nicht die Negation des Wertes des eigenen oder des Lebens dritter notwendig machen. Ohne Zweifel begründet das Liebesgebot keine »verrechnende« Gegenseitigkeit. Es bleibt vielmehr auch gültig, wenn der andere nur noch empfangen und vielleicht auf keine Weise mehr zu der für Pflegende oft so notwendigen *Antwort* und zum *Dank* fähig ist. Soweit der Kranke seine Lage noch selbst beurteilen kann, gilt das Gebot der Nächstenliebe ihm ebenso und verpflichtet ihn zur Rücksichtnahme auf den Wert und das Wohl der ihn betreuenden Mitmenschen[47]. Sonst verlangte

[45] Vgl. Schenda, bes. 120 u. C/IV.
[46] Vgl. B/II/2, Anm. 43 ff.
[47] Damit ist das Gebot der Nächstenliebe in seiner Zuspitzung als Feindesliebe nicht aufgehoben und in ein »do ut des« verwandelt. Auch dem Feind gilt das Gebot der Liebe, nur läßt er es für sich nicht gelten. Sobald man Nächstenliebe nicht nur als

er in selbstsüchtiger Weise etwas, was den anderen in seinen Fähigkeiten überfordert, so daß die mitmenschliche Situation vergiftet und eine liebevolle Zuwendung unmöglich gemacht oder in Haß und Abneigung verkehrt wird. Dadurch schadet sich der Kranke als schwächstes Glied selbst jedoch am meisten, da man sich von ihm absondert und seine Pflege vernachlässigt[48].

Das Gebot der Nächstenliebe erfordert also auch eine *Einfühlung in die Situation und die Möglichkeiten der Pflegenden.* Es ist für unsere Fragestellungen hilfreich und es spricht theologisch nichts dagegen, das Gebot der Nächstenliebe im Sinne der Goldenen Regel (Mt 7,12) als *Verpflichtung zur Einfühlung* in den anderen und zur Gegenseitigkeit und damit zur *Solidarität* so auszulegen[49]: Es ist meine Pflicht, den Mitmenschen so zu lieben und zu behandeln und nur das von ihm zu fordern, wie ich selbst von ihm geliebt und behandelt sein möchte und was ich selbst von mir fordern würde, vorausgesetzt, ich befände mich unter den gleichen Umständen und hätte die gleichen Fähigkeiten wie er und vorausgesetzt, er würde dadurch nicht genötigt, anderen Menschen, die ihm anvertraut sind, ihren Bedürfnissen und Umständen gemäß im Vergleich zu den meinen weniger Hilfe zu geben oder sie mehr zu vernachlässigen als mich[50].

Motivation und Gesinnung faßt, sondern auch die Folgen derart motivierten Handelns bedenkt oder gar für die Güte einer Handlung für ausschlaggebend hält, zeigt sich in den Fällen totaler Aufopferung für andere mit Zusammenbruch der Pflegenden, daß Liebe zur Vernichtung ihrer Möglichkeit führen kann, wenn sie tätiges Handeln und nicht nur Gefühl ist.

48 Diese Situation ist sowohl für Kranke im Krankenhaus als auch für Pflegebedürftige zu Hause zu bedenken. Wird die Pflege zur unerträglichen Last, so wird der Kranke lästig, Aggressionen laden sich auf ihn, man wünscht vielleicht bewußt oder unbewußt seinen Tod oder führt ihn sogar vorzeitig herbei, wenn z. B. keine Gelegenheit besteht, den Kranken in einem Heim unterzubringen oder aus dem Krankenhaus nach Hause abzuschieben (vgl. B/II/2, Anm. 35 f.). Völlige Isolierung kann die Folge sein. Auch behinderte Kinder können in der Familie nicht nur Mittelpunkt in der Weise übertriebener Zuwendung, sondern auch der negativen Ab- und Ausstoßung und des »schwarzen Schafes« werden, dem man seine Lästigkeit ständig demonstriert. Kranke und alte Menschen kann das zur Selbsttötung treiben. Vgl. C/I/4.

49 Vgl. B/II/2, Anm. 44 ff.; Frankena, 73 ff. Immerhin steht die Formel: »Darin besteht das Gesetz und die Propheten« sowohl hinter dem Doppelgebot der Liebe (Mt 22,40) als auch hinter der »Goldenen Regel« (Mt 7,12). Schüller (S. 53) umschreibt das Gebot so: »Du sollst mit deiner Liebe zum Nächsten nicht im mindesten hinter deiner Selbstliebe zurückbleiben; der Nächste ist deinesgleichen; also darf dir dein eigenes Wohl nicht wichtiger sein als das Wohl der anderen.«

50 I. Kants Fassung des kategorischen Imperativs in praktischer Hinsicht und unter Bezug auf die Personwürde steht dieser Formulierung der Goldenen Regel nahe. »Handle so, daß du die Menschheit sowohl in deiner Person, als in der Person eines

Im Sinne dieser Regel ist jeder zur *Solidarität* mit dem und zur *Verantwortung für den Mitmenschen* verpflichtet und ist der *Mitmensch* die *Begrenzung meines Rechts auf Wohlergehen* und auch die *Grenze meines Lebensrechts*. Mein Recht auf Wohlergehen und Leben endet dort, wo das *relativ*, d. h. den Bedürfnissen gemäß, gleiche[51] Recht auf Wohlergehen und das Lebensrecht der anderen durch mich bedroht oder angetastet wird. Diese Begrenzung des Lebensrechts durch den Mitmenschen, auf Grund dessen mein eigenes Leben nicht »mehr Ehrfurcht in Anspruch nehmen kann als das des Anderen«[52], ist theologisch letztlich darin begründet, daß Gott den Menschen beurteilt und seine Liebe austeilt »ohne Ansehen der Person« (Mt 22,16; 5,45; 1 Petr 1,17) und daß Jesus der Mensch *für alle* ist, in dem Gott die Mitmenschlichkeit für alle als Gebot gegeben hat und in dem deutlich wird, daß Gott den Menschen so geschaffen hat, daß er *für* die Mitmenschen und ihre Zukunft Verantwortung *vor* Gott tragen kann und soll und daß darin die einmalige Auszeichnung des Menschen besteht. Wenn der jetzt und der zukünftig lebende Nächste und die menschliche Gemeinschaft und ihre Zukunft in dieser Weise die Begrenzung meines Lebensrechts darstellen, so bildet für medizinisches Handeln nicht nur die von Gott gesetzte Begrenztheit allen Lebens(Kreaturgrenze) und nicht nur die leib-seelische Integrität und die Möglichkeit ihrer Erhaltung (Totalitätsprinzip), sondern auch die von Gott im Mitmenschen gesetzte Begrenzung des Rechts auf Gesundheit und Leben eine Rolle in der Frage, inwieweit Leben zu verlängern ist. Ebenso gebietet uns die Erkenntnis, daß Menschsein sich letztlich nur im *Mit-Sein* mit und im *Angenommensein* von Menschen verwirklicht und menschlich gestaltet, eine Lebensverlängerung nur dann anzustreben, wenn der Betroffene dadurch mit großer Wahrscheinlichkeit in das »Mit-Sein« mit Menschen *wiedereingegliedert* werden kann und nicht dem *sozialen Tod* ausgeliefert wird. Diese Erkenntnis verpflichtet aber auch dazu, sich nicht mit der Erhaltung des Lebens an sich zu begnügen, wenn Leben nur schwer versehrt erhalten werden konnte, sondern durch ein

jeden anderen jederzeit zugleich als Zweck, niemals bloß als Mittel brauchest« (Grundlegung zur Metaphysik der Sitten, Werke Bd. IV, Hrsg. Weischedel, 1956, 61). Da aber nach Kant nichts gut ist als der gute Wille allein, ist der Imperativ nur auf die Gesinnung bezogen, bedenkt also nicht wie diese Formulierung der Goldenen Regel die Folgen für die jeweilige Person und ihre Angehörigen und andere.

51 Vgl. B/II/2, Anm. 44 ff.

52 Barth, KD III/4, 387; vgl. Eibach (1974), 144 ff., 175 ff., 218 ff., 245 f.

Höchstmaß an medizinischer und psychosozialer *Rehabilitation* die Wiedereingliederung in die menschliche Gemeinschaft zu ermöglichen, auch wenn diese Mitmenschen nicht mehr »leistungsfähig« sind.

Als Leitlinie medizinischen Handelns und des Strebens des Menschen nach Gesundheit und Lebenserhaltung muß das *Solidaritätsprinzip* dem nur an der leib-seelischen Integrität des Individuums und der Verlängerung seines Lebens orientierten *Totalitätsprinzip* zugeordnet, ja, wenn es richtig verstanden wird, auch übergeordnet werden[53], weil sittlich gut letztlich nur das Handeln ist, das das *Wohl aller*, auch der zukünftigen Menschen im Auge hat. Die Abkehr von einer fast ausschließlich an der guten Motivation, Absicht und Gesinnung orientierten Ethik hin zu einer primär an den *Folgen* ausgerichteten Ethik[54], ohne daß die Motivation und die Mittel zur Handlung im Rahmen des gesamten »Handlungsgefüges« ethisch unbedacht bleiben, trägt diesem Vorrang des *Solidaritätsprinzips* Rechnung und entspricht einem Verständnis von *Verantwortung*, das sich auf das Ganze und seine Zukunft bezieht und immer die Folgen des Handelns von einzelnen für das Ganze bedenkt[55]. Man wird in solcher Verantwortung, soweit die Folgen absehbar sind, nicht nur die zeitlich nahe Situation, sondern auch die Zukunft des einzelnen und aller Menschen bedenken müssen, so daß man sagen darf, daß die *Ehrfurcht vor dem Leben* sich in der *Übernahme der Verantwortung für andere* und ihre *Zukunft* erweisen wird. Das ethisch schwierigste Problem stellt sich aber erst dadurch, daß die Interessen der Gegenwart und die der Zukunft und die von Individuum und Gesellschaft zueinander ebenso in Konkurrenz treten können, wie die zweier oder mehrer Individuen oder von Gesellschaftsgruppen und Völkern. Diese Konflikte zwischen zwei an sich positiven Werten können nicht gelöst werden, indem man den einen einfach absolut setzt und den anderen verneint, sondern nur, indem das *Gebot der Solidarität* und damit das der *Verantwortung füreinander* beachtet wird. Jedes Recht muß also nach Ausübung und Situation in den sozialen Zusammenhang gestellt werden, in dem es erscheint, durch den es bedingt ist und in dem

[53] Zur Voraussetzung vgl. B/II/2, Anm. 49 ff. Vgl. Sporken (1971), 60 ff., 161; van Melsen, 202; Ruff, 102 ff., 125 ff.

[54] Vgl. Picht, 318 ff., 343 ff.; Howe (1971), 202 ff. u. A/II.

[55] So Pellegrino, 42; vgl. V. v. Weizsäcker (1947), 14; Honecker (1975), 139 ff.; vgl. zum unabdingbaren Hintergrund B/II/2, Anm. 40 ff.

es gegenüber anderen Werten und Rechten kritisch abgewogen werden muß[55].

Wenn die menschliche Gemeinschaft das Leben und Wohl des einzelnen schützt, so darf er dieses Recht nur unter Rücksichtnahme auf das Wohl aller in Anspruch nehmen. Er kann also auch bezüglich seiner Gesundheit nicht ohne weiteres alles verlangen, was technisch machbar ist. Damit stellt sich die Frage, wieviel ein Mensch zur Erhaltung der Gesundheit und des Lebens beanspruchen darf und welche personellen, finanziellen und technischen Mittel zur Erhaltung seiner Gesundheit eingesetzt werden müssen. Soweit ohne direkte oder indirekte »Schädigung« anderer möglich, bemißt sich die Pflicht zur Anwendung von Mitteln immer nach dem, was unter den gegebenen Umständen technisch und praktisch möglich ist und was dem Gesamtwohl des Individuums dienlich ist[56]. Angesichts der Erkenntnis der »Grenzen des Wachstums« und der Kostenexplosion im Gesundheitswesen wird deutlich, daß die Sorge um die Gesundheit und um die Schwächsten der Gesellschaft nicht unbeschränkt und nicht ohne Verzichte auf anderen Gebieten möglich ist, die vielleicht auch im positiven Sinn für die »Lebensqualität« aller wichtig sind. Mancher wird auf diesem Hintergrund und vielleicht gar mit dem Verweis auf die vielen unerledigten Aufgaben im Gesundheitswesen der Dritten Welt die Frage stellen, ob es hierzulande überhaupt noch zu rechtfertigen sei, »nutzlose Schwächlinge« gut zu pflegen, statt Geld und Menschenkraft in »nutzbringendere« Aufgaben zu investieren. Der soziale Zusammenhang jedoch, in dem das Recht auf Gesundheit betrachtet und abgewogen werden muß, ist zunächst einmal das Gesundheitswesen und dann der ganze Kontext der sozialen und wirtschaftlichen Situation des Staates, in dem das Individuum lebt und auf den es einwirkt[57]. Das Recht auf Leben und Gesundheit im Rahmen dieses sozialen Kontexts darf nicht aufgrund von Kriterien bemessen werden, die auf der Basis von *Nutzen* und *Schaden* für die Ge-

[56] Besonders die Mittel müssen danach bemessen werden, ob durch ihre Anwendung eine sinnvolle Besserung der Gesamtsituation des Menschen erreicht wird. Die Wahl der Mittel bestimmt sich vom anzustrebenden und zu erwartenden Erfolg her, so daß eine – wie in der kath. Morallehre teils heute noch übliche – Scheidung von »natürlichen« bzw. gewöhnlichen und außergewöhnlichen Mitteln hinfällig ist. Außergewöhnlich wären die Mittel, die mit einem zu großen Risiko für die Person und ohne große Aussicht auf Erfolg angewendet werden, so daß nicht der Grad der Technisierung und des finanziellen Aufwands die »Außerordentlichkeit« ausmacht (vgl. Eibach, 1974, 299 ff., 330 ff.).

[57] Vgl. C/IV; Sporken (1971), 199 f.

sellschaft und damit der Quantifizierung der *Personwürde* nach der Verwertbarkeit des Menschen aufgestellt wurden[58]. Damit wäre das Prinzip der Stärke und des Gegeneinanders, aber nicht das der *Solidarität* verwirklicht, deren Kennzeichen das *verantwortliche Miteinander* und die *Verantwortung füreinander* sind. Allein diese Dimension von Verantwortung für alle Glieder der Gesellschaft ist als ethische Kategorie der unteilbaren Würde der Person angemessen. Sie wird dann völlig mißachtet, wenn man im vorsätzlichen Unterlassen einer menschenwürdigen Pflege oder durch beabsichtigte Lebensverkürzung oder gar direkte Tötung Menschen das »Opfer« ihres Lebens *aufzwingt*[59]. Ob solche Menschen nun noch entscheidungsfähig sind oder nicht, durch solche Handlungen wird die Personwürde nicht nur verletzt, sondern das Wesen der Person vernichtet und das gesellschaftliche Mit- und Füreinander wird zum Gegeneinander des Kampfes ums Dasein[59]. Solches Handeln geschieht schlechterdings nicht aus Liebe und Verantwortung, sondern entlastet nur von der Verantwortung für die Pflege dieser Menschen, zu der man nicht mehr bereit ist. Wo immer die Rede von *Verantwortung* sich auf Personen bezieht und diese nicht unter ihrer *Verwertbarkeit*, sondern nach ihrer *Würde* und damit erst als Personen betrachtet werden, da achtet man die Person in der Tat als *freies Subjekt* und spricht sie als solches an, wenn man von ihr ein »Opfer« verlangt, das man nicht zugleich von allen verlangt. Ist die Person nicht mehr in der Lage, ein solches »Opfer« in Freiheit zu erbringen, so muß der aufgenötigte *Verzicht* alle gemäß ihrer Lage gleichermaßen betreffen und sich rechtfertigen lassen nach den ethischen Prinzipien, die für alle Menschen als gut und recht gelten. Selbst wenn unter der Perspektive der »Grenzen des Wachstums« die Frage des *Überlebens* der Menschheit wieder bedrohend werden sollte[60], käme es darauf an, diese Situationen *menschlich* zu bestehen im Einstehen füreinander und im wachsenden *Verzicht aller* auf Wohlstand und Glück, um allen Menschen

[58] Vgl. F. Hartmann, 311, 315 f.

[59] Grotesk ist allerdings, daß Theologen solches Tun als »Stiftung von Sinn« (E. Schmalenberg) oder als Handeln aus Liebe (St. Dixon) bezeichnen (vgl. C/I/3).

[60] Christlicherseits sollte man durchaus mit der Möglichkeit des Untergangs rechnen (vgl. B/II/2, Anm. 53 f.). Das hat in der Diskussion um die ökologische Krise bis jetzt nur M. Schloemann (Wachstumstod und Eschatologie, 1973) in Betracht gezogen, obgleich aus dieser Dimension heraus kaum ethisches Handeln, das auf Bewahrung von Menschheit und Menschlichkeit ausgerichtet ist, positiv begründet werden kann.

ein relativ gleiches Maß an Fürsorge für ein erträgliches Leben zu gewähren, nicht aber dadurch, daß man gemäß der Ethik des Kampfes ums Dasein im anderen den bedrohlichen Feind und in hilfsbedürftigen Mitmenschen die am ehesten zu benachteiligenden und »auszumerzenden Schädlinge« erblickt, die man möglichst überhaupt nicht zur Geburt kommen lassen oder nach der Geburt schnellstens umbringen soll oder – wenn es sich um erwachsene und alte Menschen handelt – »einschläfern« soll, um mittels derart »gelenkter Sterblichkeit« die immer bedrängender werdenden Probleme der »Überlastung« der Gesellschaft mit alten und pflegebedürftigen Menschen »loszuwerden«[61].

Ein Verzicht wirkt sich zunächst immer nur innerhalb des Kontexts aus, auf den er direkt einwirkt. Als ein derartig relativ geschlossener Kontext sollte der *gesamte Bereich des Gesundheitswesens* erfaßt werden, auch wenn dieses bei uns leider schon organisatorisch und von der Finanzierung her in zwei nicht immer ganz streng geschiedene Bereiche zerfällt: den, der auf Beseitigung der Krankheit abzielt, und den, der auf die Pflege Unheilbarer »abgestellt« ist[62]. Versteht man Gesundheitsfürsorge nicht nur als Bemühung um die Wiederherstellung der Arbeitskraft, sondern einheitlich als Sorge um das höchstmögliche leib-seelische Wohl aller ungeachtet ihres »Nutzwerts«, so ist diese Teilung schon deshalb ethisch nicht zu rechtfertigen, weil dadurch der Grundsatz der *Gleichheit* und Unparteilichkeit in der Behandlung aufgehoben ist. Dieser ist aber das ethische Prinzip, das der unteilbaren Personwürde und der Auslegung des Liebesgebots als Gerechtigkeit im sozialen Bereich am meisten gerecht wird[63] und das am ehesten die ethisch äußerst problematische »*Güterabwägung*« zwischen an sich nicht quantifizierbaren *Werten*, wie den der Personwürde, verhindern hilft. Diese Güterabwägung läßt zumindest immer dann schuldig werden, wenn nicht alles, was technisch möglich und machbar ist, auch unter Berücksichtigung des dargelegten Verständnisses von Gerechtigkeit (Gleichheit)[63] getan wird. Die Beachtung dieses Grundsatzes hat weitreichende Folgen für die Prioritäten in den Zielsetzungen medizinischer Forschung und Be-

[61] Vgl. B/III/1, Anm. 16; C/II/4/c.
[62] Vgl. B/II/2, Anm. 31 ff. Die Bezahlung der Pflege unheilbarer Menschen ist nicht Sache der Krankenkassen, sondern der Person selbst, der Familie oder des Staates. Pflegefälle werden von den Krankenkassen »ausgesteuert«.
[63] Vgl. zum Verständnis B/II/2, Anm. 43 ff.

handlung, in dem Gesundheitswesen überhaupt und für die Rangordnung der Investitionen für das Gesundheitswesen bei den gesamten Ausgaben und Zielsetzungen aller öffentlichen und persönlichen Aufwendungen[64]. Wird dieser Grundsatz mißachtet, so werden durch den Fortschritt der Medizin einerseits und die Unmöglichkeit der Anwendung dieser neuen Verfahren für *alle* in Frage kommenden Menschen andererseits unausweichlich immer *ungerechtere Zustände* heraufbeschworen, die einen zunehmend *überpersönlichen Schuldzusammenhang* konstituieren, in dem ich durch Handeln, das diese Strukturen gewollt oder ungewollt stützt, immer »so oder so schuldig werde«[65]. Erstes ethisches Gebot angesichts *vermeidbarer* Unrechtszustände, die immer neue Schuld erzeugen, ist ihre Verringerung oder auch Beseitigung. Man wird sich von solcher Verantwortung nicht durch den Verweis darauf entlasten können, daß die Entwicklung immer neuer gewagter Methoden in der Medizin den Erwartungen entspricht, die die Gesellschaft in die Medizin setzt. Wenn die Bedürfnisse von schwachen Individuen und die Interessen der überwiegenden Mehrheit der Gesellschaft nicht übereinstimmen oder einander gar widersprechen, dann kann das die Forschung und Praxis der Medizin leitende Interesse nicht durch die Bedürfnisse der Mediziner und nicht allein durch die der überwiegenden Mehrheit oder von einflußreichen einzelnen und Verbänden bestimmt sein, dann kann aber auch die Instanz, vor der die Ärzte, Sozialpolitiker und jeder einzelne Verantwortung trägt, letztlich weder der einzelne Mensch noch die überwiegende Mehrheit der Bevölkerung sein, sondern nur eine Instanz, die beiden Größen und Werten »transzendent« ist[66], der sowohl das Individuum als auch die Gesellschaft sich und ihr Leben als Geschöpfe verdanken. Gott der Schöpfer gebietet uns, *vor* ihm für alle Menschen Verantwortung wahrzunehmen entsprechend dem dargelegten Verständnis des Liebesgebots als Ruf zur Gerechtigkeit und Aufruf zur besonderen Hinwendung an die Schwachen.

64 Vgl. C/IV.

65 Thielicke, ThE II/1, Nr. 714; vgl. Nr. 769 ff.; Bonhoeffer, 255 ff.; Eibach (1974), 326 ff. Zur Kritik an dieser Anschauung vom »transpersonalen Bösen«, das sich in Strukturen manifestiert, und seiner Verbindung mit der »Erbsündenlehre« vgl. Schüller (S. 160 ff.), ohne daß wir seiner Anschauung zustimmen können, daß der Gegenstand sittlicher Wertung nur ein in Freiheit sich selbst bestimmendes personales Wesen sein kann, das auch anders handeln können muß und nur dann schuldig werden kann und verantwortlich zu machen ist. Vgl. Picht, 369 f.

66 Vgl. Moltmann (1972 b), 319; Bonhoeffer, 264 ff. u. A/II.

Ganz abgesehen von der Frage, ob man bei einer Kollision und Abwägung von an sich gleichrangigen Gütern und Pflichten, bei denen die einen gewählt und die anderen verneint werden müssen, als Person schuldig wird[67], wird man theologisch behaupten dürfen, daß »Güterabwägungen« zwischen zwei an sich gleich guten Werten wie zwischen Einzelperson und vielen Personen bzw. zwischen wenigen und der überwiegenden Mehrheit und zwischen Person und Person zumindest dann unter dem Vorzeichen von einer zwar nicht der handelnden Person allein, sondern der ganzen Gesellschaft anzurechnenden Schuld stehen und neue Schuld bedingen, wenn sie durch vermeidbare und sittlich nicht zu rechtfertigende Unrechtszustände und falsche Wertordnungen in der Gesellschaft aufgenötigt werden. Man wird jedoch nicht umhin können, auch unter diesen unrechten Gegebenheiten zu handeln, und zwar so, daß man durch Abwägung der »Güter« das höhere Gut wählt und damit die höhere »Pflicht« wahrnimmt[68]. Die Lage sieht ja vor allem in Spezialkrankenhäusern so aus, daß aufgrund des Mangels an Personal, Plätzen und Geräten einerseits oft schon vor der Behandlung eine Auswahl getroffen oder Wartelisten angefertigt und daß zum anderen doch auch mitunter in-

67 Entscheidend für diese Frage ist, ob man eine Handlung von den Folgen her sittlich beurteilt und dann auch die negativen Nebenfolgen mitbeurteilen und der handelnden Person anlasten muß, soweit auch die Nebenfolgen überschaubar sind, oder ob die Sittlichkeit einer Handlung allein von der »Gesinnung« her beurteilt wird, ob sie also aus Liebe, aus dem Willen zur Gerechtigkeit heraus usw. geschieht. Dann sind die negativen Nebenfolgen nicht gewollt und mithin auch nicht der Person anzulasten. Gibt es z. B. nur eine Pflicht bzw. einen zu verwirklichenden Wert, so kann es auch nicht zur Pflichten- bzw. Wertkollision kommen (so z. B. in der Situationsethik von J. Fletcher, 1967, 54 ff.). Das kann auch in einer Ethik nicht der Fall sein, die im offenbarten konkreten Gebot Gottes, das immer eindeutig ist, begründet ist (Barth, N. H. Soe). Was Gott gebietet, kann keine Schuld bedingen. Gottes Gebot ist zwar auch – und für Barth gerade bezüglich der Tötung – ein stetiges Gebot, doch steht es in Gottes Freiheit, auch abweichend von seinem ansonsten stetigen Gebieten ein konkretes einmaliges Gebot zu geben (vgl. Barth, KD III/4, 1 ff.). Anders sieht das aus, wenn, wie z. B. bei Thielicke (vgl. Anm. 65), die Gebote an sich schon »Notverordnungen« zur Eindämmung von Schuld im Rahmen der schon immer von Sünde und Schuld geprägten »gefallenen Schöpfung« sind. Dann können die Gebote und Pflichten als Notverordnungen, die nicht den »eigentlichen« Willen Gottes darstellen, auch in Kollision geraten. Vor allem Bonhoeffer (S. 255 ff.) hat den Gedanken der notwendigen »Schuldübernahme« auf dem Hintergrund des für ihn existentiellen Tyrannenmords herausgearbeitet.

68 Im Rahmen einer »Verantwortungsethik« bestimmt sich das sittlich »Gute«, das man zu wollen verpflichtet ist, primär von den abzusehenden Folgen her, ohne daß die Gesinnung und Mittel außer acht bleiben. Für eine reine Gesinnungsethik (allein der gute Wille ist gut) und auch eine »Pflichtenlehre« (deontologische Ethik) entscheiden allein der gute Wille oder die höhere Pflicht über das, was zu tun ist. Vgl. B/II/2, Anm. 10 u. B/III, Anm. 7 ff.

tensive Pflegemaßnahmen an in Behandlung befindlichen Patienten abgebrochen werden müssen, wenn Personal und Geräte für Patienten mit besserer Aussicht auf »sinnhaftes« Überleben oder Heilung gebraucht werden. Es dürfte ethisches Gebot sein, eine Abwägung vorzunehmen, wenn Leben gegen Leben steht, und diese nicht mit der Begründung abzulehnen, daß man eine einmal begonnene Behandlung auch bis »zum Ende« fortsetzen müsse[69]. Die Frage ist nur, welche sittlichen Kriterien den Ausschlag in solchen Fällen geben dürfen, in denen im besonderen Maß die Gefahr besteht, daß nach Ansehen, Nutzen und Finanzkräftigkeit der Person geurteilt wird. Genügt hier die Berücksichtigung des individualistischen Totalitätsprinzips und die aus der Abwägung der Situation sich abzeichnende größere Chance auf Erfolg gemäß diesem Prinzip? Nach unseren Überlegungen hinsichtlich der Bestimmung des Menschen ist seine *Verantwortung* für den Mitmenschen die Auszeichnung und Grundsignatur des Menschseins, von der her sich alle anderen Werte bemessen lassen müssen. Dabei muß beachtet werden, daß der Grad der Verantwortung umso größer ist, je personaler die Beziehung zwischen Menschen ist, je unabdingbarer diese personale Beziehung für das Wohl anderer Menschen ist, je weniger die kranke Person für andere Personen ersetzbar ist. Gewachsene verantwortliche menschliche Beziehungen, in denen eine primär nicht »sachvermittelte« Verantwortung bestimmend ist, wie sie z. B. meist von Eltern zu Kindern besteht, haben dann aber auch unbedingten Vorrang vor sachvermittelter Verantwortung für Personen und Verantwortung für Sachen. Wie schon ein Mensch aus Rücksicht auf berechtigte Anliegen seiner Familie und aus Verantwortung für sie länger am Leben erhalten werden kann und vielleicht muß, als es seinem individuellen Wohl förderlich ist, in seltenen Fällen auch über den Zeitpunkt psychologischen Todes hinaus, so kann nicht nur bei medizinisch gesehen gleicher Chance auf Überlebensdauer und leib-seelische Integrität, sondern auch bei diesbezüglich geringerer Chance dem der Vorzug gegeben werden, der mehr personale Verantwortung trägt, soweit er dazu noch weiter in der Lage sein wird[70]. Wenn nicht nur nach dem Wohl eines Menschen allein gefragt wird, ist es besonders dring-

[69] Gegen den Juristen P. Bockelmann mit J. Gründel (in: Krösl/Scherzer, 340 f., 344); vgl. Böckle (1970) 455; Sporken (1971), 199; vgl. B/III/1, Anm. 55 ff.; C/I/4; C/II/3.

[70] So auch Honecker (1975), 133; vgl. C/II/4/d (zur Dialyse).

lich, so sorgfältig wie möglich abzuwägen und das Ansehen der Person und ihren Nutzen nicht zum ersten ausschlaggebenden Kriterium werden zu lassen. Erst wenn die Dimension der Verantwortlichkeit und Verantwortungsfähigkeit aus zeitlichen und sonstigen Gründen nicht ermittelt werden kann, bekommen die Kriterien der leib-seelischen Integrität des einzelnen, das der größeren Zahl und des Nutzens und der Kosten der Behandlung – in dieser Reihenfolge – allein ausschlaggebende Bedeutung.

III. Zur Bedeutung und zu den Grenzen des Tötungsverbots im Rahmen medizinischer Ethik

Keines der »Zehn Gebote« steht in allen Kulturen der Welt wenigstens theoretisch so hoch in Geltung, wie das Gebot: Du sollst einen Menschen nicht töten! Das Recht auf Leben ist in allen Verfassungen zivilisierter Staaten als grundlegendes Recht verankert und durch zahlreiche Gesetze geschützt. Das Recht auf Leben wird als das Selbstverständliche hingestellt, das keiner weiteren Begründung bedarf; die Verweigerung dieses Rechts und die Tötung gelten als Ausnahmen, die eingehend begründet werden müssen. Dabei muß allerdings doch häufig auf eine positive Begründung zurückgegriffen werden. Schon *Johannes Calvin*[1] sagt, daß das Tötungsverbot durch »zwei Rechtsursachen begründet« sei, die er schon in der Heiligen Schrift findet und die in der Tat bei fast jeder Begründung in gewandelter Form heute noch auftauchen: »Der Mensch ist *einerseits Gottes* Ebenbild, *andererseits unser* Fleisch und Blut. Soll also Gottes Bild unverletzt bleiben, so muß uns der andere Mensch heilig und unverletzlich sein; soll nicht alle Menschlichkeit in uns zugrunde gehen, so müssen wir doch unser eigen Fleisch und Blut schützen und erhalten!« Auch die Forderung, daß jeder Mensch das gleiche Recht auf Leben hat, hat Calvin theologisch damit begründet, daß Gott der Schöpfer und Herr aller Menschen ist und daher »das Menschengeschlecht gewissermaßen zu einer *Einheit* verbunden (hat), und deshalb muß jedem *einzelnen* die Erhaltung und das Wohlergehen *aller* angelegen sein«[1]. Der Gedanke, daß der Mensch Gottes Ebenbild ist und daß er deshalb als Glied der menschlichen Gemeinschaft nicht getötet werden darf (1 Mose 9,6), ist weitgehend in säkulare Begründungen der Menschenwürde überführt worden, wenn auch nicht hinlänglich säkular begründbar. Das zweite konstitutive Moment in der theologischen Argumentation gegen die Tötung von Menschenleben besteht darin, daß Gott als der Schöpfer, Herr und sogar Eigentümer des Lebens bleibt, es unter seinen Schutz stellt (1 Mose 4,15; 9,5), dem Menschen anvertraut, damit er es in seinem Sinne lebt, und nur soweit menschlicher Verfügung übergibt, wie er es gebietet[2]. Weil der

[1] Institutio II 8,39 f. (zitiert nach Übers. v. O. Weber, 1955, 242 f.).
[2] »Wo es um ein Menschenleben ging, da war zugleich ein unmittelbares Interesse

Gedanke der Unverfügbarkeit des Lebens noch viel schwieriger zu säkularisieren ist als der der »Gottebenbildlichkeit« und des Lebensrechts aller, deshalb erscheint das Verbot der *Tötung anderer* noch überzeugend begründet, das der *Selbsttötung* und der ihr zuzuordnenden *Tötung auf Verlangen* jedoch kaum noch. So zerfällt das Tötungsverbot in zwei nicht ganz, aber doch fast beziehungslose Aspekte, den Schutz des Lebens anderer und den Schutz des eigenen Lebens vor der absoluten Verfügung über sich selbst. Beide Aspekte werden daher im folgenden trotz der noch bestehenden Berührungspunkte getrennt behandelt.

Aus der Begründung des Tötungsverbots ergibt sich nicht, was unter »*töten*« zu verstehen ist. Das hängt einerseits von dem ab, was wir als menschliches Leben und was wir als den Tod des Menschen ansehen, andererseits aber auch davon, ob wir dabei nur an eine direkt gegen das Leben des Nächsten gerichtete *Handlung* mit Todesfolge oder auch an die indirekten Formen von Schädigungen des Lebens durch *Unterlassen* von Hilfe denken, die den Tod bis hin zum leiblichen Tod zur Folge haben können. Bei den direkten Handlungen mit Todesfolge unterscheidet unsere Sprache wieder zwischen »töten« und »morden« und versteht unter letzterem eine Handlung aus »niederen egoistischen Beweggründen«. Eine Wortanalyse des im Dekalog (2 Mose 20,13) gebrauchten Wortes für »töten« (razach) führt nicht zur Klärung der hier anstehenden Fragen[3]. Ursprünglich dürfte das Gebot auf die Einschränkung der Blutrache (2 Mose 21,12 ff; 1 Mose 4,14; 9,5 f.) abgezielt haben, indem es die Rache menschlicher Verfügung entnimmt, das »ungesetzliche« gemeinschaftswidrige Töten verbietet und Gottes Richten anheimstellt[4]. Die Ältesten Israels hat-

Jahwes im Spiele, denn alles Leben gehört Jahwe, und deshalb darf es nicht zwischen den Rechtsparteien ausgehandelt werden« (G. v. Rad, Theologie des AT, Bd. I, 1962, 45). Zu 1 Mose 9,5–7 schreibt von Rad (Das erste Buch Mose, ATD 2/4, 1964, 109): »Apodiktisch aber und ganz bedingungslos wird die Aufrichtung des göttlichen Hoheitsrechtes über dem menschlichen Leben ausgesprochen: es ist schlechthin unantastbar, und zwar nicht um des Menschen willen, aus irgendwelchem Gesetz der Humanität, aus ›Ehrfurcht vor dem Leben‹, sondern weil der Mensch Eigentum Gottes ist und nach dem Bilde Gottes geschaffen ist.«

3 Beim Justizmord des Königs Ahab an Nabot (1 Kö 21) wird das Wort gebraucht, bei dem nicht minder hinterhältigen Mord des David an Uria jedoch nicht, doch werden sie beide – obwohl sie den Mord nicht direkt ausführten – als Mörder bezeichnet (2 Sa 12,9; 1 Kö 21,19).

4 Vgl. J. J. Stamm, Sprachliche Erwägungen zum Gebot: »Du sollst nicht töten«, Theol. Zeitung (Basel 1949), 81 ff.; ders., Der Dekalog im Lichte der neueren For-

ten offenbar die Aufgabe, den objektiven Tatbestand des »Totschlags« daraufhin zu untersuchen, ob eine subjektiv schuldhafte Übertretung des göttlichen Gebotes bzw. gar ein hinterlistiger Mord oder eine Auswirkung einer göttlichen Fügung vorlag (2 Mose 21,12 ff.). Für die sittliche Beurteilung der Handlung war also nicht nur ihre objektive Folge, sondern auch die Motivation, aus der heraus sie geschah, von Bedeutung. Diese Linie ist in der Deutung, die Jesus dem Tötungsverbot gegeben hat (Mt 5,21 ff.; vgl. 1 Joh 3,15), so ausgezogen, daß der objektive Tatbestand der Tötung nun nicht mehr gegeben sein muß, sondern schon die innere Haltung entscheidend ist, in der ich dem Nächsten begegne, ob ich ihm wohlwollend oder feindlich gesinnt bin, ob ich ihn liebe oder hasse. Dabei wird unter Tötung all das verstanden, was den Menschen in seinen Entfaltungsmöglichkeiten als Person bewußt hindert; dazu gehört alles, was die Person verletzt, nicht zuletzt jedes verurteilende und verleumdende Wort (Mt 5,22 f.; Jak 1,19 f.; 3,5 ff.) und überhaupt das, was nicht aus Liebe zu und Solidarität mit dem Mitmenschen geschieht.

Auch die Reformatoren haben das Tötungsverbot im Anschluß an die Deutung Jesu überwiegend positiv ausgelegt: »Es wird uns überhaupt alles Schadentun untersagt, wodurch der Leib unseres Nächsten verletzt würde. Dementsprechend erhalten wir das *Gebot*, getreulich alles zu tun, was in unserer Macht steht, um das Leben unseres Nächsten zu schützen, alles daranzusetzen, um ihm zum Wohlergehen zu verhelfen und Schaden von ihm abzuwenden, und ihm in aller Not und Gefahr beizustehen . . . So wird auch der Mord hier verboten, der im *Herzen* geschieht, und es wird andererseits der *innerliche* Trieb verlangt, dem Bruder das Leben zu erhalten.«[5] *Das Tötungsverbot hat demnach den Sinn, das eigene Leben vor Übergriffen anderer Menschen und vor willkürlicher Verfügung über sich selbst zu schützen.* Es steckt – wie die anderen Gebote auch – nur den äußeren Rahmen, die Grenze ab, innerhalb dessen sich Liebe zu Gott und zu Mitmenschen ereignen und Leben menschlich gestaltet werden kann. Die Rückbesinnung auf die Auslegung des Tötungsverbots

schung, o. J., 45; H. v. Reventlow, Gebot und Predigt im Dekalog, 1962, 71 ff.; H. van Oyen, Ethik des Alten Testaments, 1967, 120 ff.

[5] Calvin, aaO 242; »Wir sollen Gott fürchten und lieben, daß wir unserem Nächsten an seinem Leibe (Leben) keinen Schaden noch Leid tun, sondern ihm helfen und fördern in allen Leibesnöten« (M. Luther, Kl. Katechismus, 5. Gebot; vgl. Sermon von den guten Werken, WA 6, 266 f.)

durch Jesus erinnert daran, daß seine ausschließliche Einengung auf die aufweisbar direkte Verursachung des leiblichen Todes der positiven Intention des Gebots nicht gerecht wird. Schon eine Entscheidung, die derartige Folgen haben kann, ohne daß sie direkt ausgeführt wird, wird als Tötung verstanden. Zugleich wissen wir darum, daß es Formen des Lebens gibt, die den Charakter des Todes an sich tragen, weil sie eine Verwirklichung der Bestimmung irdischen Lebens nicht mehr zulassen. Aus diesen Gründen darf das Tötungsverbot mit Recht so formuliert werden: *Du sollst wissentlich keine Entscheidung über einen Menschen fällen und keinen Menschen so behandeln, daß ihm dadurch der soziale, der psychologische oder der leibliche Tod (Tod der Person) zugefügt und er so um die Möglichkeit der Verwirklichung seines Menschseins gebracht wird.* Diese Fassung entspricht dem bisher entwickelten Verständnis von *Leben,* läßt aber noch die Frage offen, wie die nicht vollzogenen Entscheidungen und die bewußt oder unbewußt nicht gewährten Behandlungen zu bewerten sind, die den Tod in einer der genannten Formen verursachen bzw. zur Folge haben[6].

Für die ethische Beurteilung der hier anstehenden Fragen ist es entscheidend zu wissen, worauf sich sittliche Qualifikationen beziehen. *Ethik* will ein Doppeltes: Sie will zum »richtigen« Handeln anleiten und insofern sagen, wie man handeln und was man tun und unterlassen soll; und sie will *Kriterien* an die Hand geben zu beurteilen, ob Handlungen in ihrem Ergebnis gut oder schlecht sind, Gutes oder Böses hervorgebracht haben. Das setzt ein Wissen um das voraus, was das »*Gute*« ist, von dem sich auch das ableitet, was man zu tun verpflichtet ist und wie man handeln soll, um das Gute zu erreichen. In den sogenannten Pflichten und Geboten schlägt sich also ein Wissen darum nieder, *was* das Gute ist und *wie* man es erreicht, während die Verbote sagen, wie man das Schlechte vermeidet. Gemäß den Ausführungen über Liebe und Gerechtigkeit ist nur das wahrhaft *gut,* was dem Menschen entsprechend seiner doppelten Bestimmung, Gott und den Nächsten zu lieben, hilft, Gott zu finden und dem Wohl *aller* Menschen zu dienen. In diesem Sinne sind die Gebote um des Menschen nicht aber der Mensch um der Gebote willen von Gott geschaffen worden (vgl. Mk 2,27). Daraus folgt zwar, daß das Gute immer nur gemäß der jeweiligen Situation und den jeweiligen Mög-

[6] Vgl. B/III/3.

lichkeiten verwirklicht werden kann und daß die Gebote im Bezug auf die Situation jeweils neu angewendet werden müssen, nicht aber, daß sich immer erst aus der Situation selbst ergibt, was das Gute ist und wodurch und wie es verwirklicht wird. Dieser Standpunkt einer reinen »Situationsethik«[7] liefert menschliches Handeln selbst bei Berufung auf sogenannte Gewissensentscheidungen der Beliebigkeit aus, da nicht vorweg gesagt werden darf, was man mit welcher Art von Handlung an Gutem erreichen kann und da »ohne Anrufung allgemeiner ethischer Sätze eine ethische Diskussion wie auch Reflexion« und eine Rechtfertigung von Tun nicht möglich ist[8]. Eine derartige Situationsethik muß gerade bezüglich des Tötungsverbots fatal sein, da die Tötung unwiderruflich über Menschen verfügt und nicht wiedergutgemacht werden kann bei dem, den sie trifft. Wir gehen daher davon aus, daß ethisches Handeln und Urteilen in einzelnen Fällen allgemeine ethische Prinzipien und Leitlinien der Situation gemäß anwendet, dann aber auch nur im Bezug auf diese allgemeinen Grundsätze begründet und gerechtfertigt werden kann.

Selbst wenn von der Bergpredigt her gesehen aller Grund besteht, der Gesinnung, Intention und Motivation zu einer Handlung entscheidendes Gewicht zuzulegen, so wird man, wenn man als diese *Motivation* die *Liebe* angibt, diese nicht so inhaltsleer fassen dürfen, daß sie in der jeweiligen Situation beliebig inhaltlich zu füllen ist. Aber selbst bei inhaltlicher Füllung garantiert die gute *Gesinnung* noch nicht ihre Verwirklichung, wenn nicht die *Mittel* und der durch sie erreichbare *Erfolg* soweit wie möglich vor der Handlung bedacht werden, denn *verantwortlich* ist nur das Handeln, das die Folgen bedenkt und die Verantwortung geht soweit, wie die Folgen vorherzu-

[7] J. Fletcher (zuletzt 1973, 114) betont, daß alles von der Situation abhängt; dennoch hält er an dem Grundsatz fest, daß die »Liebe und sonst nichts« die Norm des Handelns sei (1967, 48 u. ö.). Er bezeichnet seine eigene Ethik als induktiv pragmatische Situationsethik (in: Vaux, Ed., 135) und will die Liebe rein formal und inhaltsleer verstanden wissen, da »Entscheidungen der Liebe . . . aus der Situation, nicht aus den Vorschriften kommen« (1967, 122). Daß Normen auf der Ebene der Moral, also der unmittelbaren Anwendung in einer bestimmten Situation geschichtlichem Wandel unterworfen und situationsbedingt sind, kann nicht bestritten werden (vgl. H. Schulze, Sind ethische Normen wandelbar?, ZEE 12 (1968), 348 ff.), doch kommt man auf der Ebene der Rechtfertigung ethischer Urteile ohne Grundsätze nicht aus (vgl. J. M. Gustafson, Situation contra Prinzipien, ZEE 13 (1969), 14 ff.). Zur Kritik an Fletcher vgl. Bockmühl, 46 ff., 125 ff.; Honecker, Euthanasie, 630.

[8] Hoerster, 57; vgl. 59 f.; vgl. R. M. Hare, Freiheit und Vernunft, 1973, 17 ff.; Gustafson, aaO 16 ff.; Frankena, 35 ff.; 43 ff. u. B/III/3, Anm. 7 f.

sehen sind, für die man dann auch Verantwortung tragen muß[9]. Die Abkehr von einer reinen »Gesinnungsethik« (I. Kant) hin zu einer »Verantwortungsethik« (M. Weber) läßt die Gesinnung nicht ethisch belanglos werden, gibt ihr aber nur dann für die sittliche Beurteilung einer Handlung allein ausschlaggebende Bedeutung, wenn die Folgen wirklich nicht vorhersehbar sind. Daß auch die Mittel, mit denen ein Ziel erreicht werden soll, ethisch bedacht werden müssen, spricht der Grundsatz aus, daß der *Zweck nicht die Mittel heiligt*, der sich gegen eine rein utilitaristische Ethik richtet, in der man die Güte einer Handlung nur am Erfolg bemißt. *I. Kants*[10] Formulierung des kategorischen Imperativs in praktischer Hinsicht betont, daß der Mensch nie nur als *Mittel*, sondern immer auch als *Selbstzweck* behandelt werden, d. h. in seinem Selbstwert als Person berücksichtigt werden soll. Die *Tötung* ist eine Maßnahme, die besonders dazu geeignet ist, den Menschen ausschließlich zum Mittel zu machen, da sie selbst im Rahmen einer Handlung fast nie Endzweck und Ziel, sondern immer Mittel ist, um einen Zweck zu erreichen. Es ist also zu fragen, ob und wann der Einsatz des Mittels Tötung um einer guten Absicht und eines zu erwartenden guten Erfolgs willen gerechtfertigt und damit »angemessen« sein kann. Dabei gehen wir davon aus, daß sich die Sittlichkeit einer Handlung immer nur aus dem ganzen Zusammenhang der Handlung erschließen läßt, aus der *Motivation*, die zur Tat veranlaßt, den *Mitteln*, durch die sie ausgeführt wird, und der *Wirkung*, die sie hervorbringt, denn diese Momente bilden zusammen eine *Handlungseinheit*, ein *Handlungsgefüge*, in dem man keine Komponente wirklich isolieren kann[11]. Weiter wird davon ausgegangen, daß der bereits eingehend interpretierte Grundsatz der gleichen Behandlung auch bezüglich der Rechtfertigung von Tötungshandlungen in Geltung steht. Das heißt, daß, wenn ich die Tötung in einem Fall für gerechtfertigt halte, ich sie bei anderen, die sich unter gleichen Umständen befinden und gleiche Bedürfnisse haben und sie äußern, wenn sie können, auch anzuwenden verpflichtet bin.

Nicht nur wegen der hohen Wertschätzung menschlichen Lebens,

[9] Vgl. A/II u. B/II/5, Anm. 54 ff.
[10] Vgl. B/II/5, Anm. 50.
[11] Eine sich ausschließende Entgegensetzung von »deontologischer« (normativer Verpflichtungsethik) und »utilitaristischer« Ethik, die nur am Erfolg orientiert ist, ist auf diesem Hintergrund nicht möglich (gegen J. Fletcher, 1973, 120 f.); vgl. Frankena, 46 f.; 57 f.

sondern auch wegen der dem Menschen wie dem Tier eigenen »instinktiven« Tötungshemmung gegenüber Artgenossen bedürfen alle Tötungen zunächst der Überwindung psychologischer Hemmungen und dann eingehender moralischer Rechtfertigung. Ohne schwerwiegende *Gründe* darf kein Menschenleben getötet werden. Schon in der Bibel und erst recht in der kirchlichen Tradition ist das Tötungsverbot sinngemäß immer so gefaßt worden: Du sollst *unschuldiges* Menschenleben nicht töten![12] Wo Gott als der Herr des Lebens und Leben als seine Gabe verstanden wird, da muß sich aus dem Gebot Gottes auch die Begründung für die Tötung eines Menschen ergeben, während säkulare Theorien der Menschenwürde in ihrem Rahmen überzeugende Begründungen für die Tötung beibringen müssen. Nur soweit sie für die medizinische Ethik von Bedeutung sein können, sollen gesondert die Motive und Begründungen für die Tötung anderer Menschen und dann die für die Selbsttötung und die Tötung auf Verlangen auf ihre Überzeugungskraft hin untersucht werden. Die Motive werden im wesentlichen dieselben sein, doch haben sie eine unterschiedliche Überzeugungskraft, je nachdem ob es sich um *Tötung ohne freiwillige Einwilligung* oder um *Selbsttötung* bzw. Tötung auf bewußtes *Verlangen* handelt.

1. Gibt es Begründungen für die Tötung von Menschen ohne Verlangen?

Sehen wir von der Todesstrafe und ihren Begründungen ab, so tauchen als Motive für die Tötung von Menschen im wesentlichen auf der Gedanke des erzwungenen »*Opfers*« des einzelnen für viele, der des *Unwerts* bzw. der *Sinnlosigkeit* des Lebens, der des *Mitleids* und der der *Selbsterhaltung*. Meist sind in den moralischen Begründungen mehrere Motive miteinander verbunden. Es empfiehlt sich jedoch, die Motive und Begründungen einzeln zu untersuchen, denn bei Verbindung von mehreren schwachen Begründungen kann der Schein einer Überzeugungskraft entstehen, die sie für sich allein ge-

[12] A. Jepsen (»Du sollst nicht töten«, in: Ev. luth. Ki. Zeitung, 1959, 384 f.) umschreibt »razach« mit »unschuldiges Blut vergießen«, »ohne Grund einen Menschen morden«. Vgl. 2 Mose 23,7.

sehen überhaupt nicht haben. Weiter interessiert die Frage, wie sich die angeborene oder erworbene instinktive Tötungshemmung und der Selbsterhaltungstrieb zu den ethischen Begründungen des Tötungsverbots, zur Ehrfurcht vor dem Leben und zur Achtung vor der Würde der Person verhalten, ob und wie biologisch verankerte Verhaltensweisen Basis für moralische Aussagen sind, ob das »Natürliche« Moral begründen kann.

a) Tötung von Menschenleben als »Opfer« für andere?

Von vielen primitiven, aber auch von höher entwickelten Völkern ist bekannt, daß es zum Zweck der Stärkung oder Sicherung des Volksbestands üblich war und ist, Kinder, lebensuntüchtige kranke und alte Menschen »auszusetzen«, zu töten oder sie mehr oder weniger zu zwingen, sich selbst umzubringen. In der Antike waren solche Praktiken wie Abort, Kindestötung, Deklassierung chronisch Kranker bis zum Ende des 2. Jhdt. n. Chr. üblich[1]. Kann man für die Antike bezweifeln, daß diese Selektion notwendig war, um unzumutbaren Schaden von der Gemeinschaft abzuwenden, so erscheinen solche Praktiken für das Überleben von nomadischen Völkern oft nötig zu sein. Konnten kranke und alte Menschen nicht mehr mitwandern, so wurden sie für die Sippe oft zur unerträglichen Last oder gar zur Todesgefahr und mußten »geopfert« werden, indem man ihnen entweder bedeutete, daß sie sich zurückziehen und selbst den Tod geben sollten[2], oder indem man sie tötete und teils sogar in einer kultischen Mahlzeit aufaß[3]. Die Grausamkeit solchen Vorgehens wurde häufig durch Sekundärmotive kultisch-religiöser Art verschleiert und für alle erträglich gemacht, indem man die »Opferung« ritualisierte oder sie mit dem Hinweis rechtfertigte, daß der »Weg zu dem glücklichen überirdischen Leben lang (ist). Deshalb soll man Alte und Schwer-

[1] Vgl. C/I/2, Anm. 35 ff.

[2] Bei in Gruppen lebenden Tieren kommt es vor, daß sich alte Individuen zum Sterben aussondern, ohne gewaltsam ausgestoßen zu werden (Wickler, 105).

[3] Von Eskimos berichtet P. Freuchen (zitiert nach Wickler, 104): »Mancherorts wünscht der alte Mann, daß sein ältester Sohn oder seine Lieblingstochter ihm den Strick um den Hals legt und ihn henkt. Das geschieht regelmäßig auf dem Höhepunkt einer Feier, wenn es ein gutes Mahl gibt und alle – auch der, der zu sterben wünscht – froh und glücklich sind.«

kranke nicht hinsiechen lassen, damit sie noch Kräfte genug haben, die Strapazen des mühevollen Weges zu ertragen«.[4]

Auffallend ist, daß in Israel, obwohl als Nomadenvolk wahrscheinlich mit den entsprechenden Schwierigkeiten ebenso konfrontiert, die Tötung alter und kranker Menschen offenbar strikt verboten war. Das Gebot der *Elternehrung* (2 Mose 20,12; 3 Mose 19,3) ist nach 3 Mose 19,32 als Gebot der Achtung und Ehrung alter Menschen allgemein zu verstehen (vgl. 2 Mose 21,17). Es trägt als einziges Gebot des Dekalogs eine Verheißung bei sich (vgl. Eph 6,2), könnte also auch von daher ein besonderes Gewicht bekommen. Die Mißachtung dieses Gebots macht das latente Gefälle zur Übertretung des sich anschließenden Tötungsverbots offenkundig. Wenn man die heute übliche einseitige Ausrichtung am physischen Tod überwindet und auch den *sozialen Tod* in Betracht zieht, kommen die gleitenden Übergänge zwischen den sich äußerlich vielleicht zufällig, sachlich aber zu recht nahestehenden Geboten, besonders in Hinsicht auf pflegebedürftige alte Menschen, in den Blick. Gerade die Isolierung und Verbannung aus der vertrauten gesellschaftlichen Umgebung kann den sozialen Tod bedeuten und den physischen Tod einleiten oder direkt verursachen, wie die extrem hohe Selbstmordrate bei alten Menschen und der »Voodoo-Tod« bei primitiven Stämmen zeigen[5]. Es bedarf keiner weiteren Begründung dafür, daß solche Extremsituationen wie bei Nomaden, die eine Tötung bei Gefährdung des Stammes rechtfertigen können, in den Industriestaaten auch dann nicht abzusehen sind, wenn sich die Probleme der Altersstruktur der Bevölkerung und der Betreuung von pflegebedürftigen Menschen noch erheblich zuspitzen sollten. Allenfalls in Katastrophensituationen mit »übergesetzlichem Notstand« und wenn unausweichlich Leben gegen Leben steht[6], kann es in Betracht kommen, daß einer oder mehrere ohne Einwilligung zur Lebensrettung vieler getötet werden dürfen und müssen. Die Tatsache, daß ein einzelner oder eine Familie durch einen Pflegefall in ihren Lebensmöglichkeiten stark beeinträchtigt werden, rechtfertigt im Sozialstaat keine Tötung. Mit *A. Hoche, J. Fletcher, St. Dixon* u. a.[7] den Opfergedanken als Rechtfertigung

[4] Koty, 332; vgl. 274; vgl. Finzen, 17 ff.; Wunderli, 66 ff.
[5] Vgl. C/IV.
[6] Zu den Fällen, in denen Leben nur durch Tötung eines anderen Lebens gerettet werden kann vgl. B/III/1/e u. C/I/4; vgl. B/II/5, Anm. 59 ff.
[7] Vgl. C/I/2, Anm. 24 u. C/I/3 u. 4.

für eine Tötung einzuführen, dürfte nichts anderes als eine naturalistische Inhumanität mit pseudohumanitärem Anstrich sein.

b) Exkurs: *Tötungshemmung und Wille zum Leben*

Die genannten Praktiken der Kranken- und Altentötung mögen anzeigen, wie schwer es dem Menschen fällt, Mitmenschen zu töten. Das hängt zweifellos auch mit der Tötungshemmung zusammen. Diese bezieht sich nur auf den Artgenossen, soweit er »normal« ist, während Gruppenfremde, aber auch Gruppenmitglieder, die krank, schwächlich und mißgebildet sind oder »sich aus irgendeinem Grund ungewöhnlich benehmen«, wie Artfremde angegriffen und gegebenenfalls getötet werden.[8] Dennoch wird die vorbewußte instinktive Tötungshemmung die Grundlage der allgemein beobachtbaren Scheu sein zu töten, selbst wenn diese gefühlsmäßige Hemmung durch soziale, kulturelle und moralische Faktoren »überformt« oder auch aufgehoben werden kann. Meist wird zutreffen, daß die Tötungshemmung um so stärker ausgelöst wird, je mehr die äußere Gestalt der der erwachsenen Artgenossen gleicht, je unversehrter die Gestalt ist, je mehr sich Leben, vor allem Bewegung, im Körper manifestiert und je näher die Beziehungen zu dem zu tötenden Individuum sind. So ist es normalerweise schwerer, eine Katze als einen Regenwurm und einen Schimpansen als eine Katze zu töten; und Ärzten wird es leichter fallen, einen winzigen Embryo im 2. Monat als einen Foetus vom 4. Monat aufwärts abzutreiben oder gar einen Säugling umzubringen. Und vielen Ärzten auf Intensivstationen fällt es schwer, die Beatmungsgeräte u. a. bei hirntoten Patienten abzustellen, weil sie neben der Gestalt auch noch die Atembewegungen aufweisen, die Kennzeichen von Leben sind.

Man kann zwar mit *A. Schweitzer*[9] sagen, daß durch die Tötungshemmung »das grausigste Schauspiel der Selbstentzweiung des Willens zum Leben« in etwa aufgehoben ist, doch darf man nicht wie Schweitzer annehmen, daß beim Menschen der Grund der Tötungshemmung primär darin zu finden ist, daß »in mir der Wille zum Le-

[8] Wickler, 96 f. u. 104.
[9] Kultur und Ethik, 1955, bes. 239 ff.; zur Kritik vgl. Barth, KD III/4, 397 ff.

ben wissend von anderem Willen zum Leben geworden« ist und daß mein endlicher Wille zum Leben darin »das Einswerden mit dem unendlichen (Willen zum Leben), in dem alles Leben eins ist«, erlebt. Vielmehr ist die Tötungshemmung mit Sicherheit auch beim Menschen zunächst eine vorbewußte, instinktive Leistung, die zudem nicht durch Ehrfurcht und Achtung vor einem abstrakten Lebensprinzip ausgelöst wird, das sich nach vitalistischer Auffassung in abgestufter Ausprägung in allen Lebewesen als »Entelechie« kundtun soll, sondern zunächst – wenigstens bei den höchsten Lebewesen, den Primaten und den Menschen – durch bewußtes oder unbewußtes Erkennen der konkreten Gestalt, die mehr oder weniger dem eigenen Habitus gleicht[10]. So ist einsichtig, daß die Tötungshemmung zunächst der Erhaltung des Individuums dient, aber doch nur soweit, wie mit der Erhaltung des Individuenbestands zugleich die Erhaltung der Art geschützt wird, wie es in Grenzfällen der Bedrohung der Art ganz deutlich wird. Wird die Individuenzahl zu groß und die Nahrung und der Lebensraum zu knapp, so wird sie allgemein drastisch reduziert, sei es durch Rivalitätskämpfe zwischen Gruppen, sei es durch Kämpfe innerhalb der Gruppen, sei es durch mehr oder weniger rigorose Vernichtung aller Neugeborenen oder auch nur der schwachen oder kranken Individuen, sei es durch Selbstvernichtung. Dasselbe biologische Prinzip, das nach *A. Schweitzer* den Willen zum Leben repräsentieren soll, schlägt hier vernichtend für das Individuum zu. Der *Lebensdrang* ist also letztlich darauf angelegt, das Individuum der Art nicht nur unterzuordnen, sondern es ihr auch zu »opfern«, wenn es mehr schadet als nützt. Insofern haben die Sozialdarwinisten[11] den Lebensdrang mit größerem Recht als das Prinzip der *Selektion* der Schwachen gedeutet, als A. Schweitzer, wenn er ihn im Rahmen eines vitalistischen, panpsychistischen und pantheistischen Lebensverständnisses als Ruf zur *Ehrfurcht* vor dem Leben auslegte.

Die angeborene oder erworbene instinktive Tötungshemmung bildet also keinen hinreichenden Schutz des Lebens von Mitmenschen. Dennoch werden kulturelle Absicherungen und ethische Begründungen des Tötungsverbots die Achtung vor dem Leben der Mitmenschen in den tatsächlichen Verhaltensweisen kaum allgemein ver-

[10] Bei niederen Lebewesen sind es meist nur einzelne Merkmale akustischer, optischer, geruchlicher oder sonstiger Art, die die Hemmung auslösen.
[11] Vgl. B/II/2, Anm. 12 ff. u. C/I/2, Anm. 24 ff., 49 ff.

stärken, wenn sie nicht auf die Wirkungsweise der Tötungshemmung Rücksicht und Bezug nehmen, sie vertiefen und verstärken. Dies gilt auch für die Fälle, in denen man mittels emotionaler Umstimmungen und rationaler Argumentationen die Tötungshemmung aufzuheben versucht. Die Tötungshemmung ist lediglich der Ansatzpunkt für die Moral. Zugleich ist sie aber auch ein emotionales Bollwerk gegen eine leichtfertige Aufhebung des Tötungsverbots; dennoch bleibt sie in sich ambivalent und ist kein hinreichender Schutz des Lebens, weil sie letztlich doch die Überordnung der Gattung über das Individuum impliziert, als solche durchaus in einer naturalistischen Ethik wie der des Sozialdarwinismus ihren Platz haben kann und in diesem Rahmen, wenn sie gegenüber schwachen und »andersartigen« Gliedern der Gesellschaft nicht funktioniert, durchaus auch zur Rechtfertigung von deren Tötung herangezogen werden kann, besonders dann, wenn man zusätzlich noch das Argument der »Sinnlosigkeit« des Lebens meint anführen zu können.

c) »Ausmerzung« aufgrund von »Unwert« oder »Sinnlosigkeit«?

Der Opfergedanke verbindet sich meist mit dem Argument, daß das zu opfernde Leben »sinnloses« und daher »unwertes« Leben sei. Das ist verständlich, weil man für die Gesellschaft nützliches Leben nicht »opfern« muß. Diese Verbindung beider Argumente macht nur deutlich, daß der Sinn und Wert des Lebens hier in erster Linie nach den Kategorien von Nutzen und Schaden für die Gesellschaft bemessen wird[12]. Wenn der Mensch unter normalen Umständen zur direkten Tötung von Menschen schreitet, bedarf es der Gefährdung vieler durch wenige und einer starken Verachtung des zu tötenden Menschen wegen seines gemeinschaftswidrigen Verhaltens oder seiner psychischen und körperlichen Mißbildungen. Eine derartige Verachtung kann auch bewußt durch tiefgreifende emotionale Umstimmungen erzeugt werden, die eine moralische oder ästhetische Abscheu vor der andersartigen und abartigen Mitkreatur hervorrufen und so die instinktive und moralische Tötungshemmung herabsetzen oder auflösen[13]. Die Deklassierung von Menschen zu »Untermen-

[12] Zur Kritik vgl. B/II/2.
[13] Vgl. Anm. 8.

schen« oder »Nichtmenschen« macht sie zu verfügbaren Objekten[14] und setzt die den anderen als Person achtenden Umgangsformen außer Kraft.

Für die Tötung von Menschen spielt die Deklassierung zum Nichtmenschen fast immer dann eine Rolle, wenn man den anderen nicht als Aggressor hinstellen kann, er aber dem Gruppengenossen doch zuwider ist, oder wenn unbehebbare Notsituationen z. B. die Beschränkung der Bevölkerungszahl – in Ermangelung anderer Mittel – durch Tötung von Säuglingen nötig machen, die zum Zeitpunkt der Tötung noch nicht als Menschen angesehen werden[15]. Der Vorschlag des Engländers *G. Leach*[16], Neugeborenen erst nach einigen Monaten der Prüfung ihres Gesundheitszustandes die Rechte einer *Person* zuzusprechen, nachdem sie nach aufzustellenden Kriterien als Menschen befunden worden sind, und sie anderenfalls zu töten, setzt die Praktiken der Kindesaussetzung und Kindestötung bei »primitiven« Stämmen und in der Antike[17] auf der Grundlage fort, daß nicht alles vom Menschen geborene Leben menschliches, personhaftes Leben ist und daß der Mensch dann logischerweise seine Würde als Person und damit seinen Lebenswert infolge unheilbarer Krankheit und Versehrung verlieren und seines Menschseins verlustig gehen kann, obwohl er als Individuum nicht tot ist. Mit dem Argument, daß es Leben menschlicher Abstammung gibt, das nicht oder nicht mehr als *Mensch* und *Person* bezeichnet werden kann, damit aber auch *Objekt* nach Kosten und Nutzen berechnenden Verfügens und auch der Vernichtung werden darf, haben nach den Geschehnissen im Dritten Reich in Deutschland der Pädiater *W. Catel*[18] und im Ausland vor al-

[14] Beispiele dafür sind die Sklaven, die Parias in Indien. Viele primitive Stämme halten nur sich selbst für Menschen, sprechen Mitgliedern anderer Stämme das Menschsein ab und können sie so ohne große Hemmungen umbringen (vgl. Wickler, 114 f.).

[15] Nomadische Indianer in Paraguay und Brasilien können kaum mehr als 2 Kinder ernähren. Jedes weitere Kind muß direkt nach der Geburt eigenhändig von der Mutter getötet werden, und zwar möglichst bevor es den ersten Schrei ausstößt, denn mit dem Atem kommt die Seele in den Körper und macht diesen zum Menschen. Von diesem Augenblick ab ist das Kind für Indianer heilig, so daß man ihm nie etwas zuleide tut (persönlicher Bericht von O. Kalisch, Paraguay). Bei anderen Stämmen ist es so, daß erst die erste aufgenommene Nahrung den Säugling zum wirklichen, weil in die mitmenschliche Beziehung aufgenommenen Menschen macht (vgl. Wickler, 107).

[16] Vgl. C/I/2, Anm. 16; vgl. dazu die Äußerungen des niederl. Theologen Roscam-Abbing, C/I/3, Anm. 34 ff.

[17] Vgl. Finzen, 31 ff.

[18] Vgl. C/I/2 u. 3.

lem der Ethiker *J. Fletcher*[18] die Auslöschung »untermenschlichen«, »vegetativen« Lebens menschlicher Herkunft zu rechtfertigen versucht.

Der Vorschlag von *G. Leach* ist im Grunde die konsequente Fortführung des Argumentes, das auch in der Diskussion um den Schwangerschaftsabbruch hauptsächlich für die Fristenlösung eingebracht wurde: daß Leben vor einer bestimmten Frist nicht menschlich und daher auch kein zu schützendes Rechtsgut sei, ein Argument, das sich z. B. schon bei *K. Binding*[19] auch als Rechtfertigungsgrund für die Tötung unheilbarer »Menschenhülsen« findet. Obgleich der »Abbau« der Person im Sterben meist schneller und weniger kontinuierlich verläuft als der »Aufbau« der Person, sind beides doch Prozesse mit gleitenden Übergängen, die immer menschlichen Charakter tragen und behalten[20]. Behauptet man, daß biologische Erkenntnisse keinen ausschlaggebenden Beitrag liefern können zur Erkenntnis dessen, was sinnvollerweise menschliches Leben genannt werden muß, weil Menschsein sonst biologistisch mißverstanden werde, so kann man mit *J. Fletcher*[21], der das immer als den »vitalistischen Fehler« bezeichnet, es auch für lächerlich halten, einerseits die Abtreibung freizugeben und andererseits die Tötung von in unwürdigen Verhältnissen lebenden, versehrten und idiotischen Menschen zu verbieten.

Wenn das, was menschliches Leben ist, einfach Sache einer Festlegung durch die Gesellschaft ist, oder wenn Leben erst dadurch menschlich werden soll, daß es bejaht und angenommen wird[22], dann ist in der Tat nicht einzusehen, warum die Würde der Person, der Lebenswert und das Lebensrecht ausgerechnet spätestens ab der Geburt gegeben sein soll und nicht erst nach einem genügenden Zeitraum nach der Geburt zur Prüfung, ob die Eltern oder die Gesellschaft das Kind annehmen wollen. Die Gesellschaft könnte Kriterien festlegen für das Leben, das sie akzeptieren und dem sie die Menschenwürde im Sinne einer »Mitgliedschaftswürde« in der Gemeinschaft zusprechen möchte, und für das, dem sie diese Würde absprechen darf, wenn sie nach diesen Kriterien nicht mehr gegeben ist[23]. Trotz der Unter-

[19] Vgl. C/I/2, Anm. 30.
[20] Vgl. Literatur B/I/1, Anm. 17; U. Eibach (1972), 152 ff.; Ringeling, 580 ff.
[21] So (1973) 116 f.; 1969, 64; vgl. Earl of Listowel, in: Downing (Ed.), 6. vgl. Ehrhardt (1974) 1704; C/II/4/c, Anm. 35 ff.
[22] Vgl. B/II/5, Anm. 31.

schiede zwischen Lebensanfang und Lebensende[24] hat der Psychiater *H. Ehrhardt*[25] nicht zu Unrecht auf die zahlreichen Entsprechungen und die fatalen Konsequenzen einer Übertragung von Indikationen zum Schwangerschaftsabbruch auf das Leben unheilbarer und sterbender Menschen aufmerksam gemacht. Unter diesem Gesichtspunkt ist gerade die kindliche (bzw. genetische oder embryopathische) Indikation um des Kindes selbst willen, die aufgrund der zunehmenden Möglichkeiten pränataler Diagnostik immer häufiger sein wird, wegen ihrer Nähe zum Abwägen zwischen »lebenswert« und »lebensunwert« am zweifelhaftesten[26].

Angenommen es gelänge, den empirisch und anthropologisch stichhaltigen Beweis für die Anschauung zu führen, es gäbe von Menschen gezeugtes »untermenschliches« Leben, und genau abzugrenzen, was »personhaftes« und was nur »vegetatives« Leben ist, so wäre gegen die Vernichtung solcher »Wesen« nichts einzuwenden. Es ist jedoch der Meinung von *H. Ehrhardt*[27] zuzustimmen, daß der entscheidende Fehler aller Vertreter einer mehr oder weniger begrenzten Vernichtung von Menschenleben darin besteht, daß sie die *Würde der Person* und den »Lebenswert als einen empirisch-wissenschaftlich abgrenzbaren Sachverhalt betrachten«, obgleich er »weitgehend außerhalb der Erkenntnisebene aller Erfahrungswissenschaften liegt«. Die Entwürdigung menschlichen Lebens zum »Nichtmenschen«, »vegetativen Präparat« usw. ist lediglich eine radikale Form der Unwerterklärung, die den Rechtsgrund zur Tötung schaffen soll. Diese meint nun neuerdings *E. Schmalenberg*[28] auch rechtfertigen zu können, ohne auf das Argument der Entmenschlichung des Menschen zurückgreifen zu müssen, lediglich indem er die Sinnlosigkeit des Lebens, die einen sinnlosen Tod bedingt, zum Rechtfertigungsgrund der Tötung macht, um damit wenigstens dem Tod dieser Menschen den Sinn zu geben, die Gesellschaft von der Pflege zu entlasten. Man muß sich durch die andere Wortwahl und dadurch, daß die Tö-

[23] Der Vorschlag von G. Leach würde die immer noch unsicheren und zahlenmäßig nur begrenzt anwendbaren Methoden der pränatalen Diagnostik auf einen sicheren Boden stellen (vgl. C/II/4/c).

[24] Hier wäre darauf zu verweisen, daß das Verhältnis von Mutter und Kind vor und auch noch nach der Geburt viel enger ist als das der Familie zu Sterbenden.

[25] (1974), 1700 ff.; vgl. Hiersche, 231.

[26] Vgl. C/II/4/c/cc.

[27] (1974), 1704; ders. (1965), 48; ebenso Hinton, 144; Hiersche, 228; V. v. Weizsäcker (1951), 362, 371 f.; vgl. dazu B/I – B/II/2.

[28] S. 162 ff.; zur Kritik vgl. C/I/3, Anm. 40 ff.

tung hier angeblich um der »Sinnstiftung« für das sinnlose Leben selbst willen geschieht, nicht darüber hinwegtäuschen lassen, daß hier der Unwert- und Opfergedanke nur etwas mehr auf das Individuum hin zugespitzt, grundsätzlich aber unter »Nützlichkeitsaspekten« erschlossen werden. *V. v. Weizsäckers*[29] Urteil – da, wo der Sinn und Wert menschlichen Lebens nicht als dem biologischen Leben wirklich transzendent, sondern nur als »Selbsttranszendenz« erfaßt wird, da werde die Person mit ihrer Krankheit identifiziert, und eine Folge sei die Disqualifizierung menschlich-biologischen Lebens zu unwertem Leben, und die Würde und der Lebenswert der Person würden Gegenstand menschlichen Urteilens und Verfügens – dieses Urteil trifft für alle auf die Sinnlosigkeit des Lebens abstellenden Rechtfertigungen von Tötungen zu, denn man kann – außer aus niederträchtigen Motiven und im Affekt – nicht menschliches Leben töten, ohne die Tötungshemmung durch eine emotionale oder rationale Disqualifikation der Menschenwürde herabgesetzt oder aufgehoben zu haben[30].

Selbst wenn man die theologische Begründung der Menschenwürde, des Selbstwertes der Person und der Unverfügbarkeit des Lebens nicht teilt, wird man starke Zweifel anmelden dürfen gegenüber der Möglichkeit und dem Recht, die Sinnlosigkeit und den Unwert eines Lebens von außen her objektiv festzustellen. *Sinn* ist, soweit er nicht mit Nutzen identifiziert wird, immer nur vom Subjekt selbst zu erschließen und zu ergreifen oder fließt ihm in der Begegnung mit den Mitmenschen zu. Daher ist der Mensch faktisch für andere soviel wert, wie er von ihnen wert geachtet wird und für sie Wert hat. Der Sinn, den das Subjekt selbst erlebt oder auch nicht erlebt, kann nicht von außen her erfaßt und bestimmt werden, wenn eine normale Kommunikation mit Menschen nicht mehr möglich ist. Das subjektive Empfinden und Erleben von Menschen mit geschädigten und abartigen Gehirnen entzieht sich jeder objektiven Beurteilung[31].

Unsere Ausführungen über *sinnhaftes* Leben[32] wären gänzlich mißverstanden, wenn sie zur Rechtfertigung einer Negierung des

29 (1947), 11 f.; vgl. B/II/2 u. C/I/2 u. 3, Anm. 36 ff.

30 Das war auch der Zweck des geschickt am Mitleidsgedanken aufgehängten und das »Vernichtungs-Programm« im Volk vorbereitenden Films der Nazis: »Ich klage an«.

31 Vgl. Eibach (1974), 91 ff.; ebenso Böckle (1975), 72; Lessing, 116.

32 Vgl. B/II/5.

Selbstwerts der Person und ihrer Tötung mißbraucht würden. Wo das Urteil »lebenswert« oder »sinnlos« über ein Menschenleben gefällt wird, da urteilt und verfügt man letztgültig über den Sinn und Wert eines Menschenlebens, richtet über Menschsein und Nichtmenschsein, spricht ein vernichtendes *Letzturteil* über die Person, maßt sich die Rechte dessen an, der das Leben geschaffen hat und es nur letztgültig beurteilen kann, wird zum Richter und auch zum Henker, wenn das Urteil vollzogen und unwiderruflich wird[33]. Ein solches Letzturteil wird aber nicht in Verantwortung für den Mitmenschen gefällt, sondern *um sich von der Verantwortung für ihn zu entlasten*, denn als Verantwortung kann nur die Haltung gegenüber und der Umgang mit dem Mitmenschen bezeichnet werden, in denen ich nicht *gegen*, sondern *für* den anderen seinen Bedürfnissen entsprechend da bin, ihn als Person achte, ihn aber nicht, wie im Urteilen über den Lebenswert, nach seiner Verwertbarkeit für mich und die Gesellschaft betrachte. Mit diesem Urteil und seinem Vollzug sagt der Mensch sich aus der *Solidarität* mit dem Mitmenschen und der Verantwortung für ihn los[34], ist nicht mehr bereit, ihn in Geduld zu tragen, erachtet ihn als Schädling, als Aggressor gegen das Gemeinwohl.

d) Tötung aus Mitleid und Erbarmen?

Erstmals sind 1962 in einem Prozeß in Lüttich Eltern, die gemeinschaftlich mit Tante, Großmutter und Hausarzt ihre ohne Arme und Beine geborene Tochter kurz nach der Geburt umgebracht hatten, freigesprochen worden. Der Freispruch kam unter dem Druck und Beifall der »öffentlichen Meinung«[35] zustande mit der Begründung, daß man aus dem achtenswerten Motiv des Mitleids mit einem Leben gehandelt und es ausgelöscht habe, das immer »unglücklich« sein würde und dem man dieses unglückliche Leben so ersparen wollte. Da es sich um ein geistig offenbar völlig normal entwickeltes Kind han-

[33] J. Fletcher behauptet immer wieder, daß wir gerade, weil »the primitive ›God of the gaps‹« (Lückenbüßer-Gott) tot sei, Gott spielen müssen (vgl. 1973, 115 f.; in: K. Vaux, Ed., 131 ff; 1969 a, 69 ff.). Ähnlich Schmalenberg, 167; Roscam-Abbing, in: Mochel (Hrsg.), 105 ff.; vgl. dgg. B/III/2, Anm. 34 ff.; zur Kritik an Fletcher vgl. Bockmühl, 140 ff., 185 ff.
[34] Vgl. B/II/2, Anm. 27 ff., 43 ff.; B/II/5, Anm. 40; Sporken (1976, in: Eser, Hrsg.).
[35] Vgl. Ehrhardt (1965), 4; Finzen, 144 f.; C/I/2, Anm. 35.

delte, können wir annehmen, daß es in der Tat später unter seinem Zustand auch gelitten hätte. Aber zu behaupten, daß solches Leben nur unglücklich sein müßte, ist ein Urteil – nicht zu unterscheiden von dem Urteil »lebensunwert«, weil »glücklos« –, das sich von außen her ebenso wenig fällen läßt wie das Urteil »sinnlos«. Nicht zuletzt hängt das Glück oder Unglück behinderter Menschen ja davon ab, ob und wie sie geliebt und in ihrer Andersartigkeit von Eltern und der Gesellschaft angenommen und als »vollwertige« Personen geachtet werden[36], um so auch ein eigenes »Selbstwertgefühl« aufbauen und mit ihrer Behinderung leben zu können. Die Intoleranz der Gesellschaft gegenüber behinderten Mitmenschen und die Unfähigkeit zum Umgang mit nicht »Leistungsfähigen« bringt allerdings viele in soziale Isolierung und zur Verzweiflung, die zum Suizid treiben kann. Das Glücklichsein hängt nicht nur von den psychisch-physischen Voraussetzungen der »Glücksfähigkeit« ab, sondern ist nicht zuletzt soziál vermittelt, ist besonders bedingt durch das Maß an Liebe, das ein Mensch erfährt. Ist es vielleicht noch möglich, daß subjektiv empfundenes tiefes Unglück und als ausweglos erlebte Sinnlosigkeit eine Selbsttötung rechtfertigen[37], so ist es doch grundsätzlich abzulehnen, daß allein die von anderen gemutmaßte Unfähigkeit, glücklich zu sein, oder Unerträglichkeit von Leiden die Beseitigung von Menschenleben legitimieren. Glück ist eine Kategorie subjektiven Erlebens, die nur sehr bedingt von objektiv feststellbaren Sachverhalten abhängt und daher auch letztlich nicht von außen her meßbar ist.

Die Begründung der Tötung mit dem subjektiven Leiden der Person verstrickt sich in völlig unhaltbare Widersprüche, wenn es um hirngeschädigte und bewußtseinsgestörte Menschen geht. Zwar haben wir nach neuesten Erkenntnissen guten Grund, nicht nur ein kortikales, sondern auch ein diffuses subkortikales Schmerzsystem und -empfinden anzunehmen, doch ist es nach den Ausführungen von *R. Hassler*[38] auf dem Neurochirurgen-Kongreß (1975) unbestritten, daß die Schmerzen im subkortikalen System nur dort auftreten, »wo seine Reize die Schwelle des Bewußtseins überschreiten, d. h. wo beide Systeme sich wechselseitig beeinflussen. So ist Schmerz ein subjektives Phänomen: Es tritt immer in Verbindung mit einem

[36] Vgl. dazu P. S. Buck, Geliebtes unglückliches Kind, rororo 425
[37] Vgl. B/III/2.
[38] Berichtet in: Selecta XVII (1975), Heft 27, 2418 ff.

empfindenden fühlenden Wesen auf – einen unbewußten Schmerz gibt es nicht!« Es gilt daher auch als sehr wahrscheinlich, daß ein Mensch umso mehr leidet, je mehr er psychisch normal und bei Bewußtsein ist. Somit käme eine Tötung aus Mitleid vor allem bei den Menschen in Frage, die noch klar bei Bewußtsein sind, ihre Situation voll erleben, physische und vor allem psychische Schmerzen ertragen, die also noch klar die spezifischen Signaturen des Menschseins tragen und ihren Willen kundtun können, die daher niemand aus lauteren, allenfalls aus niederträchtigen Motiven ohne ihre Einwilligung zu töten sich anmaßen würde. Die Beziehung der von außerhalb der Person selbst gefällten Urteile »lebensunwert«, »sinnlos«, »unglücklich«, »leidend« zu dem Motiv »Mitleiden« bzw. »Erbarmen« ist daher – wenn man die leidende Person selbst betrachtet – eine gegenläufige; d. h. je mehr die Kategorien »lebensunwert« usw. zutreffen, umso weniger trifft das Argument »Mitleid« als Tötungsgrund zu. *Es ist also logisch unmöglich, daß diese Argumente kombiniert werden können, ohne daß das eine die Überzeugungskraft des anderen aufhebt.* Schon *A. Hoche*[39] hat erkannt, daß den geistig am tiefsten stehenden Menschen gegenüber Mitleid »im Leben und im Sterbensfall die an letzter Stelle angebrachte Gefühlsregung (ist); wo kein Leiden ist, ist auch kein mit-Leiden«, es sei denn, man meine das Leiden mit denen, die die Last der Pflege zu tragen haben und daran leiden. Dieses Leiden ist jedoch nicht so unabwendbar und muß nicht so tief sein, daß es eine Tötung aus Mitleid rechtfertigen könnte[40].

Wenn man Mitleid, Erbarmen, Liebe als rechtfertigende Gründe für eine Tötung anführt, so ist es wichtig zu wissen, was man unter diesen Begriffen versteht, denn Begriffe ohne Anschauung sind leer (I. Kant) und rein formale ethische Begriffe und Sätze ohne umrissenen Inhalt dienen weder der Verständigung noch können sie irgendwie kritisch überprüft werden[41]. Mitleid und Liebe kann man als innere Gefühlszustände eines Menschen verstehen. Solche inneren »Gemütszustände« können auch durch die Begegnung mit Tieren und Menschen erzeugt werden, die subjektiv weder leiden noch Liebe empfinden und beantworten können. Mitleid als bloßes Gefühl kann gerade gegenüber behinderten Menschen die Züge der Verachtung

[39] Binding-Hoche, 59.
[40] Vgl. B/II/5, Anm. 42 ff. u. C/I/4.
[41] Vgl. B/III, Anm. 7 ff. u. B/III/3, Anm. 7 f.; A. Denecke, Wahrhaftigkeit. Eine evangelische Kasuistik, 1972, 79 ff.; Bockmühl, 153 ff.

und Demütigung annehmen, wenn die Andersartigkeit des Menschen zum beherrschenden Moment in der Begegnung wird oder gar Ekel vor ihr empfunden wird. Um »andersartigen« Menschen zu begegnen, bedarf es zunächst der Verarbeitung des inneren Gemütszustands »Mitleid«, der nicht selten durch die Ängste bedingt ist, die in mir selbst durch seinen Anblick ausgelöst werden, also im Grunde Mitleid mit mir selbst und Leiden an meiner eigenen Angst vor einem solchen Zustand ist, der mich selbst auch treffen könnte. Erst bei Beherrschung des Gemütszustandes »Mitleid« ist ein »mit-Leiden« möglich, das dem Kranken Hilfe bringt. *Mit-Leiden* und *Liebe* sind also als Charakterisierungen einer *Beziehung* zu und Bewegung auf den Mitmenschen hin zu verstehen, durch die diesem *Hilfe* zuteil wird, sein Zustand erträglicher gemacht und sein Selbstwertgefühl bestärkt wird, indem er als Person geachtet und behandelt wird[42].

Der neutestamentliche Gebrauch der Worte »Erbarmen« und »Barmherzigkeit« zeigt, daß es sich dabei immer um die Bitte um helfende, heilende oder rettende Zuwendung zu Menschen in Not handelt, nie aber nur um einen Gemütszustand, der sich nicht zugleich in tätiger Hilfe äußert. Auch die *Liebe* ist nach dem Neuen Testament das »Für-den-anderen-Dasein«, Hingabe an den leidenden Mitmenschen, ist auf das Wohl des Nächsten bedacht, nimmt ihn in »Obhut« (K. Løgstrup), ja sie erträgt in Geduld die »Belastung« (1 Kor 13,7), die der Mitmensch darstellt, kündigt die Beziehung nicht auf, liebt nicht, um geliebt zu werden, sondern macht – um *M. Luthers* Interpretation von Agape aufzunehmen[43] – den Nächsten wertvoll, *indem* ich mich ihm zuwende, ihn achte und für ihn da bin und seinem Leben so Sinn und Wert vermittle und sein Selbstwertgefühl bestärke, statt Leistung und Wert von ihm zu fordern, seinen Unwert zu konstatieren und ihm den letzten Rest des Gefühls, bejaht zu sein, und seines Selbstwertgefühls zu rauben. »Mit-Leiden«, Erbarmen und Liebe sind als Begriffe verstanden, die das *Verhältnis zwischen Personen* charakterisieren, in dem man auf den Nächsten hin lebt und ihn zu tragen und sein Leiden zu lindern bedacht ist. Die Begriffe charakterisieren also eine *Beziehung*, in der man *für* den anderen da ist und in der der *andere konstitutives Moment der Möglichkeit von Liebe ist*.

[42] In der Selbstliebe und im Selbst-Mitleid hat der Mensch ein Verhältnis zu sich selbst, so daß er sich selbst zum Gegenstand der Liebe wird.

[43] Vgl. B/II/1, Anm. 18; B/II/2, Anm. 26 ff.; B/II/5, Anm. 41 ff.

Tötet man einen Menschen, so vernichtet man die Möglichkeit von Liebe und damit die Liebe selbst. Wenn die Vernichtung der Möglichkeit von Liebe die Folge einer Handlung ist, dann kann eine Tötungshandlung nicht aus Liebe geschehen und mit dem Motiv »Liebe« und »Erbarmen« gerechtfertigt werden, es sei denn die Begriffe »Liebe, Erbarmen, Mit-Leiden« enthielten die Möglichkeit ihres Widerspruchs und ihrer Aufhebung in sich selbst. Liebe ermöglicht und schafft Beziehungen, in denen sich Leben ereignet, ja Liebe schafft Leben und ist immer nur auf Leben ausgerichtet, die Tötung aber vernichtet die ontisch-ontologischen Voraussetzungen von Liebe, das Gegenüber von Ich und Du, in dem sich Liebe und Leben ereignet; Tötung ist jedoch nicht auf Leben, sondern auf das Gegenteil, den Tod des Menschen, ausgerichtet. *Unter der Voraussetzung, daß Liebe nicht allein Gesinnung und »Mit-Leiden« nicht nur Gemütszustand ist, sondern beides immer auf den Nächsten hin gelebte Beziehungen, also Handlungen sind, und daß eine Handlung nie nur von ihrer Motivation her sittlich beurteilt werden darf, sondern immer nur aus der Handlungseinheit von Motivation, Mitteln und Folgen, ist die Tötung ein Mittel, das den Tod des zu liebenden Gegenübers zur Folge hat und damit die Möglichkeit von, ja Liebe und »Mit-Leiden« selbst vernichtet.* So gesehen kann Liebe nie überzeugendes Motiv zur Tötung sein, es sei denn, man fasse Liebe – wie manche Situationsethiker – als einen rein formalen Begriff, der vom Subjekt selbst in der jeweiligen Situation beliebig zu füllen ist und mit dem jede Folge als in bester Absicht getan ausgegeben wird, aber nicht sittlich überprüft und beurteilt werden kann. Dann wäre »Liebe« aber ein völlig »irrationaler« Begriff, der sich jeder kritischen Prüfung auf dem Boden der Vernunft entzieht, mithin auch in einer auf Einsicht, Verständlichkeit und Verbindlichkeit ausgerichteten Ethik keinen Platz haben kann.

Heißt das nun, daß die Tötung eines unschuldigen Menschen niemals, auch nicht als »letzte Notlösung« in Frage kommt? Im Bereich der Medizin kommen die Fälle, in denen ein Mensch *mit Notwendigkeit* mit keinen Mitteln außer dem der Tötung behebbare Schmerzen erleiden müßte, dank der Fortschritte in der Bekämpfung von Schmerzen[44] immer seltener vor. Man kann hinweisen auf jene Fälle, in denen ein Soldat seinen schwer verwundeten Kameraden zurück-

[44] Vgl. Bericht Anm. 38; B/III/2, Anm. 114 ff.; C/I/5.

lassen und ihn elend unter Schmerzen und allein zugrundegehen lassen müßte, ihn deshalb erschießt, und zwar – genau besehen – kaum aus Liebe, sondern aus der totalen *Ausweg-* und *Hoffnungslosigkeit* der verzweifelten Lage heraus. Diese Ausweglosigkeit bedingt einen unentrinnbaren Notstand, in dem die Tötung als »ultima ratio« eine Befreiung aus der Ausweglosigkeit sein kann. Das unstillbare menschliche Bedürfnis, allem Handeln einen positiven Sinn zu geben, und vor allem eine so schwerwiegende, unwiderrufliche Handlung wie eine Tötung mit einem guten Motiv zu rechtfertigen, setzt in solchen Fällen die Liebe als Motiv ein, statt zuzugeben, daß eigentlich die Ausweglosigkeit, dem geliebten Nächsten, dem man helfen möchte, nicht anders als durch Tötung helfen zu können, die Motivation zur Tötung ist und daß solche aus der Unfähigkeit heraus, rettend helfen zu können, geborene Tat nicht sinnvoll ist, sondern im letzten nur die Sinnlosigkeit des ganzen Geschehens deutlich macht. Jedoch verharmlost die menschliche Unfähigkeit anzuerkennen, daß es in dieser Welt Sinnlosigkeit gibt und daß auch aus sinnloser Ausweglosigkeit heraus gehandelt wird, den solcherart herbeigeführten Tod zu etwas Gutem. Wird in ausweglosen Situationen als Ausdruck der Unfähigkeit, das sittlich gebotene Gute zu tun, zur »ultima ratio« gegriffen, so liegt diese »jenseits der Gesetze der ratio, sie ist irrationales Handeln«[45], und zwar aus einer Situation heraus, die mit keinen sittlichen und gesetzlichen Regeln mehr zu erfassen und zu beurteilen ist und daher auch nicht gerechtfertigt oder verurteilt werden kann. Solches Handeln ist dann auch nicht mehr in der Kategorie der *Verantwortung vor* Menschen zu erfassen; es läßt sich auch nicht aus dem »stetigen« und eindeutigen Gebot Gottes – auch nicht dem Liebesgebot – motivieren, rechtfertigen und bemessen, kann allenfalls auf Gottes ganz besonderen und einmaligen Befehl zurückgeführt werden und entzieht sich daher, wie alle Gewissensentscheidungen menschlicher Be- und Verurteilung[46]. Es wäre jedoch eine nicht zu rechtfertigende Verkehrung der Anschauung vom Handeln aus »ultima ratio« in der Situation der Ausweglosigkeit oder der in der Gotteslehre begründeten Auffassung von Gottes besonderem außerordentlichem Befehl an den Menschen, jede Situation zur einmaligen,

[45] Bonhoeffer, 254.

[46] Der einzelne steht in solchen Situationen ganz allein vor Gott und kann nur von ihm gerichtet werden (vgl. 1 Kor 4,4). Vgl. Barth, KD/III/4, 1 ff. u. 485 u. B/II/5, Anm. 67.

keiner anderen entsprechenden, besonderen und – wie bei ausweglosen Situationen – nicht durch Regeln erfaßbaren und zu gestaltenden Situation zu deklarieren und Gottes stetiges Gebot gänzlich in Gottes besonderes Gebot aufzulösen und so eine »Situationsethik« zu legitimieren, deren Kennzeichen die nicht überprüfbare »Irrationalität« ist. Seltene Grenzfälle sollten auch in der Ethik nicht zur Regel erhoben sondern nur zur Verdeutlichung herangezogen werden.

e) Tötung als Mittel der Selbsterhaltung und der Rettung anderer?

Befürworter der gesetzlichen Freigabe von Abtreibung und »Gnadentod« weisen immer darauf hin, daß es für Ethiker und Juristen selten ein Problem gewesen sei, auch Tötungen aus niederträchtigeren Motiven zu rechtfertigen, ganz zu schweigen vom Massenmord im Krieg und von der Todesstrafe. Man sollte allerdings beachten, daß das Tötungsverbot fast immer so gefaßt wurde: Du sollst kein *unschuldiges* Menschenleben töten. Trotzdem dürfte es heute kaum noch Gründe geben, die die Todesstrafe und einen Angriffskrieg rechtfertigen, denn schon die Rechtfertigung eines Verteidigungskriegs und der Notwehrtötung bereitet erhebliche Schwierigkeiten. Im Bereich der Medizin kommen unter diesen Aspekten die Situationen in Frage, in denen Leben gegen Leben steht. Die unter diesen Aspekten zu sehenden Fragen des Schwangerschaftsabbruchs klammern wir hier aus, weil sonst zunächst erörtert werden müßte, ob und in welchem Sinn das embryonale Leben schon als personales Leben betrachtet werden muß und ob den unterschiedlichen Graden an Differenzierung beim werdenden Menschenleben auch ein unterschiedlicher Grad an Würde, Wert und Lebensrecht zukommt[47]. Hier soll trotz der unabweisbaren Entsprechungen zwischen Tötung der »Leibesfrucht« aufgrund der »Bedürfnisse« anderer und der Tötung von geborenem Leben aufgrund der »Bedürfnisse« anderer nur Letzteres in Betracht gezogen werden. Dazu gehören in der Medizin die Fälle, in denen nur durch Tötung eines Menschen das Leben eines anderen gerettet oder ihn in seinem Menschsein verstümmelnder Schaden abgewendet werden kann. Unter der Voraussetzung, daß das Unterlassen von an sich sinnlosen Maßnahmen der Lebensverlängerung mit

[47] Vgl. Eibach (1972), 152 ff.; B/I/1, Anm. 17; B/III/1, Anm. 16 ff.

Todesfolge nicht zu den Tötungshandlungen zu rechnen ist, sind dafür die Fälle in Betracht zu ziehen, in denen eine komplizierte lebensnotwendige Maschine (z. B. Beatmungsgeräte, Dialysegeräte u. a.) einem Patienten entzogen, eine lebenswichtige Operation oder sonstige Behandlung abgebrochen werden müßte und in denen einem Menschen Organe entnommen werden könnten, um anderen das Leben zu retten[48]. Zur Frage steht hier also, ob die Tötung von Menschen überhaupt ein legitimes Mittel sein kann, um einen anderen Menschen zu retten. Es geht in solchen Fällen nicht um einen Akt der Selbstverteidigung des einen Lebens gegen das andere, denn keines von beiden macht sich einer Aggression gegen das andere schuldig. Man könnte damit argumentieren, daß der Selbsterhaltungstrieb jedem eigen sei, und daß sich in solchen Fällen doch berechtigterweise der stärkere Wille zum Leben gegen den schwächeren durchsetzen dürfe und das mit dem Hinweis darauf moralisch untermauern, daß sich jeder zunächst selbst der Nächste sei, daß es daher aus Selbstliebe heraus »jedem Wesen naturhaft« sei, zuerst sich selbst am Leben zu erhalten, das eigene Leben über fremdes Leben zu setzen und bei einem ausweglosen Konkurrenzverhältnis zwischen Leben und Leben auch die Tötung des anderen zu betreiben. Nach den bisherigen Ausführungen ist schon die Überordnung der Selbstliebe über die Nächstenliebe[49], geschweige denn die Tötung eines unschuldigen Mitmenschen aufgrund des stärkeren eigenen Willens zum Leben nicht zu rechtfertigen, ganz abgesehen davon, daß man zur Ausführung dieses Tötungsakts Dritte in Anspruch nehmen müßte. Eine Parallelisierung mit dem Schwangerschaftsabbruch zugunsten der Rettung von Leben und Gesundheit der Mutter dürfte auch wegen der viel näheren personalen Beziehung zwischen Mutter und Kind kaum möglich sein. Vom Standpunkt des Empfängers von Leben, also des zu rettenden Menschen aus, wird sich kaum eine christlich vertretbare Rechtfertigung der Tötung begründen lassen. Doch die Frage besteht, ob dies aus der Sicht dessen möglich ist, der »Leben« spenden soll, indem er sein Leben opfert.

Man kann im Opfer des eigenen Lebens zur Rettung eines Menschen den höchsten Ausdruck der Nächstenliebe und ihren endgültigen Sieg über die Selbstliebe und eine Aufhebung des natürlichen Le-

[48] Vgl. C/I/4.
[49] Vgl. B/II/2, Anm. 26 ff., 43 ff.; B/II/5, Anm. 40 ff.

benstriebs durch das freie sittliche Subjekt sehen, die nur dem Menschen möglich ist. Zwar haben wir erhebliche theologische Bedenken geltend gemacht gegen die stoisch idealistische Glorifizierung des Todes als Tat sittlicher Selbstvollendung[50] und haben noch größere Bedenken gegen die Verkehrung des Sterbens als »Gelegenheit zur höchsten menschlichen Bewährung der Liebe«[51] im Opfer des Lebens für andere und dessen Legitimierung mit dem einmaligen Opfertod Jesu Christi für alle, doch ist ein solches »Opfer« des Lebens zur Rettung des Lebens anderer trotzdem eine höchst achtenswerte sittliche Tat, aber nur, wenn sie in voller *Freiheit* als Selbsthingabe des Lebens vollzogen wird. Aus den Erwägungen zum Verhältnis der Selbstliebe zur Nächstenliebe[52] ergibt sich, daß man aus der Verpflichtung zur *Solidarität* mit dem Mitmenschen nicht das »Opfer« des eigenen Lebens zur Rettung anderer zur *Pflicht* erheben kann. Daher kann man auch bei einem unwiderruflich bewußtlosen Menschen nicht einfach die Bereitschaft voraussetzen und dann natürlich auch nicht ohne bewußte Einwilligung von ihm verlangen, z. B. das »Opfer« seines Lebens zum Zweck der Spende eines lebenswichtigen Organs zu bringen[53].

Dann käme noch die Möglichkeit in Frage, daß ein Mensch bei vollem Bewußtsein und in voller Freiheit eine entsprechende Willenserklärung abgibt. Nun kann man kritisch fragen, ob eine solche Erklärung der Bereitschaft, sich vorzeitig töten zu lassen, wenn man z. B. nicht mehr zu einem »intakten Bewußtsein« wiederhergestellt werden kann, primär aus »Liebe« zum Nächsten abgegeben wird oder aus der Einstellung heraus, daß das Leben dann sowieso nichts mehr »nütze« und damit sinn- und wertlos sei. Im letzteren Fall wäre es eine Unwerterklärung, die dem theologisch gesehen äußerst fraglichen Richten über den letzten Sinn und Wert des Lebens entspringt. Voraussetzung der Bereitschaft zum Opfer wäre dann der eigene Unwert und der schon durch Krankheit bzw. Unfall vorher gebro-

[50] Vgl. B/II/4, Anm. 63 ff.

[51] P. Althaus, Lehrbuch der Dogmatik, 1952, 412. Die dazu als Legitimierung meist herangezogenen Bibelstellen (Joh 15,13; 1. Joh 3,16) sagen aber nur, daß man notfalls um des anderen willen den Tod erleiden, aber nicht suchen soll. »Den Tod erleiden ist aber was anderes als ihn direkt suchen und verursachen« (Gründel, 174; vgl. Lessing, 116). Auch Jesus wurde der Tod auferlegt, er hat ihn erlitten, nicht als heroischen Akt der Selbstvollendung, sondern in Zittern und Zagen (vgl. Gollwitzer, 252 ff.; Moltmann, 1972 a, 140 ff., 228 ff.).

[52] Vgl. Anm. 49.

[53] Vgl. C/I/3, Anm. 40 ff. u. C/I/4, Anm. 33 ff.

chene eigene Lebenswille. Im Ideal des Opfers des eigenen Lebens für andere sind aber die Gedanken konstitutiv, daß die Bereitschaft zum Opfer aufgrund des Wertes des Lebens des anderen geschieht, ohne damit den Unwert des eigenen Lebens im voraus zu konstatieren, und daß der eigene Lebenswille in Freiheit geopfert wird aufgrund des aktuellen »Rufes« des anderen nach Rettung, nicht aber so, daß ich die Freiheit schon aufgrund des Unfalls gar nicht mehr habe und das ganze Geschehen dann durch Dritte vermittelt und ausgeführt werden muß. Soll das Geschehen etwas mit dem Geist der »Nachfolge Christi« und Christi Tod zu tun haben, so dürfte keinesfalls die Sinnlosigkeit bzw. der Unwert des eigenen Lebens und auch nicht die Sinnverschaffung für das eigene Leben und seine Vollendung durch eine höchste sittliche Tat, sondern allein die Rettung des Nächsten ohne derartige Bedingungen Motivation zum Handeln sein. Das Opfer des Lebens aus Liebe zum Mitmenschen setzt außerdem meist eine unmittelbare Beziehung und Begegnung zwischen Mensch und hilfsbedürftigem Mitmenschen voraus, die aber bei den hier angeschnittenen Problemen wie Organspende usw. nie gegeben sein können, da alles anonym verläuft. Daß ein Mensch sein Eigentum nach seinem Tod, wenn er es nicht mehr braucht, ganz oder zum großen Teil bedürftigen Menschen vermacht, kann Ausdruck von Liebe sein. Größer wäre die Liebe, wenn er es zu seinen Lebzeiten gäbe, solange er selbst sich damit noch ein angenehmes Leben verschaffen kann. Erklärt man sich nur unter der Bedingung des Verlusts der eigenen Fähigkeit der Selbstverfügung und Bewußtheit zum »Opfer« des Lebens bereit, so kommt diese Erklärung einer Verfügung über die Verwendung des materiellen Nachlasses nach dem Tode des Besitzers doch bedenklich nahe. Darin wäre dann wenigstens verkannt, daß theologisch gesehen der Mensch in diesem Sinne kein Verfügungsrecht über seinen lebendigen Leib hat und daß er es erst recht nicht an andere delegieren kann. Ob das Moment »Nächstenliebe« für die Erklärung der Bereitschaft des Opfers des Lebens zum Zweck der Organspende unter Bedingungen wie der des totalen Verlusts der eigenen Gesundheit usw. wirklich ausschlaggebend ist, muß mit Fug und Recht ebenso bezweifelt werden[54], wie die Behauptung, daß ein solches Opfer aus Freiheit geschehe, denn die Erklärung setzt den Zu-

[54] Ein Test auf die Echtheit wäre der, ob man auch bei bester Gesundheit bereit wäre, dieses Opfer zu erbringen. Vgl. Bonhoeffer, 181.

stand der Unfreiheit, wenn nicht gar den des »Unwerts«, als Bedingung der Hingabe des Lebens voraus.

Soweit eine Person nicht die Selbsthingabe ihres Lebens zur Rettung eines anderen in voller Freiheit vollzieht, kommt offenbar nur die Güterabwägung gemäß dem Vorzug der »höheren Qualität des Lebens« vor der »niederen« als die Tötung ethisch rechtfertigendes Prinzip in Frage. Einer solchen Güterabwägung zum Zwecke der Organentnahme steht das Prinzip der leib-seelischen Integrität (Totalitätsprinzip) entgegen, das Eingriffe nur zum Wohle, nicht aber zum Schaden des Patienten erlaubt. Die Berufung auf das Solidaritätsprinzip zum Zwecke der Tötung ist ethisch sehr zweifelhaft, wenn nicht gar eindeutig abzulehnen. In Frage käme also allenfalls der Entzug einer lebenswichtigen Maschinerie oder der Abbruch einer lebenserhaltenden Behandlung, um einen anderen Menschen zu retten. Selbst wenn man dabei die für eine Güterabwägung zum Zwecke des Verzichts auf lebensverlängernde Maßnahmen herausgestellten Kriterien beachtet[55], berechtigt allein die Tatsache, daß das eine Leben bei Bemessung nach diesen Kriterien »höherwertig« ist als das andere, noch nicht zur Tötung. Zwar würde man in diesen Fällen nicht grundsätzlich das Urteil »lebensunwert« fällen, sondern nur den geringeren »Lebenswert« im Vergleich mit einem anderen konstatieren, doch soll dieses Urteil auch zugleich das Todesurteil rechtfertigen. Solange ein Mensch eine echte Chance auf Wiederherstellung einer einigermaßen intakten leib-seelischen Integrität hat, kann es nie gerechtfertigt sein, ohne seine Einwilligung seinen Tod herbeizuführen. Ob man dies tun darf, wenn er noch bei Bewußtsein und entscheidungsfähig ist, aber keine Chance auf Wiederherstellung hat, ist sittlich mehr als zweifelhaft, da der Mensch in seiner Personwürde nur geachtet ist, wenn man seine Freiheit zur Selbstbestimmung ernst nimmt. Mithin kann ihm also das Opfer auch nicht mit der Begründung aufgezwungen werden, daß dieses technische Gerät nicht wie seine Organe sein Eigentum sei, es deshalb auch nicht unter den im Totalitätsprinzip ausgesagten Schutz des Leibes falle und er so keinen unbedingten Rechtsanspruch auf eine solche Behandlung mit »außerordentlichen Mitteln« habe[56]. Für den Fall allerdings, daß es sich bei dem »aufzugebenden« Menschen um einen sterbenden Men-

[55] Vgl. B/III/5, Anm. 65 ff.
[56] Vgl. das B/II/5, Anm. 56 zu den »Mitteln« Gesagte.

schen mit stärkster Bewußtheitsgestörtheit und nur noch geringer Lebenserwartung ohne Aussicht auf vorübergehende Wiederherstellung einer klaren Bewußtheit und Kommunikationsfähigkeit handelt[57], könnte eine solche, den Tod frühzeitig herbeiführende Handlung aufgrund einer Güterabwägung ethisch gerechtfertigt und sogar geboten sein, wenn der zu rettende Mitmensch relativ sichere Chancen auf eine Gesundung oder Überleben mit geringer Beeinträchtigung seines Lebens hat. Der Unterschied zum abgelehnten Opfer eines lebenswichtigen Organs liegt hier in der Tat darin begründet, daß der Tod durch die Entfernung eines an sich nicht zum Leib gehörenden Gerätes, nicht aber durch einen tötenden Eingriff in den Körper eintritt. Ob dieser Unterschied ethisch gesehen ein prinzipieller oder lediglich ein beachtlicher relativer in den *Mitteln* und der *Art* ist, während die Absicht und die Folgen mit denen bei der Organentnahme vom lebenden Spender gleich sind, hängt von der Klärung der Frage ab, ob der Abbruch einer lebenserhaltenden Behandlung immer als Tötung bewertet werden muß.[58]

f) Ergebnis kritischer Prüfung:

In Ausführungen zu den verschiedenen Begründungen einer Tötung ohne frei vollzogene Einwilligung stellte sich heraus, daß der Gedanke des aufgenötigten Opfers eines einzelnen oder mehrerer um der Abwendung von Schaden für Angehörige und Gesellschaft und um der Mehrung von »Wohlleben« einiger oder aller willen sich verbinden läßt mit dem Urteil »lebensunwertes« und »sinnloses« Leben, während das Motiv des Mitleids mit dem kranken Menschen selbst umso weniger zutrifft, je mehr das Urteil »lebensunwert« bzw. »sinnlos« überzeugend wirkt. Nicht beweisbar ist auch der strenge Zusammenhang zwischen dem Urteil »lebensunwert« bzw. »sinnlos«, soweit es die Möglichkeit der Selbstverwirklichung und personalen Integrität meint, und der *Schädlichkeit* für die Gesellschaft, die ja ausschlaggebend sein soll für den Gedanken des »Opfers«; denn es ist durchaus häufig nicht der Fall, daß die Erhaltung des subjektiv »sinnlosen« Lebens auch die höchsten personellen und finanziellen

[57] Vgl. B/I/2, Anm. 17 ff.; B/II/5, Anm. 69.
[58] Vgl. C/II/3.

Kosten verursacht. Selbst wenn man das Urteil »lebensunwert« nur auf diejenigen Menschen ausdehnen wollte, die nicht nur nicht mehr arbeitsfähig, sondern auch für andere Menschen nicht mehr sonstwie von »Nutzen« sind, so wären darunter immer noch in der Mehrheit Menschen, die subjektiv gesehen durchaus noch Sinn erfahren und »glücklich« sein könnten. Somit könnte die Tötung »lebensunwerter« Menschen nur dann annähernd vor uferlosem Mißbrauch eingegrenzt werden, wenn im Urteil »lebenswert« nicht nur das Moment des »Nutzens« für andere, sondern auch das der subjektiven Erlebnisfähigkeit enthalten und letzteres als Kriterium dem des Nutzens vorgeordnet wäre. Da aber über die subjektive Erlebnis- und Glücksfähigkeit von Menschen mit starker Bewußtseinstrübung und Hirnschädigung nichts Objektives aussagbar ist, soweit sie ihre Empfindungen nicht verbal äußern können, kann die Sinnhaftigkeit subjektiven Lebens letztlich doch wieder nur an dem Nutzen und Schaden für andere gemessen werden, was in eine unbegrenzbare Vernichtung allen unerwünschten Lebens ausarten würde. Stichhaltiges Argument kann doch dann nur – wie *K. Bindung* und *A. Hoche*[59] bemerkten – das Argument des »Opfers« des Lebens für »höhere Zwekke« sein, das in sich die Öffnung zu bestialischsten Formen der Inhumanität birgt. Die Kombination der Begründung, das Leben sei »sinnlos« (E. Schmalenberg) oder »lebensunwert« (St. Dixon u. a.)[60], mit dem Gedanken des »Opfers für höhere Zwecke« bringt keine zusätzliche Absicherung, da die Sinnlosigkeit und der Lebensunwert letztlich doch nur am »Nutzen« für die Gesellschaft bemessen werden, also eigentlich gar keine vom Opfergedanken verschiedenen Motive und Begründungen darstellen.

Es steht außer Zweifel, daß eine letzte Beurteilung des Lebenswerts eines Menschen nach seinem Nutzen und eine Verfügung über sein Leben bei feststellbar unwiderruflicher »Schädlichkeit« niemals zu rechtfertigen ist. Aber auch die Beurteilung der Sinnhaftigkeit im Sinne der Feststellung der Sinnlosigkeit muß theologisch verworfen werden, nicht nur, weil wir den Sinn eines Menschenlebens nie objektiv von außen her feststellen können, sondern auch, weil ein solches Urteil eine letzte Verfügung von Menschen über Menschen darstellt, die einen Menschen zum reinen Objekt von anderen macht,

[59] Vgl. C/I/3, Anm. 39 ff.
[60] Vgl. C/I/3.

und weil der Mensch von Gott her einen bis zum Tode unverlierbaren Sinn und Wert hat, der seinem Leben für andere immer den Wert gibt, menschlich zu sein und als solches geachtet und gepflegt zu werden. Mit dem Urteil »sinnloses« und »lebensunwertes« Leben entläßt der Mensch sich aus der Verantwortung für den Mitmenschen, die – wenn sie sich von der Liebe Christi her inhaltlich füllen läßt – nur auf das *Wohl* des Mitmenschen, nicht aber auf seine Vernichtung aus sein kann, selbst wenn der Mensch zu keiner dankbaren Antwort und Reaktion auf die liebevolle Zuwendung mehr fähig ist. Diskussionswürdig ist allenfalls, ob in Grenzfällen unaufhebbarer Ausweglosigkeit, wo also unerträgliches Leiden nicht anders beendet werden kann, oder in Situationen, wo ein Mensch nur durch die Tötung eines Mitmenschen gerettet werden kann, als »ultima ratio« die Tötung ohne hinreichende sittliche Rechtfertigung oder aufgrund eines »Wertvorzugsurteils« ethisch vertretbar oder gar geboten ist.

2. *Recht auf Selbsttötung und Tötung auf Verlangen?*

Daß es keine rechtfertigende Norm gibt, andere ohne ihr frei geäußertes Verlangen zu töten, widerlegt noch nicht das Recht des Menschen, aus freiem Entschluß sich selbst zu töten oder hierfür die Hilfe anderer zu beanspruchen. Es stellt sich die Frage, ob der Mensch die *Freiheit* und das *Recht* überhaupt hat, sein Leben selbst auszulöschen. Die Philosophen der Neuzeit können nur schwer überzeugende Argumente gegen das Recht auf Selbsttötung ins Feld führen, denn – so hat der Philosoph *K. Löwith*[1] formuliert – »es gibt nur ein einziges stichhaltiges Argument gegen das Recht auf Selbstvernichtung und dieses ist kein eigentlich moralisches, sondern ein religiöses. Es steht und fällt mit dem christlichen Glauben, daß der Mensch ein Geschöpf Gottes ist, daß er sein Leben als Gabe geschenkt bekam. Dann, aber nur dann, ist der Selbstmord in der Tat ein Mord, ein höchstes Unrecht gegen Gott. Wir sind dann nicht ursprünglich und ausschließlich uns selbst verantwortlich und uns selbst gehörend, wir haben uns vor dem zu verantworten, der uns geschaffen hat. Die Selbstvernich-

[1] Die Freiheit zum Tode, in: Vorträge u. Abhandlungen zur Kritik der christlichen Überlieferung, 1966, 278.

tung ist dann eine ungehörige Anmaßung, ein Aufstand des Menschen gegen seinen Schöpfer« oder – wie *K. Barth*[2] sagt – »ein letztes Mittel, sich selbst Recht und Freiheit zu verschaffen . . . Sein Leben von ihm zu nehmen ist Sache dessen, der es dem Menschen gegeben, nicht seine eigene Sache.« Dieses bei fast allen Theologen[3] vorgebrachte theonome Argument gegen die Selbsttötung findet sich jedoch auch schon bei *Platon*, der damit begründet, warum es den Menschen, für die es »besser sei zu sterben als zu leben«, dennoch nicht erlaubt sei, »sich selbst wohlzutun«, statt darauf zu warten, »bis der Gott irgendeine Notwendigkeit dazu verfügt hat«[4]. Der Verdacht ist somit nicht unbegründet, daß es sich um ein »metaphysisches« Argument handelt, das mit dem »Tod des metaphysischen Gottes«, der in den Lauf der Welt eingreift, Zwänge und Notwendigkeiten auferlegt und daher nichts mit dem biblischen Gott der Freiheit und Liebe zu tun habe, auch hinfällig sei[5]. Die theologische Begründung, wie auch die Kritik an ihr, bedürfen also ebenso der Überprüfung, wie die nichttheologischen Argumente gegen und für eine Selbsttötung.

Unter dem Einfluß der neueren Suizidforschuung hat sich zunehmend die Meinung durchgesetzt, jede Selbsttötung habe psychopathologische Ursachen[6], der Selbstmörder sei also immer als kranker und nicht zurechnungsfähiger Mensch anzusehen. Es ist zuzugeben, daß fast jede Selbsttötungshandlung wie auch jede Bitte um Tötung ein dringender Schrei um Hilfe ist, doch sollte man deutlich herausstellen, daß die primären Ursachen der psychischen Verfassung, aus der heraus die Selbsttötung begangen oder versucht wird, z. B. bei alten Menschen in der sozialen Isolierung und Hilflosigkeit zu suchen sind, also keinesfalls allein psychopathologischer Art sind[7]. Ob ein nach vergeblichem Schreien um Hilfe in einer hilflosen, durch den

[2] KD III/4, 460 f.

[3] Vgl. Bonhoeffer, 179 ff.; Trillhaas, 208; P. Althaus, Grundriß der Ethik, 1953, 42 f.; vgl. Augustinus, De civitate Dei, Buch I, 21 u. 26; Thomas von Aquin, S. Th. II–II, q 64 a 5; zu kath. Theologen vgl. Schüller, 182 ff.

[4] Platon, Phaidon 62 a–c (zitiert nach Übers. von Schleiermacher).

[5] So J. Fletcher u. a. (vgl. Anm. 35 ff. u. B/III/1, Anm. 33) entsprechend den Konsequenzen, die auch Fr. Nietzsche aus dem Tod Gottes zog.

[6] Vgl. E. Ringel, 15 ff.; Thomas, 35 ff.; K. Menninger, Selbstzerstörung. Psychoanalyse des Selbstmords, 1974 (Dtsch.): U. Ehebald, Über Konflikte selbstmordgefährdeter Menschen, in: WzM 18 (1966), 283 ff.; G. N. Groeger, Wenn das Selbstgefühl gestört ist, in: EvKo 8 (1975), 18 ff. u. Reiner, 59 ff.

[7] So selbst Ringel, 40 ff.; vgl. Thomas, 16; Schenda, 60. Der Psychiater B. L. Danto hält die Anzahl der Selbstmordfälle, die lediglich psychopathologische Ursachen haben, für relativ unbedeutend (Diskussionsäußerung in: Eser, Hrsg.).

Betreffenden selbst nicht abwendbaren Lage gut vorbereiteter Suizid immer aus Unzurechnungsfähigkeit geschieht, kann bezweifelt werden. Auf jeden Fall geht es aber zu weit, wenn man behauptet, daß schon jede schwere somatische Krankheit den Menschen psychisch in seiner Entscheidungsfähigkeit so einengt und ihn so unzurechnungsfähig macht, daß man seinen Willen nicht ernsthaft berücksichtigen müsse und jede Bitte um Tötung ein nicht ernst zu nehmender Ausdruck psychischer Umnachtung sei. Auf diese Weise läßt sich das Problem der Tötung auf Verlangen nicht vom Tisch wischen. Da das Recht auf Selbsttötung Voraussetzung einer Tötung auf Verlangen ist, wehren sich die Befürworter dieser Tötung ganz entschieden dagegen, jeden potentiellen Selbstmörder für unzurechnungsfähig zu halten[8]. Sicher ist schon schwer zu unterscheiden zwischen einem in Form einer Bitte um Tötung geäußerten Schrei um Hilfe und Beistand einerseits, dem Wunsch zu sterben andererseits und dem davon wieder zu unterscheidenden Wunsch, getötet zu werden. Noch schwieriger wird es dann, wenn auch noch die Kompetenz und Zurechnungsfähigkeit eines Menschen mit schwerer Krankheit und Tötungswunsch festgestellt werden soll. Man kann jedoch keinesfalls von vornherein davon ausgehen, daß er sie nie hat. Überhaupt darf das Problem ethisch nicht allein in einem pragmatischen Horizont erörtert werden, vielmehr sollten die grundsätzlichen philosophischen und theologischen Aspekte den Vorrang haben.

a) Unverfügbarkeit des Lebens? – Der Tod, eine Fügung Gottes?

Der Mensch hat – nach allem, was wir derzeit über das Verhalten von Tieren wissen – als einziges Lebewesen die Fähigkeit, sich selbst umzubringen. Man kann darin einen Beweis dafür sehen, daß er autonomer Herr seines eigenen Lebens ist und aus dieser Autonomie heraus auch darüber verfügen darf. Dem steht das erwähnte theologische Argument entgegen, daß das Leben Setzung und Gabe Gottes ist, daß Gott Herr des Lebens ist. Die Tatsache, daß der Mensch nicht sein eigener Schöpfer ist, läßt sich als empirischer Hinweis dafür werten,

[8] Fletcher (1973, 117) hält die Behauptung, alle Selbstmörder seien »mentally disorderd« für eine einfache Zeitungsente. Vgl. auch die Beiträge von A. Flew, in: Downing (Ed.), 30 ff.; ders., in: Eser (Hrsg.); M. R. Barrington, in: Downing (Ed.), 152 ff.; Hammer, 11 ff.

daß das Leben »Gabe« Gottes ist. Die ebenso unbestreitbare Tatsache, daß der Mensch sich das Leben nehmen kann, läßt den Schluß zweifelhaft werden, daß er deshalb kein Verfügungsrecht über sein Leben habe. Dies ergibt sich wenigstens nicht zwingend aus der Tatsache, daß er nicht sein eigener Schöpfer ist[9], sondern nur aus dem Bekenntnis des Glaubens, daß Gott der Herr des Lebens ist, daß der Mensch es dem Auftrag seines Schöpfers gemäß leben soll und zu diesem Auftrag nicht das absolute Verfügen über das Leben gehört, daß also Gott, nicht der Mensch selbst, dieses Leben wieder einfordert, beendet und beurteilt[10]. Nur unter dieser Voraussetzung kann gesagt werden, daß der Mensch sich ein »göttliches Hoheitsrecht« anmaßt, wenn er eigenmächtig ein letztgültiges Urteil über sein Leben fällt und sich daraufhin vernichtet. Ein derartiger Akt der Selbstbeurteilung und letzten Selbstverfügung wäre eine Leugnung der »Tatsache, daß es über dem Menschen einen Gott gibt«[11], der allein das Leben beurteilen kann und die letzte Verantwortung für es trägt[12].

Diese harte theonome Ablehnung des Rechts auf Selbsttötung muß auf Widerspruch stoßen bei denen, die gerade in der Freiheit zur Selbsttötung den höchsten Ausdruck der Fähigkeiten sehen, in denen sich der Mensch vom Tier unterscheidet, und die gegen die dieser Ablehnung zugrundeliegende theonome Heteronomie die menschliche Autonomie setzen und das Recht postulieren, nach Belieben über das eigene Leben zu verfügen. Wenn *J. Fletcher*[13] behauptet, daß die Kontrolle des Sterbens wie die Geburtenkontrolle eine Angelegenheit menschlicher Würde sei, ohne die der Mensch zur Marionette werde, so wehrt er sich im Namen radikaler menschlicher Autonomie gegen den natürlichen und den »theistischen« Determinismus. Zwar hat er fälschlicherweise die »Sterbekontrolle« mit der Geburtenkontrolle parallelisiert, obgleich die Verhinderung des Entstehens von Leben etwas völlig anderes ist als die Auslöschung von entstandenem Leben, doch geht aus einer anderen Veröffentlichung[14] hervor, daß er dar-

[9] Vgl. Schüller, 183 ff.; Eid, 82 ff.
[10] Vgl. B/II/5, Anm. 3 ff.
[11] Bonhoeffer, 179.
[12] Vgl. Barth, KD III/4, 464.
[13] »Death control, like birth control, is a matter of human dignity. Without it persons become puppets« (1969 a, 69). Die dtsch. Übersetzung bezieht das »without it« fälschlicherweise auf Würde (1969 b, 65). Das Argument macht sich auch Knevels (S. 12 ff.) zu eigen. Vgl. Hammer, 30 ff. Zur Kritik an Fletcher vgl. C/I/3, Anm. 19 ff.
[14] Vgl. B/III/1, Anm. 21.

unter offensichtlich die Freiheit zum Schwangerschaftsabbruch versteht, der logischerweise die Freiheit entsprechen müsse, sich selbst und auch andere zu töten, wenn das Leben nicht mehr als lebenswert bejaht werden kann. *Jean Paul* hat nicht Unrecht, wenn er in seiner »Rede des toten Christus, vom Weltgebäude herab, daß kein Gott sei«, die Konsequenzen, die erst *Fr. Nietzsche* aus dem »Tod Gottes« gezogen hat, erahnt: »Ach, wenn jedes Ich sein eigener Vater und Schöpfer ist, warum kann es nicht sein eigener Würgeengel sein?«[15] »Das Ich also, das sich nicht mehr geschaffen und sich nicht vom Du des Schöpfers gesetzt und auf es bezogen weiß, wird dann sein eigener ›Vater und Schöpfer‹, es ›setzt sich selbst‹ . . . Es ist dann auch nicht mehr in die Grundordnung von Leben und Tod gestellt. Es kann nicht mehr dulden, daß der Tod ein Widerfahrnis . . . ist, weil schlechthin alles zu seinem Vollzuge werden muß. Also muß das Ich . . . auch sein eigener ›Würgeengel‹ sein, es muß den Freitod vollziehen können. Wer sich selbst schafft, muß sich auch selber abschaffen«[16] und sein Leben für »lebensunwert« erklären dürfen. Die Meinung, daß der Tod in dieser Weise Tat des Menschen sein könne, ist nach *K. Barth*[17] die »letzte und abschließende Folge des Wahns, in welchem der Mensch zugleich Schöpfer und Geschöpf sein« und über sich uneingeschränkt verfügen möchte, und nach dem Psychiater *V. E. Frh. v. Gebsattel*[18] Ausdruck jenes Trugbildes von Freiheit, das sich als Verfügenkönnen über das *Unverfügbare* versteht, obgleich im Tode gerade die Entmachtung der sich autonom wähnenden »Ichheit« durch den unverfügbaren Gott geschieht. Daß der Mensch nicht sein eigener Schöpfer ist, ist trotz Geburtenkontrolle und Schwangerschaftsabbruch noch evident[19]. Die behauptete Unverfügbarkeit des Lebens ist aber strittig, weil der Mensch durchaus fähig ist, sein irdisch-leibliches Leben zu vernichten. Fraglich ist aber, ob der Mensch sich selbst aus *Freiheit* heraus und – wenn das Selbst durch Freiheit konstituiert sein soll –, ob sich das »Selbst« dann selbst auslöschen *kann*. Um dieses Problem phänomenologisch und theologisch noch etwas zu erhellen, müssen wir nochmals zurückgreifen auf die Ausführungen zum Verständnis von Krankheit und Tod[20].

[15] Abgedruckt in: G. Bornkamm, Studien zur Antike und Urchristentum, 1963, dort S. 248.
[16] Thielicke, ThE I, Nr. 1959 f.
[17] KD III/4, 444.
[18] Aspekte des Todes, in: A. Jores (Hrsg.), Der Tod, Synopsis, Bd. 3, 1949, 86.
[19] Vgl. Dyck (S. 109 f.) gegen Fletcher.

Wir haben dargelegt, daß der Mensch gegenüber der Übermacht des Nichtigen und seiner Gestalten letztlich meist ohnmächtig ist. Sie überfallen, überwältigen ihn und zerstören sein Leben. Deshalb bleibt die Vernichtung der Krankheiten und damit auch der Fortschritt zum »Heil«, zur neuen Schöpfung unter Ausschluß der Todeswelt, allein Gottes Sache. So ist der Mensch aber auch hinsichtlich seiner Bewahrung vor den Gestalten des Nichtigen letztlich ganz auf Gott angewiesen, denn so mächtig ist er nicht, daß er der Macht »Krankheit« den Zeitpunkt ihres tödlichen Zugreifens durch Gesundheitsvorsorge wirklich selbst vorschreiben könnte (vgl. Mt 6,27). Zwar kann der Mensch den tatsächlichen Zeitpunkt des Sterbens mittels medizinischer Behandlung oft weit hinausschieben, und er soll es auch, denn nicht nur die Heilung, sondern auch die Bekämpfung einer Krankheit und die erfolgreiche und »sinnvolle« Hinauszögerung des Todeszeitpunkts sind »zeichenhafte« Geschehen für die endgültige Vernichtung des Nichtigen durch Gott und insofern auch eine »Entsprechung« zum heilenden Handeln Jesu[21]. Doch kann der Mensch nicht bestimmen, welcher Art seine Krankheit sein darf, also nicht, ob sie eine *heilbare* oder eine *unheilbare* Krankheit ist. Ob die Krankheit zum Tode ist, kann nie vorweg, d. h. bevor sie mich befällt, bestimmt, sondern immer nur im nachhinein festgestellt werden. Eher kann man schon den Zeitpunkt prognostizieren, wann die Krankheit das Sterben endgültig einleitet und wann sie es beendet[22], doch entziehen sich auch diese Zeitpunkte oft der genauen Prognose, unterliegen also nur bedingt medizinischer Beeinflussung und noch weniger der willentlichen Gestaltung durch die betroffene Person. Daß der Mensch seinen eigenen Tod ebensowenig in Regie nehmen kann wie seine Zeugung und Geburt, wird oft nicht gesehen, ist aber nichtsdestoweniger evident, denn wie der Anfang des Lebens jenseits des Bewußtseins der werdenden Person liegt, so ist der Tod *der* Person ein *Zustand* und der Ablauf zwischen dem *psychologischen Tod*[23] und dem *Tod der Person* ein bewußtloses Geschehen. Auch der psychologische Tod als Verlust der Bewußtheit ist keine Tat des Menschen selbst, sondern *Erleiden* in reiner Passivität. Sowohl der Ursprung als auch das Ende menschlichen Lebens entgehen dem bewuß-

[20] Vgl. B/II/4.
[21] Vgl. Barth, KD III/2, 729; IV/2, 248 ff.; IV/3, 1022; Eibach (1974), 239 ff.
[22] Vgl. B/I/2, Anm. 17 f.
[23] Vgl. B/I/2, Anm. 11 f.; B/III/3, Anm. 15 f.; Pohier, 268 f.

ten Erleben der Person und sind der Verfügung durch das »Ich« entzogen.

In einer idealistischen Anthropologie, die Bewußtsein und freie Selbstbestimmung verabsolutiert und die Person durch ihre Taten konstituiert sein läßt, muß die Tatsache, daß sich Anfang und Ende des Lebens der Verfügung durch den Menschen selbst entziehen, als ein Übel erscheinen. Das Unverfügbare soll verfügbar werden, indem man mit *Fr. Nietzsche* die »dumme physiologische Tatsache« des unverfügbaren Todes in eine »moralische Notwendigkeit«, eine Tat freiheitlicher Selbstverfügung umdeutet, um so Herr des eigenen Lebens und Todes zu sein, sich nicht von den blinden und daher verächtlichen Bedingungen des naturbedingten Todes überwältigen zu lassen, sich vielmehr den freien Tod zu geben, »der mir kommt, weil *ich* will«[24]. Doch erhebt sich hier – ganz abgesehen davon, daß der Tod *der* Person auch bei einer Selbsttötung bewußtlos erlitten wird – die Frage, ob dieser Tod überhaupt aus Freiheit kommt, wie Nietzsche es vorgibt. In dem »Lied vom freien Tod«[24] mahnt Nietzsche, dem unvernünftigen, naturbedingten, unfreien Tod mittels Vernunft im freien Tod zuvorzukommen und nicht – wie faule Äpfel – solange am Baum hängen zu bleiben, bis der Wind sie herabstößt. Damit sagt er, daß das Leben spätestens dann, wenn das Erleiden gegenüber dem aktiven Tun stark überwiegt, wenn der Mensch nicht mehr der freie, über sich selbst verfügende Herr sein kann, sinnlos, unwert, menschenunwürdig wird. So scheidet Nietzsche – von seinem transzendenzlosen Verständnis von Leben her ganz konsequent – werthaftes von wertlosem Leben. Dann ist jedoch auch nicht die Freiheit die Ursache der Selbsttötung, sondern die Konstatierung des Lebensunwerts. Der Mensch richtet selbst über den Sinn und den Wert seines Lebens und vollzieht dann aufgrund des Urteils »lebensunwert« die Tötung seiner selbst und rechtfertigt die Tat damit, daß man das wertlos gewordene eigene Leben dem allgemeinen Leben der Gattung »opfere«. Die Selbsttötung ist eine Folge des Nihilismus, der Gott tot

[24] Nietzsche, Also sprach Zarathustra, Schlechta Bd. II, 333 f. (vgl. Bd. I, 949). Im Anschluß an Nietzsche schreibt H. Marcuse (Triebstruktur und Gesellschaft, 1965, 233): »Die Menschen können ohne Angst sterben, wenn sie wissen, daß das, was sie lieben, vor Elend und Vergessen bewahrt ist. Nach einem erfüllten Leben können sie es auf sich nehmen, zu sterben – zu einem Zeitpunkt eigener Wahl.« Dgg. wird man mit Gollwitzer (S. 111) sagen dürfen, »daß die Erfahrung uns lehrt, daß das Glück nicht entfernt uns ›lebenssatt‹ macht, . . . sondern den Schmerz der Trennung aufs äußerste verschärft.« Vgl. zur Kritik auch Literatur B/II/3, Anm. 39.

sagt, für den das Leben ohne Transzendenz und Ewigkeit ist, so daß auch das »Erleiden« des Sterbens absolut sinnlos ist[25]. Die Feststellung der »Sinnlosigkeit« und des »Lebensunwerts« des Lebens bedeutet aber immer eine so tiefe Störung des *Selbstwertgefühls*, daß der Mensch gar nicht mehr aus Freiheit handelt, die Selbsttötung nicht aus freier Entscheidung, sondern aus Verzweiflung, Resignation, Hoffnungs- und Ausweglosigkeit, also aus unfrei machendem zwanghaftem »Schicksal« oder aus der Furcht heraus vollzieht, dem noch vor ihm liegenden Leben nicht standhalten zu können.

Selbsttötung ist niemals Akt der Vollendung der Persönlichkeit und des bewußten Abschließens des Lebens in und aus Freiheit, sondern sie »überkommt« jemand »erst im Zusammenbruch der Persönlichkeit und ihres Charakters«[26] als dunkles »Verhängnis«. Das in den eigenen oder anderer Augen sinnlos, hoffnungslos und wertlos gewordene Leben durch den Akt der Selbstvernichtung von seiner Sinnlosigkeit zu befreien, ist ein Sieg der Sinnlosigkeit, nicht aber des freien Menschen. Selbstmord »ist ein Weg, der Situation der Verzweiflung auf der zeitlichen Ebene zu entgehen. Aber er ist kein Ausweg in bezug zum Ewigen«[27]. Damit ist nun nicht doch behauptet, daß jeder Selbstmord psychopathologische Ursachen hat, so als ob der Mensch dann überhaupt nie überblicke, was er tue, also auch nicht zurechnungsfähig sei, sondern nur, daß der Mensch nicht aus Freiheit, sondern aufgrund von »Verhängnis«, Zwang, Ausweglosigkeit, also von unfrei machenden, für ihn selbst meist unabänderlichen und unerträglichen Umständen handelt[28]. Dies trifft auf jeden Fall für Suizidhandlungen aufgrund von physischen Erkrankungen zu[29], zumal gerade die Menschen angesichts unausweichlichen Leidens und Sterbens verzweifeln oder in Depressionen oder Verleugnung verharren, deren Leben immer von Aktivität, Leistung und Erfolg geprägt war, für die der Sinn des Lebens ausschließlich im Handeln liegt und die daher zum Ertragen von Leiden und Erdulden der Abhängigkeit und Pflege durch andere Menschen unfähig sind[30]. Ob

[25] Vgl. Hammer, 69. Zu Nietzsches Stellung zum Leiden vgl. Eibach (1974), 258 ff.; Ulrich, 87 ff. u. C/I/2, Anm. 56 f.

[26] E. Ringel, im Vorwort zu Hammer, 7; vgl. Literatur Anm. 6.

[27] Tillich, 85.

[28] Vgl. B/III/1, Anm. 45 f.

[29] Vgl. C/I/5, Anm. 9.

[30] Vgl. B/II/4. In der Seelsorge an schwer Kranken ist es dem Verfasser schon häufiger begegnet, daß solchen Menschen selbst die Besuche von Angehörigen unerträglich sind, weil sie ihnen nur zeigen, was sie nicht mehr können und daß sie von ihnen abhängig sind.

Menschen, die unter solchen Bedingungen zur Selbsttötung greifen, wirklich sterben wollen oder ob sie nur unter anderen Umständen leben wollen, ob ihre Selbsttötung – wie Schopenhauer und manche Psychoanalytiker meinen – nur ein illegitimer Schleichweg zur Bestätigung, nicht aber das Opfer des Lebenswillens ist, mag dahingestellt bleiben.

Daß Unfreiheit und nicht Freiheit der Grund von Selbsttötungen ist, widerlegt noch nicht das Recht auf Selbsttötung, sondern nur das Trugbild, der Mensch erweise sich gerade darin als freier Herr und Vollender seines Lebens. Wenn Werden und Vergehen des Lebens im dargelegten Sinn bewußtlos erlittene *Widerfahrnisse* und *Verfügungen* sind, so zeigt das an, daß das Leben zunächst und letztlich nicht Tat, sondern Erleiden ist, daß die Fremdbestimmung vor der Selbstbestimmung, die Gebundenheit vor der Freiheit steht. Das könnte ein empirischer Hinweis sein auf die theologische Deutung, daß der Mensch sein Leben von Gott empfängt, daß es *Gabe* und Geschenk ist, daß diese Gabe Grundlage der *Aufgabe* ist, daß das Empfangen und Erleiden vor allem Tun steht, daß das Leben *aus* Gott kommt und *vor* Gott endet und daher *unter* Gott steht. Wenn Gottes Wirken in dieser Weise »ontologischen Vorrang« vor all dem hat, was der Mensch durch seine Taten aus sich selbst macht[31], dann sind Anfang und Ende des Lebens als zu *erleidende* Ereignisse Hinweise darauf, daß Gott der Schöpfer und der Mensch das Geschöpf ist, daß Gott Leben schenkt und daß er es nimmt, indem er seinen lebendigmachenden Geist vom Menschen abzieht[32]. Daraus schließt *K. Barth*[33], daß »es Gottes und nur Gottes Sache sei, dem menschlichen Leben ein Ende zu setzen«, und *E. Jüngel*[34], daß »die göttliche Aktivität des *Beendens*« menschliche Beteiligung ausschließe, »weil hier jede menschliche Aktivität doch nur ein illegitimer Vorgriff wäre«. Das Leben liegt in der Hand Gottes, ist nicht Besitz des Menschen; wer über es in letzter radikaler Weise verfügt, maßt sich ein göttliches Hoheitsrecht an.

Kritiker dieser Anschauung von der Alleinwirksamkeit Gottes verweisen darauf, daß dann das blinde und oft grausame Wirken der

[31] Vgl. dazu Jüngel (1969), 436; im Bezug auf das Werden der Person vgl. Eibach (1972), 170 ff.; zum Verhältnis von Person und Taten vgl. B/II/1.

[32] Vgl. 5 Mose 32,39; Röm 14,7; B/II/5, Anm. 21.

[33] KD III/4, 485.

[34] Tod, 116.

Natur, das den Menschen auch einem schmerzhaften, langen Sterben unterwerfen kann, mit dem Wirken Gottes gleichgesetzt, die Natur zur »Offenbarungsquelle« göttlichen Willens erhoben, der natürliche blinde mit dem theistischen Determinismus identifiziert und so nur metaphysisch überhöht werde[35]. Das Beenden des Lebens »Gott zu überlassen« sei nichts anderes als magischer Glaube, der Gott mit der Natur gleichsetze oder mit dem direkten Eingreifen eines jenseitigen göttlichen Wesens in die Natur rechne. Dies führe zu dem Fatalismus, der »das genaue Gegenteil einer Sittlichkeit (sei), die der menschlichen Freiheit, Liebe und Barmherzigkeit den höchsten Wert«[36] zumesse. Da der metaphysische »Lückenbüßergott«, der an bestimmten, dem Menschen geheimnisvollen Stellen in der Natur eingreifen soll, tot sei, wirke Gott nur durch die »Vernunft« von Menschen in dieser Welt. Von dem Recht »geistiger Wesen, mit dem Verstand die Natur zu steuern und sich nicht wie die Tiere ihrem blinden Walten zu unterwerfen«[36] und auch das Sterben zu regulieren, mache der Mensch sowieso mit jeder medizinischen Behandlung Gebrauch, ohne daß man behaupte, dies sei ein Eingriff in Gottes Verfügungs- und Hoheitsrecht. Der Mensch sei Mitschöpfer des Lebens und habe somit auch das Sterben in seine eigene Hand zu nehmen, er müsse und dürfe »die Rolle bewußter ergreifen, die er ohnehin schon spielt«[37]. Es sei ja nicht einzusehen, wieso Gott ausgerechnet bezüglich des Beendens des Lebens durch die blinde Natur und nicht durch vernünftige Wesen wirke und ihnen nicht sein Hoheitsrecht abtrete, Menschenleben zu töten, zumal ein solches Überantworten des göttlichen Hoheitsrechts an den »Staat« im Falle der Todesstrafe von Theologen immer wieder als möglich oder gar selbstverständlich hingestellt worden sei.

Die bei den Befürwortern des Rechts auf Tötung implizierte radikale Kritik am »theistischen« Gottesbegriff kann hier nur insoweit aufgenommen werden, als offenbar Gottes schöpferisches, bewahrendes, die Welt regierendes und Leben beendendes Handeln in Konkurrenz zur Freiheit und zum Handeln des Menschen gesetzt[38] und behauptet wird, wo Gott nicht durch den Menschen handele, dem Menschen nicht volle Freiheit gebe, nach Grundsätzen seiner eigenen

[35] Vgl. Literatur B/III/1, Anm. 33; Härle, 149 f.; Honecker, Euthanasie, 630 f.
[36] Fletcher (1969 b), 64; (1973), 115 f.
[37] Schmalenberg, 167; vgl. Knevels, 12 ff.; 20 ff.
[38] Vgl. Schüller, 185.

Vernunft zu handeln, wo es etwas »Unverfügbares« in der Welt gebe, da werde göttliches Handeln mit dem blinden »Fatum« der Natur gleichgesetzt. Danach würden sich die »Theisten« in diesem Konkurrenzkampf für das Recht Gottes und die »Humanisten« für die Freiheit und das Recht auf Selbstverfügung des Menschen einsetzen. Die Meinung jedenfalls, daß dort, wo naturgesetzliches Werden herrscht oder wo der Mensch handelt, Gottes Wirken ausgeschlossen sein müsse, geht offenbar davon aus, daß Gott, Natur und Mensch Größen auf ein und derselben ontologischen Ebene sind, die daher in ihrem Wirken auch in Konkurrenz zueinander treten müßten[39]. Zwar ist man in der theologischen Tradition diesem Fehler mitunter erlegen[40], doch hat man im allgemeinen unterschieden zwischen dem stetigen Handeln Gottes, durch das Gott die Welt erhält und trägt, und dem kontingent schöpferischen Handeln Gottes, durch das Werden möglich und Neues wird. In den Naturgesetzen zeigt sich die Stetigkeit, die Kontinuität von Gottes Handeln in der Schöpfung, die kein fertiger und in sich abgeschlossener Kosmos ist, sondern offen ist für das immer neue Wirken Gottes in und an seiner Schöpfung (creatio continua)[41]. Danach wäre alles schöpferisch naturgesetzliche Werden und alles schöpferische Tun des Menschen durch Gott und gemäß Gottes Willen allererst *ermöglicht,* und Gott wäre »nicht Ursache neben anderen in der Welt«[42], er griffe nicht in den Werdeprozeß der Welt und in menschliches Handeln als »Mitursache« oder »Demiurg« hier und da ein, sondern er ist »der transzendente tragende Grund von allem«[42], durch den alles schöpferische Werden erst ermöglicht wird. Unsere Ausführungen zum theologischen Ver-

[39] Schon D. Hume hat betont, daß dann, wenn in einer von Naturgesetzen beherrschten Welt Krankheit und Unglück das Leben zur Last machen, der Mensch selbst handelnd sich vom Dasein befreien müsse (vgl. Löwith, aaO 176 f.; Hammer, 31).

[40] Dem Fehler, Gottes und des Menschen Wirken als auf einer Ebene liegend zu denken, ist auch die lutherische und reformierte Lehre mit dem Begriff »concursus« erlegen (vgl. Barth, KD III/3, 107 ff.). Barth sieht den Fehler zu Recht darin, daß Gottes und des Menschen Wirken einem gemeinsamen Kausalbegriff untergeordnet werden, statt damit Ernst zu machen, daß Gott und Mensch als Subjekte des Handelns absolut unvergleichlich sind.

[41] Da das Verhältnis von Kontinuität und Kontingenz, Naturgesetz und Wahrscheinlichkeit in der Physik und das von Erstmaligkeit und Bestätigung in der Informationstheorie noch nicht geklärt ist, können wir über das »Wie« der Denkmöglichkeit von Gottes kontingentem Wirken in der Welt nur Anhaltspunkte finden (vgl. A. M. Müller–W. Pannenberg, Erwägungen zu einer Theologie der Natur, 1970; G. Ewald, Naturgesetz und Schöpfung, 1966).

[42] K. Rahner, in: P. Overhage–K. Rahner, Das Problem der Hominisation, Quaestiones Disputatae 12/13, 1961, 80; vgl. Jüngel (1969), 417 ff.

ständnis des Todes[43] haben jedoch deutlich gemacht, daß der sogenannte »natürliche«, »schöpfungsgemäße« Tod faktisch nicht mehr in Erscheinung tritt, daß der Tod vielmehr durch Krankheit, also durch eine *gegen* die Schöpfung gerichtete Macht bedingt ist[43], so daß er als solcher weder auf Gottes stetiges noch auf sein kontingentes Handeln zurückzuführen ist. Mithin gibt es theologisch keinen Anlaß, mit der Rede, man müsse das Ende dem »Walten der Natur« überlassen, die Vorstellung zu verbinden, dieser durch Krankheit bedingte Tod sei auf Gottes Schöpferwalten zurückzuführen. In diesem Sinn ist Gottes Wirken im durch Krankheit bedingten Tod in der Tat »verhüllt« und nicht direkt sichtbar und greifbar.

Wenn theologisch behauptet wird, daß Gottes Wirken ontologischen Vorrang hat vor dem, was der Mensch durch seine Taten aus sich macht und machen kann, ja daß Gott das Handeln des Menschen erst ermöglicht[44], so schließt das Wirken Gottes das *Mitwirken* des Menschen nicht aus, soweit der Mensch damit *Gottes schöpferischen guten Willen* mit seiner Schöpfung verwirklicht. Von daher gesehen ist es auch theologisch-ethisch nicht problematisch, *daß* der Mensch *in den Sterbeprozeß eingreift*, sondern lediglich *wie* er eingreift, ob er damit Gottes Willen und Absicht mit seinem Geschöpf verwirklicht[45]. Daß wir das Geschehen des Sterbens einem vielleicht grausamen, meist nicht Gottes Schöpfung entsprechenden Walten der Natur überlassen, kann durchaus nicht nur »Fatalismus«, sondern auch Ungehorsam gegen Gottes Gebot sein, das nicht die Passivität des Nichtstuns, sondern *aktive Hilfe* im Sterben und für ein menschenwürdiges Sterben gebietet. Passivität als »Nichtstun« ist im Sterben die am wenigsten Gottes Gebot gemäße Haltung. Die Frage ist ledig-

43 Vgl. B/II/3 u. 4. Das Problem des »Mächte-Dualismus« kann hier nicht weiter erörtert werden. Die »Allmacht« Gottes ist u. E. eine Kategorie, die vom eschatologischen Sieg Gottes über den Tod her zu denken ist (1 Kor 15,26). Dann ist es auch keinesfalls theologisch berechtigt, Gott als die letzte Ursache allen Geschehens in der jetzigen Welt zu denken (gegen Schmalenberg, 1975 b, 56 f.).

44 Vgl. Jüngel (1969), bes. 436.

45 Auch Barth (KD III/3,119) anerkennt, daß der Mensch in der konkreten Verwirklichung von Gottes Willen »cooperator Dei« ist. In diesem Sinne nennt er das menschliche Wirken »causae secundae«, und zwar im Verhältnis »zur *Gnade* Gottes und ihrem allmächtigen Wirken«, in das schöpferisches Handeln des Menschen eingebettet und durch das es ermöglicht wird, so wie Gottes Freiheit menschliche Freiheit ermöglicht und gewährt (ebd. 169 f.). Gottes Freiheit erlaubt dem Menschen in der seinigen tätig zu sein (ebd. 104), so daß menschliches Handeln »unter« Gottes Herrschaft bleibt. Gott bestimmt das Gute, das in Freiheit vom Menschen getan werden darf, und beurteilt es (ebd. 173).

lich, *worauf sich das Handeln im Sterben beziehen soll und welche Mittel geeignet* sind. Gemäß der theologischen Unterscheidung der Person von ihrer Krankheit als widergöttlichem Geschehen und der Person als »Gegenstand« von Gottes Liebe, kann Handeln im Sterben nur *gegen* die *Krankheit*, aber niemals gegen die *Person* gerichtet sein.

Die Schwierigkeit der Hilfe im Sterben besteht darin, diese Unterscheidung zwischen der Person und ihrer Krankheit theoretisch und praktisch festzuhalten, also *gegen* die Krankheit zu kämpfen, ohne die Person zu verletzen oder gar zu vernichten, sondern vielmehr *für* sie da zu sein[46]. Und das Problem für den Sterbenden selbst besteht darin, »Nein« zur Krankheit und trotzdem »Ja« zum Leben und zu seiner Person zu sagen, Person und Leiden nicht zu identifizieren[47], die Person nicht von der Krankheit in den Abgrund des totalen Verlusts des Selbstwertgefühls und der Hoffnung zerren zu lassen, denn dann erst kommt es vor – wie der englische Titel einer Arbeit von *K. Menninger*[48] über die Selbstzerstörung es schön zum Ausdruck bringt –, daß »man *against* himself« (der Mensch *gegen* sich selber gerichtet) ist, nicht zuletzt deshalb, weil er keine Hoffnung für seine Person hat und daher keinen Sinn mehr in seinem Leben sieht. Voraussetzung der Selbsttötung ist der Verlust der Freiheit und der Differenz der Person gegenüber einer schwierigen Lebenssituation oder einer Krankheit. Besteht für die Person keine Hoffnung über den Tod hinaus, so führt der Verlust der Hoffnung für das irdische Leben zur zunehmenden Identifikation der Person mit ihrer Krankheit, die spätestens mit dem Verlust des Bewußtseins eingetreten ist, da der Mensch dann kein Verhältnis mehr zu sich selbst hat. Dies kann jedoch auch schon viel früher eintreten und sich in Depression und Verzweiflung manifestieren. Hat der Mensch Hoffnung über den Tod hinaus, so kann er auch im Sterben ein Verhältnis zu seiner Krankheit haben, das die Person von der Krankheit unterscheidet und ihn Sinn erfahren läßt; dann kann er vielleicht auch bejahen, daß sein Leben seiner eigenen Verfügung im Sterben zunehmend entzogen wird und total Gottes Verfügung unterstellt ist. Nicht die »Krankheit zum Tode« und das faktische Sterben an sich sind Fügungen Gottes, sondern in Glauben und Hoffnung eröffnet und »enthüllt« sich *hin-*

[46] Vgl. B/III/1, Anm. 41 ff.
[47] Vgl. B/II/4.
[48] New York 1938, dtsch. Übers. Anm. 6.

ter diesem faktischen Geschehen der Sieg und die Macht Gottes über den Tod. So kann nur der Glaube die Augen dafür öffnen, daß auch im »unnatürlichen«, vorzeitigen und schmerzhaften und daher nicht schöpfungsgemäßen Sterben letztlich nicht die *gegen* die Person gerichtete und mit deren Vernichtung drohende Krankheit, sondern die die Person vor dem Nichts rettende Macht Gottes siegt und daher die letzte Verfügung auch bei Gott liegt. Nur in dieser verhüllten Weise ist der faktische Tod Fügung Gottes, und das Sterben fordert den Glauben heraus, trotz der Wirksamkeit der widergöttlichen Mächte des Nichtigen *hinter* diesen als unverfügbares und unsagbares »Geheimnis« Gott am Werke zu sehen, der über den Menschen verfügt, und diese Verfügung in einer letzten Tat der Freiheit im Glauben anzunehmen[49], sich Gott zu überlassen, der letztlich über das ganze Leben und damit auch über sein Ende gebietet. So erleidet der Mensch das Lebensende »in einer Passivität, die durch die Aktivität des Schöpfers bedingt ist«[50] und die deshalb im Grunde – trotz aller durch Krankheit bedingter Leiden – kein Übel sein kann.[50]

Gott ist der Herr des Lebens auch im Sterben, aber ohne daß die konkreten Umstände des Sterbens Fügungen Gottes sein müssen. Daher darf die Krankheit zweifellos so lange bekämpft werden, wie der Person damit ermöglicht wird, ihrer Bestimmung als Mensch nachzukommen. Wenn der Glaube dazu befreien will, hinter den Umständen des Sterbens die Fügung Gottes zu sehen und das Sterben als solches anzunehmen und damit zu bejahen, daß das Leben *Gabe* und nicht Besitz ist, so gehört zu dieser Bejahung, sein Leben weder durch eine willkürliche Verlängerung, ein Abtrotzen von Tagen und Wochen hinauszuziehen noch durch eine bewußte und gezielte Lebensverkürzung oder Tötung vorzeitig zu beenden. Wir haben dargestellt, daß und warum es sich menschlicher Verfügung entzieht, ob eine Krankheit zum Tode führt oder heilbar ist, und auch weitgehend, bis wann das Sterben »sinnvoll« aufzuhalten ist. Diese nur im nachhinein feststellbaren und daher unverfügbaren Ereignisse, in denen letztlich über das Leben verfügt wird, müßte der Mensch erkennen und annehmen als das »verfügte Unverfügbare«. In dem Geschehen, in dem das Sterben unwiderruflich wird[51], geschieht in der

[49] Vgl. Rahner, B/II/4, Anm. 81 u. A. Auer, in: Eser (Hrsg.).
[50] Jüngel, Tod, 116.
[51] Vgl. B/I/2, Anm. 18 f.; B/III/3, Anm. 30 ff.; K. Wiemers, in: Krösl-Scherzer (Hrsg.), 47; Haemmerli, 559; vgl. C/II, Anm. 7 ff.

dargelegten verhüllten Weise auch die Verfügung Gottes über das Leben, die der Sterbende annehmen sollte als *den Umschwung* in seinem Leben, von dem ab medizinische Maßnahmen mit dem Ziel der Lebensverlängerung nicht mehr zu fordern und zu wollen sind. Die Erkenntnis der Unausweichlichkeit des Sterbens und seine Annahme als Verfügung Gottes wäre dann gleichbedeutend mit dem Verzicht auf alle Behandlungen, die das Sterben nur hinauszögern, ohne der Person sinnvolles Leben und Selbstsein zu ermöglichen. Die Krankheit ist dann trotzdem nach wie vor mit all den medizinischen, psychologischen und seelsorgerlichen Mitteln anzugehen, durch die das *Leiden* im Sterben vermindert werden kann.

Die Frage ist offen, ob dazu nicht auch die gezielte Lebensverkürzung, das Mittel *Tötung,* recht sein kann. Im Gegensatz zu den anderen Formen der Hilfe im Sterben ist man mit diesem Mittel nicht in der Lage, die Unterscheidung zwischen der Person und ihrer Krankheit festzuhalten, sondern identifiziert beide, da man mit der *Krankheit* und dem Leiden dann notwendig zugleich das *Leben* bekämpft und sich damit *gegen die Person* richtet. Dem Kranken wird nun nicht mehr ein *Leiden*, sondern das *Leben genommen*. Sicherlich gibt es die Fälle, in denen das Heilen- und Lindern-wollen unbeabsichtigt den Tod zur Folge haben kann[52], »aber es wäre verfehlt, wie es so oft geschieht, Grenzfälle zu konstruieren, um an Hand solcher konstruierter Fälle eine Theorie ad absurdum zu führen«[53]. Die Tötung ist, weil sie sich *gegen* die Person richtet, keine Hilfe für sie. Sie wird aus der Unfähigkeit und Ausweglosigkeit geboren, die Differenz zwischen Person und Krankheit, Hilfe für die und Zerstörung der Person weiter durchzustehen. Sie ist eine Handlung aus Zwang, Ausweg- und Sinnlosigkeit und ist insofern in ihren Folgen die sichtbare Sinnlosigkeit. Die Frage ist, ob es ausweglose Umstände gibt, in denen die Differenz von Person und Krankheit für die betroffene Person selbst nicht durchzuhalten ist, und ob diese dann die Selbsttötung oder die Tötung durch andere als »ultima ratio« rechtfertigen können oder ob der Mensch dann vielleicht sogar auf »Gottes besonderen, klaren Befehl hin mitwirken soll«[54].Ehe wir dem nachgehen, soll noch ein Blick auf die möglichen nichtreligiösen Ablehnungen des Rechts auf

[52] Vgl. C/II/2.
[53] V. E. Frankl, 77; vgl. ders., Ärztliche Seelsorge, 1948, 36 ff. Buchheim (S. 178) betont zu Recht, daß man den Grenzfall nicht zur Norm erheben darf.
[54] Barth (KD III/4, 485) lehnt das entschieden ab. Vgl. B/III/1, Anm. 44 ff.

Selbsttötung geworfen werden. Wir können aber abschließend festhalten, daß es theologisch-ethisch gesehen nie ein das Tötungsverbot aufhebendes allgemeines Gebot(Prinzip, Norm) und daher auch kein *Recht* auf Selbsttötung geben kann.

b) Gibt es eine »Pflicht« zu leben und ein Recht, getötet zu werden?

Das Recht, sich selbst das Leben zu nehmen, ist von Philosophen mit individual- und sozialanthropologischen Argumenten bestritten worden. Die Frage ist, ob diese Argumente überzeugen können, wenn der theologische Gedanke, daß Leben Gabe Gottes und daher der eigenmächtigen Verfügung durch den Menschen entzogen ist, nicht mehr gedacht wird. Bei *Thomas von Aquin*[55] finden wir die Behauptung, daß der Mensch sich nicht selber töten dürfe, »um irgendwelchen Übeln des gegenwärtigen Lebens zu entkommen, weil das äußerste und furchtbarste Übel dieses Lebens der Tod ist, wie der Philosoph (sc. Aristoteles) mit Recht sagt. Sich selbst töten, um anderen Übeln dieses Lebens aus dem Weg zu gehen, bedeutet demnach, zur Vermeidung eines geringeren Übels sich ein größeres Übel zufügen.« Die konstitutive Voraussetzung des Arguments, daß das Leben an sich das höchste Gut und sein Verlust das größte Übel sei, können wir von unseren theologischen und anthropologischen Überlegungen her nicht übernehmen[56]. Dieses würde ja sonst konsequenterweise auch dazu nötigen, Leben um jeden Preis zu verlängern. Es ist auch nicht zu bestreiten, daß es Umstände geben kann, die das Leben seines immanenten irdischen Sinnes berauben und den Tod als geringeres Übel erscheinen lassen. Das ist gegen *I. Kants*[57] Behauptung zu sagen, daß nichtsittliche Übel das Leben keineswegs um seinen immanenten Sinn bringen können, daß also kein nichtsittliches Übel so groß sei, daß es das sittliche Übel der Selbsttötung rechtfertige. Diese kühne Behauptung ist für Kants Theorie vom Menschen eine Notwendig-

[55] S. Th. II–II q. 64 a.3.

[56] Vgl. B/II/3 u. 5.

[57] Vgl. Metaphysik der Sitten (Akad. Ausg. VI), 423. Vgl. J. G. Ziegler, in: Hiersche (Hrsg.), 59. Weiter findet sich bei Kant (Grundlegung der Metaphysik der Sitten, Akad. Ausg. IV, 429) das Argument, im Selbstmord werde die Idee der Menschheit als Zweck an sich selbst nicht festgehalten, denn »wenn er, um einem beschwerlichen Zustande zu entfliehen, sich selbst zerstört, so bedient er sich einer Person bloß als *eines Mittels*«.

keit, denn die Person wird durch Freiheit konstituiert, und der Sinn des Menschseins liegt nach ihm primär in seiner Moralität, im Handeln aus freier sittlicher Selbstbestimmung. Würden nichtsittliche Übel wie Schmerz, Krankheit usw. den Menschen zur Selbsttötung nötigen, so unterläge das freie Subjekt den heteronomen Bedingungen der Natur, die einen Zwang auf es ausüben, so daß es nicht mehr aus Freiheit, sondern aus Verlust von Freiheit und sittlicher Autonomie handelte. Ein nichtsittliches Übel wäre dann die Ursache der Selbsttötung und hätte die Macht, die sittliche Existenz und die Sittlichkeit selbst zu vernichten. Das darf aber nach dem grundlegenden Postulat der »praktischen Vernunft«, der *Freiheit* des Menschen, nicht sein[58]. Auch in *M. Heideggers* Philosophie des Seins zum Tode wird die Selbsttötung nicht als Möglichkeit erwogen, weil sie dem Dasein den Boden für ein existentiales Sein zum Tode entzöge, also nicht Ausdruck von Freiheit, sondern Folge des Verlusts von Freiheit wäre[59].

Es bedarf keines weiteren Beweises, daß es im Sterben immer und bei vielen Menschen durch altersbedingten Abbau, Krankheit oder Unfall bereits lange vor dem Tod der Person zum Verlust der weltimmanenten Transzendenz, also auch der Freiheit kommt. Nimmt man Kants Theorie von der sittlichen Persönlichkeit ernst, so wäre mit dem Verlust der Freiheit auch die sittliche Existenz verloren und damit die durch sie konstituierte Person tot, weil nun endgültig die »Notwendigkeit« die »Freiheit« besiegt hat[60]. Kann – so folgert *J. G. Fichte*[61] aus dieser Erkenntnis – der Zweck der Behauptung der Sittlichkeit im Leben eines Menschen »nicht erreicht werden durch gerechte Mittel, so nimmt das Sittengesetz deutlich die Existenz dieser Person zurück, sie soll darum nicht behauptet, sondern aufgegeben werden«, d. h. daß Fichte die Möglichkeit der Tötung durchaus

58 »Der Selbstmord ist aber unerlaubt und abscheulich nicht deswegen, weil ihn Gott verboten hat, sondern Gott hat ihn verboten, weil er abscheulich ist wegen der Herabsetzung seiner inneren Würde unter die Tierheit« (Eine Vorlesung Kants über Ethik, hrsg. von P. Menzer, 1924, 193; zitiert nach Hammer, 34 f.). In derselben Vorlesung duldet Kant den Selbstmord »nach der Regel der Klugheit«, verwirft ihn aber nach der »Regel der Sittlichkeit« (vgl. Hammer, 42).

59 Auch A. Camus (Der Mythos von Sisyphos) lehnt den Selbstmord als Ausweg aus der Sinnlosigkeit des Daseins ab, weil er ein Sieg derselben über die Freiheit wäre. Auch bei Fichte, Hegel, Jaspers u. a. gilt der Selbstmord als Ausdruck des Verlusts von Freiheit.

60 Vgl. B/II/5, Anm. 13 ff.

61 Nachgelassene Werke Bd. 3 (hrsg. von J. H. Fichte, Bonn, 1835), 91.

einräumt, wenn Freiheit nicht mehr gegeben und die Person damit *tot* ist. Die Konsequenz, die *Fr. Nietzsche*[62] noch radikaler als vor ihm schon einige Stoiker daraus gezogen hat, war die, zur »rechten Zeit«, d. h. vor der Entmächtigung des »Ich«, sich selbst den Todesstoß zu geben, um so die radikale Freiheit als Ausdruck des »Willens zur Macht« nicht nur *im* Sterben, sondern auch *über* die Entmächtigung im Sterben zu behaupten. Sehen wir einmal von der Meinung *A. Schopenhauers*[63] ab, daß auch diese Art der Selbstvernichtung nichts weiter sei als die raffiniert getarnte Bejahung des Willens zum Leben und die negative Behauptung des Individuums *gegen*, nicht aber das Opfer für die Gattung, und setzen wir das Unwahrscheinliche voraus, die Tat geschehe nicht aus Zwang, so geschieht sie doch aus *Furcht vor der Entmächtigung durch Krankheit und schwere Schmerzen.* Im Sinne Kants wäre schon dies eine Vernichtung der Sittlichkeit durch ein nichtsittliches Übel, also nicht ein Beweis von Freiheit, sondern des Verlusts von Freiheit. Wartet man, um die sittliche Existenz nicht aufgrund der Drohung eines nichtsittlichen Übels, das vielleicht unerträglich sein könnte, vorweg zu vernichten, solange mit der Tat, bis der Augenblick der Entmächtigung notwendig von außen her eintritt, so ist der Mensch schon nicht mehr frei, handelt also auch nicht mehr sittlich, sondern aus Zwang und Ausweglosigkeit. So kann man letztlich nur mit *G. W. F. Hegel*[64] sagen: »Verstehen kann man es wohl, aber nicht rechtfertigen«, denn die Freiheit, aus der heraus die Selbsttötung geschehen soll, ist keine Freiheit, sondern die Unfreiheit einer zusammengebrochenen und geängsteten Persönlichkeit ohne Sinn und Hoffnung für ihr weiteres Leben. Daß die Tat nicht aus Freiheit geschieht, also nach idealistischer Sicht des Menschen nicht sittlich zu rechtfertigen und kein sinnvolles Geschehen ist, widerlegt noch nicht das faktische *Vermögen* des Menschen, sich umzubringen, allenfalls das *Recht* des Menschen, dies zu tun. Aber dieses nicht bestehende Recht begründet nicht die *Pflicht* zu leben, und das Verbot, sich nicht zu töten.

Man hat daher versucht, die Pflicht zu leben von sozialanthropologischen Gesichtspunkten her zu begründen. Schon bei *Aristoteles*[65]

[62] Vgl. Anm. 24 ff.
[63] Vgl. dazu Hammer, 42 f.
[64] Grundlagen der Philosophie des Rechts (Theorie Werkausgabe, Bd. 7, 1970, 152). Vgl. zu Kant Anm. 58.
[65] Nichomachische Ethik, 1138 a 14.

findet sich der Gedanke, der Mensch handele mit der Selbsttötung nicht unrecht gegen sich, sondern gegen die Polis. Der Mensch sei ein Gemeinschaftswesen (zóon politikón) und empfange als solches sein Leben von der Gemeinschaft, könne nur in ihr leben und sei ihr verpflichtet. *Thomas von Aquin*[66] faßt die Gesellschaft als Organismus, als Verhältnis der Teile zum Ganzen und leitet aus der bloßen Zugehörigkeit des Individuums zur Gemeinschaft das Verbot der Selbsttötung ab. Danach hätte jeder Mensch aufgrund seines bloßen Vorhandenseins einen unveräußerlichen – letztlich dann doch von Gott gefügten – Platz in der menschlichen Gemeinschaft, den er nicht von sich selbst aus »räumen« dürfe. Faßt man den Gemeinschaftsgedanken nicht so statisch, sondern funktional – wie auch schon der biologische Organismus – und Ganzheitsgedanke funktional zu verstehen ist[67] –, so wäre in der Tat ein Glied überflüssig, wenn es keine ersichtliche Funktion ausfüllt oder diese nicht mehr erfüllen kann, und auszurotten, wenn es schädlich wird und die Funktion der anderen Glieder hemmt[68]. Daß jeder Mensch allein schon durch seine Existenz der Gemeinschaft dienlich sei, kann man doch nur behaupten, wenn man den Organismusgedanken »metaphysisch« überhöht und einen Schöpfer annimmt, der das Glied gerade an diesen seinen Platz stellt. Nur dann wäre der einzelne nicht einfach im Sinne des Sozialdarwinismus[69] Funktion der Gattung. Wo immer dieses Argument – es ist von *G. W. F. Hegel* u. a. Rechtsphilosophen weiter ausgearbeitet worden – heute noch bei Rechtstheoretikern auftaucht[70], impliziert es eine Überordnung der Gesellschaft über das Individuum, die man nur so lange wird akzeptieren können, wie das »Ganze« auch ein echtes Interesse am Leben und größtmöglichen Wohlergehen des einzelnen zeigt und ihn nicht nach seiner Nützlichkeit bewertet. Wie das merkliche Desinteresse am Ergehen chronisch kranker und siecher Menschen zeigt, scheint dieses Interesse aber nicht zu bestehen. Die

66 S. Th. II–II q.64 a.5.

67 Vgl. B/I/1, Anm. 18.

68 Aufgrund eines metaphysisch überhöhten Ganzheitsgedankens (Totalitätsprinzip) wurden prophylaktische Eingriffe in den Körper (z. B. Sterilisation, Schönheitsoperationen) in der kath. Morallehre abgelehnt und lediglich ein Eingriff zur Erhaltung des durch ein Teil bedrohten Ganzen erlaubt. Überträgt man diesen Gedanken auf die Gesellschaft, so wäre im Falle der Bedrohung des Ganzen durch ein Teil die Tötung im Namen des Ganzen erlaubt, kaum aber die Selbsttötung um der Person selbst willen zu rechtfertigen.

69 Vgl. B/II/2, Anm. 12 ff.; C/I/2, Anm. 27 ff.

70 Vgl. z. B. G. Roellecke, in: Eser (Hrsg.); dgg. B/II/5, Anm. 15.

hohe Selbstmordrate bei alten Menschen[71] ist oft eindeutig durch deren unerträgliche soziale und ökonomische Lebensverhältnisse bedingt. Daß die Gesellschaft am Überleben des leistungsfähigen jungen Menschen mit qualifizierter Ausbildung ein Interesse hat, ist einsichtig; weshalb aber der chronisch Kranke und Sterbende sich nicht töten darf, leuchtet nicht ein, wenn die Umwelt ihm in mehr oder weniger ausgeprägter Weise demonstriert, daß er eine Last und ein Hindernis ist, indem sie ihn ausstößt und in säuberlich von der Gesellschaft abgeschirmte Gettos abschiebt und damit wahrscheinlich bei ihm das Todesverlangen erst auslöst oder ihn gar in den Tod treibt. Ein solcher Tod ist der Triumph der »Verdinglichung« des Individuums in der gegenwärtigen Gesellschaft[72]. Wer sich tötet vollzieht dann nur radikal und irreversibel, was ihm in der Gesellschaft angetan wird oder wurde – z. B. in Form des »sozialen Todes«. Im Anschluß an *D. Hume*[73] wäre zu sagen, daß es wohl keine sozial motivierten Argumente gegen die Selbsttötung gibt, wenn der Mensch sich und der Gesellschaft zur Last wird und die Gesellschaft ihn dies auch deutlich fühlen läßt.

Nun wird man nicht bestreiten können, daß ein Mensch durch seine Selbsttötung anderen, die ihm in liebender Verbundenheit nahe stehen, seelisches Leid zufügen kann. Schon beim »normalen« Tod ist die endgültige »Trennung der Liebenden«[74] mit tiefem seelischem Schmerz verbunden. Nimmt ein Mensch sich das Leben, so kann der liebende Hinterbliebene dadurch umso tiefer seelisch verletzt werden, weil er es sich vielleicht zum Vorwurf machen wird, daß die Tötung hätte verhindert werden können, wenn er nur mehr Zeit und Liebe aufgewendet hätte[75]. Der unvermeidliche Tod, der in keiner Weise mit irgendeinem Unterlassen der Angehörigen zusammen-

[71] Vgl. Anm. 7; C/IV/1.

[72] So M. Horkheimer u. Th. W. Adorno; vgl. dazu Hammer, 48 ff.

[73] Vgl. Anm. 39 u. Hammer, 47 f.

[74] Vgl. zum Folgenden Caruso, 58 ff., 195 ff., 247 ff. Angst vor dem Tod kann gerade auch Trennungsangst sein, denn Trennung bedeutet das Ende der Liebesbeziehung, die Leben ausmacht.

[75] Vgl. Kübler-Ross (1974), 59. Dyck (S. 106) führt das als Argument gegen die Tötung auf Verlangen an, nicht ganz zu Recht, da es ebenso für die Tötung auf Verlangen verwendet werden kann (vgl. C/I/5). Der Verfasser kann aus eigener seelsorgerlicher Tätigkeit in einer Tumorklinik bestätigen, daß Angehörige oft tief erschreckt sind, wenn der Kranke ihnen gegenüber Todeswünsche äußert. Häufig sind die Todeswünsche mit dem Empfinden verbunden, für Angehörige und das Personal eine Last zu sein oder von diesen bereits aufgegeben und »abgeschrieben« zu sein. T. Tibbe (S. 10 ff.) redet vom »vorzeitigen Einsargen«.

hängt, kann viel eher akzeptiert werden als die Selbsttötung, die ja – wie es die psychoanalytische Deutung herausstellt[76] – immer auch ein Akt der Rache oder wenigstens der Anklage gegen die Gesellschaft und die Angehörigen sein kann. Obgleich die Angehörigen bei einem unheilbaren chronischen Krankheitsprozeß ähnliche Phasen der Ablösung vom Sterbenden[77] durchmachen wie der Sterbende selbst von seinen Angehörigen, also auf den Tod allgemein vorbereitet sind, ist dieses Argument gegen die Selbsttötung und Tötung auf Verlangen im Falle unheilbarer Krankheit nicht ganz von der Hand zu weisen, soweit die Angehörigen wirklich in Liebe für den Kranken sorgen. Man muß das Argument auch nicht damit abtun, daß diese Liebe ja auch eine verschleierte Unfähigkeit sein kann, die Trennung zu vollziehen, Trauer durchzustehen, oder gar ein Egoismus, der den anderen einfach nicht »loslassen« will. Aus dieser Unfähigkeit heraus dringen ja Angehörige mitunter auch auf unsinnige, dem Wohle des Sterbenden abträgliche Lebensverlängerungen[78]. Man kann jedoch fragen, ob die Angehörigen das Recht haben, dem Kranken den Wunsch nach Selbsttötung zu verweigern aus Furcht vor dem Schmerz, der ihnen dadurch selbst bereitet würde[79]. Es kann aber auch sein, daß Angehörige in vollem Einklang mit einem entsprechenden Wunsch des Sterbenden stehen, ohne diesen durch eine vernachlässigende Pflege und psychologischen Druck hervorgerufen zu haben. Häufiger äußern jedoch allein die Angehörigen diesen Wunsch in geheimer oder offener Weise, weil sie es »nicht mehr mit ansehen« können oder weil ihnen die Pflege unerträglich erscheint oder wird oder sie schon einen Ablösungsprozeß vollzogen haben, der Sterbende jedoch noch auf sie als Bezugspersonen angewiesen ist. Am häufigsten tritt jedoch der Fall ein, daß das Interesse der Angehörigen – eher der Kinder an ihren Eltern, der Jüngeren an den Älteren – bei längerem Aufenthalt in Kranken- und Pflegeanstalten abnimmt und daß es gerade aufgrund dieses »Abgeschriebenseins« zu tiefer Einsamkeit, Verzweiflung und zum Todeswunsch oder gar zur Selbsttötung kommt. Dies ist dann aber als Schrei um Hilfe und Ausdruck und Folge von unterlassenem Beistand zu werten. *Wer keinen Men-*

[76] Vgl. Literatur Anm. 6.
[77] Vgl. Kübler-Ross (1974), 101 ff.
[78] Vgl. Kübler-Ross (1971), 100 ff., 135 ff., 150 ff.; Hinton, 167 ff.
[79] Die Deutung des Liebesgebots gemäß der »Goldenen Regel« (vgl. B/II/5, Anm. 41 ff.) läßt dies fraglich erscheinen.

schen hat, der ihm in Liebe verbunden ist, der ist aus Liebe nicht am Leben zu erhalten, kann aber auch aus Liebe nicht getötet werden, wenn *Liebe das Geschehen der Beziehung zwischen Liebenden ist*[80]. Fraglich ist aber auch, ob die Tötung von sich Liebenden sinnvoll aus Liebe geschehen kann oder letztlich doch nur aus der ausweglosen Verzweiflung der sich Liebenden darüber, die Liebesbeziehung nicht aufrecht erhalten zu können[81].

Die philosophischen und sozialpsychologischen Erwägungen machen deutlich, daß auf diese Weise weder überzeugende Argumente für noch gegen Selbsttötung und Tötung auf Verlangen gefunden werden können, ganz abgesehen von den psychologischen Schwierigkeiten, zwischen Todeswunsch, Schrei um Hilfe und Wunsch, getötet zu werden, zu unterscheiden. Damit dürfte auch deutlich geworden sein, daß sich ein *Recht* auf Selbsttötung und damit ein Recht auf Tötung durch andere schwerlich begründen läßt. Den Ausspruch *Hegels*: »Verstehen kann man es wohl, aber nicht rechtfertigen«, hätten wir demnach auf beides, die Selbsttötung und ihre Ablehnung zu beziehen, da beide philosophisch nicht überzeugend gerechtfertigt werden können, die Ablehnung wenigstens dann nicht, wenn man nicht davon ausgeht, daß der »Mensch ein Geschöpf Gottes ist«[82]. Die Unmöglichkeit, die Ablehnung unabhängig vom Glauben an Gott überzeugend zu begründen, gewährt aber ebensowenig wie die faktische Möglichkeit der Selbsttötung ein Recht auf Tötung. Dann besteht jedoch die schwierige ethische und rechtliche Frage, ob es anderen erlaubt sein darf, an einer Tötung auf ausdrücklichen Wunsch hin mitzuwirken.

c) Gibt es Umstände, die eine Selbsttötung und Tötung durch andere rechtfertigen?

Selbst wenn es keine Norm gibt, aufgrund derer eine Selbsttötung zu rechtfertigen ist, könnte es doch Umstände geben, die eine solche Tat und vielleicht auch die Mitwirkung von anderen verständlich erscheinen lassen. Da das Leben nicht an sich höchstes Gut ist, wäre es

[80] Vgl. Hammer, 52 f.
[81] Vgl. B/III/1, Anm. 41 ff.
[82] Vgl. Anm. 1.

denkbar, es zur Bewahrung eines höheren Gutes oder wenigstens zur Vermeidung eines entwürdigenden Zustands preiszugeben. *Augustinus*[83] hat die Frage beschäftigt, ob man sich etwa zur Bewahrung der »Jungfräulichkeit« bei drohender Schändung das Leben nehmen dürfe, kommt aber hinsichtlich möglicher Ausnahmen vom Verbot der Selbsttötung zu einem generell ablehnenden Ergebnis. Ernsthaft zu betrachten sind die Aussagen von mehreren stoischen Philosophen, die sich überwiegend auf die Selbsttötung aufgrund von Krankheit beziehen. Der Tod, aber nicht als Widerfahrnis und Erleiden, sondern »als Akt wird zentrales Thema stoischer Ethik«[84], insofern sich an der Art seiner Bezwingung »der sittliche Wert des Lebens offenbarte«[84]. Die sittliche Verpflichtung zur Bewahrung der Freiheit, d. h. des höchstmöglichen Selbstvollzugs des Lebens gegenüber den Zwängen der Natur, einschließlich der kreatürlichen Todesfurcht, läßt den Tod zur ausgezeichneten Bewährung werden, führt zu seiner Heroisierung als *bewußter Tat* im Sinne einer doppelten Aktivität »von wohlüberlegender Vernunft und freier Setzung des eigenen Austritts aus dem Leben.«[85]

Dieses bei *Fr. Nietzsche*[86] am deutlichsten formulierte heroische Ideal vom Sterben als Tat der Selbstvollendung und Sieg der freien Vernunft über die blinden Mächte der Natur wird den wenigsten Menschen ein Anliegen sein. Aber schon, wenn ich bescheidener denke und nur darauf bedacht bin, es nicht soweit kommen zu lassen, daß Siechtum und Schmerzen mich unfähig zu körperlicher und geistiger Tätigkeit machen, nicht den Zerfall meiner Persönlichkeit zuzulassen, werde ich im Altersprozeß oder im Sterben der schon die Stoiker und Nietzsche bestimmenden Furcht ausgeliefert, nur ja den *rechten Zeitpunkt* nicht zu versäumen[87]. Dieser psychologische Druck dürfte das Altern und Sterben noch belastender machen[88]. Die Stoa empfiehlt die Selbsttötung im Falle des absehbaren Abbaus der Persönlichkeit durch »die gleichzeitige Zerstörung von Leib und See-

[83] Vgl. De civitate Dei, Buch I, 21 u. 26.

[84] E. Benz, Das Todesproblem in der stoischen Philosophie, 1929, 26 f.; vgl. G. Schunack, Das hermeneutische Problem des Todes, 1967, 87 ff.; Hammer, 60 ff.

[85] Hammer, 62.

[86] Vgl. Anm. 24.

[87] Vgl. Hammer, 66.

[88] »Wenn man damit ernstmacht, daß es darum geht, angstfrei, natürlich, zu einem Zeitpunkt eigener Wahl zu sterben, so kann dies eigentlich nur dazu führen, daß Sterben als persönliche Aufgabe noch belastender erlebt wird« (Meyer, 84). Nietzsche selbst hat auch die rechte Zeit verpaßt.

le, den voreiligen psychischen Zerfall bei körperlicher Erhaltung und das Überdauern des geistigen Lebens bei somatischer Hinfälligkeit«[89]. Wer jedoch rechtzeitig sterben will, bevor ihm die Entmächtigung der »Ichheit« widerfährt und er völlig von anderen abhängig wird, der wird unter dem Druck, den rechten Augenblick nicht zu verpassen, vielleicht auch schon zu dem Mittel Tötung greifen, ehe überhaupt absehbar ist, ob er überhaupt ein »entwürdigendes« Sterben oder unerträgliche Schmerzen erleiden muß oder zur Last für andere wird. Er kann daher auch zu früh sterben.

Von stoischen Gedanken beeinflußte Ärzte haben in der Antike selbstverständlich – im Gegensatz zu der kleinen Gruppe der hippokratischen Ärzte[90] – die Tötung auf Verlangen praktiziert, denn es bestand bei den Stoikern »Einigkeit darüber, daß Krankheit, die Leib und Geist lebensuntüchtig macht, zur Selbsttötung berechtigt, wenn nicht verpflichtet«[91]. Man ging also von der Voraussetzung aus, daß das menschliche Leben seiner Freiheit und damit der Fähigkeit zu *vernünftiger* Selbstgestaltung beraubt werden kann und dann nicht mehr menschlich sei. *Mensch* sei nur das Wesen, das sich selbst durch seine *Vernunft* bestimmt. Das der Vernunft beraubte Leben sei daher »untermenschlich« und »lebensunwert«. Diese Argumente finden sich noch genauso bei heutigen Befürwortern einer Tötung aufgrund von Unwert[92]. Wir haben keinen Zweifel daran gelassen, daß es eine Entmenschlichung von menschlichem Leben bis zum Tod des Individuums schon aufgrund allgemein anthropologischer Erkenntnisse und »lebensunwertes« Leben aufgrund theologischer Überlegungen nicht geben kann. Den Sinn und Wert menschlichen Lebens können wir zudem nicht objektiv von außen her beurteilen. Daraus ergibt sich, daß der Mensch keinesfalls ohne sein frei geäußertes Verlangen zum Objekt menschlichen Verfügens gemacht werden und der Wert seines Lebens nicht nach der Verwertbarkeit und überhaupt nicht von anderen objektiv beurteilt werden kann und darf[93]. Da der Mensch nur selbst Sinn in seinem Leben verwirklichen und erfassen kann, er selbst sein Leben und seine Leiden ertragen und im Sterben bestehen

[89] Hammer, 65 (formuliert im Anschluß an S. Freud, Briefe, 1972, 163).
[90] Vgl. C/I/2, Anm. 41 ff.
[91] Hammer, 64.
[92] Zu Fletcher, Schmalenberg u. a. vgl. C/I/3 u. 5; vgl. Moor, passim; englische Gesetzesvorlage bei Downing (Ed.), 204 ff.; Sporken (1972), 36.
[93] Vgl. B/II/2 u. B/III/1, Anm. 18 ff.

muß, ohne daß ihm sein Leben und Sterben wirklich von einem anderen abgenommen werden könnte, stellt sich die Frage, ob denn nicht der Mensch selbst ein endgültiges negatives Urteil über den Sinn und Wert seines Lebens fällen und es dann auch vollziehen darf.

Nach der stoischen Ethik zeichnet sich »wahres« Menschsein dadurch aus, daß der Mensch durch seine Vernunft der Herr seiner selbst ist und bleibt und sich nicht von außen kommenden Einflüssen diese Rolle nehmen läßt. In dieser wie jeder anderen idealistischen Anthropologie steht die Existenz vor der Essenz, das Tun vor und über dem Erleiden und Empfangen. Die Entmächtigung der Persönlichkeit im Sterben kommt damit einer Entwürdigung und Entmenschlichung, einem Zurückgeworfenwerden auf eine vernunftlos »tierische« Daseinsstufe und das Sterben unter solchen Umständen dem »Verenden« der Tiere gleich[94]. Den Menschen der Bibel war es jedoch selbstverständlich, daß der Mensch auch ganz »Kreatur« ist, daß ihn deshalb auch das »gewöhnliche Geschick« der übrigen Kreatur überfallen und daß Krankheit und Sterben ihn entmächtigen, ängstigen, ja den innersten Grund der Person, das Vertrauen auf Gott, in Frage stellen können (Röm 8,35 ff.)[95]. Eine Schande bedeutet diese Entmächtigung nicht, weil hinter diesen Geschehnissen letztlich doch Gott steht und weil man sich auch in derartigem *Erleiden* von Gott getragen weiß, der das Leben gegeben hat und in seiner Hand hält. Der Gedanke, wenn schon das Sterben unvermeidlich sei, dann doch wenigstens die eigene Todesart und den Todeszeitpunkt zu bestimmen, kann bei einem vom Vertrauen auf Gott bestimmten Lebensverständnis nicht aufkommen. Die aus dem Glauben an Gott und der Hoffnung auf Erlösung durch ihn kommende Kraft und Geduld, Leiden zu ertragen (Röm 5,1 ff.), gilt zwar als Bewährung des Glaubens, ist aber keinesfalls das, was die Stoiker mit innerer Ruhe und Gelassenheit des »Ichs« gegenüber den widrigen Erscheinungen der Sinnenwelt meinten. Ganz selbstverständlich wird von Angst, Seufzen, Klage, Zittern und Zagen und Verzweiflung in Leiden und Sterben berichtet[96], weil sich gerade daran zeigt, wie wenig der Mensch Herr seines eigenen Lebens und wie sehr er auf die gnädige Zuwendung und Hilfe Gottes angewiesen ist, um die mit der Entmächtigung

[94] Fletcher (1969 a, 63, 69 f.) konstruiert den Gegensatz: »human« oder »vegetable«; ähnlich H. R. Williams, 346; vgl. Sporken (1972), 37.
[95] Vgl. Eibach (1974), 155 ff.
[96] Vgl. B/II/4.

der Person in schwerer Krankheit und Sterben verbundenen körperlichen und seelischen Leiden ertragen zu können. Auf dem Hintergrund des biblischen Gottes- und Glaubensverständnisses muß die Selbsttötung aus Angst davor, das Leiden nicht »würdig« bewältigen zu können, und die mit der Absicht durchgeführte Tötung, den Zustand der Entmächtigung der Person erst gar nicht aufkommen zu lassen, als Unglaube oder Mangel an Vertrauen auf die bewahrende und durchtragende Kraft Gottes gewertet werden. Auch im Sterben Herr seiner selbst zu sein und in Würde zu sterben, mag ein achtenswertes Ideal sein, ist aber kein Gebot Gottes. Darüber zu entscheiden, ob das Leben und Sterben würdig oder unwürdig ist, kann nicht des Menschen eigene, sondern nur Gottes Sache sein[97], zumal die Würde letztlich nicht darin besteht, worin der Mensch sich vor anderen Menschen als Herr seiner selbst erweist und so als Person sein »Ansehen« behält, sondern in dem, worin er vor Gott bestehen kann, der ohne »Ansehen der Person« richtet. Sich selbst zu töten oder sich töten zu lassen, um die »äußere« Würde vor sich selbst und anderen nicht zu verlieren, ist zwar aufgrund eines idealistischen, nicht aber eines christlichen Verständnisses vom Menschen zu rechtfertigen. Wenn in Erwartung solcher äußeren Umstände schon ein höheres Gut als das Leben bewußt zu wählen ist, dann nur das, daß man sein Vertrauen auf das Erbarmen und die Hilfe Gottes und der Mitmenschen setzt und den Zustand, von Gott und Menschen völlig abhängig zu sein, nicht als Entwürdigung empfindet.

Das Urteil »würdig« oder »unwürdig« ist in diesen Fällen von erheblicher Tragweite, denn es soll die Tötung von menschlichem Leben ethisch begründen, ist also ein vernichtendes *Letzturteil* eines vernünftigen Wesens über sich selbst. Wenn es aber aufgrund biologisch-anthropologischer Erkenntnisse eine Entmenschlichung von menschlichem Leben und aufgrund theologisch-ontologischer und ethischer Überlegungen einen Verlust der Menschenwürde und des Lebenswerts nicht geben kann, dann sind dem widersprechende Urteile falsch; mithin ist auch das Urteil, in dem ein Subjekt den »Unwert« seines eigenen Lebens erklärt, ein Fehlurteil. Außer im Affekt und aus niederen Motiven tötet keiner einen Mitmenschen, ohne vorher seinen »Lebensunwert« in einem geistigen Akt konstatiert zu

[97] Vgl. Barth, KD III/4, 460 f.

haben[98]. Und niemand tötet sich selbst, ohne dieses Urteil vorher über sich selbst und sein Leben gefällt zu haben oder ohne durch krankhafte innerpsychische oder zwanghafte äußere Zustände in seinem Selbstbeurteilungsvermögen stark gestört zu sein. Sehen wir einmal von der krankhaften Zerrüttung des Selbstwertgefühls ab und setzen voraus, es handele sich in dem *Urteil* lebensunwert, sinnlos, unwürdig um einen bewußten geistigen Akt, so ist eben dieses Urteil und keinesfalls in erster Linie seine Vollstreckung in Form des Hand-an-sich-selber-Legens das theologisch eigentlich Problematische. *Der Sinn des Tötungsverbots besteht darin, das Leben der Mitmenschen und mein eigenes Leben vor dem Übergriff und der Tötung durch mich zu schützen,* weil weder das Leben anderer noch das eigene Leben mein Besitz ist. Es wäre aber gewiß verfehlt, dabei nur an den Erfolg dieser Handlung, die »*Todesfolge*, und nicht auch oder gar vor allem auf die *Motivation* zur Handlung, die *Konstatierung des Lebensunwerts,* zu blicken. Gerade in diesem *geistigen Akt* vollzieht sich ja die totale *Verfügung* über den Sinn und Wert des Lebens und damit über das Leben selbst in radikaler und abschließender Weise. Der Mensch richtet sich selbst, statt dieses Urteil Gott zu überlassen (vgl. 1 Kor 4,4 f.; Röm 14,7 ff.).

Das Urteil, daß das Leben unwert, sinnlos oder verfehlt sei, beruht auf den Voraussetzungen, daß Sinn und Wert letztlich Setzungen des Menschen selbst seien, daß der Mensch alles über sich selbst und seine letzte Bestimmung wisse und daher auch letztgültig beurteilen könne, was er selbst ist und zu sein hat, was menschlich und was unmenschlich[99], was wert und was unwert ist. Erst wenn man vorgibt, dies zu wissen, wird das Leben total verfügbar und der Mensch sein eigener Herr und Gott. Zu diesem angeblichen Wissen gehört auch, daß der Mensch nicht mehr Mensch ist, wenn er die Zeichen der immanenten Selbsttranszendenz verloren hat, sich nicht mehr selbst Sinn setzen und diesen nicht mehr verwirklichen kann. Damit wird geleugnet, daß *Sinn* letztlich *Gabe* und Wert Geschenk Gottes ist, daß auch sie primär *vorgegeben* und nicht aufgegeben sind, daß sie dem Leben real transzendent sind und in der Treue des Schöpfers zu seinem Geschöpf und der Verheißung seiner Vollendung beruhen,

98 Vgl. B/III/1/b.

99 »To know who should live and who should die, one would have to know everything about people, including their ultimate destiny. Only God could have such knowledge« (Dyck, 104); vgl. Barth, Kd III/4, 460 f.; Lessing, 115.

der der Mensch nicht durch seine eigene Tat zuvorkommen, auf die er vielmehr nur in Geduld hoffen kann. In dem Urteil »lebensunwert« bzw. »sinnlos« leugnet der Mensch die seinen Lebenswert begründende Liebe und Treue des Schöpfers zum Geschöpf und hält die Unterscheidung zwischen der Person und ihren Taten, der Person und ihrer Krankheit nicht durch[100]. Aufgabe von Christen gegenüber einem schwerkranken Mitmenschen, der ein solches Urteil aus Überlegung oder Verzweiflung vollzieht, kann nicht sein, dieses Urteil zu bestätigen und bei seiner Ausführung behilflich zu sein, sondern dem Kranken im seelsorgerlichen und menschlichen Beistand deutlich zu machen, daß sein Urteil ein Fehlurteil ist, daß er von Gott und Menschen bejaht und geachtet ist, selbst wenn er seine Selbstbeherrschung und vielleicht auch sein Selbstbewußtsein und seine äußerliche Würde verliert und völlig von Mitmenschen abhängig wird[101]. Fraglich ist natürlich, ob man mit der christlichen Sicht, daß die Würde des Menschseins nicht im Faktischen und Vorfindlichen liegt und daher auch faktische Umstände keine letzte Entwürdigung zum »Untermenschlichen« bewirken können, Menschen helfen kann, die diese Überzeugung nicht teilen.

Das am häufigsten angeführte Argument für eine gesetzliche Freigabe der Tötung auf Verlangen ist die Meinung, physische Schmerzen seien das größte Problem für Sterbende und sie seien häufig nicht zu beheben[102]. Der Wunsch, getötet zu werden, hat kaum einmal seine alleinige Ursache im physischen Schmerz, sondern vor allem in den seelischen Leiden, die jedoch meist durch gute und liebevolle Betreuung abgewendet werden könnten[103]. Hinzu kommt, daß wir heute immer mehr Möglichkeiten haben, Schmerzen medikamentös und operativ auszuschalten[104], so daß viele Experten der Meinung

[100] Vgl. Anm. 46 ff; B/II/1. Sporken (in: Eser, Hrsg.) spricht von einem Konflikt zwischen Art und Dauer des Sterbeprozesses und seiner Menschenwürdigkeit, der »aufzuheben« sei. Den Konflikt durch Tötung aufzuheben, hieße jedoch, zunächst die Identifikation von Person und Krankheit zu vollziehen. Nach der hier gezeichneten Sicht wäre der Konflikt gerade nicht aufzuheben, sondern durchzustehen.

[101] Der Seelsorger kann das Verlangen zu sterben auch in ein Gebet am Krankenbett als Bitte an Gott aufnehmen, dem Leben ein Ende zu machen.

[102] Vgl. C/I/5, Anm. 7 ff.

[103] Die meisten Todes- und Tötungswünsche kommen in der Phase der Resignation und Depression im Zustand starker psychischer »Einengung« vor.

[104] Hinzuweisen wäre vor allem auf die »perkutane Chordotomie«, die Ausschaltung der Schmerzbahnen im Rückenmark in der Halsmarkregion (wird ohne große Operation durch die Haut hindurch ausgeführt). Diese Methode wird seit 1973 immer häufiger angewandt und bewährt sich besonders bei Schmerzen infolge bösartiger

sind, daß jeder physische Schmerz gelindert und erträglich gestaltet werden kann[105]. Solche Argumente werden jedoch ebensowenig die Bestrebungen nach rechtlicher Freigabe der Tötung auf Verlangen verhindern, wie die Hinweise auf die zunehmenden Möglichkeiten der Geburtenkontrolle die Forderungen nach Freigabe des Schwangerschaftsabbruchs abgeschwächt haben. Der Schmerz ist ein subjektives Phänomen. Was dem einen unerträglich scheint, ist dem andern vielleicht selbstverständlich erträglich. Die zunehmende Unfähigkeit, Leiden zu ertragen, daran zu lernen und sie anders als mittels Pharmaka zu unterdrücken oder auszuschalten, nämlich sie zu verarbeiten[106], läßt auch die offene oder geheime Angst davor wachsen, man könne selbst einmal zu den unheilbar schmerzbeladenen Menschen gehören. Schon das Wissen darum, man könnte diesen Zustand dann durch Tötung jederzeit in legitimer Weise beenden, würde vielen von der Angst vor dem Sterben beunruhigten Menschen eine Erleichterung bedeuten.

Hinzu kommt, daß der heutige Mensch, der Leistung und schmerzfreies Genießen verabsolutiert und die Dimension der Transzendenz verloren hat, nicht mehr einsehen kann, daß im Erleiden eines unheilbaren und vielleicht schmerzvollen Zustandes überhaupt noch Sinn erfahren werden kann und daß hinter all diesen Leiden letztlich doch die Erlösung und Vollendung durch Gott steht. So wird das Recht auf Tötung seiner selbst zu einer Frage der Emanzipation und die Forderung, selbst »zwischen einem leichten und einem schweren Tod« wählen zu dürfen[107], zu einem moralischen Grundrecht, das mit der Freiheit der Person zugleich gegeben sei und das deshalb auch zu den Menschenrechten gehöre[108]. Solche Forderungen konnten auf dem geistigen Hintergrund des biblischen Gottesglaubens nicht aufkommen. Das Alte Testament berichtet zwar von Menschen, die schwer litten, ihren Tod herbeisehnten, an Gott die klagende Bitte richteten, er möge ihrem Leben ein Ende machen, ja,

Tumore. Da sich die Schmerzbahnen nach etwa 6 Monaten allmählich wieder ausbilden, sind die chronisch Kranken, die nicht in absehbarer Zeit sterben, in der Schmerzbekämpfung das eigentliche Problem, zumal bei ihnen die üblichen Schmerzmittel auf die Dauer nicht wirken (Toleranz-Problem). Zu den Möglichkeiten der Schmerzausschaltung vgl. Literatur B/III/1, Anm. 38; ferner die Beiträge von Mayrhofer/Porges, in: Eser (Hrsg.); Twycross, in: Eser (Hrsg.).

105 Vgl. C/I/5, Anm. 8.

106 Vgl. B/II/4, Anm. 83 ff.; bes. Illich, 98 ff; vgl. Lessing, 115.

107 So der englische Geistliche A. B. Downing, 16.

108 Vgl. C/I/5, Anm. 4.

die den Tag ihrer Geburt verfluchten, die aber dennoch nicht Hand an sich zu legen wagten[109], weil sie glaubten, daß allein Gott Herr über Leben und Tod und so auch der Tod eine Fügung Gottes ist (5 Mose 32,39; Röm 14,7 f.).

Man wird nicht bestreiten können, daß es in ganz wenigen Fällen tatsächlich mit keinen Mitteln abwendbare Schmerzen gibt und daß aufgrund der Tatsachen, daß unsere Krankenhäuser häufig auf das Sterben organisatorisch meist nicht eingestellt sind, nicht alle möglichen Methoden der Schmerzlinderung immer genügend individuell und gezielt angewendet werden, das Personal nicht gut auf den Umgang mit unheilbaren und sterbenden Menschen vorbereitet ist, Angehörige die Schwerkranken »aufgeben«[110] usw., häufig viele nicht notwendige schwer erträgliche Schmerzen vorkommen. In diesen Fällen zum Mittel »Tötung« zu greifen, ohne auf den im Todesverlangen sich ausdrückenden Schrei um Hilfe hin zunächst alles getan zu haben, was Menschen an Linderung der Schmerzen möglich ist, wäre ethisch nicht zu rechtfertigen und käme dem Eingeständnis menschlicher Gleichgültigkeit gegenüber dem schweren Los des Mitmenschen gleich[111]. Ob die Schmerzen unerträglich sein werden, ist kaum vorweg abzusehen, sondern immer nur im Zustand schwersten Schmerzes selbst erfahrbar und zu entscheiden. Sicherlich ist der Schmerz ein subjektives Phänomen und die Fähigkeit, körperliche und seelische Leiden zu ertragen, recht unterschiedlich. Eine objektive, kasuistische Festlegung dessen, was unerträgliche Schmerzen sein können, ist daher auch nicht möglich. Dennoch wird man sich nach längerer Erfahrung mit leidenden Menschen im je konkreten Fall ein ungefähres Bild davon machen können, ob und wann Schmerzen auch bei intensiver menschlicher Zuwendung, guter Betreuung und allen erdenklichen Möglichkeiten der Schmerzlinderung unabwendbar und unerträglich sein können. Dabei ist keinesfalls nur an Sterbende oder gar die letzte Phase des Sterbens zu denken, denn in dieser nehmen die Schmerzen, auch die seelischen, nach bisherigen Erkenntnissen zunehmend ab[112], und der für die Umgebung manchmal durch die Verzerrung der Gesichtsmuskulatur, Röcheln usw. so schrecklich anzusehende und qualvoll anmutende »Todeskampf« wird dem Ster-

[109] Hiob, 10,18; vgl. L. Wächter, Der Tod im Alten Testament, 1967, 81 ff.
[110] Vgl. B/II/2, Anm. 35 ff.
[111] Saunders, 69 f.; Hinton, 136, 146.
[112] Vgl. Witzel (1975), 192; H. v. Kress (1970), 3.

benden wahrscheinlich nicht mehr bewußt und also auch nicht mehr als schmerzhaft erlebt, denn Schmerz ist ein an Bewußtsein gebundenes Phänomen[113]. Das später noch eingehender zu erörternde Problem[114] besteht nun darin, daß, je stärker die Schmerzen werden, der Mensch aus verschiedenen Gründen immer weniger klar zurechnungs- und entscheidungsfähig ist und immer mehr in seinem Selbstbewußtsein getrübt, wenn nicht gar völlig verwirrt ist.

Gehen wir davon aus, daß ein Mensch wirklich ihm unerträgliche Schmerzen erleidet und nicht deshalb sein Leben »loswerden« möchte, weil er es aus irgendwelchen Gründen für sinnlos, nutzlos und unwürdig hält, auch nicht, weil er irgendwie selbst über Sinn und Wert seines Lebens verfügen und Art und Zeitpunkt seines Todes selbst bestimmen und sich im Sterben aus eigener Kraft vollenden möchte, sondern nur, weil er von für ihn unerträglichen Qualen beherrscht wird und von ihnen »erlöst« werden möchte. Kann man dann noch – mit *K. Barth*[115] – die Tötung mit der Begründung ablehnen, daß es nur Gottes Sache sei, darüber zu entscheiden, ob das Leiden »tragbar oder untragbar« ist? Könnte es in solchen Fällen nicht doch ein aus der Grenzsituation sich aufnötigender dringlicher »Ruf« oder auch ein spezielles Gebot Gottes sein, den leidenden Mitmenschen durch Tötung zu »erlösen«, nicht von »unwertem« Leben oder Sterben, sondern von den puren Qualen? Sicherlich besteht, wenn man in dieser Weise mit Qualen und Mitleid argumentiert, die Gefahr der »Sentimentalisierung« der ganzen moralischen und rechtlichen Problematik[116], wie sie im Nazi-Film »Ich klage an« und auch in dem Buch von *P. Moor* schon von der ganzen Aufmachung her betrieben wird. Damit wird unter der Hand eine Diffamierung derer – vor allem der Ärzte – als unbarmherziger und gefühlloser Rigoristen und Sadisten betrieben[117], die es ablehnen, sich in irgendeiner Form

[113] Vgl. B/III/1/d, Anm. 38 ff.
[114] Vgl. C/I/5.
[115] KD III/4, 460 f. »Eine Selbsttötung zum Zweck der Befreiung von Not und Schmerz wird von der christlichen Tradition allerdings einheitlich abgelehnt« (Böckle, Tötung auf Verlangen, in: Sonde, 1974, Nr. 2, 11). »Das Vorhandensein von qualvollen Leiden und Siechtum ist kein Argument für die Rechtfertigung einer Tötung auf Verlangen« (Lessing, 114; ebenso A. Auer, in: Eser). Dgg. erhebt Fletcher (1973, 121) Einspruch mit dem Argument, daß das Lebensopfer für andere zur Abwehr schweren Schadens erlaubt sein soll als Akt »of sacrificial heroism, but you may not end your life for your own sake. This is a veritable mare's nest of nonsense!« Ähnlich Knevels, 9 ff. Der kath. Moraltheologe V. Eid (S. 89 f.) läßt die Tötung – wie der Verfasser – als »ultima ratio« offen.
[116] Vgl. Hiersche, 227 u. Buchheim, 174 ff.

zu direkten Gehilfen des Todes zu machen. Was man nicht sich selbst oder einem Angehörigen zuzufügen bereit ist – obwohl man es vielleicht könnte – sollte man im Sinne der Goldenen Regel auch nicht von einem anderen erwarten oder gar verlangen[118]. Es geht hier nicht darum, die Qualen möglichst schrecklich darzustellen, um auf diese Weise mit dem Motiv »*Mitleid*« ein moralisches »Ja« zur Tötung zu erpressen. Wir gehen davon aus, daß in diesen Fällen nicht mehr »Wert« gegen »Unwert«, höheres gegen niederes, würdiges gegen unwürdiges Dasein verrechnet wird. Es geht darum, ob man Menschen an schwersten Schmerzen leiden lassen *muß*, wenn man wirklich keine anderen Mittel hat, die Schmerzen zu beheben oder erträglich zu machen, als das Mittel Tötung.

Für den Christen wird dann die rational theologisch nicht beantwortbare Frage, ob Gott das wollen kann, daß ein Mensch ohne persönliche Schuld unsagbare Schmerzen erleiden muß, doch ganz bedrängend. Außerdem tritt dann der Konflikt auf, daß man dem leidenden Menschen aus Liebe helfen möchte, von seinen Schmerzen frei zu werden, ihm aber nicht helfen kann. Aus dieser Unfähigkeit und Ausweglosigkeit heraus drängt sich gleichsam als *letzte Notlösung* (ultima ratio) das Mittel Tötung auf, um den nicht durchzustehenden *Konflikt* zwischen der Liebe zum Mitmenschen und der Bereitschaft ihm zu helfen einerseits und ihm doch nicht helfen zu können andererseits auf diese Weise *aufzulösen*. Es soll nicht bestritten werden, daß bei einer solchen aus einem ausweglosen Konflikt geborenen Handlung die Motivation »Liebe« eine Rolle spielt, doch ist die Handlung selbst – wie bereits ausführlich begründet[119] – weder als Tat der Liebe noch als wirkliche Hilfe für die Person zu bezeichnen, weil sie nicht die Krankheit heilt oder die Schmerzen lindert, sondern die Person auslöscht. Solches Tun ist nicht als Verwirklichung von Liebe und Barmherzigkeit zu bezeichnen. Es gibt daher auch keine prinzipielle theologische Rechtfertigung solchen Handelns oder gar ein stetiges, jedem geltendes Gebot Gottes für die Fälle, in denen man

[117] So bezeichnet der Psychiater K. R. Eissler (The Psychiatrist and the Dying Patient, 1955, 118) die Ablehnung als »a concealed manifestation of their sadism«. Ähnlich Moor, 181 ff.; vgl. dgg. Buchheim, 173 ff.

[118] Hiersche (S. 226 f.) schreibt nicht zu Unrecht in Verteidigung seines Berufsstands, daß es inhuman sei, »wenn die Gesellschaft heute von ... den Ärzten fordert, daß sie, wenn das Individuum die Verantwortung zur Eigentötung nicht tragen will oder kann, das Tötungsdelikt übernimmt.«

[119] Vgl. B/III/1/d, Anm. 40 ff.

einem Menschen in schwersten Leiden begegnet und seinen Leidenszustand nicht beheben kann. Solches Handeln setzt nicht nur einen wirklich überzeugend unerträglichen Leidenszustand des Kranken, sondern auch eine unmittelbare personale Verbundenheit mit und Liebe zu ihm voraus. Nur so entsteht ja erst der ausweglose Konflikt, dem Kranken helfen zu wollen und nicht zu können, sich aber bei dieser Liebe und Verbundenheit mit ihm auch nicht einfach von ihm zurückziehen zu können und ihn mit seinen Schmerzen allein zu lassen. In dieser Situation steht jeder Mensch, sowohl der Kranke, der in solchen Situationen meist mit getrübtem Selbstbewußtsein um Hilfe fleht oder stöhnt, als auch der, der bei ihm steht und ihm helfen möchte, allein vor seinem *Gewissen*, bzw. – wenn er glaubt – vor seinem Gott und kann sich auf keine rechtfertigenden Normen berufen[120], denn weder die Schmerzen noch erst recht nicht das Motiv der liebenden Verbundenheit, die den ausweglosen Konflikt verursachten, aus dem heraus die Tötung geschah, sind objektiv meßbare und überprüfbare Größen und können daher auch in einer an Überprüfbarkeit orientierten Rechtsprechung nicht berücksichtigt werden[121].

Ob man in diesen Fällen von einem unvermeidlichen sittlichen Schuldigwerden sprechen muß, wie immer man handelt, mag hier offen bleiben[122]. Sich von dem schmerzbeladenen Menschen abzuwenden, ihn aufzugeben, wäre in der Tat die unsittlichste Art, sich aus dem Konflikt zu entlassen. Auch wenn ich mit dem Akt der Tötung persönlich schuldig werden sollte, darf man mit *D. Bonhoeffer*[123] zur Bereitschaft zur *Schuldübernahme* ermutigen. Eine solche Entscheidung zur Beendigung des Leidenszustandes wäre sittlich vertretbar, auch wenn sie den Charakter eines mehr oder weniger aufgedrängten Übels hat und eigentlich nicht sein sollte[124]. Auf jeden Fall trägt der, der sich zu einer solchen an sich ungeheuerlichen Tat entschließt, auch voll und ganz die *Verantwortung dafür vor Gott und den Menschen*. Wo diese bewußte Verantwortung vor Gott und die Bereitschaft fehlt, sich vor Menschen zu verantworten und die möglicher-

120 Vgl. B/III/1/d, Anm. 45 f.; vgl. Eid, 89 f.

121 Vgl. Buchheim, 177; Bonhoeffer, 171. Lessing (S. 115) weist darauf hin, daß ansonsten Aussichtslosigkeit und Hoffnungslosigkeit »institutionell« begründet werden.

122 Vgl. B/II/5, Anm. 65 u. 67.

123 S. 255 ff.

124 So auch Sporken (in: Eser, Hrsg.). Gegen Sporken meinen wir, daß dies nur in der bereits eingetretenen Situation unerträglichsten Schmerzes in Frage kommt.

weise zu erwartende Strafe auf sich zu nehmen, da kann eine solche Tat nur entschieden abgelehnt werden. Jedoch sind Sittengesetz und Strafgesetz nicht identisch. Die christliche Existenz in Verantwortung *vor* Gott *für* den Mitmenschen kann es im Grenzfall gebieten, sich über das allgemeinverbindliche positive Recht hinwegzusetzen und bereit zu sein, die eventuelle Konsequenz einer Bestrafung auf sich zu nehmen[125].

d) Ergebnis der Prüfung der Argumente

Als wesentlichstes rechtfertigendes Argument für eine Selbsttötung wird das Motiv der Freiheit des Menschen, über sein Leben zu verfügen, angeführt. Wo dieses Selbstverfügungsrecht nicht nach Belieben eingeräumt wird, werden bestimmte Umstände aufgezeigt, die eine Selbsttötung rechtfertigen sollen. Genannt wird das Motiv der eingetretenen oder drohenden »*Entwürdigung*« des Menschseins und der davon zu unterscheidende Zustand unerträglicher *Schmerzen* ohne Möglichkeit der Linderung. Die Freiheit des Menschen, sich selbst das Leben zu nehmen und über den Sinn und Wert seines Lebens letztgültig zu verfügen, kann theologisch nicht bejaht werden, da das Leben als Gabe Gottes nie so Besitz des Menschen ist, daß er über den mit der Gabe vom Schöpfer gesetzten Sinn des Lebens und damit über das Leben selbst eigenmächtig richten und verfügen dürfte. Eine derartige Verfügung steht nur dem Schöpfer des Lebens selbst zu. Die philosophischen Argumente gegen die Selbsttötung können zwar nicht überzeugen, doch machen es psychologische Beobachtungen und philosophische Erwägungen wahrscheinlich, daß Menschen sich nicht in Freiheit, sondern unter dem Druck innerer oder äußerer unfrei machender Umstände selbst töten. Theologisch gesehen verliert der Mensch seine Würde nicht dadurch, daß er die Fähigkeit zur Selbstverwirklichung verliert und völlig auf die Hilfe anderer angewiesen ist. Auch philosophisch ist es schwierig, dieses als Argument für die Tötung zu akzeptieren, weil man damit zugleich anerkennen müßte, daß es objektiv durchaus »lebensunwertes« Leben geben kann und dann auch diejenigen Menschen unter diese Kategorie fallen, die objektiv den Kriterien Genüge tun, die für eine sub-

125 Vgl. Buchheim, 175 u. C/I/5, Anm. 77 f.

jektive Unwerterklärung als rechtfertigend angesehen werden. Dann aber entsteht die Frage, weshalb solche Menschen (z. B. mit Defektpsychosen, Hirnschädigungen usw.) noch zu pflegen sind.

Ein unter theologischen Gesichtspunkten ernsthaft in Betracht zu ziehender rechtfertigender Umstand könnte der ganz selten notwendig vorkommende bereits eingetretene Zustand unerträglicher und nicht linderbarer Schmerzen sein, bei dem das Subjekt keinesfalls über den Wert seines Lebens urteilen, sondern lediglich vom Zustand der Qual befreit werden möchte und dies nur durch Tötung möglich ist. Die Tötung ist kein Mittel der Hilfe für die Person, weil dadurch mit dem zu bekämpfenden Übel (Schmerz) zugleich auch die Person vernichtet wird. Sie ist eine letzte Notlösung, geboren aus der Ausweglosigkeit, dem Mitmenschen einerseits nicht helfen zu können und ihn andererseits aus liebender Verbundenheit heraus auch nicht der totalen Herrschaft des Schmerzes ausgeliefert sein zu lassen. Ein großes Problem besteht darin, daß der Mensch, je mehr er wirklich unter unerträglichen Schmerzen leidet, umso unzurechnungsfähiger ist, so daß man sagen muß, je mehr die objektiv einsichtigen *Umstände* gegeben sind, die eine Tötung rechtfertigen sollen, umso weniger trifft das Moment der *Freiheit* und *Verantwortungsfähigkeit* des Kranken zu. Die beiden Momente, die eine Tötung rechtfertigen sollen, die Freiheit des Menschen und die einigermaßen objektiv einsichtigen Umstände, sind nur bedingt zu kombinieren. Das eigentliche Problem besteht darin, daß unter solchen Umständen die *Tötungshandlung immer von anderen durchgeführt werden muß*. Ein *Recht* auf Tötung durch andere ist sittlich nicht zu begründen, zumal da, wo ein Recht besteht, auch jemand verpflichtet werden muß, die rechtmäßig beanspruchte Tat auszuführen. Wo ein solches Recht bestünde, trüge die Gesellschaft bzw. der Staat die Verantwortung für die Tötung, müßte also auch objektiv angeben, unter welchen Umständen in seinem Auftrag getötet werden darf. Solche Grenzsituationen entziehen sich aber der Einordnung in positiv-rechtliche Kategorien[126]. Wo sich ein Mensch aus liebender Verbundenheit mit dem leidenden Mitmenschen zur Tötung entschließt, muß er allein die volle Verantwortung vor Gott und den Menschen tragen und notfalls auch die Bestrafung auf sich nehmen. Es bleibt die Frage, ob der Zu-

[126] Vgl. C/I/5; Ehrhardt (1965), 5,10; Fritsche, 81; Thielicke, ThE III, Nr. 1531 ff.; Trillhaas, 202; Buchheim, 169.

stand *unerträglicher Schmerzen* nicht doch noch einer genaueren empirischen Objektivierung und Eingrenzung bedarf, zum Schutz vor unsittlichen Nötigungen sowohl des Kranken als auch derjenigen, von denen die Durchführung einer Tötung aus »sittlichen« Motiven erwartet wird[127].

3. *Zur Unterscheidung von »Tötung« und »Verzicht« auf lebensverlängernde Maßnahmen*

Nach den bisherigen Ausführungen könnte es so scheinen, als sei geklärt, was man unter *Tötung* zu verstehen habe, nämlich eine Handlung, die den Tod eines Menschen in einer der genannten Formen[1] zur Folge hat. Gemäß einem weit verbreiteten Verständnis muß eine solche Tötungshandlung immer eine aktive, sich motorisch äußernde und das leibliche Leben antastende Tat sein. Man könnte von einer direkten Tötung sprechen. Ein Mensch kommt jedoch selten durch eine »Tätlichkeit« zu Tode, sondern meist durch natürliche, krankhafte oder fahrlässige Umstände. Wenn ein Mensch zur Lebenserhaltung auf die Hilfe anderer angewiesen ist, kann der Tod durch *Unterlassen* dieser Hilfe eintreten. Wäre es für einen Menschen sinnvoll, vor dem drohenden Tod gerettet zu werden, und jemand wäre in der Lage, ihm diese rettende Hilfe zu gewähren, tut das aber bewußt nicht, obgleich er weiß, daß dies für den anderen den Tod zur Folge hat und daß der andere sehr wahrscheinlich weiterleben möchte und könnte, so würden wir dieses als *fahrlässige Unterlassung* mit Todesfolge bezeichnen. Es sprechen gewichtige Gründe dafür, daß solches fahrlässiges Unterlassen ethisch gesehen eindeutig auf der Seite der *Tötung* einzuordnen ist[2]. Wenn das *Tötungsverbot besagt*, daß man *willentlich* keine *Entscheidung* treffen soll, von der man absehen kann, daß sie den eigenen oder den Tod eines anderen zur Folge haben wird, so heißt das, daß man den Tod nicht *verursachen* soll, es sei denn, besondere gewichtige Umstände könnten diesen Schritt rechtfertigen. Nun soll nicht bestritten werden, daß nach dem üblichen Verständnis

[127] Vgl. C/I/5.
[1] Vgl. B/III, Anm. 5 f.
[2] Gegen Schüller (S. 149), der jede freie Entscheidung zum Unterlassen mit vorauszusehender Todesfolge aus dem rechtswidrigen Töten aussondern möchte.

von »verursachen« als tätlichem Eingreifen in das Leben eines anderen mit der eindeutigen Absicht, ihn zu Tode zu bringen, das fahrlässige Unterlassen nicht als »Ursache« des Todes bezeichnet werden kann[3]. Dabei ist man aber zu sehr in dem populären Verständnis von Handeln und Tun befangen, das sich ausschließlich am motorischen Vollzug der Handlung orientiert.

Zu einer gewollt durchgeführten Tötungshandlung gehört jedoch auch ein *geistiger Akt*, der gegen eine mehr oder weniger bekannte Person gerichtet ist[4]. Sie setzt also Beziehungen von Personen voraus, in denen einer oder viele *gegen* das Dasein eines oder mehrerer anderer gerichtet sind und seinen oder ihren Tod wollen. Auch das Unterlassen setzt einen geistigen Akt, einen Entschluß voraus. Bei Betrachtung aller konstituierenden Momente einer Handlung ist auch eine bewußt nicht vollzogene Handlung eine Aktivität. Wenn das Leben eines Mitmenschen bedroht ist, darf es ethisch gesehen keine geistige *Passivität* geben, sondern es ist klar zu prüfen, ob und wie man dem gefährdeten Mitmenschen helfen kann. Ihm sinnvolles Leben retten zu können und es dennoch bewußt nicht zu tun, setzt einen *gegen* die Person gerichteten geistigen Akt voraus. Sicherlich ist das fahrlässige Unterlassen dann nicht die alleinige Ursache des Todes, aber wahrscheinlich doch mehr als eine Mitursache. Geht man in diesen Fällen davon aus, daß bei helfendem Eingreifen grundsätzlich eine »sinnvolle« Lebenserhaltung möglich ist, so kann man ernsthaft die Meinung vertreten, daß die Unterlassung der Hilfe sachlich gesehen die primäre Ursache (causa prima) und der Unfall bzw. die Krankheit die sekundäre Ursache (causa secunda) des Todes ist. Das juristische Problem besteht darin, beim Unterlassen eine empirische aufweisbare Verursachung nicht eindeutig nachweisen zu können und den gegen die Person gerichteten geistigen Akt meist überhaupt nicht zum Gegenstand einer Untersuchung machen zu können, wenn er nicht vor anderen verbalisiert wurde. Jedenfalls sollte man festhal-

[3] Es mag von daher gesehen juristisch berechtigt sein, aufgrund der nicht überzeugend zu verifizierenden Verursachung des Todes durch fahrlässiges Unterlassen dieses nicht der Tötung zuzurechnen. Solange das Verursachungsprinzip in der Rechtsprechung eindeutig über die Orientierung an den Folgen dominiert, wird keine grundsätzlich andere Einordnung des fahrlässigen Unterlassens möglich sein. Dennoch ordnen manche Juristen das Unterlassen einer Handlung, die geeignet wäre, einen zum Tode führenden Kausalverlauf zu unterbrechen, der Tötung zu, wenn eine Rechtspflicht zur Hilfe (Garantenstellung) besteht (so Weißauer-Opderbecke, 10; anders der amerik. Jurist G. P. Fletcher, zitiert bei Fritsche, 47).

[4] Vgl. B/III, Anm. 4 ff.

ten, daß die Bedrohung des Lebens eines Mitmenschen ethisch gesehen eine derartige Herausforderung darstellt, daß eine geistige *Passivität* überhaupt nicht sittlich zu rechtfertigen und, wenn nicht als tötende Feindschaft, so doch als »tödliche« Gleichgültigkeit und damit als eine große Schuld gewertet werden muß.

Stimmt man dieser ethischen Einordnung des fahrlässigen Unterlassens mit Todesfolge auf der Seite der Tötung in etwa zu, so könnte man es vielleicht auch im Gegensatz zur *direkten Tötung*, die ein tätliches Eingreifen in das Leben eines anderen mit der eindeutigen Absicht, den anderen zu Tode zu bringen, und mit dem Tod als Folge ist, als *indirekte Tötung* bezeichnen. Dann beziehen sich »direkt« und »indirekt« allerdings nicht auf die mit einer Handlung verfolgte Absicht, sondern auf die Art, wie das Ziel »Tötung« erreicht wird. Wie das nur am motorischen Vollzug orientierte Verständnis von *aktiv* nicht ausreicht, den Sinn des Tötungsverbots zu erfassen, so darf man auch nicht jedes bewußt gewollte Unterlassen mit Todesfolge indirekte Tötung nennen. Ob eine Unterlassung einer das Leben verlängernden Maßnahme Tötung ist, ergibt sich nicht allein aus dem formalen Tatbestand, daß jemand eine bewußte Entscheidung fällt, den drohenden Tod eines Menschen nicht mit allen möglichen Mitteln zu verhindern, und daß daraufhin der Tod eintritt, sondern vor allem aus der Einstellung zu dem in seinem Leben bedrohten Mitmenschen, aus der heraus die Entscheidung gefällt wird und geprüft wird, ob eine Maßnahme zur Lebensrettung dem Menschen noch ein »sinnvolles« Leben erhält und damit eine echte Hilfe wäre oder ob das Sterben dadurch nur verlängert, aber nicht verhindert wird oder ob das Leben nur um den Preis des Verlusts wesentlicher Merkmale der Persönlichkeit erhalten werden kann. In diesem prüfenden geistigen Akt geht es darum, klar zu unterscheiden, ob und wie man dem Wohle der Person am besten dient; man steht also in einer positiven *Beziehung* zu dem schwer erkrankten Mitmenschen, übernimmt *Verantwortung* für ihn und setzt nicht blind alle verfügbaren Mittel der Lebensverlängerung ein. Man sollte die aus Verantwortung für den zum Tode erkrankten Menschen vollzogene Entscheidung, an sich mögliche Maßnahme der Lebensverlängerung nicht einzusetzen, im Unterschied zur Tötung und der ihr zuzurechnenden fahrlässigen Unterlassung als *Verzicht* bezeichnen.

Der grundsätzliche ethische Unterschied zwischen *Verzicht auf Lebensverlängerung* und *gezielt durchgeführter Lebensbeendigung bzw. Tötung* wird von fast allen theologischen Ethikern anerkannt[5]. *J. Fletcher*[6] dagegen nennt die Unterscheidung von »*direct* ending of a life« und »by deliberately *not* doing something« eine »very cloudy distinction« und begründet das damit, daß die Entscheidung, menschliches Leben nicht zu erhalten, sittlich ebenso überlegt vollzogen sei (morally deliberate) wie die Entscheidung, ein Leben zu beenden. Der Unterschied bestünde nur in der Art der Ausführung des Entschlusses. Fletcher schließt also daraus, daß in dem einen wie dem anderen Falle eine bewußte Entscheidung gefällt wird und daß beide Entscheidungen im Grunde auf dasselbe Ergebnis hinauslaufen, daß daher beides sittlich gleich zu bewerten sei. Da Fletcher ohne genaueren Hinweis einfach die Situation von sterbenden Patienten voraussetzt, ergibt sich, daß der Tod in jedem Fall unvermeidlich ist und es dann nicht wesentlich darauf ankommt, wodurch er eintritt. Fletcher greift also gleich den Grenzfall des unvermeidlich zu Tode erkrankten Patienten heraus, um so besser zeigen zu können, daß ein prinzipieller Unterschied nicht besteht. Um die Überzeugungskraft einer Theorie, die sich im allgemeinen in der Praxis gut bewährt, zu prüfen, sollte man jedoch nicht von den Grenzfällen und den fließenden Grenzen einer Norm in der Praxis ausgehen[7]. Es ist auch eine irrige Meinung, die jeweilige Situation selbst gebe auch die Maßstäbe aus sich heraus an, nach denen zu handeln und das Handeln dann auch zu rechtfertigen ist[8].

[5] Abgelehnt wird die Unterscheidung mit oberflächlichen, die theoretischen und faktischen Gegebenheiten vermischenden Argumenten von dem ev. Theologen Knevels (S. 25 ff.). Theologen, die wie Barth (KD III/4, 484 ff.) und Bonhoeffer (S. 182) schon einen Verzicht für bedenklich halten, anerkennen die Unterscheidung zwischen Verzicht und Töten aber eindeutig. Von amerik. Theologen haben vor allem Ramsey (S. 113 ff.), Dyck (S. 104 f.), aber auch Nelson (S. 135 ff.) das gegen J. Fletcher betont. Auch von Medizinern wird das anerkannt (Ehrhardt, Hiersche, Kautzky, Hinton, Haemmerli, Opderbecke, Fritsche, Witzel, Wunderli). Zu Juristen vgl. Hanack, in: Hiersche (Hrsg.), 121 ff.; A. Eser, in: Eid (Hrsg.), 49 ff.

[6] (1969 a), 68; vgl. (1969 b), 63.

[7] Vgl. Frankl, 77; Buchheim (S. 179) betont zu Recht, daß es zum Wesen der Norm gehört, daß sie Grenzfälle hat, bei denen nicht eindeutig ist, ob sie der Norm zuzurechnen sind.

[8] Das ist gegen Haemmerli (S. 555) zu betonen, der eine Erkenntniswirklichkeit, die ein Produkt theoretisch logischen Denkens sei, von einer Erlebniswirklichkeit trennt, die »meist in einem ›inneren Gefühl‹ (besteht), das selten in klare Worte gefaßt wird. Die Notwendigkeit einer Formulierung in Worte wird auch nicht als eine solche empfunden. Aus dem Begriff der Erlebniswirklichkeit entwickelt sich der Begriff der ›Situationsethik‹«, die auch die »graue Zone der Grenzfälle« zu erfassen vermag. Dagegen ist zu sagen, daß Erlebnisse ohne begriffliche Formulierung nicht

Fletcher befürwortet auch Tötung von nicht sterbenden schwer versehrten Menschen. Wäre er von diesen Fällen ausgegangen, so hätte ihm deutlich werden müssen, daß durch bewußten Verzicht auf Lebensverlängerung dann meist keinesfalls der Tod des Menschen direkt herbeigeführt wird, dieses überlegte Unterlassen also auch nicht die primäre Ursache (causa prima) des irgendwann eintretenden Todes sein kann. Bei einer Lebensbeendigung durch das eigene oder fremde Eingreifen oder auch bei einem durch gezielte Lebensverkürzung verursachten Tod ist dies dann jedoch eindeutig der Fall. *P. Sporken*[9] beschränkt die ethisch zu rechtfertigende Möglichkeit der Tötung auf eine Sondersituation des Lebens, das *Sterben*. Es ist jedoch mehr als zweifelhaft, ob man einen Teilbereich des Lebens – das Sterben gehört als letzte Phase des Lebens eindeutig zum Leben – so vom anderen Leben absondern darf, daß für ihn eine eindeutige ethische Sondergesetzlichkeit gilt. Gewiß wird man darauf verweisen, daß das beim Werden der Persönlichkeit bezüglich der Möglichkeit des Schwangerschaftsabbruchs auch eingeräumt werde[10], daß deshalb ebenso für den Abbau der Persönlichkeit besondere Regeln gelten müßten, zu denen die Zulassung der Tötung gehöre. Es soll nicht bestritten werden, daß die Erkenntnis einer notwendig zum Tode führenden Krankheit und die Feststellung der Irreversibilität des Sterbens im definierten engeren Sinne[11] entscheidende Einschnitte im Leben sind, die für die Entscheidung zum Verzicht auf Maßnahmen der Lebensverlängerung und über die Art der Behandlung von grundlegender Bedeutung sind, doch werden durch diese Erkenntnisse das Personsein, die Würde und der Wert des Menschen nicht grundsätzlich geändert und in Frage gestellt. Lediglich die *Art* der Behandlung und Hilfe muß dieser erkannten, entscheidend neuen Lebenssituation angemessen sein.

Auch *P. Sporken*[12] behauptet, daß »ethisch gesehen kein wesentlicher Unterschied besteht zwischen einer Handlung, durch die man

so mitteilbar sind, daß sie gerechtfertigt werden können (vgl. B/III, Anm. 7 ff.). Vielleicht wird durch den Rückzug auf diese nicht formulierbare Erlebniswirklichkeit nur verschleiert, daß eine Situation nicht sittlich, sondern beliebig bewältigt wurde (vgl. B/III/1/d, Anm. 41).

[9] Vgl. (1971), 205 ff.; (1972), 42 f., 85; vorsichtig in: Eser (Hrsg.).

[10] Das Urteil des Bundesverfassungsgerichts zur Reform des § 218 (1975) hat jedoch deutlich gemacht, daß dies juristisch nur bedingt behauptet werden kann.

[11] Vgl. B/I/2, Anm 17 ff.

[12] (1971), 205.

jemand tötet, und der vorsätzlichen Unterlassung dessen, wodurch man sein Leben hätte retten können . . . Mag das auch gefühlsmäßig vielleicht einen großen Unterschied ausmachen, so ist es genau betrachtet nur ein gradueller Unterschied.« Es ist zuzugestehen, daß sowohl der Verzicht auf eine lebensverlängernde Behandlung als auch die gezielte Tötung auf bewußt vollzogene Entscheidungen zurückzuführen sind und daß sie – aber nur bei unwiderruflich Sterbenden – auch ähnliche Folgen haben, nur daß in dem Fall der Tötung der Tod früher eintritt. Damit wird jedoch die Frage der *Verursachung* des Todes weitgehend aus der ethischen Bewertung ausgeklammert, und es werden aus der Gesamtheit des *Handlungsgefüges* nur die *Motivation* und die *Folgen* in den Blick genommen, nicht aber auch das verursachende *Mittel*. Bei P. Sporken ist es im Gegensatz zu J. Fletcher[13] eindeutig, daß er eine Tötung nur um des Sterbenden selbst willen und auf sein eindeutiges Verlangen hin ethisch für vertretbar hält. Wir können zwar nur sehr bedingt zugestehen, daß die Liebe irgendwie Motivation zur Tötung sein kann[14], bestreiten aber nicht die subjektiv gute Absicht, den Kranken von seinem »Elend« zu erlösen. Die Motivation zur Tötung steht also derjenigen, die zum Verzicht auf Lebensverlängerung bewegt, ebenso nahe, wie die zu erwartenden »Folgen«, so daß *allein* von der Motivation und den Folgen her ohne genauere Untersuchung der *Mittel* Tötung und Verzicht sich die Unterschiede zwischen beiden Handlungen bei Sterbenden – im Gegensatz zu nicht unwiderruflich Sterbenden – nicht ergeben. Die übliche Terminologie, die die Begriffe *aktiv* und *passiv* verwendet, ist kaum geeignet, die Unterschiede zu verdeutlichen, nicht nur deshalb, weil auch jeder Verzicht auf einen wohlüberlegten und zu rechtfertigenden Entschluß, also eine geistige Aktivität zurückzuführen ist, sondern weil der *Verzicht* oft sogar eine vorsätzliche und überlegte *»aktive« Handlung* erfordert, wie später für die Fälle des Abbruchs von bereits eingeleiteten Maßnahmen zur Lebenserhaltung genauer zu zeigen sein wird[15].

Angelpunkt zur Klärung des Unterschieds zwischen Verzicht und Tötung ist der *geistige Akt*, in dem abgewogen wird, ob eine weitere Lebensverlängerung sinnvoll ist. Soweit diese Entscheidung nicht

[13] Vgl. C/I/3.
[14] Vgl. B/II/1/d u. B/III/2/c, Anm. 18 ff.
[15] Vgl. C/II/3.

von dem Kranken selbst getroffen werden kann, muß ein anderer prüfen und entscheiden, welche Behandlung und Betreuung der Person die größtmögliche Chance gibt, der Bestimmung ihres Daseins nachzukommen. Grundvoraussetzung für ein derart verantwortliches Entscheiden für eine andere Person ist, daß sie nicht zu einem Objekt des Verfügens gemacht wird, sondern voll als Subjekt ernstgenommen wird[16]. Ein in Verantwortung für die Person vollzogener Verzicht geschieht aus Achtung vor ihrer wesenhaften Bestimmung. Das setzt voraus, daß klar geprüft wird, welchen Erfolg eine Behandlung für die Selbstentfaltung des Subjekts als eine sich in Beziehung zu den Mitmenschen verwirklichende Person hat. Daraus ergibt sich, daß ein *Verzicht nur dann und soweit ethisch gerechtfertigt ist, wie die Folgen einer Behandlung bzw. Nichtbehandlung mit großer Wahrscheinlichkeit abzusehen und abzuwägen sind.* Die Motivation zu einem sorgfältigen Abwägen vor der Einleitung einer Behandlung liegt darin, daß man einem Menschen nicht ohne ersichtliche Aussicht auf Erfolg das Leiden und Sterben verlängern und ihm *keinesfalls noch zusätzlich mehr Leiden von seiten der Menschen auferlegen möchte als ihm zu helfen.* Solches Handeln geschieht aus echter Verantwortung für den leidenden Mitmenschen, der sein Leiden letztlich selbst tragen muß. Keiner hat das Recht, ihm ohne Aussicht auf wirkliche Hilfe zu den bestehenden, durch die Grundkrankheit bedingten Leiden, noch weitere hinzuzufügen. Das setzt allerdings die Überzeugung voraus, daß die Verlängerung der Quantität der Lebenszeit nicht an sich, sondern nur soweit sinnvoll und erstrebenswert ist, wie in der verlängerten Lebenszeit vom Subjekt selbst noch Sinn erfahren werden kann[17]. Unter dieser Voraussetzung ist es ein vor Augen liegender einsichtiger *Unterschied* zwischen *Verzicht* und *Töten*, ob ich einerseits einem Mitmenschen durch den Verzicht die *Zufügung* weiterer Leiden durch medizinische Maßnahmen zu den bereits bestehenden Leiden und eine zeitliche Verlängerung dieser *Leiden erspare* oder ob ich ihm andererseits durch Tötung von bereits bestehenden, vielleicht aber gar nicht von Menschen verursachten Leiden »erlöse« und ihm damit zugleich das *Leben nehme*. Im Falle des *Verzichts will der Mensch nicht zum Verursacher zusätzlicher, unnötiger Leiden werden*, im Falle der *Tötung will der Mensch beste-*

[16] Vgl. Böckle (1970), 448.
[17] Vgl. Ehrhardt (1965), 20; B/II/5 u. C/II, Anm. 1 ff.

hende Leiden dadurch nehmen, daß er zum Verursacher des Todes wird, dem Mitmenschen also das Leben nimmt. Damit ist der Unterschied zwischen Handlungen, die den *Tod erlauben*, und Handlungen, die den *Tod verursachen*[18], von der theologisch so wichtigen *Unterscheidung* der *Person* von ihrer *Krankheit* her ins Auge gefaßt und zugleich ein Unterschied gemacht zwischen dem, was Menschen verfügen können und was sich menschlicher *Verfügung* entzieht und ihr entzogen bleiben soll.

Der Tod ist eine ontologisch notwendige Vorgegebenheit; der Mensch muß sterben. Da der Tod eine Selbstverständlichkeit ist, müßte man eigentlich nicht ein »Recht auf Sterben« fordern[19]. Dies wird erst nötig, weil die Medizin offenbar zum Teil ihren Auftrag darin sieht, den Tod zu bekämpfen, statt zu heilen und Leiden zu lindern, und weil die moderne Technik der Medizin Mittel an die Hand gibt, auch das Sterben in mitunter sinnloser Weise hinauszuzögern und Menschen unnötige Schmerzen aufzuerlegen. Erst durch diese Gegebenheiten wurde der Verzicht ein wirklich bedrängendes Problem. Die meisten Ärzte der Antike pflegten zunächst festzustellen, ob sie einen Menschen noch heilen konnten oder nicht und verweigerten die Behandlung im Falle der festgestellten Unheilbarkeit[20]. Daß unter dem Einfluß des Christentums dann auch die unheilbaren Menschen behandelt und gepflegt wurden, ist aber nicht so auszulegen, daß man Leben mit allen Mitteln um jeden Preis verlängern muß. Ebensowenig kann davon die Rede sein, daß allein die festgestellte Unheilbarkeit schon das Unterlassen aller sogenannten »außergewöhnlichen« Behandlungen oder gar der Befriedigung von menschlichen »Grundbedürfnissen« erlaube[21]. Es kann keine Rede davon sein, daß der Verzicht auf lebenserhaltende Maßnahmen ethisch a priori immer und prinzipiell erlaubt sei, wenn sich die Krankheit als unheilbar erweist. Er dürfte das selbst dann nicht sein, wenn durch den Verzicht keine drastische Lebensverkürzung eintritt[22]. Ob ein Verzicht angezeigt ist, kann nur unter ausdrücklicher Rücksichtnahme auf die *Art des Grundleidens*, die Lebensumstände,

[18] Scharf unterscheidet Dyck (S. 104) unter Verweis auf den Juristen G. P. Fletcher (in: Downing, Ed.) zwischen »permitting to die« und »causing death«. Vgl. Ziegler, 457; Fritsche, 46 ff.; Hanack, in: Hiersche, 144 f.

[19] Vgl. Pohier, 264 ff.; B/II/3.

[20] Vgl. C/I/2, Anm. 35 ff.

[21] Vgl. B/II/5, Anm. 56; Nelson, 131 ff.; Ramsey, 118 ff.

[22] Vgl. Lessing, 112 f.

die Fähigkeit, Leiden zu ertragen, usw. der jeweils betroffenen Person entschieden werden.

Daß der Mensch einem anderen Menschen nicht ohne berechtigte Aussicht auf eine sinnvolle Besserung seines Zustands durch medizinische Maßnahmen zusätzliche Leiden auferlegen darf, müßte als prinzipielle ethische Forderung anerkannt werden. Es besteht mithin also auch ein Recht eines jeden Menschen, vor derart willkürlichem Verfügen über sein Leben geschützt zu werden. Wenn ein Mensch jedoch an schweren Schmerzen leidet, dann ist es ethisches Gebot, diese mit allen zur Verfügung stehenden Möglichkeiten psychologischer, medikamentöser und operativer Art[23] und durch personalen Beistand zu lindern. Jeder Mensch hat ein Recht auf diese Hilfe, und durch ihre Gewährung wird er bis zum Tod in seiner Personwürde voll geachtet. Nun hat *P. Sporken*[24] die Tötung von Sterbenden damit rechtfertigen wollen, daß die gezielte Lebensverkürzung nicht auf die Tötung der Person, sondern auf die Befreiung von unwürdigen Zuständen und unerträglichen Leiden abziele und daß man daher nicht von Tötung reden solle. Damit wird hier eine Handlung mit *Doppelwirkung* vorausgesetzt, bei der die gute Absicht darin besteht, von Schmerzen oder unwürdigem Leben zu erlösen und der Erfolg in dieser Erlösung zu sehen sei. Daß die Erlösung den Tod der Person als nicht gewolltes Übel zur Folge hat, wird als eine durch das größere Gut – die Erlösung von Schmerzen – gerechtfertigte Nebenwirkung hingestellt. Damit wird das Mittel *Tötung* verharmlost. Die Tötung ist allgemein nicht Zweck einer Handlung, sondern Mittel. Nach unseren Darlegungen gibt es keinen sittlichen Endzweck, der eine Tötung fremden Lebens rechtfertigen könnte, wenn nicht unausweichlich das Leben eines Menschen gegen das anderer steht. Für den Fall allerdings, daß man vorgibt, der Zustand der Unwürdigkeit oder der unerträglichen Schmerzen könne nur durch den Tod behoben werden, sind die Erlösung von diesem Zustand und der Tod identisch, und die *Tötung* wird zum *Mittel* und zugleich zum *Endzweck* der Handlung.

Problematischer als die Identifizierung von »Tötung« (bzw. Tod) und »Erlösung« ist jedoch die von *Krankheit* bzw. »Unwürdigkeit«

[23] Vgl. Literatur B/III/1, Anm. 38; B/III/2/c, Anm. 104. Die »Außergewöhnlichkeit« der Mittel spielt dabei keine Rolle. Palliativmaßnahmen können durchaus auch schwerste Operationen u. a. sein.

[24] Vgl. (1971), 205; (1972), 98; vgl. dgg. B/III/1/d.

oder »Schmerzen« mit der *Person*, die im Zuge der Rechtfertigung der Tötung als unbeabsichtigte Nebenwirkung von Schmerzlinderung vorgenommen werden muß. Daß und warum das Motiv der Unwürdigkeit als Rechtfertigung auszuscheiden hat, wurde bereits herausgestellt[25]. Es kommt also nur das Motiv des Schmerzes ernsthaft in Betracht. Wir gehen davon aus, daß die durch die Krankheit bedingten *Schmerzen* zu *bekämpfen* sind, um der *Person zu helfen*: Die Bekämpfung der Schmerzen sollte also der Person mehr helfen als schaden, aber keinesfalls zur Zerrüttung oder gar Zerstörung der Person führen. Mit anderen Worten kann man sagen, daß die medizinische und personale Betreuung von Menschen mit schweren Schmerzzuständen gerade darauf abzielt, die *Identifikation von Person und Krankheit bzw. Schmerzen zu verhindern*, d. h. der Person bei der Bewältigung ihrer Krankheit so zu helfen, daß die Person nicht total vom Schmerz beherrscht wird und unter ihm zerbricht. Dieser Zustand kann in ganz seltenen Fällen eintreten[26]. Dann ist ontisch gesehen die *Identifikation von Person und Schmerz geschehen* und nicht mehr mit menschlichen Mitteln aufzubrechen. Ganz entscheidend ist jedoch, daß diese Identifikation von Person und Krankheit nicht durch Menschen zustande kommt, auch kein Urteil eines Menschen über den Sinn und Wert seines eigenen Lebens ist, sondern daß sie den Menschen überhaupt nicht durch menschliche Willensentscheidungen und Taten, sondern ohne sein und anderer Zutun »überkommt« und »überfällt« als etwas »Unverfügbares«, das damit die *faktische Realität* der Identifikation von Person und Schmerz setzt. Nur in diesen Fällen kann die Beseitigung des Schmerzes als letzte Notlösung (ultima ratio) die Tötung der Person nötig machen[26]. Die die Tötung rechtfertigende eingetretene Identifikation von Person und Krankheit ist dann kein Akt von Menschen, sondern *Nachvollzug einer bereits eingetretenen ontisch-faktischen Realität.* Nur unter dieser Voraussetzung wäre der Tod als Folge der Schmerzbekämpfung kein tödlicher Akt gegen die Person, müßte also nicht unbedingt als Tötung bezeichnet werden. Im Gegensatz zu *P. Sporken* möchten wir allerdings mit guten Gründen behaupten, daß dann, wenn man allen Ernstes von der eingetretenen ontisch-faktischen Realität der Identifikation von Person und Schmerz reden kann, der betroffene

[25] Vgl. B/III/2/c.
[26] Vgl. B/III/2/c, Anm. 116 ff.; C/II/2, Anm. 30.

Mensch selbst nicht mehr entscheidungs- und verantwortungsfähig ist[27]. Wahrscheinlich sind solche Zustände auch nicht ausschließlich bei Sterbenden gegeben[27]. In solchen seltenen Grenzsituationen »drängt« sich dem, der sich zu helfen berufen weiß und doch nicht mehr helfen kann, die Entscheidung zum Schritt über die mittels Normen fixierte Grenze auf, dem leidenden Mitmenschen mit dem Leiden nicht auch das Leben zu nehmen.

Da es sich hier wirklich um ganz seltene Grenzfälle handelt, sollte man mit dem Verweis auf sie nicht den ansonsten überzeugenden Unterschied leugnen, daß im Falle der *Tötung* dem Menschen das *Leben*, im Falle der *Schmerzbekämpfung* aber das *Leiden genommen* wird[28]. Es mag die später zu besprechenden Fälle geben[29], in denen die Bekämpfung der Schmerzen das Leben verkürzt. Hier kann sich ein allmählicher Übergang von der Schmerzlinderung zur Tötung auftun, doch wäre auch dies kein Grund, den prinzipiellen Unterschied zwischen »*Leiden* nehmen« und »*Leben* nehmen« dadurch zu nivellieren, daß man jede möglicherweise als nicht gewollte Nebenwirkung auftretende Lebensverkürzung mit der Tötung gleichsetzt. *Die Tötung setzt die in einem geistigen Akt vollzogene Identifikation von Person und Leiden voraus, während die Schmerzlinderung sie gerade vermeiden will*. Soweit man aber mit der Tötung das Ziel verfolgt, diesen Zustand erst gar nicht aufkommen zu lassen, vollzieht die Person, die die Tötung verlangt, und die, die sie ausführt, im vorhinein die Identifikation von Person und Leiden, nimmt also den noch ausstehenden, aber vielleicht auch gar nicht eintretenden ontischen Zustand in einem menschlichen *Urteil* vorweg, nimmt die Identifikation also nicht als »Unverfügbares« an, sondern verfügt in einem vernichtenden Letzturteil über das Leben. Dann ist dies eindeutig als Tötung, als Auslöschung der Person und nicht als Nachvollzug eines bereits als ontisch-faktisches Geschehen eingetretenen und von außerhalb des Menschen verfügten Zustands zu verstehen. Damit wird aber der *Mensch* selbst absichtlich zum *Verursacher* seines eigenen oder des Todes anderer, denn in dem Urteil, in dem die Identifikation von Person und Leiden vollzogen wird und das die Rechtfertigung der Tötung liefern soll, und in der Vollstreckung dieses Urteils ist der Mensch derjenige, der eine gegen die Person gerichtete vernichtende

[27] Vgl. C/I/5.
[28] Vgl. Frankl, 77; ders., Ärztliche Seelsorge, 1948, 36 ff.; Buchheim, 178 ff.
[29] Vgl. C/II/2.

Maßnahme vollzieht, und zwar bevor eine zwingende Notwendigkeit dazu besteht und ein auswegloser ethischer Konflikt dazu nötigt. Die dahinterstehende Absicht, zur »rechten Zeit« zu sterben[30], kann theologisch gesehen nur als selbstmächtige Verfügung über das Leben gewertet werden.

Der Unterschied zwischen Verzicht und Tötung liegt jedoch nicht nur in der Wahl der Mittel, mit denen das Ziel, »Erlösung von Leiden«, erreicht werden soll, sondern schon in dem geistigen Akt, in dem der Entschluß zum Verzicht oder zur Tötung gefällt wird. Diesem geistigen Akt, der die eigentliche *Motivation* zur Handlung bildet, kommt in den Fällen, in denen die Folgen der Handlung nicht abzusehen sind, die entscheidende Bedeutung für die sittliche Bewertung einer Handlung zu. Er ist aber auch dann sehr bedeutsam, wenn die Folgen absehbar sind. Im Entschluß zum Verzicht auf die Einleitung und eventuell auch zum Abbruch von lebensverlängernden Maßnahmen geschieht die vielleicht doch nur religiös-theologisch zu begründende Annahme des »*Unverfügbaren*«. Wir haben dargelegt, daß das »Unverfügbare« nicht identisch ist mit dem Willen und der Fügung Gottes, die *hinter* diesem Geschehen »verhüllt« ist[31]. Erste Voraussetzung für einen Verzicht ist die sorgfältige medizinische *Prüfung*, ob über einen Menschen schon in unwiderruflicher Weise verfügt ist, ob seine Krankheit *heilbar* oder *unheilbar* ist und ob der Sterbeprozeß noch aufzuhalten ist, ohne dem Menschen mehr zu schaden als zu helfen. Das wiederum setzt eine sorgfältige Prüfung der Lebensumstände der Person voraus[32]. Der Verzicht beruht auf der Erkenntnis, daß eine derart unwiderrufliche und menschlicher Verfügung entzogene Entscheidung bereits über das Leben eines Menschen ergangen ist. Unter der Voraussetzung, daß eine grundsätzliche Wendung nicht mehr erreicht werden kann, wird dann gefragt, welche Art der Behandlung dem Menschen unter diesen Umständen die meisten Chancen gewährt, seiner Lebensaufgabe noch nachzukommen, und ihm am wenigsten unnötige Leiden auferlegt. Entscheidendes Kriterium ist das Ereignis der *Irreversibilität* eines Krankheitsprozesses zum Tode, das sich menschlicher Verfügung entzieht und nur im nachhinein festgestellt werden kann. In ihm ge-

[30] Vgl. B/III/2/a u. b, Anm. 25 u. 62 ff.
[31] Vgl. B/III/2/a, bes. Anm. 35 ff.
[32] Vgl. B/II/5, Anm. 31 ff.

schieht die Verfügung des Unverfügbaren. Ist dies eingetreten, so maßt sich mit einem begründbaren Verzicht auf Maßnahmen der Lebensverlängerung kein Mensch die Entscheidung über Leben und Tod an, setzen sich weder der Patient noch der Arzt oder andere mit ihrer Entscheidung zum Verzicht zum *Herrn über Leben und Tod* ein, weil diese Entscheidung bereits von anderer Seite her gefallen ist[33].

Im Verzicht wird der Unabwendbarkeit der *geschehenen Verfügung* Rechnung getragen. Er setzt die Erkenntnis und die bewußte Annahme des »Verfügten« durch den Patienten und – wenn der nicht mehr dazu in der Lage ist – durch die Angehörigen und die Ärzte voraus. In der Annahme des unabänderlich Verfügten ereignet sich gerade der Verzicht auf das unbegrenzte Verfügenwollen über das eigene und das Leben anderer und der Verzicht darauf, irgendwie ein »Letzturteil« über den *Wert* oder *Unwert* des Lebens zu vollziehen, eigenmächtig über den *Lebenssinn* zu verfügen oder wenigstens die eigene Todesart und den eigenen Todeszeitpunkt selbst zu bestimmen. Im *Verzicht* geschieht kein Urteil über die Person, sondern gerade der *Nachvollzug* des bereits über den Menschen ergangenen Urteils, in dem man fragt, was angesichts dieser Erkenntnis der Unabwendbarkeit der Krankheit die angemessene Behandlung für den Patienten ist. Würde man trotz der Irreversibilität der Krankheit diese mehr oder weniger bewußt leugnen und in der Behandlung so fortfahren, als sei die Krankheit oder das Sterben rückgängig zu machen oder als müsse man den Tod an sich bekämpfen, so wäre gerade dies Ausdruck des absoluten Verfügenwollens über das Unverfügbare.

Trotz der ganz erheblichen Unterschiede zwischen der Irreversibilität einer Krankheit, die vielleicht gar nicht unmittelbar zum Tode führen muß, und der Irreversibilität einer schnell auf den Tod zulaufenden Krankheit oder des Sterbeprozesses[34] resultiert aus beider Kenntnis die ethische Verpflichtung, dem Menschen nicht mehr mit der Vorspiegelung einer Aussicht auf entscheidende Besserung mit gewagten Behandlungsmethoden zusätzliche Leiden aufzuerlegen, ihn nicht zum Objekt wissenschaftlicher Experimentierlust zu ma-

[33] Der Arzt ist bei Sterbenden keinesfalls »›Herr über Leben und Tod‹, da er ja dem Tod bei unheilbar progredient verlaufenden Krankheiten medizinisch machtlos gegenüber steht. ›Herr über Leben und Tod‹ ist eine höhere Macht.« (Wiemers, in: Krösl-Scherzer, 47); ebenso Haemmerli, 559; Fritsche, 79; Twycross, in: Eser (Hrsg.); Ziegler, 457.

[34] Vgl. B/I/1, Anm. 18.

chen[35], sondern sich primär eindeutig auf die *Linderung* des Leidens und nicht ohne Einwilligung des Kranken auf eine Verlängerung des Leidenswegs auszurichten. Auf jeden Fall wird man dies fordern müssen für Sterbende, weil sich hier offenbar in den meisten Fällen die Verfolgung einer Lebensverlängerung (Sterbensverlängerung) nicht mit einer optimal möglichen Leidenslinderung verträgt[36]. Aufgabe des Arztes ist es dann, nicht das Sterben zu verlängern, sondern den Menschen die jeweils bestmöglichen Bedingungen zur Entfaltung ihres Personseins zu verschaffen oder zu erhalten[37], selbst wenn dadurch eine Verkürzung der Lebenszeit in Kauf genommen werden muß[38]. Ist das Sterben definitiv unabänderlich, so sollte jede Behandlung zum Zweck der Lebensverlängerung unterbleiben, die einen Verlust an »Lebensqualität« bedingen könnte, und sich jede medizinische Behandlung auf Schmerzlinderung konzentrieren. Die psychische Betreuung und der personale Beistand sollten den Vorrang bekommen[39]. Nur so wird der Mensch auch im Sterben als Subjekt behandelt. Der *Verzicht* geschieht also aus *Verantwortung und Sorge für das Wohlergehen der Person.* Er ist die der Erkenntnis der Unwiderruflichkeit der Krankheit zum Tode entsprechende Form der Bekämpfung der Krankheit mit anderen, der neuen Situation angemessenen Mitteln. Dies darf keinesfalls ein Weniger an Zuwendung bedingen. Es werden lediglich die Schwergewichte in der Betreuung verlagert. Die Erkenntnis der Unaufhaltsamkeit des Sterbens verurteilt die Helfenden nicht zur Passivität, sondern fordert sie zu höchster Aktivität in liebevoll helfender Zuwendung heraus. Durch den Verzicht wird das verwirklicht, was der Bestimmung und dem Sinn des menschlichen Lebens angemessen ist; er ist kein Akt gegen, sondern geschieht aus Sorge für die Person.

Der Unterschied zur Tötung wird deutlich, wenn man sich vor Augen hält, daß jede Tötung – außer im Grenzfall unabwendbar unerträglichen Schmerzes – einen geistigen Akt voraussetzt, in dem man Menschen das Recht auf Leben abspricht oder sein oder das Leben anderer für untermenschlich, unwürdig, sinnlos und lebensunwert erklärt. In diesem Urteil verfügt der Mensch letztgültig und selbst-

[35] Vgl. C/II/3, Anm. 65 f. (dort Literatur).
[36] Vgl. dazu Twycross, in: Eser (Hrsg.).
[37] Vgl. B/II/3; Wiemers, in: Krösl-Scherzer, 47; Hiersche, 219 ff.; Lessing, 109 f.
[38] Vgl. C/II/2.
[39] Vgl. Twycross, in: Eser (Hrsg.).

mächtig über sein Leben, er richtet sich gegen sein eigenes Leben und soweit das Urteil »lebensunwürdig« bzw. »lebensunwert« von Menschen über Mitmenschen gefällt wird, wird damit über die Person ein tödliches Urteil gefällt, das sie nach ihrem Nutzen bemißt, ihr daraufhin ihre Würde und ihren Wert abspricht oder doch wenigstens erlaubt, sie so abzuqualifizieren, daß ihre Auslöschung möglich ist. Ein solches Urteil richtet sich *gegen die Person,* um sich von der *Verantwortung und Sorge für sie zu entlasten,* weil man den Kranken nicht mehr zu tragen und zu pflegen bereit ist. Zumindest wäre ein solches Urteil das genaue Gegenteil von der Haltung, die zum Verzicht aus Verantwortung für die Person führt. Das eigentliche Kriterium des Verzichts »liegt keineswegs im Verzicht auf äußere Aktivität, sondern im Verzicht auf eigenmächtige definitive und totale Verfügung über menschliches Leben. Zwischen definitiver und totaler Verfügung und dem Verzicht auf totale und definitive Verfügung besteht kein vager und kein nur gradueller Unterschied . . . Der Verzicht auf künstliche Lebensverlängerung gehört zu den ethisch legitimen Mitteln, menschliche Schmerzen zu lindern oder abzukürzen. Für den Christen hat solcher Verzicht auf den äußerst möglichen Einsatz technischer Mittel auch einen religiösen Aspekt. Wer ihn im Glauben leistet, anerkennt mit der technischen auch die totale menschliche Ausweglosigkeit und sagt damit Ja zur Kreatürlichkeit. In der aktiven Euthanasie aber werden Art und Zeitpunkt des Todes im eigenmächtigen Zugriff bestimmt. In der Sicht der christlichen Ethik verweigert der Mensch damit die Annahme der Todesverfügung in ihrer konkreten Vermittlungsform«[40], wie sie uns in der Gestalt der Unheilbarkeit einer »Krankheit zum Tode« als Unverfügbares »überkommt«.

Wir können nun abschließend unsere Überlegungen zur Unterscheidung von Verzicht und Tötung *zusammenfassen,* indem wir vorweg betonen, daß die üblicherweise verwendeten Begriffe *passiv* und *aktiv* bzw. passive und aktive »Euthanasie« nicht geeignet sind, die Unterschiede deutlich zu machen, da auch der begründete Verzicht immer eine *geistige Aktivität*, häufig aber auch eine aktive Handlung voraussetzt und keinesfalls zu einem Weniger an menschlicher Betreuung führen darf. Am klarsten wird der Unterschied zwischen Verzicht und Tötung, wenn man nicht gleich die Situation un-

[40] A. Auer, in: Eser (Hrsg.).

widerruflich Sterbender vor Augen hat, denn dann wird deutlich, daß der Mensch durch den Verzicht (nicht mit fahrlässigem Unterlassen zu verwechseln) keinesfalls den Tod *verursacht*. Im *Verzicht* auf lebensverlängernde Behandlungen geschieht keine *eigenmächtige Verfügung* über den *Lebenswert* eines Menschen, weder durch den Patienten selbst noch durch den Arzt, sondern die Anerkennung dessen, daß über das Leben bereits von einer menschlicher Verfügung letztlich transzendenten und entzogenen »Instanz« verfügt ist. Vom Standpunkt des christlichen Glaubens aus bedeutet das, daß im Verzicht die Anerkennung der Verfügung dessen geschieht, der als Schöpfer des Lebens letztlich auch der Herr des Lebens und des Todes ist und bleibt, also die Annahme des – wenn auch hinter der es vermittelnden konkreten Gestalt »Krankheit« eigenartig verhüllten – Urteils Gottes über das zeitliche Leben. Wo der Mensch ein unwiderruflich sterbender Mensch ist oder wo die Lebensverlängerung nur unter Verlust der unabdingbaren Grundsignaturen für sinnhaftes menschliches Dasein[41] zu erreichen ist, da ist von Gott her über das irdische Dasein verfügt und eine Verlängerung des Lebens nicht mehr unbedingt anzustreben. Im Unterschied zum *fahrlässigen Unterlassen*, das aus Gleichgültigkeit gegenüber der Person geschieht oder gar ein Akt gegen sie und also eine Form der Tötung ist, beruht der begründete Verzicht auf der klaren Erkenntnis der bereits geschehenen Verfügung und auf dem Abwägen dessen, was unter dieser Voraussetzung die Behandlung ist, die dem Sterbenden am wenigsten Leiden zufügt und ihm am meisten Sinn in seinem verbleibenden Leben finden läßt. Insofern geschieht der *Verzicht aus Verantwortung für die Person* und aus Sorge um ihr Wohl. Er ist eine der Unwiderruflichkeit des Sterbens entsprechende Form der Bekämpfung der Krankheit und des Leidens.

Der Unterschied zwischen Verzicht und Tötung erschließt sich nur aus der Betrachtung des ganzen *Handlungsgefüges* (Handlungseinheit), das aus der *Motivation* zu einer Handlung, den *Mitteln* für eine Handlung und dem Ergebnis bzw. den *Folgen* einer Handlung besteht. Bei Beachtung aller Komponenten einer Handlung ergibt sich, daß die *beabsichtigte Tötung* ethisch gesehen vom Verzicht grundsätzlich zu unterscheiden ist. Der beabsichtigten Tötung geht eine letztgültige Bemessung des *Lebenswerts*, also ein »Letzturteil« über

[41] Vgl. B/II/5, Anm. 26 ff.

ein Menschenleben oder eine total verneinende Verfügung über den *Lebenssinn* des eigenen oder fremden Lebens voraus. Wo der Mensch derart über sich selbst »richtet«, verfügt er in einem »Urteil« total über sein oder anderer Leben und vollzieht dieses Urteil, wird so also in jeder Hinsicht zum *Verursacher* des Todes. Das Urteil beinhaltet die Identifikation der Person mit ihrer Krankheit und bildet so die Voraussetzung dafür, daß man der Person nicht nur die *Leiden* sondern mit dem Leiden auch das *Leben* nehmen kann und soll. Dieses menschliche Urteil ist – außer in dem seltenen Grenzfall, in dem die Identifikation von Person und unsäglichen Schmerzen den Menschen als ein mit keinen Mitteln abwendbares »Verhängnis« überfallen *hat* – immer eine von Menschen vollzogene »Erklärung« des *Unwerts* des Lebens und damit eine eigentliche Verfügung über sich selbst oder das Leben anderer. Gerade dadurch wird der Mensch zum Verursacher des Todes und erfolgt vom Standpunkt des Glaubens aus der Widerspruch des Menschen gegen den Anspruch Gottes, daß ihm allein diese letzte Verfügung über Sinn und Wert des Lebens zusteht. Auftrag des Menschen ist es, die Krankheit und das Leiden zu bekämpfen und dadurch das Leben der Person zu ermöglichen, also *für* die Person da zu sein und *gegen* die Krankheit zu kämpfen, nicht aber selbstmächtig Person und Krankheit zu identifizieren, um dann *gegen* die Krankheit und die Person vorzugehen, beide zugleich zu vernichten und mit dem Leiden das Leben zu nehmen. Die *Tötung* ist ein Akt, der sich *gegen die Person* richtet, weil man ihr Leben für unwert hält oder für den hilfsbedürftigen Menschen nicht mehr da sein möchte, sich von der Verantwortung für ihn entlasten will.

C. Christliche Ethik und konkrete ethische Probleme der Medizin

In den bisherigen Ausführungen standen anthropologische, theologische und ethische Überlegungen von grundsätzlicher Bedeutung für die Erörterung konkreter ethischer Fragen der Medizin im Vordergrund. Dabei wurden Erkenntnisse empirischer Wissenschaften und die Verhältnisse im Gesundheitswesen nur soweit betrachtet, wie sie zur ethischen Theoriebildung und Erhellung ihres konkreten Hintergrunds unerläßlich sind. Hinter diesem Vorgehen steht die Auffassung, daß auch die Grundlagen einer medizinischen Ethik aus den Grundprinzipien einer allgemeinen Ethik abzuleiten sind und daß es zur ethischen Erhellung und Deutung der empirischen Wirklichkeit des sachgemäßen Bezugs von ethischen Grundprinzipien auf die jeweils konkrete Situation bedarf, um so *Kriterien* zu ermitteln, die das Handeln direkt bestimmen können, weil sie den Aspekt dessen, was von einer ethischen Theorie in die Praxis umsetzbar ist, genügend berücksichtigen. Zwar spielt schon in der ethischen Theoriebildung der »induktive« Weg von der Praxis zur Theorie eine Rolle, so daß induktives und deduktives Vorgehen letztlich keine Alternativen sind, doch läßt sich, wie die Ausführungen zur Unterscheidung von Person und Persönlichkeit, Person und Krankheit, Wert und Nutzen, Verzicht und Töten usw. zeigen, von der Empirie her keine eindeutige Klarheit gewinnen. Der Beitrag theologischer Ethik zur medizinischen Ethik bezieht sich überwiegend auf die aus der faktischen Wirklichkeit »induktiv« nicht ableitbaren Grundlagen. Aus diesen Gründen und auch aus Furcht vor einem Versinken im Dickicht der Kasuistik hat sich die evangelische Ethik bisher weitgehend gescheut, eine Konkretion ihrer ethischen Grundeinsichten im Bereich medizinischer Ethik vorzunehmen. Die Achtung vor persönlichen Gewissensentscheidungen kann jedoch nicht eine Entschuldigung dafür sein, daß ethische Grundlagen so abstrakt bleiben, daß sie praktisches Handeln nicht bestimmen können. Die christliche Ethik muß an der Ausarbeitung von Kriterien praktischen Handelns interessiert und beteiligt sein, damit ihre deduktiv aus Offenbarung und Tradition gewonnenen Grundeinsichten in den die ethischen Entscheidungen und das Handeln direkt leitenden Kriterien zur Geltung kommen. Die Ethiker können diese gerade auch theoretisch schwierige Aufgabe der Ausarbeitung praxisleitender ethischer Grundsätze nicht einfach den Praktikern überlassen, sondern müssen ihnen dabei helfen, indem sie in einen Dialog mit ihnen treten und sich um Konkretisierung bemühen, wenn Ethik überhaupt in der Praxis bestimmend werden soll. Die folgenden Ausführungen verfolgen dieses Anliegen, indem sie Positionen von Theologen und Nichttheologen auch unter dem Aspekt der Gegebenheiten in der Praxis überprüfen. Daß dieses Bemühen um Konkretion auch auf die theoretischen Überlegungen rückgewirkt hat, wird sich dabei immer wieder zeigen. Bestimmend füe den weiteren Aufbau und Gang der Abhandlung ist die theoretisch überzeugende Unterscheidung zwischen Tötung von Menschenleben und Verzicht auf lebensverlängernde Maßnahmen.

I. Tötung von Menschenleben? – Vernichtung »untauglichen« Lebens? – Gelenkte Sterblichkeit? – Tötung auf Verlangen?

1. *Die Untauglichkeit des Begriffs »Euthanasie«*

Der Begriff »Euthanasie« war in Deutschland bis vor kurzem wegen seines Mißbrauchs im Dritten Reich weithin tabu. Dem Nazi-Regime diente er wie der Begriff »Gnadentod« zur euphemistischen Umschreibung für die *Vernichtung sogenannten »lebensunwerten« Lebens.* Als Motiv für die Auslöschung von Menschenleben wurde hauptsächlich der human klingende Beweggrund »Mitleid« mit dem »unwürdigen« und nicht »lebenstauglichen« Leben angegeben. Seit diesem Mißbrauch des Wortes »Euthanasie« für die Ausmerzung untauglichen und rassenhygienisch unerwünschten Lebens wird mit dem Begriff in Deutschland bis heute überwiegend die Vernichtung »unnützlichen«, schwer geschädigten Lebens verbunden. Im außerdeutschen Sprachraum wird er jedoch überwiegend im ursprünglicheren Sinn des Wortes verwendet zur Bezeichnung einer Sterbehilfe durch »Erleichterung und Abkürzung der Qualen eines Sterbenden«[1], um ihm einen »guten« Tod zu bereiten. Aber schon in der Antike bekam der Begriff »eindeutig folgende Bedeutung: helfen, einen guten oder sanften Tod zu sterben durch absichtliche Verkürzung des Sterbeprozesses«[2]. Zwar wollen viele Befürworter einer beabsichtigten, gezielten Lebensverkürzung oder Lebensbeendigung den Begriff nur anwenden, »wenn es sich um einen Sterbeprozeß handelt, d. h. beim Bestehen einer Krankheit, die unwiderruflich und in absehbarer Zeit zum Tode führt«[3], doch wird der Begriff in zunehmendem Maße auch auf die Tötung schwerst versehrter Menschen bezogen. Auch in Deutschland bemüht man sich jetzt wieder, den Begriff »Euthanasie« von dem Geruch der »Gnadentod«-Aktionen im Dritten Reich zu befreien und ihm den ursprünglichen Sinn von »Hilfe zum guten Tod« zurückzugeben[4].

[1] Trillhaas, 201; vgl. Sporken (1971), 201 ff.; ders. (1972), 75 ff.
[2] Sporken, in: Eser (Hrsg.); Wunderli, 15f., 20, 23; Ehrhardt (1965), 5; Härle, 145.
[3] Sporken, in: Eser (Hrsg.).
[4] So gibt Härle (S. 145) folgende Begriffsbestimmung: »Unter Euthanasie verstehen wir Sterbehilfe, und d. h. Erleichterung und/oder Abkürzung des Lebens bzw. Sterbens eines Menschen, dessen baldiger Tod aller Voraussicht nach unabwendbar ist.« Vgl. Anm. 1 f.; Honecker, Euthanasie, 628 ff.

Wenn unter dem Begriff »Euthanasie« jedoch noch immer so verschiedene, theoretisch eindeutig zu unterscheidende, wenn auch in der Praxis in Grenzfällen mitunter ineinander übergehende Sachverhalte wie die das Sterben erleichternde Hilfe und der Verzicht auf Maßnahmen der Lebensverlängerung bei aussichtsloser Prognose einerseits und die gezielte Lebensverkürzung oder Lebensbeendigung von Sterbenden und sogar die Tötung von nicht sterbenden, aber aussichtslos unheilbaren, schwer geschädigten Menschen andererseits verstanden wird, so ist der Begriff »Euthanasie« zur Verständigung über die zu differenzierenden Sachverhalte untauglich, und es ist zu befürchten, daß dieser human klingende Begriff auch zur euphemistischen Verschleierung von ethisch eindeutig verwerflichen Handlungen mißbraucht wird. Nicht nur die Begriffe »begrenzte Euthanasie« oder »Euthanasie im weiteren Sinne« als Bezeichnung für die Vernichtung angeblich »lebensunwerten« Lebens sind irreführend[5], sondern schon die Begriffe »passive« und »aktive« Euthanasie verschleiern den grundsätzlichen Unterschied, der zwischen einer beabsichtigten gezielten Lebensbeendigung (Tötung) einerseits und einer Linderung der Leiden im Sterben durch Hilfe *beim* Sterben und durch Verzicht auf lebensverlängernde Maßnahmen andererseits besteht. Sie erwecken zudem den falschen Eindruck, als seien die Hilfe beim Sterben und der Verzicht auf Lebensverlängerung nicht bewußt durchgeführte geistige und meist auch motorische Aktivitäten[6]. Treffender wäre es schon, mit *H. Ehrhardt*[7] eine »indirekte« von einer »direkten« Euthanasie zu unterscheiden und unter letzterer die beabsichtigte und gezielte Lebensverkürzung oder Lebensbeendigung zu verstehen. Wir vermeiden jedoch in den folgenden Ausführungen fast völlig den Begriff »Euthanasie« und damit auch die Terminologie »aktive« und »passive« bzw. »direkte« oder »indirekte« Euthanasie[8], verzichten aber nicht überhaupt zugunsten einer Einteilung nach »typischen Fallkonstellationen«[9] auf eine klare Differenzierung aufgrund theologisch-ethischer und allgemein-ethischer Einsichten, wie sie bisher herausgestellt wurden.

[5] Vgl. Ehrhardt (1965), 6.
[6] Vgl. B/III/3.
[7] (1965), 6.
[8] So auch der Vorschlag von Haemmerli (S. 558): »Der Begriff ›Euthanasie‹ wird am besten völlig fallengelassen und durch eine neue, sachliche Terminologie ersetzt.«
[9] Vgl. dazu A. Eser, in: Eid (Hrsg.), 47 ff.; ders., in: Eser (Hrsg.).

Ethisch unproblematisch, weil eine sich aus dem Gebot der Nächstenliebe eindeutig ergebende Pflicht, ist die *Hilfe beim Sterben* (I/1), durch die keine Lebensverkürzung eintritt. Ethisch nicht unproblematisch, aber theoretisch eindeutig abzuheben von einer Tötung sind die medizinische *Sterbehilfe*[10] (I/2) durch *Verzicht* (bzw. nicht fahrlässiges Unterlassen) auf *lebensverlängernde Maßnahmen* (I/2 a) und die *Sterbehilfe* durch medizinische Maßnahmen der Schmerzlinderung, die als *unbeabsichtigte Nebenwirkung* eine *Lebensverkürzung* (I/2 b) bewirken. Daß es bei beiden Formen der Sterbehilfe Grenzfälle gibt – wie z. B. der *Abbruch* einer bereits eingeleiteten Maßnahme der Lebensverlängerung oder die das Sterben vielleicht beschleunigende starke Dosierung von Schmerzmitteln bei Sterbenden – hebt den grundsätzlichen Unterschied zur *Tötung* (II) nicht auf. Unter Tötung verstehen wir die *beabsichtigte und gezielte Lebensbeendigung*. Insofern besteht zwar ein gradueller, aber kein grundsätzlicher Unterschied zwischen einer *bewußten* und *gezielten Lebensverkürzung* und einer Tötung. Aufgrund theologischer und pragmatischer Überlegungen sollte man unterscheiden zwischen einer Tötung von 1) unwiderruflich sterbenden Menschen, deren Sterbeprozeß (Prozeß der Devitalisierung) bereits eingeleitet ist, und 2) schwerversehrtem Menschenleben, das noch zu einem, wenn auch begrenzten, eigentätigen Leben fähig ist, also *nicht notwendig in absehbarer Zeit stirbt*. Sowohl bei sterbenden als auch bei nicht sterbenden Menschen sollte man aufgrund ethischer Überlegungen unterscheiden zwischen a) einer Tötung auf eindeutiges *Verlangen* oder mit eindeutig freier Einwilligung und b) einer Tötung *ohne eine entsprechende frei vollzogene Willensbekundung* oder gar wider den Willen des betroffenen Menschen. Der ethische Unterschied liegt darin, daß im ersten Fall (a) der Mensch nicht zum »Objekt« gemacht wird und der Wert seines Lebens letztlich nicht von anderen beurteilt wird, sondern der Betroffene selbst dieses Urteil fällt, es selbst vollzieht oder seinen Vollzug erbittet, also auch dafür verantwortlich ist, während im zweiten Fall (b) andere dieses Urteil über den Lebenswert eines Menschen fällen und das Urteil ohne Zustimmung des Betroffenen vollziehen, der dadurch reines Objekt anderer wird. Von *Vernichtung angeblich »lebensunwerten« Lebens* (3) kann man eindeutig in all den Fällen re-

[10] Wunderli (S. 23) spricht von »Hilfe für das Sterben«, Ehrhardt (1965, 5) von »reinster« Form der Euthanasie.

den, in denen es sich um Menschen handelt, bei denen der Sterbeprozeß noch nicht begonnen hat und die keine frei vollzogene Einwilligung zu ihrer Tötung gegeben haben. Das besagt nicht, daß nicht auch die Tötung von sterbenden Menschen die Züge der »Vernichtung« aufgrund des Urteils »lebensunwert« annehmen kann.

Aufgrund grundsätzlicher ethischer Überlegungen kommen wir also zu folgender Aufteilung[11]:

I/1 Hilfe *beim* Sterben
I/2 *Medizinische Sterbehilfe*
I/2/a *Verzicht* auf lebensverlängernde Maßnahmen
I/2/b Sterbehilfe mit Lebensverkürzung als unbeabsichtigter *Nebenwirkung*
II *Tötung* (und beabsichtigte Lebensverkürzung) von
II/1 *sterbenden* Menschen
II/1/a *mit* ihrer eindeutig freien *Einwilligung*
II/1/b *ohne* freie Willensbekundung
II/2 *nicht sterbenden* Menschen *mit* ihrer eindeutig freien Einwilligung
II/3 nicht sterbenden Menschen *ohne* freie Willensbekundung=*Vernichtung angeblich »lebensunwerten Lebens«*

2. *Geistige Hintergründe und Stand der »Euthanasie«-Diskussion*

Die Tötung »Geisteskranker« im Dritten Reich[1] könnte ein Beispiel dafür sein, wie wenig eine Medizin, die den Menschen vorwiegend in der Dimension des zu behandelnden Objektes sieht, dagegen geschützt ist, zur Durchsetzung staatlicher und gesellschaftlicher Interessen als Mittel zur Rassenhygiene, zur Eugenik und Verbesserung der Gattung mißbraucht zu werden. Zur Begründung für die Vernichtung von unheilbar Geisteskranken wurden drei Motive angege-

[11] Sollte der Begriff »Euthanasie« trotz aller Bedenken verwendet werden, so wäre er u. E. am ehesten und ausschließlich auf die unter (I) genannten Formen zu beziehen.

[1] Dazu sei verwiesen auf H. Chr. v. Hase (Hrsg.); K. Nowak; G. Schmidt, Selektion in der Heilanstalt 1939–1945, 1965; A. Platen-Hallermund, Die Tötung Geisteskranker in Deutschland, 1948; Mitscherlich u. Mielke; Ehrhardt (1965), 24 ff.; Lohmann, 42 ff.; Bethel-Arbeitsheft 1, 2. Aufl. 1972 (Eine Dokumentation zur Vernichtung lebensunwerten Lebens).

ben: Mitleid, Unwert des Lebens und Opfer für das Volk (bzw. die Gesellschaft). Der aus angeblich humanitären Gesichtspunkten oft ins Feld geführte Gedanke des »Mitleids« wurde als Begründung der Vernichtung »unwerten Lebens« schon vom Psychiater *A. Hoche* (1922) abgelehnt. Nach ihm »liegt dem Mitleid mit dem lebensunwerten Leben der unausrottbare Denkfehler oder besser Denkmangel zu Grunde, vermöge dessen die Mehrzahl der Menschen in fremde lebende Gebilde hinein ihr eigenes Denken und Fühlen projizieren . . . ›Mitleid‹ ist den geistig Toten gegenüber im Leben und im Sterbensfall die an letzter Stelle angebrachte Gefühlsregung; wo kein Leiden ist, ist auch kein mit-Leiden«[2]. Mitleid – sofern es nicht jenen gilt, die diese kranken Menschen zu pflegen haben – scheidet daher als Rechtfertigungsgrund der Vernichtung geistig und psychisch schwerst geschädigter Menschen von vornherein aus. Unter den ärztlichen Auftrag, zu heilen und Leid zu mildern, kann die Tötung von Geisteskranken deshalb nicht gerechnet werden, weil gerade die Menschen, die dabei auch nur ernsthaft in Betracht kommen, mit großer Wahrscheinlichkeit subjektiv nicht leiden.

Will man die Tötung dennoch rechtfertigen, ohne dabei in Widerspruch zu geraten zu dem fundamentalen Grundsatz fast aller Religionen und »zivilisierter« Nationen und mit der Grundaussage des hippokratischen Eides[3], Menschen nicht zu töten, so müßte man nachweisen, daß diese »Wesen« keine Menschen mehr sind oder nie gewesen sind, also auch nicht die Menschenwürde und das menschliche Recht auf Lebenserhaltung beanspruchen können. Diese Behauptung hat der Pädiater *W. Catel,* durch dessen Schriften die Diskussion über die »Euthanasie aus Unwert« auch in Deutschland wieder in Gang gekommen ist, nachdrücklich verfochten. W. Catels Schriften haben die Tendenz, seiner Tätigkeit als Gutachter in der »Kinder-Aktion«[4] des Dritten Reiches eine nachträgliche Rechtfertigung zu geben. Er anerkennt aber heute, daß der Befund der Unheilbarkeit, die Motive des Mitleids, des Unwerts und des Opfers allein die Vernichtung nicht rechtfertigen, da diese alle auch auf andere Krankheiten –

[2] Binding-Hoche, 59; vgl. B/III/1/d.

[3] »Ich will weder irgend jemanden ein tödliches Medikament geben, wenn ich darum gebeten werde, noch will ich in dieser Hinsicht einen Rat erteilen. Ebenso will ich keiner Frau ein abtreibendes Mittel geben« (nach Edelstein, 7).

[4] Vgl. Ehrhardt (1965), 28 f.; zur Kritik an W. Catels Schrift vgl. ebd. 45 ff.; Hellbrügge, 65 f.; Wunderli, 74 f.; Lohmann, 70 ff.

und auf sie teilweise sogar noch mehr – zutreffen würden. W. Catel will die »Euthanasie« auf jene vereinzelten Fälle beschränkt sehen, »bei denen als Folge erblicher, chromosomal aberrativer bzw. embryonaler Entwicklungsstörungen oder als Folge einer während der Schwangerschaft, unter der Geburt bzw. in frühester Lebenszeit erworbenen Krankheit ein totaler Ausfall psychischer Funktionen vorliegt, so daß lediglich ein die Stufe menschlicher Seinsform nie erreichendes Nur-Vegetieren möglich ist«[5]. »Ein idiotisches Kind ist also ein Wesen, das, tief unter der Daseinsstufe eines beseelten Tieres stehend, ohne jede geistige Regung als ein vernunftloses Wesen, eine massa carnis dahinvegetiert«[6]. Da bei solchen Kindern häufig auch noch körperliche Mißbildungen auftreten, bezeichnet W. Catel sie als Monstren, »massa carnis« oder Reflexwesen, die das Prädikat »Mensch« nicht verdienen. W. Catel hat zur Demonstration solcher Mißbildungen im Gesichts- und Schädelbereich in tendenziöser Weise Bilder aus der Literatur zusammengetragen, welche nach Meinung des Pädiaters *Th. Hellbrügge*[7] »in der Summation der Darstellung den Ekel des Laienlesers vor solchen Monstren zu erregen vermögen«. Handelte es sich bei solchen Wesen nicht um Menschen[8], so könnte das Tötungsverbot für sie keine Geltung haben und der Mensch wäre frei, »über ihre Existenz und ihr Leben zu disponieren«[9], auch ein Recht auf Pflege hätten diese »Monstren« dann nicht mehr. Für W. Catel[10] ist der menschliche Körper offensichtlich nur ein Gefäß, das erst dann menschlich wird, wenn das Bewußtsein in ihm in Erscheinung tritt. *G. Leach*[11] hat einen diesen Standpunkt konsequent fortführenden Vorschlag gemacht, der dahin geht, daß man den Zeitpunkt, an dem ein Neugeborenes als Mitglied der menschlichen Gesellschaft den vollen Rechtsschutz einer selbständigen Person hat, nicht mehr mit der Geburt, sondern erst einige Zeit später ansetzt, damit Krankheiten richtig diagnostiziert werden und stark geschädigte Kinder (z. B. mit zerebralen Ausfällen) getötet

[5] (1962), 106 f.

[6] (1962), 121, vgl. ders. (1966), 59 ff.

[7] S. 65. Hellbrügge fügt hinzu: »Aber Catel hat für den Laien vergessen zu erwähnen, daß derartige angeborene Mißbildungen bestenfalls wenige Stunden oder Tage überhaupt lebensfähig sind.«

[8] In dieser Meinung steht Catel nicht allein; vgl. B/I/2, Anm. 8.

[9] Catel (1962), 113. Catel nennt die Tötung von »Reflexwesen« Extinktion.

[10] Vgl. (1966), 59 f.

[11] S. 225 f.; so auch der Jurist Flamm im Lütticher Contergan-Prozeß (1962); vgl. Genewein/Sporken, 186.

werden können, wie bei einer embryopathischen (bzw. eugenischen) Indikation der Schwangerschaft; denn der Schmerz über die Kindestötung sei ungleich geringer als das Leid, das eine lange Pflege mit sich bringe. Der Gedanke ist verblüffend konsequent und entspricht der Einsicht, daß der Geburt biologisch gesehen bei weitem nicht die Bedeutung für die Menschwerdung zukommt, die ihr juristisch zugelegt wird. [12] Der Vorschlag würde mit einem Schlag einen großen Teil der eugenischen Probleme und der Probleme der Pflege der Schwächsten lösen, wenn man sich darauf einigen und abgrenzen könnte, was menschliches und was »nicht-menschliches« Leben sein soll.

Aufgrund grundsätzlicher Erwägungen[13] können wir die Gedanken W. Catels und G. Leachs nur entschieden ablehnen, weil sie biologisch-anthropologischen Erkenntnissen und auch theologischen Überzeugungen zutiefst widersprechen, und zwar sowohl in Hinsicht auf idiotische und körperlich schwer versehrte Kinder und auch Erwachsene, besonders die alten Menschen mit Zerebralsklerose, als auch auf Fälle von schweren Hirn- und Körperverletzungen durch Unfall u. a., deren Extremfälle die Apalliker und die Menschen mit Querschnittslähmungen im Halsmarkbereich sind. Leben, das aus der Verschmelzung von menschlichen Keimzellen hervorgeht, bleibt bis zum Tod immer gesundes oder krankes menschliches Leben, gleich welchen Grad von Versehrtheit es in der Embryonalentwicklung, nach der Geburt oder im Prozeß des Alterns erfährt. Eine Disqualifikation menschlichen Lebens zu »un-, unter- und nichtmenschlichem« Leben durch ererbte oder erworbene Krankheiten kann es nach biologischen, geschweige denn theologischen Gesichtspunkten nicht geben.

Die Übergänge zwischen geistig »Abnormen« und »Geisteskranken« bis hin zu den »Vollidioten« sind fließend; Abgrenzungen hängen mehr von Wertsetzungen als von wissenschaftlichen Tatbeständen ab[14]. Bei Kindern ist eine fundierte Einteilung und eine sichere Prognose noch wesentlich schwieriger als bei Erwachsenen, wenn nicht gar unmöglich[15]. Außerdem dürfte der Prozentsatz von Säuglingen und Erwachsenen, die nach der Auffassung W. Catels »Re-

[12] Vgl. Eibach (1972), 153 ff. u. Literatur B/I/1, Anm. 17.
[13] Vgl. B/I – B/II/1 u. B/III/1/c.
[14] Vgl. V. v. Weizsäcker (1947), 7.
[15] Vgl. Bennholdt-Thomsen, 181.

flexwesen« sind und längere Zeit überleben, derart gering sein[16], daß es sich rein zahlenmäßig überhaupt nicht rechtfertigen ließe, deshalb von dem Grundsatz, menschliches Leben immer zu schützen, abzugehen, selbst wenn man beweisen könnte, daß diese wenigen Wesen »Nichtmenschen« wären[17]. Aber wir bestreiten diese Argumente nicht nur von diesen praktischen Gesichtspunkten, sondern auch von der grundsätzlichen Einsicht her, daß Krankheiten, Unfälle, Fehlentwicklungen keine Disqualifikation zum »Nichtmenschen« bewirken können. Die Übergänge von »normalen« zu »unnormalen« und von »Idioten« zu »Reflexwesen« sind gleitend und nicht objektiv abgrenzbar. Vom Standpunkt einer kritischen Erkenntnistheorie aus läßt sich zeigen, warum man über das subjektive Sein und Empfinden und die psychischen Regungen von nicht ansprechbaren und bewußtlosen Menschen und von Menschen mit abnorm gestalteten Gehirnen von außen her durch Verhaltensanalyse nichts Sicheres aussagen kann und warum der psychologische Tod kein sicheres Kriterium für den Tod der Person ist[18]. Beurteilen kann man daher von außen allenfalls den »Lebenswert«, den solche Kranke *für andere* haben, nicht aber den *Lebenswert* an sich, weil dieser sich primär nicht von seinem »Nutzen für andere« her erschließt, sondern vom Subjekt selbst ergriffen wird und mit dem von ihm erfaßten Lebenssinn unlösbar verbunden ist. Alle von außen gefällten Urteile über den »Lebenswert« überzeugen, wie *V. von Weizsäcker*[19] betonte, nur schwer oder überhaupt nicht. Wegen der Unmöglichkeit einer wissenschaftlichen Abgrenzung zwischen »lebenswertem« und »lebensunwertem« Leben würde eine Legalisierung der Vernichtung menschlichen Lebens zwangsläufig dem Mißbrauch die Türe öffnen. Nach einer angeblichen Äußerung des an der Tötung von Geisteskranken im Dritten Reich maßgeblich beteiligten *von Heyde* scheitert das Problem immer »an seiner praktischen Undurchführbarkeit . . ., und zwar in jedem politischen System wegen der Unvollkommenheit der Menschen,

[16] Nach J. Jensen (in: Valentin, Hrsg., 96 Anm. 6) befanden sich 1964 in den Alsterdorfer Anstalten unter 1280 Pflegebefohlenen 240 »Tiefstehende« (knapp 20 %) und unter sorgfältiger Prüfung nur 14, bei »denen überhaupt keine seelischen Reaktionen zu bemerken waren«.

[17] Vgl. Kautzky (1969 a), 40; er schätzt die Zahl dieser Menschen auf höchstens 1 pro 100 000 Einwohner. Catel (in: Der Spiegel Nr. 8, 1964) schätzt die Zahl der nach seinen Grundsätzen in der BRD für eine Vernichtung in Frage kommenden Wesen auf 16 000 (vgl. Ehrhardt, 1965, 47).

[18] Vgl. B/I/1 u. 2.

[19] (1951), 362 u. 371 f.; vgl. Ehrhardt (1965), 48 u. B/III/1/c.

auch wenn sie noch so idealistisch gesinnt sind. Auch gutgemeinte Gesetzestexte können daran nichts ändern«[20]. Jede auch noch so begrenzte Freigabe der Tötung öffnet die Tür zum Mord. Keiner wird mehr die Grenzen zwischen legal und illegal ziehen können, weil keiner aufzeigen kann, wo die Grenzen zwischen Mensch und Nichtmensch liegen. Entscheidungen über den Lebenswert sind keine empirischen Feststellungen, und die Aussage, es gäbe von Menschen gezeugtes Leben, das nicht menschliches Leben sei, widerspricht allen Erkenntnissen[20a]. Deshalb bleiben wir ganz entschieden mit V. von Weizsäcker[21] dabei, daß auch der schwerst Geisteskranke bis zum Tod immer Mensch bleibt und daß daher eine »ärztliche Euthanasie mit der Begründung, er sei kein ›Mensch‹, . . . nicht in Frage« kommt.

Als drittes Argument für die Vernichtung wird häufig der »*Opfergedanke*« ins Spiel gebracht, in dem nach V. von Weizsäcker[22] auch die Motive des Unwerts und des Mitleids zusammengefaßt werden können. Um angeblich »höherer Werte« willen sollen diese Kranken zum Nutzen des Allgemeinwohls und Volkes »geopfert« werden[23]. Vor allem die Gedanken der Volks- und Rassenhygiene und der Eugenik wurden und werden auch in Zukunft wieder vermehrt zur Rechtfertigung ins Feld geführt, obgleich jeder wissen müßte, daß es zur Verhinderung der Fortpflanzung andere Methoden (z. B. Sterilisation) als die der Tötung gibt. Der Psychiater *A. Hoche*[24], der einzig den Opfergedanken als stichhaltigen Rechtfertigungsgrund für die Vernichtung anerkannte, äußerte schon 1922 einen Gedanken, dem, sieht man vom völkischen Pathos ab, bei wachsendem ökonomischen Druck bestimmt viele wieder zustimmen würden: »Die Anstalten, die der Idiotenpflege dienen, werden anderen Zwecken entzogen; soweit es sich um Privatanstalten handelt, muß die Verzinsung berechnet werden, ein Pflegepersonal von vielen tausend Köpfen wird für diese gänzlich unfruchtbare Aufgabe festgelegt und fördernder Ar-

[20] Zitiert bei Ehrhardt (1965), 46.

[20a] Vgl. B/I/1, Anm. 17 ff. u. B/II/1.

[21] (1947), 21.

[22] Ebd. 13. Warum das Motiv »Mitleid« nicht vereinbar ist mit dem »Unwert«-Gedanken wurde B/III/1/c, Anm. 38 ff. gezeigt.

[23] Das sah im Dritten Reich so aus, daß sich in einem »mathematischen Lehrbuch zum Gebrauch für deutsche Kinder« u. a. folgende Rechenaufgabe fand: »Der Bau einer Irrenanstalt erforderte 6 Millionen Reichsmark. Wieviele Siedlungshäuser zu je 15 000 Reichsmark hätte man dafür bauen können?« (zitiert nach Hellbrügge, 72).

[24] Binding-Hoche, 55; vgl. dazu Wunderli, 76 ff.; Lohmann, 37 ff.

beit entzogen; es ist eine peinliche Vorstellung, daß ganze Generationen von Pflegern neben diesen leeren Menschenhülsen dahinaltern, von denen nicht wenige 70 Jahre und älter werden . . . Unsere deutsche Aufgabe wird für lange Zeit sein: Eine bis zum höchsten gesteigerte Zusammenfassung aller Möglichkeiten, ein Freimachen jeder verfügbaren Leistungsfähigkeit für fördernde Zwecke. Der Erfüllung dieser Aufgabe steht das moderne Bestreben entgegen, möglichst auch die Schwächlinge aller Sorten zu *erhalten*.« Diese Menschen sind also der Pflege durch andere nicht würdig und weniger wert als eine relativ geringe Leistungs- und Produktionssteigerung.

Solche Gedanken entspringen einem naturalistisch-sozialdarwinistischen Moralsystem, das den »Kampf ums Dasein«, das Prinzip der Selbsterhaltung im Kampf gegen andere und der Fort- und Höherentwicklung der Gattung Mensch zur Grundlage hat und gerade in Krisenzeiten – wie nach dem 1. Weltkrieg – und Zeiten »höchster Sammlung der Kräfte zu höheren Zwecken« das Opfer der Schwachen zugunsten der Gesunden, der Gesellschaft und ihrer Zukunft fordern und erzwingen kann. Mit ihrem Plädoyer für die Vernichtung »lebensunwerten« Lebens stehen K. Bindung und A. Hoche nicht am Ursprung dieses Gedankens; sie schufen mit ihrer als Gesetzesinitiative gedachten Schrift lediglich eine Zusammenfassung verschiedener, unter den »Gebildeten« der damaligen Zeit weit verbreiteter Gedankengänge und den »formalistischen Abschluß einer langen, äußerst systematisch aufgebauten ideologischen Auseinandersetzung«[25], die ihre wesentliche Grundlage im sozialdarwinistischen Denken hat. Zu dieser »Ethik des Kampfes ums Dasein« gehört »jenes Ideal von Gesundheit, das Gesundheit mit Leistungs- und Genußfähigkeit identifiziert«[26] und kranke, alte und sterbende Menschen aus den Augen der Öffentlichkeit verbannt, intolerant gegen sie wird und dann auch bereit ist, sie »hedonistischen« Interessen zu »opfern«, d. h. sie zu vernichten. Die Würde und der Wert des Menschen werden quantifizierbar, werden an der »Verwertbarkeit« und dem Nutzen bzw. Schaden für die Gattung bemessen. *H. G. Zmarzlik*[27] faßt

[25] H. Schipperges, in: Eser (Hrsg.); vgl. G. Fichtner, in: Eser (Hrsg.); Chr. Hoffmann, Der Inhalt des Begriffes »Euthanasie« im 19. Jahrhundert und seine Wandlung in der Zeit bis 1920 (Med. Diss., masch. schr.), Berlin (Ost) 1969; J. Fischer, in: von Hase (Hrsg.), 35 ff.

[26] Moltmann (1972 b), 320; vgl. B/II/2, Anm. 13 ff.

[27] Der Sozialdarwinismus in Deutschland, in: G. Altner (Hrsg.), Kreatur Mensch, dtv 892, 1973, 306; vgl. F. Hartmann, 322 f.

die Konsequenzen dieses Gesellschaftsmodells so zusammen: »Hier wird das Person-Sein des Menschen in kausale oder finale Beziehung zur natürlichen (oder genauer: naturwissenschaftlich ausgelegten) Entwicklung gesetzt. Seine personale Würde wird dabei zunächst auf seinen biologischen Ursprung zurückgeführt und darin auf seine biologische Funktionstüchtigkeit reduziert. Aus der unantastbar unteilbaren Menschenwürde wird so ein abgestufter Wert, meßbar am Maßstab des volksgesundheitlich Wünschbaren, regulierbar durch Korrektur und Planung. Zuletzt fällt auf diesem Wege die Grenze der biologischen Verwertbarkeit mit der Grenze des Lebensrechtes zusammen.« Das Gefährliche des biologistisch-selektionistischen Denkmodells des Sozialdarwinismus liegt in seinem Anspruch naturwissenschaftlicher Exaktheit und Allgemeingültigkeit, die es zum Gesetz der gesellschaftlich-kulturellen Entwicklung der Menschheit erheben soll[28]. Zugleich kommt es dem sogenannten »natürlichen und gesunden« und egoistischen Empfinden der Menschen sehr entgegen und kann sich obendrein noch den Anstrich des »Humanitären« geben, denn alle »biologisch-evolutionistischen Gesellschafts- und Fortschrittslehren verstanden sich durchaus humanitär, als Dienst an der Menschheit, als Helfer zu ihrem Überleben und zu ihrer Vervollkommnung. Sie bereiteten aber die Inhumanität vor durch ihre Verachtung des Schwachen und durch die Mythologisierung des Starken, Schönen und Tüchtigen«[29].

Im Sog dieser Gedanken kam es bei *K. Binding* dazu, das *Rechtsgut* »Leben« nur nach seinem »Sozialwert« (Nutzwert) für die Gesellschaft zu bewerten, und dann auch konsequenterweise zu dem Gedanken, daß das Menschenleben die Eigenschaft des zu schützenden Rechtsguts einbüßt, wenn es »für die Gesellschaft dauernd allen Wert verloren hat«[30]. Hier handelt es sich um eine prinzipiell höchst bedenkliche, die Inhumanität in sich verankernde Begründung des Lebenswerts und Lebensrechts des Menschen. Daher kann man K. Binding und A. Hoche nicht mit der angespannten ökonomischen Situation nach dem 1. Weltkrieg und den wohl auch vorhandenen guten

[28] Vgl. B/II/2, Anm. 16; zur erkenntnistheoretischen Kritik des darwinistisch-sozialdarwinistischen Denkmodells vgl. Peters, 330 ff.; H. G. Zmarzlik, aaO 290 ff.; H. Conrad-Martius, Utopien der Menschenzüchtung, 1955, bes. 290 ff.; G. Altner, Weltanschauliche Hintergründe der Rassenlehre des Dritten Reiches, Theol. Studien 92, 1968.

[29] F. Hartmann, 307; vgl. Moltmann (1972 b), 314 ff.; B/II/2, Anm. 13 ff.

[30] Binding-Hoche, 27; vgl. dazu Nowak, bes.61.

Absichten entschuldigen. Daß dieses Gedankengut durch seine Realisierung im Dritten Reich endgültig ausgerottet sei, wird man zu Recht bezweifeln können. Sozialdarwinistisches Denken ist zu »einsichtig« und kommt der hedonistischen Wertstruktur unserer Gesellschaft zu sehr entgegen als daß es nicht wieder ernsthaft ins Feld geführt würde, wenn erst einmal die ökonomische Belastung durch die pflegebedürftigen Menschen, vor allem die hohe Zahl altersschwacher Mitmenschen, unseren Wohlstand ernsthaft in Frage stellt. Warum sollen die vielen der Leistungssteigerung abträglichen Menschen nicht »geopfert« werden, wenn man heute schon mit dem Anschein der »Humanitas« darauf verweist, daß in Entwicklungsländern viele gesunde Menschen an Hunger sterben, die mit den dadurch eingesparten Mitteln vielleicht am Leben erhalten werden könnten? Diese und ähnliche »human« klingenden Argumente wird man dann vielleicht hören. Deshalb ist es nicht unwichtig, nachdrücklich darauf hinzuweisen, daß die Vernichtung »lebensunwerten« Lebens »– man möchte sagen: leider – keine ›nazistische Erfindung‹ (war). Das N. S. Regime hat ein nur in Ansätzen und Umrissen vorgefundenes Konzept in seinem Sinn ausgebaut und erweitert, blieb dann jedoch nicht bei der Theorie stehen, sondern praktizierte dieses Konzept mit einer Gründlichkeit und in einem Umfang, die in der neueren Geschichte der zivilisierten Welt erstmalig und einmalig waren. Weil es aber ohne Zweifel nicht um einen originalen N. S.-Gedanken geht, kann man mit dem Vergangenheitsbewältigungs-Affekt allein in der Sache nicht weiterkommen.«[31]

Angesichts der ausgiebigen Euthanasie-Diskussion in der Weimarer Zeit ist es fast verwunderlich, daß die Nationalsozialisten wohl das rassenhygienische Programm direkt verwirklichten, nicht aber die Euthanasie-Aktion propagierten und sie auch erst spät und heimlich in Angriff nahmen[32]. Die geistigen Voraussetzungen des »Euthanasie«-Konzepts sind zwar vor allem im Sozialdarwinismus[33] zu suchen, lassen sich aber auch weiter in die Geschichte zurückverfolgen[34]. *Platon* empfahl der Heilkunst mit Hinweis auf Asklepios, denjenigen nicht ärztlich zu behandeln und zu betreuen, der eine genügende Lebenskraft nicht oder nicht mehr in sich hat, da

[31] Ehrhardt (1965), 2; vgl. Wunderli, 78 ff. A. Hoche war z. B. ein Gegner des Nazi-Regimes. Er gab 1933 seinen Lehrstuhl aus Protest auf.
[32] Vgl. G. Fichtner, in: Eser (Hrsg.).
[33] Vgl. Literatur Anm. 25 u. 28.
[34] Zu den primitiven Vökern vgl. B/III/1/a.

die Behandlung weder ihm noch dem Staate nützt[35]. Wer siech am Körper ist, den sollen die Ärzte sterben lassen; »wer aber an der Seele mißraten und unheilbar ist, den sollen sie sogar töten«[36]. Diese Gedanken sind Teil des »eugenischen Programms«, mit dem der ideale Staat erreicht und abgesichert werden sollte. Das Individuum wurde bedenkenlos der Idee der Polis geopfert, um die kostbare Kraft der Ärzte nicht von für den Staat lohnenderen Aufgaben abzuziehen. Diese Einstellung zu versehrten und unheilbar kranken Menschen ist auch im Zusammenhang mit der Kindestötung bzw. Kindesaussetzung zu sehen. Nicht nur Platon, sondern auch *Aristoteles*[37] u. a. empfahlen das Gesetz (das offenbar bis zu Ende des zweiten nachchristlichen Jahrhunderts wie selbstverständlich in Geltung stand), daß »keine verkrüppelte Geburt auferzogen werde«. Abtreibung und Kindestötung waren legitime Mittel der Geburtenkontrolle und zusammen mit der Deklassierung unheilbar Kranker Mittel der Selektion der Schwachen zugunsten der Polis, Verfahren, die in Griechenland weithin – nicht nur in Sparta – praktiziert wurden[38]. Die Stigmatisierung und Deklassierung jener Kranken, die nicht mehr zum Nutzen der Gesellschaft wiederherstellbar waren, zu minderwertigen und überflüssigen Existenzen hängt, neben der Bemessung des Wertes des Individuums am Nutzen für die Polis, auch mit der ausschließlichen Verherrlichung der Schönheit und Jugendlichkeit in der griechischen Klassik zusammen. Platon stand mit seinen Anschauungen über Eugenik, Selektion und Ablehnung der Sorge für unheilbar Kranke auf dem Boden alter und allgemein geteilter Anschauungen[39]. »So ist es zu verstehen, daß es . . . während der ganzen Antike nie eine staatliche Fürsorge für Krüppel, Blinde oder chronisch Kranke gegeben hat«[40]. Gegen diese Sicht spricht auch nicht die Stelle im Hippokratischen Eid, die die Abtreibung und die Tötung Kranker (Gnadentod) ausdrücklich verwirft[41], denn die hippokratischen Ärzte bildeten eine esoterische, relativ kleine Minderheit, deren Gedankengut – wie nach der Analyse des Eides durch *L. Edelstein*[42] allgemein anerkannt wird – auf den Einfluß pythagoräischer Lehren zurückzuführen ist. Aber selbst »für

[35] Politeia, 407.
[36] Ebd. 409/410.
[37] Aristoteles, Politik VII, 14.
[38] Vgl. Finzen, 31 ff.; Wunderli, 70 ff.
[39] Vgl. Finzen, 33 ff.
[40] Ebd. 40.
[41] Vgl. Anm. 3. Edelstein (S. 13 f.) erklärt das strikte Verbot der Beihilfe zum Selbstmord damit, daß die »ganze Antike hindurch viele Menschen den Freitod einem endlosen Leiden vorzogen. Die Form der Euthanasie war eine alltägliche Wirklichkeit«. Vgl. B/III/2/c, Anm. 90 ff.
[42] Bes. S. 18 ff.; vgl. Finzen, 49 ff. Nur die Pythagoräer verwarfen den Selbstmord, denn sie waren der Meinung, daß der Mensch seinen Platz im Leben von Gott zugeteilt bekam, den er halten und verteidigen soll, und sie vertraten im Gegensatz zu Platon und Aristoteles die Ansicht, der Embryo sei vom Augenblick der Empfängnis an belebtes Wesen. Zum hippokratischen Eid vgl. Lüth (1975), 17 ff. u. Siefert.

die überwiegende Mehrzahl der hippokratischen Ärzte ist weder der Text des Eides noch sein ethischer Gehalt verbindlich gewesen. Seine spätere Bedeutung gewann er erst mit dem Aufstieg des Christentums. Das pythagoräische Denken war geeignet, den Abgrund zwischen der heidnisch-griechischen Welt und dem neuen Glauben zu überbrücken«[43]. Die Ablehnung der Abtreibung, der Kindestötung, der Selbsttötung und der Beihilfe zur Tötung und zum Gnadentod galt also als esoterisches Ethos[44]. Von den meisten Ärzten, vor allem auch den stoischen, wurden die Tötung auf Verlangen und der Gnadentod ohne Bedenken praktiziert[45]. Auch im »Corpus Hippocraticum« finden sich zahlreiche Stellen, in denen vor der Übernahme ärztlicher Behandlung bei unheilbaren Fällen ausdrücklich gewarnt wird[46], zum Teil aus Prestigegründen des Ärztestandes, da den Ärzten sonst der Mißerfolg der Behandlung angelastet werden könne. *H. Schadewaldt* stellt fest[46], daß das antike Arzt-Patient-Verhältnis jeder Art von Mitleid und Barmherzigkeit entbehrt und daß diese Faktoren erst unter christlichem Einfluß bestimmend wurden. Die Orientierung an Jesus, dem mitleidenden Heiland, Retter und Arzt, der auch den Hoffnungslosen seine Liebe und sein Erbarmen zuwendet, ließ gerade die Sorge um die versehrten und unheilbaren Menschen zur christlichen Aufgabe werden. Es wurden erstmals Häuser zur Betreuung und Pflege dieser Menschen errichtet[47], die Vorläufer heutiger Kranken- und Pflegehäuser sind, obgleich die eigentlich ärztliche Behandlung in ihnen zum Teil nur eine untergeordnete Rolle spielte.

Im utopischen Schrifttum der Renaissance, bei *Thomas Morus* (1478–1535) und *Francis Bacon* (1561–1626) werden die antiken, besonders die stoischen Vorstellungen einer »aktiven Sterbehilfe« (Tötung mit und ohne Verlangen) mit der Begründung wieder aufgegriffen, daß der sterbende Mensch durch die Tötung nichts als seine Schmerzen verliere (Th. Morus). Den eigentlichen Nährboden für den Gedanken der Vernichtung aus »Unwert« bietet aber erst das biologistisch-materialistische Menschenbild des Sozialdarwinismus an. Zwar hat *Ch. Darwin* selbst das Selektionsmodell nicht als gültiges Modell der Gesellschaftsentwicklung herausgestellt, ja sich ausdrücklich für das Durchtragen der Schwachen ausgesprochen[48], doch haben die Propagandisten seiner Gedanken diese Grenze bald überschritten, so daß sich alle Sozialdarwinisten auf ihn beriefen[49].

[43] Finzen, 52; vgl. Platon, Phaidon 61 e–62 c.
[44] Edelstein, 14 ff
[45] In der Antike gaben »viele Ärzte tatsächlich ihren Patienten das Gift . . ., um das sie gebeten wurden. Offensichtlich machten sie sich in ihrer Eigenschaft als Arzt kein Gewissen daraus« (Edelstein, 14).
[46] Vgl. Schadewaldt, 147 f.
[47] Vgl. Schadewaldt, 149 ff.; Finzen, 57 ff.; Rohde, 63 ff. u. C/IV/3.
[48] Vgl. Nowak, 6.
[49] Vgl. H. Conrad-Martius (aaO, Anm. 28), passim.

Namentlich *E. Haeckel*[50] hat mit seinem mechanistisch-monistischen Weltbild den Sozialdarwinisten eine angeblich naturwissenschaftliche Grundlage ihrer Gedanken geliefert. »Wenn Haeckel in seinen ›Weltkriegsgedanken‹ (1915) der Vernichtung unwerten Lebens das Wort redet, so kann dies nicht als ›Ausrutscher‹ infolge hohen Alters entschuldigt werden. Diese Ausführungen . . . liegen vielmehr ganz auf der Linie einer monistischen Ethik«. Haeckel spricht sich an gleicher Stelle für den offenkundigen Nutzen der spartanischen Selektion aus. 1906 wurde der »Deutsche Monistenbund« gegründet, dessen Ehrenvorsitzender Haeckel war und dessen von *W. Ostwald* herausgegebenes Presseorgan die »Vernichtung lebensunwerten Lebens« und dann auch zögernd die Tötung auf Verlangen bei unheilbar Kranken propagierte[51]. W. Ostwald schloß die Diskussion ab mit einem Grundsatzartikel »Wissenschaftliche oder Gefühlsethik?«[52], in dem er feststellte, »die einzige wissenschaftliche Grundlegung der Ethik« sei die »soziale Nützlichkeitsmoral«. Es zeigt sich, daß die Gedanken K. Bindungs und A. Hoches längst vorbereitet waren und daß *Ernst Mann* in »Die Erlösung der Menschheit vom Elend« (1922)[53] nur die äußerste und brutalste, doch durchaus logische Konsequenz dieser Gedanken darlegt.

Die Sozialdarwinisten haben sich auch fast alle zu Recht oder zu Unrecht auf *Fr. Nietzsche* berufen[54]. *A. Tille* schrieb ein Buch unter dem Titel »Von Nietzsche bis Darwin. Ein Stück Entwicklungsethik« (1895); *W. Schallmayer* stellte seine Schrift »Über die drohende körperliche Entartung der Kulturmenschheit« (1891) unter das Motto Nietzsches: »Der Übermensch liegt mir am Herzen, er ist mein Erstes und Einziges – und nicht der Mensch«. Und *A. Ploetz* stellt seiner Schrift »Grundlinien der Rassenhygiene« (1895) das Wort Nietzsches voran: »Aufwärts geht unser Weg von der Art zur Überart«[55]. Es liegt also nahe, daß die Gedanken Nietzsches das »Euthanasie«-Programm stärkstens beeinflußt haben. Dabei muß man nicht einmal die umstrittenen Werke aus dem Nachlaß zu Rate ziehen. Konnte man das Selektionsprinzip Darwins noch eher »passiv« als Verhinderung der Fortpflanzung und Benachteiligung der Schwachen verstehen, so wendet sich Nietzsche gerade dagegen, daß erst Man-

[50] Vgl. G. Altner, Charles Darwin und Ernst Haeckel, Theol. Stud. 85, 1966, 58 f.
[51] Vgl. G. Fichtner, in: Eser (Hrsg.). Zu nennen ist hier auch das Buch von A. Jost, Das Recht auf den eigenen Tod, Göttingen, 1895, in dem er sich für die Tötung aus eugenischen Gründen einsetzte (vgl. Lohmann, 33 ff.).
[52] In: Das monistische Jahrhundert 2 (1913), 1. Halbb., 584 ff.; vgl. dazu Nowak, bes. 73; Wunderli, 77 ff.
[53] E. Mann schlägt die schmerzlose Tötung verkrüppelt oder mit unheilbaren Krankheiten geborener Kinder kurz nach der Geburt (vgl. dazu Anm. 11) und die Vernichtung der Geisteskranken und unheilbar Siechen vor und propagiert die Tötung auf Verlangen. Vgl. J. Fischer, in: von Hase (Hrsg.), 39.
[54] Zu den Beziehungen der Sozialdarwinisten zu Nietzsche vgl. H. Conrad-Martius, aaO bes. 276 ff. u. Peters, 344 f.
[55] Vgl. O. Frh. v. Verschuer, Eugenik, 1966, 12.

gel, Not und Bedürftigkeit zum Wurzelgrund höheren Lebens werden. Er fordert eine aktive, willentliche und geplante Züchtung des Übermenschen, der aus »Stärke« und nicht aus Mangel geboren wird. Wie wenig *Fr. Nietzsche*[56] auch angeblich mit dem Sozialdarwinismus und Selektionismus – wie ihn etwa *H. Spencer* propagierte – sympathisierte, so sehr stand er diesen Gedanken doch ungewollt nahe und überbot sie bei weitem in den inhumanen Folgerungen. Für ihn ist »Mitleid«, ist »Erbarmen« ein aus dem »Instinkt der Schwäche« kommender moralischer Unwert. Das Mitleiden ist eine »lebensfeindliche Tendenz«, denn Leben ist »*essentiell* . . . in seinen Grundfunktionen verletztend, vergewaltigend, ausbeutend, vernichtend« (S. 817; vgl. 729, 1177 f.), es ist »Wille zur Macht« und als solcher auf das Recht des Stärkeren, die Ausbeutung der Schwächeren – die reine Funktion für die Höheren sind – zum Zweck der Erhöhung des Typus Mensch ausgerichtet. Dieser müssen die Mißratenen, die Krüppel und die Schwachen geopfert werden, denn die »Größe eines ›Fortschritts‹ bemißt sich sogar nach der Masse dessen, was ihm geopfert werden mußte; die Menschheit als Masse dem Gedeihen einer einzelnen stärkeren Spezies geopfert, das wäre ein Fortschritt« (S. 819). Die christliche Moral des Erbarmens und Mitleidens, die Sklavenmoral der Mißratenen und Kranken, wäre daran schuld, »wenn eine an sich höchste Mächtigkeit und Pracht des Typus Mensch niemals erreicht würde« (S. 768). So wäre gerade diese Moral des Mitleidens »die Gefahr der Gefahren« (ebd.), der Ausdruck einer »ungeheuren *Erkrankung des Willens*« zur Macht (S. 213, vgl. 795 f., 818 ff.). Das »Pathos der Distanz« verbietet den Umgang mit den, ja die Erhaltung und Pflege der Mißratenen und Krüppel. Die Gesunden müssen »von den Kranken *abgetrennt* bleiben, behütet selbst von dem Anblick der Kranken, daß sie sich nicht mit den Kranken verwechseln . . ., – das Höhere *soll* sich nicht zum Werkzeug des Niedrigen herabwürdigen« (S. 865 f.), denn die Höheren »allein sind die Bürgen der Zukunft, sie allein sind verpflichtet, für die Menschen-Zukunft« (S. 866), für den höheren Typus Mensch, den Übermenschen, zu sorgen. »Die Schwachen und Mißratenen sollen zugrunde gehen: Erster Satz *unsrer* Menschenliebe. Und man soll ihnen noch dazu helfen. Was ist schädlicher als irgend ein Laster? – Das Mitleiden der Tat mit allen Mißratenen und Schwachen – das Christentum . . .« (S. 1166). Das Mitleiden mit diesen »Ausschuß- und Abfalls-Elementen« (S. 1217) durchkreuzt »das Gesetz der Entwicklung, welches das Gesetz der *Selektion* ist. Es erhält, was zum Untergange reif ist . . . Man hat gewagt, das Mitleiden eine Tugend zu nennen (– in jeder *vornehmen* Moral gilt es als Schwäche –)« (S. 1168; vgl. 1159). Mitleiden ist nach Nietzsche »*die* lebensfeindliche Tendenz«, die nihilistische »Verneinung des Lebens«, Mitleiden ist »die

[56] Die Seitenangaben, die in Klammern im Text stehen, beziehen sich alle auf den 2. Band der Schlechta'schen Nietzsche-Ausgabe; vgl. zu Nietzsche auch Eibach (1974), 258 ff. u. Ulrich, 87 ff.; vgl. B/III/2/a.

Praxis des Nihilismus« (S. 1168), während es christlich gesehen Ausdruck der Liebe, des Erbarmens, rettendes Handeln und helfende Barmherzigkeit ist. Der Gedanke des »lebensunwerten Lebens« und der »Ausmerzung« der Mißratenen »war keineswegs nur eine Folge besonderer Inhumanität des Naziregimes. Dieses hat hier nichts erfunden, sondern nur übernommen. Der Nazismus hatte als Kern die Anschauung vom Recht des Stärkeren über den Schwächeren. Eben damit war er eine sehr krasse Form der Leistungsreligion.«[57]

Fortschrittspathos, gepaart mit Sozialdarwinismus, Selektionismus und einem Lebensbegriff, der – wenn auch Nietzsches Begriff des Lebens nicht unbedingt rein biologistisch zu deuten ist – den Menschen in keiner Beziehung zu einer ihm transzendenten Wirklichkeit versteht, verbünden sich zu einem inhumanen »Willen zur Macht«. Auf die Rolle, die dabei der rein biologistische Lebensbegriff spielt, hat *V. von Weizsäcker*[58] hingewiesen: »Wenn nur der Arzt einen *Wert* des diesseitigen, zeitlichen Lebens annimmt, ohne Rücksicht auf einen ewigen Wert, dann kann in der Tat dieses zeitliche Leben auch an sich so unwert sein, daß es Vernichtung verdient. Die Bewertung etwa des rein biologischen Lebens hat also zur unmittelbaren Folge die mögliche Abwertung im biologischen Sinne und wird so zur geistigen Voraussetzung der Vernichtung dieses biologischen Unwertes. Man erkennt jetzt, daß die nur biologische Auffassung des Lebenswertes die biologische Verurteilung (im Falle unheilbarer Krankheit) nach sich zieht. So schafft die nur biologische Auffassung der Medizin die geistige Voraussetzung der Krankentötung. Man kann dies auch so ausdrücken, daß die Definition des Lebens, welches seinen Sinn, Zweck oder Wert nicht transzendent versteht, keinen inneren Schutz gegen den Begriff eines unwerten Lebens im biologischen Sinne besitzt. Damit ist die Brücke zur Vernichtungspolitik unwerten Lebens geschaffen. Wenn andererseits das Leben als wesentlich transzendent verstanden wird, dann müssen sich alle Bewertungen nur auf dieses Ziel, nämlich die Verwirklichung der Transzendenz beziehen, auch Bewertungen der Medizin. Nur wo eine ärztliche Handlung als im Dienste einer Transzendenz des Biologischen erkennbar ist, ist sie als ärztlich-ethisch qualifiziert«. »Dieser unsichtbar auf der Nürnberger Anklagebank sitzende Geist – der Geist, der den Menschen nur als Objekt nimmt – ist nicht nur im Spiele, er durchsetzt die ganze Welt in fein verteilter Form und ist im Beispiel ›Euthanasie‹ und der Menschenversuche nur in seiner . . . groben und scheußlichen Form zutage getreten.«[59] Das materialistisch-monistische Menschenbild eines E. Haeckel und des Monistenbundes, das auch viele Mediziner übernom-

[57] Gollwitzer, 318; vgl. Ehrhardt (1965), 2.

[58] (1947), 11 f.; so auch L. Löffler, Artikel »Lebensunwertes Leben«, RGG 3. Aufl. Bd. IV, 1960, 256.

[59] V. v. Weizsäcker (1947), 15. »Nach meiner Ansicht ist daran ein persönliches Versagen in Verbindung mit einer verfehlten Idee der Medizin schuld« (ebd.). Vgl. F. Hartmann, 306 ff., 316 ff.; Mitscherlich-Mielke, 7 ff.

men hatten, und die Gedanken Nietzsches waren Nährboden für das Euthanasieprogramm. Daß es nicht genügt, das biologische Individuum lediglich als »transzendent« auf die höheren Zwecke der Gesellschaft oder auf die Zukunft der Gattung Mensch hin zu verstehen, sollte die Legitimation der Vernichtung angeblich »unwerten« Lebens im Namen dieser Größen deutlich bewiesen haben.

Die nationalsozialistischen Verbrechen müßten allen Befürwortern einer »Vernichtung aus Unwert« zu denken geben. Das ursprüngliche Programm der 1938 gegründeten »Euthanasia Society of America« hatte auch das Problem der »unfreiwilligen Euthanasie« durch Einbeziehung der senilen Menschen und der »hopeless defective infants« aufgegriffen[60]. Man hat dies aber bald wieder fallen gelassen, nachdem die englische Schwesterorganisation mit ihren Anträgen auf Legalisierung der »freiwilligen Euthanasie« im Parlament keinen Erfolg hatte. Ein beachtlicher neuer Akzent ist allerdings durch die Thalidomid-Tragödie in der Euthanasie-Debatte aufgeworfen worden. Keiner der Vertreter einer »Tötung aus Unwert« hatte bis dahin ernsthaft den Lebenswert des körperlich schwer behinderten Kindes in Frage gestellt. Im Prozeß gegen ein Ehepaar, Angehörige und den beteiligten Hausarzt »wegen Tötung ihrer ohne Arme geborenen Tochter durch Überdosierung eines Schlafmittels einige Tage nach der Geburt«[61] verkündete ein Lütticher Schwurgericht 1962 einen mehr als fragwürdigen Freispruch. »Der Prozeß fand ein weltweites Echo lange vor und erst recht nach der Urteilsverkündigung. Offensichtlich war die ›öffentliche Meinung‹ in Belgien – und nicht nur hier – überwiegend für einen Freispruch der Angeklagten, der dann auch – und vielleicht nicht zuletzt unter dem Druck dieser Volksmeinung – erfolgte.«[62] Es ist bemerkenswert, daß »in der einschlägigen Pressediskussion die Frage nach dem Geisteszustand als dem entscheidenden Kriterium bei allen bisherigen Versuchen einer Rechtfertigung der ›begrenzten Euthanasie‹ eine ganz periphere Rolle spielte. Es ging und geht primär um den ›Lebenswert‹ des *körperlich* mehr oder weniger schwer behinderten Kindes.«[61] Dieser völlig neue und beachtliche Akzent kann nicht von vornherein verworfen werden, hat man erst

[60] Vgl. Kamisar, 111 ff.; Ehrhardt (1965), 15. Zur Geschichte der Bewegungen vgl. G. Williams, 329 ff.
[61] Vgl. Ehrhardt (1965), 2 f.
[62] Finzen, 143 f.; vgl. Lohmann, 26 ff. Entgegen den Erwartungen der Verteidigung hat das Urteil doch beispielhaft gewirkt (vgl. Ehrhardt, 1965, 4).

einmal den Gedanken akzeptiert, daß menschlichem Leben nicht immer das Prädikat *Mensch* zukommt und daß es nicht immer »wert« sei, gelebt, erhalten und gepflegt zu werden, denn der Körper ist für die Verwirklichung des vollen Menschseins nicht minder wichtig als der »Geist« (bzw. die Gehirnfunktionen)[63]. Körperlich schwer behinderte, aber geistig normale Kinder oder Erwachsene leiden ja mehr und sind oft noch viel umfangreicher auf Pflege angewiesen als geistig stark behinderte Menschen[64]. Hier könnte man »Mitleid« als Tötungsgrund tatsächlich anführen, denn diese Menschen realisieren ihre Situation und leiden oft stark an ihrem geschädigten Körper.

Es soll unbestritten bleiben, daß die beteiligten Menschen subjektiv gesehen nicht aus »niederträchtigen Motiven« gehandelt haben. Doch sind edle Motive allein ein Rechtfertigungsgrund für eine Tötung?[65] Oder sollte mit jenem Lütticher Freispruch gesagt werden, daß das geschädigte Lebewesen kein Mensch war? Dann wäre das die juristische Legitimation des Vorschlags von *G. Leach*. Wir sind jedoch eher geneigt, darin die Hilflosigkeit der Jurisprudenz angesichts der Probleme der Biomedizin und eine Unsicherheit im Verständnis des juristischen Lebensbegriffs zu sehen. Bedenklicher stimmt schon die sogenannte »öffentliche Meinung«, das »gesunde Volksempfinden«, dessen ungesundem Einfluß sich offensichtlich selbst die Justiz nicht entziehen konnte. Es ist gar nicht zu verkennen, daß die Justiz sich in diesem und anderen Fällen scheut, die grundsätzliche Problematik einmal aufzurollen[66], den Lebensbegriff, die Begriffe »lebenswert« und »lebensunwert« zu durchdenken, die Frage zu stellen, inwieweit Angehörige und ihre emotionalen und rationalen Interessen in solchen Fällen mitberücksichtigt werden dürfen, ob Leben juristisch gesehen ein primär biologischer oder ein primär sozialer Begriff ist und ob der »Lebenswert« von außen her bestimmt werden darf. Bei voller Anerkennung des grundsätzlichen Dilemmas, in dem die Rechtsprechung hier steckt, ist der Rückzug aus einer reflektierten Diskussion mit anderen Wissenschaftlern doch bedenklich, denn

63 Vgl. B/I/1; Eibach (1974), 97 ff., 155 ff.
64 Man mag nur einmal an Kinder mit progressivem Muskelschwund, an Erwachsene mit chronischem schwersten Rheumatismus, multipler Sklerose, Querschnittslähmungen usw. denken.
65 Vgl. dgg. Ehrhardt, 3.
66 Man hat das z. B. auch in der Diskussion um den Schwangerschaftsabbruch nicht grundsätzlich getan, sonst hätte man die Zusammemhänge zwischen Lebensanfang und Lebensende besser erkannt (vgl. Ehrhardt, 1974, 1695 ff.).

– wie das Beispiel zeigt – ist die öffentliche Meinung kein hinlänglicher Orientierungsanhalt, sondern zutiefst auch eine Gefahr. Biologisch gesehen ist nach unserer Meinung jedes geschädigte menschliche Leben »Menschenleben«, und als solches muß es auch behandelt werden. Wer das Urteil »lebensunwert«, also ein Urteil über »Menschsein« und »Nichtmenschsein« zu fällen wagt und dann auch den grundsätzlichen Unterschied nicht mehr anerkennt, »ob ein Arzt durch Verzicht auf ›künstliche‹ Mittel der Lebensverlängerung Sterbehilfe leistet oder ob er dieses Wesen als lebensunwert ›beseitigt‹ bzw. ›vernichtet‹«[67], der hat den Rubikon zwischen Sterbehilfe und »Vernichtung aus Unwert«, die wir vom theologisch-ethischen Gesichtspunkt aus nur *Mord* nennen können, überschritten. In klarer Form hat sich bis jetzt die Ärzteschaft von jeder Form der Vernichtung aus Unwert distanziert. Der Vorstand der »Deutschen Gesellschaft für Kinderheilkunde« erklärte durch einen Beschluß, daß für ihn »die Vernichtung auch sogenannten lebensunwerten Lebens in keinem Fall mit dem ärztlichen Berufsethos vereinbar ist«[68], denn – wie *V. von Weizsäcker*[69] formulierte – die »Tötung wegen Unwerts ist in keinem Falle zu motivieren aus ärztlichen Gründen, weil es sich nicht um Beseitigung zwecks Heilung, sondern wegen Unwert handeln soll«.

3. Kritik der theologischen und humanistischen Befürwortung der Tötung »sinnlosen« und »lebensunwerten« Lebens

Wie das Gutachten von *E. Wolf*[1] zum Problem der Euthanasie zeigt, war man sich in Deutschland innerhalb der ev. Ethik grundsätzlich in der strikten Ablehnung der Tötung »lebensunwerten Lebens« einig. Es ist daher direkt falsch, wenn *W. Catel* meint, daß die »Frage der Euthanasie an vollidiotischen Kindern noch keineswegs entschieden sei«[2]. W. Catel[3] verweist darauf, daß die Kirche »Monstren« lange

[67] Ehrhardt (1965), 5; vgl. B/III/3.
[68] Zitiert nach Ehrhardt (1965), 45 (dort gesperrt).
[69] (1947), 11.
[1] Veröffentlicht 1966.
[2] Zitiert bei Wolf, 361.
[3] (1966), 88.

Zeit nicht oder nur mit dem Vorbehalt getauft habe, daß sie Menschen seien, und beruft sich auf eine Äußerung in den Tischreden *M. Luthers*[4]. M. Luther sah in dem in Dessau geborenen »Monstrum«, das er »Wechselbalg« und »massa carnis« ohne Seele nannte, kein menschliches Kind, sondern eine Ausgeburt des Teufels, die daher zu »ersticken« bzw. zu »ersäufen« sei. Die Verweigerung der Taufe von »Monstren« und M. Luthers Äußerung beruhen auf Voraussetzungen, die nach heutigen Kenntnissen hinfällig sind. Es ist daher mit *D. Bonhoeffer*[5] festzuhalten: »Die Frage, ob es sich bei den Fällen angeborener Idiotie überhaupt um *menschliches* Leben handelt, ist so naiv, daß sie kaum einer Antwort bedürfte. Es ist von Menschen geborenes, krankes Leben, das ja nichts anderes sein kann als, freilich höchst unglückliches, *menschliches* Leben«.

Daß dieses biologisch und theologisch völlig richtige Urteil Bonhoeffers dennoch einer Begründung bedarf, zeigen die Äußerungen des ehemaligen Studentenpfarrers *S. Dixon*, der – als Amerikaner weniger belastet vom Geschehen im Dritten Reich – eine begrenzte Vernichtung im Sinne W. Catels befürwortete. Dixon[6] meinte, daß M. Luther intuitiv richtig verspürt habe, daß »Monstren« keine Menschen seien, und daß die zitierte Äußerung D. Bonhoeffers der schwächste Punkt seiner Argumentation gegen die Vernichtung sei[7], und er behauptet[8], daß nicht in jedem Fall Mensch bleibt, »was von Menschen geboren und wahrscheinlich demnächst in der Retorte gemacht wird«, und daß es nach heutiger Kenntnis unangebracht sei, noch weiter von »menschlichem« Leben zu reden, wenn das Großhirn bereits gestorben ist, andere Körperfunktionen aber noch funktionstüchtig sind. Bei kritischer Untersuchung der der Biologie, Medizin und Psychologie in dieser Hinsicht möglichen Aussagen[9] stoßen wir auf keine stichhaltige naturwissenschaftliche Begründung solcher Meinungen, sondern nur auf eindeutig von weltanschaulich bedingten Werturteilen abhängige Äußerungen einzelner Mediziner. Wenn

[4] WA Bd. 5, Nr. 5207; vgl. dazu Wolf, 347. Die Tötung des »Wechselbalgs« war für Luther ein Kampf gegen den Teufel; (vgl. D. Gewalt, Sonderpädagogische Anthropologie und Luther, in: Lutherjahrbuch 41 (1974), bes. 110 ff.).

[5] S. 175.

[6] (1966), 12. S. Dixon vertritt diese Ansichten heute nicht mehr so (persönliche Mitteilung, Juli 1976).

[7] (1969), 19.

[8] Ebd. 29 f.; vgl. Roscam-Abbing, Anm. 34.

[9] Vgl. B/I/1 u. 2.

S. Dixon[10] sich zur Untermauerung seiner These ausgerechnet auf *A. Portmann* beruft, so ist das eine Verkehrung der Forschungsergebnisse Portmanns auf dem Gebiet der vergleichenden Ontogenie, durch die Portmann zeigen konnte, daß unsere Ontogenese nicht ein tierischer Werdegang ist, »der an einem bestimmten Punkt in eine letzte Etappe von menschlichem Gepräge übergeht«[11], sondern daß sie von Anfang an spezifisch menschliche Entwicklung ist, so daß aus der Verschmelzung menschlicher Keimzellen immer nur gesundes oder krankes und versehrtes menschliches Leben hervorgehen kann. Auch genetische Fehler verursachen immer nur eine Krankheit oder den Tod des Menschen; man kann bei genetisch bedingten Defekten nicht von »Rückmutationen« sprechen[12]. Krankheit und Unfall disqualifizieren keinen Menschen zum »Unter- oder Nichtmenschen«, solange der Tod nicht eingetreten ist. Ein »seelenloses« Leben kann es bis zum Tod des Lebensträgers nicht geben, so daß Begriffe wie »geistig-tot« oder »seelisch-tot« nicht den Tod *des* Menschen als Person bezeichnen[13]. Eine absolute Grenzziehung zwischen tierischem und menschlichem Leben – darin hatte *A. Schweitzer* mit seinem vitalistischen Lebensbegriff und dem Ruf zur Ehrfurcht vor *allem* Leben recht – ist mit empirisch anthropologischen Methoden nicht überzeugend möglich[14].

Der Grund, warum Dixon schwerkrankem menschlichen Leben das Prädikat »Mensch« abstreiten möchte, erklärt sich aus seiner Forderung eines »provolutionären Verhaltens« angesichts der neuesten technischen Möglichkeiten der Weltbemächtigung, das angeblich auch in der Vernichtung von Menschenleben der Verwirklichung von Liebe und der Vollendung der Natur dienen soll[15]. Was Dixon mit »provolutionärem Verhalten« meint, entspricht weitgehend dem, was der evolutionäre Humanismus unter einer gezielten Steuerung der Evolution zum »Nutzen« und »Fortschritt« und zur Vollendung

10 (1966), 21 ff.
11 Siehe B/I/1, Anm. 17.
12 Der Gebrauch des Wortes »Mutation« ist in diesem Zusammenhang überhaupt unsinnig.
13 Insofern hatte Mahatma Gandhi recht, wenn er die Begründung eines richterlichen Freispruchs in den USA im Falle einer Tötung eines »Monstrums« ablehnte. Das Gericht hatte die Tötung des Mädchens nur als die »Auflösung eines Gegenstands« angesehen, da das Mädchen angeblich keine Seele »gehabt« haben soll. Berichtet bei van Oyen, 1960, 205 u. ders. (1966), 135. Vgl. B/I/1 u. 2.
14 Vgl. Eibach (1974), 112 ff.
15 (1969), 9 f.; ebenso Roscam-Abbing, siehe Anm. 34 f.

der Menschheit versteht[16]. So hält auch Dixon den biblischen Gedanken, daß die Vollendung durch »eine völlig neue Tat Gottes am Ende der Zeit« geschaffen wird, für einen überholten Mythos. Der Mensch selbst habe diese Aufgabe zu übernehmen, und »Liebe« sei das Mittel, das dieser durch den Menschen zu schaffenden Vollendung der Welt dient. Bei solchem theologisch verbrämten Fortschrittsglauben kann »Liebe« auch die Beseitigung all dessen fordern, was dem Fortschritt entgegensteht oder dem Überleben der Art hinderlich ist. Wer das, was Liebe ist, nicht mehr von der Offenbarung Gottes in Jesus Christus her versteht, sondern von einer humanistisch fortschrittsgläubigen Idee von Liebe und einem idealistischen Menschenbild her, der kann in deren Namen – wie *K. Barth*[17] richtig sagt – immer wieder auch etwas ganz anderes als »Respekt vor dem Menschen« begründen und fordern. Bei Dixons Kritik an Bonhoeffer zeigt sich, daß er dessen Begründung der Würde der Person und die Unterscheidung zwischen »Nutzen« und »Wert« des Lebens nicht verstanden hat oder nicht anerkennt[18].

Wesentlich weiter als Dixon geht der amerikanische Ethiker *J. Fletcher*[19], der auch immer wieder von *Paul Moor* als Kronzeuge angerufen wird. Fletcher spricht sich neuerdings ganz ausdrücklich nicht nur für die Tötung auf Verlangen, sondern auch für die Tötung ohne Einwilligung aus. Angelpunkt seiner Argumentation ist die Leben als menschliches Leben auszeichnende *Freiheit*, zu der nicht nur das Recht auf Selbsttötung und Tötung auf Verlangen gehöre, sondern auch das Recht zu bestimmen, welches Leben menschlich (human) und welches rein vegetativ (vegetable) sei[20], und es zu vernichten, wenn die spezifischen Signaturen des Menschseins nicht mehr gegeben seien. Der Mensch sei heute sogar verpflichtet, die Grenzen des Menschseins zu bestimmen, und berechtigt, über Leben auch durch Tötung zu verfügen, weil der Gott, von dem man in fatalistischer Weise glaubte, daß er die Geschehnisse dieser Welt, vor allem Geburt und Tod bestimme, der primitive »Lückenbüßer-Gott« sei, der die Löcher unseres Wissens ausfüllen sollte, der heute aber endgültig tot sei[21]. Ähnlich wie bei *Fr. Nietzsche*[22] ist der Tod Gottes die

[16] Vgl. B/II/2, Anm. 21. [17] KD III/4, 385. [18] Vgl. B/II/1 u. 2.
[19] Erstmals in: Morals and Medicine, 1955.
[20] Vgl. (1969 a), 63, 69 f.; (1969 b), 64 f.; (1973), 114 ff.
[21] Vgl. ebd. u. in: Vaux (Ed.), 131 f.; zur Kritik vgl. Bockmühl, 86 ff., 185 ff.
[22] Vgl. B/III/2/a, Anm. 24 ff.

Voraussetzung dafür, daß der Mensch aus dem fatalistischen Glauben zu der Freiheit gelangt, in der der natürliche und der theologische *Determinismus* abgeschafft sind und der Mensch an die Stelle Gottes tritt und frei über seine Welt und sein Leben verfügt. Ohne diese Freiheit zur Sterbe- und Geburtenkontrolle wäre der Mensch eine Marionette der Natur oder Gottes[23]. Schon die Parallellisierung von Geburten- und Sterbekontrolle ist ein Fehler, denn erstens ist Geburtenkontrolle keine Verfügung über menschliches Leben und zweitens hat der Mensch zwar die Fähigkeit, Geburtenkontrolle zu praktizieren, nicht aber die Fähigkeit, sich selbst ins Leben zu rufen, die der Fähigkeit, sich und andere zu vernichten, entspräche[24]. Berechtigter dürfte schon Fletchers Verweis darauf sein, daß es eine lächerliche Inkonsequenz sei, zwar die Abtreibung, aber nicht die Tötung von in »unwürdigen« Umständen lebenden Menschen freizugeben[25]. Dennoch sollte man die hier trotz aller Entsprechungen bestehenden Unterschiede nicht einfach verwischen. Konsequenterweise ist der Mensch für Fletcher (wie für Fr. Nietzsche) nicht mehr Mensch, wenn er die Freiheit der Selbstverfügung verloren hat. Man sollte sich den Tod vor dieser Entmenschlichung selbst geben, oder andere sollten einem nie Mensch gewesenen Wesen oder »ehemaligen« Menschen ein solches entwürdigendes Leben und Sterben durch Tötung ersparen.

Immer wieder spricht Fletcher vom »vitalistischen Fehler«, von Menschen stammendes Leben an sich mit menschlichem Leben gleichzusetzen und als personales Leben zu betrachten. Die deterministische Moral des »Theismus« und »Vitalismus« sei durch die neue Moral menschlicher Freiheit und Würde abzulösen, da sich mit Verstand begabte menschliche Wesen nicht wie Tiere dem blinden Walten der Natur unterwerfen sollten. Weil sich der Mensch als einziges Wesen seines Todes bewußt sei, habe er auch die Möglichkeit und das Recht, sich und anderen den Tod zu geben und geben zu lassen, bevor oder wenn die »Person« abgestorben ist, der Körper aber noch lebt. Bei neugeborenen mikrozephalen Kindern, Menschen mit schweren Hirnschäden infolge Unfalls oder neurologischer Erkrankungen, bei denen die zerebralen Funktionen des Hirns (Großhirnrinde) stark geschädigt seien, sei die *Person* sicher erloschen, sie seien nicht länger

[23] Vgl. 1969 a, 69; vgl. dazu B/III/2/a, Anm. 13 u. zur Kritik B/III/2, Anm. 15 ff.
[24] So Dyck (S. 109 f.) im Anschluß an H. R. Niebuhr (vgl. B/III/2/a, Anm. 22 ff.).
[25] (1973), 116 f. u. (1969 b), 64; vgl. B/III/1, Anm. 20 ff.

Menschen (human being), nicht mehr *Personen*, denn Menschsein sei primär *rational* und nicht physiologisch zu verstehen. »This ›doctrine of man‹ puts the *homo* and *ratio* before the *vita*«[26], stellt »Qualität« gegen »Quantität«[26]. Ausdrücklich wird die Todeszeitbestimmung abgelehnt, die den Tod des Menschen mit dem Tod des Gesamthirns gleichsetzt und nicht an das Erlöschen der Hirnrindenfunktionen bindet, denn es sei von größtem philosophischen und religiösen Interesse und eine alte christlich-europäische Überzeugung, daß der Kern des Menschseins, des »Humanums in der Ratio – des Menschen rationaler Fähigkeit liegt«[27]. Diese Behauptung wäre nur dann richtig, wenn das aristotelische Stufenmodell des Menschen und das rationalistische und dualistische Menschenbild des Cartesianismus und Idealismus mit dem biblisch-theologischen Menschenverständnis identisch wären. Das theologische Verständnis der Würde der Person von der Beziehung Gottes zum Menschen her widerspricht aber einem ausschließlich an Freiheit und Vernunft orientierten Menschenbild[28].

Fletcher erwähnt zwar auch, daß bei knapper werdenden Mitteln die Ausgaben zur Erhaltung solcher Wesen nicht zu rechtfertigen seien[29], will jedoch die Tötung aus humanitären Gründen gerechtfertigt wissen mit dem Argument der »Unwürdigkeit« solchen Lebens, dessen »Qualität« nicht mehr menschlich sei. Und doch darf man mit *F. Böckle*[30] darauf hinweisen, daß das »Interesse für die lebenswerte Zukunft des mißgebildeten Säuglings oder des senilen Menschen, . . . sich nur allzu leicht als Interesse der Gesellschaft« entpuppt. Fletcher befürwortet also die ursprünglichen und – wie der amerikanische Jurist *Y. Kamisar*[31] nachweist – von einigen Vertretern nie

[26] (1973), 115. »Diese Auffassung vom Menschen stellt den *Menschen und die Vernunft* (Verstand) über das *Leben*.« Zwar unterscheidet auch der amerik. Theologe Nelson (S. 128 f.) zwischen personalem und biologischem Leben, spricht aber dem bewußtlosen Menschen nicht die Würde ab, Mensch zu sein, sondern versteht unter »personal« das, was wir unter »Persönlichkeit« verstehen. Das Recht auf Pflege bleibt diesem Menschenleben. Vgl. auch Ramsey, 63. Quantität gegen Qualität ist R. H. Williams »Life Prayer« (S. 80 u. 86). Er (S. 92 ff.) deutet auch an, daß die Tötung Unheilbarer und Geisteskranker durchaus auch Mittel zur Regulierung der Bevölkerungs- und Altersstruktur werden könne. Vgl. B/II/5, Anm. 61.

[27] (1973), 115 (Übersetzung des Verf.); dgg. Bockmühl, 66 ff., 144 ff.

[28] Vgl. B/II/1; B/II/5, Anm. 19 ff.; ausführlich Eibach (1974), 167 ff.

[29] (1973), 119.

[30] (1975), 72; vgl. Bockmühl, 154 ff.

[31] S. 111 ff. Kamisar verweist auf die Vorschläge des Juristen G. Williams (S. 311 ff.; vgl. C/I/2, Anm. 60); vgl. auch Slater 143.

aufgegebenen Absichten der Euthanasia-Society, auch die Beseitigung von schwer schwachsinnigen Kindern und Erwachsenen und senilen Menschen ins Auge zu fassen, selbst wenn man eine entsprechende Propagierung solange nicht für angeraten hält, wie die Legalisierung der Tötung auf Verlangen nicht erreicht ist. Die Übergänge zwischen der Tötung auf Verlangen und der Tötung ohne Einwilligung sind bei Fletcher und dem Mediziner *R. H. Williams*[32] dadurch markiert, daß bei geistiger Unzurechnungsfähigkeit und wenn nicht vorweg ein entsprechender Wunsch schriftlich verfaßt und bekannt sei, der gesetzliche Vertreter oder zusätzlich noch ein Komitee von Experten die Entscheidung zur Tötung treffen können. Fletcher[33] beteuert, alles, was er fordere, habe gar keine Ähnlichkeit mit dem, was die Nazis getan haben, da diese nicht aus »Barmherzigkeit«, sondern aus »Unbarmherzigkeit« töteten, eine Behauptung, die man schwerlich so aufstellen würde, wenn man etwa an den Propaganda-Film der Nazis für den »Gnadentod« (»Ich klage an«) denkt, bei dem im Mittelpunkt der Handlung die Tötung auf Verlangen einer an multipler Sklerose erkrankten Frau und in einer kurzen Nebenhandlung das Schicksal eines aufgrund von Hirnhautentzündung schwachsinnigen Kindes gezeigt wird, in der abschließenden Gerichtsverhandlung aber am Beispiel dieser beiden Fälle beide Formen der Tötung als Akte der Barmherzigkeit gerechtfertigt werden. Die Nazis dürften gewußt haben, daß die Tötung auf Verlangen leichter zu rechtfertigen und eingängig zu machen ist, aber trotzdem zugleich die Tötung ohne Verlangen nach sich ziehen muß. Und sie wußten auch, wie sie die »Tötungshemmung« im Volk herabsetzen konnten, um die Zustimmung für ihre Absichten zu bekommen. War erst einmal der Damm eingerissen, so konnte man das Vernichtungsprogramm auch auf nicht debile und rassisch unerwünschte Menschen ausdehnen.

Für eine staatliche Legalisierung der Tötung von »hochgradig gestörtem« Leben, vor allem schwer debilen Säuglingen und senilen Menschen – offenbar unter der Voraussetzung der Prüfung durch

[32] S. 96; vgl. C/I/5.

[33] Das von den »Vitalisten« beschworene Schreckgespenst der »Nazi-Euthanasie« wird mit der Bemerkung abgetan: »But in fact Nazis never engaged in euthanasia or mercy killing; what they did was merciless killing . . .« (1973, 114). Vgl. dgg. die durchaus mit guter Absicht gemachten Vorschläge der Sozialdarwinisten und von Bindung u. Hoche (vgl. C/I/2, Anm. 32,50 f.). Vgl. gegen Fletcher auch Hiersche, 228 ff.

eine Kommission –, hat sich der ev. holländische Theologe *P. J. Roscam-Abbing*[34] ausgesprochen. Bezüglich schwer geschädigten Säuglingen spricht er von einem »Irrtum der Natur«, der nicht auf den Willen Gottes zurückzuführen sei und den man möglichst frühzeitig, d. h. durch Schwangerschaftsabbruch, oder im äußersten Fall auch, da die Geburt keine absolute Zäsur für die Menschwerdung sei, *nach der Geburt beseitigen solle.* Aufgrund der theologisch berechtigten Behauptung, daß es nicht Gottes Wille sei, daß ein Mensch (Kind) schwer versehrt ist oder – wie ausgeführt[35] – daß zumindest schwere Krankheit nicht Gottes Wille und Fügung ist und so letztlich absolut sinnlos ist, schließt Roscam-Abbing offenbar zugleich, daß es nicht Gottes Wille sei, »daß es dieses Kind gibt«. Damit wird aber die theologisch nicht haltbare *Identifikation* der *Person mit ihrer Krankheit* vollzogen und die Möglichkeit der Entmenschlichung durch Krankheit[36] und des Unwerts des Lebens (bzw. das Nichtmenschsein) konstatiert und so das Recht, es zu töten, gefolgert, weil dieses Wesen nicht Gottes Willen entsprungen sein könne. Zwar behauptet Roscam-Abbing gegen diejenigen, die auch solches Leben als Gabe Gottes betrachten – der daher auch allein das Recht habe, das Leben wieder zurückzunehmen –, daß sie die Natur zur Quelle der Erkenntnis von Gottes Willen und Offenbarung machen, indem sie alles als von Gott kommend hinnehmen, doch ist ihm bei diesem Vorwurf offenbar völlig entgangen, daß er ebenso aus der Natur abliest, was *nicht* Gottes Wille sein darf. So wird auch bei ihm, ähnlich wie bei Fletcher, die Unverfügbarkeit von Gottes Willen und die dadurch begründete Unverfügbarkeit des Lebens in menschliche Verfügungsgewalt so weit überführt, daß der Mensch über Wert und Unwert des Lebens, Menschsein und Nichtmenschsein ein absolut letztes vernichtendes Urteil fällen und es daraufhin töten darf. Die verbale Berufung dar-

[34] In: Mochel, 105 ff. Vgl. dazu die Diskussion der Vorschläge von G. Leach (B/III/1, Anm. 16 ff. u. C/I/2, Anm. 11 ff.) u. Schmalenberg (1975 b), 54 ff.

[35] Vgl. dazu B/II/4.

[36] Vgl. dgg. B/II/1 u. 4. Roscam-Abbing hätte seine Rede vom »Irrtum der Natur« wohl überdenken müssen, wenn er sie auf die Menschen mit seniler Demenz bezogen hätte, denn die haben ja einmal als »Person« gelebt, wären also nicht ein Irrtum der Natur. Lediglich die eingetretene Arteriosklerose könnte dies sein. Nur ist schon die Bezeichnung solcher Krankheiten als »Irrtum der Natur« eine theologisch fragliche Verharmlosung des »Bösen«, das uns in diesen Krankheiten begegnet und nichts mit Gottes Schöpfung zu tun hat. Außerdem ist es eine Diffamierung des Begriffs Natur, der – wenn er theologisch gebraucht wird – doch zunächst die gute Natur (Schöpfung) meint.

auf, daß diese Entscheidung über Tod und Leben zur Verantwortung des Menschen gehöre, ändert nichts daran, daß der Begriff »Verantwortung« hier so gefaßt wird, daß man sich mittels Tötung auch von der Verantwortung für den Menschen lossagen kann. Aus so mißverstandener Verantwortung schließt Roscam-Abbing dann auch, daß Eltern, die solche Kinder nicht aufzugeben bereit sind, sondern sie annehmen, ihnen auch »durch dick und dünn treu bleiben«, d. h. sie unbedingt immer selbst pflegen müßten[37].

Abgesehen von dem recht zweifelhaften Gebrauch des Begriffs »Natur« und seiner Entgegensetzung zum Wirken Gottes wird hier von Menschen in absoluter Weise die Sinnlosigkeit von Leben konstatiert. Spricht man von einem Irrtum der Natur, durch den solches Leben hervorgebracht wurde wider den Willen Gottes, so kann ein solches »Wesen« nur ein Produkt des *Bösen* sein – wie M. Luther glaubte – und keine Zukunft bei Gott und daher auch keinen Selbstwert in dieser Lebenszeit haben. Damit wird aber geleugnet, daß Natur und Unnatur, Schöpfung und Chaos, Gutes und Böses in dieser Welt immer mehr oder weniger ineinander verwoben und von Menschen nie letztlich zu scheiden sind[38]. Die Tötung ist ein unangemessenes Mittel, das Böse zu vernichten, weil sie das Gute, die von Gott geschaffene und bejahte Person, mit dem Bösen, der von Gott nicht geschaffenen und von ihm verneinten Krankheit, zugleich vernichtet aufgrund dessen, daß man vorher theologisch illegitim Person und Krankheit identifiziert hat, die Würde der Person nicht wirklich transzendent versteht und dann auch die Wertlosigkeit des Lebens konstatieren kann. Dagegen muß behauptet werden, daß nur das Böse und seine Auswirkungen theologisch gesehen völlig sinnlos und wertlos sind, weil sie keine Zukunft bei Gott haben, sondern von ihm *vernichtet* werden. Die Person aber, die Zukunft bei Gott hat und von ihm bejaht ist, hat auch der Mensch zu bejahen und in Verantwortung zu tragen. Er soll ihr menschliche Fürsorge gewähren, ohne ihr Leben unbedingt mit allen modernen Mitteln der Medizin zu erhalten.

Zu welchen Folgerungen man kommen kann, wenn man den letzten Sinn des Lebens als eine vom Menschen zu leistende, machbare Größe, nicht aber als von außen her zu empfangendes und von Gott

[37] AaO 109; vgl. dgg. B/II/5. Anm. 46 f. u. C/I/4, Anm. 10 ff.
[38] Vgl. Dyck, 104 u. B/II/1, Anm. 29 ff u. B/III/2/a.

gewährtes Geschenk versteht[39], zeigen die Ausführungen, mit denen der ev. Theologe und Jurist *E. Schmalenberg*[40] die Tötung von »sinnlosem« Leben rechtfertigen will, angeblich ohne die Legitimation aus der Entwürdigung und Entmenschlichung des Menschen zu ziehen (S. 162 f.). Ausgehend von einer strengen Scheidung zwischen »qualitativem« und »quantitativem« Leben wird behauptet, daß das quantitative Leben an sich *sinnlos* sei (164 f.), während qualitatives und sinnvolles Leben immer ein Geschehen, ein Verhältnis, ein »Von-anderen-her-Sein« und »Auf-andere-hin-Sein«, ein Geben und Nehmen sei. Sind diese Verhältnisse nicht mehr gegeben, so sei nicht nur das Leben sinnlos, sondern notwendig auch der Tod dieses Lebens, denn Sinn habe der Tod nur, wenn der Mensch auch durch seinen Tod noch für andere da sei, ihnen nütze und für sie und sich Werte verwirkliche. »Sinnwidrig ist dieser Tod für die Gemeinschaft, wenn der einzelne ihr entrissen wird, ohne daß er für sie eine Leistung erbracht hat, die er hätte erbringen können« (165). Konstitutive Voraussetzung dieses Denkens ist die Identifizierung der Person mit ihren Werken und Leistungen, durch die sie sich Sinn aus dem Nutzen für andere verschafft. Menschsein sei »Tätigsein«, und der Sinn des Lebens gründe zuerst und zuletzt in Aktivität, in Leistung. Sinnlos wäre das Leben, das zu solchem sinnsetzenden Leben nicht mehr fähig ist, sondern nur noch »empfangen« kann. Entsprechend sei nur der Tod sinnvoll, der *Tat* sei für andere und anderen nütze. Aber der Tod als Entmächtigung erlitten oder in Passivität ohne Nutzen für andere hingenommen, sei sinnloses Geschehen, das zu verhindern sei. Dem unstillbaren Bedürfnis, allem Geschehen in dieser Welt einen Sinn geben zu müssen, diesen Sinn für rein innerweltlich und empirisch faßbar zu halten und nur in der Aktivität verwirktlicht zu sehen, entspricht die Unfähigkeit, der aufgrund des unausrottbaren Bösen in dieser Welt immer konstatierbaren *Sinnlosigkeit* standzuhalten, die Neigung, sie in Sinnhaftigkeit umzulügen oder – wenn dies nicht mehr möglich – das innerweltlich Sinnlose zu vernichten, statt das Sinnlose durchzutragen, bis Gott es von seiner Sinnlosigkeit *erlöst*, nicht indem er die Person vernichtet, sondern indem er sie erneuert, von dem Sinnlosen befreit und sie vollendet[41].

[39] Vgl. dazu Gollwitzer, 191 ff., 297 ff.
[40] S. 162 ff. (Die Seitenzahlen im Text beziehen sich auf den Aufsatz in der ZEE); vgl. B/III/1/c, Anm. 27 ff und 50 ff.; vgl. Ruff, 123 ff.
[41] Vgl. B/II/4, Anm. 9 ff.

Bis hierhin sind Gedankengänge bestimmend, die sich auch bei anderen Theologen fanden, die im Sterben »die Gelegenheit zur höchsten menschlichen Bewährung der Liebe«[42] im Opfer des Lebens für andere und für Gott und die Möglichkeit der Vollendung des Lebens in einer letzten abschließenden Tat und im »Märtyrertod« den christlichen Tod schlechthin sehen. Schmalenberg jedoch sieht überhaupt nicht mehr, daß das Sterben zugleich radikalste Entmächtigung der Person und Enteignung ihrer Fähigkeiten ist, sich selbst zu verwalten, sondern erhebt die Forderung, daß der Mensch selbst sinnloses Leben und Sterben in Sinn verwandeln soll. Da »lediglich das mit intaktem Hirn gelebte ›Leben‹ sinnhaft sei« (S. 163), habe man Menschen mit nicht *intakten* Gehirnen, deren Leben nicht mehr sinnhaft werden könne, einen »sinnhaften« Tod zu bereiten. Es müsse daher erlaubt sein, »einem Menschen, der nicht mehr beziehungsweise nicht durch sein Leben für andere da sein kann, *dabei zu helfen*, durch den Tod für andere da zu sein«[42a]. Damit rechtfertigt Schmalenberg ausdrücklich die Tötung ohne eindeutige Willenskundgebung mit der Bemerkung, daß dies eine Möglichkeit sei, das »eigene Leben im Opfertod für andere hinzugeben«, und daß das der eigentliche Wunsch eines Menschen sei oder sein müsse. Ein solches Opfer geschehe aus der christlichen Liebe heraus, die durch »Leben und Tod« wiederum für andere da sein möchte (S. 168). Eine Einstellung, die einen solchen Tod für andere verweigere, sei selbstsüchtig und lieblos, und das Handeln der Außenstehenden, die einem Menschen nicht zu einem solchen Tod verhelfen, sondern ihn am Leben erhalten, verdiene nicht den Namen Liebe, während gerade durch die aktive oder passive Beendigung von sinnlos gewordenem Leben diesem von anderen zu der Chance verholfen wird, durch seinen Tod für andere *Sinn zu stiften* und so seinen Tod sinnhaft zu machen (168 f.).

Bei Lichte besehen besteht dieser Sinn des Opfers des Lebens nur darin, daß die Mitmenschen von der Last der Pflege und den finanziellen Ausgaben befreit und von Verantwortung für »gemeinschaftsschädigendes« und am persönlichen Glück hinderliches Leben entlastet werden.[43] Das Opfer des Lebens um hedonistischer Zielset-

[42] P. Althaus, aaO (B/III/1/e, Anm. 51); zur Kritik vgl. B/II/4, Anm. 63 ff. u. B/II/5, Anm. 46 ff.

[42a] S. 167 (Sperrung vom Verfasser).

[43] Wie anders soll ein Satz wie der folgende gedeutet werden (1975 b, 62): »Euthanasie ist, so gesehen, kein natürlicher, sondern ein gewollter Tod, der herbeigeführt

zungen anderer willen als sittliche Forderung herauszustellen, dürfte bis dahin keinem Theologen eingefallen sein. Derart selbstsüchtige Forderungen der Umwelt abzulehnen, ist nicht Egoismus, sondern sich aus dem Liebesgebot und dem Gebot der Gerechtigkeit ergebende sittliche Pflicht.[44] Auf die Frage, wer denn eigentlich »die anderen« sind, für die der versehrte Mensch »geopfert« werden soll, erhält man keine Antwort; aber die Berufung auf S. Dixons »Provolutionsbegriff« (S. 167) legt nahe, in erster Linie nicht an die Angehörigen, sondern an die Gesellschaft zu denken. Damit dürfte erwiesen sein, daß die Kategorie *Sinn* hier nichts anderes als die des »Nutzens« bzw. »Schadens« für die Gesellschaft und daß die behauptete Sinnlosigkeit nichts anderes als das Urteil »lebensunwert« bedeutet. Wenn der Tod dadurch sinnhaft wird, daß er andere von der Last der Pflege befreit, so ist der Sinn wahrscheinlich umso größer, je »lästiger« der Mensch und je aufwendiger seine Pflege ist. Das aber sind häufig gar nicht die Menschen, die bewußtlos dahinsiechen. Dieser Argumentation entspricht auch die Forderung, den Tod nicht »an eine schicksalhafte sogenannte Natur zu delegieren«, sondern als Mensch die Rolle des »Mitschöpfers« Gottes noch bewußter zu ergreifen als es der Mensch ohnehin schon tut und auch den Tod in eigene Regie zu nehmen. Dabei verkennt Schmalenberg, daß eine Vernichtung der Person durch Tötung kaum in den Begriff »cooperatio Dei« einzuschließen ist, in der ja alles menschliche Handeln durch Gottes Handeln ermöglicht und in es eingebettet ist[45]. Eine geradezu infame Verkehrung muß sich der Begriff »*Liebe*« gefallen lassen, wenn man ihn an der Liebe Christi mißt, die alles erträgt und gerade den in der Welt wegen ihrer »Andersartigkeit« Verachteten und Schwachen gilt[46]. Zwar will Schmalenberg Mitleid nicht als Tötungsgrund gelten lassen und Liebe nicht als *Gefühl*, sondern als Beziehung zu und Hingabe an den

wird, damit *andere* (Sperrung vom Verf.) ein sinnhaftes Leben in besserer Qualität führen können.«

[44] Schmalenberg (1975 b, 60 f.) sieht in der Erniedrigung Christi ans Kreuz (Phil. 2,5 ff.) das verbindliche »Vorbild« der Selbstpreisgabe menschlicher Würde und des Lebens zugunsten anderer und nennt dieses Ablegen der »Eigenwürde« Inbegriff christlicher Liebe. Vgl. dgg. B/II/2, Anm. 27 u. 43 ff. u. B/II/5, Anm. 41 ff. Die alten und bewährten Grundsätze, daß die Mittel dem Ziel der Handlung angemessen sein müssen, daß die Tötung nur dort erlaubt ist, wo in Konfliktsituationen Leben gegen Leben steht oder das Leben anderer schwerstens geschädigt wird, erwähnt Schmalenberg erst gar nicht.

[45] Vgl. Barth, KD III/3, 104 ff., 119 ff.; KD III/4,485 u. B/III/2/a.

[46] Vgl. B/II/1, Anm. 18 ff.; B/II/2, Anm. 26 ff.; B/II/5, Anm. 40 ff.

Nächsten zu dessen Wohl verstehen, doch ist es mehr als fraglich, ob man zu einer anonymen Masse »Gesellschaft« als Ganzes in einem personalen Verhältnis der Liebe stehen kann und mit der Begründung »Liebe zum Nächsten« das Opfer des Lebens fordern darf, ohne daß dadurch auch nur ein anderes Menschenleben gerettet und eine unzumutbare Gefährdung des Lebens von Menschen abgewendet wird[47]. Am problematischsten ist aber, daß die Liebe gar nicht mehr durch die Person selbst, die geopfert werden muß, im Akt freier Selbsthingabe verwirklicht wird, sondern daß dem entscheidungsunfähigen Menschen das Opfer des Lebens aufgezwungen wird, weil er im Grunde nicht mehr für den Empfang von Liebe in Form einer menschlichen Pflege für würdig erachtet wird. Wie man eine derartige Beseitigung des »Gegenstandes« der Liebe und ein solches Zwangsopfer mit dem in der Freiheit des Gehorsams vollzogenen stellvertretenden Opfertod Christi für die Sünder und die vor der Welt Wertlosen (Röm 5,7 ff.; 1 Kor 1,27 ff.) legitimieren kann, ist ein Rätsel, denn die Liebe Christi ist in jeder Weise Gegensatz der Ethik des Kampfes ums Dasein und des Vorrechts der Stärke, während Schmalenberg die Vernichtung der Schwachen durch die Starken als Vollzug von Liebe bezeichnet und den *Sinn* menschlichen Lebens mit dem *Zweck* der Erhaltung oder Wohlstandsmehrung der Gattung identifiziert. Solches Handeln mit Vokabeln wie Sinn und Liebe zu verschleiern, erhebt es nicht über das Ethos des Kampfes ums Dasein. Ist es schon zweifelhaft, ob man aus der Einzigkeit des Opfertods Christi für den Sünder im Sinne einer »Vorbildchristologie« das Martyrium um Gottes und des Nächsten willen deduzieren darf, da der Tod eines Menschen letztlich keine rettende und versöhnende Kraft hat, so kann Liebe in der Nachfolge Christi doch nur das Leiden der Liebe zu den »verlassenen, verächtlichen und verratenen Menschen«[48] sein und Fürsorge und Obhut für sie bedeuten. Ein solches »Opfer« kann auch nur in Freiheit vom Subjekt selbst vollzogen, ihm aber nicht im bewußtseinsgetrübten Zustand aufgezwungen werden[49].

E. Schmalenberg will seine Vernichtungsvorschläge offenbar auf bewußtseinsgestörte Menschen begrenzen, da »lediglich das mit intaktem Gehirn gelebte ›Leben‹ sinnhaft sei« (S. 163). Zu dieser

47 Vgl. B/III/1/e, Anm. 48 ff. u. C/I/4.
48 Moltmann (1972 a), 66; vgl. 53 ff.; vgl. B/II/4, Anm. 28 ff.
49 Vgl. die eindeutige Ablehnung bei Genewein/Sporken, 268.

Gruppe von Menschen gehören nach seiner Meinung[50] die schwer hirngeschädigten, die altersdementen und möglicherweise auch die schwer geisteskranken Menschen. Bezüglich der Rechtfertigung der Tötung von Menschen mit »apallischem Syndrom« beruft er sich auf einige recht mißverständliche Äußerungen von *H. Thielicke*[51], bei denen unklar bleibt, ob sie sich auf den Tod des Gesamthirns oder den Ausfall des Großhirns und damit auf Menschen mit apallischem Syndrom beziehen[51]. Thielickes grundlegender Fehler liegt darin, daß er Menschsein an Selbstbewußtsein und Kommunikationsfähigkeit bindet, Begriffe, die untauglich sind[52], den Tod der Person zu bestimmen, da sie vielen Menschen mit Hirnschäden, aber nicht völlig erloschenem Bewußtsein nie eigen waren. Offenbar hat Thielicke (1970) hirntote und damit verstorbene Menschen gemeint, deren Kreislauf und Atmung für eine Zeit mehr oder weniger künstlich erhalten wird, sich jedoch in seiner Ethik[53] auf schwer hirnverletzte Menschen bezogen, wenn er von einer »frommen Scheu« spricht, solches Leben zu töten, das wahrscheinlich »ontologisch schon nicht mehr als menschliches Sein qualifiziert werden kann«, dann aber unter Bezug auf die Gottebenbildlichkeit des Menschen (imago Dei) – theologische Aussagen über den Menschen hält er offenbar nicht wie philosophische für ontologische – behauptet, daß solche »fromme Scheu« für Christen mehr sein sollte »als der bloße Ausdruck einer psychoanalytisch zu deutenden Hemmung«, nämlich Wissen darum, daß das, »was menschliches Antlitz trägt oder von Menschen erzeugt ist, . . . an der Sakrosanktheit der imago teilzuhaben (scheint), selbst wenn es seiner äußersten Peripherie zugeordnet ist« und Wis-

50 In dem in der ZEE (1975) erschienenen Aufsatz will Schmalenberg seine Vernichtungsvorschläge offenbar noch auf »bewußtlose« Menschen begrenzen, dehnt diesen Personenkreis in einem anderen Beitrag (1975 b, 51 ff.) aber konsequenterweise auf die unheilbar altersdementen, hirngeschädigten und schwer geistesgestörten Menschen aus, da auch diese seinen Vorstellungen von »sinnhaftem« Leben nicht entsprechen.

51 Thielicke (1970, 49 f., vgl. 23) spricht von solchen Wesen als »Ebenbild Gottes a. D.«, »Vitalkonserven«, »konservierten ›Menschen‹«. Zur Kritik vgl. J. Fischer, 9 f. U. E. meint Thielicke hirntote und damit tote Menschen.

52 Vgl. Eibach (1974), 102 ff.

53 ThE III, Nr. 1546; Hintergrund der Ausführungen Thielickes ist der Aufsatz von R. Kautzky, Der ärztliche Kampf ums Leben des Patienten »bis zum letzten Atemzug« (in: Hochland 53, 1960/61, bes. 314), in dem Kautzky das Menschsein von Apallikern anzweifelte, was Kautzky heute für eindeutig falsch hält (persönliche mündliche Mitteilung). Zu Recht kritisiert Gründel (S. 184) Thielicke so: »Würde der Christ hier ein Ja zur Tötung sprechen, so wäre zur Tötung von Geisteskranken und Vollidioten nur ein kleiner Schritt.«

sen darum, »daß die Würde des Menschen überhaupt nicht auf einer dignitas propria, einem immanenten Wert (Schönheit, Güte, Leistungsfähigkeit) gründet, sondern daß sie auf der dignitas aliena beruht . . ., also auf der Zuordnung des Geschöpfs zum Schöpfer«. Sicherlich stellen die schwerst debilen, schwer hirngeschädigten und die bewußtlosen Menschen nicht nur für die Philosophie und »humanitäres« Denken, sondern auch für die Theologie die herausfordernde Frage nach dem Sinn und Wert solchen Lebens, das nie oder nicht mehr zum Geben, zum Glaubensvollzug, zu geistigen Akten und meist auch zu keiner irgendwie bewußten Aufnahme mitmenschlicher Liebe fähig ist, eine Frage, die nicht beantwortet werden kann, wenn man »einen *Wert* diesseitigen, zeitlichen Lebens annimmt, ohne Rücksicht auf einen ewigen Wert«[54] und ein auch dieses Leben vollendendes Sein bei Gott. Die Theologie sollte hier nicht argumentieren mit der Unterstellung von nicht empirisch aufweisbaren Zeichen von Selbsttranszendenz und mit den mehr oder weniger doch immer bestehenden Phänomenen psychischen Lebens und von Reaktionsfähigkeit, sondern eindeutig unter Bezug auf die in der Zuwendung Gottes zum Menschen begründeten Würde der Person, die als Kontinuum jedem Augenblick des Lebens und Sterbens »zugeordnet« ist. Nur dann wird nämlich beim Ausfall der Zeichen von Selbsttranszendenz das Leben nicht zum biologischen Unwert, sondern behält als lebender Organismus (Körper) die Würde und den Wert der Person, nicht nur deshalb, weil auch noch psychische Phänomene zu vermuten und die vegetativen Funktionen noch in Ordnung sind, sondern weil der Körper als wesensnotwendiger Teil Träger und Ausdruck der Persönlichkeit ist und bis zum Tod bleibt. »*Daraus folgt, daß Apalliker so gut wie Monstren lebende menschliche Wesen sind, denen zwar . . . das spezifisch Menschliche fehlen mag, die aber – eben als lebende menschliche Wesen – Anspruch auf maximale Pflege haben*«[55] und zu deren Tötung Erwägungen des Schadens und Nutzens und der Einbuße an persönlichem Glück solange nicht ausreichen, wie diese Menschen nicht zu einer ernsthaften Gefährdung für das Leben anderer werden.

Ehe man derart eindeutige Grenzziehungen als ethischen Nomis-

54 V. v. Weizsäcker (1947), 11 f.; vgl. B/II/2 u. 4.

55 Wunderli, 108. Nach Ansicht von Hiersche (S. 215) »handelt es sich (bei Apallikern) zweifelsohne um eine Zustandsform menschlichen Lebens«. Vgl. Ruff, 116 u. B/I/2, Anm. 8 ff.

mus, Rigorismus und Unbarmherzigkeit tadelt (Fletcher u. a.), sollte man sich wenigstens klar werden, daß es ethische Entscheidungen gibt, »die ein negatives Gefälle haben, in dem wir keine deutliche Grenze mehr für unser Handeln ziehen können. Zu solchen Fällen müssen wir frühzeitig Halt sagen, weil wir später keinen sinnvollen und vernünftigen Grund mehr finden können, um unsere Aktion gerade hier abzubrechen«[56]. Mit der etwas spät gekommenen Einsicht von *von Heyde*[57], daß auch gute Absicht und gut gemeinte Gesetzestexte Mißbrauch in jedem politischen System wegen der Unvollkommenheit der Menschen nicht verhindern können, sollte man jedem sich »humanitär« gebenden Verlangen nach Legalisierung der Tötung eine Absage erteilen. Würde die Tötung ohne Einwilligung zu einem legalen Mittel, so würde das besonders in unseren Pflegeheimen und psychiatrischen Anstalten den notwendigen vertrauensvollen Umgang zwischen Patienten und medizinischem Personal zerstören. Der Arzt müßte darüber befinden, welches Leben erhalten bleiben und welches vernichtet werden soll, er würde zum Richter und müßte zugleich der Vollstrecker des Urteils über Leben und Tod sein. »Ein Antasten des Vertrauensverhältnisses zwischen Arzt und Patient würde zugleich zwangsläufig die Grundlagen des menschlichen Zusammenlebens untergraben. Denn keiner von uns wäre dann vor dem anderen mehr sicher, wenn wir dem Urteil anderer über den Sinn oder Nicht-Sinn unseres eigenen Lebens ausgeliefert wären.«[58] Es könnte dann auch überhaupt für das Pflegepersonal nicht mehr einsichtig sein, warum man schwachsinnige und sieche Menschen menschlich pflegen soll, wenn ihnen eigentlich doch nichts Besseres geschehen könne, als beseitigt zu werden. Die mehr indirekten Formen der Tötung durch unwürdige und vernachlässigende Pflege und fahrlässiges Unterlassen würden vielleicht üblich und die »Selektion in der Anstalt« wäre nicht mehr aufzuhalten. Noch mehr alte Menschen würden sich fragen, ob es nicht besser sei – Nietzsches Vorschlag gemäß – nicht so lange am Baum des Lebens zu hängen, bis man in eine solche Anstalt muß, sondern sich vorher »abzuhacken«, und es auch tun, nicht aus Freiheit und um sich »Sinn« und anderen Nutzen zu verschaffen, sondern aus Verzweiflung an der Liebe der Mitmenschen und der Humanität der Gesellschaft.

[56] Röhricht, 12.
[57] Vgl. C/I/2, Anm. 20 u. Finzen, 143 ff.
[58] Genewein/Sporken, 268; vgl. Röhricht, 12; Mochel, 91 ff.

4. *Grenzfälle! – Zwingen die Grenzen in der Betreuung der »Schwächsten« und die Mitmenschlichkeit zu Ausnahmen? – Darf man sterbende Menschen um der Lebensrettung anderer willen töten und ihnen Organe entnehmen?*

Einerseits ist uns absolute Ehrfurcht vor dem Leben der Mitmenschen geboten, andererseits sind dieses Leben und das Lebensrecht keine absoluten, sondern von Gott begrenzte Größen. Gibt es daher *Grenzfälle,* in denen ein Abweichen vom kategorischen »Nein« zur Tötung möglich und wenigstens die Tötung unheilbar kranker Mitmenschen erlaubt ist? Wir gehen davon aus, daß das Tötungsverbot auch für die am »tiefsten« stehenden und sterbenden Menschen uneingeschränkt Gültigkeit hat und daß sich auch ihre Tötung niemals mit dem ärztlichen Auftrag verträgt, zu heilen und Krankheit ertragen zu helfen. Das Lebensrecht jedes noch so kranken Menschen ist lediglich eingeschränkt durch die dem Menschen von Gott gesetzten Schranken, zu denen das Lebensrecht des Mitmenschen als gleichermaßen zu achtendes Recht gehört. Das Leben eines Menschen stößt also dort an eine Grenze, wo es zur unvermeidbaren Bedrohung des Lebens von Mitmenschen wird. Von dieser Begrenzung des Lebensrechts her scheinen diejenigen Befürworter einer Vernichtung nutzlosen Menschenlebens zu argumentieren, die die Belange der Gesellschaft und den »Fortschritt der Menschenrasse« über alles setzen und die mit *A. Hoche*[1] für »eine bis zum höchsten gesteigerte Zusammenfassung aller Möglichkeiten, ein Freimachen jeder verfügbaren Leistungsfähigkeit für fördernde Zwecke« plädieren. Man kann *D. Bonhoeffer*[2] darin nur beipflichten, daß »die Idee, ein Leben, das seinen sozialen Nutzwert verloren hat, zu vernichten«, nicht der Stärke, sondern der moralischen Schwäche der Gesellschaft entspringt. Daß die ökonomische Situation unserer Gesellschaft wirklich einmal die Ausmerzung der Schwächsten notwendig machen könnte, ist ziemlich unwahrscheinlich[3].

Dennoch kann man es nicht mit der bloßen Ablehnung der Tötung der immer zahlreicher werdenden pflegebedürftigen schwer behinderten Menschen bewenden lassen, sondern muß sich fragen, wer sie

[1] In: Binding- Hoche, 55.
[2] S. 173; ebenso Barth KD III/4, 484.
[3] Vgl. B/II/5, Anm. 57 ff. u. B/III/1/a.

pflegen soll. Die im Zuge der fortschreitenden Technisierung notwendige und von der herrschenden Glücksmoral geförderte Verlagerung selbst der »leichten« Pflegefälle aus dem privaten Familienbereich in die Anstalten und Krankenhäuser ist auch deshalb alarmierend, weil dadurch die Fiktion einer heilen Welt ohne Leiden befestigt und die Bereitschaft und Fähigkeit gemindert wird, sich mit den leidenden Menschen zu solidarisieren, ihnen menschlich zu helfen. Wer leidenden und altersschwachen Menschen nicht begegnet, wird auch nicht mehr den »Ruf« zum Mit-Leiden vernehmen und nicht mehr zu ihrer Pflege vorbereitet und bereit sein. Gerade für die Pflege von behinderten, chronisch kranken und altersschwachen Menschen fehlt es an *qualifiziertem Personal.* Nicht zuletzt deshalb sind die Zustände in unseren geriatrischen und psychiatrischen Anstalten oft so menschenunwürdig. Sieht man diesen ganzen Fragenkomplex im Zusammenhang mit den mit der Industrialisierung verursachten Änderungen in der Sozialstruktur, so ist verständlich, daß sich damit auch die moralischen Einstellungen zu chronisch kranken und pflegebedürftigen Menschen ändern. Das Ganze kann als rückkoppelndes Regelsystem erfaßt werden, dessen treibende Kraft vor allem in den Erfordernissen der technischen Arbeitswelt zu suchen ist[4]. Man wird daher auch nicht dahin zurückkehren können, daß die pflegebedürftigen Menschen wieder möglichst alle in den Familien betreut werden. Dazu fehlen die Voraussetzungen in der Sozial- und Wohnstruktur und in den Einstellungen der Menschen.

Auf die sich aus dem Gebot der Nächstenliebe und der Gerechtigkeit ergebende besondere Verpflichtung der Familie zur Pflege von Kranken und die Grenzen dieser Pflicht haben wir bereits hingewiesen[5]. Es wäre fatal, wollte man in den Fällen von Mißbildungen, langer chronischer Krankheit und Siechtum von einer Schuld oder Mitschuld der Kranken und ihrer Verwandten reden (vgl. Joh 9,3), um daraus eine besondere Verpflichtung zur Pflege abzuleiten[6]. Sicherlich kann man bei manchen Krankheiten und Unfällen einen Zusammenhang zwischen leichtfertigem, schuldhaftem Verhalten und den Folgen feststellen, doch läßt sich daraus nicht ableiten, daß diese Menschen schuldiger sind als alle anderen Menschen (vgl. Lk 13,4).

[4] Vgl. Eibach (1975), 139 ff. u. C/IV.
[5] Vgl. B/II/5, Anm. 42 ff.
[6] Vgl. B/II/4, Anm. 18 ff.

Theologisch gesehen ist vielmehr in den Vordergrund zu rücken, daß der Zusammenhang zwischen Sünde und Krankheit ein allgemein menschheitsgeschichtlicher ist[6], daß also zunächst auf die *Solidarität* in der Schuld hinzuweisen ist, auch wenn die Menschen an den Folgen, an Elend und Krankheit, in unterschiedlicher Weise zu tragen haben. Wer die guten Seiten des technischen Fortschritts selbstverständlich in Anspruch nimmt, ist auch mitverantwortlich für seine Schattenseiten und muß auch sie zu tragen bereit sein, zu denen man nun einmal auch die zunehmende Zahl pflegebedürftiger alter, unfallversehrter und behinderter Menschen und auch solche durch schuldhafte Leichtfertigkeit ausgelöste Tragödien gehören, wie sie z. B. das »Contergan« verursachte[7]. Letztlich ist die Gesellschaft als Gesamtheit auch verantwortlich für die negativen Nebenfolgen, und sie hat kein Recht, geschädigten Menschen die Pflege und das Leben zu verweigern, wenn deren nächste Verwandte sie nicht annehmen und pflegen können oder wollen. Die *Solidarität* der Gesellschaft in der *Verantwortung* und in der Schuld sollte sich in der *Solidarität im Mitleiden* in der aktiven Weise der Pflege ihrer bedürftigsten Glieder ausdrücken; denn die Gesellschaft ist in gewisser Weise »ein Leib«, der viele gesunde, aber auch hilfsbedürftige schwache Glieder hat. Wenn ein Glied leidet, so sollten alle Glieder mitleiden (1 Kor 12,26), nicht nur in der Form des Mitgefühls, sondern im helfenden »Mit-Leiden« in Beistand und Pflege. Wer das für eine »völlig unfruchtbare Aufgabe« hält, die nur wertvolle Kräfte und Geldmittel von »fördernswerten Zwecken« abzieht, kämpft zwar angeblich nur gegen »leere Menschenhülsen«, »Ballastexistenzen« und »Schwächlinge aller Sorten«[8], fördert jedoch im gesellschaftlichen Moralsystem schon mit solchen Worten die »tödliche« Tendenz, alles Schwache aus der Gesellschaft auszustoßen und für nicht betreuenswürdig zu erklären und lähmt damit die Bereitschaft zum Dienst an hilfsbedürftigen Gliedern der Gesellschaft.

Wer Mensch ist, ist ein Glied der Gesamtgesellschaft und hat als solches ein Recht auf Pflege in und durch sie. Solidarität in der Gesellschaft darf sich nicht nur auf die Leistungsfähigen und die Erwirtschaftung von mehr Wohlstand erstrecken, sondern muß auch Solidarität mit denen sein, die nur am Wohlstand zehren. Die Diskrimi-

[7] Vgl. Blüchel, 323 ff. u. A/II.
[8] Binding- Hoche, 55.

nierung der Schwächsten führt nicht nur zur Infragestellung ihrer Rechte, sondern auch zum Abbau der Bereitschaft zur Pflege und zur Abwertung der psychisch und physisch sehr belastenden Berufe, die sich der Pflege solcher »unnützen« Menschen annehmen. Der Kranke und seine Angehörigen haben ein Recht darauf, mit den Mitteln und Kräften der Gemeinschaft behandelt und gepflegt bzw. darin unterstützt zu werden, denn das »Recht auf die notwendige Gesundheitsfürsorge gehört zu den sozialen Grundrechten des Menschen. Dazu aber ist erforderlich, daß die Gesellschaft die erforderlichen Mittel aufbringt und zur Verfügung stellt.«[9] Geht man von dieser Pflicht der Gemeinschaft aus, so darf man das Recht auf Gesundheit und Pflege nicht von der Bereitschaft der Angehörigen zur Pflege oder zu einer entsprechenden Bezahlung abhängig machen[10]. Wenn aufgrund eines sozialen »Notstands« in der Familie zum Mittel Tötung als Befreiung von der Last der Pflege gegriffen werden müßte[11], sprechen solche Fälle nicht für die Zulässigkeit der Tötung, sondern gegen die Gesellschaft, die nicht genügend tut, um solche Notstände zu verhindern.

Wo körperlich und geistig versehrte Säuglinge, Kinder und Erwachsene behandelt und gepflegt werden sollen, ist zunächst nach den Chancen zur Besserung und der bestmöglichen Betreuung dieser Menschen selbst und dann gemäß den Möglichkeiten der Angehörigen zu entscheiden. Selbst bei größter Bereitschaft der Angehörigen zur Pflege erlauben mitunter die äußeren Umstände, wie z. B. Wohnverhältnisse, meist aber die Bedürfnisse und der Zustand des Kranken selbst nicht die Betreuung zu Hause. So kann, obgleich die meisten Menschen gerne zu Hause sterben möchten[12], eine optimale Betreuung von chronisch Kranken, z. B. eine Schmerzbekämpfung bei an Krebs sterbenden Menschen[13], zu Hause häufig nicht gewährleistet sein. Bei versehrt geborenen Kindern sind die Unsicherheiten

[9] Sporken (1971), 199; vgl. B/II/2, Anm. 43 ff.; B/II/5, Anm. 42 ff.; Honecker (1975), 141.

[10] Vgl. C/II/4/c.

[11] Catel (1962, 122) berichtet, wie ein völlig schwachsinniges Mädchen zu Hause unter traurigsten Umständen vom achtjährigen Bruder beaufsichtigt werden mußte. Van Oyen (1966, 135) berichtet von der Tötung eines schwachsinnigen und verunstalteten Kindes durch seinen Vater, der als Arzt das Kind 35 Jahre lang gepflegt hatte, bei seinem nahenden Tod aber kein Pflegeheim für die Tochter fand und ihrem Leben daher ein Ende machte.

[12] Vgl. Kübler-Ross (1974), 88 ff. u. B/II/4, Anm. 48 ff; B/II/5, Anm. 43 ff.

[13] Vgl. Saunders, 53 ff.; vgl. C/IV.

in der Diagnose und erst recht in der Prognose recht groß. Der endgültige Zustand läßt sich oft nicht vor dem dritten Lebensjahr feststellen[14]. Doch kommt es ganz entscheidend auf die möglichst frühe Erkennung und fachgerechte Behandlung von Störungen an. Bei früher Erkennung und Behandlung von z. B. vielen erblichen Stoffwechselstörungen lassen sich schwere Schäden vermeiden. Bei sehr vielen zerebralen Schäden (z. B. Spastikern) können bei sachgerechter und frühestmöglicher medizinischer und heilpädagogischer Behandlung – entsprechende Möglichkeiten sind in der BRD immer noch gering – oft wesentliche Besserungen erreicht werden[14]. Die Unterstützung dieser Bemühungen durch die Eltern kann für das Kind wertvoll und für die Eltern sinnvolles Tun sein, doch sind solche Behandlungen zu Hause häufig nicht durchzuführen. Man sollte natürlich nicht vorschnell zur Abgabe von versehrten Kindern und Erwachsenen in Krankenanstalten und Pflegeheime raten[15]. Andererseits bestehen aber doch gewichtige ethische[16] und psychologische Bedenken, der Familie deshalb die Last der Pflege aufzuerlegen, weil es an Pflegeplätzen fehlt oder die Qualität der Betreuung in den Anstalten, vor allem wegen des Mangels an qualifiziertem Personal (wie Heilpädagogen usw.), oft mangelhaft ist[17]. Welche Belastung ein schwerstbehindertes Kind für die Familie sein kann, können Außenstehende oft gar nicht ermessen[18]. Die Eltern stehen dem Kind nicht »affektiv neutral« gegenüber. Es wurde immer wieder beobachtet, daß besonders die Mütter ihre ganze Aufmerksamkeit auf die Pflege dieser Kinder richten und darüber oft die übrige Familie vernachlässigen. Ist das kranke Kind das erstgeborene, so wirkt sich das oft so aus, daß die El-

14 Vgl. Bennholdt-Thomsen, 181. Der Kinderpsychiater Th. Hellbrügge (Prävention und Rehabilitation in der frühen Kindheit, in: Med. Klinik 66, 1971, 981 ff.), der sich in der Hilfe um behinderte Kinder besonders verdient gemacht hat, weist darauf hin, daß z. B. bei zerebral bedingten Bewegungsstörungen beste Aussichten zur Besserung bestehen, aber fast nur bei sachgerechter Behandlung innerhalb des 1. Lebensjahres.

15 Das Abschieben geschädigter Kinder ist nicht verwunderlich, da Eltern und Kinder neben den großen körperlichen, psychischen und finanziellen Belastungen auch noch einer starken gesellschaftlichen Ächtung ausgesetzt sind. Die Rückständigkeit der Psychiatrie in der BRD verschlimmert die Lage der Kinder und Erwachsenen in und außerhalb von Heimen.

16 Vgl. B/II/5, Anm. 44 ff.

17 Vgl. C/IV/1.

18 Der Verf. glaubt, sich in etwa ein Bild davon machen zu können, da er erlebt hat, wie seine Großeltern und nächste Verwandte über 50 Jahre ihren im 1. Lebensjahr durch Hirnhautentzündung geistig schwerst (z. B. keine Sprache) und körperlich durch Teillähmungen behinderten Sohn gepflegt haben.

tern, weil sie voll durch die Pflege dieses Kindes ausgelastet sind oder weil sie Angst vor der Geburt eines weiteren nicht normalen Kindes haben, keine Kinder mehr wünschen. Da ein Elternteil durch die Pflege immer an das Kind gebunden ist, wird das Zusammenleben der Ehepartner höchsten Belastungen ausgesetzt. Hinzu kommen die Repressalien der Umwelt durch Neugier, Verachtung und Meidung des Umgangs mit Eltern und Kind. Es ist unter diesen Umständen nicht gerechtfertigt, von den Eltern um jeden Preis die Bereitschaft zur Pflege zu verlangen. Jeder wird sich tunlichst Zurückhaltung auferlegen müssen, die Eltern zur Pflege zu überreden, wenn sich nicht von selbst die Bereitschaft dazu anbahnt. Als eine von Gott gefügte Lebensaufgabe sollte die Pflege solcher Menschen von Außenstehenden nicht bezeichnet werden, wenn die Eltern nicht von selbst den ersten Schritt zu einer solchen Deutung und Bejahung ihres Leides gehen. Auf jeden Fall ist die Last der Pflege dieser Kinder in Heimen durch Menschen, die dem Kind emotional neutraler gegenüberstehen, nicht zu vergleichen mit den psychischen und existentiellen Belastungen, die die Eltern mit der Pflege auf sich nehmen. Ähnliches gilt natürlich auch für die Pflege von chronisch kranken und siechen Menschen.

Unter Hinweis auf die ständig wachsende Zahl der auch medizinisch zu betreuenden Pflegefälle und den Mangel an Personal hat *W. Catel*[19] die Notwendigkeit der »Extinktion« der am tiefsten stehenden »Fälle« belegen wollen, damit man sich den in besserem Zustand befindlichen Insassen von Anstalten mehr widmen könne. Würde sich wirklich einmal die bedrohliche Notwendigkeit einer Auslese unter den Pflegebedürftigen ergeben, dann wird die vorzeitige Lebensbeendigung, d. h. die Tötung, mehr die Form des bewußten »Unterlassens« mit der Absicht der Tötung oder der medikamentösen Beschleunigung des Sterbens annehmen. Eine derartige Auslese und das Unterlassen von an sich möglichen Hilfsmaßnahmen aufgrund sozialen Drucks widerspricht dem ärztlichen Auftrag und dürfte auch bei einer sorgfältigen »Güterabwägung« kaum zu rechtfertigen sein[20]. Auftrag der Gesellschaft und nicht zuletzt der Kirchen ist es, alles zu tun, damit keine Familie und auch nicht die Ärzte in die Zwangslage versetzt werden, aus sozialen und ökonomischen

[19] (1966), 92 ff.
[20] Vgl. B/II/5, Anm. 62 ff.; B/II/2, Anm. 43 ff.

Gründen zur Güterabwägung zwischen Leben und Leben, zum Mittel Tötung und zu den ihm sehr nahestehenden Formen des fahrlässigen Unterlassens mit Todesfolge greifen zu müssen.

In einer höchst bedenklichen Nähe zu solchen Ausleseverfahren mit Todesfolge stehen einige ethisch kaum zu rechtfertigende Notstände, die vor allem durch den medizinisch technischen Fortschritt erst hervorgerufen wurden. Zu denken ist dabei z. B. an den immer noch ganz erheblichen Mangel an künstlichen Nieren[21], der zur Auslese von Patienten zwingt, und an die Wartelisten für Herzoperationen z. B. bei Kindern mit Herz-Scheidewanddefekt. Für viele Kinder bedeutet das Wartenmüssen den Tod. Auch auf die durch das Fehlen von Narkoseärzten bedingten, überwiegend vermeidbaren schwersten Schädigungen oder Todesfälle durch Narkosezwischenfälle[22] wäre hinzuweisen, und die häufig unsachgerechten Behandlungen mit unzureichenden Mitteln, die zu späten Einweisungen in Kliniken oder Verlegungen in Spezialkliniken, die den Tod mitverursachen können, und manches andere mehr wäre in diesem Zusammenhang und im Zwischenfeld zwischen bewußter Tötung und bewußtem, fahrlässigem Unterlassen mit Todesfolge zu bedenken. Versteht man unter Tod nicht ausschließlich den physischen Tod, sondern auch den psychischen und den sozialen Tod und faßt das Tötungsverbot dementsprechend[23], so rücken noch viel mehr Formen von unterlassener, aber möglicher Hilfe in die Nähe von Tötungshandlungen, so z. B. die Nichtgewährung von geeigneten und nur in den frühesten Lebensmonaten erfolgreichen Behandlungen für behinderte Kinder, das Sterbenlassen von Menschen unter vermeidbaren unwürdigen und schmerzhaften Zuständen usw.[24].

Eine Ambivalenz des medizinisch technischen Fortschritts liegt in der Tatsache, daß nicht einmal all das, was medizinisch technisch machbar ist und für Menschen durchaus hilfreiche Verbesserungen ihres Gesundheitszustand brächte, ohne weiteres sozial, finanziell und personell möglich ist. Jedoch legt die Tatsache, daß eine sinnvolle Erhaltung des Lebens medizinisch technisch möglich ist, der Gesellschaft auch die Verpflichtung auf, den betroffenen Menschen die Chance zur Erhaltung des Lebens in menschenwürdigen Umständen

21 Vgl. C/II/4.
22 Vgl. Blüchel, 223 ff.
23 Vgl. B/III, Anm. 5 f.
24 Vgl. Anm. 13 ff.

in ausreichendem Maße anzubieten[25]. Ihnen diese Hilfe zum Leben mit der Begründung zu verweigern, es handle sich in solchen Fällen um einen Verzicht auf Maßnahmen »außerordentlicher Art«, auf die nicht jeder Mensch ohne weiteres Anspruch habe[26], verschleiert nur den Tatbestand, daß bewußtes »Unterlassen« von Hilfe mit Todesfolge trotz der Möglichkeit zur Rettung von Leben ethisch gesehen eher auf der Seite der *Tötung* als auf der des berechtigten *Verzichts* zu stehen kommt.

Man wird sich aus der Verantwortung für diese nicht zuletzt durch den medizinischen Fortschritt aufgenötigten Situationen, die gleichsam zu ethisch verwerflichen Handlungen zwingen, nicht mit dem Argument entlassen können, daß man diese Schattenseiten des Fortschritts nicht gewollt habe und somit auch nicht für sie verantwortlich sei. Man kann nicht die positiven Seiten des Fortschritts als Verdienst dem Menschen zurechnen und sie in Anspruch nehmen, die negativen »Nebenfolgen« jedoch einem »metaphysischen Fatum« anlasten und sich so als Mensch und Gesellschaft von der Verantwortung für sie entlasten. Der Mensch ist für alle Folgen seines Handelns letztlich verantwortlich, auch wenn niemand persönlich haftbar gemacht werden kann. Man sollte die Augen nicht davor verschließen, daß der technische Fortschritt gerade in der Medizin einen »überpersönlichen Schuldzusammenhang« heraufbeschwört, von dem das persönliche Handeln mitbestimmt wird[27]. Schließt man Menschen von einer ihnen an sich helfenden Behandlung aus und liefert sie damit vielleicht dem an sich vermeidbaren sozialen, psychischen oder physischen Tod aus, während man anderen die Behandlung zukommen läßt, so verstößt man nicht nur gegen das Tötungsverbot, sondern auch gegen das *Gebot der Gerechtigkeit*[28], dessen Beachtung besonders dann wichtig ist, wenn es um Leben oder Tod geht. Selbst wenn eine »Auslese« verantwortlich nach dem Prinzip des »höheren Gutes« vorgenommen wird[29], steht eine Güterabwägung zwischen Leben und Leben unter dem Vorzeichen von Schuldverflechtungen und Zwängen, die unausweichlich ein Schuldigwerden und neue Schuld bedingen, auch wenn man in verantwortlicher Weise das ge-

[25] Vgl. Anm. 9; Sporken (1971), 198 ff. u. C/IV.
[26] Vgl. B/II/5, Anm. 56.
[27] Vgl. B/II/5, Anm. 63 ff.
[28] Vgl. B/II/2, Anm. 43 ff.
[29] Zu den Kriterien der Güterabwägung vgl. B/II/5, Anm. 65 ff.

ringere Übel wählt. Da jedoch auch unter solchen Vorzeichen gehandelt werden muß und es »unverantwortlich« wäre, nur auf »Schuldvermeidung« ausgerichtet zu sein und sich der Entscheidung zu entziehen, um sie anderen zu überlassen, kann man zur Bereitschaft zur *Schuldübernahme* ermutigen[30]. Dabei kann hier offen bleiben, ob man von einer persönlich zu verantwortenden oder nur von einer überpersönlichen Schuld sprechen möchte[31]. Pflicht der Gesellschaft ist es auf jeden Fall, die Unausweichlichkeit solcher Güterabwägungen und Ungerechtigkeiten im Gesundheitswesen durch ein ausreichendes Angebot der jeweiligen Behandlungsmethoden zu verhindern[32].

Für die Transplantation von singulären lebenswichtigen Organen, die wie das Herz und die Leber nur kurzfristig konserviert werden können, ist die Frage nach möglichen Organspendern dringlich geworden. Dazu gehören fast ausschließlich Menschen, die infolge von schnell wachsenden bösartigen Hirntumoren oder schweren Hirnverletzungen in absehbarer Zeit sterben werden. Zwar ist in allen offiziellen Verlautbarungen[33] eindeutig festgehalten, daß es sich auch bei Apallikern noch um sterbende Menschen handelt, die als Organspender absolut ausscheiden, doch hat die relativ geringe Zahl der möglichen Spender[34] und die Schwierigkeit, die Organe länger zu konservieren und bei sich etwas länger hinziehendem Sterben im Körper von Schädigungen, die sie zur Transplantation ungeeignet machen, freizuhalten, schon die Frage aufkommen lassen, ob man das sehr geringe Potential an Spendern nicht besser »ausnützen« könne, indem man das Leben solcher Menschen künstlich so verlängert, daß man einen gewissen »Vorrat« an Organspendern hat. Im Bedarfsfall könne man dann die lebensverlängernden Maßnahmen einstellen oder solchen Menschen schon vor ihrem Tod Organe entnehmen, falls diese nur so vor einer Schädigung bewahrt werden können oder zur Rettung des Lebens eines anderen durch Transplan-

30 Vgl. Bonhoeffer, 255 ff. u. B/III/2/c, Anm. 120 f.

31 Vgl. B/II/5, Anm. 65 u. 67.

32 Vgl. C/IV.

33 Siehe dazu: Stellungnahme der Dtsch. Gesellschaft für Chirurgie, in: Der Chirurg 39 (1968), 196 f.; Erklärung von Sidney, in: Dtsch. Ärzteblatt 35 (1968), 1866; Erklärung der Schweizer Akad. der Wiss. (zitiert bei Hiersche, 214 f.); vgl. Eibach (1974), 84; Beecher (1970), 152 ff.; Sporken (1971), 230 f.

34 2600 Menschen sterben in der BRD jährlich an solchen Hirnverletzungen und Hirntumoren, so daß ihre Organe für Transplantationen in Frage kommen (vgl. Eibach, 1973, 104 ff.). Vgl. C/II/5.

tation dringend benötigt würden[35]. Darf man nicht wenigstens im letzten Fall das Leben eines Menschen vorzeitig für »tot erklären« und beenden oder ihm gar ohne solche juristische Toderklärung die Organe entnehmen und so das »Nein« zur Tötung umgehen? Das würde aber die Möglichkeit einer beliebigen Manipulation mit Sterbenden eröffnen, denn die medizinische Technik verfügt bereits über Mittel, das Leben in genügendem Maß zu verlängern und im geeigneten Augenblick zu beenden, um den Körper »auszuschlachten«. Die Würde der Person ist auch im Sterben unantastbar, weil das Sterben Teil des Lebens ist und willkürlichen Manipulationen nicht mehr offen steht als jede andere Phase des Lebens auch. Gegenüber einem willkürlichen Hinauszögern des Lebensendes und gegenüber der Tötung eines unwiderruflich sterbenden Menschen bestehen größte moralische Bedenken[36], denn der lebendige Leib ist nicht wie der Leichnam ein verfügbarer Gegenstand. Wer gibt wem das Recht zur letzten, Leben auslöschenden Verfügung? Die Einwilligung des Betroffenen – ist sie nicht in gesunden Tagen schriftlich abgegeben worden – zu solchem Vorgehen mit ihm kann nicht eingeholt werden, da es sich fast nur um Menschen handelt, die ihre Bewußtheit plötzlich verloren haben. Trotzdem haben auch einige Ethiker versucht, solches Vorgehen moralisch zu rechtfertigen.

Sehen wir einmal von den nicht eindeutigen Äußerungen *H. Thielickes*[37] ab, so haben sich *J. Fletcher*[38], der kath. Theologe und Arzt *W. Ruff* und der kath. Pastoraltheologe *H. Pompey* mit verschiedenen Begründungen für eine Tötung zwecks Organentnahme zur Rettung anderer ausgesprochen. H. Pompey[39] geht davon aus, daß das Tötungsverbot dem Liebesgebot untergeordnet ist und fragt dann, warum es nicht erlaubt sein sollte, » – weder aus Verzweiflung am Leben noch aus der Erfahrung reiner Nutzlosigkeit für die Mitmen-

[35] Beecher (1968, 1425) und Sporken (1971, 230 f.) verweisen darauf, daß dies bei der Entnahme von Nieren schon geschehen sei. Der australische Anaesthesist M. Griffith soll sogar vorgeschlagen haben, die »Herzen von lebenden Geisteskranken sollten dazu verwandt werden, ›wertvollere Mitglieder der Gesellschaft‹ zu retten« (zitiert nach Walther, 53).

[36] Vgl. bes. B/III/1/e, Anm. 49 ff.

[37] (1970), 24 (vgl. dgg. 34 f.); vgl. dazu C/I/3, Anm. 52 f. Zweifellos nicht richtig ist die Aussage von H. v. Kress (1970, 5), daß eine Vordatierung der Todeserklärung im Falle der Organentnahme von Theologen und Juristen nicht abgelehnt worden sei.

[38] Fletcher zitiert bei Ruff, 122.

[39] (1969), 738 f.

schen, noch aus dem Verlangen, die Herrschaft über sein Leben und über seinen Tod selbst auszuüben – sein mit Sicherheit zu Ende gehendes Leben, dessen Ende zudem von Gott schon hic et nunc gesetzt worden ist, noch im Geist der Nachfolge Christi für seinen Bruder hinzuschenken«. Hintergrund dieser Aussagen bildet die bereits mehrfach kritisch beleuchtete Glorifizierung des Todes als Möglichkeit der Selbstvollendung in der letzten Tat der Selbsthingabe des Lebens, in der eine Nachahmung des Todes Christi »für andere« gesehen wird[40]. So soll das Sterben wie das Sterben Jesu Ausdruck der reinen Nächstenliebe sein. Abgesehen davon, daß Jesus den Tod erlitten und nicht geradezu gesucht hat, daß er nicht heroisch, sondern in Verzagtheit und Verzweiflung gestorben ist, und abgesehen von der Frage, ob der Tod Jesu hier nicht als Vorbild für Leiden und Nächstenliebe des Menschen ethisierend verflacht wird, bleiben die Vorstellungen H. Pompeys unrealisierbar, weil der Tod nicht primär Gelegenheit zum Erweis von Liebe und zur Selbstvollendung in einer letzten abschließenden Tat, sondern Entmachtung und »Entthronung der Ichheit« (V. E. v. Gebsattel) ist. Der Akt der bewußten liebenden Hingabe kann im Sterben gar nicht mehr vollzogen werden, weil es sich bei den Spendern um Hirngeschädigte handeln muß, die schnell bewußtlos werden. Die wenigen in Frage kommenden Spender, die noch für geringe Zeit eine klare Entscheidungsfähigkeit besitzen, könnte keiner in einer solchen Situation, in der für den Sterbenden »seine Welt zusammenbricht«, noch mit Gesprächen belästigen über den möglichen »Verwendungszweck« ihrer Organe. Bis auf wenige Ausnahmefälle bliebe daher nur die Möglichkeit offen, ohne Einwilligung des Patienten im Sterben über ihn, sein Leben und seinen Körper zu verfügen. Damit scheidet das Argument aus, es handele sich hier um ein Geschehen der Liebe zwischen Spender und Empfänger und um eine Selbsthingabe in personaler Liebe, und zwar auch dann, wenn das Einverständnis im Sinne eines juristischen Verfügungsakts in gesunden Zeiten vollzogen worden ist[41]. Es droht die Gefahr, daß der sterbende Mensch zur verfügbaren Sache, gleichsam zum dinghaften Eigentum der Mediziner und Organempfänger herabgewürdigt wird. Der Mensch ist theologisch gesehen auch im Sterben noch um Gottes und seiner selbst willen da, hat einen Selbstwert, ist

[40] Zur Kritik vgl. B/II/4, Anm. 63 ff. u. B/III/1, Anm. 50 ff.
[41] Zur Begründung vgl. B/III/1/e, Anm. 49 ff.

Selbstzweck, kann also nicht als verfügbares, nützliches Material für andere »verwertet« werden, so als sei er bereits ein Leichnam. Manipulationen mit Sterbenden sind nicht weniger eine Mißachtung der Personwürde wie die mit Gesunden[42].

W. Ruff[43] setzt voraus, daß das biologische Leben nicht unbedingt das »höchste Gut« ist, seinen Sinn nicht in sich selbst trägt, sondern seinen »Wert« vor allem in der Fähigkeit habe, »höherwertige Güter (wie Liebe, Treue, Tapferkeit, Gerechtigkeit usw.) zu realisieren. Ist diese Möglichkeit nicht mehr gegeben, so kann es seinen eigentlichen Sinn und Wert verlieren.« Der Arzt dürfe es dann zwar nicht willkürlich abkürzen und töten, sondern nur dann, wenn es seine eigentliche Absicht ist, »einem Menschen das Leben zu erhalten, der noch eine reelle Chance auf eine Zukunft hat. Die Entnahme eines lebenswichtigen Organs, die den Tod des Betreffenden unmittelbar zur Folge hat, ist dann auf der sittlichen Ebene nur indirekt gewollt; sie kann also von bestimmten objektiven Kriterien her als sittlich gerechtfertigt aufgezeigt werden«, da eine Handlung nur dann schlecht genannt werden kann, wenn kein »höherwertiges Gut« verwirklicht wird. Ist dies aber der Fall, so sei das »höherwertige« Gut, nicht aber die Schädigung (das Übel) eigentlich gewollt und angestrebt. Als Kriterien für eine Tötung nennt W. Ruff die irreversible Bewußtlosigkeit des Spenders, das zu erwartende Eintreten seines Hirntods »in nächster Zeit«; ferner, daß die Organentnahme zu diesem Zeitpunkt die einzige Möglichkeit ist, um einen anderen Menschen vom Tod zu retten, und daß der Empfänger eine wirkliche Chance hat, wieder »zur personalen Selbstverwirklichung fähig zu werden«.

Offenbar geht W. Ruff wie H. Pompey von dem Hintergrund der Hochschätzung des Opfers für andere als höchster sittlicher Tat der Nächstenliebe aus. Wie jedoch bereits gezeigt[44], läßt sich aus dem Gebot der Nächstenliebe keine *Pflicht* zum Opfer des Lebens ableiten und wird der Gedanke der Selbsthingabe pervertiert, wenn diese nicht in Freiheit vollzogen wird. Ruff treffen diese Einwände insofern nicht, als er eindeutig auf die »Güterabwägung« als rechtfertigendes

42 »Solange ein Mensch noch lebt, kommt ihm die Würde des Menschen zu, die es verbietet, ihn als ausschließliches Mittel zum Zweck, als Lieferanten von geeigneten Organen anzusehen und zu behandeln« (Trillhaas, 229; ebenso Walther, 55 ff.).

43 S. 123 f.

44 Vgl. B/III/1/e, Anm. 49 ff.; vgl. Sporken (1971), 220 f.

Prinzip abhebt. Daß das biologische Leben in sich nicht das höchste Gut ist, wurde auch von uns zur Legitimation des Verzichts auf lebensverlängernde Maßnahmen als wesentliches Argument angeführt, doch läßt W. Ruff den Wert des Menschen darin aufgehen, daß er gemäß der Tugendlehre der griechischen Philosophie höherwertige irdische Güter verwirklicht. Und er kommt zu dem Urteil, daß, wenn diese nicht mehr verwirklicht werden könnten, das Leben seinen Sinn und Wert verloren hat. Indem W. Ruff die Würde und den Wert der Person in der Fähigkeit zur Selbsttranszendenz im Werte verwirklichenden Handeln,nicht aber in der ihm von Gott verliehenen und als Kontinuum bleibend jedem Moment des Lebens und Sterbens zugeordneten »Gottesebenbildlichkeit« gegeben sieht, ist die Basis zur Disqualifikation zu »sinnlosem« Leben gelegt. Sobald man dies tut, schafft man die Voraussetzung, menschliches Leben nicht mehr als Selbstwert achten zu müssen, sondern ausschließlich als *Mittel* zu einem, zugegebenermaßen recht achtenswerten *Zweck* zu gebrauchen. Die Differenz zwischen dem zu vernichtenden und dem zu rettenden Gut erscheint dann so groß, daß sie ohne weiteres die Tötung zu rechtfertigen scheint. Vom ethischen Ansatz her nicht einleuchtend ist die Begrenzung der in Frage kommenden Spender auf Bewußtlose, denn auch viele »Geisteskranke« mit intaktem Körper sind nicht zur Verwirklichung der als »höherwertig« angegebenen Güter wie Liebe, Treue, Tapferkeit, Gerechtigkeit fähig[45]. Die möglichst große Abwertung des Lebens des Spenders ist auch Bedingung dafür, den ethischen Wert dieser Tötungshandlung nur von den Folgen, dem *Erfolg* und auch von der *Absicht* her zu beurteilen, den dritten Aspekt einer »Handlungseinheit«, das *Mittel* (Tötung) jedoch fast ganz in den Hintergrund treten zu lassen.

Allein die Tatsache, daß sich bei Güterabwägung ein Gut höherwertiger als das andere erweist, rechtfertigt in diesen Fällen, in denen es nicht um Dinge, sondern um Menschenleben geht, allenfalls das Vorziehen des »höherwertigen« Menschenlebens und den Verzicht auf Hilfe für das »weniger wertvolle«, nicht aber den *gegen* es gerichteten und es vernichtenden Tötungsakt, und das nicht zuletzt deshalb, weil die Würde des Menschen nicht wie der Wert von Gegenständen nach seinem Nutzwert quantifizierbar ist. Eine »Güterabwägung« zwischen Leben von Menschen darf die Würde der Person

[45] Vgl. Anm. 35.

nicht grundsätzlich in Frage stellen. Wertet man das »vegetative Leben« des Menschen, seinen Körper, der immerhin das Personsein erst möglich macht und mitkonstituiert, zum dinghaften »Etwas« ohne Wert ab, so ist nicht einzusehen, warum nur um der Rettung eines Menschenlebens und nicht auch um der Entlastung von der Pflege willen solche bewußtlose Menschen getötet werden dürfen[46]. Hält man aber daran fest, daß es sich hier um die Tötung von Menschen handelt, wird man nicht so tun dürfen, als sei das *Mittel* Tötung allein schon um des edlen Zwecks und guten Erfolgs willen erlaubt und von ihm her sittlich gerechtfertigt, weil man ja nicht die Tötung *wolle* und anstrebe, sondern die Rettung des anderen Menschen. In diesem Sinne eine Handlung mit »Doppelwirkung« zu konstruieren und die sicher eintretende und also auch zu wollende »Nebenwirkung« (Tötung eines Menschen) aus den sittlichen Überlegungen als nicht gewollt auszuklammern und so zu tun, als handele es sich hier um eine Lebensverkürzung als Nebenwirkung infolge von Schmerzbekämpfung um des Patienten selbst willen, dürfte die Struktur und Gefährlichkeit des Mittels Tötung verharmlosen. Die Tötung ist, da sie eindeutig *gegen* das Menschenleben gerichtet ist und fast immer die Mißachtung der Personwürde oder meist die Disqualifikation zu »lebensunwertem«, nutz- und sinnlosen Leben voraussetzt, vom Verzicht (Unterlassen) auf Hilfe prinzipiell zu unterscheiden. Vergleichbar wäre diese Situation dann nicht mit der an sich schon recht problematischen Güterabwägung zwecks Unterlassen von Hilfe mit Todesfolge, sondern allenfalls mit der des Schwangerschaftsabbruchs, wenn das Leben der Mutter durch das des Kindes gefährdet ist, dem Leben der Mutter aber zu Recht der Vorzug vor dem des Kindes gegeben wird, da die »Persönlichkeit« des Kindes noch nicht ausgereift ist und es im Unterschied zur Mutter noch keine personale Verantwortung tragen kann und muß. Wenn man dem ungeborenen Leben schon die Würde zubilligt, *menschliches* Leben zu sein, sind die Parallelen erst recht nicht zu verkennen. Allerdings ist das Verhältnis von Organspender und Empfänger ein völlig anderes als das von Mutter und werdendem Kind, bei denen eine – wenn auch wahrscheinlich nur einseitig verlaufende – personale Bindung besteht[47]. In den mei-

[46] So Schmalenberg, der auch die Tötung zwecks Organspende befürwortet (1975 b, 54). Zur Kritik vgl. C/I/3, Anm. 40 ff.
[47] Vgl. jedoch Graber/Kruse (B/I/1, Anm. 17).

sten Fällen wird die Mutter an der Entscheidung über den Schwangerschaftsabbruch selbst beteiligt sein, so daß nicht ohne ihre Einwilligung gehandelt werden kann. Das Verhältnis von Spender und Empfänger ist jedoch ein völlig anonymes. Die Handlung wird ausschließlich von Dritten durchgeführt. Es wäre wohl ethisch und psychologisch überhaupt nicht vertretbar, den potentiellen Empfänger eines Organs an Entscheidungen wie der zu beteiligen, ob ein Mensch zu seiner Lebensrettung vorzeitig getötet werden soll. Man wird ihn in seiner Situation nie mit solchen Fragen belasten und nach einer Transplantation auch nicht darüber informieren dürfen. Außerdem ist zu beachten, daß der Empfänger in keiner Weise, wie die Mutter, einen Anspruch auf Lebensrettung durch Tötung geltend machen kann[48], da der potentielle Spender ja sein Leben nicht bedroht, wie das Leben des werdenden Kindes das der Mutter.

Um den ethischen Schwierigkeiten, das Tötungsgebot auch nur begrenzt in seiner Gültigkeit aufzuheben, aus dem Wege zu gehen, bliebe aufgrund ethischer Überlegungen nur die Möglichkeit offen, für die Todesdefinition eine größere Offenheit zu fordern[49] und sie nicht eindeutig und allgemeinverbindlich auf den Tod des Gesamthirns festzulegen. Dies widerspräche jedoch nicht nur unseren ge-

48 Vgl. B/III/1/e.

49 Diesen Vorschlag macht Pompey (1969, 741; 1974, bes. 119 ff.). Unter der Voraussetzung, daß der Zerebralschaden zum baldigen Herztod führt und daß die Irreversibilität des Sterbens unzweifelhaft diagnostiert werden kann, »könnte . . . die totale Verbindlichkeit des Tötungsverbots bezweifelt werden; es wäre damit jedoch nicht generell außer Kraft gesetzt. Da aber in Zweifelsfällen die Einhaltung eines Gesetzes moraltheologisch nicht verpflichtet lex dubio non obligat ist . . . eine Herztransplantation bei irreversibel tödlich Verunglückten denkbar«, wenn Bewußtlosigkeit und Sterben eindeutig als irreversibel festgestellt sind. Pompey (1974, 119 ff, 128 f.) geht davon aus, daß das Sterben ein Prozeß ohne eindeutige Zäsuren sei, daß über das Leben eines Sterbenden von Gott bereits verfügt sei und vor allem, daß dann, wenn das Bewußtsein infolge Hirnschädigung irreversibel ausgefallen sei, die »leibhafte Geistperson« nicht mehr »als ganze« existiert, die Tötung daher auch kein »vollpersonaler« Akt mehr sei, der die Geistperson zerstört, sondern nur noch ein beschleunigendes Eingreifen in die »Absterbefolge«. Wir können dieses aristotelisch-thomistische Schichtenmodell der Person nicht übernehmen (vgl. B/I/1), zumal die Menschenwürde hier an immanente Qualitäten der Spezies »homo« gebunden wird und nicht der ganze Mensch voll teilhat an der bis zum Tod unverlierbaren Menschenwürde (vgl. B/II/1). Auch die Verharmlosung der eindeutigen Verursachung des Todes als »Beschleunigung« der Absterbefolge ist zu kritisieren (vgl. B/III/3; C/II/2, Anm. 26 ff.). Nach den dargelegten anthropologischen Überlegungen (B/I/2) ist sehr wohl eine Zäsur im Sterbeprozeß aufzuzeigen, mit der die »Ganzheit« menschlichen Lebens endet (Tod des Gesamthirns = Individualtod). Häring (S. 119 f.) scheint Pompey mit Einschränkungen zuzustimmen.

samten anthropologischen und theologischen Erwägungen zur Todesdefinition[50], sondern wirft letztlich die gleichen Gefahren auf, wie die »Aufweichung« des Tötungsverbots. Es ist dabei genauso zu fragen, ob das Mittel dem Zweck entspricht und dabei auch die »Eigengesetzlichkeit« und Tendenz dieser Mittel(Tötung, Todesdeklaration) zum Mißbrauch und zum Abbau von ansonsten notwendigen Hemmungen zu bedenken. In einer von technischer Routine und personellen und Systemzwängen bestimmten Klinik ist meist für ethische »ad hoc« Entscheidungen wenig Gelegenheit und schafft jede nicht eindeutige Festlegung in so entscheidenden Fragen größte Unsicherheit für medizinisches Personal und Patienten und verstärkt das Mißtrauen unter dem Personal. Da es schwer ist, den Ausfall der Großhirntätigkeit eindeutig festzustellen und erst recht, wann ein Mensch irreversibel bewußtlos ist und diesen Zustand klar von Zuständen stärkster Bewußtheitsstörungen abzugrenzen[51], würden – zumal die Entscheidungen immer schnell gefällt werden müssen – viele Unsicherheiten bleiben und Abgrenzungen gegen Mißbrauch sich nur schwer finden lassen. Nicht zu Unrecht werden größte Bedenken dagegen geäußert, Ärzten ein solches letztes Verfügungsrecht über das Leben und den Tod eines Menschen zu geben, da dies gezielten Manipulationen mit Sterbenden – nicht nur zum Zweck der Organerhaltung – nur Vorschub leisten würde. Der Leib hat als Ausdrucksfeld und konkrete Gestalt der Person bis zum Tod Anteil an der Würde der Person, so daß sich nicht nur ernsthafte Bedenken gegen eine Tötung, sondern auch gegen eine Lebensverlängerung zwecks »Konservierung« von Organen im Körper erheben[52]. Solange der Körper lebendiger Leib ist, kann er weder wie ein Leichnam verwertet, noch zu einer »Organbank« mißbraucht werden. Und solange Transplantationen von singulären Organen wie Herz, Leber, Bauchspeicheldrüse und die der Lunge nur eine Aussicht auf kurzfristiges Überleben unter eingeschränkten Bedingungen ermöglichen, kann

[50] Vgl. B/I/2, Anm. 1 ff.; B/II/5, Anm. 23 ff.; eindeutig abweichend hat sich von Theologen bis jetzt nur Fletcher (1973, 114 ff.; vgl. C/I/3, Anm. 26) geäußert. Dgg. vgl. Anm. 42; Sporken (1972), 41; Gründel, 184; Honecker, Gutachten, 21.

[51] Vgl. Wunderli, 102 ff.; Fritsche, 24 ff.; F. Gerstenbrand, Das traumatische apallische Syndrom, 1967, 8 ff.; Bennholdt-Thomsen, 180; W. Bushart u. P. Rittmeyer, in: Lawin (Hrsg.), 615 ff., berichten alle von völlig überraschender Wiedererlangung des Bewußtseins nach monatelanger Bewußtlosigkeit, besonders bei Kindern (vgl. Eibach, 1974, 93 ff.; C/II/4/a, Anm. 20).

[52] Sporken (1971, 195, 233) hält dies mit Einschränkungen für erlaubt.

man mit Recht fragen, ob denn dieser Zweck das Mittel Tötung rechtfertigt und ob die Medizin hier nicht in bedenklicher Weise Bedürfnisse erst erzeugt, deren Erfüllung aus vielerlei Gründen, wie z. B. Spendermangel, nicht zuletzt aber auch aus finanziellen Gründen, überhaupt nicht für alle dafür in Frage kommenden Menschen gewährleistet werden kann[53]. Es sprechen also nicht nur grundsätzliche ethische und rechtliche, sondern auch »pragmatische« Bedenken dagegen, das Tötungsverbot zwecks Organgewinnung zu »lockern«. Vorschläge wie der, Unfallkrankenhäuser und Transplantationszentren miteinander zu verbinden, sind mit Skepsis zu betrachten, da das Ärzteteam, das den Tod feststellen muß, zu leicht dem Ansinnen und Druck des Transplantationsteams nachgeben könnte, das Sterben zu beschleunigen oder den Tod vorzeitig zu konstatieren. Jedenfalls sollte in Fällen von beabsichtigter Organentnahme der Hirntod von einem Team aus Vertretern verschiedener Fachrichtungen (wenigstens ein Anaesthesist, ein Neurologe bzw. Neurochirurg und möglichst ein Radiologe) festgestellt werden[54], und dieses Team sollte – wie es auch die »Erklärung von Sydney« des Weltärztebundes in etwa fordert – in jeder Weise vom Transplantationsteam organisatorisch und arbeitsrechtlich völlig unabhängig sein[55].

53 Vgl. Anm. 28 u. 32; C/IV.

54 Vgl. Anm. 33; Thielicke (1970), 39; Honecker, Organverpflanzung, 1711; E. W. Hanack (in: Studium generale 23, 1970, 440) meint jedoch auf eine Trennung verzichten zu können. Ob zwei Ärzte mit fachlicher Qualifikation zur Feststellung des Hirntods ausreichen, wie es der Entwurf des Transplantationsgesetzes vorsieht (vgl. Organ-Spende 3), ist fraglich, zumal, wenn man die Qualifikation nicht spezifiziert.

55 Das besagt natürlich auch, daß der letzte weisungsbefugte Vorgesetzte des Teams, das den Tod feststellt, nicht zugleich der des Transplantationsteams sein darf. Großes Aufsehen erregte in der schwedischen Presse ein anonymer Bericht: »Das Herz des Mannes schlug noch, doch ein Blick auf die schwere Kopfverletzung hätte auch einen Laien davon überzeugt, daß hier menschliche Hilfe nichts mehr ausrichten kann. Der Oberarzt gab einer der Operationsschwestern ein kaum merkbares Zeichen mit der Hand. Die Assistentin reichte ihm eine Injektionsspritze, dann gab er ohne eine Spur des Zauderns dem Schwerverletzten eine intravenöse Spritze. Einige Augenblicke später trat der Tod ein. Und kurz darauf hatten die für eine andere Operation bereitstehenden Ärzte dem Toten zwei gesunde Nieren entnommen, auf die man in einem benachbarten Operationsraum bereits wartete« (zitiert nach Bonner Generalanzeiger vom 9. 9. 74).

5. *Tötung auf Verlangen? – »Lebensunwertes« Sterben? – Kein Recht auf Tötung!*

Nach den Ereignissen im Dritten Reich haben die Euthanasie-Bewegungen in Amerika und England ihre ursprüngliche Absicht, auch eine Tötung ohne Einwilligung gesetzlich zu ermöglichen, zurückgestellt[1] und konzentrieren sich auf die Legalisierung der Tötung auf Verlangen. Großen Auftrieb erhielten die anglo-amerikanischen Bestrebungen durch die Veröffentlichungen des Juristen *G. Williams*[2] und des Ethikers *J. Fletcher*[2] und durch die späte Entkriminalisierung der Selbsttötung in England (Suicide Bill, 1961). Obwohl in England die Beihilfe zum Selbstmord weiterhin unter Strafe steht, schlossen manche Anhänger der »Euthanasie-Bewegungen«[3] aus der Straffreiheit der versuchten Selbsttötung auf das Recht auf Beihilfe zur Selbsttötung und zur Tötung auf Verlangen. Petitionen an die UNO-Menschenrechtskommission für eine Ergänzung der Menschenrechte durch das Recht unheilbar Leidender auf freiwillige Tötung wurden von namhaften Persönlichkeiten unterzeichnet[4]. Der zuletzt (1969) im englischen Oberhaus eingebrachte Gesetzesentwurf[5] wurde noch mit 60 gegen 40 Stimmen abgelehnt. In Holland wurde die Diskussion durch den Fall der Ärztin Dr. Postma van Boven (1972) entfacht, die ihre teilgelähmte, schwerkranke und depressive Mutter auf deren Verlangen hin durch eine Überdosis Morphium getötet hat. Das eindeutig tendenziös und gefühlsbetont aufgemachte Buch von *Paul Moor*, Berichte, Diskussionen und Filme in den Massenmedien, die das Schreckliche des Sterbens (z. B. auf Intensivstationen) zum Teil noch übertrieben und noch zusätzliche Angst vor dem Sterben in der Bevölkerung erzeugten, haben die Diskussion in Deutschland entfacht, so daß sich nach Meinungsumfragen in der BRD und der Schweiz nunmehr bereits 53 bzw. 60 % der Bevölke-

[1] Vgl. C/I/2, Anm. 60; C/I/3, Anm. 31 f.; Böckle (1975), 73 (Hinweis auf Moor).
[2] The Sanctity of Life and the Criminal Law, 1958; Fletcher, Morals and Medicine, 1956.
[3] Vgl. G. Williams, 308 ff.; M. R. Barrington, in: Downing (Ed.), 152 ff.; A. Flew, ebd. 47; ders., in: Eser (Hrsg.).
[4] Vgl. Ehrhardt (1965), 13; Mochel, 16 ff.; Moor, passim; G. Williams, 329 ff.; vgl. zuletzt die Erklärung für die Tötung auf Verlangen, die von den Nobelpreisträgern L. Pauling, G. Thomson, J. Monod unterzeichnet wurde (Der Spiegel, Nr. 7, 1975, 51).
[5] Text bei Downing (Ed.), 205 ff.; vgl. Moor, 304 ff.

rung für den »Gnadentod« auf Verlangen aussprechen[6]. Vorstellungen wie die, daß Schmerzen meist unerträglich seien, daß viele Menschen um die erlösende »Spritze« bäten und daß man dem Menschen nicht den »Gnadentod« verweigern dürfe, den man dem Tier gewähre, Angst vor dem eigenen Sterben, Unfähigkeit, das Sterben von Angehörigen zu ertragen, und anderes mehr, dürften bei den Befürwortern den Ausschlag geben. Man erwartet selbstverständlich, daß der Berufsstand der Ärzte, der an sich helfen und heilen soll, auch die Tötungen ausführt[6a].

Tatsächlich kommen unerträgliche und mit keinen Mitteln zu lindernde Schmerzen nur in ganz seltenen Fällen vor, zumal auch die Möglichkeiten der Schmerzbekämpfung erheblich verbessert wurden[7]. Einige Experten sind der Meinung, daß schon mit den derzeitigen Methoden jeder physische Schmerz erträglich gestaltet werden kann, wenn die Schmerzmittel ganz individuell und gezielt dosiert werden, eine sachgerechte Pflege gewährleistet ist und der Kranke genügend menschliche Zuwendung erfährt[8]. Mit ziemlicher Sicherheit kommt die Selbsttötung infolge schwerer körperlicher Krankheit und Schmerzen recht selten vor[9]. Der am Krankenbett häufiger zu hörende Wunsch *zu sterben*, sollte keinesfalls verwechselt werden mit dem Wunsch, *getötet zu werden*. Bei genauer Abklärung eines

[6] Vgl. Witzel (1975), 184. Nach Witzel (1973, 1377) sprachen sich von 500 befragten Patienten auch 30% für die Vernichtung »lebensunwerten« Lebens aus. Bei einer anderen Umfrage (1969) sprachen sich 38 % für die Tötung »Geisteskranker« aus (nach F. Tennstädt, Euthanasie im Urteil der öffentlichen Meinung, in: Herder Korr. 28, 1974, 177). Auffallend ist jedoch, daß sterbende und alte Menschen, die Betroffenen also, alle Formen der »Euthanasie« ganz überwiegend ablehnen. Nur 22 % sprachen sich von ihnen bei einer Umfrage für die »passive« und die »aktive« Sterbehilfe aus (N. Erlemeier, in: Eid, Hrsg., 116). Dabei sei bei allen Umfragen die Zustimmung in »gebildeten Kreisen« größer als in »niederen«. Das könnte nach der Deutung von E. Stern (zitiert bei Ansohn, 79) damit zusammenhängen, daß die Furcht vor dem Sterben bei Angehörigen der höheren Schichten häufiger angetroffen wird als bei denen der Unterschichten, die durch Entsagungen im Leben mehr auf die letzte große Entsagung vorbereitet sind (vgl. Kübler-Ross, 1971, 55; Hinton, 136).

[6a] Vgl. dgg. Hiersche, 226 f.

[7] Vgl. B/III/2/c, Anm. 104 (dort Literatur). Eine Schwierigkeit bilden nach wie vor die schweren Anfälle von Atemnot bei Menschen mit Lungen- und Bronchialkarzinom im terminalen Stadium (vgl. C/II/2, Anm. 30).

[8] Vgl. Saunders, 69 ff.; Twycross, in: Eser (Hrsg.); Kübler-Ross (1974), 59 ff.; Witzel (1973, 1377) verweist darauf, daß selbstverständlich häufig der Einsatz von Psychopharmaka zusätzlich nötig ist.

[9] Thomas (S. 153 ff.) gibt für 3 % der Suizidhandlungen physische Krankheiten an, Hinton (S. 83 ff.) 4 %. Vgl. Ansohn, 25 f.; Kübler-Ross (1974), 57 ff.; Witzel (1975), 186 f.; B. L. Danto, in: Eser (Hrsg.).

Tötungswunsches ergibt sich, daß der Wunsch, man solle »*es*« doch tun, in fast allen Fällen »die Bitte um Linderung des Leidens, um mehr Sterbebeistand ist«[10]. Selbst der Wunsch, »*es*« möge doch zu Ende sein, ist meist als Schrei um Hilfe und nicht als Todeswunsch zu verstehen, soweit sich nicht im Gespräch ganz deutlich die Einwilligung ins Sterben und die Ablösung vom Leben, von den Angehörigen und der ganzen Umwelt anzeigt. Der selten ernsthafte Wunsch, getötet zu werden[11], hat kaum einmal seine alleinige Ursache im physischen Schmerz, sondern vor allem in seelischem Leiden, in der sozialen und geistigen Isolierung und in mangelnder oder liebloser Pflege, Zustände, die auch ohne Tötung abwendbar sind, so daß die in der Betreuung von Sterbenden wirklich erfahrene leitende Ärztin einer Londoner Sterbeklinik, *C. Saunders*[12], meint, daß der Wunsch um Lebensbeendigung ein Zeichen dafür sei, daß der Kranke unverantwortlich schlecht gepflegt würde oder wenigstens nicht alle Möglichkeiten einer guten Pflege, Schmerzlinderung und personalen Betreuung ausgenützt würden, denn dann käme dieses Verlangen gar nicht erst auf. Insofern sei der »Gnadentod« das Eingeständnis des Versagens und eine Niederlage der zum Helfen Berufenen, also eine völlig falsche »Erledigung« eines durch Änderung der gesellschaftlichen Einstellung zum Altern und Sterben und durch Befähigung zur Hilfe im Sterben zu lösenden Problems.

[10] Sporken, in: Eser (Hrsg.); Sporken gibt an, daß das in 99 von 100 Fällen der Fall sei; ähnlich Mayer-Scheu, in: Eid (Hrsg.), 96; vgl. B/III/2/c, Anm. 103 ff.

[11] Downing (S. 19), der die Tötung auf Verlangen befürwortet, erwähnt eine Schätzung, wonach von 100 krebskranken Patienten nur 1 irgendwann während seiner Krankheit wirklich seinen Tod wünscht (vgl. Anm. 6). Kübler-Ross (1974, 60) spricht von 1 von 1 000, wenn Sterbende gut betreut werden. Ähnlich Witzel (1975), 186 f.; Hinton, 84,111 f.; Wunderli, 161 ff. Dennoch kommen »Todeswünsche« faktisch häufiger vor, als die meisten Ärzte zuzugeben bereit sind. Voraussetzung dafür, daß man sie wahrnimmt, ist nämlich ein »offener Bewußtheits-Kontext« (vgl. C/II/1). Interessant ist das von Sporken (in: Eser, Hrsg.) berichtete, von Dr. med. Michels in Holland in einem Pflegeheim durchgeführte »Experiment«, in dem auf die Bitten um Erlösung von Patienten eingegangen wurde, die als innerlich stabil angesehen wurden: »Das Ergebnis war: alle diese 24 Terminalpatienten sind sehr erschrocken, und zwar allein aus der Tatsache, daß er auf ihre Äußerungen einging als ob sie um aktive Euthanasie gebeten hätten!« Das gebrochene Vertrauensverhältnis konnte teils nicht wiederhergestellt werden.

[12] S. 69 f.; ähnlich Hinton, 136, 146; vgl. Sporken (1972), 84. In allen Fällen, in denen der Verfasser bisher als Seelsorger mit Todeswünschen und Bitten um Tötung und entsprechende Fürsprache bei Ärzten konfrontiert wurde, zeigte sich nach sorgfältiger Abklärung, daß die seelischen Leiden, vor allem das Verlassensein, das Gefühl, anderen nur eine Last und gleichgültig zu sein, völlig abhängig von anderen zu sein und die Unfähigkeit, das Sterben zu bejahen, Ursache der Wünsche waren. Vgl. Kübler-Ross (1974), 59 ff.

Nun kann auch eine verschwindend geringe Zahl von Fällen, in denen Leiden nur schwer ertragen werden können, genügen, um mit *A. B. Downing*[13] das moralische Recht zu fordern, zwischen einem »leichten und einem schweren Tod« zu wählen, denn die eigentliche Begründung dieses Rechts ist »humanistischer« Art und ist bei *J. Fletcher*[14] auf die kurze und prägnante Formulierung gebracht: »Death control, like birth control, is a matter of human dignity. Without it persons become puppets« (Marionetten). Die bei allen Befürwortern der Tötung auf Verlangen maßgeblichen rechtfertigenden Annahmen, daß die Würde des Menschen in seiner Freiheit bestehe, daß er daher das Recht der Selbstverfügung über sein Leben habe und daß es so etwas wie ein »unwürdiges« Leben bzw. Sterben gebe, wurden bereits eingehend auf ihre geistigen Ursprünge und ihre Überzeugungskraft hin untersucht[15]. Als erster deutschprachiger ev. Ethiker hat *H. van Oyen* die Tötung auf Verlangen als ethischen »Grenzfall« zu rechtfertigen versucht. Er stellt *S. Freud* als vorbildliches Beispiel hin: *Sigmund Freud* hat sich von seinem Arzt nach 16 Jahren schweren Karzinoms eine Spritze geben lassen, weil er nicht *verenden*, sondern *sterben* wollte.«[16] »Er nahm niemals Betäubungsmittel. Erst als er selbst klar erkannte, daß er *nicht weiterschreiben, nicht weiterwirken könne*, gab er dem Arzt die Erlaubnis, dem Schmerz ein Ende zu setzen. Er hat also auf sich die begrenzte Euthanasie anwenden lassen und von seinem Arzt eine betäubende Spritze verlangt«[17], die allerdings nicht harmlos betäubend im Sinne der Erleichterung von Schmerzen war, sondern »tötend« und auch mit dieser klaren Absicht injiziert. Die Berechtigung zu dieser Tat begründet H. van Oyen[18] so: »Wir dürfen die Tatsache nicht ignorieren, daß ein bewußtes, freies, entschiedenes Sterben etwas ist, was zum Allerhöchsten des Lebens gehört . . . Das ist menschliche Größe.« Es bedarf keiner weiteren Belege, daß der geistige Ursprung die-

[13] S. 19.
[14] (1969 a), 69; vgl. den Earl of Listowel, in: Downing (Ed.), 6.
[15] Vgl. B/III/2; Dyck, 102 ff.
[16] (1960), 207 (Sperrung vom Verf.). Zur Kritik vgl. J. Fischer, 22 f. Auch Knevels (S. 16) bezieht sich auf den Fall S. Freud. Er hält das strafrechtliche Verbot der Tötung für eine »Unmenschlichkeit« (S. 9). Im Folgenden geht es nicht um die Person S. Freuds und seinen Tod (vgl. dazu M. Schur, Freud, Leben und Sterben, 1973 u. Moor, 175 ff.), sondern ausschließlich um die an seinem Fall aufgehängte Argumentation H. van Oyens, der sich an Jones Biographie Freuds anschließt.
[17] (1966), 139 (Sperrung vom Verf.).
[18] (1960), 206.

ser Gedanken bei Stoikern, Fr. Nietzsche und in der Sprache M. Heideggers zu suchen ist[19], die aber gewiß keine Kronzeugen biblisch-theologischen Denkens sind. Grundvoraussetzung zur Rechtfertigung dessen, was S. Freud getan hat, als er nicht mehr »weiterschreiben, nicht mehr weiterwirken« konnte, ist die Annahme, es gebe ein »unwürdiges«, »lebensunwertes« Leben oder Sterben. Wenn aber die Würde, der Wert und der Sinn des menschlichen Lebens dem Menschen letztlich »transzendent« und »unverfügbar« sind und so kein Mensch den »Unwert« seines eigenen oder anderer Leben konstatieren darf, so war das, was S. Freud tat, in hohem Maße eigenmächtige Verfügung über den Sinn des Lebens, den er – nach van Oyen – mit der Unfähigkeit zu schreiben und wissenschaftlich zu arbeiten, verloren sah. Indem *H. van Oyen* und *W. Knevels* gerade diesen Fall als Beispiel wählen, wird einerseits ihre idealistische und nichtchristliche Argumentation deutlich, ja sie stellen sich in eine gewisse Nähe zu Fr. Nietzsche , andererseits setzen sie sich dem Verdacht aus, daß sie der ehrwürdigen Person S. Freud etwas zugestehen, von dem man Zweifel haben kann, ob sie es jedem anderen Menschen unter gleichen Umständen ebenso als Recht zubilligen würden.

Auf katholischer Seite hat sich bisher nur der holländische Moraltheologe *P. Sporken*[20] für die sittliche Vertretbarkeit der Tötung auf Verlangen ausgesprochen. Wie J. Fletcher und W. Knevels bestreitet Sporken, daß zwischen dem *Verzicht* auf lebensverlängernde Maßnahmen und der gezielten Lebensverkürzung (Tötung) ein prinzipieller Unterschied besteht. Er anerkennt nur einen gewichtigen »gefühlsmäßigen«, aber lediglich graduellen Unterschied. Im Unterschied zu J. Fletcher liegt bei P. Sporken die *Grenze* zwischen einer *ethisch erlaubten* und einer *ethisch verwerflichen Tötung* in der Differenz zwischen einer Tötung auf *frei geäußerten Wunsch* und einer Tötung *ohne Einwilligung* des »Sterbenden«. Entsprechend ordnet er erstere Form der ethisch erlaubten und oft gebotenen »passiven Euthanasie« und nur die letztere der »direkten *aktiven* Euthanasie« zu, die er ethisch immer für verwerflich hält, und zwar nicht, weil er der Meinung ist, »daß passive und aktive Euthanasie grundsätzlich voneinander verschieden wären. Der eigentliche Grund liegt in der Überzeugung, daß das Selbstentscheidungsrecht des Menschen in der al-

[19] Vgl. B/III/2/a,c.
[20] (1971), 205; vgl. (1972), 98; vgl. B/III/3.

lerwichtigsten Entscheidung, die ein Mensch treffen kann, ihm weder gewollt noch faktisch genommen werden darf.«[21] Mit dem Argument der *Freiheit* des Menschen, über sein Leben und die Art seines Todes selbst zu bestimmen, haben wir die eigentliche humanitäre Begründung der Freiheit zur Selbsttötung vor Augen, die wiederum kein theologisches Argument ist. Dieses Recht zur letzten Verfügung über das Leben bestehe jedoch nur dann, wenn »der Mensch durch das Schreckliche seines Sterbensweges in seinem Sterben nicht mehr er selbst sein«, das Sterben »als Mensch nicht mehr bewältigen«, in seinem Sterben keine »menschlichen Werte mehr zur Geltung« bringen könne[22]. Die Freiheit zur totalen Selbstverfügung über das Leben wird also klar eingeengt auf das »Bestehen einer Krankheit, die unwiderruflich in absehbarer Zeit zum Tode führt«[23] und die einen dem Subjekt »unwürdig« erscheinenden eingetretenen oder zu erwartenden Zustand bedingt. Die Frage ist, ob es logisch und empirisch konsequent ist, die Freiheit der Selbstverfügung durch diese Bedingungen einzugrenzen, und ob dann, wenn diese einschränkenden Kriterien einigermaßen objektiv einsichtig sind, nicht das konstitutive Moment der klaren Entscheidungsfähigkeit hinfällig wird und ob und warum diese Menschen dann, trotz »unwürdigen Sterbens«, nicht getötet werden dürfen. Neben dieser bereits grundsätzlich erörterten[24] und hier primär durch empirische Gesichtspunkte zu prüfenden Frage wäre zu klären, ob es überzeugend ist, mit dem Motiv der »Unwürdigkeit« bzw. des »unerträglichen Schmerzes« als Rechtfertigung zu argumentieren und dieses dann ausschließlich auf das *Sterben* einzuengen. Von der Klärung dieser Probleme auf empirischer Basis hängt ja ab, ob der Unterschied zwischen Tötung auf Verlangen und Tötung ohne Einwilligung so überzeugend und gegen Nivellierungen und Mißbrauch abgrenzbar ist, wie Sporken es vorgibt. Gelänge dies, so gäbe es in der Tat keine überzeugenden Argumente gegen die Tötung auf Verlangen außer dem religiösen, daß der Mensch das Recht zur totalen Selbstverfügung nicht hat, weil er Geschöpf Gottes ist. Dann könnte wahrscheinlich in einem weltanschaulich pluralistischen Staat auch die Tötung auf Verlangen gesetzlich freigegeben werden.

[21] (1971), 205; ebenso stellt Knevels (S. 12 f.) auf die Selbstverfügung ab.
[22] (1972), 36; vgl. ders., in: Eser (Hrsg.).
[23] In: Eser (Hrsg.).
[24] Vgl. B/III/2/c.

Der Zustand starker körperlicher Schmerzen ist fast immer begleitet von mehr oder weniger starken neuropsychiatrischen Symptomen wie »Angst, Depression, Müdigkeit, Verlust geordneten Denkens, Desinteresse, Halluzinationen, Herabsetzung der Urteilsfähigkeit, Wahnideen, ... Bewußtseinstrübung, Bewußtlosigkeit«[25]. Die körperlichen und psychischen Phänomene beeinflussen sich gegenseitig, so daß der Kranke oft gleichzeitig mit den die körperlichen Schmerzen lindernden Medikamenten auch mit geeigneten Psychopharmaka behandelt werden muß, um sein Leiden für ihn erträglich zu machen. Das daraus resultierende Dilemma bezüglich eines Wunsches nach Tötung hat der Psychiater *J. Hinton*[26] so charakterisiert, daß dann, wenn der Patient noch eindeutig entscheidungsfähig sei, sein Zustand selten so schlecht sei, daß er den Tod verlangt, oder daß sein Befinden anderen als so unerträglich erscheint, daß es eine Tötung rechtfertige. Sei sein Zustand aber wirklich ausweglos schlecht, so befände er sich bereits in einer psychischen Verfassung, die keine klare Entscheidung mehr ermögliche, entweder weil Narkotika ihn in einen euphorischen Zustand versetzten oder ihn einschläferten oder weil er völlig auf seinen schmerzvollen Zustand zurückgeworfen sei oder sein gesamter Körperzustand bereits zur Desintegration übergehe. Dem Anliegen der Stoiker und Nietzsches entsprechend wäre dann der rechte Augenblick, sein Leben zu beenden, bereits verpaßt, einmal, weil jetzt die Entwürdigung durch das kreatürliche Phänomen schon eingetreten ist, und zum anderen, weil der Mensch jetzt nicht mehr die Freiheit hat, wirklich über die Art seines Sterbens zu entscheiden. In den allermeisten Fällen trifft wahrscheinlich zu, daß, je mehr der Kranke von schweren Leiden erfaßt und beherrscht wird, er umso weniger im Besitz seiner Freiheit und klaren Beurteilungsfähigkeit ist. Meist läßt erst der rasende Schmerz das Todesverlangen aufkommen und die Tötung als einzigen Ausweg erscheinen. Von Ausnahmen[27] abgesehen wird man daher sagen können, daß, *je mehr* der Zustand »unerträglicher Qual« einigermaßen objektiv einsichtig zutrifft, umso weniger die Entscheidungs- und Zurechnungsfähigkeit des Kranken gegeben ist. Mit anderen Worten heißt das: *Je über-*

[25] Witzel (1975), 189 f.
[26] S. 145; vgl. Ehrhardt (1965), 50.
[27] Dabei wäre auch an Menschen mit Querschnittslähmung in Halsmarkregion (Lähmung aller Extremitäten), mit Lähmungen infolge Schlaganfalls, chronisch progredienten neurologischen Erkrankungen (z. B. multiple Sklerose), aber auch chronischem Gelenkrheumatismus, Muskeldystrophie u. a. zu denken.

zeugender im allgemeinen ein unerträglich qualvoller oder »unwürdiger« Zustand als Rechtfertigungsgrund für eine Tötung angeführt werden kann, umso weniger wird das Argument überzeugen, daß es sich hier um eine freie, auf klarer Beurteilungsfähigkeit beruhende Willenskundgebung des Kranken handelt, der man entsprechen müsse.

Nun ist es zweifellos auch wenig logisch, einerseits den Zustand unabänderlicher Qual als Rechtfertigungsgrund für eine Tötung einzuführen, dann jedoch Menschen, die unter ähnlich qualvollen Zuständen leiden[28], deren Geisteszustand aber bedingt durch psychische Erkrankungen oder äußere Einwirkungen nicht den Bedingungen einer rechtsverbindlichen freien Willenserklärung entspricht, ihren Qualen ausgeliefert bleiben zu lassen. Ist man dazu verpflichtet, nur weil sie den »rechten Augenblick« verpaßt haben und obgleich sie vielleicht viel mehr leiden müssen, als derjenige, der im rechten Augenblick die inständige, überzeugende Bitte um eine gezielte Lebensbeendigung geäußert hat? Ähnlich hinterfragen läßt sich das Motiv des »unwürdigen« Sterbens, das eine Tötung rechtfertigen soll. Nach *P. Sporken*[29] darf der Sterbeprozeß bei »unwertem« Sterben »durch aktives Eingreifen drastisch« verkürzt werden. »Unwert« sei die letzte Lebensphase dann, wenn ein »Mensch bereit ist zu sterben, aber zuerst noch einen solchen Verfall durchmachen muß, daß er dies als Mensch nicht mehr bewältigen kann . . .: daß der Mensch durch das Schreckliche seines Sterbenswegs in seinem Sterben nicht mehr er selbst sein kann«. Wenn man in dieser Weise die Möglichkeit eines »lebensunwerten« Sterbens voraussetzt und dies durch Wendungen wie Schwinden der Fähigkeit, als Ich über sich selbst zu verfügen, oder auch »Verenden wie ein Tier« usw. umschreibt, so räumt man ein, daß es nicht nur subjektive, sondern in gewisser Hinsicht auch *objektive* Kriterien für das gibt, was ein nicht mehr lebenswertes Leben sein soll. Erst aufgrund solcher Wertsetzungen kann ja die be-

[28] Es dürfte mehr als eine Mutmaßung sein, daß z. B. manche Psychotiker an ihren Angst- und Wahnzuständen unsäglich leiden. Der Verf. konnte das bei einem Verwandten beobachten, der infolge einer Parkinson-Erkrankung schlimmsten Wahn- und Verfolgungsängsten ausgeliefert war, die mittels Pharmaka kaum gelindert werden konnten. Vielen seelisch kranken Menschen erscheint ihr Leben nicht nur ausweglos, sondern es ist auch objektiv gesehen keine wirkliche Linderung ihres Leidens möglich. Vgl. Anm. 27.

[29] (1972), 36; vgl. Anm. 11. Sporken (in: Eser, Hrsg.) spricht davon, daß das Leben noch menschlich sei, wenn noch menschliche Werte verwirklicht und zur Geltung gebracht werden können.

troffene Person selbst ein entsprechendes Urteil fällen und dem Zustand durch vorzeitige Lebensbeendigung auszuweichen versuchen. Die von J. Fletcher, P. Sporken u. a. angegebenen Kriterien für das, was unwürdiges bzw. lebensunwertes Leben ist, sind nun bei sehr vielen Menschen bereits lange vor dem eigentlichen Sterbeprozeß gegeben, ja manche Menschen müssen ihr ganzes Leben unter diesem Vorzeichen »fristen«.

Mit *Y. Kamisar* und *H. Ehrhardt*[30] muß man darauf verweisen, daß, wenn es um unerträgliches und menschenunwürdiges Leben und Sterben geht, man nicht vor allem die Krebskranken, sondern ganz besonders die ständig zunehmende Zahl dahinsiechender Menschen, besonders diejenigen mit zerebralen Schäden, chronischen neurologischen Krankheiten und Lähmungen infolge von Schlaganfall, Unfall oder angeborenen Schäden vor Augen haben müßte. Warum dürfen alle diese Menschen, die an ihrer »Entwürdigung« nichts mehr ändern und meist keine klaren Wünsche mehr äußern können, trotz angeblich »unwerten Lebens« bzw. Sterbens nicht getötet werden? Es ist nicht einzusehen, wieso dann, wenn der Zustand der drohenden »Unwürdigkeit« die Rechtfertigung des eigenen Todesurteils der betroffenen Person bildet, dieses von anderen akzeptiert werden kann, wenn unter Zugrundelegung von vielleicht noch schärferen Kriterien für das, was »unwürdig« heißen soll, andere Menschen, die sich in solchen unwürdigen Zuständen befinden, nicht getötet werden dürfen. Überzeugen können *P. Sporkens*[31] Einwände gegen den Psychiater *J. H. van den Berg* nicht, der dann, wenn menschliches Leben die Form eines »unwürdigen und qualvollen Dahinsiechens« annimmt, es nicht nur für ein moralisches Recht, sondern sogar für eine moralische Pflicht des Arztes hält, dieses Leben auch ohne Einwilligung durch »eine tödliche Injektion« zu beenden. Argumentiert man mit dem Motiv »Unwürdigkeit« als Rechtfertigungsgrund für eine Tötung, dann ist es inkonsequent, ein Recht auf Tötung »von einer förmlichen Willenserklärung abhängig zu machen. Gibt es ein solches Recht, dann wohl auch für den Sterbenden, der zu einer verbindlichen Willenserklärung nicht mehr fähig ist. Damit wären wir erneut bei der ›unfreiwilligen Euthanasie‹, die sich nicht klar von der Vernichtung ›lebensunwerten‹ Lebens unterschei-

[30] Kamisar, 111; Ehrhardt (1965), 50.
[31] (1971), 210 f.; (1972), 42 f.

den läßt.«[32] Soll das Motiv »Unwürdigkeit« in irgendeiner Weise ein moralisches Recht auf Selbsttötung begründen, dann muß das, was »Unwürdigkeit« ist, aufgrund allgemeiner Wertsetzungen vermittelt sein und auf diesem Hintergrund auch einsichtig gemacht werden können und dann für alle Fälle, die sich unter *gleichen Umständen* befinden, auch die Tötung mit oder ohne Einwilligung rechtfertigen[33].

Will man einen grundsätzlichen Unterschied zwischen Tötung auf Verlangen und Tötung ohne frei vollzogene Einwilligung machen, so dürfte man überhaupt nicht mit dem doch einigermaßen objektivierbaren Motiv »Unwürdigkeit« argumentieren, sondern müßte allein auf das Recht abheben, über sein Leben selbst zu verfügen, ohne daß man anderen über die Gründe irgendwie Rechenschaft schuldig wäre. Das würde aber bedeuten, jedem Menschen das prinzipielle moralische Recht auf Selbsttötung nach seinem eigenen Belieben einzuräumen. Nach allem, was wir vom christlichen Standpunkt aus über die Unverfügbarkeit des Lebens und seines Sinns gesagt haben, ist dies theologisch nicht zu rechtfertigen[34]. Überzeugende philosophische Argumente sind jedoch nicht dagegen geltend zu machen, selbst wenn erhebliche Bedenken bestehen[35]. Soweit der Mensch seine Tötung ohne weiteres selbst vollziehen kann und daher bei entsprechendem Wunsch auch selbst vollziehen müßte, könnte die Frage einer einsichtigen Rechtfertigung der Tat rechtlich noch offen bleiben. Wenn aber zur Durchführung dieser Handlung die Hilfe anderer in Anspruch genommen[36] oder gar die ganze Handlung von anderen durchgeführt würde, müßten die Gründe des Kranken für den anderen durchsichtig und überzeugend sein, es sei denn, er betrachte sich lediglich als »Erfüllungsgehilfen«, dem der Wunsch des anderen nicht hinterfragbarer Befehl ist und der daher nicht als eigenständig

[32] Ehrhardt (1965), 50; vgl. Hinton, 145.
[33] Vgl. B/II/2, Anm. 27, 44 ff.; B/III, Anm. 7 ff.
[34] Vgl. B/III/2/a u. c, Anm. 95 ff.
[35] Vgl. B/III/2/b.
[36] Die Beihilfe zum Selbstmord ist in der BRD (im Gegensatz zu England) straffrei, weil sie als Nebenhandlung nicht strafbar sein könne, wenn die Endhandlung nicht strafbar ist. Ob dies philosophisch überzeugend ist, mag dahingestellt bleiben. Kurios wird es allerdings, wenn eine Person Beihilfe zum Selbstmord leistet, die aufgrund ihrer Stellung zugleich eine »Garantenpflicht« (Hilfspflicht) hat (z. B. nächste Angehörige, zur Hilfe verpflichtete Berufe wie Ärzte usw.). Nach Vollzug der Tat müßten die Ärzte dann die Folgen der Tat direkt bekämpfen und das Leben zu erhalten versuchen.

verantwortliche Person handelt. Diese Folgerung wird niemand allen Ernstes ziehen, da die Entscheidung eines Menschen den anderen noch nicht verpflichtet, diese Entscheidung auszuführen[37]. Um ein Recht auf Beihilfe zur Selbsttötung und auf Tötung zu haben, bedürfte es sittlich rechtfertigender, einsichtiger Normen und Umstände, die für alle Personen, die unter gleichen Umständen leben, gelten müssen, denn nur auf dieser Basis kann der, der die Handlung ausführt, diese ja vor Kollegen, Personal, Öffentlichkeit usw. rechtfertigen[38].

Das frei geäußerte Verlangen nach Tötung wäre eine ganz entscheidende Absicherung gegen den Mißbrauch des Mittels Tötung zur willkürlichen Verfügung über und Vernichtung von Menschen. Es soll auch nicht bestritten werden, daß *ethisch gesehen ein erheblicher Unterschied zwischen einer Tötung auf eindeutiges Verlangen und einer Tötung ohne bewußte Einwilligung besteht,* denn im ersten Fall wird der Mensch nicht zum willenlosen Objekt des Verfügens anderer gemacht, er wird nicht von außen her beurteilt und letztgültig gerichtet, sondern vollzieht das Urteil über sein Leben, seinen Lebenswert bzw. den »Unwert« seines Sterbens selbst, ist also *selbst* für das Geschehen voll *verantwortlich*. Derjenige, der ihm bei der Durchführung seiner vernichtenden Entscheidung hilft, muß jedoch in etwa dieses Urteil überzeugend finden. Das wird meist umso eher der Fall sein, je mehr man nur einen Menschen allein im Blick hat, mit ihm persönlich verbunden ist, seine Vorstellungen vom Leben kennt und für sie Verständnis hat bzw. sie teilt[39]. Dem Arzt, der Schwester, dem Seelsorger in Tumorkliniken, psychiatrischen Kliniken und Pflegeheimen, der viele Patienten vor Augen hat, die sich in gleichen oder noch viel schlechteren Umständen befinden, der den einen Patienten immer in Beziehung zu anderen sieht und die Lage der

[37] Vgl. B/III/2/b; Lessing, 115. Auch Sporken (in: Eser, Hrsg.) lehnt das ausdrücklich ab. Der englische Gesetzentwurf (siehe Downing, 205 ff.) räumt zwar das Recht ein, die Tötung abzulehnen, doch wo ein Recht auf Tötung besteht, muß auch jemand dazu verpflichtet sein, ein bestehendes Recht zu erfüllen (vgl. Buchheim, 177 ff.).

[38] Einem Patienten, mit dem der Verf. in seelsorgerlicher Tätigkeit näher bekannt wurde, erschien das Leben mit einem »künstlichen After« so menschenunwürdig, daß er starke Todeswünsche über lange Zeit äußerte. Wer würde wohl in solchen oder anderen Fällen (vgl. z. B. die Anm. 27 genannten Krankheiten) einem Tötungswunsch entsprechen wollen?

[39] Solche Verbundenheit kann jedoch auch das Gegenteil bewirken, wenn man die Kranken in ihrem Urteil nicht mehr verstehen kann (vgl. B/III/2/b, Anm. 74 ff.).

einzelnen miteinander vergleicht, muß der Wunsch auf Tötung umso weniger einleuchten je mehr Menschen unter viel betrüblicheren Umständen leben oder weiterleben müssen, weil sie keine klare Bitte um Tötung mehr äußern können. Meist wird den »Außenstehenden« daher, je mehr der Patient noch »er selbst sein« und klare, verbindliche Entscheidungen treffen kann, dessen Urteil umso weniger als Rechtfertigung für eine Tötung überzeugen[40]. Daraus könnte man die Konsequenz ziehen, man müsse nicht vom faktisch bestehenden, sondern von dem zu erwartenden Zustand her urteilen, wie es auch der Patient selbst tut. Das klärt jedoch nicht die Frage, wieso bei dem, der keine vorsorgliche Anordnung für den Fall trifft, daß ein »entwürdigender« Zustand eintritt, in dem er nicht mehr entscheidungsfähig ist, dann dem im Zustand der Verwirrtheit geäußerten Verlangen nicht mehr entsprochen werden darf. Sollte man also möglichst alle Menschen frühzeitig genug über einen *möglichen*, aber meist nicht sicheren Krankheitsverlauf so aufklären[41], daß sie rechtzeitig einen rechtsverbindlichen Wunsch äußern für den Fall, daß ihr Zustand unwürdig wird? Dieser psychologische Druck, ja zur rechten Zeit zu sterben, würde das Altern und Sterben noch belastender machen[42], ganz abgesehen davon, daß dadurch auch noch die Sorge des unheilbaren und ständiger Pflege bedürftigen Menschen wachsen muß, ob er für die Angehörigen und die Gesellschaft eine noch tragbare Last ist. Umgekehrt wiederum könnte von den Pflegenden offen oder unterschwellig der Wunsch gehegt und entsprechend psychischer Druck ausgeübt werden, der Kranke möge »*es*« doch tun. Pflege mit einer derartigen Erwartungshaltung zu betreiben, dürfte ethisch ebenso unvertretbar sein, wie dem Kranken von seiten der »Helfenden« einen solchen Vorschlag unterschwellig oder offen oder durch eine Druck ausübende Aufklärung zu unterbreiten[43].

Da »entwürdigende« Zustände auch ganz plötzlich auftreten können (z. B. durch Unfall, Schlaganfall, Infarkt usw.–), empfehlen einige, schon in gesunden Tagen eine verbindliche Erklärung abzugeben[44]. Wenn dies nicht gegeben sei, so sollte der gesetzliche Vertreter bzw. die Angehörigen für den Schwerkranken entscheiden, um ihn

40 Vgl. Anm. 27.

41 Nur in wenigen Fällen wird der genaue Verlauf der Krankheit mit Sicherheit abzuschätzen sein.

42 So zu Recht Meyer, 84.

43 Dgg. spricht sich auch Sporken (in: Eser, Hrsg.) entschieden aus.

44 Solche sogenannte »living wills« sind von der amerik. Euthanasia Society in Umlauf

vom Elend zu erlösen[45]. Der fatale *Doppelsinn* des Begriffs »unwürdiges« bzw. »lebenswertes« Leben wird damit deutlich. Zunächst urteilt die Person selbst, wann ihr ihr Leben nicht mehr wert erscheint, gelebt zu werden. Dann beurteilen *andere*, wann es nach seinen geäußerten Vorstellungen und seinem mutmaßlichen Willen *für ihn* nicht mehr lebenswert ist, und zuletzt urteilen andere, ohne daß sich der Betroffene geäußert hat, wann *er* (als Person) nicht mehr würdig lebt und nicht mehr wert ist, gepflegt und betreut zu werden[45], indem sie annehmen, »objektive« Kriterien von Wert und Unwert zugrundezulegen. Damit wären auch die Übergänge aufgezeigt, wie man allmählich das Moment der freien Entscheidung zugunsten des eher objektivierbaren »Unwertmotives« abschwächt und dann ganz fallen läßt, weil es in der Tat inkonsequent ist, eine objektiv als »unwürdig«, »unmenschlich«, »vegetativ« bezeichnete »Lebensform« nur deshalb am Leben zu erhalten, weil die angeblich erloschene Person nicht mehr ihre eindeutige Zustimmung zur Auslöschung dieses ihres vegetativen Lebensrestes geben kann. Wenn aber ein anderer durch eine verbindliche Erklärung dazu ermächtigt wird, die Entscheidung zu fällen, ab wann das Leben »unwert« ist, gelebt zu werden, so kann dieser eine solche Entscheidung nur aufgrund seiner oder allgemein akzeptierter Werte fällen und ist selbst dann, wenn der andere in kasuistischer Weise die genauen Umstände festgelegt hat, bei denen er getötet werden möchte, für die Tat verantwortlich[46]. Es ist jedoch überhaupt zweifelhaft, ob man solche Entscheidungen von außerhalb der Situation des unmittelbaren Betroffenseins vorweg treffen kann. Wer garantiert dem Arzt, daß der Betroffene jetzt noch zu seinem Entscheid steht oder daß die Angehörigen seinen mutmaßlichen Willen richtig wiedergeben?[47] Vom dargelegten christlichen Verständnis her kann eine solche Vorwegentscheidung, ehe man überhaupt absehen kann, ob das Leben *tragbar* oder *untragbar* sein wird, nur als Verfügung über das Leben verstanden werden[48].

gebracht worden, schließen aber noch nicht das ausdrückliche Verlangen auf direkte Tötung ein. Text abgedruckt in: Der Spiegel Nr. 7, 1975, 56 u. bei Slater, 142.

45 Vgl. C/I/3, Anm. 32 u. Buchheim, 178.

46 So auch Dyck, 107; gegen Moor u. a. ; vgl. B/III/2/c, Anm. 117.

47 Knevels (S. 16 ff.) ist begeistert von den »living wills«. Es wird jedem aber mehr als fraglich, ob man diese ernstnehmen kann, wenn man sieht, wie sich der Wille von Menschen in schwerer Krankheit wandelt und sich Menschen dann ans Leben klammern. Vgl. Eid, 90 f.

48 Vgl. B/III/2/a.

Neben der aus theoretischen und pragmatischen Gründen problematischen Unterscheidung zwischen einer Tötung auf eindeutiges Verlangen und einer Tötung ohne freie Einwilligung ist auch die zweite, von *P. Sporken*[49] hervorgehobene Grenzziehung kritisch zu hinterfragen. Er unterscheidet zwischen Menschen, die zwar schwer krank sind und schwer leiden mögen, aber *nicht in absehbarer Zeit sterben* einerseits, und andererseits Menschen mit einer Krankheit, »die unwiderruflich und in absehbarer Zeit zum Tode führt«[50], also *Sterbenden*. Dieser Unterscheidung ist aus medizinisch-anthropologischen und theologischen Gründen grundsätzlich zuzustimmen. Wenn es medizinisch gesehen zu einem objektivierbar rasch fortschreitenden Prozeß kommt, der erfahrungsgemäß in absehbarer Zeit zum Tode führt[51], dann ist theologisch gesehen in der dargelegten Weise[52] von einer menschlicher Verfügung entzogenen Instanz her über das irdische Leben unwiderruflich verfügt. Man könnte daher die Frage stellen, ob unter diesem Vorzeichen überhaupt noch die Tötung im vollpersonalen Sinn des eigenmächtigen Nehmens des Lebens möglich ist und ob nicht auch die direkte und absichtliche Beendigung des Lebens nur als »Beschleunigung« des bereits eingeleiteten Sterbens bzw. als »absichtliche Verkürzung« des vorgegebenen Sterbeprozesses[53] und damit als Nachvollzug der von einer »transzendenten Instanz« bereits ausgegangenen Verfügung über das Leben zu verstehen sei. Dies wäre jedoch eine Begrifflichkeit, die die Tatsache verharmlost, daß diese Handlung sich bewußt und direkt *gegen* die *Person* richtet, ihr das *Leben* nimmt, also durchaus zur *Ursache* des Todes wird[54]. Außerdem wird damit der Anschauung Vorschub geleistet, als wäre das Sterben nicht mehr Teil des Lebens, als gelten die Menschenwürde und das Tötungsverbot nicht mehr für den letzten Lebensabschnitt, als handele es sich hier um einen Lebensbereich mit ethischer »Sondergesetzlichkeit«[55]. Auch die direkte bewußte Lebensverkürzung bei Sterbenden dürfte ethisch gesehen sinngemäß der Tötung zuzuordnen und theologisch ethisch niemals prinzipiell

[49] In: Eser (Hrsg.).

[50] »Euthanasie« ist nach Sporken Hilfe für Sterbende zu einem guten und sanften Tod durch absichtliche Verkürzung des Sterbeprozesses.

[51] Vgl. zur Definiton von »sterbend« B/I/2, Anm. 17 ff.

[52] Vgl. B/III/2/a.

[53] So neben Sporken auch Schmalenberg, 167; vgl. Pompey, C/I/4, Anm. 49 f.

[54] Vgl. B/III/3, Anm. 1 ff.

[55] Vgl. B/III/3 Anm. 25 ff.

zu rechtfertigen sein. Für die Frage des Verzichts auf lebensverlängernde Maßnahme jedoch behält die Unterscheidung von unwiderruflich sterbenden und nicht notwendig sterbenden Menschen ihre grundsätzliche ethisch entscheidende Bedeutung[56].

Die Tatsache allein, daß jemand unwiderruflich stirbt, kann die Tötung nicht rechtfertigen. Verlagert man das Schwergewicht der Argumente für eine Tötung auf die Motive der »Unwürdigkeit« oder der »Schmerzbeladenheit« des Lebens, so ist nur noch schwer einsichtig zu machen, weshalb nur dem Wunsch auf Tötung von Menschen stattgegeben werden darf, deren Krankheit unwiderruflich in absehbarer Zeit zum Tode führt. Es ist zweifellos nicht legitim, die Definition »sterbend« auf alle Menschen mit unheilbaren und über längere Frist zum Tode führenden Krankheiten auszudehnen[57]. Dann kann man jedoch auch nicht leugnen, daß angeblich unwürdige und untragbar schmerzbeladene Zustände ebenso bei nicht sterbenden chronisch Kranken vorkommen, denn man wird keinesfalls alle Menschen mit Zerebralsklerose, mit nicht behebbarer Parkinsonscher Krankheit, multipler Sklerose, mit schweren Lähmungen u. a. fortschreitenden schweren neurologischen Erkrankungen, mit schwerem Gelenkrheumatismus, Muskelschwund usw. als Sterbende bezeichnen dürfen. Dennoch müssen gerade diese Menschen, deren Krankheitsprozeß sich oft über Jahre hinzieht, schwere Leiden ertragen, die allein schon wegen der zeitlichen Dauer schlimmer sein können und häufig auf Dauer weniger wirksam bekämpft werden können als die meist kurzfristigen Schmerzzustände von Krebskranken. Auch an die oft unterschätzten schweren subjektiven Leiden von manchen Geisteskranken (z. B. Psychotikern[58]) und depressiven Menschen und die unter psychosozialen Mißständen in Pflegeheimen und vereinsamten Großstadtwohnungen lebenden Menschen ist zu denken. Auch wenn mit dem Tod dieser Menschen nicht *notwendig* bald zu rechnen ist, darf man doch nicht übersehen, daß ihre Situation – auch die der psychisch Kranken – oft ein ebenso unabänderliches, meist langwieriges und noch qualvolleres Leiden ohne Besserungschance bedeutet, so daß ihnen ihr Leben zu einer wirklich unerträglichen Last und Qual, zu einem *für sie* »unwürdigen« und »untragbaren« Leben werden kann, nicht zuletzt wegen der gerade sie treffenden zu-

[56] Vgl. B/III/3, Anm. 12 ff.
[57] Vgl. B/I/2, Anm. 17 ff.
[58] Vgl. Anm. 28.

nehmenden menschlichen Isolierung und Verbitterung über ihr »Schicksal«.

Die *Ausweglosigkeit* des Lebensschicksals und die Unabänderlichkeit ihres schweren Leidenszustands kann bei Sterbenden einerseits und bei Menschen mit chronischen unheilbaren körperlichen und auch mit seelischen Krankheiten andererseits – zu letzteren gehört gerade ein großer Teil der Selbstmordgefährdeten – durchaus gleich sein. Der Unterschied besteht also darin, daß bei den *Sterbenden* die definitive Entscheidung zum Tode schon unwiderruflich gefallen ist und der Tod in absehbarer Zeit *notwendig* eintreten muß, während bei den chronisch psychisch und physisch Kranken das Grundleiden *nicht* notwendig direkt zum Tode führt und keinesfalls auch schon einen Sterbeprozeß eingeleitet hat. Insofern könnte man auch unter diesem Gesichtspunkt einen *Unterschied zwischen Selbsttötung nicht Sterbender* und der *Tötung auf Verlangen von Sterbenden* machen[59]. Dieser Unterschied allein hebt jedoch nicht die grundsätzliche »Ähnlichkeit« der Tötung auf Verlangen mit der Selbsttötung auf, so daß es durchaus berechtigt bleibt, die direkte Tötung auf Verlangen als eine »Form des Selbstmords«, als »indirekten Selbstmord« zu bezeichnen[60]. Wenn wir die bewußte direkte Lebensbeendigung (Tötung) in ausweglosen Situationen als »ultima ratio« in letzter Verantwortung vor Gott ethisch für möglich erachten[61], so erscheint es uns trotz des sehr ernsthaften geäußerten Einwandes, daß ganz schwer erträgliche Leidenszustände auch bei nicht im Sterben liegenden Menschen vorkommen, angeraten, die Möglichkeit der *Tötung in »ultima ratio« eindeutig auf die Situation von Sterbenden einzugrenzen,* und zwar aus der theoretischen Überlegung heraus, daß bei Sterbenden schon über das Leben von einer menschlicher Beeinflussung »transzendenten« Instanz her letztlich verfügt ist, und aus den pragmatischen Gründen einer einigermaßen objektiven Abgrenzung gegen Mißbrauch. Dagegen halten wir es für inkonsequent und theologisch ethisch gesehen gerade für bedenklich, die Tötung aus letzter

59 Sporken (1972), 37 f.; vgl. Hinton, 144 ff.

60 So Barth, KD III/4, 486 (vgl. 460 f.). »Das Verlangen des Patienten nach seinem eigenen Tod durch Hilfe und Hand des Arztes ist eine andere Form des Selbstmordes. Es ist – wenn man so sagen darf – indirekter Selbstmord, zu dem der Leidende vielleicht nicht mehr die Kraft, auch nicht den unmittelbaren Mut aufbringt« (Trillhaas, 201). Ähnlich Bonhoeffer, 172; H. van Oyen, Gibt es eine ev. Ethik der Grenzfälle, in: ZEE 1 (1957), 12; kritisch Eid, 74 ff.; Härle, 148.

61 Vgl. B/III/1/d, Anm. 44 ff.; B/III/2/c, Anm. 114 ff.

Ausweglosigkeit in der Situation des bereits eingetretenen und mit keinen menschlichen Mitteln zu behebenden unerträglichen Schmerzes von einer klaren, freien Entscheidung des Sterbenden abhängig zu machen, da diese dann – von wenigen Ausnahmefällen abgesehen – kaum noch möglich ist. Ist der Sterbende jedoch noch zu einer solchen freien Entscheidung fähig, so befindet er sich noch nicht in dem als Bedingung für eine gezielte direkte Lebensbeendigung dargelegten Zustand ausweglosen Schmerzes[61], und die Entscheidung zur Tötung muß theologisch ethisch als Leugnung des Glaubens, daß der Sinn und Wert des Lebens diesem »transzendent« ist und auf Gottes Beziehung zum Menschen beruht, also als Verfügung über das Unverfügbare und Leugnung des unverlierbaren Wertes des Lebens vor Gott verstanden werden.

Müßte man, wenn man die Tötung ethisch gesehen in den seltenen Grenzfällen ausweglos untragbaren Schmerzes für möglich erachtet, nicht wenigstens für die Straffreiheit solchen Handelns eintreten? Dies wäre ja noch nicht dasselbe, wie die prinzipielle Einräumung eines Rechtes, *getötet zu werden*. Ein solches Recht wäre etwas grundsätzlich anderes als das *Recht,* in möglichst menschenwürdigen Umständen *zu sterben*. Auch läßt es sich nicht aus diesem ethisch ableiten, weil zwischen Verzicht auf Lebensverlängerung (Sterbenlassen) und direkter Tötung ethisch gesehen ein grundsätzlicher Unterschied besteht[64], es keine sittlich grundsätzlich rechtfertigende Norm für die Tötung in Grenzfällen gibt[65] und eine andere Person an der Tötung maßgeblich beteiligt sein oder sie gar allein ausführen muß. Bestünde ein solches Recht, so wäre der Staat genötigt, jemanden für die rechtmäßig beanspruchte Tötung abzustellen, und dazu verpflichtet[66], in gesetzlicher Form die genauen überprüfbaren Umstände anzugeben, unter denen eine Tötung stattfinden darf, und zu prüfen, ob der geäußerte Tötungswunsch wirklich in Freiheit und nicht unter Druck zustande kam. Daß es eine sittliche und rechtliche Verpflichtung zur Tötung nicht geben darf und kann, muß nicht mehr weiter begründet werden. Jeder, der die Situation in Kranken- und Pflegeanstalten kennt und Erfahrungen im Umgang mit Sterbenden hat, wird bestätigen, daß sich die Umstände, unter denen es rechtmäßig erlaubt

64 Vgl. B/III/3.
65 Vgl. B/III/1; B/III/2/c, Anm. 90 ff.
66 Vgl. Buchheim, 173; A. Eser, in: Eid (Hrsg.), 67 f.

sein dürfte, unheilbare Menschen zu töten, einer rechtlichen Kategorisierung wegen ihrer Vielfalt und Situationsbedingtheit entziehen[67]. Schon die Festlegung, ab wann ein Mensch ein Sterbender ist, wie nahe der Tod sein muß, ganz zu schweigen davon, nach welchen Kriterien ein Zustand unerträglichen und »unwürdigen« Leidens zu bemessen wäre, bereiten unüberwindbare Schwierigkeiten. Eine derartige rechtliche Fixierung könnte allenfalls den objektivierbaren physischen Zustand berücksichtigen und müßte die subjektiv psychische Seite des Leidenszustandes auch dann weitgehend außer acht lassen, wenn ein an der Behandlung nicht beteiligtes Gremium den Zustand und die Ernsthaftigkeit des Tötungswunsches überprüfen würde[68].

Eine derartige Überprüfung durch Fachleute, die an der vorhergehenden Behandlung nicht beteiligt waren, wäre, um willkürlichen Mißbrauch zu verhindern, unbedingt notwendig. Wo der Staat die Erlaubnis zur Tötung gibt, hat er auch die Kontrollen gegen Mißbrauch durchzuführen. Auch wer es nicht als moralische Pflicht erachtet, jeden Selbstmord zu verhindern, wird nicht so weit gehen, zu behaupten, daß Ärzte, Pfleger, Schwestern ohne weitere Prüfung der näheren Umstände und Beweggründe dem Wunsch von Patienten nach Tötung entsprechen können. Das Argument, daß, wenn der klare Wunsch vom Patienten selbst kommt, Mißbrauch ausgeschlossen sei, reicht nicht aus, denn der Schwerkranke kann in psychologisch raffinierter Weise von seinen Angehörigen, dem Pflegepersonal oder auch einem Arzt unter Druck gesetzt worden sein, indem man ihm z. B. ständig seine Lästigkeit offen oder versteckt vorhält, ihn schlecht betreut, die Schmerzen und Vereinsamung größer als nötig werden läßt. Schon diese sozialen und psychischen Faktoren allein können bei ihm den Wunsch nach einem schnellen Ende wecken. Die Feststellung eines wirklich freien Willensentscheids in der Sterbephase dürfte – wenn überhaupt – nur nach eingehender sorgfältiger Prüfung möglich sein[69]. Sollen aber allen Ernstes Gutachterkommissionen den Willen und den Zustand eines Schwerkranken nach einem Indikationenkatalog untersuchen, und soll das Sterbezimmer zur Un-

[67] Vgl. Ehrhardt (1965), 5, 50; Fritsche, 81; Hinton, 142 f.; Thielicke, ThE III, Nr. 1531 ff.; Trillhaas, 202; A. Eser, in: Eid (Hrsg.), 67 f.

[68] So vorgesehen in dem englischen Gesetzentwurf (siehe Downing, Ed., 197 ff., bes. 205 f.) u. schon bei Binding-Hoche, 36 f.

[69] Vgl. A. Eser, in: Eid (Hrsg.), 68; Eid, 90 f.

tersuchungsstätte zwecks Tötung werden? Zu Recht betont *J. Hinton*[70], daß schon der Gedanke, Menschen, die für den »Gnadentod« in Frage kommen, zu begutachten und auszuwählen, furchtbar und makaber sei. Bedenkt man, daß solche Verfahren ganz überwiegend im Rahmen von Kranken- und Pflegeanstalten ablaufen würden, so kann jeder ahnen, welche Verunsicherung auch eine rechtliche Legitimierung der Tötung auf Verlangen für die Kranken, aber auch für das medizinische Personal und die Angehörigen und vor allem für das *Vertrauensverhältnis* dieser Gruppen untereinander bedeuten würde[71]. Wer in der Seelsorge an chronisch schwerkranken und alten Menschen tätig ist, weiß, wie diese unter ihrer »Überflüssigkeit« leiden und teils das Gefühl haben, anderen nur eine Last zu sein. Eine rechtliche Legitimierung der Tötung auf Verlangen könnte von ihnen geradezu als gesellschaftliche Aufforderung, nicht zu lange zu leben und »es« doch zu tun, verstanden werden. Die Verunsicherung würde aber wahrscheinlich über den Rahmen der Krankenanstalten hinausgreifen und das Vertrauen gerade der chronisch kranken und alten Menschen in die medizinischen Einrichtungen, Pflegeheime und die Gesellschaft überhaupt untergraben[72]. Gegner einer »Tötung auf Verlangen« haben auf die Gefahr einer Ausweitung in Richtung auf eine Tötung ohne Verlangen auf Wunsch der Angehörigen und dann auch – in Kranken- und Pflegeanstalten – aus gesellschaftlichen und ökonomischen Erwägungen hingewiesen[73]. Man sage zwar heute, daß man nur die Kranken von den Qualen »erlösen« wolle, die »sich selbst« eine Last seien, doch würde man das Recht auf Tötung dann auch sehr schnell auf die ausdehnen können, die anderen und

[70] S. 143; Kamisar (S. 90 f.) macht darauf aufmerksam, daß die ganze Prozedur im Widerspruch zur Idee des friedlichen Sterbens stehen würde. Auch P. Sporken lehnte ein derartiges Verfahren als unmenschlich für alle Beteiligten ab (Diskussionsäußerung auf dem Symposion über Suizid und Euthanasie, Bielefeld 1975).

[71] Vgl. das Anm. 11 (vgl. Anm. 6) berichtete Beispiel. Ein österreichischer prakt. Arzt soll eine Umfrage bei seinen Patienten bezüglich einer »aktiven Euthanasie« gemacht haben. Daraufhin hätten sich 50 % seiner Patienten von ihm abgewandt.

[72] Auf diesen Aspekt machen viele Autoren aufmerksam; vgl. Böckle (1975), 73 f.; Eser, in: Eid (Hrsg.), 68 ff.; Genewein/Sporken, 268 f. Anläßlich eines Falles von Tötung in Schweden berichtet der Bonner Generalanzeiger am 9. 9. 74: »Aus allen Teilen dieses Landes (Schweden) kommen nun Berichte, daß alte und kranke Menschen sich dagegen wehren, in ein Krankenhaus eingeliefert zu werden. ›Ich bin 89 Jahre alt, unnütz und krank. Wer garantiert mir, daß mir nicht der Arzt eine todbringende Spritze verabreicht, wenn er erfährt, wie alt ich bin?‹ – Diese Reaktion einer Greisin ist typisch für viele andere, die nun besorgten Verwandten und auch Krankenhausärzten zu schaffen machen.«

[73] Vgl. Ehrhardt (1965), 13,50; Kamisar, 86 ff.; vgl. C/I/3 u. 4.

der Gesellschaft eine Last werden. Die Befürworter fordern jedoch zunächst Beweise dafür, daß die Gefahren einer Legalisierung größer seien als die Übel, die dadurch beseitigt würden. Wegen der großen Schwierigkeiten der rechtlichen Fixierung einer Erlaubnis zur Tötung schlagen die meisten ihrer Befürworter heute den Mittelweg vor, daß der Staat denjenigen, »der aus freien Stücken einem Lebensmüden bei Verwirklichung seines Rechts zu sterben aktiv behilflich sein will«[74], nicht behindert oder wenigstens nicht strafrechtlich verfolgt. So hat der Jurist *G. Simson*[75] vorgeschlagen, die Tötung auf Verlangen dann straffrei zu lassen, wenn sie »nur aus Mitleid mit den qualvollen Schmerzen eines unheilbar Kranken begangen worden« sei. Dagegen ist zu sagen, daß, sobald das ganze Verfahren gemäß einer gesetzlichen Regelung oder auch nur Erlaubnis ablaufen soll, sich die aus liebender Verbundenheit mit dem schwer leidenden Menschen resultierenden Motive, welche den Schritt zur Tötung bestimmen und auslösen, für die Begründung der Entscheidung in einem juristischen Verfahren nicht mehr ausreichen, denn weder das subjektiv empfundene Leiden und die subjektive Vorstellung von »unwürdigem« Leben noch das *Mitleid* sind objektiv faßbare und für eine überprüfbare Rechtssprechung geeignete Kriterien. Sie haben daher auch als Rechtfertigungsgründe für die Straffreiheit auszuscheiden[76].

Man muß auch fragen, ob es in einer Zeit zunehmenden sozialen und ökonomischen Drucks, dem gerade leistungsunfähige chronisch kranke Mitmenschen ausgesetzt sind, angeraten ist, die strikte gesetzliche Ablehnung und die gesellschaftliche und juristische Pönalisierung jeder Tötung als das einzig eindeutige »Bollwerk« gegen die Zerstörung des Lebens anderer[77] zunehmend aufzuweichen und aufzuheben. Besonders ist zu bedenken, daß es ethische und juristische Entscheidungen gibt, »die ein negatives Gefälle haben, in dem wir keine deutliche Grenze mehr für unser Handeln ziehen können. Zu solchen Fällen müssen wir frühzeitig Halt sagen, weil wir später keinen sinnvollen vernünftigen Grund mehr finden können, um unsere Aktion gerade hier abzubrechen. In diesem Sinne hat die Tötung auf

74 A. Eser, in: Eid (Hrsg.), 67.
75 Die Tötung aus Barmherzigkeit in rechtsvergleichender Sicht, in: Eser (Hrsg.).
76 Vgl. Buchheim, 177 f.; Hinton, 144; B/III/1/d; B/III/2/c. Bei den verschiedenen Prozessen wegen Tötungen in Pflegeheimen haben die Angeklagten immer behauptet, sie hätten aus Mitleid dem Flehen der Kranken nachgegeben. Eine Überprüfung war jedoch nie möglich.
77 So Hinton, 145; vgl. Böckle (1975), 73 f.

Verlangen ein negatives Gefälle zur exzessiven Euthanasie hin«[78]. Dies ist umso mehr zu beachten, weil es äußerst fraglich ist, ob es so etwas wie eine freie Willenserklärung zur Tötung überhaupt gibt und ob diese wirklich eine genügend stabile Grenze darstellt, um, wenn die gesellschaftliche Intoleranz gegenüber altersschwachen und chronisch kranken Menschen und der steigende ökonomische Druck im Gesundheitswesen und die Tendenz zur »gelenkten Sterblichkeit« weiter zunehmen, dem unberechtigten Ansinnen von Angehörigen und der Gesellschaft gegenüber einen genügend eindeutigen rechtlichen Schutz zu haben. Zumindest muß die Vorstellung abgewehrt werden, die Tötung auf Verlangen könnte zu einem Mittel werden, die sozialpolitischen Probleme zunehmender »Langlebigkeit« und die bedrückenden Probleme inhumanen Sterbens und Dahinsiechens in Anstalten und Krankenhäusern auf diese Weise zu »erledigen«, anstatt sie durch Schaffung humaner Bedingungen zum Sterben, Änderung der gesellschaftlichen Einstellung zu den von Krankheit, Leiden und Tod betroffenen Menschen und durch menschlichen Beistand zu lösen. Sicherlich ist die auch ethisch als Grenzfall eingeräumte Möglichkeit direkter Lebensbeendigung in auswegloser Situation bei Weiterbestehen gesetzlicher Strafandrohung trotz des dargelegten Unterschieds zwischen Sittengesetz und Strafgesetz[79] keine in jeder Hinsicht befriedigende Lösung. Sie erfordert den Mut einer echten Gewissensentscheidung und die Bereitschaft zur Verantwortung und zum Tragen der Folgen und wird daher kaum aus neutraler Distanz, sondern aus echter Verbundenheit mit dem Sterbenden geschehen. Jedoch wird nur in seltenen Fällen objektiv von anderen nachprüfbar sein, ob es sich um eine ungewollte Lebensverkürzung als Nebenwirkung von Schmerzlinderung oder um eine beabsichtigte direkte Lebensbeendigung handelt, so daß zumindest der engere Raum des eindeutigen Sterbeprozesses faktisch, wenn auch nicht dem Sinn des Strafgesetzes nach, doch immer straffrei bleiben wird, soweit sich das Geschehen im Rahmen eines echten Vertrauensverhältnisses zwischen Menschen abspielt. Jedoch ist weder eine einsichtige juristische noch eine grundsätzliche christlich-ethische Rechtfertigung dieses Handelns möglich[80].

[78] Röhricht, 12; A. Eser (in: Eid, Hrsg.), spricht vom »Dammbrucheffekt«.
[79] Vgl. B/III/2/c, Anm. 119 ff.
[80] Vgl. B/III/1 u. B/III/2/c.

II. Probleme und Möglichkeiten der medizinischen Sterbehilfe und des Verzichts auf Lebensverlängerung

Die Fragen der Tötung sogenannten »lebensunwerten« Lebens, der Selbsttötung, Tötung auf Verlangen, der bewußten Lebensverkürzung bei unheilbaren und schmerzbeladenen Menschen haben schon die Menschen der Antike beschäftigt. Den nunmehr zu erörternden ethischen Problemen der Medizin ist gemeinsam, daß sie überwiegend erst durch das ungeheure Anwachsen der medizinisch-technischen Möglichkeiten der Lebensverlängerung und die Technisierung der Medizin bedrängend geworden sind. In der ethischen Bewältigung der dadurch aufgeworfenen Probleme hinken wir jedoch weit hinter den tatsächlichen Möglichkeiten in der Medizin, vor allem der Intensivtherapie und der operativen Medizin, her. Die weitgehende Trennung von Wissenschaft bzw. Praxis und Ethik hat diesen Mißstand noch verstärkt. Von daher ist es verständlich, daß der Ethiker selbst dann, wenn er sich um einen guten Einblick in die Praxis der modernen Medizin und einen Dialog mit Wissenschaftlern und Praktikern in und außerhalb von Kliniken ernsthaft bemüht, sich auf einem Neuland bewegt, in dem auf viele konkrete, die Kranken, ihre Angehörigen und das medizinische Personal bedrängende Fragen keine zufriedenstellenden und eindeutigen Antworten gegeben werden können. Man kann dies auch vom Ethiker nicht ohne weiteres erwarten, zumal die neuen Möglichkeiten der Medizin ihn zum Umdenken selbst in den ethischen Grundlagen zwingen, wie es z. B. bereits an der bis heute noch üblichen, aber nunmehr nicht mehr zureichenden Unterscheidung von »aktiver« und »passiver« Sterbehilfe oder der Todesdefinition deutlich wurde. Rückt man von früher bewährten Grundsätzen ab, die auch unsere Rechtsgrundlagen bestimmen, so kann das eine zusätzliche Verunsicherung bewirken, die man aber in Kauf nehmen muß, wenn die Überzeugungen von dem, was gut und menschlich ist, auch in den fortschrittlichen Bereichen der Medizin bestimmend sein sollen. Die angedeutete mögliche ethische Verunsicherung wirft Gefahren des Mißbrauchs neuer, noch nicht in jeder Hinsicht eindeutiger ethischer Kriterien und damit auch Fragen nach den möglichen Absicherungen gegen solchen Mißbrauch auf. Die Kriterien für das, was gut und menschlich ist und dem Menschen zum Vollzug seiner Lebensbestimmung verhilft und daher »sinnvolles« Handeln ist, lassen sich nicht aus der medizinischen Wissenschaft und Praxis ableiten, sondern nur aus letztlich nicht empirisch verifizierbaren anthropologischen und ethischen Anschauungen. Dennoch muß man genau prüfen, ob und wie die bisher herausgearbeiteten ethischen Kriterien in die konkrete ethische Urteilsfindung eingehen und gegen Mißbrauch abzugrenzen sind.

Seit die medizinischen Möglichkeiten der Lebensverlängerung so weit fortgeschritten sind, daß nicht mehr jede »machbare« Lebensverlängerung selbstverständlich auch dem Wohl des Menschen dient, ja daß sie mitunter »unmenschliche« Folgen haben kann, kommt es ganz besonders darauf an, daß *vor der Einleitung* von Maßnahmen der Lebensverlängerung bzw. Lebensrettung mit allen zur Verfügung stehenden Möglichkeiten geprüft wird, ob eine solche Behandlung wirklich dem Wohl des Menschen dient und eine »sinnvolle« Lebensverlängerung bewirken kann. Dies ist um so wichtiger, je unwiderruflicher die Folgen sein werden und je schwerer der Abbruch einer einmal eingeleiteten Maßnahme fallen wird. Nur in den Fällen, in denen eine Prüfung und Prognose nicht möglich ist, weil z. B. unverzüglich gehandelt werden muß oder die Folgen einer Behandlung wirklich nicht absehbar sind, ist es sittlich gerechtfertigt, eine Maßnahme ohne vorherige Abwägung aller wesentlichen, das menschliche Leben bestimmenden Faktoren einzuleiten. Andernfalls wäre solches Handeln ethisch blind und unverantwortlich.

Die Schwierigkeit besteht nun darin, für Entscheidungen über die Art der Behandlung, die dem Wohl des Kranken am meisten dient, über Behandeln oder Nicht-Behandeln, über Fortführung oder Abbruch der Behandlung einigermaßen eindeutige und objektivierbare *Kriterien* zu finden. Aus den bisherigen anthropologischen Überlegungen[1] ergab sich zwingend, daß die an sich mögliche Verlängerung der *quantitativen* Lebenszeit nicht dieser Maßstab sein kann. Aufgrund theologischer Erkenntnis zeigt sich, daß das Leben letztlich nicht um seiner selbst willen da ist, sondern von Gott zur Erfüllung einer Bestimmung geschaffen ist und daß darin auch das »Wofür«, der *Sinn* und auch die »Qualität« des Lebens zu suchen und zu finden ist. Es ergab sich ein doppelter Aspekt dieser Bestimmung, der der *liebenden Beziehung Gottes zum Menschen* (Gottesliebe) und der der *Beziehung des Menschen zum Mitmenschen* (Nächstenliebe). Die

[1] Vgl. B/I u. B/II.

Liebe Gottes zum Menschen, wie sie in dem Leben und Sterben Jesu Christi *für* den Sünder konkret geworden ist, begründet die einmalige Würde und den einzigartigen und bis zum Tod (Individualtod) unverlierbaren Wert des Menschenlebens vor Gott, dementsprechend er bis zum Tod als »Ebenbild Gottes« zu achten und würdig zu behandeln ist. Der andere Aspekt der Bestimmung macht deutlich, daß der Mensch, der als endlich geschaffenes Wesen *sterben muß*[2], die Erfüllung seiner irdischen Lebensbestimmung nicht in der Verlängerung der quantitativen Lebenszeit an sich, sondern in der gelebten Beziehung zu Gott und zum Mitmenschen findet.

Wenn der irdische Sinn des Menschseins sich in der Begegnung mit Gott – im Glauben – und mit dem Mitmenschen – in der Nächstenliebe – positiv verwirklicht, so ist die Verlängerung des *biologischen Lebens* nur dann erstrebenswert, wenn die psychophysischen Voraussetzungen für das sich in der Begegnung mit Gott und dem Mitmenschen verwirklichende Sein als Person erhalten werden können[3]. Nur soweit diese Chance nach bestmöglicher Prüfung mit einiger Wahrscheinlichkeit besteht, ist Leben »sinnvoll« zu verlängern. Bei Nichtbestehen dieser Chance verliert der Mensch seine Würde und seinen Wert als *Person* und die entsprechenden Rechte selbst dann in keiner Weise, wenn seine *Persönlichkeit* zerrüttet ist, sein Sterben definitiv und sein Leben ohne Bewußtsein und eindeutig am Erlöschen ist. Als anthropologische Kriterien für ein *sinnvolles menschliches Dasein*, das mit allen zur Verfügung stehenden Mitteln zu erhalten ist, ergaben sich die *Kommunikationsfähigkeit*, die wiederum Bewußtsein im Sinne von *Selbstbewußtsein* oder – wie man philosophisch sagt – der *Identität der Person* (Wissen um das eigene Sein) zur Bedingung hat, und die zur Identität der Person gehörende, wenn auch vielleicht stark eingeschränkte, prinzipiell aber noch vorhandene Möglichkeit, sich selbst im *Leibe zu verwirklichen*, denn der Leib ist als *Ausdrucksfeld des Subjekts* und *Eintrittsfeld* seiner *Umwelt* das die *Person konstituierende* Medium der Begegnung mit dem Mitmenschen[4]. Den theologischen Aussagen über den Sinn des irdischen Menschseins entsprechen diese Kriterien insofern, als ein gewisser Grad von Kommunikationsfähigkeit und Selbstbewußtsein

[2] Vgl. B/II/3 u. 4.
[3] Vgl. B/II/5.
[4] Vgl. B/I/1 u. B/II/5, Anm. 25 ff.

Voraussetzung für eine im Vernehmen des Wortes Gottes und in der gläubigen Antwort auf diesen Anruf des Wortes und in der Liebe zum Mitmenschen sich verwirklichendes personales Dasein ist. Von daher können theologisch-ethisch gesehen nur größte Bedenken gegen alle Behandlungen geltend gemacht werden, die eine Verlängerung oder Bewahrung des Lebens um den Preis des Verlustes oder der schweren Schädigung dieser Grundsignaturen der »Persönlichkeit« erkaufen. Gewiß nicht aufgrund ökonomischer, sondern aufgrund anthropologischer Überlegungen dürfte es ethisches Gebot für den betroffenen Menschen selbst, seine Angehörigen und die behandelnden Ärzte sein, auf solche Maßnahmen zu verzichten, soweit damit nicht das Leben anderer Menschen unzumutbar beeinträchtigt wird.

Leben um den Preis des Verlusts der Fähigkeit zu Glaube und Liebe zu erhalten oder zu verlängern, ist theologisch-ethisch nicht zu begründen. Ein *Verzicht* auf solche, die »Persönlichkeit« eindeutig verstümmelnden Maßnahmen ist *keine Verfügung* über den von Gott gesetzten Sinn und Wert des Lebens und *keine Entscheidung gegen* die Person und ihr Leben, keine Verletzung ihrer Würde, sondern er wird vollzogen aufgrund der Erkenntnis, daß der durch die Krankheit bzw. Unfall verursachte Prozeß im Grunde *irreversibel* und nur um den Preis stärkster Versehrung anderer, für das Sein der Persönlichkeit entscheidender psycho-physischer Voraussetzungen vom baldigen Tod zu bewahren ist. Der Verzicht auf solche, das Leben zwar verlängernde aber zugleich verstümmelnde Maßnahmen bedeutet kein Aufgeben und Fallenlassen der Person, keinen Abbruch der Sorge um sie, ihrer menschlichen Betreuung und medizinischen Behandlung schlechthin. Der Kranke wird nur *anders* behandelt, und zwar nach den Erkenntnissen, denen entsprechend ihm trotz der *Irreversibilität* des *Grundleidens* die größtmögliche Lebensdauer unter der Bedingung gewährt wird, daß ihm Möglichkeiten der Selbstverwirklichung in seinem Leibe und in Beziehung zum Mitmenschen grundsätzlich erhalten bleiben. Ein solcher Verzicht geschieht aus Sorge um das Wohlergehen und aus Verantwortung für die erkrankte Person, nicht aber um sich aus den Verpflichtungen ihr gegenüber zu entlassen. Der Verzicht bedeutet vielleicht ein weniger an medizinisch technischem Aufwand, nicht aber ein weniger an umfassender *ganzmenschlicher Zuwendung*. Insofern wird der Verzicht auch für das medizinische Personal oft eine größere ethische Herausforderung sein als die Einleitung oder Fortsetzung einer Behandlung mit allen zur Verfügung stehenden technischen Mitteln. Betont werden muß auch, daß ein *Verzicht* nur dann und soweit ethisch gerechtfertigt werden kann, wie die Folgen einer Behandlung bzw. Nichtbehandlung mit großer Wahrscheinlichkeit abzusehen und abzuwägen sind. Durch den Verzicht wird der Erkenntnis Rechnung getragen, daß über den Menschen bereits von einer menschlicher Verfügung letztlich entzogenen Instanz unwiderruflich verfügt ist[5]. Diese Irreversibilität eines Krankheitsverlaufs kann nur im nachhinein festgestellt werden.

Zwar sind die Unwiderruflichkeit eines Krankheitsprozesses (Unheilbarkeit) und das *Sterbenmüssen* theologisch nicht als unmittelbare Fügungen Gottes zu deuten[6], doch darf der Glaubende »hinter« und »über« diesen faktischen Geschehnissen die ihn auch in schwerer unheilbarer Krankheit und im Sterben tragende und vom vernichtenden Tod errettende Treue Gottes und somit Gottes Wirken erkennen. Dieser Glaube kann ihm die Kraft geben, sein »Schicksal«, auch die *Wirklichkeit* seiner Krankheit zum Tode, anzuerkennen und *anzunehmen.* Wo ein Mensch ein unwiderruflich Sterbender ist oder wo eine Lebensverlängerung nur unter dem Verlust der unabdingbaren Grundsignaturen für »sinnhaftes« menschliches Dasein zu erreichen ist, da ist über das Leben eines Menschen verfügt und eine Verlängerung des Lebens bzw. Sterbens wenigstens dann nicht mehr anzustreben, wenn der Betroffene in klarer Erkenntnis dieses unwiderruflichen Sachverhalts sein Sterben bejaht und eine Verlängerung des Lebens ablehnt. Anthropologisch gesehen ist die Unwiderruflichkeit einer Krankheit zum Tode, vor allem aber das unwiderrufliche *Sterben* ein entscheidender Einschnitt im Leben. Die objektive Fassung dessen, was als *Sterben* zu bezeichnen ist, bereitet einige Schwierigkeiten. Neben der Art des Grundleidens und seiner Irreversibilität ist auch die Geschwindigkeit des Krankheitsverlaufs zum Tode zu beachten[7]. Schon eine genügend lange Beobachtung des Krankheitsverlaufs gibt in vielen Fällen hinreichend Auskunft darüber, ob der Krankheitsprozeß unaufhaltsam ist oder gar der Sterbeprozeß eingetreten ist[8]. In anderen Fällen werden eingehende medizinische Unter-

[5] Vgl. B/III/2/a u. B/III/3.
[6] Vgl. B/II/4 u. B/III/2/a.
[7] Vgl. B/I/2, Anm. 17 f.
[8] »Wichtig für die Diagnose der Irreversibilität ist die *genügend lange Beobachtung des Krankheitsverlaufes,* welcher ergänzend zur Diagnose der Primärerkrankung

suchungen verschiedenster Körperfunktionen durch Spezialisten nötig sein, um zu einem klaren Ergebnis zu kommen. In wieder anderen Fällen wird das überhaupt nicht zu erreichen sein. Auf jeden Fall haben wir mit dem eindeutigen *Sterben* ein weiteres, den Verzicht auf Lebensverlängerung rechtfertigendes anthropologisches Kriterium, denn es ist dann nicht mehr Aufgabe der Medizin, den Tod zu bekämpfen und den Sterbeprozeß zu verlängern, sondern nur noch für ein möglichst erträgliches Leben zu sorgen und das Sterben durch eine gute Schmerzbekämpfung und eine sachgerechte Pflege zu erleichtern[9]. In den Fällen, in denen die Zustimmung eines sterbenden Menschen zum Verzicht auf Lebensverlängerung nicht eingeholt werden kann, weil er z. B. bewußtlos ist, dürfte schon allein das Kriterium, daß das Sterben endgültig eingeleitet ist, den Verzicht rechtfertigen. In den Fällen, in denen der Sterbenskranke noch bei Bewußtsein, ansprechbar und entscheidungsfähig ist, sollte – wie noch näher darzulegen ist – seine Meinung für eine Entscheidung zum Verzicht ausschlaggebend sein und für die Art der Weiterbehandlung mitberücksichtigt werden[10].

Die ethische Forderung, daß das Objekt des Verfügens bei jeder medizinischen Behandlung als *Subjekt* (Person) geachtet werden muß, ist besonders in den Fällen zu beachten, in denen der Tod um den Preis des Verlusts wesentlicher Grundmerkmale »sinnvollen« Lebens verhindert oder doch wesentlich hinausgeschoben werden kann, in denen also das Kriterium »Sterbender« nicht gegeben ist. Dann besteht besonders die Gefahr, daß Außenstehende ein Leben für »lebensunwert« erklären und es aufgrund dieses Urteils oder aufgrund eines zu erwartenden »lebensunwürdigen« Zustands einfach *aufgeben*. Der entscheidende Zugang zur Klärung des Problems des Verzichts in solchen Fällen besteht in der Erkenntnis, daß es Menschen nicht erlaubt sein kann, anderen Menschen über das Maß der ihnen von einer menschlicher Verfügung entzogenen Instanz aufgenötigten *Leiden hinaus noch zusätzliche Leiden zuzufügen*, von sich aus ein *größeres Maß an Leiden zu verursachen, also mehr zu scha-*

anzeigt, ob sich der Patient nach Einleitung einer Behandlung erholt oder verschlechtert. Eine genügend lange Verlaufsbeobachtung schließt diagnostische Irrtümer in bezug auf Irreversibilität aus« (Haemmerli, 558; vgl. Twycross, in: Eser, Hrsg.).

9 Vgl. B/II/3 u. C/II/3; zur juristischen Diskussion vgl. Sax, 137 ff.

10 Vgl. B/II/5, Anm. 33 ff. u. C/II/3.

den als zu helfen[11]. Auf jeden Fall dürfen solche Maßnahmen, die mit großer Wahrscheinlichkeit eine Vergrößerung oder Verlängerung eines Leidenszustands *verursachen*, nicht ohne die ausdrückliche und unter klarer Erkenntnis des zu erwartenden Zustands geäußerte Einwilligung des schwer erkrankten Menschen durchgeführt werden. Trotz aller Schwierigkeiten, die das hinsichtlich der dann immer notwendigen sachgerechten und verständlichen Aufklärung aufwirft, ist – im Unterschied zu allen Formen der Tötung – gerade aus theologischen Gründen bezüglich des Verzichts auf oder der Einleitung von Maßnahmen der Lebensverlängerung mit problematischem »Erfolg« am *Selbstentscheidungsrecht* des Patienten festzuhalten[12]. Sicherlich ist auch nach theologischer Auffassung die Entscheidung darüber, welches Maß an Leiden und Minderung seiner Lebensqualität jemand zum Zweck der Erhaltung oder Verlängerung seines Lebens auf sich nehmen muß, nicht in das Belieben eines Menschen gestellt, doch widerspricht es der Freiheit des Glaubens, jemandem eine deutlich geminderte Lebensqualität als von Gott her auferlegtes Leiden aufzunötigen. Zur Bejahung einer schweren Beeinträchtigung der Lebensqualität und von Leiden kann der Betroffene nur durch das seelsorgerliche Gespräch und das Angebot der ihn auch in solchem Zustand tragenden und Mut zum Leben gebenden Liebe Gottes und der Menschen geführt werden. Letztlich kann nur der leidende Mensch selbst ermessen, was für ihn eine erstrebenswerte Verlängerung seines Lebens ist, wieviel Leiden er ertragen kann und um Gottes und des Nächsten willen auf sich nehmen soll. Da eine »Pflicht zu leben« auch rechtsphilosophisch kaum zu begründen ist[13], erweist sich die *Freiheit* des Menschen, über die Art seiner Behandlung und seines Lebens selbst zu entscheiden, als entscheidendes Kriterium in den Fragen des Verzichts, aus dem sich wiederum die ethische Pflicht zur *Aufklärung* – als Voraussetzung einer sachgemäßen Entscheidung – überzeugend ableiten läßt[14]. Fraglich ist lediglich, ob dieses Kriterium auch für den *Abbruch* einer einmal eingeleiteten Behandlung in gleicher Weise ausschlaggebend sein kann.

Das Kriterium der Entscheidung des Patienten selbst entfällt in

[11] Das ergibt sich aus dem positiven Sinn des Tötungsverbots; vgl. B/II/3, 38 ff. u. B/III, Anm. 4 ff.
[12] Vgl. B/II/5, Anm. 36 ff.
[13] Vgl. B/III/2/b.
[14] Vgl. C/II/1; Kautzky, in: Eser (Hrsg.).

zahlreichen Fällen, sei es, weil der Kranke mit einer solchen von ihm erwarteten Entscheidung völlig überfordert ist, sei es, weil er bewußtseinsgetrübt ist, sei es, weil ohne Zögern schnellstens gehandelt werden muß. Für solche Fälle bedarf es der Ausarbeitung von und weitgehenden gesellschaftlichen Einigung über leitende Kriterien für das, was ein nicht mehr *erträgliches, zumutbares* und *sinnhaftes Leben* ist, das Menschen nicht verursachen sollten und das nicht mit allen Mitteln verlängert werden sollte. Nach unseren bisherigen Ausführungen dürfte es überzeugend sein, daß die Grundsignaturen des Menschseins (Selbstbewußtsein, Kommunikationsfähigkeit, Fähigkeit, eine, wenn auch beschränkte, körperliche Eigentätigkeit zu entfalten) die Grenzen des ethisch Erlaubten »nach unten hin« angeben. Als zusätzliches Kriterium muß auch das *Maß des Leidens* in Betracht gezogen werden, soweit es einigermaßen objektiv zu bemessen ist. Nicht jeder, dessen Bewußtsein deutlich gestört ist, ist deshalb schon leidensunfähig[15]. Insofern darf allgemein auch in diesen Fällen das Leiden und seine Dauer nicht durch Menschenhand vergrößert werden, wenn nicht mit einer grundsätzlichen Besserung aufgrund der Behandlung zu rechnen ist. Weniger eindeutig als die Grenzen des Erlaubten nach unten hin sind die Fälle zu beurteilen, in denen mit großer Wahrscheinlichkeit auch bei Einsatz aller Mittel nur eine »Defektheilung«, also eine trotz oder gerade aufgrund der Behandlung bleibende oder entstehende starke körperliche oder psychisch-geistige Beeinträchtigung zu erwarten ist, oder auch die Fälle, in denen nur mit einer relativ kurzen Besserung um den Preis einer stark verlängerten schweren Leidenszeit zu rechnen ist. Die ethische Grundnorm hinsichtlich einer sinnvollen und erträglichen Lebensverlängerung liegt darin, »daß der Patient subjektiv die Möglichkeit hat, seinem Leben Sinn zu geben.«[16]

Ob ein Leben subjektiv sinnvoll und erträglich sein wird, kann letztlich nur von der betroffenen Person selbst entschieden werden. Das wirft bei Entscheidungsunfähigkeit die Frage auf, wer dann über Behandeln oder Nicht-Behandeln, Fortsetzung oder Abbruch einer Behandlung entscheiden darf. Von vielen Seiten werden erhebliche Bedenken geäußert, den Angehörigen darin ein Mitspracherecht einzuräumen, weil diese von nichtmedizinischen und auch »unehren-

[15] Vgl. B/III/1/d, Anm. 37 ff.
[16] Sporken (1971), 197; vgl. ders. (1972), 80 ff.

haften« Motiven wie Bequemlichkeit, Unwilligkeit zur Pflege usw. geleitet sein könnten. Gemäß dem dargelegten Verständnis vom Menschen als einer sich in Beziehung zum Mitmenschen verwirklichenden Person muß man den Angehörigen jedoch ein ganz entscheidendes Mitspracherecht einräumen, da sie den *mutmaßlichen Willen* der betroffenen Person am ehesten kennen und da gerade die schwer versehrten Menschen auf die Betreuung und liebevolle Zuwendung der Angehörigen angewiesen sind, wenn man sie nicht einfach in die Pflegeheime abschieben will[17]. Sicherlich kann der Wille der Angehörigen nicht ungeprüft den Ausschlag für Entscheidungen geben. Seine Berechtigung muß unter Berücksichtigung ihrer eigenen Situation an einsichtigen und den Entscheidungsspielraum eingrenzenden *Kriterien* für das überprüft werden, was ein nicht mehr erträgliches, zumutbares und *sinnhaftes Leben* ist und ab wann ein Leben auf jeden Fall diesen Kriterien genügt. Die Grenzen werden nach oben hin noch weniger starr sein als nach unten hin, denn welches Maß der Beeinträchtigung der Lebensqualität tragbar ist, hängt nicht zuletzt von der mitmenschlichen Zuwendung ab. Dennoch müssen solche Kriterien einen gewissen Grad der Objektivität haben und unter Berücksichtigung aller wissenschaftlichen Erkenntnisse ausgearbeitet und auch in der Gesellschaft diskutiert und anerkannt werden. Diese den Ermessensspielraum einengenden Kriterien könnten das medizinische Personal vor unzumutbaren Ansinnen von seiten der Angehörigen und der Gesellschaft – z. B. aufgrund des wachsenden ökonomischen Drucks – schützen, den Kranken vor willkürlichen Manipulationen, unbedachten Behandlungen und fahrlässigem Unterlassen von Behandlungen bewahren und den Ärzten *Richtlinien* an die Hand geben, die sie befähigen, die gemäß dem je konkreten Fall dem Wohle des Patienten am besten dienenden Entscheidungen zu fällen. In der Ausarbeitung derartiger möglichst *durchsichtiger Kriterien* besteht das eigentliche Problem einer medizinischen Ethik angesichts der Verschiedenartigkeit der Fälle und den immer wieder neuen Möglichkeiten der Medizin, auch sinnhaftes Leben zu erhalten.

Daß die Ausarbeitung solcher Entscheidungskriterien nicht nur eine Aufgabe der medizinischen Wissenschaft sein kann, wird am deutlichsten an der Frage, ob in diese Kriterien auch *Erwägungen über Kosten und Nutzen*, besonders für die Gesellschaft, eingehen

[17] Vgl. B/II/5, Anm. 40 ff.; C/II/3 u. C/IV.

dürfen. Nach den bisherigen Ausführungen[18] bestehen erhebliche, eindeutige ethische Bedenken, diesem Gesichtspunkt dann ein entscheidendes Gewicht einzuräumen, wenn von der Art der Behandlung das Leben eines Menschen bzw. sein Tod, und zwar der soziale oder gar physische Tod abhängt. Dieser Gesichtspunkt kann nur ein zusätzliches ethisch rechtfertigendes Moment für den Verzicht auf eine kostspielige Behandlung einbringen, wenn erhebliche Zweifel bestehen, ob diese wirklich dem Wohle des kranken Mitmenschen dient und ihm zu einer sinnvollen Lebensverlängerung verhilft. Ehe wir anhand bestimmter Krankheitsfälle eine Konkretisierung der bisher ausgearbeiteten Kriterien versuchen wollen, soll jedoch noch auf die Probleme der Aufklärung und der Entscheidungsbefugnis über Behandlungen näher eingegangen werden, da deren Erörterung entscheidend ist für die Klärung der Fragen des Verzichts auf lebensverlängernde Maßnahmen.

1. *»Wahrheit am Krankenbett«? – Wahrheitsgemäße Aufklärung des Kranken und seiner Angehörigen als Voraussetzung eines Verzichts auf lebensverlängernde Maßnahmen – Zum Entscheidungsrecht von Arzt, Patient und Angehörigen*

Das Problem der »Wahrheit am Krankenbett« ist seit alters her, besonders in der kath. Moraltheologie[1] als klassischer Fall einer möglichen »Pflichtenkollision« zwischen dem Gebot, die Wahrheit zu sagen und dem Gebot der Nächstenliebe behandelt worden, denn die Wahrheit als richtige Diagnose und Prognose dem kranken Menschen auf den Kopf zugesagt kann – wie schon *Augustinus*[2] das Problem sah – eine »menschenmordende Wahrhaftigkeit« sein, während die Lüge »heilbringend« sein könne. Eine solche, den Nächsten schonende »Notlüge« lehnte *I. Kant*[3] in seiner Schrift »Über ein vermeintes Recht aus Menschenliebe zu lügen« rigoros mit der Begründung

[18] Vgl. B/II/2; B/II/5, Anm. 50 ff.; C/II/3; C/IV.

[1] Vgl. die umfangreiche Arbeit von G. Müller, Die Wahrhaftigkeitspflicht und die Problematik der Lüge, 1962.

[2] Contra mendacium; Dtsch. in: Keseling (Hrsg.), St. Augustin der Seelsorger, Bd. 2, 1953, 36; vgl. Denecke, 84 ff.

[3] In: Werke in sechs Bänden, hrsg. von W. Weischedel, Bd. IV, 637 ff.

ab, daß es eine in allen Umständen geltende *Pflicht* sei, »in allen Erklärungen wahrhaft (ehrlich) zu sein«, denn nur wenn diese unbedingte Pflicht zur Wahrhaftigkeit bestehe, könnten Vertrauen und Verläßlichkeit Grundlagen gesellschaftlichen Lebens sein. Wenn infolge der ohne Ausnahme geltenden Pflicht zur Wahrhaftigkeit einem Menschen schwerer Schaden, bis hin zum Tod, verursacht werde, so sei das nicht der Wahrhaftigkeit und dem, der sie ausspricht, anzulasten, sondern dem »Zufall«. Die extreme Gegenposition zu dieser von den Folgen absehenden Pflichten- und Gesinnungsethik wird vor allem von vielen Medizinern vertreten, die das Problem nur von den *möglichen negativen Folgen* für die von einer tödlichen Krankheit befallenen Menschen her betrachten wollen und die gemäß dem noch immer als gesicherte Kenntnis ausgegebenen Ausspruch des Mediziners *Hufeland* (1836) handeln: »Den Tod verkündigen, heißt den Tod geben, und das kann, das darf nie das Geschäft dessen sein, der bloß da ist, um Leben zu verbreiten.«[4] Die Mitteilung der Diagnose einer tödlichen Krankheit raube dem Kranken die Hoffnung, zerstöre seinen Lebenswillen, treibe ihn zur Verzweiflung oder gar zur Selbsttötung, während sein eigentlicher Wille immer auf die Fortdauer des Lebens ausgerichtet sei. Diesen Lebenswillen habe der Arzt bis zum letzten Atemzug zu bestärken und den Kranken durch eine immer neue Hoffnung auf Gesundung zu »vertrösten«.

H. Gödan[5] will dies nicht als Unwahrhaftigkeit bezeichnet wissen, da die Wahrheit theologisch gesehen eine objektive, den eigentlichen Willen Gottes zur Geltung bringende Größe sei. Dieser Wille Gottes sei die Wiederherstellung der »urstandsmäßigen« Unsterblichkeit, die Besiegung des Todes. Daher sei der Tod in jeder Weise mit allen medizinischen, psychologischen und seelsorgerischen Mitteln zu bekämpfen und der natürliche Lebenswille zu stärken. Die Wahrheit am Krankenbett dürfe also nur auf »Erhaltung und Rückgewinnung von Leben gerichtet« sein[6]. Wer dies im Umgang mit dem Todkranken praktiziere, vermittle die göttliche Wahrheit gegen den Tod, kämpfe im Namen Gottes gegen den Feind Gottes. Da wir diese Sicht des Menschen als unsterblich geschaffenes geschöpfliches Wesen nicht zu teilen vermögen, sondern den Menschen als sterblich geschaffenes Wesen ansehen und daher in Sterben und Tod auch ein Geschehen

[4] Zitiert nach Ansohn, 25; vgl. Gödan (1972), 65 ff., 165ff.; Glaser-Strauß, 32 ff.
[5] (1972), 17 ff., 103 ff.; vgl. B/II/3, Anm. 3.
[6] (1972), 110, vgl. 207 ff.

sehen, das der Mensch im Vertrauen auf Gott bejahen kann[7], können wir diese Lösung des Problems der »Wahrheit am Krankenbett« von vornherein nicht teilen, zumal sie auch einen Verzicht auf medizinische Maßnahmen der Lebensverlängerung überhaupt nicht in Betracht zieht. Sowohl I. Kant als auch H. Gödan sehen in der *Wahrheit* eine objektive Gegebenheit, Kant eine objektiv vom Menschen feststellbare Richtigkeit, Gödan eine objektive Glaubenswahrheit, die für alle Menschen unterschiedslos gültig sei[8]. Beidemal dürfte zu sehr von dem Subjekt abgesehen sein, dem die Wahrheit mitgeteilt werden muß, denn die Meinung Gödans, daß kein Mensch eine andere Mitteilung hören wolle und vertragen könne als die, daß er weiterleben werde, verkennt, daß jeder Mensch nun doch trotz allen menschlichen Bemühens sterben muß. Die rigoristische Einstellung Kants dagegen verkennt, daß eine Wahrheit, die die Existenz eines Menschen in Frage stellt, nicht allein unter dem Gesichtspunkt der Übereinstimmung einer Aussage mit dem durch sie bezeichneten objektiv feststellbaren Sachverhalt[9] gesehen und dem Betroffenen erst recht nicht abgesehen davon mitgeteilt werden kann, ob und *wie* er damit leben kann.

Daß ein Mensch an der *Richtigkeit* eines ihn als Ganzheit und im Innersten treffenden Sachverhalts zerbricht, kann nicht der Sinn des Verbots zu lügen sein, da dieses – wie die anderen Verbote der zweiten Tafel des Dekalogs auch – den Mitmenschen gerade schützen und die vertrauensvolle Gemeinschaft von Menschen bewahren[10], nicht aber *Vertrauen* und Gemeinschaft zerstören und einen Menschen in Verzweiflung stürzen soll. Hätte die Mitteilung der Wahrheit solche zerstörerischen Folgen, so stünde das Gebot der Wahrhaftigkeit im Widerspruch zum Gebot der Nächstenliebe. Den möglichen Konflikt zwischen dem Liebesgebot und dem Gebot, die Wahrheit zu sagen, kann man nicht dadurch zu umgehen versuchen, daß man Gespräche über Diagnose und Prognose peinlichst vermeidet oder so verschwommen und vieldeutig redet, daß der Betroffene sich das heraussuchen kann, was er hören möchte[11], ihn aber doch meist im Unkla-

7 Vgl. B/II/3 u. 4; Thielicke, ThE II/1, Nr. 594 ff.

8 (1972), 110.

9 Vgl. Aristoteles, Metaphysik 993 b, 30 f. »Veritas est adaequatio rei et intellectus« (Thomas von Aquin, S. Th. I q. 16 a.1; vgl. q.21 a.2.).

10 Vgl. J. J. Stamm, Der Dekalog im Lichte der neueren Forschung, o. J., 50 f.; A. Denecke, Wahrhaftigkeit. Eine evangelische Kasuistik, 1972, 246 ff., 253 ff.

11 Im Anschluß an Thomas von Aquin (S. Th. II–II q. 110 a.1 ff.) hat sich in der kath.

ren läßt und seinen Zweifeln ausliefert. Bei solchem Verhalten wird übersehen, daß auch ein Verschweigen Lüge sein kann und daß unklare, zweideutige Aussagen das Vertrauen zerstören können, weil man trotz Wahrung der äußeren Form einer richtigen Aussage den Mitmenschen doch *täuscht*. Gerade die beabsichtigte *Täuschung* dürfte also das Moment sein, das selbst eine formal nicht unrichtige Aussage zur die *Zuverlässigkeit* und das *Vertrauen* untergrabenden Lüge macht[12].

Die Erkenntnis, daß ein Mensch an einer unheilbaren, ihn stark behindernden oder gar zum Tode führenden Krankheit leidet, läßt den *ganzen Menschen* und nicht nur etwas an ihm zum Subjekt und Objekt des Krankseins werden. Ein solches Kranksein hat es im Unterschied zu vielen leichten und behebbaren Krankheiten mit der personalen Ganzheit des Menschen zu tun. Die zunächst vom Arzt festgestellte *Sachwahrheit* ist für den betroffenen Menschen eine *Seinswahrheit*, die das Sein der Person bedroht und die Frage nach dem tragenden Grund und Sinn des Lebens unausweichlich aufwirft. Die Sachwahrheit wird so zur Frage nach der lebensbestimmenden Wirklichkeit, zur Frage, ob die Existenz des Menschen »in einer Wahrheit« gründet, die es ihm ermöglicht, sich die Sachwahrheit als seine *Existenzwahrheit* anzueignen und mit ihr zu leben[13]. Das primäre Problem, vor das die Diagnose einer unheilbaren Krankheit stellt, besteht in der *Aneignung* dieser Sachwahrheit als existenzbestimmende Seinswahrheit, also in der *Anerkennung und Annahme dieser Wahrheit* und in dem *Leben mit dieser Wahrheit*. Damit wird auch die *Vermittlung* einer Sachwahrheit an die betroffene Person zu ei-

Morallehre die Praxis der »Mentalrestriktion« entwickelt. Thomas hielt es für eine Naturrechtspflicht, immer die Wahrheit zu sagen. Ehrenwerte Gründe, wie Rücksicht auf den anderen, könnten die »Notlüge« nicht rechtfertigen. Um wahrhaftig zu sein, müßte äußerlich der logische Sinn einer wahren Rede (adaequtio rei et intellectus) gewahrt werden, die Erkenntnis aber nicht unbedingt so klar mitgeteilt werden, daß ein Mißverständnis ausgeschlossen ist. »Was eine solche Praxis von der Notlüge unterscheidet, ist die Wahrheit – wenn auch nicht die volle Klarheit – der Aussage« (G. Müller, aaO 134). Mißdeutet der Angeredete die Aussage, so sei dies auf seine eigene Unvorsichtigkeit zurückzuführen und nicht Schuld des Redenden (vgl. Denecke, 86 f.).

12 Schon Augustinus hielt die Täuschungsabsicht (intentio fallendi) für ein konstitutives Moment der Lüge; vgl. Keseling, aaO (Anm. 2), 26.

13 Zur Übereinstimmung dieses noch formalen Wahrheitsverständnisses mit dem neutestamentlichen, speziell johanneischen Wahrheitsbegriff vgl. R. Bultmann, Artikel »Aletheia« in: ThW Bd. I, 239 ff.; G. Link, Artikel »Wahrheit« in: ThBLzNT Bd. III, 1343 ff.; Denecke, 90.

nem wesentlichen Aspekt der Wahrheit selbst. Der Betroffene muß in die Wahrheit *eingeführt* werden, ihm muß also mit der Mitteilung der Sachwahrheit auch ihre *Bedeutung* für sein weiteres Leben *erschlossen* werden. *Ziel* der *Eröffnung* der Wahrheit ist die Ermöglichung eines Lebens gemäß der Bedeutung der Krankheit, so daß der Kranke nicht um wesentliche Ereignisse seines Lebens betrogen wird, sondern seinem Leben den Sinn und Abschluß geben kann, die er ihm unter diesen Umständen geben möchte. Wenn die Erschließung der Bedeutung einer existenzbestimmenden Sachwahrheit zur Wahrheit selbst hinzugehört, dann kann man die Wahrheit nicht aus ihren Beziehungsverhältnissen lösen, dann ist sie – wie es dem biblischen Verständnis von Wahrheit entspricht[13] – ein »Relationsbegriff«, ein *Geschehen* zwischen Personen, in dem eine existenzbestimmende Wahrheit nicht verleugnet und verschleiert wird und in der keiner dem anderen etwas vortäuschen muß, so daß eine *offene Atmosphäre* des gegenseitigen *Vertrauens* besteht, durch das die Begegnung zwischen allen beteiligten Personen zum Wohle des auf vertrauensvolle Zuwendung angewiesenen Kranken jederzeit möglich ist.

Menschliches Leben verwirklicht sich auch im Sterben in den Beziehungen zu Mitmenschen. Daher kommt es vor allem darauf an, daß diese Beziehungen nicht durch eine Atmosphäre der gegenseitigen Täuschung und des Mißtrauens erschwert, völlig oberflächlich oder gar unmöglich gemacht werden, wie dies fast immer der Fall ist, wenn der Kranke über seinen Zustand bewußt getäuscht oder im Unklaren gehalten wird, die ihn umgebenden Menschen aber informiert sind und er selbst auch nach einer gewissen Zeit – wie ganz überwiegend der Fall – seinen wahren Zustand erahnt[14]. Die dem Schwerkranken verbleibende Zeit und Kraft wird dann nicht selten vertan mit der Verarbeitung der Diskrepanz zwischen den optimistischen Aussagen anderer und dem eigenen, diesen Aussagen widersprechenden Empfinden, also der ihn ständig umtreibenden Ungewiß-

[14] Alle neueren Untersuchungen zum Problem zeigen, daß der Patient seinen Zustand erahnt, meist lange bevor Außenstehende seine Ahnung wahrnehmen. Vgl. Kübler-Ross (1971), 43, 218; nach Hintons (S. 96) Untersuchungen sprechen nur 5 % der als sterbend eingestuften Menschen von einer Wiederherstellung und 8 % von einer teilweisen Genesung. Die Hälfte der interviewten Patienten nahm die erste Gelegenheit war, über ihr Sterben zu sprechen; ähnlich Saunders, 59; Witzel (1971), 577 f.; ders. (1975), 191; Glaser/Strauß, 43 ff., 63. Selbst Kinder erahnen den Tod meist; vgl. H. Asperger, in: Wiener klin. Wochenschrift 81 (1969), 365 f.; Wunderli, 121 f.

heit. Das aufkommende Gefühl der Entfremdung vom eigenen Leibe und der tiefen Einsamkeit wird vor allem dadurch bestärkt, daß der Kranke durch die Atmosphäre der Lüge zu keiner sinnvollen und dem Ereignis schwerer Krankheit und des Sterbens angemessenen mitmenschlichen Kommunikation, vor allem mit seiner Familie, aber auch dem medizinischen Personal, findet. »Wenn der Patient die Wahrheit nicht kennt und dieses Wissen nicht mit den Menschen teilt, die ihn besuchen, kann kein Gefühl der Gemeinsamkeit aufkommen«[15], werden die Begegnungen oberflächlich und von Unsicherheit, Hilflosigkeit und der Tendenz beherrscht, sich wegen der »Peinlichkeit« der Situation zunehmend vom Patienten zurückzuziehen. Der Schwerkranke, der dafür sehr empfindsam ist und das merkt, wird nun gezwungen, das unwahrhaftige Spiel mitzutreiben und auf andere Rücksicht zu nehmen, um ihre Zuwendung nicht ganz zu verlieren, statt – wie es für ihn wesentlich wäre – »seine eigenen Gefühle mitteilen zu können und darin zur Verarbeitung und Annahme seines unausweichlichen Schicksals zu kommen. Das Ende einer solchen zunehmenden Verstrickung ist eine immer peinlicher werdende Täuschung, ist nicht selten die Belästigung des Patienten mit unaufrichtigen und belanglosen Gesprächen oder eine so weitgehende Distanzierung von ihm, daß man dieses Verhalten nicht zu Unrecht als »Verschwörung des Schweigens«[16] bezeichnet hat, durch die der Sterbende einer tiefen Vereinsamung ausgeliefert wird.

Spricht der Arzt – wie es häufig gehandhabt wird[17] – nur mit den Angehö-

[15] Bowers u. a. , 112; vgl. Sporken (1972), 58 f.; ders. (1973), 53 ff.; Glaser/Strauß, bes. 45 f., 63 f.; Mayer-Scheu (1974), 288; Lüth (1974 b), 187 ff.

[16] Vom Sterbenden kann das als »vorzeitiges Einsargen« (sozialer Tod) empfunden werden; vgl. Tibbe, 10 ff.; Bowers u. a. , 14 f.; Glaser/Strauß, 61 ff.; Hinton, 123 f.; Lau, 46 ff., 62 ff., 80 ff. »Das, was Iwan Iljitsch am meisten quälte, war die Lüge – jene aus irgendeinem Grunde von allen verbreitete Lüge, daß er nur krank sei und keineswegs auf den Tod darniederliege und daß er sich nur ruhig verhalten und sich kurieren lassen müsse, . . . Und ihn quälte diese Lüge, es quälte ihn, daß jene nicht eingestehen wollten, was alle wußten und was er selber wußte, sondern daß es ihr Wille war, ihn angesichts seiner entsetzlichen Lage zu belügen, und daß sie nicht nur wünschten, er solle selber an dieser Lüge teilnehmen, sondern daß sie ihn sogar dazu zwangen« (L. N. Tolstoi, Der Tod des Iwan Iljitsch, Wiesbaden o. J. 64). Vgl. auch H. Chr. Piper, Die Unfähigkeit zu sterben, in: WzM 24(1972), 15 ff.

[17] Nach einer Umfrage des Mainzer Instituts für Rechtsmedizin klären nur 11,2 % der befragten Ärzte ihre Patienten auch bei unheilbarer Krankheit auf. »96,8 % erklärten allerdings, sie informierten die Angehörigen« (berichtet in: Selecta 25, 23. 6. 75, 2332). Nach einer anderen Erhebung im Krankenhaus erfahren Patienten

rigen über den Zustand, so sind diese dann, wenn der Arzt ihnen nicht von vornherein nahelegt, dem Patienten die Wahrheit zu verbergen, häufig ebenso überfordert und unfähig, wie andere Menschen auch, dem Kranken den Ernst der Lage behutsam mitzuteilen. Wird eine Verheimlichung des wahren Zustands von seiten der Ärzte zur Pflicht für Angehörige und Schwestern gemacht, so tragen diese die daraus resultierenden schweren psychologischen und gewissensmäßigen Belastungen. Am stärksten belastet von dieser Situation sind – vom Kranken und seinen Angehörigen abgesehen – im Krankenhaus die Schwestern, die den sorgenvollen Fragen und Ängsten des Patienten am meisten ausgesetzt sind. Auf das Pflegepersonal fällt die Verantwortung für die Wahrung des »geschlossenen Bewußtheits-Kontexts« (Verschweigen gegenüber Patient und eventuell auch Angehörigen) voll und dauernd zurück[18], während der Arzt sich umso mehr vom Patienten distanzieren kann, je weniger er als medizinische Fachkraft unbedingt auftreten muß. Ein solches Verhalten von seiten der Ärzte ist ethisch unverantwortlich, wenn es nicht in vollem Einvernehmen mit dem Pflegepersonal geschieht, denn sonst haben die Schwestern die Folgen der Unfähigkeit des Arztes zur Wahrheitsmitteilung als »Erfüllungsgehilfen« teils gegen ihre eigene Überzeugung und bessere Kenntnis des Kranken voll auszutragen. Dies kann zu einer von den Schwestern nicht beabsichtigten Isolierung des Patienten und zur Vernachlässigung seiner Pflege führen. In eine meist gewissensmäßig noch schwierigere Lage gerät der Krankenhausseelsorger durch einen derartigen Zwang zur Verheimlichung. Eine echte Verständigung und ein tieferes Eingehen auf die Gefühle, Sorgen und seelsorgerlichen Fragen des Kranken, geschweige denn dessen bewußte Vorbereitung auf den Abschluß des Leidens, wird dadurch unmöglich gemacht[19]. Aus der Erkenntnis, daß gerade der an einer tödlichen Erkrankung leidende Mensch auf vertrauensvolle mitmenschliche Beziehungen angewiesen ist, ergibt sich für alle, die mit ihm umgehen, also für die Angehörigen, alle Mitglieder des Pflegeteams, die Ärzte und Seelsorger, die *Verpflichtung zur Verständigung* über die Art des Vorgehens hinsichtlich der Aufklärung und über den Stand der Bewußtheit des Patienten über seine Krankheit[20]. Unterschiedliches Vorgehen aufgrund fehlender Verständigung stürzt den

zu 70 % ihre Diagnose nicht vom Arzt, sondern von dritter Seite – Mitpatienten, Krankenschwestern oder Familienangehörigen. Vgl. Lüth (1974 b), 188 f.

18 Vgl. Glaser/Strauß, 32 ff.; bes. 46 u. 61; Bowers u. a., 112 ff.; Lau, 54 ff. 71 ff.; Engelhardt, 163 ff., 202 ff.; Rohde, 277 ff., 317 ff.; von Lehndorf, 47 ff.; Kübler-Ross (1974), 120 ff.; Genewein/Sporken, 163 ff.

19 Vgl. Bowers u. a., 113 f.; Glaser/Strauß, 93 f.; vgl. van der Meer/Mochel, 15 ff. Auch unbegründete Sorgen um seine Krankheit, wie z. B. die Angst, viele Schmerzen ertragen zu müssen, kann man dann nicht überzeugend abbauen.

20 Vgl. Bowers u. a., 113 f.; Sporken (1973), 57; J. Zander, in: Hiersche (Hrsg.), 204 ff.; Kübler-Ross (1974), 12 ff.; Tibbe, 10 ff.; Mayer-Scheu (1974), 287 f.; Glaser-/Strauß, 32 ff., 60 ff., 124 ff.

Kranken nur in umso größere Zweifel und Isolierung und untergräbt sein Vertrauen zu den Menschen, auf deren Beistand und Hilfe er angewiesen ist.

Die bei Ärzten immer noch weit verbreitete Ansicht, es sei »ärztlicher«, den zu Tode Kranken die Hoffnung auf Gesundung zu lassen als sie über eine unheilbare Krankheit aufzuklären, wird nach Ansicht des Internisten *Th. von Uexküll*[21] als »ärztliche Ideologie zur Abwehr der Realität benutzt«, so daß diese meist einfach nicht bereit seien, »Untersuchungsergebnisse zur Kenntnis zu nehmen, welche ängstlich festgehaltene Vorurteile über angeblich negative Folgen der Diagnosemitteilung korrigieren könnten«. Die Meinung, die Patienten wollten nicht aufgeklärt werden[22], könnten die »Wahrheit« nicht vertragen, so daß die Selbsttötung häufig die Folge sei, ist nach neueren Untersuchungen kaum noch ernsthaft zu vertreten. Die Zahl derer, die aufgrund einer schweren körperlichen Erkrankung Suizid begehen, ist sehr gering[23]. Der Psychiater *Hinton*[24] kommt aufgrund eigener und anderer Untersuchungen zu dem Schluß, daß die Selbsttötungen nicht wegen der Mitteilung der Unheilbarkeit an sich geschehen, sondern allenfalls wegen der Art und Weise der Aufklärung, vor allem aber wegen geistiger und sozialer Isolierung und teils auch wegen schwerer Schmerzen. Alle Untersuchungen bestätigen, »daß die grundlegende Orientierung des Menschen an der Wahrheit vom therapeutischen Standpunkt aus gesünder ist als eine Orientierung an der Illusion oder der Leugnung.«[25] Die Vermutung ist begründet, »daß das Verschweigen der Wahrheit dem Patienten gegenüber mehr dem Schutze des Arztes in seiner Begegnung mit dem Tod als zum Schutze des Patienten verwendet wird, ohne daß man sich über die emotionale Bedeutung dessen im klaren ist.«[26] Die *»Wahrheit am Krankenbett« ist weniger ein Problem derer, die aufgeklärt werden müßten, als derer, die die Wahrheit mitzuteilen haben*. Die gewiß häufig feststellbare Leugnung des Todes zu An-

[21] In: Vorwort zu Sudnow, XIV; vgl. Literatur Anm. 4.

[22] Nach der Anm. 17 erwähnten Umfrage wollen in der BRD 9 von 10 Patienten »von ihrem Arzt die volle Wahrheit wissen, auch wenn sie Krebs haben«. Hinton (S. 93 f., 128 ff.) berichtet, daß 80 % der potentiellen Patienten über den nahenden Tod informiert werden wollten, während 85 % der Ärzte dieser Patienten nicht bereit sind, diese Information zu geben.

[23] Nach Thomas (S. 153 ff.) gehen 3 %, nach Hinton (S. 84) 4 % der Selbstmordhandlungen auf physische Erkrankungen zurück. Vgl. Ansohn, 25. Besonders zu beurteilen sind Dialysepatienten, vgl. C/II/4.

[24] S. 136; vgl. Kübler-Ross (1974), 56 ff.

[25] Bowers u. a., 105; vgl. Sporken (1972), 45; Zander, in: Hiersche (Hrsg.), 206; Ansohn, 42 ff.; Faber (1970), 28; Tibbe, 10 ff.; Bericht in: Selecta 25 (23. 6. 75), 2332 f.; Mayer-Scheu, in: Bitter (Hrsg.), 59 ff.

[26] Bowers u. a., 106. »So ist es nicht weiter verwunderlich, daß es bis heute keine empirisch fundierten Kenntnisse gibt, wie Ärzte sich bei der Mitteilung der Diagnose und beim Umgang mit Sterbenden und ihren Angehörigen verhalten«, und daß darüber auch unter Ärzten nicht diskutiert wird (von Uexküll, aaO XIV). Vgl. Lau, 50 ff.

fang der schweren Krankheit durch den Patienten findet bei den Berufsgruppen, die für seine Bedürfnisse sorgen, einen entsprechenden Widerhall, so daß man die Leugnung bestärkt und diese Haltung während des ganzen Krankheits- und Sterbeprozesses beibehält, weil man einmal eine *falsche Richtung* eingeschlagen hat und nun nicht plötzlich etwas ganz anderes sagen kann, vor allem aber auch, weil medizinisches Personal, Angehörige und Seelsorger die Leugnung des Kranken »als Teil ihrer eigenen Abwehrmechanismen« gegen den Tod übernehmen[27]. Angesichts der Konfrontation mit unheilbarer und tödlicher Krankheit muß man die Grenzen der technischen Medizin und des ärztlichen Könnens erkennen, und durch die Begegnung mit dem Tod kann jeder so verwundet und hilflos werden, daß bewußte oder unbewußte Abwehrmechanismen mobilisiert werden und jede Berührung dieses Bereiches möglichst vermieden wird. Man fühlt sich nicht zuletzt außerstande, dem anderen die Wahrheit mitzuteilen, seinem Sterben standzuhalten und menschlichen Sterbebeistand zu gewähren, weil das Sterben anderer Angst vor dem eigenen Sterben mobilisiert[27].

Sicherlich bietet der »geschlossene Bewußtheitskontext« für den Arzt und das Pflegepersonal erhebliche Vorteile, weil die strikte Verheimlichung des Befundes ihnen die allein bestimmende Rolle im Verhältnis zum Patienten einräumt, so daß sie Fragen abwehren können, nicht mit Gefühlsausbrüchen rechnen und diese nicht auffangen müssen. Mit der Aufklärung des Kranken wächst jedoch die Verpflichtung der Offenheit für seine nicht im engeren Sinne medizinischen Bedürfnisse, vor allem nach Verarbeitung dieser Erkenntnis und einem Eingehen auf seine Gefühlszustände. Bei »offenem Bewußtheits-Kontext« besteht die Gefahr, daß der Patient Anforderungen stellt, die das Personal nicht erfüllen kann, bis hin zum Tötungswunsch, die bei geschlossenem Bewußtheitskontext nicht aufkommen[28]. Mit zunehmender Öffnung des Bewußtheits-Kontexts kann sich das Schwergewicht im Verhältnis von medizinischem Personal und Patienten zunehmend zugunsten des Patienten als bestimmendem Subjekt verlagern. Die Schwierigkeit der Mitteilung des Befundes und der weiteren Begleitung des zum Tode Kranken besteht auch im Fehlen von *Sprachformen*, die zur Mitteilung des erschütternden Ereignisses und zur Kommunikation mit Sterbenden über ihre Gefühle und Befürchtungen geeignet wären[29]. Die den Medizinern vom Studium an eingebleute objektivierende Fachsprache, die einem distanzierenden Umgang mit Krank-

27 Vgl. Bowers u. a., 57 ff.; Hinton, 93 f., 128; Sudnow, 69 ff.; Mayer-Scheu (1974), 287; van der Meer/Mochel, 40 ff.

28 Vgl. Glaser/Strauß, 61 f., 94.

29 Vgl. v. Ferber (1970), 242 ff.; Lau, 65 ff.; Bowers u. a., 62 ff.; Hinton, 93 f., 128; zum Gesprächsdefizit zwischen Arzt und Patient allgemein vgl. Lüth (1974 a), 21 ff., 79 ff.; Engelhardt, 183 ff. Man sollte auch bedenken, daß die medizinische Fachsprache bei Patienten viel unbegründete Sorge hervorrufen kann, weil sie mit den nicht verstandenen Worten ganz falsche Vorstellungen verbinden.

heit, Sterben, Tod und Toten entspricht, und die tabuisierende und mitunter ironisierende Krankenhaussprache sind dazu ungeeignet. Sie dienen in erster Linie dem Personal und schützen es oft vor unangenehmen Fragen der Patienten, indem sie mittels der Sprache den Schein der Überlegenheit über die Krankheit auch im Sterben aufrecht zu erhalten versuchen. Auf eine dem Ereignis des Sterbens angemessene personale Kommunikation, die auf die psychischen Bedürfnisse des Schwerkranken eingehen will, wird der Mediziner jedoch nicht vorbereitet, und dafür gibt es in der entfalteten Industriegesellschaft, die den Bereich um den Tod in die dazu zuständigen Institutionen abdrängt und den Umgang mit alten und schwer chronisch kranken Menschen ausschließlich professionellen Berufsgruppen überläßt, kaum eingeübte Sprachformen[30].

Die Ausführungen zu den psychologischen und soziologischen Problemen der Aufklärung beleuchten einen Aspekt, der im biblischen Verständnis von *Wahrheit* im Vordergrund steht.[31] Es kommt darauf an, daß der, der die Diagnose einem Menschen als »Existenzwahrheit« mitzuteilen hat, zu dieser Wahrheit selbst ein *Verhältnis* hat, sie zunächst in ihrer Bedeutung für sich selbst und dann für den anderen »versteht«, damit er »*in* der Wahrheit« ist, die ihn frei macht, »*aus* der Wahrheit« zu reden, um andere in die Wahrheit über ihr Leben einzuführen[31]. Derjenige ist in der Wahrheit, der sich der Tatsache, daß auch er selbst sterben muß, mit seiner Existenz, also primär nicht intellektuell objektivierend, sondern emotional hat konfrontieren lassen, und der diese Wahrheit in ihrer Bedeutung für seine Existenz angenommen hat[32]. Dazu gehört, daß man in etwa versteht, was die Wahrheit des unheilbaren Krankseins oder gar des Sterbenmüssens für die personale Ganzheit des Menschen bedeutet. Wer sich das vor Augen führt, sieht den Menschen nicht mehr primär als Objekt medizinischen Behandelns aufgrund abnormer Körperreaktionen, sondern übernimmt Verantwortung für den anderen als Subjekt, als Person, wirft ihm die Diagnose nicht als unangeeignete Sachwahrheit an den Kopf, um sich dann möglichst schnell zurückzuziehen, sondern bietet sie ihm als zu ergreifende Existenzwahrheit soweit an, wie der andere sie mit seiner Hilfe verarbeiten kann. Ansatzpunkt zu einem solchen Einführen in die Wahrheit wird das oft verschlüsselte sorgenvolle Fragen des Kranken sein, auf das man von

30 Vgl. Eibach (1975), 139 ff.; ders. (1974), 36 ff. (mit Literatur).
31 Vgl. Literatur Anm. 13.
32 Vgl. zum Folgenden Thielicke, ThE II/1, Nr. 581 ff.; Ansohn, 58 ff.

allem Anfang an so eingehen soll, daß die *Richtung* der objektiven Sachwahrheit entspricht, da eine spätere Zurücknahme einer falschen Aussage fast immer mit einem tiefen Vertrauensbruch verbunden ist. Entscheidend ist zwar, daß der andere sich die mitzuteilende Wahrheit aneignen und mit ihr leben kann, doch sollte man bei der Berücksichtigung der Umstände, die die Mitteilung der konkreten Wahrheit bedingen[33], immer die ganze noch verbleibende Lebenssituation des Kranken in seiner Bezogenheit auf und Abhängigkeit von Mitmenschen, besonders Angehörigen, bedenken und nicht aus einer falsch verstandenen und mit dem Motiv *Liebe* legitimierten *Schonung* heraus die »Wahrheit« verheimlichen. Wer den *unlöslichen Zusammenhang zwischen Wahrheit und Liebe* aufzuheben versucht, übersieht, daß Liebe, die nicht wahr ist, nicht tief genug reicht, um wahres Menschsein zu verwirklichen. Die wachsende Erkenntnis, daß das Ende irdischer Existenz naht, ist notwendig eine schmerzhafte Einsicht, die man umso besser ertragen und verarbeiten kann, je mehr man sich im Leben auf sie vorbereitet hat. Wer nicht grundsätzlich schon im Leben ein Verhältnis zu dieser Wahrheit gewonnen hat, wird sie auch im Sterben möglichst lange verleugnen[34] und sich gegen eine offene Mitteilung sträuben.

In der überwiegenden Zahl der Fälle, in der die Schonung des Patienten als Motiv angeführt wird, dürfte nicht dessen Schonung, sondern die Schonung seiner selbst der wahre Grund sein[35]. Das Problem der Aufklärung ist nicht primär ein medizinisches. Es ist wesentlich durch weltanschauliche, ja selbst unterschiedliche theologische Auffassungen von Leben und Tod[36] und durch bewußte oder unbewußte emotionale Einstellungen bedingt. Wer den Tod nur als zu bekämpfendes Übel ansieht und zugleich als »Exitus« verharmlost, wird im Sterben wahrscheinlich kaum einen Sinn erkennen und daher auch nicht einsehen, daß er einen Mitmenschen durch das Verschweigen um wesentliche Erfahrungen und Entscheidungen seines Lebens be-

[33] Vgl. Bonhoeffer, 385 ff.; Thielicke, ThE II/1, Nr. 354 ff., 569 ff.

[34] Vgl. Eibach (1974), 36 ff.; ders. (1975), 140 ff.; vgl. B/II/3 u. 4. Selbst in Tumorkliniken, in denen sich die Patienten meist schon untereinander aufklären und in denen die Behandlungen und das Schicksal von Mitpatienten meist schon eindeutige Zeichen für die Bösartigkeit der eigenen Krankheit sind, kommen Verleugnungen des Todes bis zuletzt vor.

[35] Vgl. Anm. 26. Thielicke (ThE II/1, Nr. 587) deutet theologisch so: »Dann *spricht* der Arzt in diesem Fall nicht nur *die* Unwahrheit, sondern er spricht auch *aus* der Unwahrheit, nämlich aus einer verlogenen Situation seiner selbst.«

[36] Vgl. Anm. 5 f.; Th. v. Uexküll, in: Sudnow, XIV; Ansohn, 54, 75 ff.

trügt. Trotz aller theologischer Bedenken gegen eine Heroisierung des Sterbens als Gelegenheit zur Selbstvollendung[37] stimmen katholische und evangelische Ethiker in dem *Ziel der Aufklärung* überein. Der Mensch soll nicht durch das Versäumnis anderer und um einer oberflächlich verstandenen Schonung willen um die Chance gebracht werden, dem ihm verbleibenden Leben in Freiheit den Sinn zu geben, der ihm wesentlich erscheint, und sein Leben abzuschließen, d. h. sein Leben zu ordnen in materieller und geistiger und geistlicher Hinsicht[38], Schuld zu bekennen, Vergebung zu empfangen von Menschen und durch den Zuspruch von Gottes Vergebung. Dieser bewußte Abschied vom Leben ist meist nicht nur für den Sterbenden, den häufig die Sorge um seine Familie bedrückt, sondern auch für seine Angehörigen von entscheidender Bedeutung. Bleiben wesentliche Dinge ungeklärt, so können bei ihnen schwere Schuldgefühle, Selbstvorwürfe aufkommen, die zu abnormen Trauerreaktionen bis zur Todessehnsucht führen können, um – wiedervereinigt mit dem Verstorbenen – das angetane Unrecht gutmachen zu können. Gerade Eheleute berichten nicht selten, daß sie bei vollem Wissen um die begrenzte ihnen verbleibende Zeit eine *Tiefe* ihrer Beziehung erleben oder erlebt haben, die sie mit der Kürze ihres Lebens und ihrer Ehe aussöhnt. Diese Momente des Lebens im Sterben können auch noch ihre Überzeugungskraft für eine Wahrheitsmitteilung behalten, wenn das eigentliche theologische Argument, daß der Mensch sein Leben in Erkenntnis von Sünde und Schuld bewußt vor Gott beschließen und sein Leben in der Hoffnung auf Gottes Gnade und Treue zu den Toten ihm übereignen soll, für den Betroffenen keine Bedeutung hat. Mit *K. Rahner*[39] wird man daher festhalten müssen, daß jeder Mensch das Recht hat zu wissen, »daß und wann er sterben muß. Wenn und insofern dieses Wissen nur durch eine Mitteilung der Umwelt zustande kommen kann, darf ihm die Mitteilung nicht verweigert werden.«

Da diese Mitteilung keine einmalige Sachinformation, sondern

[37] Vgl. B/II/4.

[38] Auch M. Luther (Sermon von der Bereitung zum Sterben, WA 2,685) betont zunächst, daß der Mensch sein »zeitlich Gut ordentlich verschaffe . . ., daß nicht bleibe nach seinem Tod Ursach zu Zank, Hader oder sonst einem Irrtum unter seinen nachgelassenen Freunden«. Vgl. die Wendung »sein Haus bestellen« (1 Mose 27,1 ff.); vgl. Köberle, 166; Prest, 69 ff.; Sporken (1972), 63 ff.; Rahner (1975), 31 ff.

[39] (1975), 34.

eine die Existenz eines anderen Menschen zunächst nur negativ qualifizierende »Seinswahrheit« ist, muß sie eingebettet sein in einen meist längeren, psychische Kraft und Zeit raubenden personalen Verstehensprozeß, in dem dem Kranken zunächst der schlimme Verlauf seiner Krankheit als Möglichkeit eröffnet werden sollte, um ihn dann dahin zu führen, daß er dies zunehmend als eine sein Leben unausweichlich bestimmende Existenzwahrheit ergreift und begreift. Die aus der Erkenntnis der Wahrheit entstehenden inneren Konflikte müßte der Kranke zunächst im Gegenüber zu der ihm die Wahrheit eröffnenden Person ausleben und aufarbeiten können. Der Einführung in den negativen Aspekt der Wahrheit müßte möglichst eine Hilfe in der Eröffnung des dann trotzdem verbleibenden Lebenssinns parallel gehen[40]. Mit der Mitteilung entsteht auf jeden Fall eine besondere Verantwortung, die mancher vielleicht auch aus überzeugenden Gründen zu übernehmen nicht in der Lage ist. *D. Bonhoeffer*[41] hat darauf verwiesen, daß nicht jeder allein aufgrund dessen, daß er eine Wahrheit weiß oder auch nach ihr gefragt wird, schon befugt ist, sie auszusprechen. Die ethische Legitimation zur Mitteilung der Wahrheit erwächst daraus, daß man ein Verhältnis zu der mitzuteilenden Wahrheit hat und bereit und fähig ist, dem Mitmenschen zur Aneignung dieser lebensbestimmenden Wahrheit zu helfen und mit ihm im Geschehen dieser Wahrheit ein Stück weit gemeinsam zu leben. Die Beobachtung, daß die meisten Ärzte dazu aus vielerlei Gründen nicht bereit und fähig sind[42], läßt erhebliche Zweifel an dem noch immer von Ärzten mit dem Hinweis auf das notwendige Vertrauen in einer persönlichen Arzt-Patient-Beziehung geforderte absolute Vorrecht bei der Aufklärung aufkommen. Das in der ärztlichen Ethik nicht selten ideologisch mißbrauchte und den Realitäten widersprechende persönliche Vertrauensverhältnis[43] sollte wenigstens dort nicht mehr zur Rechtfertigung eines Vorrechts angeführt werden, wo einer an sich ethisch und rechtlich eindeutigen Verpflichtung

[40] Ansohn, 68 f.; Sporken (1972), 64 ff.

[41] S. 393, vgl. 383.

[42] Vgl. Anm. 17. Schwierig ist es für viele Ärzte, von der optimistischen Bekämpfung der Krankheit auf die Einsicht der Ausweglosigkeit und die Hinnahme der Krankheit umzuschalten. Das Einstellen der Versuche zur Lebensrettung kann ein Gefühl des Mißlingens und der Enttäuschung entstehen lassen (vgl. Sporken, 1972, 57), besonders wenn der Arzt optimistisch war und dem Patienten auch entsprechende Hoffnung gemacht hat.

[43] Vgl. zur Kritik Depner, 65 ff.; Lüth (1974 a), passim; ders. (1975), 189 ff.; Engelhardt u. a., 183 ff.

entgegen den Bedürfnissen der Patienten nicht nachgekommen wird.

Da der Arzt die Krankheit beurteilt und die Behandlung leitet, nimmt er in der Gesamtsorge für den Patienten die zentrale und verantwortlichste Stellung ein, so daß es von daher sehr wünschenswert ist, daß er die aufklärenden Gespräche mit dem Patienten führt. Entzieht er sich aber, vielleicht trotz eindeutiger Signale des Patienten und Hinweisen von dritter Seite, diesem Gespräch und wendet der Kranke sich mit eindeutigen Bitten an eine andere Person, um etwas über seinen Zustand zu erfahren, so *darf* diese, wenn sie sich dazu befähigt sieht – sei es ein Angehöriger, sei es eine erfahrene Schwester, sei es der Seelsorger –, »ihm diese Antwort geben, selbst gegen den Willen des Arztes«[44]. Wer diese Sicht verneint, muß sich – besonders als Seelsorger – die Frage gefallen lassen, wie er sich einen vertrauensvollen und hilfreichen Beistand denken kann, wenn er und auch andere nicht bereit sind, auf ein dringendes und existenzentscheidendes Bedürfnis eines Kranken einzugehen. Entscheidend ist, daß alle, die häufigeren Umgang mit dem Kranken haben, für seine Signale offen sind. Der Patient wird sich dann an den wenden, zu dem *er* am meisten Vertrauen hat und von dem er am meisten Hilfe und Beistand für seinen Lebensweg erwartet. Selbstverständlich muß der, der dem Patienten Aufklärung zuteil werden läßt, den Arzt und die anderen wichtigen Bezugspersonen des Kranken darüber informieren. Überhaupt ist die klare Absprache und das gemeinsame Vorgehen aller Beteiligten entscheidend. Die Zusammenarbeit von Arzt und Seelsorger kann sich gerade bei der Aufklärung darin bewähren, daß der Seelsorger dem Arzt ein »feed back« darüber gibt, wie seine Informationen beim Kranken gewirkt haben. Der Seelsorger erfährt meist auch mehr von den existentiellen Einstellungen des Kranken und den familiären Verhältnissen, die für die Art und die Dringlichkeit der Aufklärung zu wissen sehr entscheidend sind[45].

Die ethische Pflicht zur Aufklärung läßt sich heute in vielen Fällen nicht mehr auf die Mitteilung der Unheilbarkeit einer Krankheit und des nahenden Todes beschränken. Ziel dieser Aufklärung ist es, dem Kranken den Abschluß seines Lebens in eigener bewußter Verant-

[44] Sporken (1972), 58; ders. (1973), 56; dgg. Zander, in: Hiersche (Hrsg.), 201; Bedenken dgg. werden auch von vielen Seelsorgern geäußert, die diese Aufgabe eindeutig dem Arzt überlassen wollen (vgl. Faber, 1970, 28).

[45] Die Voraussetzungen zu derartiger Unterstützung der Ärzte und Schwestern sind wegen der qualitativen und quantitativen Vernachlässigung der Krankenhausseelsorge durch die Kirche leider nur selten gegeben.

wortung vor Menschen und vor Gott zu ermöglichen. Mit zunehmender Technisierung der Medizin gerät der Kranke im Krankenhaus immer mehr in die Räder einer automatisch funktionierenden Maschinerie, der er sich ausgeliefert sieht, so als sei er lediglich Behandlungsobjekt, das den Strukturen der Anstalt und den Ansichten der hier bestimmenden Menschen willenlos Folge zu leisten habe. Gegen diese herrschende Tendenz ist daran zu erinnern, daß die Medizin und das Krankenhaus um des kranken Menschen willen da sind und ihn als Person ernst zu nehmen haben. Dies geschieht nur, indem man in Kommunikation mit ihm eintritt und sich vor allem des Mittels bedient, das der Mensch als Vorrecht in ausgeprägterem Maße als das Tier besitzt: der *Sprache*[46]. Es gibt keine andere Möglichkeit, der Entpersönlichung im Krankenhaus entgegenzuwirken, als durch die Sprache. Ziel der Kommunikation mit dem Patienten muß es sein, statt einer »Enteignung der Gesundheit« (I. Illich) die *Eigenverantwortlichkeit* des Menschen für seine Gesundheit und für die Art seiner Behandlung zu fördern[47]. Der *mündige Patient* muß jedoch zuerst einmal überhaupt als wünschenswertes Ziel des Arzt-Patient-Verhältnisses ins Auge gefaßt werden, selbst wenn ein wirklich »herrschaftsfreier Dialog« in den meisten Fällen schon deshalb nicht zu erreichen sein wird, weil allein der Fachmann zur Deutung der Befunde und zur Prognose befähigt ist. Aber selbst für ihn ist eine Prognose häufig unsicher oder gar unmöglich. Jedoch selbst wenn Diagnose und Prognose relativ sicher sind, kann die Kommunikation zwischen Arzt und Patient sich nicht nur auf der objektivierend rationalen Ebene vollziehen. Wenn Gesundheit, Glück oder gar das Leben selbst auf dem Spiel stehen, versagt die Vernunft meist auf seiten des Patienten, und der Arzt muß die Unzulänglichkeit der Fachsprache und des Fachwissens erkennen[48]. Diese Schwierigkeiten allein können noch kein Grund sein, auf eine Aufklärung des Patienten überhaupt zu verzichten. Diese müßte das Ziel haben, den Kranken an einer Entscheidung über sein Leben zu beteiligen und ihm deutlich zu machen, daß er selbst auch *Verantwortung* für die sein Leben be-

[46] Vgl. Lüth (1972), 57 ff.; ders. (1974 a), 38 ff.; von Lehndorff, 86 ff.; Engelhardt, 49 ff.

[47] Aufgabe der Krankenhausseelsorge ist es auch, der Entmündigung des Patienten zum Objekt der Behandlung anderer entgegenzuwirken. Vgl. Lüth (1975), 189 ff. u. I. Illichs Kritik an der Enteignung der Gesundheit und der Entmündigung des Menschen im Gesundheitsbereich.

[48] Vgl. Anm. 29 u. A/II.

stimmenden Behandlungen trägt. Durch das aufklärende Gespräch würde einerseits verhindert, daß der Patient zum bloßen Objekt einer biotechnischen Behandlung oder auch persönlicher und institutioneller Interessen der Ärzte wird, und andererseits, daß der Arzt allein alle Risiken zu tragen hat und der Patient sich von jeder Verantwortung entbunden fühlt.

Seit wir davon ausgehen müssen, daß nicht mehr alles, was technisch machbar ist, selbstverständlich dem Wohl des Menschen dient, muß sich jeder Arzt fragen, wer und was ihn dazu berechtigt, eine medizinische Maßnahme mit ambivalenten Erfolgen einzuleiten, ohne den, der die Folgen tragen muß, darüber so zu informieren, daß er aufgrund eigener Erkenntnis der Folgen eine Behandlung *bejahen* oder *ablehnen* kann. Ein Verfügungsrecht über das Leben des anderen steht auch dem Arzt nicht zu. Die »American Hospital Assosciation« hat eine, sicherlich auf dem Hintergrund der Versicherungslage in den USA zu verstehende, aber doch auch für europäische Verhältnisse richtungweisende »Bill of rights« für Krankenhauspatienten erlassen[49], deren für diese Frage wesentliche Punkte darin bestehen, daß der Patient das Recht hat, »von seinem Arzt vollkommene Information über Diagnose, Behandlung und Prognose zu erhalten, und zwar in einer Form, von der zu erwarten ist, daß der Patient sie gut versteht«, und das Recht, »vor Beginn irgend einer Maßnahme oder Behandlung so informiert zu werden, daß er sie hinreichend beurteilen und ihr zustimmen« oder sie *ablehnen* kann, »soweit das gesetzlich zulässig ist«. Diese theoretisch völlig überzeugenden Forderungen sind jedoch in der Praxis oft selbst dann nicht zu verwirklichen, wenn der Patient entscheidungsfähig ist. Setzt man ihm die Informationen einfach als reine Sachwahrheit vor, so fühlen er und seine Angehörigen sich mit einer Entscheidung überfordert. Im Gegensatz zur Beantwortung der Frage, ob eine Krankheit »zum Tode« ist, ist zur Klärung der Fragen über Behandeln oder Nichtbehandeln und die Folgen der Arzt als Fachmann in solchen aufklärenden Gesprächen unersetzbar, aber auch schon aufgrund seines Fachwissens der stärkere, der den anderen seine Meinung bewußt oder unbewußt

[49] Dtsch. Übersetzung bei Wunderli, 178 f. (vgl. Krauß, 116 f.). Anlaß zur Ausarbeitung waren die häufigen Anklagen von Patienten oder deren Angehörigen wegen persönlich zu tragender hoher Kosten von zweifelhaften Behandlungen ohne vorherige Information. So stellte sich häufig das Problem, wer schadensersatzpflichtig sei, die Ärzte oder die Krankenhausträger.

durch seine Deutungen aufzwingen kann[50]. Um dies zu vermeiden, muß dem Arzt daran gelegen sein, möglichst viel über die psychische und psychosoziale Seite des Lebens seines Patienten und dessen Auffassungen vom Sinn des Lebens zu erfahren[51]. Dazu können außer dem Patienten und seinen Angehörigen auch der Hausarzt, die Schwestern, der Seelsorger wertvolle Informationen liefern. In vielen Fällen wäre auch die Hinzuziehung eines psychologisch ausgebildeten Fachmanns vonnöten. Daß nicht nur für die Klärung der Ursachen einer Krankheit, sondern auch für die Art der und den Verzicht auf Behandlung neben den Auffassungen vom Sinn des Lebens die Kenntnis psychischer und psychosozialer Faktoren, vor allem der Familienverhältnisse, entscheidend ist, sollte nicht mehr bestritten werden.

Wenn der Arzt solche Informationen hat und den Patienten als eigenständige Person mit eigenen Ansichten über sein Leben achtet, dann kann er in einer behutsamen Aufklärung dem Patienten seine Informationen so anbieten – und eventuell auch deuten –, daß dieser sie verarbeiten und seine Lage selbst beurteilen kann. Die Aufklärung müßte also überwiegend ein gemeinsames, solidarisches Suchen nach einer verantwortungsvollen Entscheidung zum »Besten« des Patienten sein. Es ist unbestritten, daß eine solche Entscheidung des Patienten selbst bei bestem Bemühen häufig nicht möglich ist, sei es, daß der Drang zum Leben und seine Gefühle die rationalen Fähigkeiten ausschalten, daß er unmündig oder gar bewußtlos ist, sei es, daß unverzüglich entschieden und gehandelt werden muß. Wer soll dann nach welchen Kriterien die Entscheidung fällen? Wir haben darauf verwiesen[52], daß diese Frage nur unter Beachtung der anthropologischen Einsicht zu lösen ist, daß Menschsein sich in Beziehung zu Mitmenschen verwirklicht und daß dieses Miteinander zugleich *Verantwortung füreinander* bedeutet. Zu dieser Verantwortung sind zu-

50 Ist ein Arzt z. B. der Meinung, daß Leben immer zu verlängern ist, wird er kaum bereit sein, die negativen Folgen von Behandlungen ebenso klar herauszustellen, wie die Chancen. Der Patient ist ihm dann weithin wehrlos ausgeliefert; vgl. Blüchel, 223 ff.; Illich, 25 ff.; Lüth (1975), 189 ff.

51 Im Gegensatz zum Hausarzt früher Zeiten sieht der meist einseitig auf physiologische Fehlfunktionen spezialisierte Facharzt im Krankenhaus nicht einmal mehr den Körper als Ganzheit (vgl. Buddeberg, 741), ganz zu schweigen von den sozialen Verhältnissen des Patienten, um die zu wissen angesichts der Tatsache, daß vielleicht mehr als die Hälfte aller Krankheiten psychischen und psychosozialen Ursprungs sind, unerläßlich ist (vgl. Engelhardt, 43 ff.).

52 Vgl. C/II, Anm. 16 f.

nächst die Angehörigen des Kranken gerufen, mit denen sein Leben am engsten verbunden ist, die am besten seine Lebenseinstellung kennen – besonders bei Ehegatten – und die daher auch am ehesten über den *mutmaßlichen Willen* des Patienten Auskunft geben können. Da sie auch nach einer Behandlung häufig die Bezugspersonen sind, auf deren Zuwendung und Hilfe der schwer kranke Mensch angewiesen ist, ist ihre Ansicht für eine Entscheidung von erheblichem Gewicht, ja sie sollte – wenn sie mit durchsichtigen und überzeugenden Motiven begründet ist – ausschlaggebend sein[53]. Gewiß hat nicht einmal der eine Ehepartner ein Verfügungsrecht über den anderen, doch hat dies auch kein Arzt. Dieser muß sich daher von den Angehörigen wenigstens die Frage gefallen lassen, ob er sich bei einer Behandlung ohne Einwilligung des Patienten und seiner Angehörigen nicht ein solches Verfügungsrecht mit zweifelhaften ethischen Argumenten anmaßt.

Daß das Objekt der Behandlung ein Subjekt ist, über dessen Leben der Arzt kein Verfügungsrecht hat, ist besonders dann zu beachten, wenn auch die Angehörigen zu Entscheidungen unfähig sind oder erst gar nicht hinzugezogen werden können oder Angehörige oder auch die Gesellschaft eine Maßnahme verlangen, die dem Gesamtwohl des Patienten sehr schaden kann (wie z. B. das Drängen auf völlig aussichtslose Maßnahmen der Lebensverlängerung) oder die eindeutig gegen ethisch begründete und allgemeinverbindliche Grundsätze verstößt. Wenn die menschliche Kommunikation versagt, wenn selbst Fachkollegen nicht konsultiert werden können, Entscheidungen aber dringend gefällt werden müssen, dann setzt in ganz besonderer Weise die persönliche ärztliche Verantwortung ein, dann dürfen Entscheidungen nicht beliebig und willkürlich, sondern müssen aufgrund verbindlicher ethischer Grundsätze und Kriterien durch den Arzt gefällt werden. Gerade in Grenzfällen des Lebens implizieren fachliche Entscheidungen bereits ethische Vorausentscheidungen oder hängen von ihnen ab. Deshalb kommt es darauf an, daß sich ethische Überzeugungen zunehmend *im Gewissen* derjenigen inkorporieren, die diese Entscheidungen fällen und ausführen[54], damit sich verantwortliches ethisches Handeln auch ohne Kontrolle von außen verwirklicht. Allein der Grundsatz, Leben zu verlängern, reicht

[53] Vgl. Krauß, 116 ff.; 126; C/II/3, Anm. 43 ff.; C/II/4/a, Anm. 14 ff.
[54] Vgl. van Melsen, 151; Ruff, 151 f.; A/II.

jedenfalls nicht aus, um ethisches Handeln in der Medizin zu garantieren, ja er ist vielmehr geeignet, das Subjekt zum Objekt menschlichen Verfügens zu machen und den Menschen in Grenzsituationen mehr zu schaden als zu helfen. Wo die Kommunikation mit dem Patienten selbst – durch die er als sich selbst bestimmendes Subjekt geachtet wird – versagt, da muß ein Menschenbild Grundlage ärztlicher Ethik sein, das sich nicht allein an der biologischen Existenz und ihrer Erhaltung ausrichtet.

Viele Ärzte haben eine große Abneigung gegen in einem »Team« zu treffende Entscheidungen, vor allem dann, wenn nicht nur medizinische Fakten zur Urteilsfindung berücksichtigt werden sollen[55]. Man beruft sich dabei oft auf das sogenannte »ärztliche Gewissen«, das aus ganz persönlicher Verantwortung für den Patienten heraus Entscheidungen zu seinem Wohl zu fällen und zu tragen in der Lage sei, während jede Team-Entscheidung nur Ausdruck dafür sei, daß keiner wirklich persönliche Verantwortung zu tragen bereit sei. Eine solche Auffassung von Gewissen und Verantwortung orientiert sich meist an einer »Gesinnungsethik« und einem Verständnis von Gewissensentscheidungen, wie es sich im Protestantismus vor allem seit I. Kant sowohl mit einer Pflichtenethik als auch einer Situationsethik verbunden hat[56]. Mit der Hinkehr zu einer mehr die Folgen des Handelns berücksichtigenden Ethik hat sich auch die Auffassung vom Gewissen und verantwortlichen Gewissensentscheidungen derart verändert[57], daß auch Gewissensentscheidungen hinterfragbar sein müssen auf die Motive, Normen und Werte, die dabei leitend sind, und daß sie erst dann verantwortlich zu nennen sind, wenn sie unter bestmöglicher Berücksichtigung der für die gesamte Lebenssituation des Patienten bestimmenden Faktoren gefällt werden. Die zunehmende Spezialisierung der Mediziner und die dadurch bedingte Partikularisierung und Funktionalisierung medizinischer Behandlungen lassen meist nicht einmal mehr die leibliche Ganzheit, geschweige denn die gesamte Lebenssituation des Patienten ins Blickfeld des Arztes treten[58]. Dazu bedarf es immer mehr nicht nur der Zusammenar-

[55] Vgl. z. B. H. Menzel, in: Eser (Hrsg.). Diese Abneigung hängt zweifellos mit der hierarchischen Personalstruktur zusammen, in der Vorgesetzte Entscheidungen treffen, die andere widerspruchslos auszuführen haben. Vgl. Pellegrino, 57 ff.; Fritsche, 86; C/III/2/b.

[56] Zur Kritik vgl. B/III, Anm. 7 ff., B/III/3, Anm. 8.

[57] Vgl. Picht, 318 ff., 343 ff., 373 ff., Jonas, 73 ff.; vgl. A/II.

[58] Vgl. Anm. 51.

beit von Vertretern verschiedener medizinischer Fachgebiete, sondern auch der Informationen von Schwestern, Psychologen – falls vorhanden –, Seelsorgern und vor allem der Angehörigen. Soweit der Patient nicht selbst entscheidungsfähig ist und seine Anliegen nicht zur Geltung bringen kann, wäre gegen deren Beteiligung an einem zur Entscheidungsfindung zusammentretenden »Konsilium« überhaupt nichts einzuwenden[59]. Entscheidungen eines Teams sind auch nicht Ausdruck dafür, daß keiner mehr persönlich Verantwortung tragen möchte, sondern davon, daß heute ein einzelner nicht mehr die Informationen immer so sammeln und integrieren kann, daß er wirklich verantwortbare, d. h. alle Aspekte der Diagnose, Prognose und der Folgen der Behandlung richtig bedenkende Entscheidungen allein fällen kann. Die Entscheidung eines »Teams« nach einem Konsilium wird von allen verantwortet, sie ist nicht Ausdruck von Mangel an Verantwortungsbereitschaft, sondern von höchster Verantwortlichkeit und richtiger Selbsteinschätzung der begrenzten Fähigkeiten eines einzelnen und der Irrtumsfähigkeit auch von Medizinern.

2. *Medizinische Sterbehilfe: Bewußtseinstrübung? – Lebensverkürzung als unbeabsichtigte Nebenwirkung?*

Wie sehr sich das Handeln des Arztes besonders in den Grenzfällen der medizinischen Sterbehilfe einer ethischen Kasuistik und einer rechtlichen Kategorisierung und Überprüfung entzieht, wird im folgenden immer wieder deutlich. Umso wichtiger ist es, daß schon in der ärztlichen Ausbildung die Abhängigkeit medizinischen Handelns von vorgängigen Wertentscheidungen offengelegt und ein an den für alle verbindlichen Werten ausgerichtetes *ethisches Bewußtsein* geprägt wird, das zum verantwortlichen Handeln auch in nicht überprüfbaren Grenzsituationen anleitet[1]. Wenn es auch richtig ist, daß im allgemeinen nur das Handeln verantwortlich zu nennen ist, dessen *Folgen* absehbar sind[2], so heißt das nicht, daß Handeln dann,

[59] Vgl. Fritsche, 86; A/II; C/II/4/a; C/III/1, Anm. 14; C/III/2, Anm. 20.
[1] Vgl. A/II.
[2] Vgl. Picht, bes. 328 u. 377; B/II/5, Anm. 65 ff. u. A/II.

wenn gehandelt werden *muß*, die Folgen aber nicht absehbar sind, notwendig unverantwortlich sein müsse oder *beliebig* sein dürfe. Das Schwergewicht in der sittlichen Beurteilung einer Handlung fällt dann im Rahmen des aus Motivation zur, Mitteln zur und Folgen der Handlung bestehenden *Handlungsgefüges* von den *Folgen* auf die *Motivation* unter gleichzeitiger Berücksichtigung der *Mittel*. Die Motivation ist nur im Bewußtsein des Handelnden gegeben und entzieht sich insofern einer kritischen Überprüfung von außen, wenn von den Folgen her kein eindeutiger Rückschluß auf die Absicht möglich ist. In Grenzsituationen des Sterbens ist dies recht häufig der Fall. So können in der Praxis medizinischen Handelns die Übergänge zwischen Verzicht und fahrlässigem Unterlassen und zwischen Helfen und Töten so fließend werden, daß der Unterschied zwischen ihnen nur im Bewußtsein der Handelnden –mitunter aber nicht einmal dort – gegeben und somit nicht objektiv nachprüfbar ist.

Schwere Krankheit und Sterben sind meist schmerzvolle Erlebnisse, deren Bewältigung die Hilfe anderer erfordert. Soweit die psychischen und physischen Leiden mit Medikamenten und medizinisch-technischen Mitteln angegangen werden, wollen wir das als *medizinische Sterbehilfe* bezeichnen. Die Linderung von Schmerzen ist auch dann noch eine ärztliche Aufgabe, wenn eine Verlängerung des Lebens nicht mehr anzustreben ist, sei es, daß der Tod schon in greifbarer Nähe ist, sei es, daß man mit Maßnahmen der Lebensverlängerung nur die Leiden vergrößert oder die Zeit schweren Leidens verlängert. Jedoch entscheidet nicht schon die bloße Möglichkeit, Schmerzen auf medizinische Weise zu lindern, darüber, ob, wieweit und auf welche Weise die Schmerzen ausgeschaltet werden sollen. Wenn allein die Machbarkeit Maßstab medizinischer Schmerzbekämpfung wird, so ist zu befürchten, daß die Dimensionen des Menschseins ausgeschaltet werden, die sich einer naturwissenschaftlichen Betrachtungsweise entziehen. Die Fähigkeit und Bereitschaft, Leiden zu ertragen und zu verarbeiten, ist zweifellos von Person zu Person verschieden und hängt nicht unwesentlich von der geistigen Haltung gegenüber diesem Grundphänomen allen kreatürlichen Daseins ab. Zunehmend zeigt sich die Einstellung, daß Leiden *lediglich* ein Hindernis für Leistung und Glück darstellt, so daß jegliche Art Leiden schnellstens ausgeschaltet oder unterdrückt wird, was aufgrund der »Medikalisierung des Leidens« (I. Illich) in der Industriegesellschaft nahezu jedermann jederzeit möglich ist. Die medizinisch-chemische »Abtötung des Schmerzes« und die Fiktion einer leidensfreien Welt sind wie die Bekämpfung des Todes an sich Produkte neuester medizinisch-technischer Zivilisation und des durch sie bestärkten pseudoreligiösen Glaubens an die »Machbarkeit« von Gesundheit und Glück[3]. An *I. Illichs* Kritik der »Enteignung der Gesundheit« und der »Abtötung des Schmerzes« ist wenigstens zu beachten, daß diesen Erscheinungen in den Industriestaaten keinesfalls eine Bewältigung von Leiden und eine Abnahme der Angst vor Leiden entspricht, sondern vielmehr eine zunehmende Unfähigkeit, eigene und fremde Leiden durchzustehen und in humaner Weise zu verarbeiten. Leiden kommt offenbar fast nur noch unter dem Aspekt des Hindernisses für Leistung und Glück einerseits und seiner *Abschaffung* andererseits in den Blick.

Die Hinweise darauf, daß Leiden als ein zum Glück komplementärer Aspekt des Lebens anzusehen ist, daß die Leidensfähigkeit im engen Zusammenhang mit der Liebesfähigkeit steht, daß der Mensch im Durchstehen und Verarbeiten von Leiden in seiner Person »reifen«, eine »Tiefe« seines Daseins und des Verständnisses für den leidenden Mitmenschen, ja sogar Gottes »Ruf« zur »Umkehr« erfahren kann[4], sollen nach dem dargelegten theologischen Verständnis von Krankheit[5] die Negativität des Leidens nicht in eine positive Gelegenheit zur »eigentlichen Menschwerdung« umdeuten, nicht in Frage stellen, *daß* Krankheit und Schmerzen mit den Mitteln von Pharmazie und Medizin bekämpft werden sollen, sondern nur das Bewußtsein dafür wecken, daß es ebenso darauf ankommt, *wie* wir sie bekämpfen, ob wir die verschiedenartigen Schmerzen auch mit den jeweils geeigneten und der Vielfalt der Schmerzen angemessenen *Mitteln* angehen. Schon *M. Scheler*[6] und jetzt auch *E. Kübler-Ross* haben darauf verwiesen, daß da, wo der Mensch das Sterben anderer nicht mehr unmittelbar anschaulich vor Augen sieht, »die Idee einer Überwindung des Todes im Fortleben« und die am emotionalen Erleben des Todes aufbrechende »metaphysische« Frage verblassen muß. *Chr. v. Ferber*[7] und andere haben darauf aufmerksam gemacht, daß

[3] Vgl. A/I u. Illich, 41 ff., 91 ff.
[4] Vgl. Literatur B/II/4, Anm. 82 ff.
[5] Vgl. B/II/4
[6] Tod und Fortleben, in: Schriften aus dem Nachlaß, Bd. I, 1957, 15; Kübler-Ross (1971), 20 f.; vgl. B/I/2, Anm. 30 f.; B/II/4, Anm. 70.
[7] (1963), 351 ff.; vgl. Eibach (1974), 36 ff.; ders. (1975), 139 ff.

mit der Verdrängung von Krankheit und Tod aus der Öffentlichkeit die Frage nach einem letzten *Sinn* und *Grund* des an einer »radikalen Diesseitigkeit« ausgerichteten persönlichen und gesellschaftlichen Lebens nicht mehr oder allenfalls noch von den von Leiden und Tod unausweichlich betroffenen, aber ohne gesellschaftlichen Einfluß bleibenden Menschen gestellt wird. Darüber hinaus kann als gesichert gelten, daß mit der Verdrängung des Todes aus der Gesellschaft und der ständigen medikamentösen Ausschaltung erträglichen, nicht »tödlichen« Schmerzes – ohne zu fragen, was Schmerzen und Tod für das Leben bedeuten – einerseits erst die Idee der Bekämpfung und Überwindung des Todes an sich und die Fiktion der leidensfreien Welt aufkam[8], und daß andererseits die emotionale »Einübung« eines Verhältnisses zur eigenen Sterblichkeit und von Verhaltensformen in Zeiten unausweichlich schwerer Krankheit in der Begegnung mit dem Tod anderer und im Erleben von eigenen schmerzhaften Entsagungen nicht mehr gelingt[9] und daß daher auch nicht mehr die Voraussetzungen zu einem hilfreichen, den Bedürfnissen der Sterbenden entsprechenden *Sterbebeistand* erlernt werden[10].

Aus der Unfähigkeit heraus, einen solchen Beistand geben zu können, werden in den Kliniken immer häufiger diejenigen Mittel zur Bekämpfung von Leiden und Unruhezuständen eingesetzt, die die chemische Industrie anbietet, die einfach zu handhaben sind und häufig den erwünschten Zweck schnell erfüllen, vielleicht aber auch in vielen Fällen in erster Linie dem Personal dienen, indem der Patient »ruhig gemacht« wird. Es soll hier nicht bestritten werden, daß es gerade in der Intensivtherapie – besonders in Krisensituationen – häufig unumgänglich ist, durch eine medikamentöse Dämpfung zentralnervöser Funktionen eine Passivität der Motorik und der Psyche zu erreichen, die den Patienten »wehrlos« den sich ganz auf seine Körperfunktionen ausrichtenden Behandlungen unterwirft. Dies kann Bedingung dafür sein, daß der Patient seinen kritischen Zustand nicht noch durch starke, sich motorisch äußernde Ängste oder psychotische Unruhezustände zusätzlich verschlimmert. Die vorübergehende Dämpfung der Sinne, der Psyche und des Bewußtseins bei Patienten,

[8] Schmerz und Tod machen dem Menschen deutlich, daß er nicht Geist ist, sondern an seine Leiblichkeit gebunden ist, sie stellen ihn in Solidarität mit der leidenden Kreatur (Röm. 8,18 ff.). Vgl. A. Köberle, bes. 116 u. B/II/3, Anm. 15 f.

[9] Vgl. Hahn, 17 ff.; 75 ff. u. Literatur Anm. 7.

[10] Vgl. Sporken (1972), 46; Mayer-Scheu, in: Eid (Hrsg.), 95 ff.; C/II/1.

die sich von ihrer Krisensituation bald erholen, ist auch ethisch nicht weiter problematisch. Anders verhält es sich, wenn Menschen unter diesen Bedingungen die letzten Wochen oder Tage ihres Lebens verbringen müssen[11]. Dann wäre genau zu prüfen, ob und inwieweit Betäubungsmittel unbedingt eingesetzt werden müssen, um dem Patienten seinen Zustand erträglich zu machen und ihm eine bewußte Wahrnehmung desselben zu ersparen. Bei kritischer Prüfung wird sich nicht selten herausstellen, daß die Verabreichung von Beruhigungsmitteln weniger den Bedürfnissen des Patienten als denen des Personals entspricht, daß in Ermangelung psychologischer Kenntnisse und Fähigkeiten und infolge psychischer und physischer Überbeanspruchung zu den »chemischen Psychiatern« gegriffen wird, deren einfache Handhabung man im Gegensatz zur psychischen und mitmenschlichen Betreuung schwerkranker und sterbender Menschen erlernt hat. Hat man einen sterbenden Menschen vorher grundsätzlich über seinen wahren Zustand getäuscht, so kann ein Bewußtwerdungsprozeß durch die Gabe von Psychopharmaka bis zuletzt verhindert und das medizinische Personal vor der Entdeckung seiner Ohnmacht hinsichtlich der Wahrheitsmitteilung und der Peinlichkeit der daraufhin entstehenden Situation bewahrt werden. Bei der Verabreichung von bewußtseinstrübenden oder euphorisch machenden Medikamenten ist auf jeden Fall kritisch zu prüfen, wen man eigentlich schützen und schonen will und muß, den Patienten oder das medizinische Personal.

In der Öffentlichkeit herrscht noch weithin die Meinung vor, die Bewältigung des physischen Schmerzes sei das eigentliche Problem im Sterben. Dagegen ist mit *C. Saunders*[12] darauf zu verweisen, daß sich selbst schwere physische Schmerzen fast immer erträglich gestalten lassen, wenn Schmerzmittel ganz individuell dosiert und gezielt eingesetzt werden und wenn auf die psychischen und geistlichen Belange genügend Rücksicht genommen wird und niemand länger ohne menschliche Zuwendung bleibt. Auch sei es bei sorgfältiger Dosierung von Schmerzmitteln und Psychopharmaka fast immer zu vermeiden, daß der Patient bewußtseinsgetrübt, schläfrig wird, teilnahmslos »dahindöst« oder zuweilen auch euphorisch wird[13]. Wenn

[11] Vgl. C/III/2.
[12] S. 63 ff.; vgl. C/I/5, Anm. 7 f.
[13] Daß dies häufig der Fall ist, muß der Seelsorger bei seinen Gesprächen beachten, die dann oft einen »unwirklichen Charakter« haben (vgl. Faber, 1969, 24). Kübler-Ross

jedoch die psychischen Schmerzen (Depression usw.) und die »meta-physischen« Leiden (Angst, Erfahrung von Sinnlosigkeit, Verzweiflung usw.) die eigentlichen Probleme im Sterben aufwerfen, so wären diese doch zunächst einmal mittels »metaphysischer« Mittel und Methoden anzugehen und erst dann, wenn diese versagen, begleitend oder ausschließlich durch chemische Mittel. Der Psychiater *J. Hinton*[14] weist darauf hin, daß Patienten häufig lieber mit erträglichen Schmerzen bewußt und wach sein, als durch Drogen eingeschläfert werden wollen. Außenstehende können also nicht ohne weiteres ihre eigene Unfähigkeit, im Sterben noch »Sinn« zu erleben und den »meta-physischen« und psychischen Schmerzen im Sterben standzuhalten, ungefragt auf den Sterbenden übertragen. Seine wahren Bedürfnisse lernt man nur kennen, wenn man mit ihm in Kommunikation tritt. Wird man alle Angstzustände, alle Auflehnung gegen sein Schicksal, die sich auch in Aggressionen gegen die Mitmenschen äußern können, alle Verzweiflung und Depression gleich mittels Pharmaka angehen und nicht zunächst auf die sich darin äußernden Bedürfnisse nach menschlicher Zuwendung und Kommunikation eingehen, so wird man den Mitmenschen vielleicht der Chance berauben, zur bewußten Annahme seines Todes und zum Abschluß seines Lebens in der Kommunikation mit anderen zu kommen.

Wir haben dargelegt, daß sich Menschsein in Beziehung zu Mitmenschen verwirklicht, daß also die *Kommunikationsfähigkeit* eine Grundsignatur des Menschseins ist, deren ein Mensch auch im Sterben nur aus zwingenden Gründen ohne seine bewußte Einwilligung von Menschen beraubt werden darf. Viele Menschen werden im Sterben von der Sorge um ihre Angehörigen bedrückt, haben den Wunsch, ihr Leben mit und vor Menschen und vor Gott zu ordnen. Selbst wenn die meisten Menschen nicht zu einer bewußten Erkenntnis und Annahme ihres Sterbens kommen – nicht zuletzt deshalb, weil viele bis zuletzt über ihren wahren Zustand getäuscht werden und daher die Phasen der Unsicherheit und Leugnung oft bis in die Endstadien dauern[15] – sollte es Ziel einer der Bedeutung des Sterbens

(1974, 46) gibt den Rat, den Patienten aufzusuchen, kurz bevor er die nächste Dosis erhält.

[14] S. 116 f. »He can tolerate this if he feels confident in the people caring for him, if he is sure that they are concerned for his comfort and have regard for him as an individual« (Ebd.); ebenso Saunders, 65 f.; vgl. Lau, 78 ff.

[15] Vgl. B/I/2, Anm. 22 u. 26.

für das Leben angemessenen Schmerzbekämpfung sein, die Sterbesituation so zu gestalten, daß möglichst viel empirisch feststellbare *Freiheitsmöglichkeit* gewährt wird[16], damit der Mensch sein Leben bewußt beschließen kann. Entscheidet sich ein Patient jedoch gegen die Möglichkeit, sein Leben *bewußt* zu beenden, und bittet um Betäubungsmittel, damit ihm eine bewußte Auseinandersetzung mit seinem bevorstehenden eigenen Tod und ein psychisch »problemloses« Hinübergleiten in den Tod ermöglicht wird, so sollte eine solche Entscheidung – nach einer Überprüfung ihrer Ernsthaftigkeit – im allgemeinen respektiert werden, und zwar auch vom Seelsorger, selbst wenn er der Meinung ist, daß dies nicht zum Besten des Sterbenden dient[17]. Ob ein Mensch sein Leben bewußt beenden will, hängt ja neben seiner psychischen Stabilität und dem Maß an mitmenschlicher Zuwendung, das er empfängt, wesentlich von seiner weltanschaulichen Einstellung ab. Ein Mensch, der den Sinn seines Lebens mit Leistung und Genuß identifiziert, wird das Sterben meist nur als Negation von »Sinn« betrachten und nicht einsehen, wieso man trotz unausweichlich tödlicher Krankheit noch Sinn im Leben erfahren kann. Wenn der Mensch nicht im Leben auf sein Sterben vorbereitet ist, wenn im Sterben das Gefühl der Entfremdung von Gott, den Mitmenschen und dem eigenen Leben so überwiegt, daß er seinem zu beendenden Leben keinen Sinn und daher auch keinen Abschluß zu geben vermag, sein Leben nicht bejahen und daher auch seinen Tod nicht annehmen kann, oder wenn er im Tod nur die totale Vernichtung der Person und aller ihrer Lebensinhalte sieht und keine Hoffnung auf Bestand der Person hat, dann gelingt eine geistliche Umkehr im Sterben trotz Zuspruch des Evangeliums und eine Bejahung des Lebens trotz intensiver Bemühungen von Mitmenschen meist nicht mehr[18]. Der Sterbende verharrt in Verzweiflung und Depression und wünscht vielleicht nichts sehnlicher, als daß ihm nicht nur alle physischen, sondern auch alle »meta-physischen« Schmerzen und die »Trauerarbeit«, die ihm in der Auseinandersetzung mit dem eigenen Tod entsteht, auf »chemischem« Weg erspart werden.

[16] Vgl. Rahner (1975), 35 f.; vgl. Anm. 12.

[17] Vgl. Rahner (1975), 36. Auch Papst Pius XII. (1957, 202) sprach sich für eine Respektierung dieser Entscheidung eines Patienten aus, obwohl er die Bewußtseinstrübung als primären Zweck einer Maßnahme der Sterbehilfe von seiten des Arztes ablehnte.

[18] Vgl. Prest, 126 ff. u. B/II/4, Anm. 39 ff, bes. Anm. 62.

Aus christlicher Sicht ist es bedenklich, die Dialektik von Widerspruch und Standhalten in der Zeit des Leidens einfach durch chemische Mittel in eine »banale Mühelosigkeit« aufzulösen, statt die Spannung zwischen Leiden und Hoffnung in der sich bewährenden Geduld durchzustehen (vgl. Röm 5,4 f.). Jedoch sind Glaube und Hoffnung, die Geduld und Bewährung ermöglichen, nicht mit Heroismus zu verwechseln. »Die Bibel ermutigt zwar zur Tapferkeit des Durchhaltens in der Zeit der Paradoxie, nicht aber zum hoffnungslosen Aushalten in der Gebärde des Heroismus. Es geht bei ihr nie um den Ruhm des Aushaltens an sich, sondern um das durch Hoffnung getröstete Durchhalten bis zum . . . Ende der Paradoxie[19].« Eine *Bewußtseinstrübung* ist daher ethisch gesehen immer dort voll gerechtfertigt, wo sie sich wirklich als das einzige Mittel erweist, vom Patienten Leiden abzuwenden, an denen er sonst als Person zerbrechen würde[20].

Problematischer dürften Maßnahmen der Schmerzlinderung sein, bei denen mit einer *Lebensverkürzung als Nebenwirkung* zu rechnen ist. Wie häufig diese Fälle in der medizinischen Praxis – abgesehen von komatösen Terminalzuständen – vorkommen, ist umstritten. Manche Experten[21] sind der Auffassung, daß gerade schwere Schmerzen die Körperfunktion mehr schädigen als ihre sachgerechte Linderung es vermag. Abgesehen von dieser entscheidenden Frage ist aufgrund unserer anthropologisch-ethischen Überlegungen zu sagen, daß jede palliative Maßnahme, die schwere Schmerzzustände behebt oder verhindert, aber eine Verkürzung der Lebenszeit bewirkt, dann gerechtfertigt ist, wenn durch sie verhindert wird, daß der Patient sein klares Bewußtsein für dauernd verliert oder unter schwersten Schmerzen dahinsiechen muß. Das bedeutet sicherlich noch nicht eine prinzipielle ethische Rechtfertigung von Lebensverkürzung, gleich welche Art und welcher Grad von Schmerzen dadurch behoben wird[22], doch wenn die *Leidenslinderung ihr Ziel in der Erhaltung der Kommunikationsfähigkeit* hat und dieses auch mit größter Wahrscheinlichkeit zu erreichen ist, so sind gegen eine Le-

19 Gollwitzer, 323; so auch Papst Pius XII, (1957), 199; vgl. B/II/4, Anm. 70 ff.
20 Von Juristen wird dieser Standpunkt ebenfalls vertreten (vgl. Hanack, in: Hiersche, Hrsg., 130). Das heißt auch, daß den Methoden der Schmerzlinderung der Vorzug zu geben ist, die das Bewußtsein nicht einschränken (z. B. neurochirurgische Methoden, vgl. B/III/2, Anm. 104).
21 So besonders Twycross (in: Eser, Hrsg.); vgl. B/III/2, Anm. 104.
22 So auch Lessing, 110 ff.

bensverkürzung keine grundsätzlichen ethischen Bedenken zu erheben.

Papst Pius XII.[23] hat sich dahingehend geäußert, daß die Anwendung eines Narkotikums mit der *Absicht*, das Sterben zu beschleunigen unerlaubt ist, die Anwendung von schmerzlindernden Mitteln, die als *Nebenwirkung* eine Lebensverkürzung verursachen, bei unheilbar Kranken aber erlaubt ist, wenn *keine anderen Mittel* zur Schmerzlinderung vorhanden sind. Der mögliche Doppeleffekt der Narkotika wird also in Kauf genommen, wenn auch unter dem Vorbehalt, daß die Erleichterung der Schmerzen und die Abkürzung des Lebens in einem »vernünftigen Verhältnis« stehen und die Vorteile die Nachteile aufwiegen müssen. Der Arzt darf also nach ärztlichem Wissen und Gewissen Narkotika in solchem Umfang verabreichen, wie sie die Schmerzen und das Leiden im Sterben erträglich machen[24]. Die Handlung wird also bewertet nach den Regeln einer *Handlung mit doppelter Wirkung* (actus duplicis effectus), von denen die gute beabsichtigt, die schlechte aber nicht gewollt ist, sondern nur als *unvermeidliche Nebenwirkung* auftritt und auch nicht konstitutive Voraussetzung der guten Wirkung ist, wie das der Fall ist, wenn die Tötung Bedingung der Befreiung von Schmerzen ist. Die Handlungseinheit wird aber insofern nicht *allein* von der *Absicht* (Vorsatz) her sittlich bewertet, als auch die Mittel nach dem Grundsatz der *Verhältnismäßigkeit der Mittel* zum beabsichtigten Ziel bedacht werden und zusätzlich noch die Bedingung eingebaut ist, daß es sich um unheilbar Kranke und Sterbende handelt. Die Absicht des Arztes darf also ganz darauf zielen, die Schmerzen zu lindern, also gegen die Krankheit zu kämpfen, um die Identifizierung von Person und Schmerz zu verhindern und damit der Person zu helfen, möglichst bewußt sie selbst sein und bleiben zu können. Die *Pflicht des Arztes* ist in solchen Fällen nicht – wie manche Juristen[25] meinen – eine doppelte, das Leben des Kranken zu erhalten und seine Schmerzen zu lindern, sondern lediglich die eine, die angesichts der Tatsache, daß es sich um einen Sterbenden handelt, also einen Menschen, über dessen Leben von einer menschlichem Einfluß entzogenen Instanz her schon zum Tode hin verfügt ist[26], die einzig angemessene ist, nämlich das

[23] (1957), 197 ff., bes. 201 f.; vgl. Lohmann, 101 f.; Eid, 73 f.
[24] Vgl. J. Fischer, 22.
[25] Vgl. Hanack, in: Hiersche (Hrsg.), 131 ff.; anders Eser, in: Eid (Hrsg.), 61 ff.
[26] Vgl. B/III/2/a, Anm. 50 ff.

Leben soweit wie möglich als *bewußt personales Leben* zu erhalten, ohne mehr Leiden zuzufügen als zu lindern, und das Leben so erträglich wie möglich zu gestalten. Aufgabe ärztlichen Handelns ist es nicht, Leben zu verlängern, sondern die *Gesundheit zu erhalten*, zu heilen und, wenn dies nicht mehr möglich ist, *Leiden zu lindern*[27]. Die Lebensverkürzung als ungewollte Nebenwirkung ist daher nicht nach den Regeln der »Pflichtenkollision« bzw. des aus dieser resultierenden übernormativen (übergesetzlichen) *Notstandes* zu rechtfertigen. Eine Pflichtenkollision ist erst dann gegeben, wenn der Arzt *weiß*, daß die zur Schmerzlinderung verabreichten Mittel mit größter Wahrscheinlichkeit den Tod direkt *verursachen*.

Wenn man genau um die Folgen einer Handlung *weiß* und wenn die Handlung im Grunde nicht mehr eine *doppelte*, sondern nur eine *einzige* Wirkung hat, dann kann man schwerlich noch von einer unbeabsichtigten Nebenwirkung reden. Die Frage lautet dann lediglich, ob die eine Wirkung gut ist, ob sie gewollt werden darf. Wenn der Tod eines Menschen von einem anderen Menschen in vollem Wissen *gewollt* und dann auch *verursacht* wird, so müssen wir von Tötung sprechen. Das ist uns Menschen ebenso eindeutig verboten[28], wie es uns geboten ist, anderen Menschen zu helfen und ihre Schmerzen zu lindern. Daraus kann in der Tat eine Pflichtenkollision, ein auswegloser Notstand entstehen, der zum normativ nicht erfaßbaren und daher nicht normgemäßen übergesetzlichen Handeln veranlassen kann. Die Umstände, die solches Handeln dann dennoch ethisch vertretbar erscheinen lassen, müßten eine Identifikation der Person mit ihrem Schmerz bewirkt haben, so daß der Person nicht mehr zu helfen ist, die *Leiden* also nicht mehr bekämpft werden können, ohne mit ihnen zugleich die Person »abzutöten«, ihr also das *Leben* zu nehmen[29]. Da dies wahrscheinlich nur in Endstadien des Sterbens einmal der Fall sein kann und auch als ethisch zu erwägende Möglichkeit auf diese Situationen des Sterbens begrenzt bleiben sollte[29], wird sich das an den Folgen der Handlung, also an dem eingetretenen Tod bzw. der Todesart, selbst von Fachkollegen nicht mehr objektiv überprüfen, allenfalls als Vermutung äußern lassen, wenn sie den Patienten noch kurz vor seinem Tod gesehen haben. Wenn sich menschliches Handeln so

27 Vgl. Ehrhardt (1965), 20; vgl. B/II/3; B/II/5, Anm. 26 ff. Der Grundsatz, Leben immer zu erhalten, ist im Grunde gleich mit dem, den Tod zu bekämpfen.
28 Vgl. B/III.
29 Vgl. B/II/2/c, Anm. 124 ff.; C/I/5, Anm. 51 ff.

der Überprüfung durch andere Menschen anhand von Normen entzieht, dann ist das eingangs angedeutete »sittliche Bewußtsein« (Gewissen) des Handelnden von besonderer Notwendigkeit, da er sich nur dadurch vor eine Instanz gestellt weiß, vor der er sich selbst dann zu verantworten hat, wenn Menschen ihn nicht mehr zur Verantwortung ziehen können. Daß es hier auch *Grenzfälle* gibt, bei denen sich der Handelnde selbst bei kritischer Prüfung nicht klar werden kann, wo sie einzuordnen sind, und die vielleicht überhaupt nicht klar der einen oder der anderen normativ zu beurteilenden Handlung zuzurechnen sind, soll nicht bestritten werden[30].

3. *Ethische Kriterien für Verzicht auf Behandlung und Behandlungsabbruch – Dürfen soziale, ökonomische und wissenschaftliche Erwägungen eine Rolle spielen? – Wann darf eine einmal eingeleitete Maßnahme der Lebensverlängerung abgebrochen werden?*

Das Sterben eines Menschen kann man nicht nur beschleunigen durch die *Anwendung* lebensverkürzender Mittel, sondern auch durch *Verzicht* auf weitere Maßnahmen der Lebensverlängerung, ja, durch den *Abbruch* kontinuierlich notwendiger Maßnahmen zur Lebenserhaltung kann der Tod direkt verursacht werden. Ob dergleichen sittlich zu rechtfertigen ist, ist noch schwerer zu beurteilen als das Problem der Lebensverkürzung als Nebenwirkung. Die Grenze zur Tötung wird hier oft noch fließender und die Zuordnung vieler Handlungen zum sittlich zu rechtfertigenden Verzicht oder zur sittlich abzulehnenden Tötung wird noch weniger eindeutig möglich sein. Schon aufgrund dieser Problematik ist es ethisch nicht vertretbar, Maßnahmen der Lebensverlängerung bedenkenlos und ohne sorgfältigste kritische Prüfung einzuleiten, bei denen man von vornherein

[30] Ein Patient z. B. mit Lungen- und Bronchialkrebs im terminalen Stadium leidet häufig an Anfällen stärkster Luftnot. Die Anfälle werden immer qualvoller und müssen durch Morphiumpräparate gelindert werden. Diese können allerdings schließlich auch das Atemzentrum so hemmen, daß der ohnehin bald zu erwartende Tod dadurch vorzeitig eintritt. Sicherlich wird man dann, wenn der Arzt genau weiß, daß diese Hemmung sicher eintritt, von bewußter Tötung reden müssen, ist er sich aber nicht sicher, daß die Dosis so wirken muß, so bleibt auch ihm verborgen, woran der Patient in dem konkreten Augenblick wirklich gestorben ist.

im Zweifel ist, ob sie einen Erfolg versprechen, der dem Wohle des Patienten wirklich dient. Da die Folgen jedoch in zahlreichen Fällen nicht absehbar sind und eine längere kritische Prüfung oft nicht möglich ist, weil – besonders bei Unfällen – schnellstens gehandelt werden muß, um keine Chance zugunsten des Patienten zu verpassen, werden Ärzte aufgrund der stark angewachsenen Möglichkeiten, Leben zu erhalten und zu verlängern, z. B. im Unfallrettungswesen, sich immer häufiger vor die Frage des Behandlungsabbruchs bei aussichtslosen Fällen gestellt sehen. Schon allein deshalb wird man nicht umhin können, nach sittlich überzeugenden und auch praktikablen Lösungen und Kriterien zu suchen.

Aus der Erkenntnis, daß die Verlängerung der biologischen Existenz nicht »an sich«, sondern nur um der Erhaltung der weltimmanenten Bestimmung des Menschen willen (Identität der Person, Kommunikation mit dem Mitmenschen) gut und erstrebenswert ist, Leben also nicht »um jeden Preis« zu erhalten ist, ergibt sich, daß auf eine lebensverlängernde Maßnahme nicht nur in vielen Fällen zum Wohle des Patienten von vornherein verzichtet werden müßte, sondern auch, daß der *Verzicht* sehr oft eine vorsätzliche und wohlüberlegte *aktive Handlung* erfordert, und zwar dann, wenn Maßnahmen der Lebensverlängerung mit dem Ziel und in der Hoffnung eingeleitet worden sind, das Leben unter »sinnvollen« Bedingungen zu retten, sich dann aber herausstellt, daß dieses Ziel nicht erreicht werden kann und man durch ihre weitere Anwendung nur das Sterben hinauszögert und/oder dem kranken Mitmenschen von Menschenhand aus zusätzlich unnötige Leiden auferlegt. Gemäß den bisherigen ethischen Überlegungen dürfte eine einmal begonnene *Behandlung* dann *abgebrochen* werden, *wenn sie dem Zweck, zu dem sie eingeleitet worden ist, nicht mehr dient* und wenn durch ihre Fortführung dem Menschen für den Rest des ihm verbleibenden Lebens notwendig mehr *Leiden auferlegt werden als er ohne diese Behandlung ertragen muß*. Wenn nach diesem Kriterium ein Absetzen einer Behandlung angezeigt ist, dann wiegt es am schwersten bei den Maßnahmen, durch deren Abbruch nicht nur eine Beschleunigung des Krankheitsverlaufs zum Tode, sondern der Tod mehr oder weniger direkt *mitverursacht* wird. Dies ist keinesfalls nur beim Abbruch der kontinuierlich notwendigen maschinellen Beatmung so, sondern kann bei allen *lebenserhaltenden Maßnahmen* der Fall sein. Das ist abhängig von der Person, der Krankheit und den äußeren Umständen; es können Medikamente (z. B. Herz-Kreislaufmittel, Antibiotika), aber auch Maschinen (z. B. Herzschrittmacher, Dialysegerät) sein, die abgesetzt werden.

Das erste Argument gegen einen Abbruch jeder einmal eingeleiteten lebenserhaltenden Maßnahme besteht darin, daß das Absetzen eine *aktive Handlung* sei, die den Tod *verursache*. Dahinter steht die begründete Ansicht, daß man den Tod zwar *zulassen*, jedoch nicht *verursachen* darf, und daß man den Tod nur durch ein *Tun* verursachen kann. Dieses Verständnis von »aktiv« und »passiv« erwies sich jedoch als sehr oberflächlich, weil es eine wirkliche Passivität gegenüber einem hilfsbedürftigen sterbenden Menschen nicht geben kann, sondern immer nur gefragt werden muß, was die dem Zustand des Kranken gemäße Behandlung ist[1].

Wie problematisch und untauglich die Unterscheidung von »aktiv« und »passiv« ist, die sich lediglich am Handlungsvollzug, nicht aber am ganzen Handlungsgefüge orientiert, wird deutlich, wenn man nicht gleich vom Grenzfall des Abstellens biotechnischer Geräte (z. B. Beatmungsgerät) ausgeht, sondern vor allem die medikamentösen und strahlentherapeutischen Behandlungen bei Krebskranken, Herz-Kreislauf-Kranken, Schlaganfallgeschädigten usw. vor Augen hat. Sicherlich kann es für unser »natürliches Empfinden«[2] ein erheblicher und daher auch in der ethischen Beurteilung zu berücksichtigender gefühlsmäßiger Unterschied sein, ob man eine kontinuierlich notwendige Beatmung abbricht, woraufhin der Patient unmittelbar stirbt, oder ob man eine für das Weiterleben notwendige, etwa mehrmals täglich zu gebende Injektion von Herz-Kreislaufmitteln oder auch Bluttransfusionen unterläßt. Wie wenig hier ein prinzipieller ethischer Unterschied besteht und wie sehr die Übergänge fließend werden, wird beim Blick auf eine nicht fortlaufend anzuwendende Apparatur wie das Dialysegerät deutlich: Setzt man die Dialysebehandlung ab, stirbt der Patient nicht unmittelbar – wie beim Entzug von Sauerstoff –, sondern allmählich an der Vergiftung. Man hat dann jedoch eher das Gefühl, am Tod nicht unmittelbar aktiv beteiligt zu sein, weil die *Zeitspanne* zwischen dem Absetzen des Gerätes und dem Tod so lange ist, daß man den Folgen des Handelns, dem Tod, nicht unmittelbar nach der Handlung in die Augen sehen

[1] Vgl. B/III/3, Anm. 1 ff. u. 12 ff.
[2] Vgl. B/III/1/b.

muß. Je *zeitlich unmittelbarer* der Tod auf das Unterlassen oder den Abbruch einer Behandlung folgt, um so mehr hat man das Gefühl, den Tod des Mitmenschen dadurch verursacht oder wenigstens mitverursacht zu haben. Ein durch die nicht erneute Anwendung einer immer wieder zu unterbrechenden Behandlung bedingter Tod wird also aufgrund einer gefühlsmäßigen Füllung der Begriffe »aktiv« und »passiv« dem letzteren zugerechnet. Dabei spielt die mit diesen Begriffen verbundene Empfindung eine entscheidende Rolle, daß man nur an einem »aktiven« Handlungsvollzug beteiligt sei und nur durch ihn *schuldig werden* könne. Man muß diesem Empfinden aus Rücksicht auf das medizinische Personal und auch die Angehörigen in den ethischen Überlegungen Rechnung tragen, jedoch auch darauf hinweisen, daß man nicht allein dadurch »saubere Hände« behält, daß man die Dinge einfach laufen läßt, in der Meinung, die Folgen nicht gewissensmäßig verantworten zu müssen. Ein solches blindes und gedankenloses »Laufenlassen« wäre ethisch nicht zu verantworten[3], zumal dann nicht, wenn man dabei ausschließlich auf die Vermeidung der eigenen gewissensmäßigen Belastung ausgerichtet ist, aber nicht die Belastungen bedenkt, die eine Weiterführung der Behandlung für den Patienten selbst und seine Angehörigen mit sich bringt. Die Rücksichtnahme auf die Gefühle des medizinischen Personals und der Angehörigen kann jedenfalls allein kein hinreichendes ethisches Argument gegen den Abbruch lebensverlängernder Maßnahmen sein.

Die übliche, nur am Handlungsvollzug orientierte Unterscheidung von »aktiv« und »passiv« erweist sich ebenso als zu vordergründig, den Sinn des Tötungsverbots in diesen Grenzbereichen zu erfassen, wie ein zu oberflächliches Verständnis dessen, was es unter den Umständen unabwendbaren Sterbens heißt, den Tod nicht *verursachen* zu sollen. Der Tod wird nicht schon allein dadurch verursacht, daß man ihn nicht mit allen möglichen Mitteln verhindert. Schon das Tötungsverbot ist teleologisch zu verstehen[4]. Es hat den Zweck, das Leben des Menschen zu schützen, damit er seiner Lebensbestimmung nachkommen kann. Die Art des Schutzes hat sich also an den Möglichkeiten des Lebens zur Selbstverwirklichung und an der sich än-

[3] Vgl. Röhricht, 12; Schara, 591. Zur Bereitschaft zur Schuldübernahme vgl. B/II/5, Anm. 65 ff.; B/III/2/c, Anm. 113 f.; C/I/4, Anm. 29 ff.
[4] Vgl. B/III, Anm. 1 ff.

dernden Schutz- und Hilfsbedürftigkeit auszurichten[5]. Daß die Art der Behandlung dem sich ändernden Zustand des Kranken jeweils angepaßt werden und angemessen sein muß, wenn sie seinem Wohl dienen soll, wird allgemein anerkannt, soweit diese Anpassung nicht den Abbruch einer Behandlung mit unmittelbarer Todesfolge nötig macht. Dem ist entgegenzuhalten, daß, wenn ein Mensch mit aussichtsloser Prognose und endgültigem Bewußtseinsverlust ständig maschinell beatmet werden muß, um den Eintritt des Todes zu verhindern, sein Sterben zwar häufig ziemlich lange hinausgezögert werden kann, aber dennoch der Tod dadurch nicht verhindert wird[6]. Er stirbt letztlich doch an seinem tödlichen Grundleiden (bzw. primären Leiden) und/oder den durch es hervorgerufenen sekundären Erkrankungen. Man sollte sich also auch bewußt machen, *woran* der Schwerkranke dann stirbt, wenn man diese sterbensverlängernde Behandlung abbricht. Im Grunde stirbt er nicht am Abbruch, sondern an der Tatsache, daß sein *Grundleiden* mit seinen Sekundärsymptomen bereits so weit fortgeschritten ist, daß es die »natürliche« Koordination der Körperfunktionen zu einer Ganzheit bereits endgültig besiegt hat, daß die Krankheit bereits die Oberhand über das Leben hat, daß also tatsächlich nicht mehr das Leben, sondern nur noch der Krankheitsprozeß verlängert wird, weil die Identifikation von Person und Krankheit bereits endgültig eingetreten ist, und somit auch der Zweck, zu dem die Behandlung eingeleitet wurde, nicht mehr erreicht werden kann. Dann wird also mit dem Abbruch der Behandlung einerseits nicht der *Schutz des Lebens* und der Person preisgegeben und nicht das »Rechtsgut Leben«[7] und die Würde der Person verletzt und andererseits der *Tod auch nicht verursacht*, allenfalls mitverursacht in dem Sinne, daß der *Zeitpunkt* des Todeseintritts durch Menschenhand je nach der Art der abzusetzenden Behandlung mehr oder weniger deutlich bestimmt wird. Man könnte dies als »Manipulation« des Todeszeitpunktes bezeichnen, muß dann aber auch zugeben, daß die Fortsetzung der Behandlungen dies in gleicher Weise ist, nur daß dadurch der Todeszeitpunkt meist weniger genau bestimm-

[5] Vgl. B/II/2, Anm. 43 ff.
[6] Vgl. Weißauer/Opderbecke, 15.
[7] Der Jurist Sax (S. 149) meint, daß der Tod dann im strengen Rechtssinne zwar verursacht, das Rechtsgut »Leben« aber nicht verletzt, sondern das wegen seiner Krankheit sonst längst durch den »natürlichen Tod« abgeschlossene, aber noch künstlich verlängerte Leben, beendet werde. Ähnlich Weißauer/Opderbecke, 15.

bar wird. Das »Todesurteil« ist in diesen Fällen über den Menschen gefällt, und der Abbruch der Behandlung trägt dieser Erkenntnis Rechnung, *er läßt zu*, daß das Urteil sich vollzieht, wäre also im Grunde der *Nachvollzug* des bereits über den Menschen verfügten, unabwendbaren »Schicksals«[8]. Es bestehen daher theologisch keine grundsätzlichen Bedenken gegen die zunächst vor allem von *R. Kautzky*[9] vertretene Ansicht, daß es sich beim Behandlungsabbruch unter diesen Umständen – »wenngleich äußerlich um ein aktives Verhalten« – *sinngemäß* doch um einen ethisch verantwortbaren *Verzicht* auf eine Fortsetzung der Behandlung handelt, »also nicht um Töten, sondern um Sterbenlassen, das zumindest nicht grundsätzlich verworfen werden«, ja ethisch geboten sein kann.

Daß gegen einen Behandlungsabbruch keine grundsätzlichen ethischen Einwände geltend gemacht werden, bedeutet jedoch nicht, daß er nach freiem Ermessen immer erlaubt ist, wenn mit Sicherheit eine »infauste« Prognose besteht[10]. Nicht zu Unrecht verweist *J. Wunderli*[11] zur Begründung seiner Sicht, den Abbruch einer lebenserhaltenden Therapie nicht dem Verzicht zuzuordnen, auf die sich gerade hier öffnenden Übergänge zur Auslöschung sogenannten lebensunwerten Lebens. Schon aufgrund der Gefahr des Mißbrauchs dieser Form des Verzichts sollte man *zur Rechtfertigung des Behandlungsabbruchs* in den je besonderen Situationen *nicht auf ein ethisches Kriterium allein abstellen*, weil dieses in Zweifelsfällen allein nicht

[8] Vgl. B/III/3, Anm. 26 ff.; B/III/2/a, u. c, Anm. 119 ff.; C/I/5, Anm. 49 ff.

[9] (1969 b), 374. Zustimmend von Medizinern: Wiemers, in: Krösl/Scherzer, 47; Opderbecke, in: Weißauer/Opderbecke, 15 ff.; Fritsche, 44 ff.; Hinton, 142 f.; Ehrhardt (1965), 5 f.; Krauß, 107 f., Schara, 588 f.; dgg. möchte Wunderli (S. 143) im Abstellen bereits bestehender lebenserhaltender »Therapie« schon den »Übergang zur aktiven Euthanasie«, keinesfalls aber mehr eine »passive Euthanasie« sehen. Von kath. Theologen haben Marlet (1961), 255, Ziegler (454, 457) u. A. Auer (in: Eser, Hrsg.) dieser Zuordnung des Behandlungsabbruchs bei endgültig bewußtlosen Sterbenden zum Verzicht zugestimmt. Von Juristen hat sich zuerst G. Geilen (Ztschr. f. d. gesamte Familienrecht, 15, 1968, 121 ff., vgl. ders., 1975) dafür ausgesprochen, daß das Abstellen des Respirators dem Erscheinungsbilde nach eine aktive Handlung sei, dem Sinne nach aber als Unterlassen zu werten sei. Nach K. Roxin (zitiert und kritisiert bei Sax, 137 ff.) handelt es sich um die »Rechtsfigur« »Unterlassen durch Tun«. Zustimmend E. W. Hanack, in: Hiersche (Hrsg.), 145; ähnlich A. Eser, in: Eid (Hrsg,), 60 f.; Weißauer/ Opderbecke, 15 f.; Sax, 147 ff. (steht der ethischen Begründung des Verf. am nächsten). Ablehnend P. Bockelmann, in: Krösl/Scherzer, 339 ff. und H. de With, in: Recht auf Leben – Recht auf Sterben?, Vorbereitungsheft zur Bundestagung 1975 des Dtsch. Ev. Verbandes für Altenpflege e. V., 1974, 105 ff.

[10] Vgl. Lessing, 110 ff.; Weißauer/Opderbecke, 9.

[11] S. 129; vgl. 143.

genügend beweiskräftig und gegen Mißbrauch abgrenzbar ist. Wenn jedoch mehrere Argumente und Überlegungen von verschiedenen Ansatzpunkten aus in die gleiche Richtung verlaufen und auf das gleiche Ergebnis hin »konvergieren«[12], dann vereinigen sich diese zu einer tragfähigen Lösung des Problems. Bei dieser Kombination der Überlegungen zu einem überzeugenden Argumentationsstrang muß man beachten, daß dann, wenn ein Kriterium in einem besonderen Fall schwächer wird, die anderen umso stärker werden müssen, falls die Gesamtargumentation in ihrem Ergebnis ihre Überzeugungskraft behalten soll. Dabei sind auch beim Verzicht und beim Behandlungsabbruch vom gesamten *Handlungsgefüge* nicht nur die *Motivation* zur und die *Folgen* der Handlung, sondern auch die *Mittel* zu bedenken. Für den Verzicht und den Behandlungsabbruch muß man daher besonders die Frage stellen, auf den Einsatz welcher *Mittel zur Lebenserhaltung* man *unter welchen Umständen* verzichten darf, bzw. welche man absetzen darf und auf welche Mittel man unter keinen Umständen verzichten darf[13].

Ausgangspunkt zur Ermittlung von Kriterien für den Verzicht auf eine und den Abbruch einer Behandlung ist wiederum die anthropologisch begründete Erkenntnis[14], daß der Auftrag der Medizin darin besteht, die *Gesundheit wiederherzustellen* und, wenn das grundsätzlich nicht mehr möglich ist, in erster Linie *Leiden* zu lindern und eine Verlängerung des Lebens nur soweit anzustreben, wie dadurch *nicht zusätzliche Leiden* und eine Verlängerung des Leidenswegs von Menschenhand verursacht werden. Damit ist von vornherein festgestellt, daß der Auftrag der Medizin sich nicht an einer von der Zeugung bis zum Tode gleichen abstrakten Norm – das Leben zu erhalten –, sondern am *Zustand der kranken Person* und des für sie Besten bemißt. Solange die Wiederherstellung der Gesundheit grundsätzlich möglich ist, ist zweifellos alles Mögliche zur Lebenserhaltung selbst dann zu tun, wenn das Leben dem Menschen vorübergehend zur »unerträglichen Last« wird[15]. Dieser Grundsatz wird jedoch dann

[12] Diese sogenannte »Konvergenzargumentation« in der ethischen Urteilsfindung geht auf J. H. Newman zurück. Vgl. J. Gründel, in: Gründel/van Oyen, 64 ff.; Honecker (1975), 142. Beispiele, bei denen sich Argumente nicht vereinigen lassen, sondern einander widersprechen, wurden in B/III/1/f besprochen.

[13] Vgl. Anm. 81 f. u. C/II/4/a.

[14] Vgl. B/II/3, Anm. 36 ff.; B/II/5, Anm. 26 ff.

[15] Die schweren Belastungen der Intensivtherapie können durch eine gute psychische Betreuung gelindert, aber kaum grundsätzlich vermieden werden. Vgl. C/III.

fraglich, wenn die Krankheit nicht mehr zu beheben, also irreversibel ist und zugleich ein erhebliches Maß an Leiden mit sich bringt. Wäre der Auftrag der Medizin ein doppelter, Leben zu erhalten und Leiden zu mindern, und stellte man die Erhaltung des Lebens dann über die Leidenslinderung, weil das Leben das höchste Gut und der Tod das größte zeitliche Übel sei[16], so bliebe in der Stufenfolge ärztlicher Zielsetzungen die lebenserhaltende Behandlung auch dann der höherrangige anzustrebende Wert[17], wenn dadurch die Schmerzzustände erheblich vergrößert und die Leidenszeit verlängert würden. Einer derartigen Orientierung medizinischen Handelns an einer abstrakten objektiven »Werthierarchie«, deren höchster Wert die biologische Existenz ist, entspricht als höchste Norm der Grundsatz der *Lebenserhaltung ohne Rücksicht auf den Zustand und die Belange der behandelten Person,* die damit notwendig zum *Objekt des Verfügens* werden und es auch bleiben muß. Wenn Menschen aber durch die Medizin immer geholfen werden soll, dann ist der wichtigste ethische Grundsatz für die Medizin der, daß *das Objekt des Verfügens ein Subjekt ist und bleiben muß*[18], daß also das Wohl des Menschen Maßstab für Behandeln und Nichtbehandeln bzw. für die Art der Behandlung ist. Wenn die medizinische Behandlung im Dienste des Subjekts steht, so ist Entscheidung der Person für die Art der Behandlung ausschlaggebend, soweit sie damit keine sittlich nicht zu rechtfertigende, direkt schädigende Handlung *gegen* die Person, wie die beabsichtigte Lebensverkürzung oder gar die Tötung, verlangt.

Aus dem *Selbstentscheidungsrecht* des Patienten[19] folgt, daß es jedem freisteht, eine Behandlung *abzulehnen.* Fraglich ist lediglich, ob er auch das Recht hat, jede mögliche lebensverlängernde Behandlung zu beanspruchen[20] und eine einmal mit oder ohne seinen Willen ein-

[16] So Thomas von Aquin u. a.; vgl. B/III/2/b, Anm. 55 ff.

[17] Nach Weißauer/Opderbecke (S. 10) steht die lebensrettende über der lebensverlängernden Hilfe und diese wiederum über der Schmerzlinderung. »Wegen der Stufenfolge der Ziele wird der Arzt die ›höherrangige‹ lebenserhaltende Behandlung im Regelfall auch dann durchführen müssen, wenn sie mit Schmerzen verbunden ist oder schmerzhafte Zustände verlängert.« Dgg. vgl. Twycross, in: Eser (Hrsg.); Menzel, in: Eser (Hrsg.); C/II/4/b.

[18] Vgl. Böckle (1970), 448.

[19] Vgl. Häring, 44 f., 69 f.; Sporken (1972), 35,42; Trillhaas, 227; Krauß, 116 f. Das Recht, eine Behandlung abzulehnen, billigt nicht nur die »Bill of Rights« den Krankenhauspatienten der USA zu (vgl. C/II/1, Anm. 49), sondern auch eine vom Sozial- und Gesundheitsausschuß des Europarats in Straßburg ausgearbeitete und verabschiedete Erklärung vom 29. Jan. 1976 (vgl. Südd. Zeitg., 30. 1. 76, S. 36).

[20] Vgl. B/II/2; B/II/5, Anm. 51 ff.; C/IV.

geleitete, kontinuierliche lebenserhaltende Behandlung abzubrechen, wenn er dazu die Hilfe anderer benötigt. Soweit die Behandlungen nicht kontinuierlich sind, wie z. B. bei der künstlichen Niere, wird man den Menschen meist erst gar nicht zur Fortsetzung zwingen können, sofern er nicht wegen seines Zustands ans Bett gefesselt ist. Ist dies jedoch der Fall, so besteht die Gefahr, daß der Patient ohne sein Wissen und gegen seinen Willen Behandlungen ausgesetzt wird, da Ärzte die *Sorgepflicht* (Garantenstellung), die zu aktiver »Hilfe« verpflichtet, überwiegend in der Weise auslegen, daß sich die *Aufklärungspflicht* damit weitgehend erübrige[21], weil der Arzt ja die volle Verantwortung für die Art der Behandlung trage. Wird die Sorgepflicht mit Verlängerung des Lebens gleichgesetzt, so erübrigt sich eine Aufklärung des Patienten und dessen Stellungnahme, denn welche Maßnahme das Leben am meisten verlängert, weiß der Fachmann in der Tat meist besser. Nur bei sorgfältiger Aufklärung wird der Patient als Subjekt voll geachtet und zu einer eigenen Entscheidung befähigt. Dies ist umso wichtiger, je risikoreicher und belastender eine Behandlung für den Patienten ist und/oder werden kann. Entscheidet er sich gegen eine Fortsetzung der Behandlung, so wird man ihm durch psychologische und seelsorgerliche Betreuung und mit Hinweis auf seine vielleicht noch bestehenden Verpflichtungen gegenüber anderen Menschen von seinem Entschluß abraten und seinen »Mut zum Leben« durch intensive Zuwendung stärken können, ihm die Behandlung jedoch nicht durch bewußt falsche Informationen oder gar gegen seinen ausdrücklichen Willen aufzwingen können[22], z. B. mit der Begründung, daß ein solcher Entschluß immer psychopathologische Ursachen habe, mithin nicht ernst genommen werden dürfe, sondern als ein mit allen Mitteln zu verhindernder Selbsttötungsversuch zu werten sei[23]. Selbst wenn die Entscheidung des Kranken von seinen Angehörigen nicht geteilt wird, kann deren entgegenstehendes Verlangen[24] nicht ein der Entscheidung des Patienten widersprechendes Handeln rechtfertigen, sondern nur eine zu-

21 Zur Kritik vgl. Kautzky (1967), 147; Blüchel, 223 ff.; Illich, 25 ff.

22 Eine Zwangsernährung bei Hungerstreik im Gefängnis oder im Krankenhaus ist ethisch nicht und juristisch wohl auch kaum – zumal die Beihilfe zum Selbstmord straffrei ist – zu rechtfertigen (vgl. dazu die Beiträge von H. H. A. Cooper und K. Weiss, in: Eser, Hrsg.).

23 Vgl. dgg. B/III/2/a, Anm. 6 ff. u. B/III/2/b.

24 Dahinter kann auf seiten der Angehörigen die Unfähigkeit zur Trennung von einem nahestehenden Menschen stehen (vgl. Literatur B/III/2/b, anm. 74 ff.

sätzliche Aufforderung sein, dem Patienten die eventuelle Unverantwortlichkeit und alle möglichen Folgen seines Entschlusses noch besser zu verdeutlichen und zu versuchen, ihn umzustimmen.

Problematischer werden die Fälle, in denen der Kranke zur Ausführung seines Entschlusses auf die Hilfe anderer angewiesen ist, denn dann wäre ja zu prüfen, ob der gewünschte Abbruch der Behandlung nicht einem Tötungsversuch gleichkommt und die Hilfe des anderen dann *Beihilfe zum Selbstmord* wäre, die – wenn auch nicht strafbar[25] – doch ethisch ebensowenig zu rechtfertigen ist, wie der Selbstmord selbst[26].

Dieser Problemkreis sei an drei Beispielen verdeutlicht: Wenn ein Zeuge Jehovas vom Arzt vor einer Operation verlangt, daß er keinesfalls eine Blutübertragung vornimmt, dann aber im Verlauf der Operation eine Blutung verursacht wird, durch die der Tod eintreten muß, wenn er nicht durch Blutübertragung verhindert wird, so bedeutet der Verzicht auf diese Maßnahme einen Abbruch der Operation, durch die die Blutung verursacht wurde und deren Stillung mithin Teil der Operation wäre. Setzt man voraus, daß die Gesundheit des Patienten nach erfolgreicher Behandlung wiederhergestellt wäre, so tritt der Tod *allein* infolge der Operation ein. Anders gelagert ist der Fall, wenn eine Zeugin Jehovas vor einer Geburt sich eine Blutübertragung verbietet und dann während der Entbindung eine lebensbedrohende Blutung eintritt, die der Arzt keinesfalls verursacht hat. Die Entbindung kann beendet werden, die Frau aber muß verbluten. In einem dritten Fall weist ein Zeuge Jehovas mit einer lebensbedrohlichen Blutung in klarer Kenntnis seiner Lage die rettende Bluttransfusion zurück. Man nimmt jedoch die Behandlung unter Verzicht auf Blutübertragung trotzdem auf, obwohl man weiß, daß der Patient so nicht gerettet werden kann. Der behandelnde Arzt ist in den drei Fällen in unterschiedlicher Weise am Geschehen, das zum Verbluten führt, beteiligt, und zwar umso mehr, je mehr das Verbluten im Zusammenhang steht mit einer von ihm eingeleiteten Handlung, je mehr er also die Blutung verursacht oder mitverursacht. In dem Maße, in dem der Arzt *verursachend* oder *mitverursachend* an einem Geschehen mit schädigenden oder gar tödlichen Folgen beteiligt ist, ist er als eigenständig handelnde Person zu achten, die die Fol-

[25] Vgl. C/I/5, Anm. 36.
[26] Vgl. B/III/2.

gen ihres Handelns selbst zu verantworten hat. Umso weniger kann aber auch allein der Wille des Patienten für einen Verzicht auf eine Behandlung ausschlaggebend sein. So ist also auch der *Arzt nicht einfach ein »Erfüllungsgehilfe«* des Patienten, wie der Patient nicht einfach Objekt des Arztes ist. Sowohl der Arzt als auch der Patient müssen ihre Entscheidungen und Handlungen nach einsichtigen sittlichen Kriterien rechtfertigen.

Zur ethischen Beurteilung der drei genannten Beispiele bedarf es noch einiger grundsätzlicher Überlegungen. Auszugehen ist dabei von dem, von allem Ermessen des Arztes und des Patienten unabhängigen Grundsatz, daß es *Auftrag des Arztes* ist, einem Menschen *nicht mehr zu schaden als zu helfen*. Dann ist (1) die *Freiheit* des Patienten, über die Art der Behandlung mitzubestimmen oder diese zu verweigern umso größer, je eher bleibende Schäden zu erwarten sind und je größer diese sein werden. Ebenso ist die Forderung eines Patienten nach Behandlungsabbruch umso entscheidender, je größer und zeitlich länger der Leidenszustand ist, den der Patient infolge der Behandlung oder während einer dauernden Behandlung ertragen muß. Mit anderen Worten: Der *Wille des Subjekts*, das die Folgen des Handelns ertragen muß, hat ein umso größeres Gewicht bei der Entscheidung über den Verzicht auf und die Art und den Abbruch einer Behandlung, *je weniger seine Gesundheit wiederhergestellt werden kann* und je *belastender die Folgen der Behandlung für es sind*. Daraus folgt, daß der Patient umso sorgfältiger aufzuklären und zu verantwortlicher Entscheidung zu führen ist, je risikoreicher und auf die Dauer belastender die Maßnahme für ihn sein kann[27]. (2) Aus dem Auftrag des *Arztes* folgt, daß er ein umso größeres Recht hat, eine *Behandlung zu verweigern* oder auch abzubrechen, je mehr anzunehmen ist, daß sie dem Patienten mehr schadet als nützt und je größer der zu erwartende oder eingetretene Leidenszustand ist. Positiv gewendet heißt das: *Der Arzt ist grundsätzlich verpflichtet, die Behandlungsmethode zu wählen, die dem Patienten am wenigsten schadet und durch die das Höchstmaß an Gesundheit aller Wahrscheinlichkeit am besten erreicht wird.* Solange eine Gesundheits-

[27] Daß das Umgekehrte meist der Fall ist, ist aus psychologischen (Schwierigkeit der Mitteilung) und humanen Gründen (Schonung) zwar zunächst verständlich, im Grunde aber unverantwortlich, da man so dem Menschen, der von den Folgen der Behandlung dann überrascht wird und sie letztlich ganz allein ertragen muß, nicht einmal die Möglichkeit der Weigerung gibt.

schädigung grundsätzlich zu vermeiden ist, hat der Patient sittlich gesehen kein Recht, eine Behandlung vom Arzt zu fordern, die ihm einen vorübergehenden oder gar dauernden Schaden zufügen könnte[28]. Die Entscheidungsbefugnis des Patienten erhöht sich jedoch in dem Maße, in dem mit bleibenden Leidenszuständen zu rechnen ist oder in dem sie eingetreten sind.

Die Entscheidungsbefugnis des Arztes ist nicht nur von dem trotz der Behandlung bleibenden *Leidenszustand* des Patienten her zu beurteilen, sondern auch von der *Art und Weise* her, *wie* dieser Zustand entsteht, ob und wenn ja wie die Leiden *durch die Behandlung verursacht* oder *mitverursacht* werden. Sowohl aus den Ausführungen zur Unterscheidung von »aktiver« und »passiver« Verursachung zu Eingang dieses Kapitels als auch aus den angeführten Beispielen geht hervor, daß die Verursachung des Schadens in unterschiedlicher Weise im Zusammenhang mit der Behandlung stehen kann. Der Grad der Verursachung durch den Arzt nimmt ab, je weniger der Schaden eine Folge der Behandlung an sich, also je weniger ein direkter Kausalzusammenhang zwischen dem Handeln des Arztes und dem negativen Gesundheitszustand des Patienten besteht[29]. Das Selbstentscheidungsrecht des Patienten ist also am größten bei der Entscheidung über die Aufnahme der Behandlung, also *vor* der Behandlung. Es wird umso geringer, je mehr der Patient vom Arzt Maßnahmen erwartet, die risikoreich sind und ihm Schaden *verursachen* können. Mit anderen Worten heißt das: *Das Recht des Arztes, eine gewünschte Behandlung zu verweigern oder abzubrechen, wächst mit dem Maß der möglichen negativen Folgen einer Behandlung für den Gesundheitszustand und mit dem Grad, in dem er diese durch die Behandlung »verursacht« oder »mitverursacht«.*

Von diesen ethischen Grundregeln aus lassen sich die drei dargelegten Beispiele mit den Zeugen Jehovas ethisch einsichtig lösen. Der sittliche Maßstab zur Beurteilung ergibt sich aus der Kombination der

[28] Im Grunde ist daher auch kein Arzt dazu zu verpflichten, einen Zeugen Jehovas zu behandeln, wenn die Wahrscheinlichkeit besteht, daß eine Bluttransfusion zur Lebensrettung nötig wird. Die Sorge des Arztes um das Wohl des Menschen bezieht sich auf die Bewahrung der psychophysischen Voraussetzungen des Menschseins, aber nicht auf die Bewahrung des »Seelenheils«, das der Zeuge Jehovas gefährdet sieht.

[29] In den Beispielen mit den Zeugen Jehovas nimmt dieser Kausalzusammenhang von Beispiel 1 nach 3 hin ab. Bei den Ausführungen zum Abbruch einer lebensbewahrenden Behandlung nimmt er zu, je zeitlich direkter der Tod auf das Absetzen der Behandlung folgt.

drei konstitutiven Momente des *Handlungsgefüges*, von denen bewußt zwei konstant gehalten wurden, und zwar die *Entscheidung* des Zeugen Jehovas[30] (keine Bluttransfusion) und die *Folgen der Entscheidung* (Tod) – wenn sie vom behandelnden Arzt respektiert wird –, während der Grad bzw. das Maß, in dem der Arzt an den Folgen (Tod) *verursachend beteiligt* ist, variabel ist. Im ersten Fall *verursacht* der Chirurg *durch* seine Behandlung die Blutung, die tödlich wäre, wenn keine Bluttransfusion gegeben würde. Ethisch gesehen ist der Arzt unzweifelhaft verpflichtet, den von ihm verursachten Schaden gegen den ausdrücklichen Willen des Patienten mit dem Mittel »Bluttransfusion« zu beheben, um den Tod oder eine größere Gesundheitsschädigung zu verhindern. Im zweiten Fall ist die Blutung nicht notwendig eine Folge ärztlicher Hilfe bei der Entbindung. Hier könnte der Arzt sich sowohl in die eine als auch die andere Richtung entscheiden. Der dritte Fall ist wiederum eindeutig zu klären. Da die Blutung bereits vor der Behandlung eingetreten ist und sicher abzusehen ist, daß das Leben ohne Bluttransfusionen nicht gerettet werden kann, der Patient diese aber im vollen Wissen um die tödlichen Folgen zurückweist, kann der Arzt die Behandlung nur ablehnen[31]. Dies wäre grundsätzlich auch im zweiten Fall schon in Erwägung zu ziehen, weil jedes Unterlassen einer möglichen Lebensrettung *während einer Behandlung* schwerer wiegt als das generelle Unterlassen einer »zweifelhaften« – sei sie von der Einwilligung oder vom Erfolg her zweifelhaft – Maßnahme zur Abwendung von vermeidbaren Leidenszuständen[32]. Würde das aber im Grunde nicht auch bedeuten, daß eine Lebensverkürzung infolge von Schmerzlinderung oder ein Verzicht auf lebensverlängernde Maßnahmen auch als Nebenwirkung nicht *zugelassen* werden dürfen, wenn man um die Lebensverkürzung weiß?[33]

30 Die Beispiele mit den Zeugen Jehovas wurden gewählt, weil man hier nicht mit dem Fehlen einer psychologischen Freiheit argumentieren kann (vgl. Anm. 23). Vgl. Genewein/Sporken, 232.

31 Der Tod kann nicht als »Gottesurteil« über den Menschen gedeutet werden, wenn er ohne schwere Schäden für den Menschen verhindert werden könnte (vgl. B/II/3 u. 4; B/III/2 u. 3).

32 Dann muß der Mensch geradezu zum Objekt der Behandlung werden (vgl. Anm. 18). Buddeberg (S. 743) weist zu Recht daraufhin, daß der Mißerfolg der therapeutischen Maßnahmen mit der Befriedigung über die auf der technisch-apparativen Ebene erzielten Erfolge, die nach der Überlebensdauer bemessen werden, verschleiert wird. Dahinter stehe das Unvermögen der Ärzte, sich ihre eigene Hilflosigkeit einzugestehen und sich mit dem Patienten auch im Sterben verbunden zu wissen. Vgl. C/II/4/b, Anm. 6 ff.; Lau, 87 f.

Wenn der Auftrag der Medizin darin besteht, *zu heilen* und keinem mehr Leiden zuzufügen als zu nehmen, dann ist die Erkenntnis der *Irreversibilität* einer Krankheit von ganz entscheidender Bedeutung für die *Rangordnung der Behandlungsziele*, denn dann tritt die *Linderung von Leiden* und *Schmerzen* in der Rangordnung *vor die Lebensverlängerung, und zwar umso mehr, je mehr die Leidenszustände zunehmen.* Bei dieser Rangordnung wird es dann auch deutlich, daß es Leidenszustände geben kann, bei denen das Behandlungsziel »Lebensverlängerung« ganz preiszugeben ist zugunsten des Auftrags, Schmerzen und Leiden zu lindern[34]. Der Auftrag Leiden zu lindern, ist nicht einfach identisch mit dem, Leiden chemisch oder operativ auszuschalten. Primäres Ziel der Leidenslinderung bleibt es, die »Identität der Person« (Selbstbewußtsein) und ihre mitmenschlichen Beziehungen (Kommunikationsfähigkeit) zu erhalten[35], ein Ziel, das sich aus dem Vorrang der »Qualität« vor der »Quantität« des Lebens ergibt[36].

Geht man davon aus, daß es Menschen nicht erlaubt ist, einem Mitmenschen Leiden ohne überzeugende Gründe zuzufügen, so kann man sagen, daß ein Abbruch einer Behandlung in dem Maße angeraten ist, wie dem Patienten durch diese von Menschen eingeleitete Behandlung Schmerzen auferlegt werden. Ebenso darf eine Lebensverkürzung infolge eines Behandlungsabbruchs umso mehr in Kauf genommen werden, je weniger das ursprüngliche Behandlungsziel infolge der Irreversibilität der Krankheit erreicht werden kann. Andererseits sind eine Lebensverkürzung und ein Behandlungsabbruch ethisch umso bedenklicher, je mehr dadurch der Tod des Menschen *mitverursacht* wird. Der Tod wird aber umso weniger mitverursacht, je mehr die Krankheit als »irreversibles« Verhängnis den Menschen dem Tode näher bringt. Koordiniert man diese Kriterien, so ergibt sich aus ihnen, daß nicht die Behandlung derjenigen Patienten die schwersten ethischen Probleme aufwirft, deren Krankheit notwendig innerhalb eines ungefähr absehbaren Zeitraums den Tod

33 Vgl. C/II/2

34 Das ist nicht nur in der Krebstherapie der Fall, sondern kann auch bei sonstigen Erkrankungen nötig werden, z. B. wenn bei einer Parkinson-Erkrankung schwere Ängste und Wahnvorstellungen auftreten, die bei primärer Bekämpfung der somatischen Folgen der Krankheit nicht gelindert werden können.

35 Vgl. C/II/2.

36 Vgl. B/I/1; B/II/1; B/II/5.

zur Folge hat oder die bereits Sterbende sind[37], sondern die derjenigen, die *nicht notwendig sterben* müssen, bei denen aber mit einer, ihre »Persönlichkeitsentfaltung« stark beeinträchtigenden »Defektheilung« oder einer erheblichen Verlangsamung ihres schweren chronischen Krankheitsverlaufs zu rechnen ist. Wenn nicht nur der Krankheitsprozeß, sondern sogar das Sterben *irreversibel* ist, ist es ganz eindeutig, daß die *Linderung des Leidens* in den meisten Fällen nicht nur Vorrang vor der Lebensverlängerung hat, sondern das *einzige Behandlungsziel* zu sein hat und daß die Leidenslinderung ihr Ziel darin hat, dem Menschen so viel und so lange wie möglich die Freiheit der Persönlichkeit, d. h. das Bewußtsein und die Kommunikationsfähigkeit zu erhalten[38]. Die Schmerzlinderung wird also nicht mit dem Ziel durchgeführt, das Leben auf diese Weise möglichst zu verlängern, sie steht nicht im Dienste der Lebensverlängerung, sondern der *Erhaltung der Persönlichkeitsstrukturen* (Lebensqualität).

Aufgabe der Medizin ist es, die Identifizierung von Person und Krankheit auch im Sterben so lange wie möglich zu verhindern. Das Sterben ist jedoch ein Prozeß, in dem sich diese Identifizierung mit zunehmender Geschwindigkeit unaufhaltsam vollzieht[39]. Der Endzustand ist der *Tod* (Individualtod) *als Identifikation der Krankheit mit dem irdischen Leben der Person*. Auf dem Hintergrund der theologischen Unterscheidung der Person von ihrer Krankheit stellten wir fest, daß die medizinische Behandlung sich *gegen die Krankheit* richtet, um der *Person* möglichst lange ein Leben als selbstbewußte *Persönlichkeit* in Beziehung zu Mitmenschen zu ermöglichen. Wenn dies nicht mehr möglich ist und wenn der Sterbeprozeß infolge des fortschreitenden Grundleidens zunehmend schneller verläuft, dann darf man das theologisch so deuten, daß von einer menschlicher Verfügung entzogenen »Instanz« her über das Leben eines Menschen endgültig das Todesurteil gesprochen ist[40]. Die bis dahin eingeleiteten medizinischen Maßnahmen bezogen sich auf die Bekämpfung der für die Person tödlichen Krankheit. Da dieses Ziel nun nicht mehr erreicht werden kann, ist der Abbruch der Behandlungen eine zunehmende *Rücknahme* des gegen die *Krankheit* gerichteten erfolglosen Angriffs, keinesfalls aber ein Angriff *gegen* die *Person*. Die Mittel zur

[37] Vgl. B/I/2, Anm. 17 ff.
[38] Vgl. C/II/2, Anm. 12 ff.; Twycross, in: Eser (Hrsg.); Lau, 87 ff.; Schara, 510.
[39] Vgl. B/I/2, bes. Anm. 17 ff.
[40] Vgl. B/III/2/c, Anm. 119 ff.; B/II/3, Anm. 25 ff.; C/I/5, Anm. 49 ff.

Lebensverlängerung müssen in dem Maß zurückgenommen werden, wie die Behandlungsziele nicht mehr erreicht werden können und die Umstände der Person es erfordern. Dadurch geschieht kein Urteil über den Lebenswert des Menschen, vielmehr wird die Behandlung nur dem noch bestehenden Lebenssinn angepaßt, ohne daß die Sorge um das höchstmögliche Wohl des Menschen vernachlässigt wird. Respektiert man diesen Umschwung nicht, so kann die Behandlung zum Angriff auf die Person werden. Die Frage ist also so zu stellen: Welche Maßnahmen sind unter welchen Umständen des Patienten am besten geeignet, der *Würde* und dem *Schutz der Person* zu dienen. Das Absetzen bestimmter Behandlungen *folgt* daher jeweils dem sich ändernden Befinden der Person, ruft die Veränderung im Befinden aber nicht erst hervor. Der Verzicht auf Weiterbehandlung ist daher auch keinesfalls gleichzusetzen mit einer eigenmächtigen Verfügung über das »Unverfügbare«, über Leben oder Tod.

Das Absetzen aller Mittel ist angezeigt, wenn der Tod eingetreten ist, die Integration der Körperfunktionen zu einer *Ganzheit* also nicht mehr besteht. Wir haben keinen Zweifel daran gelassen, daß der Mensch bis zu diesem Augenblick Person ist[41], alle Rechte auf eine menschenwürdige Behandlung und Pflege hat und – von seltenen Grenzfällen unerträglichen Leidens abgesehen – keinesfalls getötet werden darf. Nun kann man den Zusammenbruch des Gesamtsystems im Sterben aber auch durch den Einsatz vieler technischer Mittel hinauszögern. Zumindest dann, wenn ein sterbender Mensch das Bewußtsein unwiderruflich verloren hat, er sich also nicht mehr als Subjekt erfährt und in keine Kommunikation mit der Mitwelt mehr eintreten kann, wenn also der Zustand, den wir als *»psychologischen Tod«*[42] bezeichneten, eingetreten ist, muß man fragen, *wem die Verlängerung des Lebens durch die Fortführung aller Maßnahmen dient*, die ursprünglich zur Erhaltung des Lebens eingesetzt wurden. Der Betroffene selber ist nicht mehr zur Verwirklichung der Bestimmung seines irdischen Lebens in der Lage, weil die dazu notwendigen Grundsignaturen menschlichen Daseins irreversibel ausgefallen sind. Für ihn selbst bleiben die Maßnahmen nicht nur ohne ersichtlichen Sinn, sondern es ist zu befürchten, daß er ausschließlich zum *willenlosen Objekt* anderer Menschen oder einer blind ablaufenden

[41] Zur Organentnahme vgl. C/I/4, Anm. 33; C/II/5.
[42] Vgl. B/I/2.

Maschinerie wird. Vom Standpunkt des endgültig bewußtlosen Patienten aus wäre daher eher die Fortsetzung der Maßnahmen als ihr Abbruch ethisch besonders zu begründen. Die Verlängerung des Lebens wäre in solchen Fällen also nur unter Bezug und Rücksichtnahme auf das medizinische Personal, die Angehörigen und die Gesellschaft zu rechtfertigen. Das Interesse dieser verschiedenen Größen am Ergehen und Weiterleben des Patienten wird meist unterschiedlich motiviert sein und kann auch entgegengesetzt sein[43].

Je weniger der Mensch im Besitz seiner geistigen Fähigkeiten ist, umso weniger ist er in der Lage, über die Art seiner Behandlung direkt mitzubestimmen und seine Interessen zu bekunden. Umso mehr hängt sein Schicksal von den Interessen anderer an seinem Leben ab. Das heißt noch nicht, daß der Wille des Patienten keine Rolle mehr bei der weiteren Behandlung spielen kann. Auch der *mutmaßliche Wille* des Patienten ist erheblich. Üblicherweise setzen Ärzte voraus, daß der mutmaßliche Wille des Patienten das möglichst lange Fortleben ist. Diese Voraussetzung ist bedenklich, wenn der mutmaßliche Wille nur von den Interessen des medizinischen Personals und eventuell des Krankenhausträgers (Beleginteresse) her gedeutet wird und diese mit den Angehörigen als der anderen Interessengruppe erst gar nicht in Kommunikation treten. Dabei sind die Angehörigen von vornherein die unterlegene Gruppe, denn der Patient ist den Ärzten und der Maschinerie des Krankenhauses ausgeliefert, und die Ärzte sind die von den fachlichen und meist auch von den geistigen und sprachlichen Fähigkeiten her überlegene Interessengruppe, die viele Möglichkeiten hat, die Meinung der Angehörigen erst gar nicht anzuhören oder einfach für belanglos zu erklären. Dagegen ist aus ethischer Sicht zunächst einmal grundsätzlich vom Vorrang der Meinungsäußerung der Angehörigen auszugehen, da sie den Patienten, seine Lebenseinstellung und seinen *mutmaßlichen Willen* am besten kennen[44] und da sie meist die Bezugspersonen sind, in Beziehung zu denen sich Menschsein verwirklicht. Besonders die Menschen, die auf die Hilfe anderer unabdingbar angewiesen sind, sind in diesem

[43] Das Leben von berühmten Staatsmännern (Truman, Franco) wurde mit der Begründung hinausgezögert, daß die Gesellschaft ein Interesse an ihrem Weiterleben habe. Bei »normalen« Menschen dürfte das Interesse der Gesellschaft nicht in erster Linie aus humanen Gründen, sondern aufgrund finanzieller Erwägungen in eine andere Richtung gehen.

[44] Vgl. C/II/1, Anm. 51 ff.

mitmenschlichen Horizont, also in ihrem *sozialen Kontext* zu sehen, und dieser ist bei Entscheidungen über Verzicht auf und Fortführung oder Abbruch von lebensverlängernden Maßnahmen unbedingt zu berücksichtigen[45], denn der hilfsbedürftige Mensch ist *faktisch* so viel *wert*, wie er an liebevoller Zuwendung empfängt[46]. *Wer keinen Menschen hat, der ihm in Liebe verbunden ist, der ist aus Liebe nicht am Leben zu erhalten* und bei dem ist auch aus Liebe nicht auf eine Lebensverlängerung zu verzichten[47]. Die Liebe zum Mitmenschen ist aber noch keine Garantie dafür, daß zum Wohle des Kranken entschieden wird, weil man, um den geliebten Mitmenschen nicht zu verlieren, auch auf eine unsinnige und das Leiden vermehrende Lebensverlängerung drängen kann[48]. Andererseits sollte man nicht jedem Drängen der Angehörigen auf Abbruch der Lebensverlängerung gleich unlautere Motive unterstellen. Die Meinung, daß z. B. die Leiden von Angehörigen am sich dahinziehenden Sterben eines geliebten Mitmenschen keine Bedeutung für einen Verzicht auf und einen Abbruch von zweifelhaften lebensverlängernden Maßnahmen haben sollten, verkennt die *Tiefe der Leiden aus echter Liebe zum leidenden Partner*[48].

Sicherlich werden viele, besonders alte Menschen, aus nur vordergründig humanitären, letztlich aber egoistischen Gründen ins Krankenhaus abgeschoben[49], sei es, um sich auf diese Weise der belastenden Pflege zu entledigen, sei es, um so eher einen Platz in einem Pflegeheim zu bekommen, sei es, um so dem unangenehmen Erlebnis des Sterbens aus dem Wege zu gehen. Wenn solche Menschen dann in »Akut-Krankenhäuser« eingeliefert werden, werden sie automatisch dem einzigen Anstaltsziel dieser »totalen Institutionen«, Leben mit allen Mitteln zu erhalten, unterworfen[50]. Der Zustand des Patienten erholt sich dann vielleicht vorübergehend so, daß seine Entlassung

45 Vgl. B/II/2,4,5; B/III/2, Anm. 71 ff.; C/I/4, Anm. 10 ff.
46 Vgl. B/II/2, Anm. 50 ff.; vgl. P. S. Buck (B/III/1, Anm. 36).
47 Vgl. B/III/2/b, Anm. 74 ff.
48 Wenn z. B. – wie es der Verfasser als Pfleger und Seelsorger auf Intensivstationen erlebt hat – Eltern monatelang ihr bewußtloses und beatmetes Kind fast täglich besuchen und sich ständig fragen, wann »das« ein Ende hat, oder wenn eine berufstätige Ehefrau jeden Abend von weit her anreist, und manche Stunden bei dem seit Tagen im Koma liegenden und beatmeten Ehemann verbringt und sich dann an den Krankenhausseelsorger wendet mit der Bitte, doch beim Arzt ein Wort für den Abbruch von Infusionen und Bluttransfusionen einzulegen, so dürfte bei solchen Wünschen und Bitten kaum Egoismus leitend sein. Vgl. Schara, 588.
49 Vgl. Lau, 36 ff.
50 Vgl. B/II/2, Anm. 53 ff.; C/II/4/b.

nach Hause wieder möglich ist, was den Interessen der Angehörigen zuwider sein kann. Allerdings ist nicht jede Rücksichtnahme auf das Wohl der Angehörigen und der Familie vom dargelegten Verständnis des Liebesgebotes her[51] gleich als unverantwortlicher Egoismus der Angehörigen abzutun. Auf die großen Schwierigkeiten, vor die eine Familie durch einen schweren Pflegefall gestellt werden kann, haben wir bereits eingehend hingewiesen[52], konnten diese jedoch nicht als Rechtfertigung für eine *Tötung* anerkennen. Für den *Verzicht* auf Maßnahmen der Lebensverlängerung muß man diesen Argumenten erheblicheres Gewicht einräumen, denn es ist zweifellos ein Unterschied, ob Angehörige bereit und in der Lage sind, einen dauernder Zuwendung bedürftigen Pflegefall aufzunehmen und zu pflegen oder ob ein solcher Mensch in unseren Anstalten dem »sozialen Tod« ausgeliefert werden muß[53]. Sicherlich fallen solche Argumente umso weniger ins Gewicht, je mehr wir gut geführte und für ein Höchstmaß an fachlicher und menschlicher Zuwendung sorgende Heime und Anstalten für schwere Pflegefälle haben. Man kann jedoch die Berücksichtigung der Umstände in der Familie und der »Tatsächlichkeiten« in unseren Anstalten für die Pflege von schwer behinderten und altersschwachen Menschen bei der Entscheidung über Lebensverlängerung oder Verzicht darauf nicht ablehnen, wenn man nicht zugleich alles tut, um die Situation in unseren Anstalten so zu verbessern, daß der *soziale Tod* und bloßes Dahinsiechen nicht mehr vorkommen; denn damit ist weder den Kranken noch den Angehörigen gedient, noch – theologisch-ethisch gesehen – Gottes Wille für den kranken Mitmenschen erfüllt.

Geht man davon aus, daß es auch in den Anstalten selbst bei erheblichen personellen und baulichen Verbesserungen auf lange Sicht nötig sein wird, Prioritäten in den Behandlungen und dem Maß der Zuwendung zu setzen, dann doch in die Richtung, daß man sich zunächst der Menschen annimmt, deren Gesundheitszustand grundsätzlich noch am meisten zu verbessern ist, und der Menschen, die unter ihrem Zustand *am meisten leiden* und deren Leiden gelindert werden können. Wenn das *Maß der Leidensfähigkeit* des Menschen abhängig ist vom *Grad* der *Bewußtheit*, wenigstens aber mit ihm in

[51] Vgl. B/II/5, Anm. 45 ff.
[52] Vgl. B/II/5, Anm. 47; C/I/4, Anm. 12 ff.
[53] Vgl. C/II/4/b u. c; C/IV; vgl. Literatur B/I/2, Anm. 16.

enger Korrelation steht[54], dann gilt dies zwar auch für die physischen, vor allem aber für die psychischen Leiden. Besteht also einiger Grund zu der Annahme, daß der Mensch umso mehr an seiner Krankheit leidet, je höher sein *Bewußtheitsgrad* ist und *je mehr er seinen eigenen Zustand wahrnimmt*, so ist es selbst nach dem dargelegten Verständnis des Grundsatzes *der gleichen Behandlung*[55] gerechtfertigt, daß diese Menschen entsprechend ihren Umständen und Bedürfnissen ein höheres Maß an menschlicher, pflegerischer und medizinischer Betreuung erhalten, soweit dies nicht dazu führt, daß die Menschen, die im schlechteren Zustand sind, menschenunwürdig gepflegt werden[56]. Im Grundsatz ist jedoch nichts dagegen einzuwenden, *daß die Art* und der *Umfang des Einsatzes von Mitteln zur medizinischen Behandlung am Grad der Wiederherstellbarkeit oder Ausbildungsfähigkeit der Grundsignaturen menschlichen Daseins, also an der Entwicklungsfähigkeit der »Qualität« des Lebens zu bemessen sind.* Damit wird nicht die *Würde* und der *Wert* der *Person* an sich in Frage gestellt, die sich ja auf die integrierte *Ganzheit* des menschlichen Organismus beziehen und die unabhängig sind und bleiben von dem Grad der Realisation von Persönlichkeitsmerkmalen[57]. Das »Stufenmodell« der Persönlichkeit behält seine untergeordnete Stellung, selbst wenn es für die Fragen des Verzichts, die »Rangordnung« der einzusetzenden Mittel bei gleichzeitiger Berücksichtigung der »*sozialen* Dimension« des Menschseins zum ausschlaggebenden Orientierungsmaßstab wird.

Das Problem der »Verhältnismäßigkeit der Mittel« ist also von den Aussichten auf und dem Grad der Wiederherstellbarkeit der »Lebensqualität« des Patienten her zu betrachten und am ehesten zu lösen. Das setzt eine Bewertung und Rangordnung der Persönlichkeitsmerkmale voraus, darf aber nicht zur Infragestellung des Lebenswerts und der nicht quantifizierbaren Würde der Person führen. Wenn man jedoch – bei vorgegebenen begrenzten Möglichkeiten – nun einmal Prioritäten setzen muß, dann kann die *Sorge um die Schwächsten* nicht soweit gehen, daß der Vorrang derer mit besseren

[54] Vgl. B/III/1/d, Anm. 38 ff.
[55] Vgl. B/II/2, Anm. 27 f., 44 ff.
[56] Dann kann das psychische Elend dieser Menschen noch dadurch verstärkt werden, daß Angehörige aus »Ekel« vor den Umständen in den Anstalten alle Kontakte abreißen lassen.
[57] Vgl. B/I/1; B/II/1; Ringeling, 581 f.

Heilungs- und Rehabilitationsaussichten in Frage gestellt wird. Eine solche Rangordnung der Mittel gemäß dem Zustand der Patienten darf aber auch nicht dazu führen, daß man nach dem »Alles-oder-Nichts-Prinzip« für die hoffnungsvollen Fällen alles und für die übrigen nichts tut. Das christliche Verständnis der Menschenwürde und der Nächstenliebe gebietet die Solidarität mit den Schwächsten und erlaubt keine Vernachlässigung der »Grundbedürfnisse« nach menschlicher Betreuung und sachgerechter Pflege[58]. Wenn sich der Einsatz der Mittel am Zustand und den Bedürfnissen des einzelnen und denen der Gesamtheit der Patienten bemißt, dann kann es auch keine *statische Einteilung* in *»natürliche«* (bzw. gewöhnliche) und *»künstliche«* (bzw. außergewöhnliche) *Mittel* geben[59], sondern man kann einerseits unterscheiden zwischen Mitteln, die sinnvoll sind, weil durch sie die Lebenssituation wirklich gebessert wird, und Mitteln, die für die Gesamtsituation des Patienten keine Besserung bringen, und andererseits zwischen Mitteln, deren Anwendung aus anderen Gründen als denen des Wohls des Individuums möglich oder unmöglich sind. Solange die Gesundheit eines Menschen *grundsätzlich wiederherstellbar* ist, ist der Einsatz *aller Mittel* ohne Rücksicht auf Kosten und andere Belange immer geboten, es sei denn, es stehe Leben gegen Leben[60]. Die Frage ist nur, ab wann andere Gesichtspunkte als der des Wohls des Individuums mit in Betracht gezogen werden dürfen. Der Ansatzpunkt dazu muß im Zustand des Kranken selbst zu finden sein. Spätestens dann, wenn der Kranke für sein ganzes weiteres Leben auf die Hilfe anderer unabdingbar angewiesen ist, ist die Lebenssituation der helfenden Menschen mit zu bedenken, weil viele medizinische Maßnahmen zur Lebensverlängerung bei hilfsbedürftigen Menschen nur dann ihrem Wohle dienen, wenn ihnen zugleich die zum Weiterleben notwendigen pflegerischen und mitmenschlichen Hilfen gewährt werden und so für eine sinnhafte Existenz in der gewonnenen Lebensspanne gesorgt wird. Es ist unverantwortlich, eine medizinische Maßnahme einfach durchzuführen, ohne diese *so-*

[58] Vgl. B/II/5, Anm. 49 ff.; C/II/4/a.

[59] Zur Kritik an dieser an einem nicht mehr haltbaren Verständnis von Natur orientierten Unterscheidung vgl. Kautzky (1969 b), 373; Sporken (1971), 198; Ruff, 129 ff.; Eibach (1974), 299 ff., 330 ff.; vgl. B/II/5, Anm. 56. Dennoch geht diese Unterscheidung nicht grundsätzlich in eine falsche Richtung. Vgl. Anm. 77 ff.; C/II/4/a; Nelson, 130 ff.; Schara, 589 f.

[60] Vgl. B/II/5, Anm. 67 ff.; C/I/4.

zialen Faktoren zu bedenken und die notwendigen begleitenden Hilfen zugleich in die Wege zu leiten[61].

Soziale und *ökonomische Erwägungen*, die die Interessen anderer, und zwar zunächst der Angehörigen und dann der Gesellschaft, berücksichtigen, können – wie auch wissenschaftliche und ökonomische Interessen von Ärzten und Krankenhäusern – erst dann ins Feld geführt werden, wenn durch eine *medizinische Behandlung keine wirkliche und längerfristige Besserung des Zustands zu erwarten ist* und durch ihr Unterlassen oder ihre Anwendung dem Patienten kein zusätzliches Leiden zugefügt wird. Der Einsatz von Maßnahmen, die dem Wohl des betroffenen Patienten weder dienen noch schaden, kann letztlich nur von den Interessen anderer her motiviert und gerechtfertigt werden. Gerade der chronisch Kranke wird nicht selten zum »Experimentierfeld« einer Medizin, die alles versucht, obgleich man am Erfolg solcher, für den Patienten oft anstrengenden und teils mit vorübergehenden oder dauernden zusätzlichen Leiden verbundenen Behandlungen von vornherein stark zweifeln kann[62]. Selbst dann, wenn man Patienten medizinisch nicht schadet, ist zu fragen, ob man ihnen und ihren Angehörigen so nicht psychisch und finanziell schadet, z. B. schon dadurch, daß man Kranke länger als nötig in Krankenhäusern hält. Zu den finanziell motivierten Beleg- und Behandlungsinteressen von Ärzten und Krankenhäusern kommt noch deren Interesse und das der pharmazeutischen Industrie, ihre technischen Einrichtungen möglichst auszunutzen und neue Methoden und Medikamente auszuprobieren. Auf diese Weise werden Patienten mitunter zweifelhaften Behandlungen unterworfen oder auf Intensivstationen verlegt, obgleich ihre Krankheit jederzeit auch auf einer anderen Station sachgerecht behandelt werden könnte[63]. Den Interessen der Ärzte, der pharmazeutischen Industrie und der Krankenhausträger kann selbstverständlich das Interesse der Gesellschaft,

[61] Das ist nötig bei der Verlängerung des Lebens, die anschließend eine Unterbringung in Pflegeheimen notwendig macht und vor allem nach Suizidversuchen. Vgl. C/II/4/c.

[62] Es soll hier keinesfalls mit I. Illich (S. 11 ff.) bezweifelt werden, daß die moderne Medizin nach ihren Erfolgen über die Epidemien überhaupt noch »effizient« ist, und auch nicht behauptet werden, daß die »iatrogenen«, also die von Medizinern verursachten Schäden größer seien als ihre Erfolge, doch sollte man sich von solchen Übersteigerungen nicht den Blick für den »Wahrheitskern« dieser Aussagen zu sehr trüben lassen. Vgl. Blüchel, 237 ff.; A. M .K. Müller, 60 ff., 105.

[63] Die Hinweise mehren sich, daß mittlerweile eine Überkapazität an Intensivbetten besteht, die zu fraglichen Belegungen solcher Abteilungen führen kann.

d. h. der Krankenversicherten und Steuerzahler, an möglichst geringen Ausgaben bei höchstmöglicher Leistungsfähigkeit des Gesundheitswesens mit vollem Recht entgegengestellt und übergeordnet werden. Mit der Krankheit der Menschen sollten nicht noch Geschäfte getrieben werden[64]. Da das Wohl des Kranken Anliegen der Medizin sein soll, darf der Patient nicht zum Spielball von Interessen anderer werden.

Wenn Einsparungen im Gesundheitsbereich notwendig sind, dann sollten sie zuletzt zuungunsten des Patienten gehen und zuerst bei der Überprüfung von und dem Verzicht auf Behandlungen anfangen, die nicht im Interesse des Patienten liegen und von denen für die Therapie von Krankheiten in der Gegenwart und der Zukunft keine entscheidenden Erfolge zu erwarten sind. Nun rechtfertigen viele Ärzte Behandlungen, die keinen ersichtlichen Erfolg zeigen damit, daß das »Experiment« im klinischen Bereich unbedingt nötig sei, wenn man weitere therapeutische Fortschritte erzielen möchte. Selbst wenn wir voraussetzen, daß diese Zielsetzung und nicht rein wissenschaftliche Neugierde finanzielle Interessen zu solchen Behandlungen anregen, darf es nicht dazu kommen, daß dem gegenwärtig lebenden Menschen dadurch zusätzliche Leiden entstehen und vermeidbare Leiden nicht behoben oder verhütet werden[65]. Die Sorge um die Gesundheit der Menschen der Zukunft macht ein vertieftes Erkennen von Krankheitsursachen und therapeutischen Möglichkeiten nötig, so daß nicht von vornherein alle Untersuchungen und Behandlungen abzulehnen sind, die gegenwärtig lebenden Menschen nichts nützen und mitunter auch gewisse Risiken für sie enthalten. Auch der Patient ist zur

[64] Daß die Krankheit tatsächlich ein lukratives Geschäft ist und daß die finanziellen Interessen der pharmazeutischen Industrie und der Mediziner – trotz gegenteiliger Versicherungen der Ärzteverbände und entgegen der »offiziellen« Ethik – oft im Vordergrund stehen, kann nicht ernsthaft bestritten werden (vgl. Literatur Einleitung, Anm. 9); Depner (S. 65, 125 f.) kommt in seiner Untersuchung zum ärztlichen Ethos zu dem Ergebnis, daß während der Ausbildung der Idealismus, Menschen zu helfen, bei vielen eine echte Motivation darstellt, während bei jungen Ärzten das wissenschaftliche Interesse an der Krankheit wesentlicher sei als der Mensch. Bei den »etablierten« Ärzten trete dieses Interesse dann zurück hinter ökonomischen und Status-Interessen und das Ethos habe berufspolitische strategische Funktionen in dieser Hinsicht zu erfüllen. Ziel der ständigen Betonung des ärztlichen Ethos sei es, »mit seiner Hilfe den erworbenen sozialen Status mit allen zugehörigen Privilegien zu verteidigen« (S. 126); vgl. A/II.

[65] Depner (S. 125) verweist darauf, daß bei jungen, auf Lernen und Forschung ausgerichteten Ärzten, das Wohl des Patienten hinter diesen Zielsetzungen oft völlig zurücktritt. Vgl. dazu die A/I, Anm. 32 zu unverantwortlichen Experimenten angegebene Literatur.

Solidarität mit den Mitmenschen verpflichtet. Das »Solidaritätsprinzip« gebietet nicht nur die Verantwortung für den jetzt lebenden Nächsten, sondern auch für die ganze Gemeinschaft und deren Zukunft[66]. Trotzdem bleibt das Wohl des gegenwärtig lebenden Menschen ebenso Maßstab für die Sorge um Gesundheit und Lebensqualität zukünftiger Menschen wie das Wohl des einzelnen trotz seiner Verpflichtung zur Solidarität Zweck und Maßstab des Gesellschaftssystems bleibt[67]. Deshalb können keinem Menschen ohne seine Einwilligung um des möglichen, aber immer fraglichen Wohls zukünftiger Menschen willen zusätzliche erhebliche Leiden zugemutet werden. Die möglichen Schäden für die Versuchsperson dürfen nur gering sein, selbst wenn sie mit einem möglichen Nutzen gekoppelt sind. Und selbst dann sollte die Versuchsperson oder ihr gesetzlicher Vertreter über die Risiken und den zu erwartenden Nutzen aufgeklärt und ihre Einwilligung möglichst eingeholt sein, oder es sollte ihnen wenigstens bekannt sein, unter welchen Umständen in einer Klinik experimentelle Behandlungsmethoden angewendet werden, damit sie sie gegebenenfalls ablehnen können[68]. Auch wenn solche Behandlungsmethoden keine ersichtliche Gefährdung für Patienten darstellen, muß gefragt werden, ob der Aufwand wirklich in einem angemessenen Verhältnis zu dem voraussichtlichen Nutzen steht. Geht man davon aus, daß das Zeitalter bahnbrechender Entdeckungen und Behandlungsmethoden ohne große negative Nebenfolge in der Medizin – besonders in der Chirurgie – vorüber ist[69], so sind nicht nur um des Schutzes des Patienten, sondern auch um der Konzentration und Effizienz der medizinischen Forschung willen und auch aus Gründen klarer Prioritätensetzung und der Kostenersparnis im Gesundheits-

[66] Vgl. Altner, 265; Beecher (1970), 119 ff.; Böckle/von Eiff (1971), 347 ff.; Eibach (1974), 324 ff.; Genewein/Sporken, 234 ff.; Finzen, 126 ff.; Honecker (1975), 137 ff.; Hartmann, 306 ff.; Marlet (1969), 21 ff.; Nelson, 79 ff.; Pellegrino, 35 ff.; V. v. Weizsäcker (1947) 25 ff.; Ruff, 143 ff.; vgl. A/I, Anm. 32.

[67] Zur theologisch-ethischen Begründung vgl. B/II/5, Anm. 54 ff.

[68] Das entspricht den Forderungen der »Deklaration von Helsinki« (Text bei Krauß, 140 ff.). Ebenso »Bill of Rights« für Krankenhauspatienten der USA (Text bei Wunderli, 178); vgl. Böckle, (1970), 453 f.

[69] »Die übergroße Chirurgie trägt nicht das Antlitz der Jugend, sondern das eines degenerierten Alters« (W. Frossmann, zitiert bei Blüchel, 246). Viele risikoreiche Behandlungen sind auch nur deshalb möglich, weil sich Patienten von der Medizin ein »Heil« erwarten, das sie nicht »machen« kann (vgl. A/I). Solche Erwartungshaltungen von Patienten können leicht »ausgebeutet« werden, besonders dann, wenn man sie nicht über die negativen Nebenfolgen eingehend aufklärt. Vgl. Illich, 115 ff.

bereich klinisch experimentelle Behandlungsmethoden auf bestimmte dafür geeignete und damit beauftragte Kliniken zu beschränken.

Bei schwer behinderten Menschen hängt der Erfolg einer medizinischen Behandlung oft weitgehend von den begleitenden nichtmedizinischen Maßnahmen und der menschlichen Zuwendung ab. Daher kann man auch nicht vom psychophysischen Zustand des Patienten aus objektive Rückschlüsse auf das Maß der ihm zustehenden Behandlung ziehen. Jedoch kann man ganz allgemein sagen, daß Behandlungen auch beim schwer behinderten Menschen ein umso größeres Ausmaß haben dürfen, je mehr sie seinen Zustand verbessern und ihm ein größeres Maß an Unabhängigkeit und Fähigkeit zur Selbstverwirklichung bringen. Anders stellen sich die Probleme, wenn das Grundleiden eines Menschen grundsätzlich nicht so zu beheben ist, daß er dadurch einen ersichtlichen Nutzen hat, d. h. ein größeres Maß an Freiheit und eine Verringerung seiner Leiden erfährt. Ist ein schwerbehinderter Mensch (z. B. mit schwersten Lähmungen) bei vollem Bewußtsein, so hat er ein umso größeres Recht, eine Behandlung zu verweigern, je größer sein unabwendbarer Leidenszustand ist[70]. Sind solche Menschen jedoch nicht mündig und leiden sie an einem letztlich nicht aufzuhaltenden Krankheitsprozeß zum Tode oder tritt zu ihrer Grundkrankheit (Behinderung) zusätzlich eine Krankheit hinzu, die zum Tode führen muß, so sollte man fragen, mit dem Einsatz welcher Mittel man die Krankheit bekämpfen muß. Daß der Einsatz an Mitteln umso geringer sein darf, je größer der Leidenszustand des Menschen ist, der damit nur verlängert wird, ist grundsätzlich festzuhalten. Beachtet werden muß dabei jedoch, daß das subjektiv wahrgenommene Leiden wahrscheinlich umso geringer ist, je größer das Ausmaß der *Bewußtheitstrübung* und der Schädigung des Gehirns, bzw. der psychisch-geistigen Fähigkeiten ist[71]. Umso weniger kann man dann das subjektive Leiden des Patienten als Rechtfertigung ins Feld führen. Jedoch muß man auch festhalten, daß eine Lebensverlängerung dem Patienten auch umso weniger nützt, je mehr sein Bewußtsein irreversibel geschädigt ist. Mithin muß man sagen: *Je mehr das Bewußtsein des Menschen geschädigt ist und je mehr er gleichzeitig in seinen körperlichen Fä-*

[70] Vgl. C/II/4/d (zur hohen Querschnittslähmung).
[71] Vgl. B/III/1/d, Anm. 38 ff.

higkeiten eingeschränkt ist, notfalls sogar ständig ans Bett gefesselt ist und dauernder Versorgung durch andere in allen biologischen Grundbedürfnissen bedarf, umso weniger kann sein subjektiver Leidenszustand für eine oder gegen eine Lebensverlängerung ins Feld geführt werden. Das eine wie das andere kann nur aus der sozialmitmenschlichen Dimension und aus anderen Erwägungen, z. B. ökonomischen, gerechtfertigt werden. Den Extremfall auf dieser Ebene stellt der Mensch mit irreversiblem apallischen Syndrom (Ausfall der Großhirnleistungen) dar[72].

Beachtet man, daß es sich dabei keinesfalls immer um Menschen handeln muß, deren *Sterbeprozeß notwendig unwiderruflich* ist, so wird man bei einer tödlichen Erkrankung solcher Menschen nicht von vornherein *alle* Maßnahmen zur Lebenserhaltung unterlassen können. Die Frage besteht aber, welcher Aufwand zur Lebenserhaltung in solchen Fällen getrieben werden muß. Da das unabänderliche Grundleiden solcher Menschen meist schon längere Zeit besteht, hat man im allgemeinen genügend Zeit, sich im voraus in etwa Klarheit darüber zu verschaffen, welche Behandlungen man im Notfall noch unternehmen sollte. Die sozialen Lebensbedingungen, der Wille der rechtlichen Vertreter und manches mehr könnten bereits bekannt sein[73]. Je mehr Komplikationen bei einer schweren Krankheit vorauszusehen sind, umso leichter sind diese Klärungen im voraus möglich. Wenn der Sterbeprozeß im engeren Sinne noch nicht begonnen hat, das *Grundleiden* aber nicht nur *irreversibel* ist, sondern auch notwendig allmählich auf den Tod zuführen muß[74], dann ist dies ein anthropologisch und ethisch so entscheidendes Kriterium, daß man daraus folgern darf, daß auf die Bekämpfung von Krankheiten umso mehr verzichtet werden darf, je mehr sie in einem direkten oder auch indirekten Zusammenhang mit dem irreversiblen Grundleiden stehen, durch dessen Bekämpfung keine Besserung des *Allgemeinzustands* erreicht werden kann. Je aussichtsloser, hilfloser und leidvoller der Allgemeinzustand aufgrund des Grundleidens geworden ist, umso mehr wäre auch auf die Bekämpfung von Sekundärerkrankun-

72 Vgl. C/II/4/a.

73 Daß der Wille der Angehörigen ein wesentliches Kriterium bei der Entscheidung ist, heißt noch nicht, daß er immer ausschlaggebend sein muß, wenn sie sich für oder gegen die Fortsetzung der Behandlung aussprechen (vgl. C/II/1, Anm. 50 ff.).

74 Als Beispiel seien der durch schwere Arteriosklerose bedingte »Abbau« der Persönlichkeit, aber auch Menschen mit apallischem Syndrom genannt (vgl.C/II/4/a,b). Vgl. Haemmerli, 558.

gen zu verzichten[75]. Entsprechendes gilt auch für den Abbruch von Behandlungen. Wenn sich das Grundleiden als irreversibel erweist und der Gesamtzustand bereits sehr elend ist, so sollte auch die Bekämpfung der Sekundärerkrankungen zunehmend reduziert werden.

Da es in einer Behandlung nicht um die Bekämpfung einer isoliert zu betrachtenden Krankheit, sondern um das Wohl des ganzen Menschen geht, ist grundsätzlich auch nichts dagegen einzuwenden, daß Krankheiten, die in keinem ersichtlichen Zusammenhang mit dem unheilbaren Grundleiden stehen und die vielleicht sogar erfolgreich angegangen werden könnten, dann nur noch so weit bekämpft werden, wie dadurch eine Besserung des *Gesamtzustands* erreicht wird. Keinesfalls kann es ethisch erlaubt sein, daß dem Patienten durch eine solche, sein Grundbefinden nicht bessernde Bekämpfung von Krankheiten, noch zusätzliche Leiden auferlegt werden. Ein Verzicht wird jedoch umso problematischer, je unvorhergesehener Krankheiten auftauchen und je mehr sie den Kranken unmittelbar mit dem Tod bedrohen[76]. Je wahrscheinlicher und je schneller sie dann zum Tode führen, umso mehr gerät der *Verzicht* in die Nähe des *fahrlässigen Unterlassens* und des *Mitverursachens* des Todes[77]. Je mehr dies der Fall ist, umso mehr dürfen auch noch Maßnahmen gegen solche tödlichen Krankheiten ergriffen werden. Entscheidend ist dabei jedoch die Beachtung des *Gesamtzustands* des Patienten. Ein Verzicht gerät in solchen Fällen umso weniger in den Bereich des fahrlässigen Unterlassens und Mitverursachens des Todes, je eindeutiger der Patient ein Sterbender ist und je mehr zu erwarten ist, daß durch eine weitere Behandlung nur sein Leidenszustand verlängert oder gar vergrößert wird. Umso weniger kann es sich in solchen Fällen auch um eine Mitverursachung des Todes handeln, und umso mehr muß der Verzicht als Nachvollzug eines bereits über das Leben des Menschen gefällten Urteils zum Tode verstanden werden.

Diese Argumentationen laufen letztlich darauf hinaus, daß es so etwas wie einen *»natürlichen« Verlauf einer Krankheit zum Tode*

75 Wenn z. B. ein Mensch im komatösen Zustand mit stärkster Bewußtheitstrübung auf der Intensivstation liegt und dann ein Darmverschluß eintritt, man ihn operiert, er anschließend drei Wochen lang beatmet wird, ohne das Bewußtsein wieder zu erlangen, so dürfte das weder eine sinnvolle Lebensverlängerung noch eine sinnvolle Palliativmaßnahme gewesen sein (vgl. C/II/4/a, Anm. 33 f.).

76 Man denke nur an eine akute Blinddarmentzündung bei einem von Geburt aus oder durch Unfall schwerst hirngeschädigten Kind.

77 Vgl. Anm. 1 ff.; B/III/3, Anm. 1 ff.

gibt, der zwar nicht direkt greifbar, aber durch verschiedene gegeneinander abzuwägende und in Bezug zueinander zu setzende Kriterien zu ermitteln ist. Dem zunehmenden Abbau der *Organisationsstufen der Persönlichkeit*, vor allem der unabdingbaren psychophysischen Voraussetzungen zur Verwirklichung der Lebensbestimmung (Identität der Person, Kommunikationsfähigkeit, Fähigkeit zur Selbstverwirklichung im Leibe, Minimum an motorischer Eigentätigkeit) sollte ein zunehmender *Abbau der Mittel* zur Bekämpfung der Krankheit von dem Zeitpunkt an entsprechen, von dem ab die Grundsignaturen des Menschseins nicht wiederherstellbar sind (Irreversibilität), und zwar umso mehr, je schneller der Prozeß auf den Tod zueilt und je größer der Leidenszustand des Menschen ist[78]. Weil die medizinischen Behandlungen sich auf die Erhaltung oder Wiederherstellung der Gesundheit und die Linderung von Schmerzen beziehen, sollten sie sich auf die Erhaltung eines *»natürlichen« biologischen Geschehensablaufs* ausrichten, nicht aber auf die Umschaffung der Natur oder gar die Abschaffung von Altern, Sterben und Tod[79]. Zwar ist weder aufgrund theologischer Anschauungen[80] noch aufgrund biologischer Erkenntnisse direkt zu sagen, wie und ab wann eine Krankheit als nun einmal unabänderlicher Geschehensablauf zum Tode hin nicht mehr zu bekämpfen ist, noch ist überhaupt ein natürliches Sterben ohne eine nichtseinsollende Krankheit vorstellbar, doch müssen wir hier mittels medizinischer anthropologischer und ethischer Kriterien *den* Ablauf der Krankheit ermitteln und ermöglichen, durch den dem Wohl des Menschen am meisten gedient ist und ihm am wenigsten geschadet wird. Spätestens unter den Bedingungen der technisierten Medizin der letzten Jahrzehnte setzt das voraus, daß man von einem bestimmten Zeitpunkt ab auf das Behandlungsziel »Lebensverlängerung« um des Patienten willen verzichtet.

Das entläßt das medizinische Personal jedoch nicht aus der Verpflichtung, diese unheilbaren und teils schwer leidenden Menschen entsprechend ihrer bis zum Tode ungeteilt bestehenden *Menschenwürde* ihren Bedürfnissen gemäß zu betreuen. Das *Recht auf Pflege* schwindet nicht wie das Recht auf medizinische Behandlung mit zu-

[78] So auch Rahner (1970), 330; vgl. ders. (1975), 39.
[79] Das sind erst utopische Ziele neuzeitlicher Hybris (vgl. A/I; B/II/3).
[80] Vgl. B/II/3 u. 4; B/III/2/a u. c.

nehmender Aussichtslosigkeit auf Erhaltung der Gesundheit und des Lebens, sondern es bleibt unverändert als *unverzichtbares Grundrecht* bis zum Tode bestehen, und der Anspruch auf Pflege *wächst* mit der zunehmenden Hilfsbedürftigkeit. Die *Pflege* bezieht sich auf die *Befriedigung der menschlichen Grundbedürfnisse*, zu denen zumindest die Bedürfnisse gehören, die auch ein neu geborener *Säugling* hat und zu deren Befriedigung er auf die Hilfe anderer angewiesen ist, also die *Ernährung*[81], *die sachgerechte Bettung* und *Reinigung*[81]. Zu diesen Grundbedürfnissen, deren Befriedigung eine sich aus dem Verständnis der Menschenwürde ergebende Pflicht ist, die also *keinesfalls unterlassen* und *vernachlässigt werden dürfen*, gehört auch die *Schmerzlinderung* bis zum Tod. Obgleich die Schmerzlinderung äußerlich die Form einer medizinischen Behandlung, ja selbst von aufwendigen medikamentösen und operativen Methoden (Palliativ-Maßnahmen) haben kann, ist sie eher der Pflege zuzurechnen, da sie nicht das Ziel der Lebenserhaltung hat. Ebenso können andere Maßnahmen der Pflege und des Schutzes des Kranken vor zusätzlichen Leiden die Form einer medizinischen Behandlung nötig machen[82].

4. *Diskussion der ethischen Probleme des Behandlungsverzichts und Behandlungsabbruchs anhand von Beispielen aus verschiedenen medizinischen Fachbereichen*

Die im letzten Kapitel herausgestellten Kriterien müssen sich in der Beurteilung konkreter Fälle bewähren. Grundlegend sind demnach folgende Kriterien: (1) *Das Selbstentscheidungsrecht* (Wille) und (2) der *Zustand* des Patienten unter Berücksichtigung seiner *sozialen Lebenssituation* und (3) der *ärztliche Auftrag*, durch eine Behandlung *nicht mehr Leiden zu verursachen* als *zu lindern* und den *Tod* des Menschen *nicht zu verursachen*. Als entscheidendes Kriterium *im*

[81] So auch der Jurist J. Möllering, Die tödliche Freiheit – eine kritische Stellungnahme zu neueren Tendenzen in der Euthanasiediskussion, in: Med. Welt 48 (1974), 1254 ff.; Weißauer/Opderbecke, 9; Fritsche, 48,72; Gsell, 679; H. Menzel, in: Eser (Hrsg.); Schara, 514,589 f.; vgl. C/II/4/a/ab.

[82] Vgl. H. Menzel, in: Eser (Hrsg.); Fritsche, 48,72. Hier wäre zu diskutieren, inwieweit auch der Schutz vor Infektionen zur Befriedigung der Grundbedürfnisse gehört (vgl. C/II/4/a/ab).

Zustand des Patienten ergibt sich die im Nachhinein unter Beachtung der Art des Grundleidens und bei genügend langer Beobachtung des Krankheitsverlaufs häufig feststellbare *Irreversibilität* einer Krankheit[1], die die Bedeutung hat, daß von diesem Zeitpunkt ab das Behandlungsziel nicht mehr vorrangig in der Verlängerung des Lebens an sich besteht, sondern in der Erhaltung der *Qualität* des Lebens, so daß die Bewahrung der Grundsignaturen menschlichen Lebens (Selbstbewußtsein; Kommunikationsfähigkeit; Fähigkeit, sich im Leibe zu verwirklichen) und die Schmerzlinderung dann Vorrang vor der Verlängerung der Lebenszeit bekommen. Innerhalb solcher Krankheitsprozesse hat wiederum der *unwiderrufliche Eintritt des Sterbens* eine grundlegende ethische Bedeutung insofern, als von diesem Augenblick ab über das Leben eines Menschen von einer menschlicher Verfügung entzogenen »Instanz« her bereits endgültig das »Todesurteil« verfügt ist,so daß von da ab die *Schmerzlinderung* und *sachgerechte Pflege* die *einzigen Behandlungziele* sein können. Ein Verzicht auf Anwendung lebensverlängernder und ein *Abbruch solcher bereits bestehender Maßnahmen* können den Tod daher kaum noch wirklich »verursachen«, allenfalls seinen Eintritt beschleunigen, was in dem Maße ethisch erlaubt und geboten ist, wie dem sterbenden Menschen dadurch unnötige Leiden erspart werden. Dabei ist allerdings zu beachten, daß ein *Verzicht* auf Anwendung lebensverlängernder Maßnahmen meist unproblematischer ist als deren *Abbruch* und daß der Abbruch umso bedenklicher wird, je mehr der Tod durch ihn *mitverursacht* wird und je *zeitlich unmittelbarer* der Tod auf den Abbruch der Behandlung folgt.

Aus der Kombination und Abwägung[2] der genannten drei Kriterien müßten sich die Lösungen für konkrete Fälle abzeichnen. Zwar können weitere Kriterien – die Überzeugungskraft verstärkend oder schwächend – hinzutreten (Wille der Angehörigen, soziale, ökonomische, wissenschaftliche Interessen), doch müssen sie immer am Wohl des Kranken ansetzen und darin ihren verbindlichen Maßstab haben. Der Kranke wird nur insoweit wirklich als *Person* geachtet und nicht als *Objekt* behandelt, wie sein *Wille* berücksichtigt und ihm eine eigene Entscheidung ermöglicht und zugebilligt wird. Wegen der Wichtigkeit dieses Grundsatzes unterscheiden wir im folgenden

[1] Vgl. Haemmerli, 558.
[2] Vgl. C/II/3, Anm. 12.

zwischen *entscheidungsfähigen* (mündigen) und *entscheidungsunfähigen* Menschen und wegen der Bedeutung des *unwiderruflichen Sterbens* als Kriterium für Behandlungsziele jeweils wiederum zwischen *notwendig* sterbenden und *nicht notwendig sterbenden* Menschen mit unheilbaren Leiden[3]. Bei dieser Einteilung bleiben wir uns natürlich bewußt, daß die Grenzen zwischen entscheidungsfähig und nicht entscheidungsfähig und zwischen sterbend und nicht sterbend in vielen Fällen fließend sind und bleiben.

a) Entscheidungsunfähige, sterbende Menschen

Aufgrund von Unfällen werden viele Menschen schon ohne Bewußtsein in Akutkrankenhäuser eingeliefert. Diese Menschen werden oft mitten aus dem Leben gerissen und finden sich dann vielleicht plötzlich auf einer Intensivstation wieder. Anders liegen die Fälle im größten Teil der inneren Medizin, besonders aber in der Geriatrie, wo chronische Krankheitsverläufe häufig erst allmählich zur Einschränkung des Bewußtseins führen.

aa) Abbruch künstlicher Beatmung und Verzicht auf Wiederbelebung in der Intensivtherapie

Beispiel: Ein junger Mensch wird nach einem Unfall mit Schädelverletzungen und Rippenbrüchen in ein Krankenhaus eingeliefert werden. Die Atmung ist schlecht. Es muß schnell gehandelt werden, um keine Rettungschance zu versäumen. Der Patient wird tracheotomiert und künstlich beatmet. Nach einigen Tagen stellt man fest, daß der Patient das Bewußtsein und eine genügende eigene Atemtätigkeit nicht wieder erlangt. Um den Patienten vor Infektionen zu schützen, müssen größere Mengen Antibiotika gegeben werden. Die Ernährung erfolgt über eine Sonde in den Magen. Bei den täglichen kurzen Besuchen auf der Intensivstation wird der Ehefrau deutlich – nicht zuletzt auch aufgrund der ausweichenden Antworten von Pflegepersonal und Ärzten –, daß ihr Mann wahrscheinlich nicht überleben wird. Die Ehefrau äußert in einem Gespräch mit dem Krankenhausseelsorger den dringenden Wunsch, endlich zu wissen, in welche Richtung der Verlauf geht. Ein Gespräch mit dem leitenden Arzt wird zustandegebracht. Sie erfährt, daß nach menschlichem Ermessen keine Chance mehr besteht, der Zustand sich aber noch Tage, vielleicht

[3] Vgl. C/I/1.

noch Wochen hinziehen könne. In einem Tage späteren Gespräch mit dem Krankenhausseelsorger sagt die Frau, daß sie das »nicht mehr mitansehen könne« und wünsche, daß alles ein Ende habe, daß sie aber auch zu unruhig sei, zu Hause zu bleiben und so täglich die längere Bahnfahrt unternehme und die beiden kleinen Kinder zu Bekannten gebe[4].

Welche Faktoren müßten bei der Entscheidung berücksichtigt werden? Der Patient ist nicht nur ein irreversibel *sterbender*, sondern auch ein *bewußtloser* Mensch, so daß er mit größter Wahrscheinlichkeit nicht mehr subjektiv *leidet*. Mitleid scheidet in diesem Fall also als Kriterium aus. Die Achtung vor der Menschenwürde und dem Recht auf den Tod spielt aber eine Rolle. Dem Patienten selbst nützt die Lebensverlängerung nicht mehr. Theologisch-anthropologisch gesehen ist die *Identifikation* der *Person* mit ihrer *Krankheit* eingetreten, weil der Mensch nicht mehr bei Bewußtsein ist und auch nicht mehr ohne die technischen Apparaturen lebensfähig ist. Geht man davon aus, daß der menschliche Organismus eine *Ganzheit* ist[5], die sich selbsttätig als solche reguliert, so können in der Tat alle Mittel, die dem Organismus »äußerlich« sind, als an sich nicht zum Leib gehörender Ersatz dann abgezogen werden – ohne daß das als Eingriff in die leib-seelische Integrität angesehen werden müßte –, wenn sie dem Zweck, zu dem sie eingesetzt wurden, nicht mehr sinngemäß erfüllen. Nicht zu Unrecht werden solche Mittel als *unnatürlich* oder *außerordentlich* angesehen, wenn der Mensch sie nicht in seine leib-seelische Ganzheit integrieren kann und sie seinen Bewegungsraum stark einengen oder ihn gar ständig ans Bett fesseln. Spätestens dann, wenn solche Mittel dem Menschen nicht mehr ermöglichen, selbsttätig zu leben, wird ihr Einsatz fraglich.

Wenn auch noch das Bewußtsein bereits endgültig ausgefallen ist, dann bedarf es zum Abbruch solcher Maßnahmen nur noch der Rechtfertigung aus Gründen, die außerhalb des Wohles der Person liegen. Diese geben dann den Ausschlag dafür, ob man den Weg eines allmählichen *Behandlungsabbaus* oder den direkten Übergang zu einer sogenannten »*Minimaltherapie*« oder gar den *abrupten Abbruch* aller Maßnahmen einschlägt. Ein Behandlungsabbau würde etwa so

[4] Weltweites Aufsehen erregte im Nov. 1975 das Urteil eines amerik. Gerichts, das den Ärzten das Recht zur Fortsetzung einer solchen Behandlung bei der 21-jährigen K. Ann Quinlan einräumte.

[5] Vgl. B/I/1.

vor sich gehen, daß man jede zusätzliche Maßnahme, vor allem Reanimationsbemühungen bei Herzstillstand und die Dialyse, unterläßt bzw. abbricht, dann etwa Bluttransfusionen, die Gabe von Kreislaufmitteln und Antibiotika allmählich einstellt. Besitzt der Patient noch eine Spontanatmung, so könnte man von automatischer zu assistierender Beatmung und dann zur ausschließlichen Spontanatmung übergehen. Ist die Atmung schwach, kann man eine Sauerstoffanreicherung der Atemluft vornehmen und die Atemwege gut frei halten. Dann stellt sich die noch zu behandelnde Frage, wie die Pflege und die Ernährung auszusehen haben[6]. Reicht die Eigenatmung jedoch nicht aus, so steht man vor dem Problem, den Patienten durch das Abschalten des Geräts ersticken zu lassen. Je abrupter der Behandlungsabbau vollzogen wird, umso mehr rückt er in die *Nähe* einer *Mitverursachung* des Todes, obgleich bei eindeutig infauster Prognose und endgültiger Bewußtlosigkeit aus theologisch-ethischer Sicht nicht mehr davon geredet werden kann, daß der Tod durch den Abbruch mitverursacht wird[7]. Es handelt sich nicht um ein direktes Beschleunigen des Sterbens, sondern um einen *Abbau der Verhinderung des Eintritts des Todes.*

Selbst in den Fällen, in denen weder eine Nötigung zum Behandlungsabbau von der Situation auf der Station (Bedarf an Betten, Personal und Apparaturen) her vorliegt noch ein entsprechendes Drängen von den Angehörigen ausgeht, ist der Weg des allmählichen Behandlungsabbaus bei definitiv aussichtsloser Prognose und Bewußtlosigkeit auf jeden Fall dann angezeigt, wenn der Familie durch die Fortsetzung der Behandlung erhebliche finanzielle Belastungen entstehen[8]. Für amerikanische Verhältnisse von daher verständlich, hat der Medizin-Ethiker und Anaesthesist *H. K. Beecher*[9] auf die enor-

[6] Vgl. C/II/3, Anm. 81 f.; Schara (S. 589 f.) unterscheidet in der Intensivtherapie zwischen Maximaltherapie, Normtherapie und Minimaltherapie. Zu letzterer gehört nach seiner Meinung Flüssigkeitszufuhr, Schmerzbehandlung, Therapie der Hypoxie (also etwa durch Sauerstoffanreicherung der Luft) und die medikamentöse Herzunterstützung. Die Minimaltherapie (von Schara auch humanitäre Therapie genannt) müsse immer aufrecht erhalten werden. Sie entspricht der vom Verf. als Befriedigung der Grundbedürfnisse bezeichneten Pflege. Fraglich scheint nur Scharas Zuordnung der medikamentösen Herzunterstützung zu sein, soweit sie eine Verlängerung des Sterbens bewirken kann. Treten jedoch durch Herzinsuffizienz physische und psychische Schmerzen (Ängste) auf, so ist die Unterstützung der Herztätigkeit eine Form der Schmerzlinderung (vgl. Hiersche, 222).

[7] Vgl. B/III/3; C/II; C/II/3, Anm. 1 ff., 76 ff.

[8] Bei nicht ausreichend versicherten Patienten kann das auch in der BRD und nicht nur in den USA der Fall sein.

men Kosten solcher sich oft über Monate hinziehender Behandlungen für die Gesellschaft hingewiesen. Dem ist in der BRD bereits vor der Diskussion um die Kostenexplosion im Gesundheitswesen der Anaesthesist *P. Fritsche*[10] gefolgt. Der Kostengesichtspunkt ist auf dem Hintergrund der vielen vernachlässigten Aufgaben im Gesundheitswesen und der notwendigen Begrenzung für die Ausgaben[11] ein in der ethischen Urteilsbildung zu berücksichtigender Faktor, der den allmählichen Behandlungsabbau auf jeden Fall unter den genannten Umständen der eindeutig aussichtslosen Prognose mit anderen Gründen zusammen zu rechtfertigen vermag. Angehörige werden, wenn man ihnen im behutsamen Gespräch den zunehmenden Behandlungsabbau erklärt und sie auf den baldigen Tod vorbereitet, dafür fast immer Verständnis haben[12]. Man sollte dies nicht von ihrer Einwilligung abhängig machen, ihnen auch nicht ein generelles Widerspruchsrecht einräumen, sondern ihren Willen allenfalls, wenn sie trifftige soziale Gründe vorbringen, berücksichtigen, denn die soziale Dimension des Menschseins kann in seltenen Fällen auch ausschlaggebend sein für die Fortsetzung der Maßnahmen. Vor allem sollte die psychologische Situation der Angehörigen, besonders bei plötzlichem Einbruch von Krankheit (besonders bei Unfall) mitbedacht werden. Diese kann den Ausschlag für einen zögernden Behandlungsabbau geben, damit sie sich zunächst einmal vom Schock des Geschehens erholen und die Lage des Patienten allmählich »realistisch« einzuschätzen vermögen[13]. Kommt es dann zur Erkenntnis der Unausweichlichkeit des Sterbens und setzt die »Trauerarbeit«, also die psychische Ablösung vom Sterbenden ein, so kann besonders dann, wenn die Angehörigen »innerlich« vom Patienten bereits Ab-

[9] (1968), 1429; (1970), 159.

[10] S. 55 f.; vgl. ders., in: Eser (Hrsg.); Wunderli, 112 f. Die Kosten pro Tag lagen pro Bett 1975 bereits bei über 1 000,– DM, in besonderen Fällen bei 2 000,– DM. Pro Bett werden bei einem Dreischichtendienst allein 2 Pflegekräfte benötigt. Daß die Intensivmedizin aufgrund dieses Aufwands der Rechtfertigung bedarf, zeigen die Äußerungen der Anaesthesisten P. Lawin und H. Lutz (Intensivmedizin – Leben an der Maschine, in: Ärztliche Praxis, Nr. 35/1975, 1628 ff.): »Der enorme personelle und finanzielle Aufwand . . . ist in jedem Fall geringer als jahrzehntelange Zahlung von Renten bei verminderter Erwerbsfähigkeit oder Zahlung von Unterstützungsgeldern an Hinterbliebene.«

[11] Vgl. C/IV/2.

[12] Die Mitwirkung des Seelsorgers könnte hier hilfreich sein (vgl. C/III/2/b) und eventuell bestehende Vorurteile gegen Ärzte und Bedenken, daß nicht alles getan würde, was Aussicht auf Erfolg hat, abbauen.

[13] Vgl. Sporken (1971), 198 f.; Fritsche, 50,80.

schied genommen haben, ein sichtbares Hinauszögern des Sterbens eine unzumutbare Belastung für sie werden, die sich in Ärger über und mitunter in aggressiven Gefühlsäußerungen gegen das Personal äußern kann[14]. Waren z. B. Ehepartner bewußt auf das Sterben des einen Partners vorbereitet und haben voneinander Abschied genommen, so kennt der eine Partner häufig die Vorstellungen vom Sterben, die der andere hatte, und ist erschüttert darüber, daß er einen geliebten Menschen unter diesen Umständen sterben sehen muß und so in Erinnerung behalten wird.

Es ist ethisch gesehen durchaus nicht bedenklich – wie sehr viele Mediziner meinen[15] –, sondern sogar aus der mitmenschlichen Dimension des Menschseins sich ergebende Pflicht, den über das Gespräch mit den Angehörigen zu ermittelnden *mutmaßlichen Willen* des Patienten – ganz zu schweigen vom vielleicht schriftlich geäußerten Willen – und den Willen und die Bedürfnisse der Angehörigen bei Entscheidungen über den Abbau der Behandlung als entscheidende und vor allen Eigeninteressen von Ärzten und Krankenhäusern vorrangige Kriterien zu berücksichtigen[16]. Das setzt allerdings voraus, daß man bereit ist, ins Gespräch mit den Angehörigen einzutreten, und – was bis jetzt kaum der Fall ist – entsprechend ausgebildete Kräfte auf Intensivstationen einzusetzen. Angehörigen erst gar nicht Zutritt zur Intensivstation zu gewähren, ist zwar ein bequemer Weg, der den Patienten am ehesten als reines Behandlungsobjekt den Medizinern ausgeliefert sein läßt, nichtsdestoweniger aber eine inhumane Lösung[17]. Damit soll nicht gesagt sein, daß die Meinung der Angehörigen bindend für die Ärzte sein muß, und auch nicht, daß Angehörige meist in der Lage seien, die Situation zu durchschauen und Entscheidungen selbständig zu fällen. Es geht allenfalls darum, sie durch eine gute Aufklärung dazu zu befähigen[18] oder doch wenig-

[14] Vgl. C/III/2/b.
[15] So H. Menzel, in: Eser (Hrsg.); Schara, 514 f. Auch Fritsche (S. 80 f.; vgl. 49 f.) befürchtet unlautere Absichten der Verwandten. »Es ergibt sich die Empfehlung, die Angehörigen zu informieren und ihre Meinung zu hören, uns aber nicht von ihnen leiten zu lassen. Große Vorsicht ist ebenfalls geboten, wollten wir von ihnen den mutmaßlichen Willen des Patienten erfahren.« »Eine stellvertretende Entscheidung für den Patienten durch die Angehörigen ist m. E. in jedem Fall abzulehnen, um mißbräuchliche Motivationen auszuschließen« (H. Menzel, in: Eser, Hrsg.), nur können solche zwielichtigen Motivationen ebenso bei Ärzten vorliegen.
[16] Vgl. C/II; C/II/1, Anm. 46 ff.; C/II/3, Anm. 43 ff.; Ziegler, 457.
[17] Vgl. Robinson, 417 f.; C/III/2/b, Anm. 23 f.
[18] Vgl. C/II/1.

stens durch geschickte Gesprächsführung[19] möglichst viel vom mutmaßlichen Willen des Patienten und dem seiner Angehörigen und ihrer psychischen und sozialen Situation zu erfahren und diese Informationen bei einer Entscheidung über die Art der Behandlung gebührend zu berücksichtigen.

Selbstverständlich bedarf es zur Beurteilung aller medizinischer Sachverhalte und zur Prognose der Zusammenarbeit von Ärzten verschiedener Fachrichtungen (wenigstens Neurologe und Anaesthesist sollten beteiligt sein). Gegen einen gemeinsamen Entschluß eines solchen Konsiliums von Ärzten und eventuell Psychologen, Schwestern und Seelsorger unter Berücksichtigung psychischer und sozialer Komponenten und des Willens der Angehörigen ist ethisch nichts einzuwenden. Ein gemeinsamer Beschluß wird selbstverständlich von allen Beteiligten getragen und verantwortet[20] und muß allen, die mit dem Patienten zu tun haben, vor allem den Pflegekräften und möglichst auch den Angehörigen, wenigstens mitgeteilt und verständlich gemacht werden, denn gerade die Pflegekräfte müssen die Folgen solcher Entscheidungen austragen, während Ärzte sich leicht von den »hoffnungslosen Fällen« distanzieren können. Unverantwortlich ist es auch, wenn leitende Ärzte bei kurzen Visiten weitreichende Entscheidungen fällen und Anordnungen treffen, sich den Bedenken und Einsichten der ausführenden, meist jüngeren Kollegen und der Pflegekräfte nicht stellen, sie aber in den psychisch und vielleicht auch gewissensmäßig belastenden Ausführungen der »einsamen Entschlüsse« alleinlassen. Jeder im therapeutischen Team einer Intensivstation ist von der Arbeit belastet und ist eine Person, die – wenn auch in unterschiedlicher Weise – Verantwortung trägt und nicht nur willenloses Vollzugsorgan ist. Eine klare Absprache zwischen allen Beteiligten über die Art der Fortsetzung, des Abbaus oder des Abbruchs einer Behandlung ist daher unerläßlich[21].

Daß selbst der Abbruch einer künstlichen Beatmung sittlich er-

[19] Vgl. H. Freyberger, Die psychische Situation . . ., in: Dialyse, 26 ff.

[20] Vgl. C/II/1, Anm. 55 ff. Schon allein aus rein medizinischen Gründen ist ein Konsilium immer wichtig, besonders bei Unfällen, wenn kein progredientes tödliches Grundleiden vorliegt und es auch noch nach monatelanger Bewußtlosigkeit zu dessen Wiedererlangung und sogar zur annähernden Wiederherstellung kommen kann, besonders bei Kindern. Vgl. P. Mollaret, Wiederherstellung nach monatelanger künstlicher Beatmung, in: MMW 104 (1962), 2197 ff. u. Literatur C/I/4, Anm. 51.

[21] Vgl. C/III/2/b, Anm 20 f.; Fritsche, 85 f.

laubt sein kann, wenn keine ethisch gewichtigen Argumente dagegensprechen, wird von vielen Moraltheologen und Juristen nicht mehr bestritten[22]. Die Entscheidung darüber, ob und wie der Abbau der Behandlung erfolgen soll, ergibt sich nur im je konkreten Fall aus der Kombination der verschiedenen zu berücksichtigenden Umstände[23], dem Zustand des Patienten, den personellen und technischen Möglichkeiten der Station, dem Willen und der Lage der Angehörigen, den Einstellungen des medizinischen Personals und den ökonomischen Faktoren. Es besteht Übereinstimmung darüber, »daß der Einsatz unseres gesamten Spektrums therapeutischer Möglichkeiten an Patienten mit sicher infauster Prognose nicht dazu führen darf, daß es anderen Kranken mit durchaus vorhandenen oder sogar guten Überlebensaussichten vorenthalten werden muß«[24]. Es ist auch ethisch nicht zu rechtfertigen, daß man Menschen mit Überlebenschancen um der Betreuung von Menschen mit infauster Prognose willen vernachlässigt, ganz zu schweigen davon, daß man nach dem Grundsatz verfährt, daß bei dem, der zuerst da war, die Behandlung selbst dann uneingeschränkt fortgesetzt werden muß, wenn dadurch das Leben anderer gefährdet wird. Die zunehmende Zahl der schweren Schädel-Hirn-Verletzungen[25] macht nicht nur oft eine Auswahl der überhaupt zu behandelnden Fälle nach dem Schweregrad der Verletzung, sondern auch einen Abbruch der Behandlung aufgrund begrenzter personeller und materieller Möglichkeiten mitunter notwendig, um Patienten mit aussichtsreicherer Prognose nicht zu vernachlässigen.

Erhebliche ethische Bedenken gegen einen abrupten Behandlungsabbruch, vor allem das Absetzen der Beatmung, bestehen jedoch, wenn der Patient zwar eine sicher infauste Prognose hat, aber noch *nicht eindeutig bewußtlos* ist, wie es z. B. nach schweren Operationen mit anschließender Intensivbehandlung häufig der Fall ist. Es ist

[22] Vgl. C/II/3, Anm. 9.
[23] Vgl. C/II/3, Anm. 12.
[24] Fritsche, 52; vgl. B/II/5, Anm. 65 ff.; B/III/1/e, Anm. 45 ff.
[25] Vgl. Fritsche, 51 ff. Rund 200 000 Schädel-Hirnverletzungen werden jährlich in der BRD stationär behandelt. »Unter 150 000 schwer Unfallverletzten sind etwa 25 000 mit schweren Hirntraumen. Bei mindestens 50 000 Menschen werden jedes Jahr in den Intensivstationen großer Krankenhäuser Wiederbelebungsmaßnahmen eingeleitet, in rund zwei Drittel aller Fälle erfolglos, und etwa jede dreißigste Reanimation führt am Ende zum apallischen Syndrom« (Der Spiegel Nr. 7/1975, 43). Im »Bericht-Psychiatrie« (S. 27) wird von jährlich 10 000 schwer Hirnverletzten gesprochen, die der Rehabilitation bedürfen.

dann zwar nicht auszuschließen, daß der Patient unter der Behandlung auch subjektiv leidet – was für einen Abbruch sprechen würde –, jedoch kann man dann – theologisch gesehen – kaum von einer bereits eingetretenen vollen Identifikation der Person mit ihrer Krankheit reden[26]. Besonders ist auch zu bedenken, daß der Patient dann noch auf nonverbale (z. B. Hautkontakt) und verbale (z. B. deutlichen Anruf unter Namensnennung) Kontaktversuche reagieren kann, der *intrapersonale* (bzw. psychologische) *Tod*[27] also keinesfalls im strengen Sinne eingetreten ist. Auch aus Rücksichtnahme auf die Angehörigen und das medizinische Personal, die dies im Umgang mit dem Patienten spüren und die dann durch einen Abbruch der Beatmung psychisch stark belastet würden, ist ein totaler Behandlungsabbruch eindeutig auf den *bereits eingetretenen psychologischen Tod* – also wirkliche Bewußtlosigkeit – als entscheidendes anthropologisches Kriterium im Abbau der Persönlichkeit einzugrenzen, es sei denn, das Gerät und das zur Verfügung stehende Personal würden dringend zur Behandlung eines Menschen mit Überlebenschancen benötigt oder der Patient leidet schwere und nicht zu dämpfende Schmerzen[28]. Gegen einen allmählichen Abbau der »üblichen« Behandlungsmethoden (Bluttransfusion, Antibiotika) bei nicht bewußtlosen Menschen wird man solange keine ethischen Bedenken erheben, wie den Menschen damit nur die Leidens- und Sterbenszeit verkürzt, nicht aber zusätzliche schwere Schmerzen zugefügt werden. Bei aussichtsloser Prognose ist es vor allem wichtig, daß der Einsatz all der Mittel von Anfang an unterbleibt, die das Sterben nur verlängern und deren Absetzen später große psychologische Schwierigkeiten bereiten kann.

Die *Wiederbelebung* nach Herz-Kreislaufstillstand ist ein in der Intensivtherapie häufig angewendetes Mittel. Bei chronischen Krankheitsprozessen mit infauster Prognose kann man sich meist bereits vorher darüber Klarheit verschaffen – auch durch Erkundung der Ansichten von Patient und Angehörigen –, ob im Falle eines Herz-Stillstands eine Wiederbelebung noch sinnvoll ist. Ebenso wird man nach Wiederbelebung bei Herzinfarkt das Ausmaß der Herzschädigung genau unter dem Gesichtspunkt betrachten müssen, ob im Wiederholungsfalle eine Wiederbelebung noch erstrebenswert ist oder ob sie

[26] Vgl. C/II/3, Anm. 39 ff.; 77 ff.; Gsell, 679.

[27] B/I/2, Anm. 11 ff. Kübler-Ross (1974, 49, 51) weist darauf hin, daß sich selbst komatöse Patienten oft ihrer Umgebung bewußt sind.

[28] Vgl. B/III/2/c, Anm. 120 ff.; C/I/5, Anm. 61 ff.

nur das Sterben verlängert. Dabei ist auch zu beachten, daß mittlerweile eine ganze Reihe von Beobachtungen an Menschen vorliegen, die sich auf ihren Tod eingestellt und in diesem Wissen die Schwelle der Bewußtheit zum Tode hin überschritten hatten, die dann aber durch eine Reihe kühner Bemühungen von Ärzten das volle Bewußtsein wiedererlangten und deren körperliches Befinden sich daraufhin teils noch einmal vorübergehend besserte. *W. C. Alvarez*[29] hat solche Fälle untersucht und herausgefunden, daß die meisten diese Anstrengungen der Ärzte nicht schätzten, da diese nur zur Folge hatten, daß sie denselben Prozeß nach meist kurzer leidvoller Lebenszeit nochmals durchmachen mußten. *H. Freyberger*[30] beobachtete bei Fällen von Reanimation nach Herzstillstand schwere reaktive Depressionen bis zum Ausmaß von Hoffnungslosigkeit mit Selbstaufgabe, und *H. v. Kress*[31] berichtet, daß solche Menschen oft in Einsamkeit nach innen gekehrt bleiben und die früheren mitmenschlichen Beziehungen nicht mehr aufnehmen. So wird verständlich, warum Patienten für die abgerungene Zeitspanne häufig nicht dankbar sind, zumal dann, wenn ihnen anschließend niemand hilft, mit der meist leidvollen Lebensfrist fertig zu werden[32].

Schon aufgrund dieser negativen psychologischen Befunde ist jede Wiederbelebungsmaßnahme, wenn sie nicht völlig unerwartet bei einem bis dahin relativ gesunden Menschen schnellstens nötig wird, ernsthaft nicht nur auf ihre Möglichkeit, sondern vor allem auch auf ihre Sinnhaftigkeit hin zu überprüfen. Umso schockierender müssen die keinesfalls seltenen, von *J. Wunderli*[33] und von *P. Fritsche*[34] berichteten Beispiele wirken, in denen bei Fällen schwersten Krebsleidens und trotz Wissens um den Willen der Patienten, endlich sterben zu dürfen, noch Wiederbelebungsmaßnahmen eingeleitet wurden

[29] Berichtet bei Bowers, 24 f.; ebenso Kübler-Ross (1971), 23 ff., 101 ff.; 150; Prest, 71 f.; Wiesenhütter (1973 a, 8 ff.) berichtet von der »Selbsterfahrung« vieler sterbender Menschen, die die Schwelle des Todes überschritten hatten, jedoch ins Leben »zurückgerufen« wurden, diese Rückkehr aber als »tief deprimierend« empfanden.

[30] S. 52.

[31] (1970), 3 f.; vgl. Wiesenhütter (1973 a), 8 ff.

[32] Kübler-Ross (1971, 150, vgl. 23 ff.) berichtet, sie habe »mehr Flüche als Dankesworte für die gewonnene Lebensspanne gehört«.

[33] Vgl. C/II/3, Anm. 75. Wunderli (S. 48; vgl. 119 f.) berichtet von einem Fall schmerzhaften Krebsleidens mit Lähmungen als Folge, wo der Patient den dringenden Wunsch äußerte, ihn doch sterben zu lassen, er aber dann nach einem Kreislaufstillstand doch wiederbelebt wurde. »Als darauf der Patient wiederum aus seiner Bewußtlosigkeit erwachte, zeigte er sich grenzenlos enttäuscht und verzweifelt, nicht endlich von seinem Leiden erlöst worden zu sein.«

und die qualvolle Sterbenszeit verlängert wurde. Solches Handeln ist Ausdruck eines ohne ethische Reflexion blind ablaufenden Geschehens, in dem man sich an den technisch-apparativen Erfolgen befriedigt und den therapeutischen Mißerfolg mit der Angabe der rein quantitativen Überlebenszeit kaschiert[35]. Problematische Defektheilungen infolge Schädigung des Hirns durch Sauerstoffmangel werden sich bei der Wiederbelebung nicht vermeiden lassen. Aber schon in Wiederholungsfällen wird die Wiederbelebung oft besonders dann, wenn im ersten Fall schon deutliche Schwächen zurückgeblieben sind, nicht in Frage kommen, von den erwähnten Fällen von Krebsleiden, in denen Herzstillstände als Folgeerscheinungen eines infausten Grundleidens auftreten, ganz zu schweigen[36]. Ähnliches wird sich für die Behandlung von Hirnschlägen sagen lassen. Nicht die Ambivalenz der Wiederbelebungsmethoden, aber doch viele negative Folgen ließen sich vermeiden, wenn man erst einmal von einer »blinden« Lebensverlängerung Abstand nähme und überall dort, wo es Zeit und Umstände erlauben, zunächst auch unter ethischen Gesichtspunkten prüfte, welche Art der Behandlung angezeigt ist.

ab) Probleme der Ernährung und der Befriedigung von Grundbedürfnissen in Geriatrie und Intensivpflege

Die Frage, welche Mittel man zur Lebenserhaltung eines Menschen anzuwenden verpflichtet ist, ist nicht mit einer statischen Scheidung in »natürliche« und »künstliche« oder »gewöhnliche« und »außergewöhnliche« Mittel zu lösen, sondern hat sich in erster Linie am Zustand des Patienten und der Tragbarkeit und Sinnhaftigkeit der durch die Mittel erreichbaren Lebensverlängerung auszurichten[37]. Dabei

[34] Fritsche (S. 78) berichtet von einem Arzt mit schwerem Krebsleiden, dem man als Palliativmaßnahme den Magen weitgehend entfernte. 10 Tage nach der Operation trat eine Lungenembolie ein, die operativ behandelt wurde. Der Arzt sprach dem Operateur seine Anerkennung für das gezeigte Geschick aus, verbat sich aber jede weitere Maßnahme zu seiner Lebensverlängerung, falls nochmals ein Herzversagen eintrete. Er machte selbst einen entsprechenden Vermerk ins Krankenblatt. Er hatte starke Schmerzen. 2 Wochen später kommt es wiederum zum Herzstillstand. Er wird wiederbelebt, auch als der Herzstillstand sich 4 x wiederholte. »Der Körper erholte sich danach ausreichend, um für drei weitere Wochen (bewußtlos) dahinzusiechen . . . Am letzten Tage wurden Vorbereitungen zur Dauerbeatmung wegen Versagens des Atemzentrums getroffen«, was der endgültige Herzstillstand verhinderte.

[35] Vgl. Buddeberg, 743.

[36] Vgl. C/II/3, Anm. 73 ff.

[37] Vgl. B/II/5, Anm. 60; C/II/3, Anm 59.

kann man mit einem gewissen Recht unterscheiden zwischen Mitteln, die dem Körper *äußerlich* bleiben, von ihm in keiner Weise ins Körpergeschehen integriert werden, die aber notwendig sind, um die Integration des Körpergeschehens zu einer Ganzheit von außen her zu stützen oder gar erst zu ermöglichen (technische Apparaturen wie Beatmungs-, Dialysegeräte, Herzlungenmaschine) und denjenigen Mitteln zur Lebenserhaltung, die der Körper selbsttätig in das Körpergeschehen integrieren kann[38], die die Ganzheit des Körpergeschehens also nur durch Einwirkung auf seine eigene, ihm erhaltene Integrationsfähigkeit stützen und erhalten. Sie stabilisieren und erhalten Funktionen, die grundsätzlich noch nicht ausgefallen, wenn auch reduziert oder akut bedroht sind. Dazu gehören neben Bluttransfusionen letztlich alle medikamentösen Mittel, gleich ob sie durch Infusionen, Injektionen oder über den Verdauungstrakt zugeführt werden. Eindeutig unterschieden werden sollten von solchen *therapeutischen Behandlungen* mit dem Ziel der Verlängerung des Lebens die Maßnahmen, die auf die *Befriedigung von menschlichen Grundbedürfnissen,* aber nicht auf eine Lebensverlängerung zielen. Zwar sind die menschlichen Grundbedürfnisse nicht das ganze Leben hindurch die gleichen, doch läßt sich das, was das unabdingbare *Minimum an Befriedigung solcher Bedürfnisse* ist, am ehesten an dem Maß und Aufwand an Hilfe ablesen, dessen ein gerade *geborener Säugling* zur Befriedigung seiner Lebensbedürfnisse bedarf. Ein solcher Rückgriff auf Vorstellungen von einer von aller menschlichen »Technik« unbeeinflußten »Natur« und einem »natürlichen« biologischen Ablauf auf den Tod hin (natürlichen Tod)[39] als *Norm* menschlichen Handelns ist zwar auch theologisch problematisch, nichtsdestoweniger aber in dieser schwierigen Frage ein hilfreiches Kriterium. Die Anschauung läßt sich auch theologisch begründen, da das theologische Verständnis der Menschenwürde und ihre Begründung davon ausgeht, daß diese Würde nicht quantifizierbar und nicht verlierbar ist und also von der Geburt bis zum Tode in gleicher Weise gilt und daß die Person von ihrer Krankheit zu unterscheiden ist[40]. Der unteilbaren und unverletzlichen *Menschenwürde* muß ein unteilbares und unverlierbares

[38] Vgl. Anm. 5; B/I/1.
[39] Vgl. C/II/3, Anm. 78 ff.; B/II/3 u. 4.
[40] Vgl. B/II/1, 2, 4; Gsell, 679; zur juristischen Sicht vgl. J. Möllering (C/II/3, Anm. 81).

Recht auf mitmenschlichen Beistand, Hilfe und Pflege bis zum Tod entsprechen, wie sie auch dem Säugling gewährt wird.

Trotz aller Entsprechungen zwischen Lebensanfang und Lebensende ergeben sich natürlich wegen des veränderten Zustands des Menschen auch viele Unterschiede in der Art der Befriedigung der Grundbedürfnisse. Man wird jedoch sagen dürfen, daß dazu bei Sterbenden alle *Formen der Pflege*, d. h. die Körperhygiene, sorgfältige Reinigung von Exkrementen, Reinigung der Atemwege, sachgerechte Bettung, die Verhinderung von Liegeschäden, die *Schmerzlinderung* und die *Ernährung* (Flüssigkeits- und Nahrungszufuhr) gehören[41]. Durch das Vorgehen des Züricher Internisten *U. P. Haemmerli*[42] bei der Ernährung von chronisch kranken, alten Menschen, die »sich alle im Stadium des langsamen Erlöschens«[42] befanden und »bewußtlos« waren, ist die Frage aufgeworfen worden, ob und wann auch Formen der »künstlichen« Ernährung abgebrochen werden dürfen. Die künstliche Ernährung wird angewandt, wenn der Patient Nahrung und Flüssigkeit nicht mehr eigentätig in den Magen-Darmtrakt aufnehmen kann oder wenn die Nahrungsaufnahme über den Darm nicht mehr möglich ist. Bei der »künstlichen« Ernährung ist zu unterscheiden zwischen der Nahrungszufuhr über eine Sonde (Magensonde) in den Magen und der Ernährung mittels Infusion von Nährlösungen direkt in den Blutkreislauf (parenterale Ernährung). Haemmerli hat die künstliche Nahrungszufuhr über eine Magensonde und die medikamentöse Behandlung abgebrochen und den Patienten nur noch Wasser mit den notwendigen Mineralien zuführen lassen und diesen Schritt damit begründet, daß die »Personhaftigkeit« solcher Patienten erloschen sei, daß der Körper Monate lang ohne Kalorienzufuhr leben könne, wenn er ruhig liege, und daß man daher mit dem Entzug der Nahrung keinesfalls einen Menschen töte, sondern nur die »Agonie« nicht verlängere[43].

Bei der sittlichen Beurteilung dieses Vorgehens wird man zunächst

[41] Vgl. Fritsche, 48, 72 u. Literatur Anm. 6 u. C/II/3, Anm. 81 f.

[42] Vgl. Interview in: Der Spiegel Nr. 7/1975, 42 f. Vgl. Haemmerlis Artikel zum »Problem der Euthanasie«, dem in vieler Hinsicht zuzustimmen ist, aber in seiner Befürwortung einer »Situationsethik« widersprochen werden muß (vgl. B/III, Anm. 7 ff. u. B/III/3, Anm. 7 f.).

[43] Ob das Leben eines Menschen dadurch nicht erheblich verkürzt wird, ist bei Experten umstritten (vgl. Gsell, 679). Nach Haemmerlis eigener Auskunft (in: Der Stern, Nr. 5/23. 1. 75, 84) haben sich niemals Anzeichen von Verhungern, »keine Abmagerung, keine Ödeme« ergeben.

die Art der Handlung selbst und die Lebenssituation der Patienten getrennt betrachten und dann beides zueinander in Beziehung setzen müssen. Die Ernährung ist an sich keine medizinische Behandlung, denn sie bezieht sich nicht auf die Bekämpfung einer Krankheit, sondern auf die Befriedigung eines *Grundbedürfnisses* der Person, das immer bestanden hat. Ein *Nahrungsentzug* ist mithin ein Akt, der sich *nicht gegen die Krankheit*, sondern *gegen die Person* richtet, wenn man nicht – was ganz entschieden abzulehnen ist – die Meinung vertritt, daß die Person bereits erloschen sei, wenn die Bewußtheit dahin ist. Die Ernährung kann allerdings infolge von Krankheit die *Form* einer medizinischen Behandlung annehmen, was bei der intravenösen Ernährung vielleicht eindeutiger der Fall ist als bei der Sondenernährung. Nichtsdestoweniger richten sich diese Behandlungen nicht auf die Bekämpfung der Krankheit, sondern auf die Befriedigung eines Grundbedürfnisses. Haemmerli ist zuzugestehen, daß der Entzug von Nahrung nicht wie der von Flüssigkeit binnen kurzer Zeit den Tod verursacht. Jedoch ist zu fragen, warum dann überhaupt ein Nahrungsentzug vorgenommen wurde, denn dann wäre für diese Menschen ja kein ersichtlicher Nutzen aus diesem Vorgang zu erschließen. Da es sich bei den Patienten, an denen Haemmerli den Nahrungsentzug vornahm, offenbar um Menschen mit fortschreitendem tödlichen Grundleiden handelte, kann schlecht bewiesen werden, daß sie an dem Nahrungsentzug starben. Es wird aber auch zunehmend mehr von Menschen berichtet, die nach Ausfall der Bewußtheit Monate bis Jahre überleben, ohne beatmet werden zu müssen. Der Entzug von Nahrung würde in solchen Fällen den Tod durch Verhungern herbeiführen. Dies ist aber keinesfalls dasselbe wie ein Verzicht auf Lebensverlängerung, da erstens ziemlich fraglich ist, ob man in solchen Fällen von irreversibel Sterbenden sprechen kann[44] und da es sich nicht um Verzicht auf Bekämpfung eines infausten Grundleidens, sondern um die Verweigerung der Befriedigung eines Grundbedürfnisses der Person und damit wahrscheinlich eher um ein ungerechtfertigtes und fahrlässiges Unterlassen, wenigstens aber um eine *beabsichtigte* Lebensverkürzung handelt.

Wenn U. P. Haemmerli nachdrücklich betont, daß die besagten Patienten bewußtlos waren, so entfällt allerdings auch das andere Argument, das nach ihm den Nahrungsentzug rechtfertigen sollte, das

[44] Vgl. B/I/2.

Mitleid mit den in *Agonie* befindlichen Menschen, denn wenn diese bewußtlos sind, ist der Zustand des sich dahinziehenden Sterbens für sie selbst wenigstens nicht schmerzhaft[45], Mitleid mit ihnen also kein rechtfertigendes Argument[45]. Es kann nicht bestritten werden, daß zwischen dem Abbruch von lebensverlängernden Maßnahmen und dann auch der Nichtbefriedigung von Grundbedürfnissen bei Menschen mit Bewußtsein und bei Menschen mit eindeutigem Bewußtheitsverlust ein erheblicher Unterschied besteht[46], da im letzteren Fall der *psychologische Tod* und damit der Verlust einer ganz wesentlichen Integrationsstufe des Menschseins bereits eingetreten ist[47]. Das besagt aber noch nicht, daß das Leben solcher Menschen für ihre Angehörigen wertlos und eine Last ist, so daß sie das sich dahinziehende Sterben beschleunigt sehen wollen. Es ist aber bedenklich, so zu verfahren, ohne den Willen der Angehörigen eingeholt und volles Einverständnis im »therapeutischen Team«[48] erreicht zu haben. Die personellen und finanziellen Aufwendungen für die belastende Pflege der sich häufenden Fälle von Siechtum alter Menschen sind zweifellos erheblich, aber doch lange nicht so hoch wie die Kosten für eine Intensivbehandlung. Am ehesten wird der Mangel an Personal für die Arbeit in »Langzeitkrankenhäusern«, die solche Menschen betreuen, ein begrenzender Faktor sein können[49].

Die wesentlichen ethischen Bedenken gegen das Vorgehen Haemmerlis resultieren weniger aus der Lebenssituation des Patienten selbst, dem damit subjektiv weder gedient noch geschadet wird, wenn er bewußtlos ist, sondern aus der Art des Vorgehens, das dann, wenn es sich um Sterbende oder wenigstens um Menschen mit eindeutig fortschreitender Krankheit zum Tode handelte, zwar nicht als eine Verursachung, sondern allenfalls als *Mitverursachung* des Todes, sicher aber doch als eine *beabsichtigte Lebensverkürzung* durch Unterlassen anzusehen ist – ansonsten hätte das Vorgehen ja keinen ersichtlichen Sinn –, die nicht zum Zweck der Schmerzlinderung und also nicht aus Sorge um das Wohl des Patienten geschah, sondern aus

[45] Vgl. v. Kress (1970), 3; B/III/1/d.
[46] Vgl. Anm. 26; ebenso J. Wunderli, in: Neue Züricher Zeitung vom 27. 2. 75 u. Gsell, 679.
[47] Vgl. B/I/1 u. 2; B/II/1 u. 5.
[48] Haemmerli (Spiegel-Interview, Nr. 7/1975) betont, daß der Nahrungsentzug nur durchgeführt wurde, wenn alle Ärzte und Pflegekräfte »von der Richtigkeit der Maßnahme überzeugt waren«.
[49] Vgl. C/I/4, Anm. 11 ff.

Gründen der Entlastung von der anstrengenden und aufwendigen Pflege und eventuell, um den Angehörigen und dem Personal die Zeit der psychisch belastenden Auseinandersetzung mit sich dahinziehendem Siechtum zu ersparen. Obwohl man nicht verkennen soll, daß dies ein ernstzunehmender Aspekt – gerade bei Angehörigen – sein kann, ist es nicht möglich, solches Verhalten gemäß der Lebensverkürzung als Nebenwirkung von Schmerzlinderung um des Patienten selbst willen ethisch zu beurteilen[50]. Andererseits handelt es sich wiederum nicht um einen direkten Angriff auf das Leben des Menschen, sondern um ein *Unterlassen*, genauer den Abbruch, und zwar nicht der Bekämpfung einer Krankheit, sondern der Befriedigung eines menschlichen *Grundbedürfnisses*. Das macht letztlich allein den entscheidenden Unterschied zum Abbruch einer medizinischen *Behandlung mit Antibiotika* aus, die zweifellos das Leben eines Menschen meist mehr verkürzt und den Tod schneller *zuläßt* als der Abbruch der Ernährung. Dabei darf aber der entscheidende Unterschied nicht verwischt werden[51], daß es sich bei einer Behandlung mit *Antibiotika* um die *Bekämpfung einer Krankheit*, die nicht zum Wesen der Person gehört, nicht aber um die Befriedigung eines zum Wesen der Person gehörigen Grundbedürfnisses handelt.

Zweifellos ist der Verzicht auf eine künstliche Ernährung eher als ihr Abbruch zu rechtfertigen[52]. Wie ein Unterlassen der Hilfe bei der Ernährung bei Menschen mit Schluckvermögen und mit Bewußtsein nicht vertretbar ist, zumal Flüssigkeit auf jeden Fall zugeführt werden muß, so kann man auch nicht von vornherein auf ihre künstliche Ernährung verzichten. Aus diesen Gründen wird man auch bei Menschen mit Speiseröhrenkrebs nicht darauf verzichten können, einen künstlichen Mageneingang zwecks Ernährung anzulegen, solange sie noch bei klarem Bewußtsein sind und nicht in kürzester Zeit sterben werden[53]. Ein Verzicht auf Ernährung kommt also bei Menschen mit Bewußtsein sowohl in der Geriatrie wie der Intensivpflege nicht in

[50] Vgl. C/II/2, Anm. 18 ff. Eine Entlastung in der Pflege bringt der Verzicht auf Ernährung schon deshalb, da es dann zu keinen Ausscheidungen von Stuhl mehr kommt und der Urin über einen Katheder abgeleitet wird.

[51] So mit Fritsche (S. 48) u. H. Menzel (in: Eser, Hrsg.) gegen E. G. Moore, Some Legal Aspects of one's Duty to the Sick, in: Decisions About Life and Death, hrsg. von Church Assembly Board for Sozial Responsibility, Church Information Office, London, 1966.

[52] Vgl. C/II/3.

[53] Eine vielleicht monatelange Ernährung durch Infusionen kann aus vielen Gründen dann nicht in Erwägung gezogen werden.

Frage. Es ist jedoch auch zu fragen, ob Flüssigkeit und Nahrung nicht untrennbare Bestandteile der als Ganzheit zu verstehenden *Ernährung* sind. Einen Flüssigkeitsentzug wird keiner ernsthaft in Erwägung ziehen – wenigstens nicht bei Menschen mit langsamem Sterbeprozeß –, da das den Tod ziemlich unmittelbar zur Folge hätte, also zumindest den Tod mitverursachen, wahrscheinlich aber verursachen würde. Dies wäre eindeutig zu unterscheiden von dem Absetzen einer Behandlung mit Antibiotika, das den Tod durch eine Infektion, eine Krankheit zuläßt. Es bestehen also ganz erhebliche Zweifel, ob der Nahrungsentzug irgendwie ethisch zu rechtfertigen ist, wenn nicht ganz gewichtige Umstände dazu nötigen. Die dadurch zweifellos entstehende Entlastung in der Pflege vermag dies jedenfalls allein nicht zu rechtfertigen. Außer in Fällen des unmittelbar bevorstehenden Todes wird daher sowohl in der Geriatrie als auch in der Intensivpflege allgemein auf die künstliche *Ernährung* (Flüssigkeits- und Nahrungszufuhr durch Magensonde und notfalls direkt in die Blutbahn) weder zu verzichten noch sie abzusetzen sein.

Die Unterscheidung zwischen einer sachgerechten *Befriedigung von Grundbedürfnissen* und einer *medizinischen Behandlung* (Bekämpfung) von Krankheiten läßt den Abbau einer medizinischen Behandlung und den Verzicht auf weitere Behandlungsmaßnahmen entsprechend dem sich verschlechternden Zustand des Patienten ethisch gesehen durchaus zu. Daher ist es auch nicht abzulehnen, wenn Menschen mit schwersten Hirnschäden infolge Unfalls (z. B. Apalliker) oder Hirnschlags nach einer gewissen Zeit aus Spezialkliniken in Pflegekrankenhäuser verlegt werden, wo die technischen Möglichkeiten für Hirndruckmessung, Beatmung und manches mehr nicht mehr gegeben sind und wo diese schwerstversehrten Menschen deshalb und aufgrund von Infektionen der Luft- und Atemwege meist bald sterben. Solche Verlegungen sind wegen der sich häufenden Zahl von schwersten Schädel-Hirn-Schädigungen[54] und Schlaganfällen nötig, wenn nicht die Spezialkliniken durch solche Menschen blockiert werden sollen. Skandalös wäre es jedoch, wenn man daraus zugleich auch die Erlaubnis ableiten würde, diese Menschen nicht mehr menschenwürdig pflegen zu müssen, ihre Fäkalien nicht regelmäßig zu entfernen und Liegeschäden nicht zu behandeln oder gar beim Entstehen von Infektionen nachhelfen zu dür-

[54] Vgl. Anm. 25.

fen, Verhaltensweisen, die bei der fatalen Diskrepanz zwischen den technisch fortschrittlichen und den pflegenden Bereichen des Gesundheitswesens nahe liegen könnten[55]. Die zunehmende Zahl pflegebedürftiger Menschen wirft viele Probleme auf, deren Erledigung man nicht durch eine »gelenkte Sterblichkeit« versuchen sollte. Andererseits wird man immer ernsthafter nach durchsichtigen Maßstäben unter Beachtung aller Lebensumstände prüfen müssen, ob und wann z. B. Menschen mit schwerer Zerebralsklerose noch mit Antibiotika behandelt werden sollen, der Kreislauf weiter mit Medikamenten gestützt werden soll usw.[56]. Die zunehmende Langlebigkeit und Verschiebung vieler Krankheiten in das höhere Lebensalter wirft schon bei weniger schwerwiegenden Krankheiten das Problem auf, ab wann und bis wohin man alte Menschen mit welchen Mitteln behandeln soll. Dabei wird es sich ethisch nicht vertreten lassen, daß man für bestimmte Behandlungsmethoden einfach eine starre Altersgrenze festlegt. So bedeutet z. B. der Herz-Schrittmacher auch für viele recht alte Menschen einen echten Gewinn an sinnvoller Lebenszeit[57], doch ist gerade im hohen Alter eine sorgfältige Diagnose und Prognose des Krankheits- und Alterungsprozesses und eine Berücksichtigung der psychischen und sozialen Lebensumstände unerläßlich. Hausärzte hätten auch sorgfältig zu prüfen, wann alten Menschen mit einer Einweisung in ein Akutkrankenhaus wirklich gedient ist und wann nicht[58].

b) Entscheidungsfähige, sterbende Menschen – Zum Problem des Behandlungsabbaus in der Krebstherapie

Die im Rahmen der Tumortherapie auftretenden ethischen Fragen sind normativ relativ leicht zu lösen, wenn es sich um *mündige* Patienten handelt, werfen aber in der Praxis wahrscheinlich mehr psychologische Probleme auf, nicht zuletzt im Arzt-Patient-Verhältnis,

55 Vgl. C/IV/2.
56 Dies kann abhängen davon, ob der alterschwache Mensch von seinen Angehörigen noch mitmenschliche Zuwendung erfährt.
57 Vgl. E. Wick, Möglichkeiten und Grenzen der Elektrostimulation des Herzens in der Geriatrie, in: Ztschr. f. präklinische Geriatrie 7 (1974), 154 ff.; vgl. N. N. Kittrie, in: Eser (Hrsg.).
58 Vgl. C/II/3, Anm. 53, 61; C/IV/1 u. 2.

als die bisher behandelten Fälle[1]. Zur Erläuterung wählt der Verfasser die zusammengefaßte Nachzeichnung eines Gesprächs, das er als Seelsorger mit einer Patientin in einer Tumorklinik führte.

Frau K., 50 Jahre alt, ist vor etwa einem Jahr an einem Dickdarm-Karzinom operiert worden, hat einen künstlichen Darmausgang bekommen und ist anschließend chemo- und strahlentherapeutisch behandelt worden. Es ist das erste Gespräch zwischen ihr und dem Seelsorger. Der Seelsorger hat einen Besuch bei der evang. Mitpatientin beendet, tritt ans Bett von Frau K. (sie ist kath.), um sich mit einigen Worten zu verabschieden. An einem langen Händedruck merkt der Seelsorger, daß Frau K. das Bedürfnis hat, mit ihm zu reden. Auf die Frage, ob es ihr nicht gut ginge, treten Tränen in die Augen von Frau K. Sie weint und erklärt, nachdem sie sich etwas beruhigt hat, sie könne die Situation in der Klinik nicht mehr ertragen, sie habe nie mehr hierher gewollt, zu Hause sei es ihr gut gegangen, ihr Mann und beide Kinder hätten ihr in allem geholfen, dann aber hätten die Schmerzen wieder zugenommen, nur deshalb sei sie wieder hierher gekommen. Seelsorger (S.): »Sie rechnen also nicht damit, daß ihre Krankheit nochmals besser wird?!« Frau K.: »Das wechselt, man hat immer noch Hoffnung. Wenn man die Ärzte so reden hört, dann ist ja noch alles möglich.« (Sie weint wiederum) S.: »Sie haben trotzdem keine große Hoffnung!?« Frau K. (schluchzend): »Wenn ich nur auch zu Hause ohne Schmerzen sein würde. Ich bin zum dritten Mal hier!« S.: »Sie würden also lieber nach Hause gehen.« Frau K.: »Ja . . . Für meinen Mann ist das auch eine schwere Belastung, jeden Abend hierherzukommen . . . Ändern können die hier doch nichts . . . Ich habe hier genug mitbekommen. Die ganze Behandlung ist eine Qual, beim erstenmal ging es noch. Die Haare (durch die Chemotherapie fallen die Haare aus), das geht ja noch, aber die ständige Übelkeit . . . Zweimal habe ich schon Menschen neben mir sterben sehen. Zuletzt, der Frau hat man die Leber bestrahlt, daran ist sie so schrecklich gestorben . . . Also, ich habe mir das nicht machen lassen.« S.: »Wollte man das bei ihnen machen?« Frau K.: »Ja, aber als ich das merkte, habe ich mich geweigert.« S.: »Hat man denn nicht vorher mit ihnen darüber gesprochen?« Frau K. (ärgerlich): »Die reden doch hier nicht oder nur so daher. Für die versteht man doch sowieso nichts.« S.: »Was hat denn der Arzt auf ihre Weigerung gesagt?« Frau K.: »Nichts, nur so, na ja; Sie (Frau K.) wisse es ja besser. Ich habe ihm erklärt, daß ich gesehen hab, wie elend man dran sterben kann, und wenn ich schon sterben muß, dann wenigstens nicht so.« S.: »Was hat man dann getan?« Frau K.: »Mich ins Zimmer zurückgebracht!« S.: »Hat man nicht

[1] Kritische Einwände gegen eine zu negative Sicht der Tumortherapie, wie sie sich dem Seelsorger in einer Tumorklinik aufdrängen kann, verdankt der Verf. vor allem Herrn Dr. K. Rieder (Facharzt für Strahlentherapie und Onkologie).

mehr mit ihnen darüber geredet?« Frau K.: »Nein, nicht einmal mehr davon angefangen, ist eigentlich unerhört . . .« Das Gespräch geht weiter über psychologische Probleme des Lebens angesichts des Todes und ob man dann noch an einen Gott glauben kann und wird immer wieder von Gefühlsausbrüchen unterbrochen.

Das Gespräch zeigt in vieler Hinsicht die Probleme der Patienten und des Arztes in einer Krebstherapie. Der Abbau von Behandlungen ist in erster Linie ein Problem der Kommunikation zwischen Patient und Arzt und der Aufklärung über die Ernsthaftigkeit seiner Krankheit[2]. Die Schwierigkeit für den Arzt besteht darin, dem Kranken bei realistisch bestehenden Behandlungsaussichten genügend Hoffnung und Mut zum Durchhalten der physischen und psychischen Belastungen zu machen, dann aber, wenn diese Chancen schwinden, Geschwulste trotz aller Behandlung weiter wachsen und Metastasen sich ausbreiten, die Behandlung diesen Erkenntnissen anzupassen. Dies geht bei vielen Patienten nur, wenn man mit ihnen über die tatsächlichen Behandlungsaussichten und ihren Zustand spricht, ihnen den Behandlungsabbau erklärt und wenn man zunächst nicht illusorische Hoffnungen beim Patienten geweckt hat, an die er sich jetzt klammert und die dem Arzt jedes aufklärende und offene Gespräch unmöglich machen. Aber selbst dann, wenn dem Patienten vom Arzt keine falsche Hoffnung gemacht, sondern von Anfang an die Ernsthaftigkeit und die Unheilbarkeit der Krankheit als wahrscheinlich dargestellt wurde, klammern sich viele Patienten doch bis zuletzt selbst an geringste Chancen. Solche Unfähigkeit, seine Endlichkeit und sein Sterben anzunehmen, ist ein ernstzunehmendes psychologisches und seelsorgerliches Problem, kann aber für einen Arzt keineswegs die Legitimation sein, ungebrochen in der Behandlung fortzufahren, bis schließlich nichts am Körper unbestrahlt ist und der Kranke schließlich trotzdem oder gerade unter den Belastungen der Behandlungen verstirbt. Man kann sich des Eindrucks nicht erwehren, daß, wer sich in solchen Kliniken behandeln läßt, sich deren Zielsetzungen und Instrumentarium meist unbefragt unterwerfen muß, weil er – wenn er andere Vorstellungen und Bedürfnisse als nur die Lebensverlängerung hat – dort fehl am Platze ist, denn diese Kliniken sind darauf eingestellt, ihr therapeutisches Instrumentarium anzuwenden und auszulasten, nicht aber Menschen lediglich die Schmerzen zu lindern

2 Vgl. C/II/1.

und sie psychisch zu betreuen und optimal zu pflegen. Dazu bedarf man häufig des technischen Instrumentariums der Klinik nicht und hat man meist erst recht nicht die geeigneten Mitarbeiter. Dabei muß es nicht einmal Böswilligkeit und Unbarmherzigkeit der Ärzte sein, wenn sie die wahren Bedürfnisse der Patienten nicht wahrhaben wollen oder nicht befriedigen können, denn auch sie unterliegen dem *Systemzwang*, der von der monistischen Zielsetzung »Lebensverlängerung« und der entsprechenden Organisation solcher Kliniken ausgeht[3], in denen – wie fast überall in der Medizin – der Erfolg meist lediglich an den Statistiken über die *quantitative Überlebenszeit* abgelesen wird, ein problematisches Unterfangen schon deshalb, weil selbst die echten Mißerfolge in der Erhaltung qualitativen Lebens dann noch als Erfolge verbucht werden.

Vielen Patienten möchte man den Rat geben, das Krankenhaus zu verlassen, nach Hause zu gehen und dort die letzten Tage zu verbringen, statt im Krankenhaus nicht nur die anstrengende Behandlung über sich ergehen zu lassen, sondern auch noch die belastende Atmosphäre ertragen und miterleben zu müssen, wie dieser und jener stirbt, den man seit längerem kannte, wie andere leiden und sich gegenseitig ihr Leiden erzählen und oft einsam auf sich selbst geworfen sind und so sterben. Das führt zu Übertragungsängsten und mobilisiert tiefe Ängste, die zu Hause weit besser verdrängt werden könnten, vorausgesetzt die mitmenschlichen Beziehungen und äußeren Umstände sind zufriedenstellend. So kommt es, daß die meisten Menschen zu Hause sterben möchten[4]. Häufig können sie das jedoch nicht, weil die familiären Verhältnisse es nicht erlauben und weil dort nicht für eine sachgerechte Schmerzlinderung gesorgt werden kann[5]. Dazu ist oft das therapeutische Instrumentarium der Kliniken notwendig[5]. Deshalb ist es zunächst einmal nötig, die durch die einseitige Zielsetzung (Lebensverlängerung) solcher »totalen Institutionen«[6] und ihrer entsprechenden Organisationsformen bedingten

[3] Vgl. v. Ferber (1970), 242; Lau, 41 ff., 87 ff.; Glaser/Strauß, bes. 186; Bowers, 14 ff.; vgl. C/II/3, bes. Anm. 32 u. 38.

[4] Vgl. Kübler-Ross (1974), 88 ff.; C/IV/1.

[5] Vgl. Saunders, 63 ff. Zur Schmerzlinderung vgl. Literatur B/III/2/c, 104; vgl. C/II/2, Anm. 20 ff.

[6] E. Goffman (Asyle, 1972) hat diesen Ausdruck zunächst für die psychiatrischen Anstalten geprägt (vgl. C/IV/2) und J. J. Rohde hat ihn auch für allgemeine Krankenhäuser als zutreffend bezeichnet (vgl. Strukturelle Momente der Inhumanität einer humanen Institution, in: Döhner, Hrsg., 13 ff.); vgl. Lau, 41 ff.

»strukturellen Momente der Inhumanität« zu erkennen, sie auf ihre Ursachen zu hinterfragen und sie so zu ändern, daß die sachgerechte und optimale *Schmerzlinderung* und *Pflege* von Sterbenden als gleichrangige Behandlungsziele auch in diese Institutionen integriert werden und entsprechende organisatorische und personelle Vorkehrungen getroffen werden. Dazu bedarf es der grundlegenden Einsicht bei allen Beteiligten, daß das Sterben zum Leben gehört und nicht verleugnet werden sollte und daß deshalb im Krankenhaus auch für die Betreuung von Sterbenden besondere Strukturen und Einrichtungen vorgesehen werden müssen und das Personal entsprechend ausgebildet werden muß. »Je weniger die Experten der Krankenhausinstitution bereit sind, den Zustand eines Patienten als hoffnungslos zu definieren, desto unwahrscheinlicher ist die Umstellung des Handlungsziels von der Wiederherstellung auf die Erleichterung der Lage des Patienten«; und je weniger sie bereit sind, »das Wohlbefinden eines Sterbenden als primäres Handlungsziel zu erklären, desto weniger strategisch wird man bei der Bekämpfung von Schmerz und Todesangst vorgehen und um so eher wird man bereit sein, medizinisch-technische Mittel zur Lebensverlängerung unreflektiert einzusetzen«[7]. Der Arzt und Pharmakologe der Londoner Sterbeklinik »St. Christopher«, *R. G. Twycross*[8], hat nachdrücklich darauf hingewiesen, daß dann, wenn eine Krankheit irreversibel und eindeutig auf den Tod zuläuft, wenn sich z. B. Metastasen zunehmend über den ganzen Körper ausbreiten, als Behandlungsziel lediglich noch die Schmerzlinderung in Frage kommt, da eine *optimale Schmerzlinderung*, die auf größtmögliches Wohlbefinden der ganzen Person abzielt, fast nie mit einer gleichzeitigen Lebensverlängerung zu vereinbaren ist. Aufgrund bisheriger ethischer Überlegungen ist daher der Schmerzlinderung immer Priorität einzuräumen und hat die Lebensverlängerung dann völlig zurückzutreten, wenn sie der optimalen Schmerzlinderung abträglich ist[9]. Patienten würden einen solchen Umschwung in der Behandlung nicht so interpretieren, daß man sie aufgibt und fallenläßt, wenn er in der Struktur des Krankenhauses selbstverständlich vorgesehen wäre und von diesem Augenblick ab

[7] Lau, 88; vgl. C/II/3, Anm. 32 ff.

[8] In: Eser (Hrsg.). In mündlicher Äußerung verwies Twycross darauf, daß eine optimale Medikamentation mit Schmerzmitteln durch chemotherapeutische Krebsbehandlung blockiert werde. Vgl. Saunders, 63 ff.

[9] Vgl. C/II/2, Anm. 12 ff.; C/II/3, Anm. 32 ff.; Hiersche, 221 f.

umso deutlicher die psychische Betreuung und personale Zuwendung einsetzen würde, damit der Patient gewiß sein kann, daß »alles für ihn getan wird«, und er so zur Annahme der Wirklichkeit seines Sterbens kommen kann und in realer Einschätzung seiner Lage zum Verzicht auf Lebensverlängerung bereit wird. Wenn der Tod in der Organisations- und Sozialstruktur einer Klinik nicht vorkommen darf, dann wird es auch dem Patienten schwer, sein Sterben zu bejahen. Entscheidend ist, daß das *Kommunikationsdefizit* zwischen medizinischem Personal und Patient – das durch die Fixierung auf technische Einrichtungen ständig wächst – über den Bereich des Unheilbaren, des Sterbens und des Todes aufgehoben wird und daß der technische Umgang mit Patienten ergänzt wird durch die personale Begegnung[10].

Es soll mit solchen Hinweisen nicht einem »therapeutischen Nihilismus« in der Krebstherapie das Wort geredet und nicht der Eindruck erweckt werden, als sei die Feststellung der Sinn- und Aussichtslosigkeit der Lebensverlängerung immer ohne weiteres möglich. Überraschende Eindämmungen der Geschwulste und Wucherungen kommen öfter vor, jedoch meist nur bei bestimmten Krebserkrankungen[11]. Da in den vorherigen Ausführungen jedoch Patienten im deutlich fortgeschrittenen Stadium der Erkrankung mit nur geringer weiterer Lebenserwartung im Blick waren, wird man bei derart *inkurablen Grundleiden* nicht wie in der Unfallmedizin ständig mit der Möglichkeit der überraschenden Wiederherstellung von bereits »hoffnungslosen Fällen« jeden Behandlungsverzicht ablehnen dürfen, sondern vielmehr auch die ganz überwiegende Zahl derer bedenken müssen, denen durch eine Behandlung »bis zum letzten Atemzug« ein qualvolles Ende bereitet und eine Einstellung auf ihren Tod unter der belastenden Therapie und Situation in Strahlenkliniken nicht ermöglicht wird. Besonders bei der operativen Entfernung von bösartigen Tumoren ist in jedem einzelnen Fall genau zu überprüfen, ob die absehbare Einbuße an »Lebensqualität« überhaupt einen radikalen Eingriff sittlich vertretbar erscheinen läßt und ob die gewonnene Lebenszeit in einem ausgewogenen Verhältnis zu den postoperativen Belastungen steht; denn es kann schwerlich eine sinnvolle

[10] Vgl. Engelhardt, 53 ff.; Lüth (1974 a), passim; v. Lehndorff, 85 ff.
[11] Viele bösartigen Geschwulste lassen sich durchaus erfolgreich behandeln (z. B. Gebärmutterkrebs, Hodgkin'sche Krankheit), während man bei anderen noch kaum mit überraschenden Erfolgen rechnen kann (z. B. Bronchial- u. Lungenkarzinom).

Lebensverlängerung genannt werden, wenn Menschen zu »Pflegefällen« gemacht und vielleicht dadurch sogar dem »sozialen Tod« ausgeliefert werden.

Es kommt dabei jedoch nicht nur auf den Grad der Ausbreitung des Tumors und die Schwere der Operation an, sondern auch auf die psychische Konstitution und vor allem die familiären Verhältnisse des Patienten. Welchen Sinn soll es zum Beispiel haben, einen älteren Mann einer Entfernung großer Teile des Darms zu unterziehen und ihm einen künstlichen After anzulegen, wenn er dadurch z. B. ins Pflegeheim muß, weil er niemanden hat, der ihn zu Hause betreut oder weil seine schon altersgeschwächte Ehefrau dazu nicht in der Lage ist. Selbst bei einer erheblichen Lebensverlängerung würde schon allein die Trennung der alten Ehepartner für beide schwere psychosoziale und meist auch ökonomische Schwierigkeiten aufwerfen. Die meisten Menschen werden, wenn sie von ihren nächsten Mitmenschen dadurch nicht abgelehnt werden[12], mit dem Leben mit einem künstlichen After noch relativ gut fertig. Fraglich wird es aber, wenn man z. B. einen Mann mit einem ausgedehnten Prostatakarzinom nur einem so radikalen Eingriff unterziehen kann, daß Schädigungen des Schließmuskels der Harnblase – was Inkontinenz zur Folge hätte – und Impotenz, sowohl zur Zeugung als auch zum Beischlaf, die Folge wären[13]. Welcher Arzt dürfte es wagen, einen solchen Eingriff vorzunehmen, ohne den Patienten eingehend über die Folgen aufgeklärt und beraten und ihm Zeit zur Besinnung gegeben zu haben. Durch die Aufklärung wird der Patient zwar einem extremen psychischen Druck ausgesetzt, der ihm nicht erspart werden kann, wenn er nicht ohne seine Einwilligung den bestimmt länger anhaltenden und nicht weniger großen psychischen und physischen Belastungen nach der Operation ausgesetzt sein will. Daß es sich hier um eine hochgradige Versehrung des Menschseins ohne wirklichen Sieg über die Krankheit handelt, wird niemand bestreiten[13].

Man wird von der christlichen Sicht des Lebens als Gabe Gottes her nicht schon jede Behandlung, die den Verlust sexueller Betätigung zur Folge hat, als dem Wesen des Menschen widersprechende und

[12] Die sexuellen und teils auch die mitmenschlichen Kontakte dieser Menschen sind nicht selten tiefgreifend gestört, und Vereinsamung ist die Folge. Ähnliches gilt für Mamma-Operationen und schwere Unterleibsoperationen bei Frauen (vgl. W. Heyde u. P. Aban, Eheliche Konflikte bei behandelten gynäkologischem und Mamma-Karzinom, in: Praxis der Psychotherapie 18, 1973, 49 ff.).

[13] Das Beispiel verdankt der Verf. dem Urologen Dr. Menze (Kassel).

daher abzulehende Maßnahme oder als zu großen Verlust an Lebensqualität bezeichnen können und doch mit *A. Solschenizyn*[14] die grundsätzliche Frage stellen dürfen: »Wie steht es aber mit meinem Preis: um der Erhaltung des bloßen Lebens willen mit dem zu zahlen, was ihm Farbe, Schönheit, Unruhe verleiht? Ein Leben, das nur Verdauen, Atmen, Sichbewegen und Denken ist? . . . Ein Fluß, der im Sand versiegt! Aber nicht einmal dieses letzte Versiegen wollen die Ärzte mir gönnen. Mit welchem Recht (ihnen kommt nicht einmal die Frage nach diesem Recht) entscheiden sie ohne mich . . .?« Die Anfragen Solschenizyns sind mehr als berechtigt. Wer ohne den Betroffenen aufzuklären und ohne seine im Wissen um die Folgen vollzogene Einwilligung Behandlungen einleitet, die ihn im hohen Maß versehren, *verfügt* in einer nicht zu verantwortenden Weise über das Dasein eines Menschen, ohne in der Lage zu sein, ihm bei der Bewältigung der Folgen wirklich zu helfen. Eine solche Verfügung über das Leben eines Menschen ist eine Mißachtung der Freiheit des Subjekts und ebenso unverantwortlich, wie das Außerachtlassen der psychosozialen Lebensumstände bei der Entscheidung über die Art der Behandlung oder Behandeln und Nichtbehandeln.

c) Entscheidungsunfähige, nicht notwendig sterbende Menschen: Zur ethischen Problematik von »Defektheilungen«

Im Vergleich zu notwendig in absehbarer Zeit sterbenden Menschen wirft der Verzicht auf Lebensverlängerung bei nicht notwendig sterbenden Menschen unvergleichlich mehr menschliche und schwer zu lösende ethische Probleme auf, besonders dann, wenn die betroffenen Menschen nicht selbst über ihr Leben entscheiden können. Die ethische Problematik hat ihren Grund darin, daß in diesen Fällen das anthropologisch und theologisch entscheidende Kriterium des *unwiderruflichen Sterbens* entfällt und diese Menschen nicht in der Lage sind, ihren *Willen* bezüglich der Art ihrer Behandlung kundzutun. Für die Art der Behandlung bzw. für einen Verzicht auf Behandlung ist dann primär der *Zustand des Patienten* unter Berücksichtigung seiner gesamten Lebenssituation ausschlaggebend. Der durch die Angehörigen erfahrbare *mutmaßliche Wille* und der *Wille und die Lage der*

[14] Krebsstation Bd. II, Neuwied, 1968, 11 f.; vgl. Eibach (1974), 315 ff.

Angehörigen sind als zusätzliche Kriterien zu berücksichtigen. Da es sich *nicht um sterbende* und *nicht um entscheidungsfähige Menschen* handelt, entfallen zwei wesentliche Kriterien, die eine Absicherung gegen die *Vernichtung* sogenannten *»lebensunwerten« Lebens* bilden[1]. Damit fällt alles Gewicht auf die *Unterscheidung* von *Töten* bzw. *fahrlässigem Unterlassen* einerseits und *berechtigtem Verzicht auf Lebensverlängerung* andererseits[2], also auf die Frage, inwieweit der *Tod durch menschliches Handeln verursacht* wird.

Ausschlaggebend für einen *Verzicht* auf Behandlung ist dann die *Beurteilung des erreichbaren Gesundheitszustands* gemäß den Auffassungen von dem, was »lebenswertes« Leben ist. Daß der Einsatz von Mitteln zur Lebensverlängerung sich danach richten darf, inwieweit die Grundsignaturen des Menschseins (Bewußtsein seiner selbst, Kommunikationsfähigkeit, Selbstverwirklichung in leiblichen Vollzügen) vorhanden, zu erhalten oder wiederherzustellen sind, ist sicherlich ethisch zu rechtfertigen[3], selbst wenn man nicht ganz bestreiten kann, daß hier eine ethisch nicht unbedenkliche Beurteilung des »Lebenswerts« zur Grundlage der Bemessung des Behandlungseinsatzes wird. Dieses Verfahren wird umso problematischer, je wahrscheinlicher und schneller der Verzicht auf Behandlung den Tod ermöglicht. In der Tat bestünde die Möglichkeit, Menschen, bei denen abzusehen ist, daß sie eine Behandlung nur mit schwersten körperlichen oder psychisch-geistigen Schäden überstehen, in einer lebensbedrohlichen Phase der Behandlung sterben zu lassen. Ob, wie und unter welchen Umständen dies überhaupt ethisch zu vertreten ist, bedarf der sorgfältigsten Prüfung, weil hier die Übergänge zur Tötung ohne Verlangen[4] und zur Vernichtung lebensunwerten Lebens durch fahrlässiges Unterlassen fließend werden.

ca) »Fragwürdiges« Überleben nach Wiederbelebung

Daß die Wiederbelebung eine höchst zweischneidige Methode der

[1] Vgl. C/I/1.
[2] Vgl. B/III/3; C/II/3.
[3] Vgl. C/II/3, Anm. 37, 50 ff.; 70 ff.
[4] Der Vorschlag des dänischen Anästhesisten B. Ibsen (vgl. Der Spiegel, Nr. 7/1975, 53; Südd. Ztg. 9. 8. 74, 30) Menschen, bei denen während einer Operation ein infaustes Grundleiden festgestellt werde, nicht mehr aus der Narkose erwachen zu lassen, sondern sie gleich in Einzelzimmer zu bringen und dort an einer Überdosis Morphium sterben zu lassen, ist zweifellos ein nicht zu rechtfertigender Tötungsvorschlag, der leicht auch Nicht-Sterbende treffen kann.

Lebensverlängerung ist, wird erst deutlich an den Fällen, die aufgrund einer Reanimation nur mit schweren psychisch-geistigen und körperlichen Schäden überleben. Der klinische Tod (Herz- oder Atemstillstand) kann zwar rückgängig gemacht werden, doch treten, wenn das Gehirn mehr als etwa 4 Minuten ohne Sauerstoffversorgung bleibt, mit wachsender Zeitspanne immer unwiderruflichere Schädigungen des Gehirns auf, bis es beim Fehlen von Sauerstoff für mehr als etwa 8 Minuten so geschädigt wird, daß der Hirntod eintritt[5]. Hauptsächlich aufgrund dieser Tatsache sind zwei Drittel aller Wiederbelebungsmaßnahmen erfolglos und führt etwa jede dreißigste Reanimation am Ende zum »apallischen Syndrom« (Ausfall der Großhirnfunktionen)[6]. Schwerste Hirnschädigungen treten auch infolge von Embolien (Hirn- und Lungenembolie), Unfall, Vergiftung und zu tiefer Narkotisierung[7] auf. Der Abbruch von lebensverlängernden Maßnahmen bei Menschen, die mit einem apallischen Syndrom lange Zeit überleben, läßt sich vergleichsweise ethisch noch ganz überzeugend rechtfertigen, weil sie wenigstens zum Teil als Menschen mit langer Sterbephase betrachtet werden können und bei ihnen das Bewußtsein und damit auch die Kommunikationsfähigkeit als ganz entscheidende Ebene des Menschseins ausgefallen ist. Wie aber soll man bei den Menschen verfahren, bei denen die psychisch-geistigen und körperlichen Fähigkeiten für immer schwer versehrt bleiben?

Beispiel: Frau L., mittleren Alters, unterzieht sich einer Gallenoperation. Einen Tag nach der Operation kommt es zu einer massiven Lungen- und Hirnembolie: Frau L. wird reanimiert und zunächst beatmet. Etwa 3 Monate lang ist sie bewußtlos mit allenfalls kurzzeitigen Phasen minimaler Bewußtheit. Als sie dann wieder das Bewußtsein erlangt, ist sie einseitig total gelähmt, auf der zweiten Seite sind trotz intensiver therapeutischer Bemühungen nur noch geringfügige Bewegungen eines Armes möglich, Gedächtnis- und Sprachvermögen sind hochgradig gestört, das Gefühlsleben ist ziemlich unkontrolliert. Nach mehr als sechsmonatigem Krankenhausaufenthalt wird Frau L. entlassen und als »aussichtsloser Pflegefall« von einem Rehabilitationszentrum abgelehnt. Eine Pflege zu Hause ist nicht möglich. Da die Kosten für ein mit großer Mühe gefundenes Pflege-

[5] Vgl. H. N. Herden, in: Lawin (Hrsg.), 582 ff.; vgl. Eibach (1973), 60 ff.
[6] Nach »Der Spiegel« Nr. 7/1975, 43. Etwa 50 000 Wiederbelegungsversuche sollen pro Jahr auf Intensivstationen der BRD durchgeführt werden.
[7] Vgl. Blüchel, 231 ff.

heim zum großen Teil vom Ehemann aufgebracht werden müssen, reduziert sich sein Einkommen auf das Lebensnotwendige, was angesichts der sonstigen psychischen und sozialen Probleme wohl noch ein geringes Übel ist.

Bei den ethischen Überlegungen ist davon auszugehen, daß das Ausmaß der Gehirnschädigung und ihrer Folgen zum Zeitpunkt der Einleitung der Reanimation überhaupt nicht und Tage und Wochen danach nur vage bestimmt werden konnte, da auch in Fällen wochen- und sogar monatelanger Bewußtlosigkeit noch eine weitgehende Wiederherstellung möglich ist[8]. Um die Tragweite von Hirnverletzungen aller Art besser zu prognostizieren, hat man gefordert[9], die bisher gesammelten Informationen unter dem Gesichtspunkt auszuwerten, inwieweit bei ziemlich gut umschreibbaren Schädigungen des Gehirns bestimmte unwiderrufliche Ausfälle in der Lebens- und Erlebnisfähigkeit mit größter Wahrscheinlichkeit auftreten. Dies wird in vielen Fällen nicht, in anderen aber doch möglich sein, so daß man dann die Fortsetzung der Behandlung nicht mehr damit rechtfertigen kann, daß eine volle Wiederherstellung noch möglich sei. Ähnlich wie bei der fötalen Diagnostik die genaue Diagnose einer genetisch oder sonstwie bedingten Schädigung des Fötus den »Entscheidungsdruck« zum Schwangerschaftsabbruch erhöht, und zwar umso mehr, je größer die zu erwartende Schädigung ist[10], so würde sich hier mit dem wachsenden Grad der Schädigung eine zunehmende Nötigung zum Abbau bzw. Abbruch lebensbewahrender Behandlungen ergeben. Durch die Ausarbeitung solcher medizinischer Kriterien wird die ethische Entscheidung keineswegs überflüssig, sondern eher noch schwerer[11], und zwar deshalb, weil erstens ein »Indikationenkatalog« auf der Basis eines Urteils über den »Lebenswert« wenigstens als Orientierung aufgestellt werden müßte und zweitens die Angehörigen an solchen Entscheidungen – die gerade beim Verzicht auf die Einleitung einer lebensrettenden Maßnahme, aber auch beim Abbruch in einer unvorhergesehenen Krisensituation schnellstens gefällt werden müßten – aus zeitlichen und humanen Gründen nur

[8] Vgl. C/I/4, Anm. 51; C/II/4/a, Anm. 20.
[9] So der Neurochirurg W. Umbach, in: Giesen/Keienburg (Hrsg.), 24 f. Nach Ansicht des Neuroradiologen Professor Wappenschmidt (Bonn) sind die bisherigen Informationen kaum unter diesem Gesichtspunkt ausgewertet worden.
[10] Vgl. dazu Literatur Anm. 38.
[11] Vgl. W. Bushart/P. Rittmeyer, in: Lawin (Hrsg.), 616; vgl. A/II.

schwer zu beteiligen sind. Angehörige könnten daher wahrscheinlich nur in den Fällen mitentscheiden, in denen im voraus bedacht wird, wie man bei einer eventuell erneuten lebensbedrohlichen Krise handeln soll, und dann, wenn es um den Abbau bzw. Abbruch der Behandlung geht.

Man wird den auf der Basis der Bemessung der Schädigung des Lebens zu rechtfertigenden Abbruch der Behandlung nicht von vornherein ablehnen können. Wenn ein Mensch z. B. einen nicht bösartigen Hirntumor hat, dessen Lage so ungünstig ist, daß seine operative Entfernung mit größter Wahrscheinlichkeit schwere psychisch-geistige Schäden und Lähmungen zur Folge hat, wird man auf eine solche Operation mit ethisch überzeugenden Gründen verzichten[12], vorausgesetzt der Betroffene leidet nicht infolge des Tumors an schweren unstillbaren Schmerzen. Der Verzicht auf lebensrettende Maßnahmen fällt freilich aus psychischen und ethischen Gründen leichter als ihr Abbruch. Da das Kriterium der *Irreversibilität* der Krankheit zum Tode entfällt, müssen andere Kriterien diese Schwächung der Argumente für einen Abbruch aufwiegen[13]. Hierbei ist von Bedeutung, daß wir in unserem Verständnis des Todes des Menschen nicht nur den *physischen Tod* (Tod der Person, Individualtod) und den *psychologischen (intrapersonalen) Tod*, sondern auch den *sozialen Tod* als eine, wenn auch nicht notwendige, so doch faktisch häufige *Form* des Todes mitbedenken[14]. Man wird bei den Überlegungen zum Abbruch der Behandlung in unseren modernen Kliniken nicht außer Betracht lassen dürfen, unter welchen oft entwürdigenden Umständen diese stark versehrten Menschen ihr Leben in Anstalten fristen müssen, und auch nicht, welche Belastung dies im Einzelfall für einen Ehepartner und die ganze Familie bedeuten kann[15], für die dann zwar der versehrte Ehepartner, die Mutter oder der Vater oder das Kind nicht tot ist, aber doch nur bedingt ein »Partner«, Bezugsperson im Vollsinn des Wortes sein kann.

Ist die Annahme nicht unberechtigt, daß der versehrte Mensch seinen Zustand und die Umstände, in denen er zu leben genötigt ist, noch wahrnimmt, so darf man vermuten, daß er darunter psychisch leidet – selbst wenn physische Leiden ihm weitgehend erspart werden

[12] Vgl. B/II/5 u. C/II/3.
[13] Vgl. C/II/3, Anm. 12 f.
[14] Vgl. B/I/2, Anm. 14 ff.; C/IV/2.
[15] Vgl. C/I/4, Anm. 11 ff.

können –, und zwar umso mehr, je weniger seine psychisch-geistigen Fähigkeiten geschädigt sind. Hier liegt nun das eigentliche Problem für die Aufstellung von Indikationen sowohl zum Schwangerschaftsabbruch nach Diagnostik von Schädigungen des Fötus als auch zum Abbau bzw. Abbruch lebensrettender und -bewahrender Maßnahmen bei versehrten Menschen. Wenn man im Indikationenkatalog primär den vom versehrten Menschen empfundenen Zustand, also das *Maß seines subjektiven Leidens* berücksichtigt, so ist zu beachten, daß diese Menschen meist umso mehr leiden, je mehr sie ihren Zustand empfinden. Mitleid mit den Betreffenden kann also umso weniger als Argument für einen Verzicht ins Feld geführt werden, je weniger sie subjektiv leiden. Bei einer »objektiven« Einschätzung des Grades der vorhandenen *Persönlichkeitsmerkmale* wäre aber gerade bei den Menschen am ehesten auf eine Behandlung zu verzichten bzw. sie abzubrechen, die ihren Zustand nicht einmal subjektiv wahrnehmen, und wären Menschen umso eher am Leben zu bewahren, je mehr sie bei Bewußtsein und also auch *leidensfähig* sind. Meist wird man auch davon ausgehen dürfen, daß die Angehörigen umso mehr »mit-leiden«, je mehr der versehrte Mensch seine Leiden empfindet und noch äußern kann. Wir müssen also feststellen, daß bei schweren psychisch-geistigen Schädigungen die Argumente für einen Verzicht, die auf dem Grad des Ausfalls der Persönlichkeitsmerkmale, also auf der »Minderwertigkeit«, wenn nicht gar dem »Unwert« des Lebens aufbauen, sich in den meisten Fällen nicht mit den Argumenten zu einem »Argumentationsstrang« verbinden lassen, ja ihnen oft widersprechen, die vom subjektiv empfundenen Leidenszustand des Kranken und dem Mit-Leiden mit ihm her den Abbruch der Behandlung rechtfertigen sollen[16]. Dies führt zu einer ganz erheblichen Schwächung der Überzeugungskraft der Argumente für einen Verzicht, und zwar umso mehr, je mehr das Unterlassen der Bewahrung oder Rettung des Lebens in die Nähe eines Mitverursachens des Todes rückt.

Über den subjektiven Zustand von Menschen mit schweren hirnorganischen Schäden wird man über die gut fundierte Beobachtung hinaus, daß Menschen umso weniger subjektiv leiden, je mehr ihr Bewußtsein getrübt ist, nur Vermutungen äußern können[17]. Subjek-

[16] Vgl. B/III/1/f; C/II/3, Anm. 12 f.
[17] Vgl. Eibach (1974), 84 ff.

tiv empfundenes *Glück* oder *Unglück* scheiden daher weitgehend als Rechtfertigungsgründe für den Verzicht auf Behandlung ebenso aus wie für die Tötung. Darüber, ob bei solchen Menschen der »Wille zum Leben« noch stärker ist als der »Wille zum Tode«, kann man auch nur Vermutungen anstellen. Letztlich bleiben dann doch nur die sozial-mitmenschliche Dimension des Menschseins, also der Grad der mitmenschlichen Zuwendung, die der Kranke empfängt, und der Grad des verbliebenen Vermögens, gemäß den Erwartungen der Außenstehenden auf diese Zuwendung zu antworten, als anthropologische Kriterien übrig. Hinzu kommen als Kriterien die psychische Belastung des Ehepartners und der Familie und die in ihrer ethischen Überzeugungskraft wesentlich schwächere ökonomische Belastung der Familie und der Gesellschaft. Es muß jedoch bezweifelt werden, daß diese Kriterien in sich und gemeinsam überzeugend genug wirken, um den Abbruch einer lebensbewahrenden Behandlung zu rechtfertigen, der den Tod unmittelbar zur Folge hat. Man kann nicht behaupten, daß jeder Mensch, dem in einer lebensbedrohlichen Krise mit allen Mitteln der Medizin über diese Lebensbedrohung hinweggeholfen wird, ein Sterbender sei, denn entscheidend für die Definition von *sterbend* ist die *Irreversibilität einer Krankheit zum Tode.* In dem oben erwähnten Fall wäre ein Abbruch der assistierenden Beatmung wohl auch dann kaum in Frage gekommen, wenn man die Folgen der Wiederbelebung während der Zeit der Beatmung schon hätte abschätzen können und wenn die Angehörigen dem zugestimmt oder es gar gewünscht hätten. Als moralisch vertretbare Möglichkeit bliebe nur der Verzicht auf zusätzliche Maßnahmen der Lebensbewahrung und der allmähliche Behandlungsabbau[18] nach dem Zeitpunkt der Erkenntnis möglich, daß die schweren Schäden irreparabel sein werden.

cb) Lebensrettung »wider Willen« nach Suizidversuchen?

In der Suizidforschung hat sich die Anschauung durchgesetzt, daß Selbsttötungshandlungen nicht ein freier Willensentschluß, sondern krankhafte Veränderungen zugrunde liegen[19]. Man muß aber zumindest zugeben, daß der Suizidversuch nicht immer nur im engeren Sinn psychopathologische Gründe hat, sondern auch auf teils unab-

[18] Vgl. C/II/4/a.
[19] Vgl. B/II/2/a, Anm. 6 ff.

änderliche »sozialpathologische«, unerträgliche äußere Umstände zurückzuführen ist[20] und auch durchaus einfühlsamen Überlegungen entspringen kann. Zudem kann kein Außenstehender wirklich sagen, wie »ernst« einem Menschen im Augenblick der Handlung dieser Schritt ist. Der Ethiker wenigstens macht es sich zu leicht, wenn er einfach davon ausgeht, daß es sich bei Selbsttötung selbstverständlich nicht um eine freie personale Entscheidung handle und daß daher der Entschluß, sich zu töten, nicht ernst zu nehmen sei und alles Erdenkliche zur Erhaltung des Lebens getan werden müsse[21]. Dem Patienten ist damit nicht geholfen, daß man ihn nach der Lebensrettung wieder den gleichen Umständen ausliefert, die ihn zum Suizid trieben. Ganz abgesehen vom Problem der »Freiheit zum Tode« sollte man die Motive und Gründe, die den Menschen zum Suizidversuch veranlaßten, so ernst nehmen, wie die intendierte, aber häufig verhinderte Folge dieser Tat. Die hohe Zahl der wiederholten Suizidversuche beweist, wie wenig auf diesen »Schrei um Hilfe« hin auch die notwendigen psychologischen und sozialen Hilfen gewährt werden. Es ist in der Tat ein schwer zu lösendes ethisches Problem, inwieweit Menschen berechtigt sind, einen Suizidpatienten am Sterben zu hindern, wenn sie nicht zugleich bereit und in der Lage sind, seine Lebenssituation so zu verbessern, daß es nicht zu einer erneuten Suizidhandlung kommt. Diese Frage ist schon dann schwer zu beantworten, wenn der Patient die lebensrettende Behandlung – wie in den meisten Fällen – ohne zusätzliche psychisch-geistige und körperliche Schädigungen überlebt. Die ganze Problematik wird aber erst recht deutlich, wenn der Patient mit zusätzlichen schweren unwiderruflichen Schäden weiterleben muß.

Beispiel 1): W. Lindenberg[22] berichtet: »Ein Hirnverletzter, gelähmt, epileptisch, von seiner Familie verlassen wegen seiner Erregtheit und Grobheit, lebte bei uns in unserem Krankenhaus als Hospitalit und schikanierte alle, die überhaupt in seine Umgebung kamen, aus seiner Mißvergnügtheit heraus. Eines Tages entschloß er sich, sich das Leben zu nehmen und nahm sehr viele Pillen, er wurde bewußtlos und war sterbend. Und dann kam am nächsten Morgen mein Assistent und strahlte und sagte: ›Ich habe ihm soviel Cardiazol eingepumpt, nun lebt er wieder.‹ Dieser Mann

[20] Das gilt besonders für den Suizid bei alten Menschen (vgl. Ringel, 40 ff.; Reiner, 97 ff.; Schenda, 49 ff.). Vgl. C/IV/2.
[21] So z. B. Häring, 69 f.
[22] In: Die evangl. Krankenpflege 16 (1966), 30.

mit der Verletzung des Gehirns lebte nun noch schlechter, weil durch Anoxie (ungenügende Sauerstoffversorgung) das Hirn noch mehr geschädigt war, und er hatte sich entschlossen, nicht mehr zu leben.«

Beispiel 2): Ein junger Mann begeht einen Selbsttötungsversuch. Mit vollständigem Verlust von beiden Beinen und einem Arm wird er ins Krankenhaus eingeliefert. Die Wunden werden fachgerecht versorgt und der Patient auf die Intensivstation und später vom Akutkrankenhaus in ein psychiatrisches Krankenhaus verlegt. Gegenüber einem Bekannten, der ihn dort regelmäßig besucht, äußert er häufiger die dringliche Bitte, doch herauszufinden, wer ihm das »angetan habe«, daß er noch, und zwar so, leben müsse. Der Bekannte bringt dabei durch einen Mittelsmann in Erfahrung, daß nach der Operation und der Stillung der Blutungen der Zustand des jungen Mannes auf der Intensivstation niemals wirklich lebensbedrohlich kritisch war. Bluttransfusionen wurden nur in den ersten Tagen gegeben. Erst in der anschließenden psychiatrischen Untersuchung und Behandlung stellte man eine schwere »Psychose« fest[23].

An diesen Beispielen kann deutlich werden, inwieweit die unterschiedliche Situation verschiedenes Handeln und eine unterschiedliche ethische Bewertung des Handelns nötig macht. Insofern hat eine »Situationsethik« im Rahmen medizinischer Ethik durchaus einen gewichtigen Platz. Das heißt jedoch nicht, daß normative Gesichtspunkte das Handeln in solchen Situationen nicht leiten sollten und könnten und daß dieses nicht aufgrund solcher ethischer Normen zu rechtfertigen wäre[24]. Indes ist die Möglichkeit und Art, wie normative Leitlinien das Handeln bestimmen können, durch die Situation, d. h. durch die jeweilige Person (Patient), ihre Umstände und die Möglichkeiten und Kenntnisse der behandelnden Ärzte bestimmt. Im ersten Beispiel ist der Zustand und die soziale Situation des Patienten vorweg hinreichend bekannt. Man muß annehmen, daß der Kranke unter seiner Krankheit litt, selbst wenn sich dieses Leiden äußerlich hauptsächlich in Aggressionen gegen andere darstellte. Eine ethische Beurteilung dieser Lage war möglich und offenbar auch durch den leitenden Arzt geschehen. Seine stillschweigende Entscheidung, nicht mehr alles Erdenkliche zur Lebensrettung zu tun, blieb aber unausgesprochen und dem jungen Arzt verborgen. Dieser handelte ganz selbstverständlich nach dem Grundsatz, Leben unter allen Umstän-

[23] Der Verf. hat nach langem Zögern gewagt, dieses schwere »Schicksal« zu berichten, und bittet alle um Verständnis und diskreten Umgang mit diesem Beispiel.

[24] Vgl. B/III, Anm. 7 ff.; B/III/3, Anm. 7 f.

den zu verlängern, in dem sich laut gängiger Auffassung das medizinische Ethos zusammenfassen läßt. Was er im Sinne dieses Ethos als Erfolg verbucht, stellte sich dem älteren und offenbar weltanschaulich anders geprägten Kollegen als Mißerfolg dar. Das »reflexhafte« Handeln des jungen Arztes hätte vermieden werden können, wenn man gewagt hätte, eine stillschweigende und mit dem herkömmlichen Ethos nicht konforme ethische Entscheidung vorher offen auszusprechen.

Im zweiten Beispiel sind die Voraussetzungen gänzlich anders. Über die Person ist zum Zeitpunkt ihrer Einlieferung nur bekannt, daß sie offenbar einen Suizidversuch begangen hat. Ihr Zustand ist primär lebensbedrohlich aufgrund des hohen Blutverlusts. Es bedarf keiner weiteren Frage, daß in einer solchen Situation kein Arzt ein »Sterbenlassen« durch Verbluten oder gar ein »Einschläfern« durch zu tiefe Narkotisierung ernsthaft in Erwägung ziehen und eine solche Entscheidung vor Kollegen und später vor Angehörigen aussprechen und rechtfertigen kann. Die Stillung einer Blutung und die Versorgung von Wunden ist zweifellos eine medizinische Behandlung, sie gehört zur »Ersten Hilfe« und ist vom Erscheinungsbild her durchaus anderen Charakters als ein schwerer operativer *Eingriff* in den Körper oder eine Beatmung an einer Maschine. Der »Erfolg« dieser Lebensrettung erweist sich im nachhinein vielleicht als eine größere menschliche »Tragödie« als beim ersten Beispiel, da dieser psychisch kranke und lebensmüde junge Mann nun wegen seiner unverminderten Leidensfähigkeit zusätzlich an seiner schweren körperlichen Versehrtheit und seiner dadurch bedingten lebenslangen Hilflosigkeit und Abhängigkeit zu leiden hat. Diese Folgen der Suizidhandlung und die Art und Weise, wie der Patient mit ihnen leben kann, konnte man jedoch – anders als im ersten Beispiel – schwerlich genauer beurteilen. Wenn die Folgen nicht oder kaum absehbar sind, ist es unverantwortlich, eine lebensrettende Behandlung nur auf die Vermutung hin zu unterlassen, daß dem Betroffenen ein solches Leben ein »lebensunwertes Leben«, eine bloße Last sein müsse.

Ob die Lebensrettung nach Suizidversuch wirklich ethisch anders beurteilt werden muß als z. B. der berichtete Fall einer schweren Embolie nach einer Operation, hängt an der Frage, ob und inwieweit der Versuch, sich das Leben zu nehmen, als ernst zu nehmender Ausdruck des Willens des Patienten gewertet werden darf. Selbst wenn der Schritt des Patienten durch psychopathologische Aspekte mitbedingt und also – psychologisch gesehen – nicht Ausdruck eines freien Willens war, ist er doch als Willensäußerung des Patienten anzusehen. Für den ersten Fall kann man wenigstens annehmen, daß der Schritt durch eine Überlegung motiviert war, durch die der Patient sein eigenes Leben für »lebensunwert« hielt. Das ist aufgrund der teils unabänderlich leidvollen Umstände, in denen er sich befand, für viele wahrscheinlich einfühlbar, wenn auch ethisch nicht zu rechtfertigen[25]. Andererseits ist eine *Pflicht zu leben*, philosophisch und juristisch nicht überzeugend zu begründen[26]. Theologisch gesehen hat der Mensch zwar nicht das Recht, sein Leben als »lebensunwert« zu beurteilen und es sich daraufhin zu nehmen, doch ist diese Begründung an den Glauben gebunden, daß das Leben Gabe Gottes ist und daß der Glaube an Gottes Treue auch die Kraft gibt, ein versehrtes Leben zu durchstehen[27]. Da man diesen Glauben niemand aufzwingen kann, wird man aufgrund dessen auch keinen Menschen zum Weiterleben zwingen dürfen. Wenn anzunehmen ist, daß der Kranke durch den Suizidversuch noch zusätzlich in seinen psychisch-geistigen Fähigkeiten geschädigt worden ist, dann wird er noch weniger oder gar überhaupt nicht mehr in der Lage sein, diesen Glauben anzunehmen und seine Tat zu bereuen. So wird man ihn auch aus diesen theologisch-seelsorgerlichen Gründen nicht am Leben erhalten müssen. Im zweiten Beispiel ist der in der Suizidhandlung sich ausdrückende *mutmaßliche Wille* schon aufgrund der ungeklärten Vorgeschichte weniger eindeutig zu beurteilen. Bei jungen Menschen ist die Selbsttötung häufig nicht eine überlegte Handlung, sondern entspringt einer momentanen depressiven Verstimmung (Demonstrativselbstmord). Von dem späteren psychiatrischen Befund war im Augenblick der Lebensrettung nichts bekannt. Bei einer Beurteilung der gesamten Situation bleibt der Wille des Patienten mehr im Dunkeln, und es kommt ihm daher weniger Gewicht als beim ersten Beispiel zu. Auf jeden Fall darf der *mutmaßliche Wille* nicht nur dann ein Kriterium bei der Entscheidung über die Art und Weise der und dem Verzicht auf Behandlung sein, wenn jemand vor einem Suizidversuch die ausdrückliche Ablehnung jeglicher lebensrettenden Versuche schriftlich

[25] Vgl. B/III/2/c.
[26] Vgl. B/III/B, vgl. Kübler-Ross (1974), 61.
[27] Vgl. B/III/2/a u. c.

festgelegt hat[27a]. Auch eine solche schriftliche Erklärung ist nicht unter allen Umständen für den Arzt verbindlich[28].

cc) *Zur Lebensverlängerung bei mißgebildeten und hirngeschädigten Säuglingen – erörtert unter Bezug auf die Möglichkeiten vorgeburtlicher Diagnostik und am Beispiel der Kinder mit »Spina bifida« (Meningomyelozele)*

Durch den Fortschritt der technischen Medizin wächst nicht nur die Zahl derer, die lebensbedrohliche Situationen mit schwersten Versehrungen überleben (so daß man sich unwillkürlich fragt, ob es für diese Menschen selbst und für ihre Angehörigen nicht besser gewesen wäre, sie hätten nicht überlebt), sondern auch die Zahl der Kinder, die mit schweren Schäden ihre Geburt länger als früher überleben[29]. Trotz der vermehrten Möglichkeiten zur vorgeburtlichen Diagnostik[30] wird man auch in Zukunft nicht mit einem starken Rückgang der Zahl behinderter Kinder rechnen können[31]. Kinderpsychiater wie *Th. Hellbrügge*[32] haben darauf hingewiesen, welche Besserung des Zustands selbst bei schwer geschädigten Kindern bei rechtzeitiger und gezielter Behandlung erreicht werden kann. Jedoch hat

27a So Fritsche, 43.

28 Bei der zweiten berichteten Suizidhandlung hätte eine solche Erklärung wegen der besonderen Art des Selbsttötungsversuchs wohl kaum ausschlaggebend sein müssen. Vgl. C/II/3, Anm. 28 ff.

29 Kinder mit schwersten Mißbildungen (z. B. ohne Großhirn) überleben meist nur Tage oder Wochen (vgl. Hellbrügge, 65), jedoch kommen wider Erwarten auch recht lange Überlebenszeiten vor. So berichtet Gerlach (1969 a, 176) von einem anencephalen Kind (ohne Großhirn), das 1969 bereits 14 Jahre lebte. Der Verf. sah in einer psychiatrischen Anstalt ein Kind mit ähnlichen Hirnschäden, von dem die Ärzte nach der Geburt gesagt hatten, daß es allenfalls 6 Wochen leben werde, das dann aber fast 9 Jahre sich im Bett mitunter etwas bewegend, aber auf Reize nicht gezielt reagierend lebte.

30 Vgl. J. D. Murken, Genetische Familienberatung und pränatale Genetik, 1972; D. Orywall, Vorgeburtliche Diagnostik von Erbkrankheiten, 1973. Die in diesen Büchern noch stark betonten Risiken der Methode können heute weitgehend durch die Kombination von Ultraschall-Diagnose und Amniozentese ausgeschaltet werden (vgl. Praxis Kurier Nr. 25, 1975, 8, 10; Südd. Ztg. Nr. 293/1975, 46). Die Amniozentese ist jedoch aus finanziellen und personellen Gründen bisher nicht einmal bei allen Frauen möglich, bei denen sie mit guten Gründen angezeigt ist.

31 Insgesamt sollen in der BRD 358 000 Kinder körperlich, geistig oder seelisch behindert sein. Das sind 2,5 % aller Kinder unter 16 Jahren (Dtsch. Ärzteblatt Nr. 44/1975, 3021). Auf 1 000 Geburten kommen 5 schwere Mißbildungen. Die Zahl soll sich innerhalb eines Jahrhunderts verhundertfacht haben. Laut Südd. Ztg. (Nr. 293/1975, 46) kommt in der BRD sogar jeder achte Säugling als körperlich oder geistig behindertes Kind zur Welt, mindestens aber 40 000 Kinder pro Jahr (vgl. Menschen wie wir, 7). Vgl. C/IV/2, Anm. 22.

32 Vgl. C/I/4, Anm. 14; F. Menne (Hrsg.), Zum Schwachsinn verurteilt?, 1973.

die Therapie und Rehabilitation von schwerer geschädigten Kindern auch ihre deutlichen Grenzen[33]. Eine entscheidende Besserung ist oft nicht zu erzielen, und in manchen Fällen drängt sich der Gedanke auf, daß es besser wäre, diese Kinder wären nie geboren oder gleich nach der Geburt gestorben. In bezug auf die modernen Möglichkeiten der Lebenserhaltung bei schweren Unfällen und bei schwer vorgeschädigten Kindern hat *P. Röttgen*[34] den oft zitierten provozierenden Satz geprägt, daß, wenn die Neurochirurgie sich in ihren Zielen mit den technischen Grenzen ihres Faches identifizieren würde, wir ein »Krankenhausinferno Danteschen Ausmaßes« vor uns hätten und gleich zu jeder Klinik ein Siechenheim bauen müßten.

Die Lösung der dadurch aufgeworfenen menschlichen und gesellschaftlichen Probleme ist nicht in Richtung der bereits hinreichend kritisierten »Vernichtung lebensunwerten Lebens« zu suchen. Am Menschsein und dem Recht auf eine menschenwürdige Betreuung dieser schwer versehrten Menschenkinder kann theologisch-ethisch wenigstens nicht gezweifelt werden. Selbst wenn mittels der vorgeburtlichen Diagnostik in Zukunft mehr behinderten Kindern das Leben erspart oder auch verwehrt wird, wird die Zahl der ethischen Problemfälle immer groß bleiben. Die durch die *vorgeburtliche Diagnostik* zusätzlich aufgeworfenen ethischen Probleme erweisen diese Methode an sich schon als äußerst ambivalent. Von allen Indikationen[35] ist die »genetische« (kindlich embryopathische) in theologisch ethischer Sicht die weitaus problematischste, denn hier wird die Abtreibung aufgrund derselben ethischen Kategorien vorgenommen, die auch die »Vernichtung« von schwer versehrten neugeborenen Kindern rechtfertigen sollen. Hier wird ja behauptet, daß diese behinderten Kinder keine »vollwertigen« und daher notwendig »unglückliche« Menschen und für die Eltern, die Familie und die Gesellschaft zu einer »unzumutbaren Last« werden müssen[36]. Ob sich gegen die genetische Indikation dieselben schweren ethischen Bedenken geltend machen lassen wie gegen die Tötung von schwer behinderten

[33] Vgl. Bennholdt-Thomsen, 178 ff.; Heitmann, 182 ff.
[34] S. 77.
[35] Das Dilemma der Indikationsmodelle, daß sie das sind, was sie nicht sein sollen, nämlich »Euthanasiemodelle«, hat der Jurist W. Bonhoeffer (Das Monstrum ist nichtig, in: Der Spiegel Nr. 46/1974, 57 ff.) treffend aufgezeigt und daraus den Schluß gezogen, den Lebensschutz erst mit der Geburt anzusetzen. Zu den weitergehenden Vorschlägen von G. Leach vgl. B/III/1/a, Anm. 15 ff. u. C/I/2.
[36] Vgl. B/III/1/a, Anm. 16 ff.; C/I/3, Anm. 33 ff.; C/I/4, Anm. 1 ff.

neugeborenen Kindern[37], hängt an der Frage, inwieweit man den verschiedenen Realisationsgraden des Menschseins im Laufe der Entwicklung im Mutterleib das Prädikat »Mensch« oder auch nur menschliches Leben zubilligt. Dem Grad der Realisation des vollen Menschseins entspräche dann eine abgestufte Würde und ein unterschiedliches Schutzrecht. Diese Anschauung, kombiniert mit dem Grad der zu erwartenden Schädigungen eines Kindes, soll dann die Rechtfertigung für die Abtreibung ergeben, und zwar umso begründeter, je weniger weit der Fötus entwickelt ist und je größer seine zu erwartende Schädigung sein wird, aus der wiederum die angeblich unzumutbare Belastung für die Familie und die Gesellschaft resultieren soll.

Die ethischen Probleme der genetischen Indikation sind hier nicht näher darzulegen[38]. Die Zusammenhänge zwischen Abtreibung und Vernichtung aufgrund von »Lebensunwert«[39] sind wenigstens hinsichtlich der genetischen Indikation nicht zu bestreiten, wie z. B. der Vorschlag von *G. Leach*[40] beweist, Säuglingen erst nach einer längeren Testzeit aufgrund ihres Gesundheitszustands die Rechte einer Person zuzusprechen. Wenn man die Geburt aufgrund biologischer und anthropologischer Erkenntnisse zu Recht nicht als eine entscheidende Zäsur im Menschwerdungsprozeß ansehen kann[41], ist es in der Tat nur schwer einsichtig, warum »die Tötung eines Säuglings mit einer schweren Hirnmißbildung so viel verwerflicher (ist) als die Tötung eines Embryos, aus dem aller Wahrscheinlichkeit nach ein gesunder Mensch wird«[42]. Und wenn die Gesellschaft vielleicht in Zukunft z. B. von einer Frau, bei der durch eine Chromosomenanalyse ein Embryo mit Mongolismus diagnostiziert wird, geradezu »erwartet«, daß sie eine Abtreibung vornehmen läßt, dann wird es gegenüber anderen Eltern kaum überzeugend zu begründen sein, warum

[37] So P. Sporken, in: Eser (Hrsg.).

[38] Vgl. B/III/1, Anm. 26; Genetik und die Qualität des Lebens. Ein ökumenischer Bericht, in: ZEE 19 (1975), 169 ff.; K. Vaux, Entwicklung des Menschen, in: WzM 28 (1976), 8 ff.; Ringeling, 571 ff.; A. Hartmann, Das ethische Urteil über die Tötung mißgebildeter Kinder und über die Fruchttötung aus genetischer Indikation, in: K. Forster (Hrsg.), 101 ff. und die Beiträge von H. J. Prill und K. H. Degenhardt in: Reform des § 218. Zur Sache 6/1972 (Themen parlamentarischer Beratung), 40 ff., 48 ff.

[39] Vgl. Ehrhardt (1974) 1703 ff.; N. N. Kittrie, in: Eser (Hrsg.).

[40] Vgl. Anm. 35.

[41] Vgl. Eibach (1972), 153 ff.; Sporken, in: Eser (Hrsg.); Literatur B/I/1, Anm. 17.

[42] Ehrhardt (1974), 1704.

der Staat – wenn auch nicht die Mehrheit der Gesellschaft – gebietet, daß ihr schwerst mißgebildeter Säugling am Leben bleiben muß und nicht getötet werden darf. Es besteht also die Frage, ob und wie beim *Verzicht* auf Erhaltung und Verlängerung des Lebens von schwer behinderten Kindern und in seiner Begründung die fatale Nähe zur *Tötung* wegen *Unwert*, d. h. der »Vernichtung lebensunwerten Lebens« vermieden werden kann. Das erste der folgenden Beispiele wird von dem amerikanischen Juristen *N. N. Kittrie*[43] berichtet, um zu zeigen, daß die »Vernichtung lebensunwerten Lebens« auch heute aktuell ist.

Beispiel 1: Ein Säugling wurde mit einem nicht seltenen, durch einen Gen-Defekt bedingten Verschluß zwischen Magen und Dünndarm (Pylorusstenose) geboren, der operativ leicht zu beheben ist. Es stellte sich jedoch auch heraus, daß der Säugling mongoloid (Down Syndrom) war. Die Eltern wurden um die Einwilligung zur Operation gefragt, verweigerten diese jedoch. »Die Mutter, eine geprüfte Krankenschwester, sprach für beide, indem sie ihre begrenzten finanziellen Möglichkeiten betonte und damit schloß, daß es unzumutbar (»unfair«) sei, daß die zwei normalen Kinder mit einem mongoloiden kranken Wesen aufwachsen.« Das Kind wurde in einen einsamen Raum gebracht und war nach elf Tagen verhungert. Es wurde nichts getan, um den Tod zu beschleunigen. Die Schwestern des Krankenhauses waren aufgebracht.

N. N. Kittrie hält dieses Handeln bzw. das Unterlassen für ebenso »fatal«, wie einen evtl. Entschluß, dem Kind das Leben zu nehmen, es also zu töten[44]. Der Ethiker *A. J. Dyck*[45] nimmt offenbar auf diesen Fall Bezug, wenn er das Vorgehen ohne Einschränkungen als »murder« bezeichnet, »justified on the ground that this particular life was somehow not worth saving. (If one argues that the infant was killed because the parents did not want it, we have in this kind of case an even more radical erosion of our restraints upon killing).« Sind die Urteile in dieser Weise berechtigt? Vordergründig gesehen handelt es sich ja um ein *Unterlassen* einer lebensrettenden Maßnahme. Zu fragen ist daher, ob dieses Unterlassen verantwortungslos, rücksichtslos und so fahrlässig war, daß es als »murder« bezeichnet werden kann.

[43] In: Eser (Hrsg.). Übersetzung des Verfassers.
[44] Dem Urteil schloß sich Professor B. Häring (Rom), der das Kind persönlich in Augenschein genommen hatte, in einer persönlichen mündlichen Mitteilung an.
[45] Dyck, 108.

Dies hängt ab von der Überzeugungskraft der Argumente für dieses Unterlassen, die sich auf eine Beurteilung der Umstände stützen. Außer Zweifel steht, daß die direkte Tötung eines mongoloiden Kindes nicht in Frage kommt. Die Pylorusstenose kann operativ leicht behoben werden und verursacht keinen weiteren Schaden. Führt man den operativen Eingriff nicht durch, so ist eine *Ernährung* des Kindes nicht möglich. Dem Säugling wird also die Befriedigung eines menschlichen *Grundbedürfnisses* nicht ermöglicht. Ein solches Vorgehen ist nicht einmal bei eindeutig Sterbenden (Speiseröhrenkrebs, bewußtlose dahinsiechenden Menschen) ethisch zu rechtfertigen[46]. Wenn die Befriedigung menschlicher Grundbedürfnisse immer ethisches Gebot ist, dann ist ihr Unterlassen dann als *fahrlässig* zu bezeichnen, wenn sie möglich gewesen wäre, und das *Verhungernlassen* in diesen Fällen ethisch gesehen dem *Töten* zuzuordnen[47]. Aber selbst dann, wenn es sich um eine Form des Unterlassens einer Lebensrettung gehandelt hätte, die nicht die Befriedigung eines Grundbedürfnisses verweigert hätte, wäre sie bei einem mongoloiden Kind schwerlich zu rechtfertigen, da diese Kinder offenbar wenig leiden und nicht »unglücklich« sind, wenn sie nur einigermaßen gut betreut werden, und sogar einen relativ beachtlichen Intelligenzquotienten (bis zu 60 I. Q.) erreichen können. Der »Lebensunwert« kann also nur nach »Nützlichkeitsmaßstäben« bemessen werden. Der Umstand allein, daß Eltern und Geschwister durch das behinderte Kind belastet werden[48] und daß sie das Kind nicht bejahen können[49], spricht dieses eindeutig fahrlässige Unterlassen mit Todesfolge nicht von der ethischen Einstufung als *Tötung* frei. Damit wäre aber auch dem Ermessens- und Entscheidungsspielraum der Eltern und der Ärzte eine eindeutige Grenze gezogen und die Ärzte ethisch gesehen eindeutig verpflichtet, die Nahrungszufuhr durch die Operation zu ermöglichen.

Beispiel[50] 2: Ein Säugling wird ohne linkes Auge, ohne Ohrkanal, ohne Verbindung von Schlund und Magen, ohne Zwölffingerdarm und mit »schweren« Gehirnschäden geboren. Die Eltern bitten, »alle lebenserhaltenden Hilfen, wie intravenöse Ernährung, einzustellen. Der Arzt war der

46 Vgl. C/II/4/a u. b.
47 Vgl. B/III/3.
48 Vgl. B/III/1/d; C/I/4, Anm. 8 ff.
49 Vgl. B/II/5, Anm. 31 ff.; B/III/1, Anm. 36.
50 Berichtet in: Die Welt, 21. 2. 74. Zu Operationen bei mißgebildeten Säuglingen vgl. den Bericht: Mißgebildete: Wie weiterleben?, in: Selecta Nr. 9/1976, 806 ff.

Überzeugung, der Punkt sei überschritten, wo »eine Korrektur dem Säugling irgendeinen Nutzen bringen kann«. »Trotzdem wollte die Klinik die schwerwiegende Entscheidung nicht selbst treffen« und wendete sich an den Obersten Gerichtshof des US-Staates Maine. Der Richter entschied: »Das Problem ist nicht die künftige Qualität des Lebens, das zu erhalten ist . . . Das grundlegende Recht, das jedes Lebewesen genießt, ist das Recht auf Leben selbst.« Der Richter ernannte einen Anwalt als Vormund und ermächtigte ihn, der Operation zuzustimmen. Dem Kind wurde eine künstliche Speiseröhre eingesetzt, die in einer zweiten – zum Zeitpunkt der Berichterstattung noch ausstehenden Operation – mit dem Hals des Kindes verbunden werden sollte.

Auch in diesem Beispiel geht es um die Gewährleistung der Ernährung des Kindes. Jedoch ist zu beachten, daß die angeborenen Schäden, die eine Ernährung verhindern, wesentlich umfangreicher sind und daß nur mehrere komplizierte und risikoreiche Operationen einen behelfsmäßigen und keinesfalls vollwertigen Ersatz bringen können. Bei zusätzlich fehlendem Zwölffingerdarm wird die Ernährung immer große Probleme aufwerfen. Wenn das Gehör ausgefallen ist, ein Auge fehlt und die psychisch-geistigen Fähigkeiten hochgradig eingeschränkt sind, wird auch der Umgang mit dem Kind für die Eltern bzw. Pflegekräfte weit mehr psychische und soziale Probleme aufwerfen als bei einem mongoloiden Kind[51]. Inwieweit das Kind, wenn es länger überlebt, an seinem Zustand selbst leiden wird, kann schwerlich sicher entschieden werden. Bei fehlendem Gehör und gleichzeitiger schwerer Hirnschädigung ist mit einer Sprachentwicklung und einer hinreichenden Kommunikationsfähigkeit nicht zu rechnen, so daß die mitmenschlichen Beziehungen immer minimal entwickelt bleiben werden. Die Last der Pflege wird groß, und eine Einlieferung in eine Anstalt wäre den Eltern nicht zu verdenken[51]. Da schon die Lebensrettung mehrere in der Tat schwierige Operationen nötig macht und die Grundsignaturen menschlichen Daseins unwiderruflich stark geschädigt sind, erweist sich die lebensrettende Maßnahme *in Relation zu diesem Zustand* als »außerordentliche« Maßnahme[52], besonders auch, weil nicht auszuschließen ist, daß das Kind unter seinem Zustand leidet, weil für die Eltern viele psychische, soziale und vielleicht auch finanzielle Probleme entstehen oder das Kind lebenslänglich in einer Anstalt betreut werden muß. Bei Berücksich-

[51] Vgl. C/I/4, Anm. 15 ff.
[52] Vgl. C/II/3, Anm. 58 ff.

tigung der gesamten zu erwartenden Lebenssituation des Kindes wird man zur Anwendung dieser »außerordentlichen Mittel« zur Lebenserhaltung moralisch *nicht* verpflichtet sein, selbst wenn dadurch die Befriedigung menschlicher Grundbedürfnisse (Ernährung) ermöglicht werden kann. Der Verzicht ist so gut ethisch begründbar, daß er moralisch nicht als fahrlässiges Unterlassen und damit nicht als Töten eingestuft werden kann. Die Einstellung der Eltern zum Kind und ihre Bejahung oder Verneinung der Operationen, können daher moralisch zu Recht ausschlaggebend sein für die Lebensrettung oder das Sterbenlassen.

Beispiel 3: Etwa 2 von 1 000 Kindern kommen mit einer nicht geschlossenen Wirbelsäule und also frei liegendem Rückenmark (Meningomyelozele, auch »Spina bifida« genannt) zur Welt[53]. Die Meinung, daß die Kinder notwendig an einer Infektion des Rückenmarks bald sterben müssen, gilt als widerlegt, da etwa 30 % der nicht operierten Kinder 1 Jahr überleben[54]. Diese häufige schwere Mißbildung ist meist (4 von 5 Fällen) die Ursache für die Entwicklung eines Hydrocephalus (Wasserkopf). »Man weiß heute, daß der Tod der nichtoperierten Kinder mit Spina bifida in der Regel dem Hydrozephalus zur Last zu legen ist«[54], denn durch den Druck der zunehmenden Wasseransammlung fallen die Funktionen der Hirnrinde allmählich aus. Seit 1958 gibt es jedoch eine Methode, über ein Ventil-Drainagesystem das überschüssige Hirnwasser in die Blutgefäße abzuleiten und den Tod auf diese Weise zu verhindern. Diese Kinder sind von der Höhe ab, in der das Rückenmark offen ist, querschnittsgelähmt, haben häufig außerdem viele andere Gebrechen – wie z. B. mißgebildete Extremitäten, die operative Korrekturen nötig machen, und haben meist durch den bereits entstandenen Hydrocephalus einen verdünnten Hirnmantel, der je nach Grad der Schädigung der Hirnrinde eine mehr oder weniger große psychisch-geistige Behinderung bis hin zur völligen Idiotie zur Folge haben kann. Je nachdem wie hoch die Stelle liegt, an der das Rükkenmark offen ist, sind nicht nur die Extremitäten für immer gelähmt, sondern ist das Kind auch unfähig zur kontrollierten Ausscheidung von Exkreten (Harn, Stuhl), also inkontinent. Harn und Stuhl müssen mittels künstlicher Vorrichtungen aufgefangen werden. Beginnt man einmal mit dem operativen Verschluß des offenliegenden Rückenmarks, so ist der erste Schritt zu zahlreichen Operationen getan, die zur Folge haben, daß das Kind allein innerhalb der ersten 5 Lebensjahre etwa 2 Jahre im Kranken-

[53] Leach (S. 212) gibt für England (1970) 3 von 1 000, J. Lorber (Anm. 60) 2 von 1 000 an. Der Spiegel (Nr. 7/1975, 48) gibt für die BRD 1 500 Geburten solcher Kinder pro Jahr an.

[54] Laut Bericht in Selecta (Nr. 2/1976, 98) unter Bezug auf M. Robards et al., in: British Medical Journal 4,1975, 12 ff.

haus sein muß, daß es den neuesten Erfahrungen nach aber durchaus auch das Erwachsenenalter erreichen kann[55]. Die psychischen, sozialen finanziellen und moralischen Probleme, vor die die Möglichkeit der Lebensverlängerung dieser Kinder die Medizin stellt, sind so groß, daß man in England offenbar erwägt, die Methode der vorgeburtlichen Diagnostik (Alpha-Fetoprotein-Bestimmung), mittels derer sich eine solche Mißbildung des Rückenmarks und das Fehlen des Großhirns (Anencephalus) vorweg bestimmen lassen, für jede Schwangere allein schon deshalb in die Vorsorgeuntersuchung aufzunehmen, um durch Abtreibung aufgrund genetischer Indikation die hohen Kosten für die Langzeitbehandlung zu sparen[56]. Selbst wenn sich ein solches Programm einmal annähernd realisieren läßt, wird die Zahl dieser Mißbildungen dadurch allenfalls stark reduziert.

In England ist man seit einiger Zeit dazu übergegangen, aufgrund bestimmter Kriterien Säuglinge von der Operation auszuschließen. »Der Spiegel«[57] berichtet, daß sich englische und deutsche Mediziner darin einig seien, »daß die Operation Kind und Eltern oft nur Jahre des Leidens bringt. Seitdem werden in beiden Ländern meist nur noch jene Kinder operiert, deren Querschnittslähmung so tief liegt, daß sie wenigstens Arme und Oberkörper bewegen können«. Das ist etwa bei jedem zweiten Kind der Fall. Alle anderen stürben in England binnen acht Monaten, weil man ihnen nur die Hälfte der nötigen Kalorien zuführe, Antibiotika weglasse und es zuweilen auch mit der Sauberkeit nicht so genau nehme. In Deutschland lebten solche Kinder meist länger, weil in der Regel nur auf die Infektionsbekämpfung verzichtet werde. Wenn die Angaben über die Reduzierung der Ernährung und der Pflege stimmen, so kann man – wie schon bei der Betreuung alter Menschen dargelegt[58] – dieses Vorgehen moralisch nur mißbilligen. Die Angabe, daß deutsche Ärzte sich im Verzicht auf Operation in der Hälfte aller Fälle einig seien, stimmt nicht, denn wie der Kinderchirurg *J. Regenbrecht* (1974)[59] berichtet, ergab eine Umfrage bei 50 Chirurgen, die Myelozelen operieren, daß 20 grundsätzlich alle derartigen Patienten operieren, »oft als Notfall-Operationen ohne nochmalige Rücksprache mit den Eltern. Bei 12 Ärzten spielen die sozialen Verhältnisse eine Rolle, bei 36 haben soziale Verhältnisse grundsätzlich keinen Einfluß auf die Operationsindikation.« Nach geltender Rechtslehre müßten alle Kinder operiert werden, jedoch wird dem zunehmend mehr auch von Ärzten widersprochen und nach Indikationen zur Operation gesucht.

[55] Nach Lorber (Anm. 60). Leach (S. 215) spricht noch von einem Höchstalter von 10 Jahren.
[56] Nach A. E. Leek et al., in: The Lancet, 22. 11. 1975, 1012 ff.; J. Lorber (Anm. 60) gibt an, daß die Unterhaltskosten 1973 in England bei jährlich 24 000 DM lagen.
[57] Nr. 7/1975; vgl. dgg. Anm. 54.
[58] Vgl. C/II/4/a/ab.
[59] S. 6.

In England hat vor allem der Neurologe *J. Lorber*[60] solche Kriterien zur Operation anhand von 2 000 von ihm behandelten Kindern entwickelt. Er sagt: »Sobald die Evidenz der Langzeitergebnisse es erlaubte, mußten Kriterien gefunden werden, die es den Kinderärzten und Neurochirurgen ermöglichten, diejenigen für die umfassende Behandlung auszuwählen, die durch die Behandlung wirklich gedeihen könnten, und andererseits die vollständige Nichtbehandlung (unter der Zusicherung, daß die Kinder nicht leiden müssen) für diejenigen, deren Leben trotz allem, was für sie getan werden kann . . ., unerträglich schwierig sein wird. Es kostete Jahre des Nachdenkens und der Gewissensprüfung und auch eine Akkumulation objektiver Daten, um endlich zu entscheiden, daß eine Auswahl möglich ist, daß sie notwendig und menschlich ist, daß sie im Interesse der schwer betroffenen Kinder liegt, ihrer Familien und der Gemeinwesen. Sie ist auch notwendig für die weniger schwer betroffenen Kinder, die durch die dann reduzierte Anzahl der Fälle besser behandelt werden könnten.« Im folgenden interessieren weniger die medizinischen Einzelheiten der Indikation zum Operieren bzw. Nichtoperieren, sondern die *nichtmedizinischen Wertgesichtspunkte*, die bei der Aufstellung solcher medizinischer Kriterien als Ausgangsbasis vorausgesetzt werden und die in den Gesichtspunkten zur Operation dann auch impliziert sind[61].

Lorber teilt die Kinder in drei Gruppen auf, die *leicht* (normale Intelligenz; leichte, zu behebende Lähmungen), die *mittelschwer* (leichte Lähmung der Beine, durch Beinschienen, Prothesen zu beheben; Unfähigkeit, Harn zu halten; Entzündung der Harnwege und des Nierenbeckens; Wasserkopf, der keine Ableitung über ein Ventil braucht; normale Intelligenz, IQ über 80) und die *schwer* und *vielfältig* Geschädigten (z. B. Lähmungen, die an Rollstuhl fesseln; Unfähigkeit, Harn und Stuhl zu halten; Wasserkopf, der ein Ventil nötig macht, das häufig operativ korrigiert werden muß). Vier Fünftel der Überlebenden gehörten zu dieser letzten Gruppe. Davon hätten 59 % eine normale Intelligenz mit einem IQ von achtzig und mehr gehabt. 33 % seien geistig deutlich und 12 % geistig stark retardiert und zugleich stark gelähmt gewesen. Trotz zahlreicher Operationen starb die Hälfte immer bis zum Alter von 8 Jahren. Bei den meisten

[60] Die Darstellung dieser Kriterien richtet sich nach einer maschinenschriftlichen Nachschrift eines Vortrags, den Professor Lorber im Nov. 1973 am Klinikum Westend in Berlin gehalten hat. Die Nachschrift wurde dem Verfasser dankenswerter Weise von Herrn Professor Wüllenweber zur Verfügung gestellt.

[61] Vgl. A/II.

dieser Kinder waren wegen Knochenbrüchen zahlreiche Operationen zusätzlich nötig geworden. Seit 1971 hat Lorber nur noch etwa 35 % der Fälle zur Operation ausgewählt und die anderen ausgeschaltet, die dann wie gewöhnliche Kinder gefüttert und gepflegt wurden. Das Ziel dieser »Selektion« ist es nach Lorber, »ihren (der Kinder) Jahren Leben und nicht dem Leben Jahre hinzuzufügen«. Ausschlaggebende medizinische Kriterien waren dabei: 1. Die Lage und Größe der Öffnung des Rückenmarks, von der im wesentlichen der Grad der *Lähmung* und der *Inkontinenz* und manches andere abhängt (andere Kritererien zur Beurteilung des somatischen Zustands kommen hinzu), und 2. die Dicke des Hirnmantels, von der sich nach Erfahrungswerten unterhalb einer bestimmten Dicke der *Intelligenzquotient* ungefähr abschätzen lassen soll. Beide Kriterien werden in etwa unter dem Gesichtspunkt kombiniert, daß *die geistigen Fähigkeiten umso größer sein müssen, je größer die körperlichen Schäden sind,* damit der Behinderte durch seine geistigen Fähigkeiten die körperlichen Schäden, z. B. durch Bedienen von Prothesen, Rollstuhl usw., ausgleichen kann[62], er sich also selbst helfen kann und nicht nur abhängig von anderen und ihnen eine Last ist. Das setzt voraus, daß bei den Kindern eine annähernd normale Intelligenz (IQ möglichst nicht unter 80) immer zu erwarten ist, die Kinder also keinesfalls geistig stärker retardiert sein dürfen. Darüber hinaus werden die sozialen Verhältnisse der Familie schon mit berücksichtigt bei der Empfehlung, die der Arzt den Eltern in einem eingehenden aufklärenden Gespräch unterbreitet. Den Eltern bliebe die Möglichkeit, den Vorschlag abzulehnen, jedoch hätten Eltern bisher den Vorschlag des Arztes zum Verzicht noch nicht abgelehnt und auch von dem Angebot, noch zusätzlich einen Chirurgen zu konsultieren, keinen Gebrauch gemacht, wohl aber hätten in 2 Fällen Eltern die Empfehlung zur Operation abgelehnt.

Es bedarf keiner Frage, daß hinter diesen Kriterien eine handfeste Beurteilung dessen steht, was die Gesellschaft gemäß ihren Vorstellungen noch als »lebenswertes« Leben ansieht. Dabei orientiert man sich in gefährlicher Weise an einer wünschenswerten »Lebensqualität«, die den Anforderungen der Gesellschaft nach Leistung und Nutzen und Vermeidung von Schaden weitgehend entspricht. Inwieweit diese Vorstellung von »Lebensqualität« ein Maßstab ist für das, was die betroffenen Kinder selbst als »lebenswertes« Leben empfinden, wird umso fraglicher, je größer bei normaler Intelligenz die körperlichen Schäden dieser Kinder sind. Wenn die Gesellschaft »Lebensqua-

62 »Kein Überlebender mit einem schweren körperlichen Schaden *und* einem I. Q. unter hundert ist in der Lage, seinen Lebensunterhalt über den freien Arbeitsmarkt zu verdienen« (ebd.).

lität« mit *Gesundheit* identifiziert und darunter »Arbeits- und Genuß-(Liebes)-Fähigkeit« (S. Freud), Fähigkeit zu sozialem Kontakt und zur eigenen Bewältigung der Lebensrealität[63] oder gar mit der Welt-Gesundheits-Organisation den »Zustand des vollständigen körperlichen, geistigen und sozialen Wohlbefindens und nicht nur das Freisein von Krankheit und Gebrechen« versteht, so bleiben selbst die Kinder mit normaler Intelligenz und durch technischen Ersatz behebbaren Lähmungen so weit hinter dieser *Norm* zurück, daß eine Operationsindikation mehr als fraglich ist, und zwar gerade deshalb, weil sie normal intelligent sind und daher an ihrer Behinderung umso mehr leiden, je mehr sie hinter der gesellschaftlichen Norm zurückbleiben und wegen ihres Zustands neben psychophysischen auch sozialen Leiden ausgesetzt sind und sie voll empfinden. Lorber sieht diese Problematik selbst: »Ein schwer gelähmter, an den Rollstuhl gefesselter, inkontinenter Mensch mit einem I. Q. von fünfzig ist solange zufrieden, wie er gut ernährt und warm und trocken gehalten wird . . . und das kommerzielle Fernsehen anschauen kann. Um die Zukunft macht er sich keine Sorgen. Intelligente junge Menschen mit ähnlichen körperlichen Defekten jedoch sind hoffnungslos unglücklich und manchmal suizidal, weil sie wissen, was ihnen fehlt und immer fehlen wird: sie haben keinen Freund, keine Freundin, kein gesellschaftliches Leben, sie können nicht heiraten und haben keine Beschäftigung. Sie fürchten die Aufeinanderfolge der Operationen, die unerbittlich andauert, aber mehr noch fürchten sie den Tag, an dem ihre Eltern zu alt sein werden, um sich um sie zu kümmern und sie – als Objekte der Wohlfahrt, ein Leben lang – in den Institutionen gepflegt werden müssen. Als ich kürzlich mit einer Gruppe junger, intelligenter Leute mit Spina bifida sprach, da sagten alle, daß sie ihre eigenen Kinder, sollten sie so geschädigt geboren werden, nicht behandeln lassen würden.«

Die Überbewertung der Intelligenz entspricht einer rationalistischen Anthropologie, die verkennt, daß der Leib als Schnittfeld von Kreatürlichkeit und Geschichtlichkeit das ist, woran der Mensch leidet, und daß der Leib Ausdrucksfeld der Person und das Feld der Begegnung mit der Mit- und Umwelt ist[64]. Jeder schwere körperliche

[63] Vgl. H. Strotzka, Psychische Gesundheit in der Leistungsgesellschaft, in: Gesundheit, bes. 50 f. Zur Kritik an diesem Gesundheitsverständnis vgl. Literatur C/IV/2, Anm. 1.

[64] Vgl. B/I/1, B/II/1; B/II/5.

Schaden schränkt nicht nur die Möglichkeiten der Selbstverwirklichung im Leibe ein, sondern auch die mitmenschlichen Kontakte. Der Versehrte leidet nicht nur an seinem versehrten Leib, sondern vielleicht noch mehr an seiner Unfähigkeit zu gesellschaftlichen Kontakten. Indem die Industrie- und Leistungsgesellschaft den Behinderten lediglich Heime außerhalb der Gesellschaft anbietet, zeigt sie diesen Menschen letztlich an, daß sie nicht »normal« sind und nicht zur Gesellschaft gehören, selbst wenn sie eine normale Intelligenz haben. Folge eines hochgeschraubten Begriffs von »Lebensqualität« ist es auch, daß behinderte Mitmenschen an diesem Begriff gemessen, als »minderwertig« oder »lebensunwert« von ihrer Mitwelt betrachtet werden und sich auch entsprechend fühlen. Wo Gesundheit als Voraussetzung von Leistungs- und Genußfähigkeit verabsolutiert wird, ist der Lebenswert des unheilbar kranken Mitmenschen durch die Lebenseinstellung der »Gesunden« bedroht. Die Theologie und die Kirchen haben allen Grund, die Rolle der unheilbar Kranken in der Anthropologie[65] und ihre Stellung in der Gesellschaft zu bedenken und der herrschenden Tendenz zu ihrer Verdrängung aus der Gesellschaft entgegenzuwirken und deutlich zu machen, daß der *Wert des Menschen* nicht primär auf Leistung, sondern auf dem Geschenk der *Annahme* durch Gott und den *Mitmenschen* beruht. Solange die unheilbar kranken Mitmenschen in Anstalten verbannt werden, die meist nur die dürftigste Pflege und keine mitmenschliche Zuwendung oder Liebe gewähren, bleibt jede Lebenserhaltung eines Kindes mit Myelozele fraglich, und zwar gerade dann, wenn es normal intelligent und »leidensfähig« ist[66].

Es ist ethisch nicht vertretbar, wegen dieses Dilemmas die Konsequenz zu ziehen, man müsse nach dem Alles- oder Nichts-Prinzip entweder jedes oder dürfe kein Kind mit Myelozele operieren. Ebenso unverantwortlich wäre es, wenn man die *sozialen Verhältnisse* der Familie bei den Indikationen zur Operation außer Betracht ließe. Es gibt Anhaltspunkte dafür, daß untere soziale Schichten von neurolo-

[65] Vgl. Eibach (1974), 256 ff.; B/II/1 u. 4.

[66] Welche Probleme wirft allein der Schulbesuch von Kindern auf, die zwar normal begabt, aber vielleicht unfähig sind, Harn und Stuhl zu halten (inkontinent)? Selbst in einer Schule für Körperbehinderte würden sie »Ausgestoßene« sein (vgl. Leach, 217). Die ständig neuen Operationen machen einen regelmäßigen Schulbesuch unmöglich.

gischen Mißbildungen stärker betroffen sind als höhere[67]. Auf jeden Fall sind sie und vor allem größere Familien von der Geburt mißgebildeter Kinder wesentlich härter betroffen als die materiell begüterten Familien[68]. Das Abschieben in eine Anstalt sollte gerade bei den Kindern, die intensiver Betreuung und liebevoller Zuwendung bedürfen, so lange als letzter Ausweg betrachtet werden, wie die Anstalten »Abstellgleise« der Gesellschaft sind und entsprechend geführt werden[69]. So sehr auch zutrifft, daß die Pflege in der Familiengemeinschaft am günstigsten ist, darf die Gesellschaft doch nicht in der Bereitstellung der Unterstützung versagen, die eine solche sachgerechte Betreuung in der Familie überhaupt möglich und für die Familie erträglich macht. Soweit die Gesellschaft das heute versucht, tut sie es ebenso ungenügend, wie sie für eine gute und menschenfreundliche Anstaltspflege sorgt. Auf dem Hintergrund dieser Mißstände fordert *G. Leach*[70] die Gesellschaft zu mehr Ehrlichkeit auf. Man vertrete zwar offiziell die Meinung – die allerdings von vielen Menschen nicht mehr geteilt werde –, daß man »geistig subnormale Kinder am Leben erhalten und möglichst gut versorgen« solle, erhalte die Kinder auch tatsächlich am Leben, versorge sie aber keineswegs gut, sondern stürze mit den Folgen ihrer Lebenserhaltung Familien häufig ins Unglück und bürde den Kindern ein Leben auf, das sie, wenn sie es empfinden, nur als unerträgliche Last erleiden müßten. Die noch bestehende »Fassade« der christlichen Ethik müsse als Schein entlarvt, und mit dem Tabu des »Gnadentods« für Säuglinge müsse gebrochen werden. Die Kindestötung sei in vielen Fällen für die Eltern besser als das Abschieben in die »Asyle«, da sie die lebenslangen Gewissensbisse, »das Kind wäre besser tot oder man hätte es doch besser zu Hause lassen sollen«, durch ein »kurz dauerndes Schuldgefühl nach der Kindestötung« ersetze. Wenn die Gesellschaft sich von einzelnen be-

[67] Leach (S. 196) gibt an, daß in Schottland in den fünfziger Jahren in der untersten sozialen Schicht die Fälle von Anenzephalie 4mal so häufig waren als in der obersten. Zur sozialen Situation vgl. ebd. 230 ff.

[68] Vgl. B/II/5, Anm. 44 ff.; C/I/4, Anm. 16 ff. Leider haben es die Eltern aus unteren sozialen Schichten bei der Inanspruchnahme von staatlichen Hilfen für ihre behinderten Kinder noch immer am schwersten.

[69] Vgl. Bericht-Psychiatrie, bes. 12 ff., 27 ff.; F. Fischer, 41 ff. Die BRD liegt in der quantitativen und qualitativen Versorgung von Behinderten und Pflegebedürftigen weit hinter Ländern wie Schweden, Engand, USA. Jedoch scheint die »Asylierung« auch in diesen Ländern nicht überwunden zu sein (vgl. E. Goffman, Asyle, 1972; Leach, 229 ff.).

[70] S. 224, 226, 229, 232.

droht fühle, dürfe sie in Krieg und Notwehr töten, »die Familien jedoch, aus denen sie sich zusammensetzt, dürfen es nicht – selbst wenn sie sich durch das Eindringen einer Mißgeburt in ihrer Mitte aufs ärgste bedroht sehen«[71].

Obwohl nach Meinungsumfragen bereits wieder zwischen 30 und 40 % der Bevölkerung[72] die Vorschläge G. Leachs befürworten, die tatsächlichen Lebensverhältnisse der Pflegebedürftigen so erschrekkend sind und die Gesellschaft tatsächlich das, was sie für sich als unzumutbar erachtet, Familien zumutet, kann aus christlicher Sicht doch nur ein eindeutiges Nein zu diesen Vorschlägen gesprochen werden[73] und muß aus der Vernachlässigung der Schwächsten für die Christen und Kirchen die Verpflichtung entspringen, die Verhältnisse in den Anstalten zu verbessern und betroffenen Familien mehr zu helfen. Andererseits wird man aber auch nicht mehr die Meinung der meisten deutschen Ärzte unterstützen können, wonach die sozialen Verhältnisse beim Verzicht auf lebenserhaltende Maßnahmen bei schwer hirngeschädigten oder mißgebildeten Kindern keine Rolle spielen dürfen[74]. Mit einer solchen Einstellung schafft man sich unter Berufung auf nur scheinbar *objektive* medizinische Entscheidungskriterien und die Befolgung eines nicht mehr haltbaren Grundsatzes, Leben mit allen Mitteln zu erhalten, dann nur ein ruhiges Gewissen, indem man die Folgen dieses Handelns für die Betroffenen und ihre Zukunft und für ihre Angehörigen einfach in verantwortungsloser Weise negiert oder auf andere abschiebt.

Wenn z. B. eine begüterte Familie, die sich Pflegekräfte leisten kann, bereit ist, ein solches Kind zu tragen und mit ihren Möglichkeiten zu fördern, so ist das etwas anderes, als wenn es einem Arbeiterehepaar mit mehreren Kindern geboren wird, das zwar zur Annahme des Kindes bereit ist, sich aber auch bei gutem Willen nicht genügend um das Kind kümmern kann, ohne die übrige Familie zu vernachlässigen. Fraglich ist nicht, ob die sozialen Verhältnisse der Familie und ihr Wille zu beachtende Entscheidungskriterien sind, sondern inwieweit sie *allein* ausschlaggebend für eine lebensverlängernde Maßnahme sein dürfen. Man wird die Entscheidung ebensowenig völlig ins Belieben der Eltern wie in das des Arztes stellen können. Es bedarf

[71] Leach, 223.
[72] Vgl. Einleitung, Anm. 29.
[73] Vgl. B/III/1; C/I/3.
[74] Vgl. C/II/3, Anm. 45 ff.

der ungefähren Eingrenzung des Ermessensspielraums nach ethisch begründbaren Gesichtspunkten. Selbst wenn anzuerkennen ist, daß eine Unfähigkeit zum Halten des Harns (Inkontinenz) und eine zusätzliche schwere Gehbehinderung ein schweres Los für einen Menschen bedeuten muß, ein Ermessensspielraum bleibt letztlich nur in der von *J. Lorber* als *schwer* geschädigt eingestuften Gruppe. Dabei scheint lediglich sehr fraglich, ob man innerhalb dieser Gruppe eine zu erwartende normale Intelligenz (I. Q. von 80 und mehr) auch immer dann zur Bedingung machen sollte, wenn nur geringere Lähmungen und keine Unfähigkeit zum Zurückhalten des Stuhls und vielleicht auch des Harns besteht. Es sind ja nicht zuletzt die körperlichen Schäden, die die Betreuung und das Leiden der Kinder so schwer machen.

Die *Bereitschaft der Eltern*, ihr Kind zu pflegen, und ihr Wille, es operieren zu lassen, können nicht *allein* den Ausschlag zur Operation geben. Wenn ein Kind körperlich vielfältig und geistig schwer geschädigt ist, sind Eltern trotz guten Willens nach einiger Zeit mit der Pflege überfordert, bereuen ihren Entschluß dann vielleicht oder müssen ihr Kind, nachdem eine noch tiefere Bindung entstanden ist, dann doch schweren Herzens in eine Anstalt geben. Insofern ist es ethisch berechtigt, solche Kinder (z. B. mit schwerem Hydrocephalus, Unfähigkeit zu laufen, völliger Inkontinenz und weiteren Schäden wie Blindheit) von vornherein von der Operation auszuschalten. Dies ist umso mehr berechtigt, als die psychologische Situation der Eltern, besonders der Mutter, wenn diese überhaupt ins Gespräch einzubeziehen ist, bald nach der Geburt so ist, daß man von ihnen eine Entscheidung nicht erwarten kann oder daß sie das erwartete und ausgetragene Kind nun keinesfalls verlieren wollen und deshalb auf eine Operation Wert legen, wobei sie falsche Erwartungen an sie knüpfen, ohne die Tragweite zu überblicken. Aus diesen Gründen ist es auch nicht abzulehnen, daß der Arzt, möglichst nach Konsultation mit erfahrenen Kollegen, unter Berücksichtigung der familiären Situation eine »offene« Vorentscheidung fällt und diese den Eltern so vorsichtig als Vorschlag unterbreitet, daß ein offenes Gespräch mit ihnen und eine andere Entscheidung der Eltern möglich bleibt. Wenn ein »herrschaftsfreier Dialog« nur bedingt möglich ist und die Gefahr der ungewollten »Manipulation« der Eltern groß ist[75], sollte der Arzt

75 Vgl. C/II/3, Anm. 49 ff.

umso mehr darauf acht haben, daß er für andere »Wertvorstellungen« der Eltern offen genug ist. Es ist auch ethisch keinesfalls erfordert, daß man dann, wenn man die Myelozele einmal verschlossen hat, auch notwendig die Operation zur Wasserableitung aus dem Hirn vornehmen müßte, zumal der Zusammenhang zwischen dem Verschluß der Myelozele und den anderen Operationen nicht so eng ist, daß man von einem Behandlungsabbruch reden müßte. Dies ist schon eher der Fall, wenn man nach geschehener Operation des Hydrocephalus auf die immer wieder notwendige operative Korrektur des »Shunts« zur Ableitung des Wassers aus dem Hirn verzichtet. Wenn die Angaben stimmen, daß die Kinder weniger an Infektionen infolge des offenen Rückenmarks als vielmehr an der zunehmenden Wasseransammlung im Gehirn sterben[76], dann ist die Operation des Hydrocephalus letztlich entscheidend und mit dem Verschluß der Myelozele noch nicht der wesentliche Schritt zur Lebensverlängerung getan. Zwischen Geburt und Operation des Hydrocephalus liegt aber im allgemeinen soviel Zeit, daß Eltern nach eingehender Beratung die Konsequenzen absehen und sich von daher gegen weitere Operationen aussprechen können.

Kann man beim Unterlassen aller operativer Maßnahmen oder auch nur der Operation des Hydrocephalus von einem *fahrlässigen Unterlassen* einer lebensrettenden Maßnahme und damit einem *Mitverursachen des Todes* durch Menschen reden? Betrachtet man die Fülle der notwendigen Operationen, angefangen von dem Verschluß der Myelozele, über die Operation des Hydrocephalus und die häufig notwendige Korrektur dieses »Shunts«, die orthopädischen und infolge von Brüchen immer wieder nötigen Operationen, so haben wir es ohne Zweifel mit Maßnahmen zu tun, die umso »außerordentlicher« sind und deren Erfolg umso zweifelhafter ist, je vielfältiger und schwerer die Schäden des Kindes sind. Denn trotz dieser komplizierten Maßnahmen haben die schwerer geschädigten Kinder kaum eine Chance, älter als acht Jahre zu werden. Unter diesen Aussichten die unsäglichen Mühen der Betreuung des Kindes auf sich zu nehmen, dürfte nur wenigen Eltern als zumutbare Belastung erscheinen, und ihr Schmerz über den Verlust des Kindes dürfte nach dieser langen Zeit eher größer sein als bei einem relativ baldigen Tod nach der Geburt. Nach den neueren Kenntnissen stirbt das Kind je-

[76] Vgl. Anm. 54.

doch auch ohne Operation *keinesfalls notwendig sehr bald* nach der Geburt[76]. Vernachlässigt man das Kind in der Pflege und Ernährung nicht, so müssen auch bei den Eltern keineswegs Selbstvorwürfe aufkommen, dem Kind nicht das gegeben zu haben, was zu tun nach bestem menschlichen Ermessen sittlich geboten und für die Familie und wahrscheinlich auch das Kind unter diesen Umständen das Beste ist. Für den Fall, daß Eltern ihre nicht operierten, aber länger überlebenden Kinder nicht nach Hause nehmen können und wollen, ist die Gesellschaft verpflichtet, für eine angemessene Pflege zu sorgen. Eine Beschleunigung des Sterbens durch Entzug der notwendigen Nahrung kann dann sittlich nicht gerechtfertigt werden[77], wohl aber ein Verzicht auf konventionelle Maßnahmen der Bekämpfung von Erkrankungen (z. B. Infektionen).

d) Entscheidungsfähige, nicht notwendig sterbende Menschen

Eine Gesellschaft, die den technischen und medizinischen Fortschritt bejaht und in Anspruch nimmt, muß sich auch für dessen negative Nebenfolgen – z. B. die vielen Unfallverletzten – verantwortlich wissen und darf die Menschen, die durch die Medizin vielleicht nur als »Pflegefälle« am Leben erhalten werden und nicht nur aus dem Leistungsprozeß ausscheiden, sondern auch eine große Belastung für Familie und Gesellschaft werden, nicht einfach in »Asyle« abschieben. Sie müßte ihnen vielmehr Möglichkeiten zur Rehabilitation, zur sinnvollen, wenn auch nicht nützlichen Betätigung (Schulen, beschützende Werkstätten usw.) und zur menschenwürdigen Betreuung schaffen. Die wachsende Zahl derer, die völlig auf die Hilfe anderer angewiesen sind, läßt deutlich werden, daß die Sorge um die schwächsten Glieder der Gesellschaft personelle und finanzielle Grenzen hat, daß ein weiteres Anwachsen der Zahl der Pflegebedürftigen schon heute auf Kosten der Qualität der Betreuung derer geht, die leben, der Pflege bedürfen und an ihrem Zustand umso mehr leiden, je schlechter sie betreut werden.

Dieser soziale Gesichtspunkt ist ethisch so gewichtig, daß auch von daher der Einsatz aller Möglichkeiten zur Erhaltung und Verlängerung allen Menschenlebens unabhängig vom Grad seiner Versehrt-

[77] Vgl. Anm. 53; C/II/4/a/ab.

heit kaum noch zu vertreten ist. Der ethischen Fragwürdigkeit von solchen Entscheidungen, in denen Menschen sich ein Urteil über die Sinnhaftigkeit und den Wert des Lebens eines anderen Menschen zumuten und über sein Recht auf Leben beschließen, muß man sich ebenso bewußt bleiben, wie über die sich hinter solcher zugemuteten »Vollmacht« auftuende Gefahr, daß der Mensch sich im Mißbrauch dieser Macht willkürlich zum »Herrn über Leben und Tod« aufspielt, Menschenleben in »lebenswertes« und »vernichtenswertes« Leben scheidet und daß die Gesellschaft von den Ärzten die Rolle von »Sozialbiologen« erwartet, die diese »Selektion« vornehmen sollen[1].

Ethisch nicht weniger problematisch ist aber auch die Tatsache, daß der medizinisch-technische Fortschritt Behandlungsmethoden möglich macht, die Leben durchaus sinnvoll zu verlängern vermögen, die aber so aufwendig und kostspielig sind, daß sie nicht bei allen Menschen angewandt werden können, denen sie ein sinnvolles Weiterleben ermöglichen würden. Das zwingt zur problematischen Begrenzung des »*Rechts auf Leben*« und zur »Selektion« der Patienten. Die Kriterien, nach denen die Auswahl vollzogen wird, sind dabei eher noch fraglicher als die beim Verzicht auf Lebenserhaltung von schwer versehrten Menschen. Andererseits wird das Leben von Menschen erhalten, die mit einem schwer versehrten Körper lange überleben, denen ihre Lebenserhaltung jedoch keinesfalls sinnvoll erscheint[2] und die sich deshalb ihren Tod wünschen. Wir wenden uns zunächst solchen Menschen zu und wählen dazu als Beispiele Patienten mit schwersten Lähmungen.

da) Menschen mit schwersten Lähmungen

Beispiele: 1973 erregte in Dänemark die Tat einer Krankenpflegerin großes Aufsehen. E. G. Nikolajsen »war seit 22 Jahren gelähmt (infolge Kinderlähmung) und konnte nur seinen Mund und den Zeigefinger der linken Hand bewegen. Er lebte in einem Hochhaus für Behinderte. Ein Beatmungsgerät versorgte ihn künstlich mit Sauerstoff.« Die Krankenpflegerin war mit ihm »befreundet« und gab ihm, auf dessen Bitte hin, das Versprechen, ihn zu töten, wenn er es je wünschen sollte. Als sie ihn verlassen wollte und mußte, erinnerte er sie an ihr Versprechen und bat sie eindeutig, ihn zu töten. Sie schläferte ihn zunächst mit Morphium ein, stellte die automatische Warnanlage und dann das Beatmungsgerät selbst ab. Der Kranke hörte sofort auf zu atmen.

[1] Vgl. Pellegrino, 57; A/II.
[2] Vgl. C/II/4/a, Anm. 29 ff.

»Der Spiegel«[3] zeigte das Bild eines Mannes mit Lähmung aller Extremitäten (Tetraplegie) infolge Querschnittslähmung in Halsmarkregion, von dem in einer Illustrierten berichtet wurde, daß er in einem Pflegeheim zusammen mit einem Mitpatienten, der noch zur Bewegung fähig war, verschiedentlich versucht hat, seinem Leben ein Ende zu bereiten. *P. Röttgen*[4] hat als einer der ersten auf die Problematik der nicht seltenen Querschnittslähmung im Halsmarkbereich und des »isolierten Kopfes« aufmerksam gemacht. Die meisten Menschen sterben bald an solchen Lähmungen, und zwar um so eher, je höher sie sitzt. Jedoch kann in vielen Fällen die Atmung – wie im Beispiel – und der Kreislauf durch Schrittmacher stabilisiert werden, während andere Menschen nach einer Zeit der künstlichen Beatmung wieder eine genügende eigene Atemtätigkeit erlangen und wieder andere diese überhaupt nicht verlieren. Man kann häufig nicht von vornherein bei Ateminsuffizienz auf eine künstliche Beatmung verzichten, da man nicht immer genau absehen kann, ob die Lähmung endgültig ist[5]. »Bei einer Lähmung aller vier Gliedmaßen und der Atmung stellt sich schon heute das Problem, ob und wann es erlaubt ist, die Beatmungsmaschine abzustellen[6].« Das Problem ist »zusätzlich ein eminent soziales, das ohne Sentimentalität gelöst werden müßte. Wie soll die Pflege solcher Menschen gewährleistet werden? Müßte man sich nicht mit Recht fragen, ob ein solch hoher menschlicher, technischer und finanzieller Einsatz immer nur bei hohen geistigen Leistungen gerechtfertigt sei, weil praktisch ja nur der Kopf erhalten bleibt . . .?«[6]

Auf die Frage hin, ob es Menschen mit solchen Lähmungen frei stehe zu beschließen, ob sie weiterleben wollen, hat *E. Kübler-Ross*[7] geantwortet: »Es gibt in unseren Krankenhäusern für chronisch Kranke und in unseren Kliniken viele Patienten, die an Tetraplegie leiden. Wenn Sie einige von ihnen besuchen und sehen würden, was sie alles tun können, würden Sie erstaunt einsehen, daß sie in ihrem Dasein einen Sinn erkennen und noch produktiv sind. Solange ihr Gehirn arbeitet, solange sie noch denken, Augen und Ohren gebrauchen und sich mitteilen können, sollten sie jede erdenkliche Hilfe erhalten, die ihnen beweist, daß ihr Leben noch sinnvoll und schön sein kann . . . Wir dürfen lebensrettende Maßnahmen nicht einstellen, solange das Gehirn des Kranken arbeitet. Das ist meine persönliche Meinung.« Eine persönliche Meinung bedarf jedoch dann, wenn von ihr das

[3] Nr. 7/1975, 40.
[4] S. 88 f.
[5] Vgl. Fritsche, 71 f.
[6] Röttgen, 89.
[7] (1974), 84.

»Schicksal« eines Mitmenschen abhängt, einer Begründung, die diesen und auch anderen Menschen wenigstens durchsichtig ist. Zu Recht weist E. Kübler-Ross darauf hin, daß diesen Mitmenschen ihr Leben nicht sinnlos erscheinen muß, wenn sie alle erdenkliche Hilfe und genügend Zuwendung erfahren, ihr Leben also von anderen Menschen wirklich wertgeachtet wird. Herr Nikolajsen (Beispiel) hatte dieses erlebt, dann aber, als ihn der Mensch, der seinem Leben etwas Freude gab, verlassen wollte und mußte, offenbar gewußt, daß ihm solche Zuwendung vielleicht nicht nochmals widerfahren wird. Die Öffentlichkeit hatte bis dahin wohl nicht viel Notiz von ihm genommen, ihn vielmehr in ein »Hochhaus« für Behinderte »ausgestoßen«. Als er auf »sensationelle« Weise aus dem Leben schied, war er und die Krankenpflegerin, die ihm den Tod gab oder ihm dabei half, für eine Sensation und erregende Diskussion gut genug, wahrscheinlich ohne daß damit eine Verbesserung der Lage der ähnlich versehrten Menschen erreicht wurde.

An diesen Menschen mit nahezu vollständiger Lähmung des Körpers zeigt sich, wie einseitig und bedenklich die Auffassung ist, die nicht nur Leib und Seele scheidet, sondern die Besonderheit und Würde des Menschen ausschließlich in seinen rationalen Fähigkeiten sehen will[8]. Im Gefolge dieser cartesianischen Überschätzung der Vernunft sind auch noch die Äußerungen von P. Röttgen und in etwa auch die von E. Kübler-Ross zu sehen. Ein Mensch mit völliger Lähmung seiner Extremitäten dürfte sein »Schicksal« wohl kaum »rational« bewältigen, denn wenn er über seine Situation nachdenkt, kann er eigentlich doch nur verzweifeln. Was ihn trägt, ist »vorrational«, ist vielleicht das Vertrauen auf Gott und die Geborgenheit in diesem Glauben und die liebevolle Zuwendung von Menschen. Die für Außenstehende oft erstaunliche Gelassenheit und Heiterkeit von Menschen mit schweren Lähmungen (z. B. schwerer multipler Sklerose, Querschnittslähmungen usw.) hat man auf einen hormonal oder sonstwie bedingten und im psychophysichen Wechselspiel wirkenden Selbstschutz des Körpers zurückführen wollen. Jedoch dürften suizidale Tendenzen bei solchen Menschen nicht minder selten sein. Wer nichts tun kann, in allem von anderen abhängig ist, wer nicht einmal die Seite eines Buches umblättern kann, für den sind auch Radio und Fernsehen vielleicht mehr Beweis dafür, was andere können

[8] So ganz deutlich bei Fletcher (1973), 115; vgl. zur Kritik C/I/3, Anm. 25 f.

und er selbst nicht kann, als echte Hilfen. Die Rede von den zu erhaltenden »hohen geistigen Fähigkeiten« baut eine Fiktion auf, denn wo der »Geist« sich kaum noch *verleiblichen* kann, wo der Körper nicht mehr Ausdrucksfeld des »Selbst« sein kann, da wird auch der höchste Geist allmählich verkümmern[9]. Ist es unter solchen Umständen nicht verständlich und einfühlsam, daß gerade ein Mensch mit hohen geistigen Gaben so an seinem Schicksal leidet, daß er um eine »Erlösung« von seinem Leiden und Leben bittet? Im Unterschied zu dem in der Diskussion um die Tötung auf Verlangen immer im Vordergrund stehenden Krebskranken wäre er ja tatsächlich in dieser Hinsicht auf die »Hilfe« und Tat anderer völlig angewiesen, so daß man schwerlich nur von *Beihilfe zum Selbstmord* reden kann[10], wenn man dem Gelähmten z. B. »Gift« einflößt oder auch nur den Respirator abstellt. Verstehen – so könnte man mit *G. W. F. Hegel*[11] sagen – kann man einen solchen Wunsch und eine solche Tat schon. Jedoch, kann man sie auch ethisch rechtfertigen?

Eine Tötung ist ethisch nicht zu rechtfertigen, sondern kommt allenfalls als nicht normativ zu erfassender Grenzfall bei notwendig Sterbenden in Frage[12]. Die Frage ist jedoch, ob es nicht Formen des Verzichts auf Erhaltung des Lebens gibt, die nicht mit einer Tötung gleichzusetzen und ethisch zu begründen sind. Das Abstellen des Respirators bei sterbenden Patienten meinten wir nur rechtfertigen zu können bei Menschen, die endgültig bewußtlos sind[13]. Bei nicht notwendig Sterbenden wird mit dem Abstellen der künstlichen Beatmung der Tod *herbeigeführt*. Es wäre aber zu fragen, inwieweit eine dauernde künstliche Beatmung, durch die allein der Tod verhindert wird, nicht eine wirklich so »außergewöhnliche Maßnahme« der Lebenserhaltung ist, daß ihre Weiterführung nicht immer sittlich verpflichtend ist. Das Überleben des Menschen hängt dann an einem Gerät, das er nicht in seine *leib-seelische Ganzheit* integrieren kann, das ihm notwendig »äußerlich« bleiben und ihn ständig an sich fesseln muß und durch das wenigstens bei einer hohen Querschnittslähmung in Halsmarkregion die leib-seelische Ganzheit nicht einmal zeitweise wiederhergestellt werden kann[14]. Unter diesen Umständen wäre zu

[9] Vgl. B/I/1; B/II/1; B/II/5, Anm. 19 ff.; ausführlich Eibach (1974), 107 ff., 167 ff.
[10] Vgl. C/I/5, Anm. 36.
[11] Vgl. B/III/2, Anm. 64.
[12] Vgl. B/III/2 u. C/I/5, Anm. 50 ff.
[13] Vgl. C/II/4/a, Anm. 25 ff.
[14] Vgl. C/II/4/a, Anm. 5 ff. u. 37 ff.

fragen, ob der Tod hier nicht in einer Weise verhindert wird, die eine willkürliche menschliche Verfügung über ein Leben ist, denn ohne die Fesselung des Menschen an das Gerät wäre der Mensch tot. Ist in solchen Fällen nicht doch bereits über das Leben eines Menschen von einer menschlichen Verfügung entzogenen Instanz her entschieden, und verhindert der Mensch nicht eigenmächtig den Vollzug des bereits gefällten Urteils? Ist der beatmete und völlig gelähmte Mitmensch nicht doch wenigstens ein Sterbender? Kann sein Wille zu sterben nicht auch einer echten Bereitschaft zum Tode, einer Annahme seines Todes und der Überzeugung entspringen, daß Gott bereits über sein Leben endgültig verfügt hat? Ist dann die Aufrechterhaltung der Beatmung nicht eine »Manipulation« des Sterbens? Gehen wir Menschen nicht zu weit, wenn wir Mitmenschen gegen ihren Willen an Maschinen fesseln und sie, da sie sich nicht wehren können, so zum Leben zwingen?[15] Sollte in diesem speziellen Fall das *Selbstentscheidungsrecht* des Patienten, der seine eigene Entscheidung wirklich nicht selbst realisieren kann, nicht in der Weise geachtet werden dürfen, daß man dem Mitmenschen nicht nur beim Vollzug seiner Entscheidung hilft, sondern sie sogar für ihn ausführt? Sicherlich ist der, der das tut, nicht nur ein »Vollzugsgehilfe«, sondern eine eigenständig handelnde und selbst verantwortliche Person, aber er fällt doch nicht von außen her ein Urteil über den Lebenswert eines anderen Menschen, sondern er vollzieht eine Entscheidung, die der andere getroffen hat. Natürlich wäre vorher genauestens zu prüfen, ob es sich bei dem Todeswunsch nicht um einen Schrei um Hilfe nach mehr mitmenschlicher Zuwendung handelt. Das wird hier – wie bei den Krebskranken[16] – ganz überwiegend der Fall sein, indes, nicht immer wird dieses Bedürfnis zu erfüllen sein. Man wird nach diesen Anfragen das Abstellen des Beatmungsgeräts sittlich zumindest im früher aufgezeigten Sinn[17] als ethischen Grenzfall für *möglich* erachten können und, da es nicht eindeutig zu beurteilen ist, ob es sich um eine Tötung oder um einen vertretbaren Verzicht auf die Fortsetzung einer »zweifelhaften« Lebensverlängerung handelt, in diesem besonderen Fall von einer strafrechtlichen Ahndung absehen können[18],

[15] Vgl. B/III/2/b.
[16] C/I/5, Anm. 9 ff. Zu beachten ist auch, daß der Wille des Patienten hier leichter als bei Sterbenden von unabhängigen Personen ermittelt werden kann und müßte, zumal man weniger unter Zeitdruck steht.
[17] Vgl. B/III/1, Anm. 41 ff.; B/III/2, Anm.107 ff.; C/I/5, Anm. 60 ff.
[18] Vgl. C/I/5, Anm. 76 ff.

zumal in solchen Fällen immer bekannt sein wird, wer diesen Schritt unternommen hat.

Anders zu beurteilen ist die Lage der Menschen, die fast vollständig gelähmt, aber zur Erhaltung ihres Lebens nicht an ein Beatmungsgerät gebunden sind, deren Leben daher nur durch eine direkte, gegen die Person gerichtete Tat (Tötung) beendet oder deren Sterben durch das Unterlassen von Behandlungen bei lebensgefährdenden Krankheiten (meist Infektionen) ermöglicht oder beschleunigt werden kann. Da eine Pflicht zu leben philosophisch und juristisch nicht überzeugend zu begründen ist[19] und der »Glaube« daran, daß auch ein solches Leben noch wert sein kann, gelebt zu werden, niemand aufgezwungen werden kann, darf man keinem wehrlosen Menschen gegen seinen ausdrücklichen Willen lebensverlängernde Behandlungen – auch nicht mit Medikamenten wie Antibiotika – und nicht einmal eine Zwangsernährung aufnötigen, und zwar auch dann nicht, wenn er nach medizinischen Kenntnissen nicht als Sterbender[20] zu bezeichnen ist[21]. Ein solches Vorgehen darf nicht damit begründet werden, daß die Pflicht des medizinischen Personals, Leben zu erhalten (Garantenpflicht), höher stehe als die Verpflichtung zur Achtung des Willens des Patienten[21]. Da der Zustand eines solchen Patienten mit keinen medizinischen Mitteln zu bessern, das Leben unter diesen Bedingungen eine extreme Belastung ist und die auftretenden Infektionen Folge der schweren Lähmungen (also des Grundleidens) sind, kann es durchaus berechtigt sein, in einer tödlichen Infektion eine der *Art des Grundleidens gemäße* und *in Relation zu ihm* gesehen »natürliche« Krankheit zum Tode zu sehen[22], wohingegen die Anwendung lebensverlängernder Mittel außergewöhnlich wäre. Unter der Voraussetzung, daß die Weigerung, sich weiterbehandeln zu lassen, nicht deshalb aufkommt, weil der Gelähmte unverantwortlich schlecht gepflegt oder irgendwie unter psychologischen Druck gesetzt wurde – was im je konkreten Fall ebenso wie beim Abstellen des Beatmungsgeräts psychologisch genauestens abzuklären wäre –, müßte die Entscheidung des Patienten respektiert und sein Sterben so ermöglicht werden. Eine solche Entscheidung muß nicht psychopatho-

[19] Vgl. B/III/2/b; C/II/4/c, Anm. 26 ff.
[20] Vgl. B/I/2, Anm. 17 f.
[21] Vgl. C/II/3, Anm. 18 ff. Für Sterbende stimmt auch Kübler-Ross (1974, 61) dem zu.
[22] Vgl. C/II/3, Anm. 77 ff.

logische Ursachen haben, sondern kann durchaus aus Einsicht – wenn auch nicht aus Freiheit[23] – gefällt werden und muß – unter diesen Umständen – ethisch nicht als Selbstmord qualifiziert werden. Das Leben unter solchen »Umständen« ist dem Menschen nicht »natürlich«, überfordert seine psychischen und geistigen Kräfte oft und kann auch einen echten religiösen Glauben an Gott zutiefst in Frage stellen. Dies gilt in ähnlicher Weise für Menschen, die den extremen Belastungen einer Dialyse auf die Dauer nicht gewachsen sind.

db) Die »künstliche Niere«. – Wer darf leben? – Ethische Probleme der Auswahl und Behandlung von Patienten

Der Tod durch Urämie (chronisches Nierenversagen) könnte, so sagt man, überwunden sein, wenn genügend künstliche Nieren vorhanden wären. Man schätzt, daß in der BRD jährlich mehr als 2 500 Menschen (also mehr als 40 pro Million Einwohner) in ein chronisches Nierenversagen geraten[24]. Da sich die Überlebenszeiten an der künstlichen Niere bessern – nach 5 Jahren leben bei der Zentrumsdialyse noch 50 % und bei der Heimdialyse noch 74 %[25] – steigt der Bedarf von Jahr zu Jahr ganz erheblich an (rund 10 000 innerhalb von 5 Jahren)[26]. Die Kosten für eine Dauerdialyse im Zentrum betrugen 1975 zwischen 60 000 und 100 000 DM jährlich, die Kosten für die Heimdialyse etwa die Hälfte[27]. »Eine gute Dialysebehandlung, die sinnvolles menschliches Leben verlängern soll, ist in Wahrheit kostspieliger als die z. Z. angegebenen Kosten, weil in fast allen Dialysezentren die ausgebildeten, psychologischen Krankenbegleiter noch fehlen[28].« Nach Aussonderung derer, die aufgrund medizinischer Befunde nicht für eine Dauerdialyse in Frage kommen, soll nach den meisten Angaben das Verhältnis derer, die einen Platz bekommen, zu denen, die abgewiesen werden und für die das das »Todesurteil« bedeutet, bei etwa 1 : 4 liegen. Die Angaben schwanken sehr, nicht zuletzt deshalb, weil schon über das, was »medizinische«[29], geschweige denn, was psychologische oder soziale Kriterien für eine Nichtbehandlung sind, keinesfalls einheitli-

[23] Vgl. B/III/2/c.

[24] Die Schätzungen schwanken offenbar. Gessler (1971, 63 ff.) gibt noch nur 2 000 an. Mayer-Scheu (1975, 5 f.) nennt Zahlen von 2 500 bis 4 500. Der Referentenentwurf zum Transplantationsgesetz (Organ-Spende, 5) gibt rund 2 500 an.

[25] Mayer-Scheu (1975), 6. 1975 gab es in der BRD etwa 3 000 Dialyseplätze. Jährlich sterben zwischen 10 und 20 % der Patienten.

[26] Mayer-Scheu (1975), 6; E. Streicher u. a., Hämodialyse, Grundlagen, Technik, Raum und Personalbedarf, Kostenrechnung, Dr. E. Fresenius KG., Bad Homburg v. d.Höhe, 1973, 58. Nierentransplantationen (vgl. C/II/5/b) werden vorläufig nur wenig Abhilfe schaffen.

[27] Angaben nach Dtsch. Ärzteblatt 71 (1974), 981 f.; Organ-Spende, 5; Mayer-Scheu (1975), 6.

[28] Mayer-Scheu (1975), 15.

[29] Vgl. Gessler, 63 ff.

che Ansichten unter den Experten bestehen. Nach einer Untersuchung in Glasgow herrschte unter acht mit der Dialyse jahrelang erfahrenen Ärzten bei der Klassifizierung der Auswahlkriterien nur in 6 von 100 Fällen Einstimmigkeit[30]. Unter 18 aufgestellten Auswahlkriterien fanden sich neben dem medizinischen und psychiatrischen Befund und dem Alter auch folgende: Familiensituation, Zahl der Kinder, Beruf/soziale Schicht, Jahreseinkommen, Berufsaussichten. Bei der Rangordnung aller 18 Kriterien wurden von 5 von 8 Ärzten das Alter an die erste Stelle, von einem das Jahreseinkommen an die zweite, von einem an die fünfte Stelle gesetzt. Ein Arzt gab neben dem Alter nur medizinische Kriterien an. Der psychiatrische Befund stand bei einem an der ersten, bei zwei an der zweiten und bei drei an dritter Stelle. Das Alter stand bei einem nur an der achten Stelle hinter der Zahl der Kinder und den Berufsaussichten. Die eindeutige Bevorzugung des Alters als Kriterium wird ihren Grund darin haben, daß man damit ein objektives Kriterium zu haben meint. Jedoch muß man sich bewußt sein, daß physiologische Alterungsprozesse nur bedingt in einem kausalen Verhältnis zum chronologischen Alter stehen. Zudem kann ein älterer Mensch mit stabiler Persönlichkeit die psychischen Belastungen der Dialyse oft viel besser verkraften als ein junger Mensch. Viele Fachleute halten eine Begrenzung des Alters vor allem nach oben hin (etwa 60 Jahre)[31] für recht zweifelhaft und als Orientierung primär deshalb gerechtfertigt, weil die Auswahl sonst noch viel schwerer fallen würde. Bisher gibt es in der BRD offenbar weder eine Übereinstimmung in den Kriterien zur Auswahl noch ein einheitliches Verfahren für die Aufnahme von Patienten. Bei den einen entscheidet ein Nierenfacharzt allein, bei anderen ein Team[32]. Diese Undurchsichtigkeit bei der Auswahl von Patienten ist in jeder Hinsicht unbefriedigend und ethisch bedenklich.

Die Suizidrate liegt bei Dialysepatienten in Europa etwa 14mal, in den USA sogar etwa 300mal so hoch wie im Durchschnitt der übrigen Bevölkerung[33]. Der Unterschied ist nur dadurch zu erklären, daß in den USA viele Patienten für die Kosten der Dialyse selbst aufkommen müssen und daß sie sich das Leben nehmen, um den totalen finanziellen Ruin der Familie zu verhindern. Bei unzureichender Versicherung kann dies auch in der BRD der Fall sein. Wo die Krankenkassen

[30] Bericht in: Der Deutsche Arzt Nr. 20/1975, 35 ff.

[31] Die Begrenzung des Alters nach unten hin (etwa 14 Jahre) wird auch von vielen als fraglich angesehen. Sicherlich haben Kinder bis zur Pubertät häufig nicht die erforderliche physische und psychische Stabilität, doch wurden auch schon Kinder »erfolgreich« dialysiert.

[32] Mayer-Scheu (1975), 14.

[33] Reiner, 167 f. (dort weitere Literatur). Nach einer anderen Schätzung liegt sie in den USA 400 mal so hoch und nach Abzug der Todesfälle infolge Mißachtung der ärztlichen Vorschriften 100 mal so hoch.

die Behandlung voll bezahlen, dürften die Vermögensverhältnisse des Patienten selbstverständlich kein Kriterium bei der Auswahl bilden. Das heißt jedoch nicht, daß die Kosten keine Rolle spielen. Sie sind vielmehr der entscheidende begrenzende Faktor dafür, daß heute – etwa 15 Jahre nach dem ersten Einsatz der künstlichen Niere und lange nach Überwindung des experimentellen Stadiums – bei weitem nicht genügend Zentren und Geräte für die Dialyse bestehen. Da die meisten Patienten ihre Berufstätigkeit aufgeben mußten, fallen nicht nur die Behandlungskosten, sondern auch die Versorgungsbezüge bei Frühinvalidität volkswirtschaftlich ins Gewicht. Aufgrund der stark wachsenden Zahl der Menschen mit Nierenversagen und des Kostendrucks im Gesundheitswesen ist damit zu rechnen, daß das Mißverhältnis von Nachfrage und Angebot nicht bald behoben sein wird. Die Frage, mit welchem Recht und mit welcher Begründung man Menschen das Überleben verweigert, ist zu stellen und dürfte schwerer zu beantworten sein als in den bisher besprochenen Fällen des Abbruchs von Behandlungen, bei denen dieser immer aus Rücksicht auf den Patienten selbst oder doch wenigstens auf seine Angehörigen gerechtfertigt werden konnte. Bei chronischem Nierenversagen sind wir aber ganz überwiegend mit Menschen konfrontiert, die nach dem Stand therapeutischer Möglichkeiten der Medizin *keine notwendig Sterbenden* sind und die ganz überwiegend den *ausdrücklichen Wunsch und Willen* haben, daß auf diese Art ihr Leben erhalten wird. Bei keinem der bisher erörterten Fälle von Behandlungsverzicht mit Todesfolge wurde dieser gegen den entgegenstehenden Willen des Patienten ethisch gerechtfertigt, selbst da nicht, wo das anthropologisch und ethisch so entscheidende Kriterium »notwendig sterbend« gegeben war.

Man kann fragen, ob der Aufwand einer solchen Behandlung zu ihrem Erfolg in einem ausgewogenen Verhältnis steht und ob der Aufwand in Relation zu anderen medizinischen Projekten, »die für die Volksgesundheit – mindestens in der Breite – von noch größerer Bedeutung sind«[34], die Dialyse nicht als eine so »außerordentliche« Maßnahme erweist, daß nicht jeder einen *Anspruch* darauf hat. Mit den ethischen Überlegungen beim *Allgemeinwohl* anzusetzen, ist äußerst bedenklich, da die Außergewöhnlichkeit der Mittel sich in erster Linie danach bemißt, ob und inwieweit durch ihre Anwendung

[34] Mayer-Scheu (1975), 15; vgl. C/IV/2, Anm. 47 ff.

eine sinnvolle Lebensverlängerung *für den Betroffenen selbst* zu erreichen ist[35], noch mehr aber deshalb, weil man dann rechtfertigen muß, wieso die Gesellschaft einigen diese Chance einräumt, andern aber das Weiterleben verwehrt. Wenigstens dann, wenn es um Leben oder Tod geht, wird man den ethisch so fundamentalen Grundsatz der *Gleichheit* (Gerechtigkeit) in der Behandlung[36] nicht zu schnell übergehen dürfen. Zudem kommt jede Auswahl aufgrund von Kriterien zustande, die den »Lebenswert« des einen Menschen gegen den des anderen abwägen. Eine solche *Beurteilung des Lebenswerts* durch andere ist aber in diesen Fällen, in denen der betroffene Mensch sein Weiterleben selbst wünscht und für sinnvoll hält, ethisch viel problematischer als dann, wenn aufgrund des Zustands von nicht entscheidungsfähigen Patienten anzunehmen ist, daß eine Lebensverlängerung ihnen und ihren Angehörigen mehr Leiden als Gewinn an sinnvoll zu gestaltender Lebenszeit bringt. Aufgrund dieser gewichtigen ethischen Einwände, vor allem der Bedenken gegen die Unterordnung des Lebensinteresses des Individuums unter die Wohlstandsinteressen der Gesellschaft[37], ist es *die primäre Verpflichtung der Gesellschaft*, für die Wahrung des »sozialen Grundrechts« auf Leben Sorge zu tragen, indem sie »die erforderlichen Mittel aufbringt und zur Verfügung stellt«[38].

Solange die Zahl der Dialysegeräte nicht für alle Patienten reicht, wird man nicht umhin können, eine Auswahl nach ethisch zu rechtfertigenden Kriterien vorzunehmen. Entscheidend ist dabei, welchem Menschen »in seiner gesamten Daseinssituation« durch die Lebensverlängerung im Vergleich zu anderen der größere Dienst erwiesen wird[39]. Dabei spielen medizinische und individualpsychologische Gesichtspunkte für die Überlebensdauer die entscheidende Rolle. Jedoch, die Bestimmung und der Sinn menschlichen Lebens in dieser Welt erschließt sich nach theologischer Auffassung nicht primär aus der Betrachtung der leibseelischen Integrität des Individuums (Totalitätsprinzip), sondern aus seiner Beziehung zum Mitmenschen[40].

[35] Vgl. B/II/5, Anm. 56; C/II/3, Anm. 59. Die Sinnhaftigkeit für das Individuum selbst hängt direkt oder indirekt damit zusammen, inwieweit der Patient in der Lage ist, die Mittel psychisch und physisch in seine Lebenssituation zu integrieren.
[36] Vgl. B/II/2, Anm. 43 ff.
[37] Vgl. B/II/2, Anm. 55 ff.; B/II/5, Anm. 63 ff.; B/III/1/a u. e.
[38] Sporken (1971), 199; ebenso Honecker (1975), 141; vgl. B/II/5, Anm. 64 ff.; C/IV/2, Anm. 45 ff.
[39] Vgl. B/II/5, Anm. 69 ff.; Sporken (1971), 196; Mayer-Scheu (1975), 11.

Die Auszeichnung des Menschen vor allen anderen Lebewesen besteht darin, daß er von Gott so geschaffen ist, daß er *Verantwortung* für seine Mitmenschen tragen kann und soll. Die Verantwortung eines Menschen für andere ist umso größer, je unersetzlicher, einmaliger, personaler seine Beziehungen zu Mitmenschen sind und je mehr das Wohl anderer von seiner liebenden Zuwendung abhängt[41]. Da diese Struktur überwiegend im Verhältnis Eltern-Kinder, Mann-Frau zu finden ist, sind in der Tat die Familiensituation, vor allem die Zahl und das Alter der Kinder, ganz entscheidende Faktoren. Insofern wird es meist ethisch völlig berechtigt sein, wenn man einer Mutter oder einem Vater mit kleinen Kindern den Vorzug vor einer unverheirateten Person gibt, selbst wenn deren medizinischer Zustand bessere Überlebenschancen ermöglicht als der der Mutter oder des Vaters. Daß die *Verantwortung* des Patienten im persönlichen Bereich *absoluten Vorrang* vor Gesichtspunkten eines allgemeinen gesellschaftlichen *Nutzens*, des sozialen Status, des Berufs, der Berufsaussichten, der Arbeitsfähigkeit und erst recht der Kostendeckung hat, kann nach der grundlegenden theologischen Unterscheidung zwischen dem *Wert* und dem gesellschaftlichen *Nutzen* des Menschenlebens nicht genügend betont werden[42], da die Gefahr einer Bevorzugung von Menschen mit höherem sozialen Status und Einkommen hier so groß ist, daß sie oft unbewußt schon die Beurteilung medizinischer, vor allem aber psychologischer Fakten mitbestimmt[43]. Die trotz Dialyse weiterbestehende Arbeitsfähigkeit kann, muß aber nicht ein Indiz dafür sein, daß und inwieweit ein Patient die gewonnene Lebenszeit als für sich selbst sinnvoll erlebt. Im allgemeinen wirkt sie sich jedoch stabilisierend auf das psychische Befinden aus. Die psychische Stabilität, die Fähigkeit und Bereitschaft zur Kooperation und zur Einhaltung einer der Situation angepaßten Lebensführung sind für den Erfolg einer Behandlung entscheidend und bedürfen unbedingt genauer Abklärung durch entsprechend geschulte Fachkräfte. Ob ein Mensch die ihm im Gegensatz zu anderen eingeräumte Lebenschance dann auch verantwortlich zu nutzen vermag, ist ein ethisch entscheidendes Kriterium; jedoch ist es ethisch bedenklich, wenn die individualistische Sicht des Menschen hinter der sozial

40 Vgl. B/II/1; B/II/5, bes. Anm. 69 ff.
41 Vgl. B/II/5; Honecker (1975), 133; Mayer-Scheu (1975), 11 f.
42 Vgl. B/II/2.
43 Die erwähnte schottische Untersuchung (Anm. 30) macht das deutlich.

mitmenschlichen und damit der Dimension der Verantwortung für andere so weitgehend zurücktritt, wie es die erwähnte schottische Studie[44] deutlich macht und wie es der individualistischen Sicht des Menschen bei den meisten Medizinern entspricht, die sich häufig nicht nur gegen die Berücksichtigung sozialer, sondern oft auch psychologischer Kriterien ablehnend verhalten[45].

Wenn die psychologischen und sozialen Gesichtspunkte bei der Auswahl so wesentlich sind, dann ist es – außer bei dringlicher Entscheidung – nicht mehr zu verantworten, daß ein Mediziner allein die Entscheidung über die Aufnahme in ein Dialyseprogramm, über den Wechsel von der Zentrumsdialyse zur Heimdialyse oder über eine Transplantation einer Niere fällt. Da es in den Zentren entsprechend erfahrene Psychologen oder Psychiater nach wie vor nicht gibt, werden die psychologischen Gesichtspunkte, geschweige denn die sozial-mitmenschlichen, meist nicht gründlich ermittelt und bei Entscheidungen nicht gebührend berücksichtigt[46]. Um sowohl die medizinischen und psychologischen als auch die sozial-mitmenschlichen Gesichtspunkte gebührend zu berücksichtigen, hat *R. Weber*[47] ein beachtenswertes Modell zur Diskussion gestellt: »Ein Dreierkollegium bestehend aus zwei Ärzten und einem behandelnden Psychologen trifft die Entscheidung, die jedoch protokollartig an ein Gremium weitergeleitet werden sollte, das primär auf die Einhaltung menschlicher und gesellschaftlicher Gesichtspunkte achtet.« Dieses Gremium

44 Sie zeigt, wie wenig die Dimension der persönlichen Verantwortung eine Rolle bei der Rangordnung der Kriterien spielt. Nur bei einem der 8 Ärzte wird überhaupt die Zahl der Kinder als Kriterium genannt, und zwar an 6. Stelle nach dem psychiatrischen Befund und vor den Berufsaussichten, während bei einem Arzt das Jahreseinkommen als Kriterium an der zweiten und bei einem an der fünften Stelle stand. Daß in keinem Fall die Familiensituation (persönliche Verantwortung) vor dem psychiatrischen Befund steht, zeigt an, wie sehr die individualistische Sicht des Menschen im Denken dieser Ärzte dominiert.

45 Vgl. C/II/4/c, Anm. 59. Dgg. haben V. v. Weizsäcker, P. Siebeck, P. Christian (Das Personverständnis im modernen medizinischen Denken, 1952, bes. 152 f.), R. Kautzky (1965, 45, W. Ruff (S. 105 ff.) und viele andere Mediziner bisher offenbar vergeblich versucht, diese individualistische Sicht zu überwinden zugunsten einer Auffassung vom Menschen als einer sich in der Begegnung mit dem Mitmenschen verwirklichenden und primär in Beziehung zu anderen zu sehenden Person, wie sie in der theologischen Anthropologie im Anschluß an M. Buber und neuere Sozialanthropologien heute auch im Vordergrund steht (vgl. D. Rössler, Der »ganze« Mensch, 1962; Eibach, 1974, 167 ff., 289 ff.). Der Physiologe und Arbeitsmediziner H. Schäfer hält die individualistische Sicht des Menschen in der Medizin für eine der großen »Medizin-Häresien« (berichtet bei Halhuber, 1997 f.).

46 Vgl. Mayer-Scheu (1975), 14

47 Berichtet bei Mayer-Scheu (1975), 14

soll sich aus einem behandelnden Arzt, einem unbeteiligten Arzt, einem Juristen, einem Psychologen und einem Theologen zusammensetzen und über die endgültige Aufnahme oder Ablehnung entscheiden. Diese Trennung in zwei Instanzen hat den Vorteil, daß das Verhältnis der behandelnden Ärzte und Psychologen zum Patienten durch die endgültige Entscheidung über die Aufnahme wenig vorbelastet ist und vor allem, daß dadurch überhaupt erst die als vorrangig herausgestellte mitmenschlich-soziale Dimension des Menschseins im Vergleich zu den individuellen medizinischen und psychologischen Gesichtspunkten, die das erste Team festzustellen hat, gebührend berücksichtigt werden kann. Mediziner haben oft nicht nur eine Abneigung gegen die Berücksichtigung sozialer Aspekte des Menschseins, sondern stellen auch häufig in Verkennung ihrer tatsächlich begrenzten Fähigkeiten das ganz individuelle und persönliche Arzt-Patient-Vertrauensverhältnis und die alleinige Verantwortlichkeit eines behandelnden Arztes über die Entscheidungen eines Teams besonders dann, wenn es sich nicht nur aus Vertretern des eigenen Faches zusammensetzt[48]. Komplizierte und weittragende Entscheidungen wie die Auswahl zur Dialyse, von der Tod oder Leben eines Menschen abhängen, dürfen nur unter Berücksichtigung der gesamten Daseinssituation des Menschen gefällt werden, die zu beurteilen das Vermögen eines einzelnen Menschen übersteigt und unterschiedliche fachliche Vorbildung erfordert. Deshalb steht die Entscheidung eines einzelnen immer in Gefahr, undurchsichtig und beliebig und daher unverantwortlich zu sein. Sicherlich ist es erfordert, daß die Mitglieder des zweiten Gremiums genügend Verständnis für die medizinischen Aspekte der Dialyse und auch Erfahrungen im Umgang mit Dialysepatienten haben. Für die Mitwirkung in einem solchen Gremium käme dann gerade auch der Krankenhausseelsorger als Theologe in Frage, um die ethischen und seelsorgerlichen Aspekte geltend zu machen[49].

Die Probleme der Auswahl werden auch dann nicht schwinden, wenn einmal kein Mangel mehr an Dialysegeräten bestehen sollte[50], denn die Belastungen der Dialyse sind so groß, daß man auch fragen muß, ob allen Be-

[48] Vgl. dgg. C/II/1, Anm. 55 ff.; C/II/4/a, Anm. 20; C/II/3, Anm. 65 ff.; Pellegrino, 58 f.; Fritsche, 85 f.; Honecker (1975), 133; Howe (1971), 18; vgl. A/II.
[49] Vgl. C/III/2/b.
[50] Vgl. Leach, 288 ff.

troffenen das Leben dadurch sinnvoll verlängert wird. Nach Aussage eines Patienten ist »kein Patient so stark, daß er die Dialyse allein schafft«[51]. Das Leben von Dialysepatienten[52] kommt einer anhaltend extremen Streßsituation gleich, die als echte Grenzsituation des Lebens (K. Jaspers) zu bezeichnen ist. Deren auffallendste Besonderheiten bestehen in der immer wiederkehrenden Konfrontation mit der Alternative Überleben oder Sterben, der fast berechenbaren, begrenzten Lebenserwartung, der Abhängigkeit von der »künstlichen Niere«, dem therapeutischen Team und seinen Vorschriften hinsichtlich der Lebensführung und dem ständigen Angewiesensein auf den Ort der Dialyse. Neben die ständige Konfrontation mit dem Tod bei Zwischenfällen und Komplikationen im Dialyseprogramm und die dadurch ständig neu ausgelöste Furcht vor dem baldigen eigenen Tod tritt die Furcht vor Sekundärerkrankungen (Herz-Kreislauf, Streß ulcus usw.) und vor allem die anhaltende Frustration wesentlicher vitaler Triebe, wie Nahrungs- und Flüssigkeitsaufnahme, Bewegungsdrang, Geschlechtstrieb. Dies führt zusammen mit der Einschränkung der Umweltaktivität und der mitmenschlichen Beziehungen und dem Verlust der Arbeit zu einer emotionalen Fixierung auf die Krankheit und die Probleme und Risiken des Dialyseprogramms; die Situation kann oft nur durch Verleugnung oder aggressive oder regressive Verhaltensweisen durchgestanden werden, unter denen nicht zuletzt auch die Familie zu leiden hat. Dies kann dazu führen, daß der Patient auch von nächsten Familienangehörigen verlassen wird, was für ihn ein »außerordentlich schwerwiegendes Trauma« darstellt (Freyberger), denn die Stützung und Ermutigung durch Angehörige ist ein ganz entscheidender Faktor für die Bewältigung dieses schweren Lebens. Die Einschränkungen betreffen nicht nur den Patienten selbst, sondern auch die ganze Familie. Die Heimdialyse bringt eine größere räumliche und zeitliche Unabhängigkeit, vermindert das Abhängigkeitsgefühl, ermöglicht bessere gesellschaftliche Kontakte und eine bessere Verleugnung des bedrohlichen Zustands, da die Konfrontation mit dem Schicksal anderer und mit den Komplikationen im Dialyseprogramm weitgehend entfällt. Heimdialyse setzt aber nicht nur eine relativ stabile und einsichtige Persönlichkeit des Patienten selbst, sondern auch die kontinuierliche und zuverlässige Mitarbeit von Angehörigen bei der Dialyse

51 Berichtet vom Psychiater H. H. Wieck, Wohin führt der ärztliche Kampf gegen das Leiden des Menschen?, in: Schulze (Hrsg.), 24; I. Illich (S. 53) beurteilt das Leben mit Dialysegerät zu Unrecht pauschal als verlängertes qualvolles Sterben.

52 In den folgenden Ausführungen zur psychologischen Situation von Dialysepatienten sind folgende Beiträge berücksichtigt worden: H. Freyberger u. a., Die psychologische Situation des chronisch nierenkranken Patienten, in: Dialyse, 21 ff.; H. H. Wieck, aaO 23 ff.; Reiner, 166 ff.; G. H. Calland, Iatrogenic problems in end stage renal failure, in: New England Journal of Medicine, 1972, 287 ff. (ein autobiographischer Bericht eines Arztes); viele Hinweise verdankt der Verf. Gesprächen mit und einem Referat von Frau Dr. B. Zschaege (Fachärztin für Psychiatrie und innere Medizin), die über große Erfahrung in der psychotherapeutischen Betreuung von Patienten bei Zentrums- und Heimdialyse verfügt.

und ihre Fähigkeit voraus, die emotionalen Belastungen zu ertragen und den Kranken psychisch zu stützen. An Stelle des Angewiesenseins auf das medizinische Personal tritt bei der Heimdialyse die ständige Fürsorge durch die Familie oder meist nur durch eine Person (Ehepartner, Mutter). Dadurch kommt es zur Umstrukturierung im familiären Gefüge. Das ganze Familienleben wird von der Krankheit geprägt. »Verzicht und Enttäuschung infolge Dialysekonsequenzen führen zu unterdrückten Feindseligkeiten innerhalb der Familie, woraus wiederum Schuldgefühle für den Kranken erwachsen« (Zschaege). Für die Heimdialyse ist daher die Beurteilung der familiären Situation wesentlich bedeutsamer als für die Aufnahme in die Zentrumsdialyse. Die Möglichkeit, den Beruf weiter auszuführen, ist meist nur für wenige geistig und freiberuflich tätige Personen gegeben und hängt auch dann weitgehend vom Ausmaß der medizinischen Rehabilitation ab. Für Zentrums- und Heimdialyse gilt erfahrungsgemäß, daß »es einfach strukturierten Persönlichkeiten mit wenig qualifizierten Berufen leichter (gelingt), sich an die veränderte Lebenslage anzupassen. Bei differenzierten Patienten ist meist der Leidensdruck ausgeprägter, wenngleich sie äußerlich durch intellektuelle Fähigkeiten (Lesen) besser kompensieren können« (Zschaege). Jedoch werden diese Fähigkeiten durch die anhaltende physische und psychische Belastung, durch Schlafstörungen und vieles mehr auch ständig gemindert.

Der unmittelbare Tod durch Nierenversagen kann zwar technisch verhindert werden, ob aber die dadurch gewonnene, unter extremen Belastungen durchzustehende Lebenszeit jedem zu jedem Zeitpunkt der Behandlung sinnvoll erscheinen wird, ist nicht immer zu Beginn der Behandlung abzusehen und hängt weitgehend vom Grad der Zuwendung und Hilfe ab, die der Patient durch Mitmenschen erfährt[53]. Daher ist es ein unverantwortlicher Mißstand, daß in den meisten Dialysezentren noch immer besonders psychologisch ausgebildete Fachkräfte für die Hilfe bei der Bewältigung des schweren Lebens fehlen[54]. Dies ist zum einen eine Folge davon, daß sich viele Mediziner einer Zusammenarbeit mit psychologischen Fachkräften gegenüber entweder verschließen oder diese nicht als gleichrangige Partner im therapeutischen Team betrachten. Es ist aber auch darauf zurückzuführen, daß die Industriegesellschaft zwar in der Lage ist, für das technisch machbare Überleben zu sorgen, nicht aber dem chronisch kranken Menschen die menschlichen Hilfen zu gewähren, die nötig

53 Freyberger u. a., aaO 22 ff.; Wieck, aaO 24 ff.; Reiner, 167; Kübler-Ross (1974), 55 ff.; 118.

54 Mayer-Scheu (1975), 15.

sind, damit die derart gewonnene Lebensspanne als sinnvolles Leben erlebt wird. Die Verdrängung des Leidens aus der Gesellschaft und unsere dadurch vergrößerte Unfähigkeit, uns mit schwerem Leiden anderer und mit unserem eigenen Tod auseinanderzusetzen, sind die wesentlichen Gründe für unser Unvermögen, schwerkranken Menschen bei der Bewältigung ihres Schicksals zu helfen[55]. Vielleicht finden sich auch deshalb so wenig Menschen, die diesen psychisch extrem belastenden Situationen ohne den Panzer der Abwehrmechanismen standzuhalten bereit und fähig sind, wie es bei einer psychischen und seelsorgerlichen Betreuung nötig ist[56]. »Das größte ethische Problem liegt also bei uns selbst, wie wir die Patienten in ihrer Krankheit begleiten: als Angehörige, als Schwestern, Pfleger, als Ärzte und als Seelsorger!«[57] Gerade der Krankenhausseelsorger könnte den oft resignierten Patienten durch Gespräche bei der Aufarbeitung der psychischen Belastungen solcher intensivtherapeutischer Behandlungen sehr beistehen und ihnen durch das Angebot des Evangeliums den Sinn und Wert ihres eingeengten und stark belasteten Lebens erschließen helfen[58].

Daß die »Suizidrate« bei Dialysepatienten so hoch liegt, wird verständlich, wenn man die großen Belastungen bedenkt, denen der Patient und teils auch seine Familie ausgesetzt sind. Es besteht daher die Frage, ob ein Patient, der einmal ins Dialyseprogramm aufgenommen wurde, auch verpflichtet ist, die Behandlung bis zum »bitteren Ende« durchzuhalten, oder ob er die weitere Behandlung auch verweigern darf und ob dieser Abbruch dann als *Selbsttötung* zu bezeichnen ist. Viele Patienten verkürzen ihre Lebensphase, indem sie meist ohne direkte Selbsttötungsabsicht die Diätvorschriften u. a. mißachten. In den allermeisten Fällen sind auch die direkt und wiederholt geäußerten Wünsche, die Ärzte mögen doch die Behandlung einstellen, indirekte Appelle, »mehr Zuwendung und Hilfe zu erfahren«[59]. Insofern ist zunächst immer gründlich und behutsam abzuklären, ob und wann wirklich eine ernsthafte Bereitschaft zu sterben vorliegt und wie überzeugend die Entscheidung des Patienten begründet ist. Dabei

[55] Vgl. Eibach (1975), 139 ff.; Mayer-Scheu (1974 b), 287 ff.; Bowers, 69 ff.; C/II/1.
[56] Vgl. C/III/1.
[57] Mayer-Scheu (1975), 13.
[58] Vgl. Reiner, 154 ff.; 170 ff.; C/III/2. Das setzt eine grundlegende Reform der Krankenhausseelsorge voraus (vgl. C/III/2; C/IV/3).
[59] Mayer-Scheu (1975), 13; Reiner, 170.

wird es zunächst Aufgabe gegenüber dem Patienten sein, ihn von voreiligen Schritten abzuhalten und ihm auch seine Verantwortung für seine Angehörigen deutlich zu machen. Daß die Entscheidungsfreiheit des Patienten aufgrund seiner Umstände eingeengt ist, ist kein überzeugendes ethisches Argument dagegen, den Betroffenen als Subjekt einer Entscheidung ganz ernst zu nehmen und mit ihm gemeinsam zu prüfen, inwieweit seine Entscheidung ethisch vertretbar ist, und sie dann gegebenenfalls auch zu respektieren[60]. Dabei muß gar nicht auf jeden Fall Bedingung sein, daß dieser Schritt aus Verantwortung für die Mitmenschen unternommen wird, um ihnen große Belastungen (z. B. finanzielle) zu ersparen. Sicherlich sollte ein Patient aus Verantwortung für seine Familie auch bereit sein, persönlich Beschwerden zu ertragen[61], doch wenn sie das Maß des Tragbaren überschreiten, ist der Patient zur Übernahme von Verantwortung für seine Familie nicht mehr fähig, und die Belastung, die er für seine Familie darstellt, wird vielleicht viel größer als das, was der Patient seiner Familie zu geben vermag.

Wenn ein zu Tode kranker und schwer leidender Mensch den Tod als Grenze seines Lebens bejaht und annimmt, so kann dieser Schritt ethisch auch dann gerechtfertigt sein, wenn der Wille zu sterben erst durch die Unerträglichkeit des Leidens aufkam, denn es ist nicht christlich, angesichts schwerster Krankheit zum Tode den Heroismus des Aushaltens zu fordern und den Tod als Opfer für andere zu »gestalten«[62]. Ethisch bedenklich wäre es aber, wenn ein solcher Schritt gegen den ausdrücklichen Willen des Ehepartners unternommen würde. Jedoch ist zu beachten, daß dessen Drängen auf Weiterleben auch durch die teils »egoistische« Unfähigkeit, den geliebten Partner zu verlieren, motiviert sein kann[63]. Ebenso hätten sich die Ärzte, die die Entscheidung eines Patienten nicht ernst nehmen, zu fragen, ob diese Haltung nicht auf ihre Unfähigkeit zurückzuführen ist, den Tod, und zwar primär ihren eigenen Tod, zu bejahen und sich vom Tod auch besiegen zu lassen. Es handelt sich bei Dialysepatienten um Kranke mit einer notwendig fortschreitenden Krankheit zum Tode und in manchen Fällen auch bereits um Sterbende. Das Gerät, das das Leben erhält, muß der leiblichen Ganzheit immer äußerlich bleiben

[60] Vgl. Anm. 12 ff.; Mayer-Scheu (1975), 13.
[61] Vgl. Marlet (1961), 251 ff.; Ruff, 136; Reiner, 170.
[62] Vgl. B/II/4; C/II/2, Anm. 18 ff.
[63] Vgl. B/III/2/b, Anm. 74.

und kann nur sehr bedingt in die Lebensganzheit integriert werden, ja man hat oft den Eindruck, daß die Maschine den Menschen in tyrannischer Weise an sich fesselt und daß sie Herr über den Menschen und nicht der Mensch Herr über die Maschine ist. Insofern erweist sich diese Art der Lebenserhaltung in der Tat als eine »außergewöhnliche« Maßnahme. Aus diesen Gründen ist es ethisch nicht berechtigt, den unter Beachtung der Verantwortung für Mitmenschen gefällten *Verzicht* auf eine weitere Verhinderung des Eintritts des Todes als *Selbsttötung* oder gar *Selbstmord* zu bezeichnen[64]. Würde man das tun, so wäre die Verweigerung eines Platzes an der künstlichen Niere auch als Tötung bzw. Mord zu bezeichnen.

5. *Ethische Probleme der Organtransplantation, der Organentnahme und des Umgangs mit »Verstorbenen«*

Der spektakulärste Erfolg der modernen Chirurgie war zweifellos die erste Herztransplantation durch Chr. Barnard (1967), die eine Transplantationseuphorie erzeugte[1]. Mittlerweile ist es zu einer nüchternen Einschätzung der Bedeutung und Möglichkeiten der Organtransplantation gekommen. Die eigentlichen medizinischen Probleme liegen nicht in der operativen Technik, sondern in den noch immer weitgehend ungelösten Fragen der Gewebeverträglichkeit (Immunbiologie). Die relativ kurzen Überlebenszeiten unter meist doch sehr eingeschränkten Lebensbedingungen bei Transplantationen von Herz, Leber[2], Bauchspeicheldrüse und Lunge haben auch die Frage aufge-

[64] Dgg. wendet sich auch Beecher, der das 1968 (S. 1428) noch damit begründet, daß die Dialyse noch ein »experimentelles« Verfahren sei, dies aber (1970, 157 ff.) fallen läßt und damit begründet, daß sie »an extraordinary process for maintaining life and therefore not obligatory« sei. Die Anschauung von Beecher (1970, 158), daß »not only the financial cost to his family, but also the cost to the society« zu den Gründen zähle, aufgrund derer der Patient eine Verantwortung haben kann, die Behandlung abzubrechen, können wir so nicht teilen (vgl. B/II/5, Anm. 50 ff.; C/IV/2).

[1] Vgl. Eibach (1973), 98 ff.

[2] Von 236 bis zum 1. 4. 75 durchgeführten Lebertransplantationen waren noch 22 der Empfänger am Leben (Praxis Kurier 51/52, 1975, 4). Bis Nov. 1975 wurden 280 Herzen von 64 Teams verpflanzt. Die längste Überlebenszeit betrug am 1. 8. 75, 6,7 Jahre. 1974 wurden nur noch 27 Herzen verpflanzt, davon 15 an der Standford Universität (USA). Von den dort insgesamt operierten 90 Personen lebten im Nov. 1975 noch 32. »Von den 53 zuvor bettlägerigen oder anderweitig schwer gehandikapten Patienten konnten 48 (91 %) zu einem normalen Leben zurückkehren,

worfen, ob diese Verfahren unter diesen Voraussetzungen aus sozialen und ökonomischen Gesichtspunkten vertretbar sind. Lediglich in der Transplantation von Nieren ist man über das Stadium des Experimentierens hinaus. Sie ist eine Behandlung, die bei vielen Patienten einer Dauerdialyse in Zentren vorzuziehen wäre und von vielen Fachleuten generell gesehen als eine der Heimdialyse gleichwertige Behandlung angesehen wird[3]. Zudem verursacht sie erheblich weniger Kosten als die Dauerbehandlung an der künstlichen Niere[4]. Das primäre ethische Problem der Transplantationschirurgie wird in dem erheblichen Mangel an transplantierbaren Organen zu sehen sein, denn in der BRD muß jährlich allein mit 2 500 Fällen von Nierenversagen gerechnet werden (40 pro 1 Mill. Einwohner), während etwa nur eine gleich große Zahl von plötzlich verstorbenen Menschen überhaupt als Spender von Organen in Frage kommen[5], wenn man von den Lebendspendern absieht. Daß und warum aus ethischen Gründen für die Spende von singulären lebenswichtigen Organen nur Organe von eindeutig Toten (Leichenorgane) in Frage kommen, wurde bereits eingehend begründet[6].

a) Ethische Fragen der »Auswahl« von Organempfängern

Organtransplantationen (außer Nieren) sind noch als medizinische Experimente anzusehen, also mit vielen Risiken verbunden, und sie

d. h., sie hatten trotz körperlicher Aktivität keine Beschwerden. 40 der 48 nahmen ihre frühere Arbeit und Lebensweise wieder auf« (nach Selecta 11/1976, 1010).

[3] »Bis zum 1. April 1975 sind in 293 Zentren rund 20 900 Nieren an 18 785 Patienten übertragen worden . . . Etwa 8 500 dieser Patienten leben noch . . . 30 % der Organe funktionieren noch nach fünf Jahren, und die Hälfte der Empfänger lebt nach diesem Zeitpunkt noch« (Praxis Kurier 51/52, 1975, 4). Nach Mayer-Scheu (1975, 6) beträgt die 5Jahres-Überlebenszeit bei Lebendspendern 67 %, bei Leichennieren 42 %, bei Dauerdialyse im Zentrum 50 %, bei Heimdialyse 74 % (vgl. C/II/4/d/db).

[4] »In der BRD kostet eine Nierentransplantation (ohne Auslagen für evtl. Transport bzw. per Flugzeug) ca. 17 000,– DM, eine einzige Dialyse ca. 600,– DM«, also etwa zwischen 60 000 und 100 000 DM pro Jahr (Mayer-Scheu, 1975, 6). Vgl. C/II/4/d/db, Anm. 27.

[5] Dabei wird davon ausgegangen, daß von den 25 000 Menschen, die jährlich infolge schwerer Schädelhirntraumen relativ plötzlich sterben rund 10 % wirklich als Spender in Frage kommen. Vgl. Organ-Spende, 5 u. C/I/4, Anm. 34. Für die USA schätzt man den jährlichen Bedarf an »Ersatzherzen« auf über 100 000, den Bedarf an Lungen auf über 30 000 (Leach, 354 ff.).

[6] Vgl. C/I/4, Anm. 33 ff.

gewähren nur geringe Chancen für ein sinnvolles, längeres Überleben. Man wird dem Mediziner *J. R. Elkinton*[7] darin zustimmen, daß ein Patient, der einer solchen Operation zustimmt, sich selbst wirklich als ein »experimental subject« opfert, und zwar mehr für das Wohl der Menschen der Zukunft als für sein eigenes. Das ist nicht von vornherein ethisch abzulehnen, aber es sind doch die Grundsätze der »Deklaration von Helsinki« des Weltärztebundes zur klinischen Forschung zu beachten[8], wonach ein Arzt zwar bei der Behandlung eines Kranken die Freiheit haben soll, »neue therapeutische Maßnahmen anzuwenden, falls er der Ansicht ist, daß hierdurch berechtigte Hoffnung besteht, das Leben zu retten, die Gesundheit wiederherzustellen oder das Leiden zu erleichtern«, aber doch nur, wenn der Arzt dem Patienten bzw. seinen Angehörigen – wenn der Patient nicht rechtsfähig ist – vorher den Fall ausdrücklich erklärt hat und »das freiwillig abzugebende Einverständnis« vom Patienten bzw. seinem rechtmäßigen Vertreter eingeholt hat. Im Gegensatz zu Patienten, die an chronischem Nierenversagen leiden und schon eine Zeitlang dialysiert wurden, sind Patienten mit schweren Herz-, Lungen- und Leberleiden, die für eine Transplantation vorgesehen sind, im allgemeinen von sich aus wenig über die Risiken und Chancen einer derart schweren Operation aufgeklärt. Die psychische Situation dieser Menschen ist allerdings auch weitaus schwieriger als die von Nierenpatienten, für die ein Scheitern der Operation weder notwendig den Tod bedeutet noch die Transplantation die letzte Möglichkeit ist, das Leben zu erhalten. Daß Transplantationen dieser Organe unter den augenblicklichen Umständen nur in Frage kommen, wenn alle anderen therapeutischen Möglichkeiten versagen und der Mensch ansonsten in absehbarer Zeit sterben muß, liegt wegen der großen Risiken der Verfahren auf der Hand[9].

Bei derart schwerkranken und sterbenden Menschen muß aber, je näher der Tod heranrückt und je mehr die Transplantation als einzige Möglichkeit der Lebensrettung verbleibt, mit einer starken Einschränkung der Beurteilungsfähigkeit gerechnet werden, so daß sie meist nur bedingt zu einer echten Entscheidung fähig sind[10] und sich

[7] S. 125, vgl. 128; vgl. Ruff, 143 ff.; Lyons, 36 ff., 97 ff.; Honecker, Gutachten, 30 f.

[8] Abgedruckt bei Krauß, 140 ff. (Bundesgesundheitsblatt, 16. 7. 1971, 189 f.); vgl. Beecher (1970), 129 ff.

[9] Vgl. Lyons, 92; Sporken (1971), 218 f.; Genewein/Sporken, 240 f.

[10] Vgl. Ruff, 140,142.

häufig nur allzu bereitwillig an jede leichte Hoffnung erweckende Äußerung klammern. Unter diesem Druck wird der Patient meist selbst dann bereit sein zur Transplantation, wenn er um die Risiken und die Tatsache weiß, daß diese Operation vielleicht weniger ihm als dem »Fortschritt der Medizin« und künftigen Patienten dient. In der Hoffnung, es werde doch bei ihm schon gutgehen, wird er sich auch als »Mittel zum Zweck« gebrauchen lassen. Dies kann – obwohl es dem von *I. Kant* herausgestellten Grundsatz der Achtung der Menschenwürde widerspricht – dennoch nicht grundsätzlich abgelehnt werden, wenn einerseits für den Patienten selbst eine wirkliche Chance auf eine sinnvolle Lebensverlängerung besteht und wenn andererseits dadurch das *therapeutische* Wissen und Können der Mediziner in ersichtlicher Weise gefördert wird[11]. Gerade deshalb, weil der Patient in solchen Situationen emotional stark belastet und wenig selbstkritisch ist, müssen er und seine Angehörigen behutsam und doch sehr sorgfältig aufgeklärt und – bei Kenntnis aller Risiken – möglichst zu einer wirklich eigenständigen freien Entscheidung geführt werden[12]. Der Arzt sollte sich vor diesen aufklärenden Gesprächen bewußt machen, daß er in der Gefahr steht, eine Organtransplantation aus Motiven zu befürworten und anzustreben, die vor allem ihn selbst, sein Prestige usw. und weniger das Wohl des Patienten betreffen[13]. Das häufig beschworene »ärztliche Gewissen«[13] sollte so selbstkritisch und sorgfältig sein, sich zu fragen, warum man Patienten und Angehörigen die hohe Wahrscheinlichkeit verschweigt, daß solche risikoreichen Operationen auch viele Leiden verursachen und keinen oder nur geringen sinnvollen Lebensgewinn verursachen

[11] Vgl. Lyons, 98 ff.; Ruff, 143 f., 146 f.; Beecher (1970), 129 ff.; G. E. Schreiner, in: Wolstenhome (Ed.), 126 ff., bes. 130 f.; Honecker, Gutachten, 30 f.; C/II/3, Anm. 65 f.

[12] »The transplanting team has the ethical obligation to be sure that his consent is completely voluntary and fully informed« (Elkinton, 125; vgl. C/II/1, Anm. 47 ff.). Aus eigener Erfahrung im Umgang mit einigen, für Transplantationen (nicht Nieren) vorgesehenen Patienten mußte der Verf. den Eindruck gewinnen, daß weder der Patient noch seine Angehörigen über die Risiken so aufgeklärt waren, daß sie sie klar erkannten. Ganz entschieden müssen wir die Meinung von Ruff (S. 142) ablehnen, daß, wenn der Arzt schon vorher damit rechnen muß, daß der Kranke sich gegen eine Transplantation aussprechen wird, obwohl sie für ihn, für das Gemeinwohl und um des therapeutischen Fortschritts willen nach Ansicht des Arztes nötig wäre, dieser bei der Aufklärung des Patienten »alle jene negativen Aspekte übergehen« dürfe, »die den Kranken zur Ablehnung des Eingriffs veranlassen könnten«.

[13] Vgl. Elkinton, 128, 151; Ruff, 143; C/II/3, Anm. 64 ff.; A/II.

können[14]. Dabei muß gar nicht bestritten werden, daß Transplantationen schon jetzt, selbst wenn sie das Leben nur kurzfristig verlängern, auch lohnend sein und sinnvolles Leben ermöglichen können[15]. Die Bemessung des Erfolgs allein an der Überlebensdauer täuscht jedoch allzuoft Scheinerfolge vor.

Man muß indes keine Sorge haben, daß Menschen diese neuesten Errungenschaften der Medizin nicht genügend in Anspruch nehmen, sondern daß man im Gegenteil – besonders wenn erst einmal die immunologischen Schwierigkeiten besser beherrscht und auch die Transplantationen von singulären Organen wie die von Nieren echte therapeutische Maßnahmen sind – die Ansprüche auf solche Behandlungen aus vielen Gründen nicht wird befriedigen können. Selbst wenn die Funktionen des Herzens in absehbarer Zeit vorübergehend oder auch dauernd durch künstliche Hilfsherzen (Pumpen) ersetzt werden können[16] und auch die Dialysegeräte weiter verbessert werden, werden der Mangel an transplantierbaren Organen[17], wenn nicht Tierorgane verwendet werden können, die Begrenztheit von fachlich entsprechend qualifiziertem Personal und wohl auch die Grenzen der finanziellen Belastbarkeit[18] immer zur ethisch bedenklichen Auswahl von möglichen und geeigneten Empfängern zwingen. Wenn transplantierte Organe und Ersatzorgane ein auch psychisch relativ beschwerdefreies Leben ermöglichen, werden die Auswahlkriterien noch problematischer – weil mehr sozialer als medizinischer und individualpsychologischer Natur – als bei der Dialyse sein. Wenn man auch vom christlich-ethischen Standpunkt aus bedenken muß, daß das Recht auf Leben und Gesundheit seine Grenze am Lebensrecht des Mitmenschen hat, also auch vom Gemeinwohl her begrenzt

[14] Klagen über nicht gewollte sinnlose Eingriffe zur Lebensverlängerung werden von Angehörigen dem Seelsorger häufiger als dem medizinischen Personal kundgetan.

[15] Lüth (1974 b, 245) zitiert den positiven Bericht von A. Gütgemann (Bonn) über das Leben eines Patienten mit transplantierter Leber (205 Tage Überlebenszeit). Nur sollte man über den Erfolgen nicht die Menschen vergessen, die unter den Mißerfolgen leiden müssen.

[16] Angeblich wird in absehbarer Zeit mit dem Einsatz solcher Pumpen gerechnet (vgl. Selecta 4/1976, 242 ff.). Zu den noch immer bestehenden Problemen vgl. Eibach (1973), 93 ff.

[17] An den künstlichen Ersatz von Pankreas und Leber ist wegen der großen Zahl der physiologischen Funktionen – besonders der Leber – überhaupt nicht zu denken.

[18] Dies gilt selbst dann, wenn sich die Kosten für Transplantationen erheblich senken lassen (vgl. C/IV/2). Eine Herztransplantation mit Nachbehandlung kostete an der Standford Universität im Jahre 1974 zwischen 21 000 und 49 650 Dollar (Selecta 11/1976, 1010).

und im Sinne des Gemeinwohls einzusetzen ist, so bedeutet das nicht, daß die Auswahl nach Gesichtspunkten des Nutzens für die Gesellschaft vorgenommen werden darf[19].

Grundsätzlich ist zunächst einmal zu fragen, ob es überhaupt ethisch vertretbar ist, erhebliche personelle und finanzielle Mittel in die Entwicklung von medizinischen Verfahren zu investieren, die voraussichtlich in absehbarer Zeit immer nur bei einem Teil der betroffenen Menschen angewendet werden können, die für solche Behandlungen von ihrem medizinischen Zustand und ihrer Lebenssituation her in Frage kämen und für die sie eine sinnvolle Lebensverlängerung auch im Blick auf ihre Angehörigen brächte. Wird die Entwicklung solcher Behandlungen nicht den fundamentalen ethischen Grundsatz der Gleichheit der Behandlung[19] völlig aushöhlen und zu einem immer größeren Maß an Ungerechtigkeit im Gesundheitswesen führen? Sollte man daher nicht möglichst auf Behandlungen überhaupt oder doch vorläufig verzichten, die wahrscheinlich immer nur bei einer kleinen Zahl von vielen an sich in Frage kommenden Menschen angewendet werden können?[20] Man sollte lange bei dieser Frage stehenbleiben, ehe man sie mit dem ethisch völlig überzeugenden, aber praktisch wohl immer weniger realisierbaren Argument abtut, daß die ökonomischen Erwägungen nicht zählen, wenn es um die Gesundheit und das sinnvolle Überleben von Menschen geht. Man kann nur hoffen, daß die Organtransplantationen für den größten Teil[21] der betroffenen Menschen wirklich mögliche Behandlungen werden, daß sich das Spenderproblem lösen läßt und daß die Gesellschaft bereit und fähig sein wird, die notwendigen personellen und technischen Voraussetzungen in genügendem Maß zu schaffen.

Solange die Transplantationen von singulären Organen sich noch im experimentellen Stadium befinden, können – vorausgesetzt der Patient ist darüber voll informiert und stimmt dem wirklich zu – die wissenschaftlichen Gesichtspunkte für den weiteren Ausbau zur echt therapeutischen Maßnahme ein so entscheidendes Gewicht haben,

19 Vgl. B/II/2, Anm. 43; B/II/5, Anm. 48 ff. (bes. Literatur Anm. 53); Lyons, 91; Elkinton, 129 ff.

20 Vgl. C/IV/2.

21 Je höher der Prozentsatz der betroffenen Personen ist, bei denen solche Behandlungen angewendet werden können, umso eher sind sie ethisch zu rechtfertigen, selbst wenn nicht alle Betroffenen in den Genuß kommen (vgl. C/IV/2)

daß allein von den Ärzten unter diesen Aspekten die Auswahl getroffen werden darf, die aber auch so verantwortlich geschehen muß, daß der mögliche Nutzen für den Patienten die ihm entstehenden Belastungen rechtfertigt und daß man absehen kann, daß er sie mit Hilfe seiner Angehörigen zu bewältigen in der Lage ist, daß ihm »in seiner gesamten Daseinssituation durch die Lebensverlängerung wirklich ein Dienst erwiesen«[22] und nicht nur eine Leidenszeit auferlegt wird. Die Auswahlkriterien müssen sich ändern, sobald solche Verfahren zu echt therapeutischen Behandlungen werden, denn dann hat der aufgrund seiner Krankheit in Frage kommende Patient das *Recht*, eine solche Behandlung zu beanspruchen. Das Gesetz des Handelns liegt dann also nicht mehr ausschließlich bei den Ärzten. Deren Kompetenz beschränkt sich dann zusammen mit dem psychologischen Gutachter auf die Beurteilung der Eignung unter medizinischen und psychologischen Gesichtspunkten. Die ethischen und sozialen Probleme der Auswahl werden nicht viel anders liegen und zu lösen sein wie bei der Auswahl für die künstliche Niere[23]. Für die Übergangszeit von der experimentellen Phase zur therapeutischen Behandlung und der Schaffung ihrer Voraussetzungen wird man die Kriterien mit einigem Recht noch eng fassen dürfen, z. B. den Altersbereich eng eingrenzen und die Möglichkeiten einer beruflichen Rehabilitation und des Nutzens für die Gesellschaft mitberücksichtigen dürfen, allerdings auch nur bei der primären Berücksichtigung der Dimension der personalen Verantwortung für Mitmenschen[24].

In den bisherigen Ausführungen sind wir davon ausgegangen, daß Transplantationen von paarigen (z. B. Nieren, Geschlechtsorgane) und singulären Organen grundsätzlich ethisch erlaubt sind. Die Zeiten sind vorbei, in denen man, um die Integrität des Körpers zu wahren, jeden operativen Eingriff in den Körper und selbst das Öffnen von Leichen verwehrte[25]. Wenn wir aufgrund naturwissenschaftlicher Erkenntnisse und auch anthropologischer und theologischer Überlegungen diese Sicht des Körpers als einer abgeschlossenen und unverletzlichen biologisch-individuellen Einheit nicht mehr so teilen

[22] Sporken (1971), 197; vgl. 218 f. Das setzt eine eingehende Abklärung der psychischen Konstitution und der psychosozialen Verhältnisse voraus.

[23] Vgl. C/II/4/d/db.

[24] Vgl. B/II/5, Anm. 70; C/II/4/d/db; Lyons, 89 ff.; zu den nicht direkt ethischen Kriterien vgl. Ruff, 46 ff.; 140 f. u. Beecher (1970), 129 ff.

[25] Juristisch ist freilich jeder operative Eingriff nach wie vor eine Körperverletzung, die der ausdrücklichen Einwilligung des Patienten bedarf.

können[26], so sollte man das unter der Vorherrschaft analysierenden und partikularisierenden mechanistischen Denkens und Forschens in Biologie und Medizin in Mißkredit geratene synthetisch ganzheitliche Denken und die Anschauung vom Körper als einer integrierten Ganzheit, einem Organismus, doch als entscheidende Erkenntnis gerade der neueren biologisch orientierten Anthropologie[27] gegen eine mechanistische Auffassung ins Feld führen, die im »Leib« nur eine Ansammlung von beliebig durch Transplantate und Ersatzorgane auswechselbaren Organen sieht. Der Leib als Ausdrucksfeld des Subjekts und Eintrittsfeld der Umwelt konstituiert die Person. Er ist die konkrete Gestalt der Person, diese ist mit ihrem Leibe identisch und wird krank, wenn diese Identität, die ungehinderte Verleiblichung des Subjekts, über längere Zeit gestört wird[28]. Zwar sind die persönlichkeitsbestimmenden Merkmale in besonderer Weise in der Hirnrinde zentriert, doch wäre es falsch, das Großhirn als Sitz der Person zu bezeichnen und im Körper einen auswechselbaren Zusatz zum Gehirn zu sehen[28]. Die *Identität der Person* hängt im hohen Maße von den im Gehirn gespeicherten individuellen Erfahrungen *und* dem auf diese persönlichkeitsbestimmenden Merkmale abgestimmten Körper ab, so daß sie nur bei einer einigermaßen gewährleisteten leib-seelischen Ganzheit und Einheit gegeben sein kann. Sollte die Transplantation von *Gehirnen* auf andere Körper wirklich einmal technisch möglich werden[29], so wird dies mit größter Wahrscheinlichkeit eine radikale Änderung der Persönlichkeit und den Verlust ihrer Identität nach sich ziehen, die selbst dann nicht erstrebenswert und ethisch vertretbar sein kann, wenn der Menschheit dadurch »Menschen« – besser gesagt Köpfe oder Gehirne – »mit hohen Geistesgaben« erhalten werden könnten[30]. Es ist daher ernsthaft zu erwägen, ob man nicht aus moralischen Gründen auf jedes in diese Richtung gehende experimentelle Arbeiten verzichten und die Transplantation von Gehirnen von vornherein gesetzlich ausschließen sollte[31].

[26] Vgl. Eibach (1974), 95 ff.; 167. ff., 287 ff.
[27] Vgl. B/I/1, Anm. 11 ff.
[28] Vgl. B/I/1 u. 2 (bes. Anm. 6 f.
[29] Soweit man das heute beurteilen kann, wird dies nicht möglich sein, da eine solche Operation immer soviel Zeit in Anspruch nehmen würde, daß die notwendige Unterbrechung der Sauerstoffzufuhr zu den Nervenzellen und Nervenfasern diese irreversibel zerstören würde.
[30] So der russische Neurochirurg Amosov (zitiert bei Ruff, 147).
[31] Vgl. Honecker, Gutachten, 21.

Überall da, wo sich die Transplantation von Organen tiefgreifend auf das ganze Körpergeschehen, also auf das zentral-nervöse und das hormonale System und dann auf das psycho-physische Zusammenspiel und psychodynamische Geschehen auswirken, kann mit ethisch bedenklichen Persönlichkeitsänderungen gerechnet werden. Dies wird wahrscheinlich – wenn auch noch keine Erfahrungen vorliegen – bei der Transplantation von Geschlechtsorganen der Fall sein. Veränderungen der Persönlichkeitsstruktur sind nach Untersuchungen an der Standford-Universität bei den meisten Patienten nachgewiesen worden, die ein fremdes Herz erhielten[32]. Dies ist nicht weiter verwunderlich, denn das Herz ist nicht nur eine »Blutpumpstation«, es ist ein im Sinne der Psychoanalyse hochgradig mit seelischer Energie besetztes Organ[33], es ist ein »ich-nahes« Organ, das als zentrales Organ des Kreislaufsystems im Mittelpunkt psychophysischer Vorgänge steht, durch das vom Gehirn her Seelisches in Körperliches umgesetzt wird, wie z. B. bei »Herzklopfen« als Folge von Liebe und Scham, und der Körper veränderten Umweltbedingungen und gefühlsmäßigen Erregungen angepaßt wird. Träger von Transplantaten und erst recht von »Kunstherzen« werden in ihrem Gefühlsleben, ihren psycho-sozialen und interpersonalen Funktionen beeinträchtigt, weil eine Reinnervation (Anschluß an das ZNS) bisher nicht nachgewiesen wurde. Die Abtrennung vom Zentralnervensystem bei Transplantaten und der zusätzliche Verlust der Sinusknotenregulation (selbsttätige Regulation des Herzens) bei »Kunstherzen« sind die einschneidendsten physiologischen Veränderungen des Herzens[33a], die dazu führen, daß Ärger, Angst, Aufregung sich nur bedingt in körperliche Reaktionen umsetzen können. Körperliche Belastungen müssen möglichst gleichmäßig bleiben, da die Herzschlagfrequenz und damit die Energieversorgung der Muskulatur durch das Blut sich nur über die ganz langsam wirkenden humoralen Reize (über die

32 Nach diesen Ergebnissen sind 5 von 13 Personen, die ein fremdes Herz erhielten, Psychopathen geworden. »Drei andere hätten schwere nervliche Krisen durchgemacht, andere hätten ›seltsame psychologische Reaktionen‹ gezeigt« (G. Schettler u. a., in: Studium Generale 23,1970, 302). Vgl. Pompey (1974), 124 ff.; dgg. vgl. Anm. 2.

33 Vgl. F. Meerwein, Die psychosomatische Medizin und das Problem der Herzverpflanzung, in: Reformatio 18 (1968), 286 ff.

33a Vgl. F. Sebening, Klinischer Stand der Herztransplantation, in: Dtsch. Med. Journal 22 (1971), 212 f. Bei Kunstherzen ist die Verbindung mit dem ZNS ausgeschlossen und auch die Steuerung über das Hormonsystem nicht möglich, so daß bei ihnen diese Probleme noch größer sind.

Wirkung der Hormone im Blut) verzögert anpassen können. Bei der ethischen Beurteilung von Transplantationen und dem Einbau von künstlichem Organersatz wird man diese Aspekte und die daraus resultierenden Einschränkungen und Veränderungen der Persönlichkeit bedenken und fragen müssen, ob der Patient und seine Angehörigen in der Lage sind, solche Veränderungen zu bejahen und zu verkraften und ob sie überhaupt die psychischen Belastungen einer Organtransplantation bewältigen können[34]. Dies hängt aber weit weniger vom Intelligenzgrad und dem Sozialprestige eines Menschen, als vielmehr von seiner psychischen Stabilität und auch seiner familiären Situation ab[35]. Die Auswahl der Patienten wird bei allen Arten der Transplantation von lebenswichtigen Organen selbst dann noch schwerwiegende Probleme aufwerfen, wenn die finanziellen und personellen Voraussetzungen für genügend Transplantationen geschaffen sind, denn auch bei unbedingt notwendiger eingehender vorheriger Diagnostik unter medizinischen und psychosozialen Gesichtspunkten wird die Ausarbeitung und Feststellung der Kriterien und vor allem ihre Rangordnung immer zahlreiche ethische Probleme aufwerfen[36]; doch wird man aufgrund all dieser psychophysischen und ethischen Probleme Herztransplantationen keineswegs für ethisch unzulässig halten dürfen; »denn die Rettung des Lebens ist entscheidender als die zu erwartende geringfügige Persönlichkeitsbeschädigung«[37], die auf lange Sicht bleibende Notwendigkeit, auch viele »geeignete« Patienten ablehnen zu müssen, und die Gefahr, bei der Auswahl nach einer ethisch zweifelhaften Rangordnung der Kriterien zu verfahren. Wegen der eingeschränkten Beurteilungsfähigkeit des Patienten wird die Hauptlast der Entscheidung immer bei den »Fachleuten« liegen und vieles von ihren nicht nur fachlich bedingten Vorentscheidungen abhängen. Diese sollten aber doch möglichst offen liegen und öffentlich diskutiert werden und sich an allgemeinen ethischen Grundsätzen ausrichten.

Besondere Probleme wirft die Transplantation von Nieren auf, weil

[34] Vgl. Pompey (1974), 124 ff. »Mit der Herztransplantation ist jedoch prinzipiell der erste Schritt zur Persönlichkeitsveränderung geschehen« (ebd. 127). Vgl. Ruff, 142; Sporken (1971), 218 f.

[35] Nach persönlicher Mitteilung von Frau Dr. B. Zschaege lassen sich eindeutig psychisch bedingte Abstoßungsreaktionen von Nierentransplantaten bald nach der Operation beobachten, und zwar vor allem bei sensiblen Patienten.

[36] Vgl. zur Dialyse C/II/4/d/db.

[37] Pompey (1974), 127.

sie nicht die einzige Möglichkeit der Lebensrettung bei chronischem Nierenversagen ist. Die meisten Patienten, die für eine Transplantation ins Auge gefaßt werden, werden vorher bereits für einige Zeit an der künstlichen Niere behandelt. Patienten, die die Belastungen der Dialyse relativ gut bewältigen und vielleicht auch wegen ihres guten Allgemeinzustands für eine Transplantation geeignet wären, sind häufig wenig motiviert, das Risiko der Operation und die monatelange Ungewißheit nach der Transplantation hinsichtlich der Organverträglichkeit auf sich zu nehmen, selbst wenn die erfolgreiche Transplantation eine Verbesserung ihrer Lage brächte. Die Bereitschaft zur Transplantation hängt auch von momentanen Stimmungen und Erlebnissen ab. Dialysepatienten stehen häufig untereinander in enger Verbindung. Empfängt einer von ihnen ein Transplantat und geht es ihm dann nach der Operation schlecht, kommt es zu einer schnellen Abstoßung des Organs oder verstirbt er sogar, so bleibt dies den früheren Mitpatienten nicht verborgen. Das wirkt sich häufig so aus, daß für eine Zeit keiner bereit ist zur Transplantation. Kommt es jedoch andererseits zu einem Dialysezwischenfall mit Todesfolge, so wird der Wunsch größer, sich eine Niere einpflanzen zu lassen[38]. Man wird für solche Stimmungen viel Verständnis aufbringen müssen und dennoch fragen dürfen, ob sich Entscheidungen zur Transplantation ausschließlich nach dem Willen des Patienten richten müssen. Sicherlich ist jeder Fall individuell zu betrachten, doch wird man allgemein davon ausgehen können, daß beim Vergleich mit dem Dialysepatienten – wenigstens denjenigen in einem Zentrum – »die psychologische Situation des transplantierten Patienten *günstiger* (ist) und zwar ab dem *dritten* bis *sechsten* Monat, wenn die Möglichkeit einer schnellen Abstoßung vorerst gebannt ist«[39]. Die Abhängigkeit von der künstlichen Niere fällt weg, die Gebundenheit in räumlicher und zeitlicher Hinsicht und an andere Menschen und die therapeutische Abhängigkeit verringern sich stark; infolgedessen vergrößert sich der Freiraum, die Umweltbeziehungen können erweitert werden und eine berufliche Beschäftigung ist eher möglich; die ständige Konfrontation mit der eigenen Krankheit und der anderer und auch dem Tod durch die Ungewißheit hinsichtlich der Lebenserwartung wird gemindert, da sie eher verleugnet werden können. Die Belastungen

[38] Viele Hinweise verdankt der Verf. Herrn Dozent Dr. M. Siedek.
[39] H. Freyberger u. a., Die psychologische Situation . . . in: Dialyse, 24.

der Dialyse entfallen. An Stelle der Angst vor Zwischenfällen bei der Dialyse tritt die relativ leichter ertragbare und zu verdrängende Befürchtung vor der Abstoßung des Transplantats. Diese und die Gefahr von Infektionen infolge der Herabsetzung der Abwehrkräfte durch Immunsuppression sind die medizinischen Hauptschwierigkeiten bei Menschen mit einem Nierentransplantat, während es bei Dialysepatienten vor allem das vorzeitige Altern der Gefäße infolge von Arteriosklerose sind.

Bei vorsichtiger Schätzung wird angenommen, daß eine Nierentransplantation für ein Drittel bis die Hälfte aller Menschen mit Nierenversagen in Frage kommt[40]. Wie dargelegt dürfte die »Lebensqualität« von Menschen mit einem Transplantat im allgemeinen besser sein als die von denen, die in einem Zentrum dialysiert werden. Die Überlebenszeiten entsprechen bei der Lebendspende denen bei der Heimdialyse und kommen bei Leichennieren denen im Dialysezentrum nahe[41]. Allerdings ist bei Transplantationen die Sterblichkeit in den ersten sechs Monaten recht hoch, so daß die Transplantation in der Tat mit einem erheblichen Risiko für den Patienten verbunden ist. Zu bedenken ist auch, daß die Kosten für eine Dauerdialyse unvergleichlich höher sind als die für eine Transplantation[42] und daß bei weitem nicht alle Patienten mit einem Nierenversagen einen Platz an der künstlichen Niere bekommen und deshalb frühzeitig sterben müssen. Dieser Mangel könnte erheblich entschärft werden, wenn alle die, die aus medizinischen und psychologischen Gesichtspunkten für eine Transplantation geeignet sind, ein Transplantat empfangen könnten und zur Transplantation bereit wären. Die Frage ist, ob und wann ein Patient, wenn ihm von ärztlicher Seite eine Transplantation vorgeschlagen wird, diesen Vorschlag ablehnen darf. Selbstverständlich hat der Arzt bei seiner Auswahl nicht nur das Wohl des einzelnen Patienten, sondern auch das derer im Blick zu haben, denen er wegen des Mangels an Dialysegeräten das Weiterleben nicht ermöglichen kann. Der Mangel an Geräten hängt auch mit den erheblichen Kosten zusammen, die von der Gesellschaft aufgebracht werden müssen. Wenn sich zwei nahezu gleichwertige Behandlungsmethoden anbieten, so muß sich der Arzt bei seinen Vorentscheidungen verdeutli-

[40] Organ-Spende, 6.
[41] Vgl. Anm. 3; G. Schütterle, in: Dialyse, 5 ff., bes. 10 f. Neueste Angaben (Selecta Nr. 51/1975, 4676) sehen noch günstiger für die Transplantation aus, da im ersten Jahr 93 %, im zweiten 91 %, im dritten 83 % überlebten.
[42] Vgl. Anm. 4.

chen, daß er in solchen Fällen nicht nur dem einzelnen Patienten, sondern auch dem *Allgemeinwohl* verpflichtet ist[43]. Auch dem Patienten sollte deutlich sein, daß er zur *Solidarität* mit dem Mitmenschen gerufen und dem Allgemeinwohl verpflichtet ist und daß sein Recht, die Art seiner Behandlung zu bestimmen, spätestens dort endet, wo durch seine eigenwillige Entscheidung anderen Menschen ein gleiches Recht auf Behandlung, wie es ihm gewährt wird, oder gar das Lebensrecht verweigert werden muß[43]. Theologisch ethisch gesehen ist das Lebensrecht des Mitmenschen nicht nur eine Grenze des eigenen Freiheits- und Selbstbestimmungsrechts, sondern auch des eigenen Lebensrechts[43].

Der Patient wird diese ethischen Argumente nicht abtun dürfen, indem er darauf verweist, daß er nun einmal derjenige sei, der zuerst am Dialysegerät behandelt wurde, und daß man, um den anderen ihr Lebensrecht nicht verweigern zu müssen, nur genügend Dialyseplätze anbieten müsse. Sicherlich hat er das Recht, genau zu erfahren, aus welchen Gründen, nach welchen Kriterien und mit welchen Erfolgsaussichten gerade er zur Transplantation ausgewählt wurde oder – wenn diese einmal die eindeutig der Dialyse überlegene Behandlungsform wird – warum er keine Gelegenheit dazu bekommt. Leuchten ihm die Gründe nicht ein, wird er Einspruch erheben und gegebenenfalls eine Überprüfung durch andere Fachkräfte erwarten können. Viele Bedenken gegen die Transplantation könnten abgebaut werden, wenn eine genügend große Zahl von Transplantaten zur Verfügung stünde, damit von der Gewebeverträglichkeit her die optimalen Voraussetzungen für eine erfolgversprechende Transplantation angeboten werden und die hauptsächliche Befürchtung, es könne zu einer schnellen Abstoßung des Organs kommen, gemindert werden kann[44]. Wenn ein Patient auch sittlich verpflichtet ist, einer Behandlung bei überzeugender Begründung aus Solidarität mit dem lebensbedrohlich kranken Mitmenschen zuzustimmen, man wird ihn nicht zwingen können, auch nicht, indem man ihn mit der Drohung des Entzugs seines Platzes im Dialyseprogramm unter Druck setzt. Man wird nur versuchen können, die Zustimmung durch eine intensive psychologische, die Befürchtungen abbauende Betreuung und durch den Hinweis auf die Verantwortung für die Mitmenschen zu

[43] Vgl. B/II/2, Anm. 43 ff.; B/II/5, Anm. 44 ff.; Ruff, 102 ff., 141 ff.; Mayer-Scheu, 6 f.; G. Schewe, in: Dialyse, 19 f.

[44] Vgl. Organ-Spende, 6.

erlangen. Dabei kann auch die Mithilfe des Seelsorgers hilfreich sein.

Wegen der ungelösten immunbiologischen Probleme und dem Mangel an geeigneten Spendern werden in der BRD Transplantationen von Leichennieren zu Unrecht bis jetzt fast nur für Empfänger vorgesehen, deren medizinische und psychische Voraussetzungen für eine Behandlung durch Dialyse recht ungünstig sind[45]. Dialyse und Transplantation werden auch in Zukunft keine konkurrierenden Verfahren sein, sondern nebeneinander bestehen. Wird die Transplantation einmal die eindeutig überlegene Behandlungsform, so wird man vielleicht nicht alle jene mit einem Transplantat versorgen können, die das wünschen und aufgrund medizinischer Gegebenheiten auch dazu geeignet sind. Da die Transplantation einem Menschen einen größeren Freiheitsraum und weniger psychische und physische Belastungen und damit vielleicht auch eine bessere Chance zur beruflichen Rehabilitation gewährt, wird man die sozialen Aspekte, ob der Patient z. B. seinem Beruf weiter nachgehen und dadurch für seine Familie ganz oder teilweise aufkommen kann, bei der Auswahl ethisch zu Recht berücksichtigen dürfen, da es dann ja nicht um Entscheidungen über Leben oder Tod geht. Mithin dürfen hier neben der personalen Verantwortung[46] auch soziale und ökonomische Gesichtspunkte des Gemeinwohls eine größere Rolle spielen.

b) Ethische Probleme der Organ-Spende

Die Entnahme von singulären, lebenswichtigen Organen verursacht den Tod eines Menschen und ist daher ethisch eindeutig – auch wenn die Spende im freien Akt der Selbsthingabe an den anderen vollzogen wurde – abzulehnen[47]. Bei paarigen Organen, vor allem der Niere, wird die Lebendspende aber im Ausland häufig praktiziert. Dies ist keinesfalls von vornherein ethisch mit der Begründung abzulehnen, daß dies ein die Integrität des von Gott geschaffenen und dem Menschen als »Leihgabe« gegebenen körperlichen Lebens verstümmelnder Eingriff sei und daß der Mensch dieses Leben als »Ganzheit« (Totalitätsprinzip) zu bewahren habe[48] und – wie *I. Kant*[49] meinte – keinesfalls berechtigt sei, auf einen Teil seines Leibes zu verzichten und

[45] Vgl. Mayer-Scheu (1975), 9.
[46] Vgl. B/II/5, Anm. 70; C/II/4/d/db; C/IV/2.
[47] Vgl. B/III/1/e, Anm. 51 ff.; C/I/4, Anm. 33 ff.

ihn zu verschenken, weil das mit der Würde des Menschseins unvereinbar sei. In dieser Weise ist die Identität und Integrität des Menschseins nicht an das Vorhandensein jedes Organs und die Unversehrtheit des Körpers gebunden[50], so daß man auch theologisch keine grundsätzlichen Bedenken gegen eine Organspende haben muß, wenn dadurch nicht das Leben des Spenders deutlich gefährdet wird. Das Operationsrisiko der Explantation einer Niere ist relativ gering und ebenso die Gefahr, daß es beim Spender zu einem Versagen der verbleibenden, aber normal genügend leistungsfähigen Niere kommt[51]. Die medizinischen Vorteile der Lebendspende liegen vor allem darin, daß das Transplantat besser nach seiner Gewebeverträglichkeit ausgesucht werden kann. Unter diesem Aspekt bringt jedoch meist nur das Organ eines nächsten Blutsverwandten einen wesentlichen Vorteil gegenüber dem eines Verstorbenen[52]. Trotz der Vorteile beurteilen viele Ethiker die Lebendspende sehr zurückhaltend[53]. Dies ist aufgrund der psychologischen Schwierigkeiten, die vor und nach der Transplantation entstehen können, nicht ganz unberechtigt.

Wird die Lebendspende zur Regel, so kann, wenn in einer Familie ein Glied ein Transplantat benötigt, nicht nur vom Kranken, sondern auch der ganzen Familie ein geheimer oder offener psychischer Druck – und sei es nur in einer unterschwelligen Erwartungshaltung – auf

48 Das Totalitätsprinzip geht im Ansatz auf Thomas von Aquin (S. th. I–II q.81) zurück, wurde erstmals von Papst Pius XII. als solches bezeichnet, der, allerdings unter Voraussetzung der Identifizierung eines metaphysischen Verständnisses von der Natur des Menschen (bei Thomas) mit der biologischen Auffassung seiner Natur in der Neuzeit, den Eingriff in den Körper zu nicht therapeutischen Zwecken und damit auch die Organspende, Sterilisation u. a. ablehnte (vgl. Ruff, 104). Zur Kritik vgl. Eibach (1974), 287 ff., 306 ff. Positiv besagt das Prinzip richtig, daß das Teil um des Ganzen willen da ist. Die Ganzheit der Person kann aber auch erhalten bleiben, wenn ein Teil fehlt.

49 Vgl. Metaphysik der Sitten, Akademie Ausg. Bd. IV, 553 ff. Kant spricht von der Pflicht zur Selbsterhaltung in seiner »animalischen Natur«. Begründet ist die Ablehnung bei Kant mit seiner Fassung des kategorischen Imperativs in praktischer Hinsicht (Akad. Ausg., Bd. IV, 61), wonach der Mensch niemals als Mittel zum Zweck gebraucht werden und sich gebrauchen lassen soll. Vgl. Honecker (1973), 197 ff.; Lyons, 81 ff.

50 Der Körper ist nach biblischer Sicht durchaus nicht Selbstzweck, sondern Mittel zum Dienst an Gott und dem Nächsten (vgl. Röm. 12,1 f.). Vgl. Eibach (1974), 107 ff., 167 ff., 282 ff.

51 Vgl. Elkinton, 125 f.

52 Aus diesen Gründen verzichtet man heute meist auf Organe von nicht genetisch Verwandten.

53 Vgl. Honecker, Gutachten, 21; Beecher (1970), 146 ff.; Sporken (1971), 146 ff.; Elkinton, 125 ff.; Lyons, 80 ff.; Nelson, 155 ff.; Ruff, 148 ff.; Mayer-Scheu (1975), 9 f.

das Familienglied ausgeübt werden, das für die Spende am ehesten in Frage kommt[54]. Unbedingte Voraussetzung für die Organspende ist jedoch die – nach sachgerechter Aufklärung – wirklich in freier Entscheidung in Kenntnis der Risiken vollzogene Hingabe des Organs an den Mitmenschen. Dies wird meist nur der Fall sein, wenn eine personale Verbundenheit und Verantwortung zwischen Spender und Empfänger besteht, wenn das Organ also aus Freiheit und Liebe zum Nächsten »geopfert« wird[55]. Die Motive und die Stabilität der Persönlichkeit sollten möglichst gut psychologisch abgeklärt werden, da nur »ausgeglichene Persönlichkeiten« für die Organspende in Frage kommen[56], denn das Verhältnis von Spender und Empfänger bleibt häufig äußerst konfliktreich und kann bei beiden ambivalente Gefühle hervorrufen, selbst wenn die Operation bei beiden gut verläuft. »Der Spender gibt, ohne etwas dafür zu bekommen. Er steht zuerst im Blickpunkt, während sich später das Interesse und alle Teilnahme auf den Transplantierten verlagert. Dieses führt gelegentlich zu bewußten oder unbewußten Ressentiments gegenüber dem Empfänger«[57] und denen, die den Spender zu seinem Schritt ermutigt haben. Auf seiten des Empfängers kann eine ungesunde »Verpflichtungsabhängigkeit« entstehen. Diese Schwierigkeiten verarbeiten offenbar Mütter am besten, die für eines ihrer Kinder eine Niere spenden[57]. Aus diesen Gründen wird man es aus ethischer Sicht begrüßen, wenn zunehmend auf die Lebendspende verzichtet und sie nur in dringenden und ganz günstigen Fällen nach vorheriger eingehender psychologischer Untersuchung des Spenders und seines Verhältnisses zum Empfänger ermöglicht wird. Dies ändert jedoch nichts an dem ethischen Urteil, daß die Entfernung eines Organs zu Transplantationszwecken nur dann grundsätzlich ethisch unzulässig ist, wenn dadurch der gesunde Spender in seiner Selbstverwirklichung in Mitmensch-

[54] Vgl. Beecher (1970), 145 ff.; Elkinton, 126; Sporken (1971), 220. Lyons (S. 85) macht auf Fälle aufmerksam, wo in der Familie »the less valuable member« diesem Druck unterworfen worden sei, und Nelson (S. 155 f.) gibt unter Bezug auf Beecher an, daß in den USA etwa 40 % der Nieren nicht freiwillig gegeben worden seien.

[55] Vgl. B/III/1/c u. C/I/4, Anm. 32 ff. Abhängige – wie etwa Gefangene, Kinder, psychisch Kranke – sollten daher von vornherein als Spender ausgenommen sein, so daß Gefangene, die sich durch die edle Tat Erleichterungen erkaufen wollen, oder Menschen, die ein Organ »verkaufen« wollen, überhaupt nicht als Spender in Frage kommen (vgl. Genewein/Sporken, 242; Ruff, 149). Vor allem sollten aber »Geisteskranke« wirklich vor derartigen Ansinnen geschützt sein (vgl. C/I/4, Anm. 35).

[56] Vgl. Gurland, 338 f.; Freyberger u. a., in: Dialyse, 25; Mayer-Scheu (1975), 10.

[57] Gurland, 339.

lichkeit deutlich geschädigt wird[58]. Wenn jedoch ein Mensch aus eindeutig freier Entscheidung und überzeugender personaler Verantwortung für den Nächsten zur Spende des Organs bereit ist, kann das ihm ethisch gesehen nicht und sollte das ihm rechtlich nicht verwehrt werden.

Die Transplantation von Leichennieren wirft hinsichtlich der Spender vergleichsweise geringe ethische Probleme auf, wenn der *Individualtod* (Tod des Gesamthirns) eindeutig diagnostiziert ist[59]. Es wird dann oft aus Gründen der Vermeidung von Schädigungen des Organs nötig sein, den Kreislauf noch über das Eintreten des Todes (Hirntod) hinaus aufrechtzuerhalten. Dies kann nicht ohne weiteres als unverantwortliche Manipulation von Leben und Sterben angesehen werden, weil der *irreversible* Tod des Gesamthirns als »terminus ad quem« *individuellen* und *personalen* Lebens betrachtet werden muß[60] und die Menschenwürde bis zu diesem Augenblick, aber auch *nur bis dahin* den Schutz des Lebens als personhaftes Leben, also als Mensch, garantiert. Von da ab ist der Körper *keine integrierte Ganzheit* mehr, er ist *Leichnam*, der zunehmend in seine ihn konstituierenden Teile zerfällt[61]. Wenn die Ganzheit als integriertes organisches System gar nicht mehr besteht, kann sie auch durch die Entnahme eines Organs nicht mehr zerstört werden. Sicherlich heißt das nicht, daß der Leichnam ohne weiteres als »Organreservoir« betrachtet und »ausgeschlachtet« werden darf. Der Leichnam ist nicht ein Ding unter anderen Dingen, sondern der sichtbare, wenn auch tote Teil der verstorbenen *Person*, der die Person mitkonstituiert hat und in dem allein sie als irdisches Wesen real existenz war. Aber die Achtung vor dieser »Hülle« des Menschen darf nicht so weit gehen, daß damit der eindeutige Unterschied zwischen der lebenden Person (Individuum) und ihrem Leichnam verwischt wird. Wenn schon gegen die Versehrung der biologischen Ganzheit bei gesunden Menschen keine grund-

58 Genewein/Sporken, 241; vgl. Sporken (1971), 220.

59 Vgl. C/I/4, Anm. 54 f.

60 Darin stimmen im Grunde alle theologischen Ethiker überein (vgl. B/II/5, Anm. 21 ff.). Vgl. Böckle (1970), 457; Ruff, 86 ff.; Häring, 116 ff.; Pompey (1974), 109 ff.; Sporken (1971), 226 f.; Thielicke (1970), 47; Walther, 52 ff.; Honecker, Gutachten, 22 f.; Lyons, 58 ff.; Nelson, 125 ff.; Eibach (1974), 341 ff.; vgl. C/I/3, Anm. 50 ff.; C/I/4, Anm. 49 ff.

61 Vgl. B/I/1 u. 2; Thielicke (1970, 23 f., 38 f., 49 f.) spricht für den Fall der weiteren künstlichen Aufrechterhaltung von Atmung und Kreislauf von »Vitalkonservierung einzelner Organe einer unbestatteten Leiche«. »Vitalkonserve«, »biologischem Präparat«. Zustimmend Honecker, Gutachten, 29.

sätzlichen ethischen Einwände zu erheben sind, um wieviel weniger können überzeugende ethische Einwände gegen die Entnahme von Organen aus einem Leichnam geltend gemacht werden, der schon in sich kein integriertes lebendes System, keine biologische Ganzheit mehr ist. Auch die christliche Hoffnung auf die Kontinuität und Identität der Person in der Auferweckung von den Toten ist nicht abhängig von dem Vorhandensein aller körperlichen Überreste des Menschen, sondern gründet in und vertraut letztlich allein auf das Wunder der Neuschöpfung der Person durch Gott, durch dessen Treue zu den Toten auch die Identität der Person in der Auferweckung garantiert ist[62].

Der Leichnam ist nicht ein Gegenstand, sondern die sichtbare *irdische Hülle* der verstorbenen Person, auf die die emotionalen Beziehungen der Angehörigen meist noch lange ausgerichtet sind und von der sie sich erst allmählich lösen. Aus Gründen der *Pietät*[63] schützt man nicht nur diese Beziehungen der Angehörigen zu ihren Verstorbenen, sondern die Toten selbst genießen »einen eigenen Rechtsschutz (BGB §§ 168 und 169), der von der herrschenden juristischen Lehre als ein über den Tod hinauswirkendes Persönlichkeitsrecht verstanden wird, und das Andenken Verstorbener gegen Verunglimpfung und die Ruhe des Toten gegen Störung sichern soll.«[64] Diese Sitte der Pietät hat ihre Wurzeln in der altrömischen Religion, in der die gewissenhafte Einhaltung der Pflichten gegenüber den verstorbenen »Ahnen« Zeichen von Frömmigkeit war und ihre Vernachlässigung von Göttern geahndet wurde. In der Bibel jedoch, vor allem im Alten Testament[65], wird – aus Gründen der Abgrenzung gegen den Totenkult der heidnischen Umwelt – eine ablehnende Haltung gegenüber jedem Ahnen- und Totenkult und der Verehrung von Toten und Gräbern eingenommen. Die Kritik Jesu an der Überbewertung

[62] Vgl. Eibach (1974), 213 ff.; Weth, 425 ff. (vgl. B/II/3 u. 4). Schon Augustinus (De civitate Dei, Buch XXII, 20), Thomas von Aquin (Supplement q. 80 a. 4 f.) und M. Luther (WA 28, 429 f.) haben ausdrücklich erklärt, daß für die Auferstehung das Vorhandensein der Gliedmaßen nicht unerläßlich ist. Vgl. Honecker, Gutachten, 28 f.

[63] Vgl. W. Trillhaas, Artikel »Pietät«, in: RGG 3. Aufl., Bd. V, 1961, Sp. 369; C. Koch, Artikel »Pietas«, in: Pauly-Wissowa's Real-Encyclopädie der classischen Altertumswissenschaft, Neue Bearb. 39 Halbb., 1941, Sp. 1221 f.; Honecker, Gutachten, 29 f.

[64] Honecker, Gutachten, 29.

[65] Vgl. H. W. Wolff, 152 ff.

der Sorge um die Toten[66] macht deutlich, daß die Sorge um die Lebenden – und dazu gehören auch die Sterbenden – in jeder Weise ganz eindeutigen Vorrang vor der um die Toten hat, weil die Lebenden auf Hilfe angewiesen sind und auf Nächstenliebe antworten können und weil Leben sich in den Beziehungen von Lebenden im gegenseitigen Geben und Nehmen, in Wort und Antwort ereignet. Das kritische Wort Jesu (Mt 8,22) will uns nicht verwehren, den Toten »den letzten Dienst zu erweisen«, sie zu begraben, sie in ehrendem Andenken zu bewahren, will auch nicht die Trauer als notwendige Form der Ablösung vom Toten und Realisierung seines Totseins unmöglich machen, kann aber doch verdeutlichen, daß der Einsatz der Liebe eigentlich nur den Lebenden gilt und die Toten menschlicher Sorge letztlich entzogen sind.[67] Zu Recht wird daher von allen christlichen Ethikern die *Bewahrung des Lebens eines Mitmenschen als das unvergleichlich höhere Gut* gegenüber der Unversehrtheit eines Leichnams und den Pietätspflichten gegenüber Angehörigen gewertet und die Spende eines Organs zur Lebensrettung eines Mitmenschen nach dem eigenen Tod von den meisten christlichen Ethikern als eine aus dem Gebot der *Nächstenliebe* sich ergebende Pflicht betrachtet[68], selbst dann, wenn die Spende an sich nicht mehr ein Akt der Nächstenliebe sein kann, da der Spender zum Zeitpunkt des tatsächlichen Geschehens tot ist und das Verhältnis zwischen Spender und Empfänger daher und weil es ein anonymes ist, keine personale Beziehung und die Spende kein Ausdruck der Liebe zu einer konkreten Person sein kann[69]. Dennoch wird man sagen dürfen, »daß die Möglichkeit der Organtransplantation von einem toten Spender zu einer letzten, über den Tod hinausreichenden Verwirklichung der Mitmenschlichkeit werden kann«[70]. Wer bereit ist, seine Organe nach seinem Tod

[66] »Laß die Toten ihre Toten begraben« (Mt. 8,22; vgl. Mt.22,32).

[67] Die Ablehnung des Totenkults in Israel gründet im Bekenntnis, daß Gott ein Gott der Lebendigen ist (Mt.22,32). So kann die Sorge um die Toten letztlich nur Sache dessen sein, der Herr über den Tod ist (vgl. 1. Thess. 4,13 ff.).

[68] Vgl. die Anm. 60 f. genannten Autoren.

[69] Vgl. B/III/1/e, Anm. 50 ff.; C/I/4, 40 ff. Deshalb sollte die Organentnahme aber doch nicht nur dann zulässig sein, wenn der konkrete Organempfänger zum Zeitpunkt der Explantation wenigstens bekannt ist (vgl. Honecker, Gutachten, 27). Dies ist auch aus Gründen einer hinreichenden Testung der Gewebeverträglichkeit und der damit verbundenen Vermittlung über Zentren wie Eurotransplant nicht angeraten.

[70] Genewein/Sporken, 245. »Seine Organe nach seinem Tod zur Verfügung zu stellen, ist eine freie Schenkung, die im Sinn der Mitmenschlichkeit schon in sich selbst Sinn hat. Ein solches Handeln kann dem Sterben sicher eine tiefere Bedeutung ge-

zur Transplantation zur Verfügung zu stellen, handelt in Übereinstimmung mit der grundlegenden theologisch-anthropologischen Erkenntnis, daß der Körper nicht Selbstzweck ist, sondern im Dienste der Bestimmung des Lebens steht, die sich in der Beziehung zu Gott und im Dienst am Mitmenschen verwirklicht.

Die juristische Auffassung von über den Tod hinausreichenden Persönlichkeitsrechten verwischt den *fundamentalen Unterschied* zwischen *Lebenden* und *Toten*. Sicherlich haben die Angehörigen nach dem Tode die Pflicht, für den Leichnam zu sorgen (Sorgepflicht). Dieser wird aber nicht zu deren »Eigentum«, »Besitzgegenstand«, über den sie dann ein Verfügungsrecht hätten. Ihr Sorgerecht resultiert aus den personal-mitmenschlichen Beziehungen, in denen sie zu Lebzeiten des Verstorbenen zu diesem standen. Das Ansinnen von Verwandten, etwa Organe des Verstorbenen zu »verkaufen« oder »Schadenersatz« zu fordern, wenn die Organe ohne ihre Einwilligung entnommen werden, sind »pietätlos« gegenüber dem Verstorbenen, dessen Menschsein und Würde dann in einer grob verdinglichenden Weise mißachtet wird. Nach theologischer Auffassung steht nicht einmal dem Menschen selbst ein solches Verfügungsrecht über seinen Leib und seine Glieder zu, da sie als Gabe Gottes der von Gott gesetzten Bestimmung zu dienen haben. Dieser Bestimmung und Würde des Menschseins widerspricht es, daß der Mensch *verdinglicht* wird und sich als *Ware verkauft*. Nun könnte man natürlich die Auffassung vertreten, daß, um eine Verdinglichung des Leichnams als Organreservoir zu verhindern, den Angehörigen ein »Schutzrecht« derart zugebilligt werden müsse, daß eine Organentnahme von ihrer Einwilligung abhängig gemacht wird[71]. Wer die Situation in der Intensivtherapie kennt, wird nicht annehmen, daß auf diese Weise ein wirksamer Schutz vor der Manipulation des Sterbens zum Zweck der Organentnahme und einer ethisch eindeutig abzulehnenden vorzeitigen Tötung zu erreichen ist. Dazu bedarf es anderer

ben und buchstäblich letzte Besiegelung des Willens darstellen, für andere zu leben und zu sterben« (ebd. 242). Jedes Geschäft mit Organen sollte freilich rechtlich ausgeschlossen werden.

71 Dies ist nach einer berühmt gewordenen Entscheidung des Bonner Landgerichts (vgl. Juristenzeitung 1971, 56 ff.) der Fall. Auch aufgrund dieser unsicheren Rechtslage wurden in der BRD 1972 nur 72 Nieren transplantiert, in der schwedischen Stadt Göteborg allein jedoch 86 (Organ-Spende, 5). Den für 1970 geschätzten 800 möglichen Nierentransplantationen standen tatsächlich 60 durchgeführte gegenüber (Gessler, 80). Vgl. »Nach jeder Operation vor den Kadi?«, in: Der Spiegel Nr. 49/1973, 65 ff.

struktureller und organisatorischer Maßnahmen[72]. Geht man davon aus, daß auch die Angehörigen kein Verfügungsrecht über den Toten haben und daß die Rettung eines Menschenlebens das unvergleichlich höhere Gut gegenüber der Wahrung der Pietätspflichten ist – zumal diese nur geringfügig verletzt werden, wenn der Leichnam nach der Explantation wieder ordentlich hergerichtet wird[73] –, so wird man aus ethischer Sicht den Angehörigen auch ein Recht auf Widerspruch gegen die Explantation nicht zubilligen können, es sei denn, eindeutig entgegengesetzte und glaubhaft zur Geltung gebrachte Äußerungen des Verstorbenen selbst würden den verantwortlichen Ärzten vor der Explantation vorgelegt oder zu Ohren gebracht.

Es wird davon ausgegangen, daß dem Menschen im allgemeinen die »Güterabwägung« zwischen der Integrität des Leichnams und dem zu rettenden Leben zugunsten des letzteren so einleuchtend ist – selbst dann, wenn er die Person, die dadurch am Leben erhalten werden kann, nicht kennen kann und wenn zum Zeitpunkt seines Todes die zu rettende Person noch nicht bestimmt ist und das entnommene Organ vorübergehend konserviert wird –, daß er keinen Widerspruch gegen eine Organentnahme geltend macht. Schon dieses *Widerspruchsrecht* einer Person zu ihren Lebzeiten ist ethisch kaum überzeugend zu begründen auf dem Hintergrund einer Güterabwägung zwischen der Integrität des Leichnams und dem zu rettenden Leben und theologisch ethisch auch deshalb kaum, weil der Mensch selbst kein absolutes Verfügungsrecht über sein Leben und erst recht nicht über seinen Leichnam hat. Wenn dieses Widerspruchsrecht zu Lebzeiten der Person selbst dennoch eingeräumt wird, so vor allem deshalb, weil man theologisch ethisch gesehen niemand zu einem Akt der Mitmenschlichkeit, einer guten Tat gegen seinen Willen zwingen kann und soll. Wenn wir davon ausgehen, daß die »Güte« einer Organspende für den Zeitpunkt nach dem Ableben jedem einsichtig sein müßte, dann erübrigen sich auch die Vorschläge zu einer schriftlichen Einwilligung zur Organspende zu Lebzeiten, etwa in Form eines *Organspenderausweises*[74].

[72] Vgl. C/I/4, Anm. 52 ff.

[73] Das Insistieren auf die Integrität des Leichnams von seiten der Angehörigen mutet seltsam an, wenn – was man immer mehr im Krankenhaus beobachtet – Angehörige gar nicht mehr bereit sind (trotz Angebots) den Leichnam anzusehen und so sichtbaren Abschied vom Verstorbenen zu nehmen.

[74] Die Praktikabilität eines derartigen Verfahrens muß zudem bezweifelt werden, denn selbst dann, wenn viele Menschen einen solchen Ausweis unterzeichnen wür-

Gegen eine Abhängigkeit einer Organentnahme von der *Einwilligung* der *Angehörigen* lassen sich erhebliche und auch ethisch gewichtige psychologische Bedenken geltend machen, die im Grunde auch bei einem *Widerspruchsrecht der Angehörigen* bestehen bleiben, da dieses Recht ihre vorherige Aufklärung über die beabsichtigte Explantation mit der dahinter stehenden Bitte um Zustimmung voraussetzt[75]. Als Spender kommen Menschen im besten Lebensalter in Frage, die ganz plötzlich aus dem Leben gerissen werden. Meist können die Angehörigen erst nach bereits eingetretenem Tod benachrichtigt werden und müssen nicht selten von weit her anreisen. Am Telephon – falls vorhanden – die Nachricht vom Ableben mitzuteilen und zugleich die Einwilligung zur Explantation einzuholen, wird keiner ernsthaft vorzuschlagen wagen. Der möglichst guten Erhaltung des Organs – muß man das Organ unbedingt im Körper »lebensfrisch« erhalten bis zur Einwilligung, so fordert man geradezu die ethisch bedenkliche Manipulation des Sterbens heraus – und seiner frühzeitigen Entnahme steht dann schon der meist beträchtliche Zeitraum zwischen dem Eintritt des Hirntods und der Einwilligung entgegen, denn wenn die Angehörigen eines Menschen, der plötzlich verstarb, in die Klinik kommen, wird man sie nicht gleich mit dieser Frage behelligen können, einmal aus Gründen der Menschlichkeit nicht, zum anderen, um nicht durch die Verletzung der Gefühle der meist in tiefer Schockreaktion befindlichen Angehörigen die Ablehnung der Bitte geradezu zu provozieren. Die Angehörigen selbst bedürfen zunächst einmal der Hilfe und anteilnehmenden Zuwendung, um ihre Gefühle äußern und sich äußerlich und innerlich fassen zu können[76]. Nicht einmal die personellen und organisatorischen Voraussetzungen zu solcher gefühlsverarbeitenden Gesprächsführung sind in der heutigen Intensivtherapie gegeben. Ein solches Gespräch angesichts tiefer Trauer mit emotionaler Zuwendung zu den Trauernden zu beginnen, »sich zunächst ein Stück mit der plötzlich zutage getretenen Trauerarbeit des Angehörigen (zu) identifizieren, um dann abrupt sein Anliegen vorzubringen«[77], zur »eigentlichen Sache« zu kommen, kann das »psychische Trauma« doch eigentlich nur verstärken oder die ärgerliche Ablehnung des Gesprächspartners und seiner Bitte wegen seiner »unehrlichen« Zuwendung mit Recht herausfordern. Ein solches Gespräch stellt für alle Partner eine emotionale Überforderung dar, es ist ethisch äußerst bedenk-

den, ist es fraglich, ob man ihn bei sich führt und er im gegebenen Augenblick in der Hektik auffindbar ist.

75 Es ist kaum möglich mit der Bundesärztekammer die Widerspruchslösung so zu interpretieren: »Den Vorteil der Widerspruchslösung sieht die Bundesärztekammer darin, daß der Arzt nicht mehr versuchen muß, die nächsten Angehörigen zu erreichen, um ausdrücklich deren Zustimmung zu erbitten. Stattdessen obliegt ihm eine Informationspflicht gegenüber den Angehörigen; diese haben ein Recht auf Widerspruch« (Dtsch. Ärzteblatt, 1976, 39 f.).

76 Vgl. C/III/2/b.

77 H. Freyberger u. a., Die psychologische Situation, in: Dialyse, 29.

lich und aus seelsorgerlicher Sicht für alle eine abzulehnende Zumutung, die wahrscheinlich am ehesten von denen gestellt wird, die die Situation auf Intensivstationen nicht kennen und die nie in die Lage kommen, solche Gespräche führen zu müssen. Sollte auch nur das Widerspruchsrecht gesetzlich verankert werden, wird auch der Krankenseelsorger sich der Mitwirkung in solchen Gesprächen trotz größter Bedenken nicht entziehen können[78].

Die Anzahl der transplantierbaren Organe wird sich bei dem Verzicht auf Einwilligungs- und Widerspruchsrecht der Angehörigen erheblich erhöhen lassen. Damit könnte vielen Menschen eine sinnvolle Lebensverlängerung ermöglicht, die Dialysezentren entlastet und die Auslese bei der Zulassung zur Dialyse ethisch weniger problematisch werden, so daß auch aus humanen und sozialethischen Überlegungen dieser Lösung der Vorzug zu geben ist[79], zumal mit einer Deckung des zunehmenden Bedarfs an Dialysegeräten aus personellen und finanziellen Gründen in absehbarer Zeit ohne die Entlastung durch Transplantationen überhaupt nicht zu rechnen ist und der Transplantation von Leichennieren aus vielen Gründen der Vorzug vor der zahlmäßig doch nicht sehr ins Gewicht fallenden Lebendspende zu geben ist[80]. Der Bedarf an Organen wird sich aber noch ganz erheblich steigern, wenn erst einmal andere Organe als die Niere im großen Umfang transplantierbar werden und die Auswahl der Empfänger dann noch schwieriger wird.

c) Ethische Fragen des Umgangs mit Toten

Da der Tod in den Sozialisationsprozessen des medizinischen Personals und in der Organisation des Krankenhauses kaum eingeplant ist[81], bereitet der Umgang mit Verstorbenen selbst auf Stationen große Schwierigkeiten, auf denen der Tod ein alltägliches Ereignis ist. Solange der Leichnam noch Objekt medizinisch-technischen Umgangs ist, sind die Verhaltensformen relativ problemlos. Mediziner

78 Vgl. Stolz, II 15 f.; C/III/2/b. Gerade die Krankenhausseelsorger sollten sich dafür einsetzen, daß das Widerspruchsrecht der Angehörigen auf keinen Fall gesetzlich verankert wird.
79 So auch Honecker, Gutachten, 27.
80 Vgl. die Anm. 44 ff. genannten Argumente.
81 Vgl. C/III/2/a, Anm. 14 ff.

müssen irgendwo die notwendigen Fertigkeiten in bestimmten Methoden erlangen, vor allem denen in der Intensivtherapie und in der Unfallhilfe. Es können daher keine grundsätzlichen Bedenken gegen relativ harmlose Versuche (Übungen) an Verstorbenen geltend gemacht werden, solange dabei bewußt bleibt, daß es sich auch beim Leichnam nicht um ein beliebiges Objekt, sondern um den sichtbaren Teil einer soeben verstorbenen Person handelt. Sehr bedenklich ist es allerdings, wenn solche Manipulationen schon bei bewußtlosen komatösen Patienten durchgeführt werden – etwa um die physiologischen Wirkungen von Injektionen etc. auf den technischen Apparaturen der Intensivtherapie kontrollieren zu können – und dadurch vielleicht sogar das Sterben verlängert oder auch der Tod mitverursacht wird[82]. Eingeübt sind die Umgangsformen mit Verstorbenen in der Intensivtherapie bis zum Entfernen aller Anschlüsse von technischen Apparaturen vom Körper. Obgleich beim Schichtwechsel meist wie selbstverständlich registriert wird, daß dieser und jener »sich verabschiedet« und »es geschafft hat«, ist der Umgang mit der Leiche für die, die sie herrichten und in die Leichenhalle bringen müssen, meist ein größeres psychologisches Problem, als sie sich selbst eingestehen wollen. Nur so sind wahrscheinlich die Außenstehenden meist »pietätlos« und »makaber« erscheinenden Witzeleien und euphemistischen und ironisierenden Sprachformen zu verstehen, die beim »Abschnallen« der Apparaturen und Herrichten und Wegschaffen der Leiche oft zu hören und zu beobachten sind[83]. *D. Sudnow*[84] hat in einer sehr drastischen Form den Umgang mit Leichen beschrieben, die man jedoch nicht verallgemeinern und bei der man sich immer bewußt machen sollte, daß dies die unvermeidliche Folge gesellschaftlich bedingter Institutionalisierung und Professionalisierung des Umgangs mit Sterbenden und Toten ist, durch die – den Erfordernissen und der Lebenseinstellung der Industriegesellschaft entsprechend – die meisten von dem ihnen unangenehmen Umgang mit Sterben-

[82] Experimente im letzten Stadium des Sterbens sind ethisch sehr bedenklich, wenn auch bei Beachtung genauer Vorschriften nicht grundsätzlich verwerflich (vgl. C/II/3, Anm. 65 f.; C/III/2/a, Anm. 13). Versuche mit Leichen außerhalb von Kliniken sollten einer besonderen staatlichen Genehmigung und, wenn möglich, der Einwilligung der Angehörigen bedürfen (vgl. Honecker, Gutachten, 34).

[83] Vgl. C/III/1 u. 2 b; Lau, 65 ff. Die euphemistischen Sprachformen sind häufig stationsspezifisch »geregelt«.

[84] S. 57 ff., 103 ff.

den und Toten ihrem eigenen Willen entsprechend entlastet werden[85].

Menschen, die zu viel Umgang mit Leichen haben, sind in der Klinik Außenseiter und haben im Umgang mit anderen besondere Rituale zu beachten[86]. »Die Tätigkeit des Pathologen während einer Autopsie bezieht sich auf den toten Körper als auf ein ›Ding‹, nicht auf den ›verstorbenen Herrn X‹, sie hat den Charakter einer ›technischen Aktivität‹[87].« Dies ist nicht verwunderlich, da der Pathologe nie menschlichen Kontakt mit dem Verstorbenen hatte, und für ihn vielleicht auch psychisch nötig, weil er ansonsten diese Arbeit kaum täglich ausführen könnte. Aber auch in der Pathologie sollte man sich bewußt sein, daß man nicht einen »Kadaver«, sondern den verbliebenen sichtbaren Rest einer verstorbenen Person vor Augen hat. Unter Gesichtspunkten der *Pietät*, der Achtung vor dem Toten und seinen Angehörigen, kann man fragen, ob *klinische Sektionen* nicht unbedingt der Einwilligung der Angehörigen bedürfen. Hier stünden bei einer »Güterabwägung« die Gesichtspunkte der Pietät gegen das wissenschaftliche Interesse der Forschung nach besserer Kenntnis der Ursachen und Auswirkungen einer Krankheit und der dadurch vielleicht ermöglichten verbesserten Formen der Therapie. Die Verpflichtung des Menschen zur Solidarität mit dem Mitmenschen schließt auch die Verantwortung für das Wohl künftig lebender Menschen ein[88]. Insofern sollte keiner die Einwilligung zur Sektion verweigern, soweit glaubhaft versichert wird, daß wirklich therapeutische Zielsetzungen dabei leitend sind. Da jedoch diese wissenschaftlich therapeutischen Interessen auch nicht annähernd als ein so hohes Gut wie die Lebensrettung eines Menschen zu bewerten sind und da der Fortschritt in der Therapie meist nicht unbedingt abhängt von der Sektion eines ganz bestimmten Leichnams, sollte aus Gründen der »Pietät« gegenüber den Angehörigen deren Einwilligung möglichst eingeholt, ihnen aber auf jeden Fall ein *Widerspruchsrecht* eingeräumt werden. Da es sich in diesen Fällen seltener um ganz plötzlich verstorbene Menschen handelt, sind die psychologischen Hindernisse für ein Gespräch mit entsprechender Zielsetzung meist auch viel geringer. Es wäre jedoch auch zu erwägen, ob in bestimmten, für die

[85] Vgl. Anm. 73.
[86] Vgl. Sudnow, 69 ff.
[87] Lau, 52.
[88] B/II/5, Anm. 53 ff.

wissenschaftliche Forschung besonders qualifizierten Institutionen (Universitäten) – die dafür eine besondere Berechtigung haben müßten – nicht auf eine Informierung der Angehörigen über die beabsichtigte Sektion verzichtet werden darf, es sei denn, eindeutig widersprechende Erklärungen des Verstorbenen seien bekannt oder die Angehörigen sprechen sich entschieden von vornherein von sich selbst aus gegen die Sektion aus.

Leichen werden in größerem Umfang auch zu anatomischen Lehr- und Forschungszwecken benötigt. Diese können nicht, wenigstens nicht ordnungsgemäß, bestattet werden. Weil der Leichnam eigentlich keine *Sache* ist, in der Anatomie aber nur als solcher behandelt wird, wäre die Bereitstellung von Leichen für diese Zwecke im allgemeinen von der ausdrücklichen Einwilligung der Betroffenen vor ihrem Ableben abhängig zu machen[89]. Grundsätzlich religiöse Bedenken sind an sich nicht gegen die anatomische Sektion zu erheben, da sie letztlich auch im Dienste der allgemeinen therapeutischen Zielsetzungen der Medizin steht. Durch eine breite Aufklärung der Öffentlichkeit läßt sich vielleicht bei mehr Menschen die Bereitschaft erreichen, ihren Leichnam für diese Zwecke zur Verfügung zu stellen. Sollte damit der »Bedarf« nicht gedeckt werden, so wird man auf die Bereitstellung von Leichen, deren Angehörige unbekannt sind oder die keine für sie sorgenden Menschen hatten (sogenannte »Polizeileichen«), auch ohne ausdrückliche Einwilligung nicht verzichten können. Medizinstudenten sollten sich jedoch bewußt sein, daß die Leiche in der Anatomie letztlich keine Sache ist, und sie sollten darauf hingewiesen werden, wie häufig im Umgang mit Leichen in der Anatomie Verhaltens- und Sprachformen unbewußt eingeübt werden, die später oft in negativer Weise den distanzierenden Umgang mit dem Patienten als bloßes Objekt der Behandlung wesentlich mitbestimmen.

[89] Vgl. Honecker, Gutachten, 34.

III Beitrag der Krankenhausseelsorge zur Humanisierung der Intensivpflege? – Schwierigkeiten und Möglichkeiten der Seelsorge auf Intensivpflegestationen

Die Methoden der Intensivtherapie sind vor allem entwickelt worden, nachdem der russische Mediziner *W. A. Negowski* 1954 erstmals Möglichkeiten der Wiederbelebung nach Herz-Kreislauf-Stillstand beschrieben hat. Biotechnische Geräte zur Kontrolle und zum Ersatz von Organfunktionen – wie z. B. Beatmungs- und Dialysegeräte – wurden entwickelt. Das führte zum Aufbau von speziellen Intensivabteilungen, wie es z. B. die Dialysestationen sind, und zu allgemeineren Intensivstationen[1]. Die Einrichtungen für Intensivtherapie finden sich heute in allen größeren Akutkrankenhäusern. Mittlerweile läßt sich bereits sogar eine so weitgehende Sättigung des Bedarfs an Intensiveinheiten feststellen, daß auch manche Mediziner den Verdacht äußern, daß mitunter Patienten unnötig auf solche hochtechnisierten, von Notfallklima und Hektik beherrschten Abteilungen verlegt werden, nur um die einmal vorhandenen aufwendigen Einrichtungen aus finanziellen und personellen Gründen einigermaßen rentabel auszunützen. Ganz abgesehen von solchen kritischen Vermutungen läßt sich feststellen, daß die anfängliche Begeisterung über die Erfolge der Intensivmedizin allmählich einer zunehmend kritischen Einstellung Platz macht, in der zwar die Intensivmedizin noch grundsätzlich bejaht wird[2], zugleich jedoch ihre Ambivalenz mehr und mehr gesehen wird. Die Intensivtherapie ist ein Produkt technischer Zivilisation, das die durch sie verursachten Schäden (Unfälle, Herzinfarkt usw.) »reparieren« soll. Sie ist insofern auch Ausdruck jener Mentalität, die annimmt, daß die Schäden, die die technische Zivilisation dem Menschen zufügt, mit den Mitteln derselben Technik, die sie erzeugt, wieder geheilt werden können, wenn nur das »Machbare« gemacht und der Tod mit allen Mitteln bekämpft würde.

Das Leben und Sterben in Kliniken wird umso inhumaner, je perfekter ausgerüstet und spezialisierter Krankenhäuser sind. »Intensive

[1] In den folgenden Ausführungen sind vor allem chirurgische Stationen im Blick, da der Verfasser hier einige Zeit pflegerisch gearbeitet und ein Jahr hindurch auf einer solchen Station täglich als Seelsorger Besuche gemacht hat. Dort stehen die Überwachungen nach schweren Operationen und die Unfälle im Vordergrund, während die internistischen Abteilungen zum großen Teil von Patienten mit Herz-Kreislaufschäden und teils auch mit Suizidpatienten belegt sind.

[2] Vgl. jedoch Illichs (S. 154 ff.) Kritik. Vgl. C/II/4/a, Anm. 10.

Krankenhäuser bringen intensive Ärzte und intensive Behandlung hervor! Auch die Intensivstationen jedes Krankenhauses haben eine besondere Atmosphäre mit überraschenden Genesungen und sind ganz darauf eingerichtet, mit allen Mitteln das Leben zu erhalten.«[3] Die Intensivstation ist in ihrer technischen und organisatorischen Konzeption ganz darauf eingestellt, schwere Krisensituationen mittels genauester Überwachung und ständiger Behandlung zu überwinden und den Tod zu bekämpfen. Zwar sollte nach »offiziellen« Zielsetzungen der Intensivtherapie kein Mensch zum Sterben auf solche Stationen verlegt werden, doch ist das offenbar trotzdem auf vielen Intensivstationen der Fall, da sich hier die geeigneten Geräte und das qualifizierte Personal zur Überwachung befinden und da auf diese Weise das Personal der normalen Stationen entlastet werden kann. Wer sich allerdings einmal auf der Intensivstation befindet – und sei es zunächst nur zur besseren Überwachung während der Nachtzeit, in der Normalstationen schwach besetzt sind – kommt, wenn sein Zustand sich nicht sehr bessert, häufig nicht mehr von dort weg. Diese Patienten lassen zusammen mit denen, die infolge Unfalls, schockartig eintretender Krankheit und postoperativ in kritischem Zustand auf Intensivstationen kommen und sich nicht mehr erholen, die Mortalitätsraten dort bis auf über 50 % steigen[4]. Umso auffallender ist es, daß die Atmosphäre und die ganze technische und personelle Organisation dieser Stationen allen Versuchen völlig entgegenstehen, »dem Patienten nur das Sterben zu erleichtern«[5] und daß sie nur nach der Zielsetzung, das Überleben zu garantieren, strukturiert und dementsprechend auch ganz überwiegend so gebaut und eingerichtet sind, daß die Schwestern, Pfleger und Ärzte dieser Zielsetzung am optimalsten gerecht werden können[6]. Die Funktionalisierung und Mechanisierung ist soweit vorangetrieben, daß der Patient fast ausschließlich als Objekt der Behandlung in den Blick kommt, und zwar meist nicht einmal hinsichtlich seiner leib-seelischen Ganzheit, sondern nur insoweit, wie sich seine Körperfunktionen auf den Meßskalen biotechnischer Geräte widerspiegeln, die die Aufmerksamkeit von

[3] Glaser/Strauß, 185 f.; vgl. C/II/4/b, Anm. 6 ff.
[4] Nach einer Erhebung von Priv. Doz. Dr. Dohmen lag die Mortalität auf der chirurg. Intensivstation der Bonner UNI-Klinik lange Jahre hindurch bei etwa 60 %.
[5] Glaser/Strauß, 186; vgl. Lau, 41 ff., 87 ff.; v. Ferber (1970), 242; Bowers, 14 ff.
[6] Insofern richtet sich der Betrieb auf den Intensivstationen häufig doch mehr nach den Bedürfnissen des Personals als denen der Patienten.

Pflegepersonal und Ärzten fast ganz vom Patienten selbst abziehen und auf die Meßdaten lenken.

Für diejenigen Patienten, die aufgrund dieser intensiven Fixierung auf ganz spezielle lebensnotwendige Funktionen überleben, mag die Ausschaltung aller psychischen Belange, unterstützt durch eine in der Intensivtherapie meist chemisch erzeugte »Ruhigstellung« des Patienten, vielleicht noch zu vertreten sein, aber doch wohl kaum im Blick auf die große Zahl derer, die auf diesen Stationen unter solchen Bedingungen ihre letzten Lebensstunden verbringen müssen. Für sie kann die einseitige Zielsetzung in der Intensivtherapie geradezu eine ungeheure psychische Belastung sein und einer Enteignung der »Personwürde« gleichkommen. Was *C. Buddeberg*[7] ganz allgemein für die technisierte und spezialisierte Medizin feststellt, trifft besonders für die Intensivmedizin zu: »Im Moment der Kapitulation vor der Heilung eines Patienten tritt die Aussichtslosigkeit beziehungsweise der Mißerfolg der therapeutischen Maßnahmen hinter den auf der technischen Ebene erzielten Erfolgen zurück . . . Das Unvermögen, die eigene Hilflosigkeit und Schwäche einzugestehen und sich in diesem Augenblick mit dem Patienten verbunden zu wissen, läßt keine andere Wahl, als sich bei technisch-apparativen Erfolgen zu befriedigen.« Die einseitige *Bemessung des Erfolgs an der Überlebensrate* verschleiert zudem die riesige Zahl der Defekt-Heilungen, von denen viele vielleicht noch eher als die Verstorbenen Zeichen der Niederlage und der Ambivalenz des medizinisch technischen Fortschritts sind. Der Neurochirurg *R. Kautzky*[8] meint, daß die Intensivpflege im Ansatz und in der Durchführung von einer menschenwürdigen Behandlung noch so weit entfernt sei, daß es jetzt endlich darauf ankomme, sie zu humanisieren. Ansätze in dieser Richtung sind zu verzeichnen, doch steht nach wie vor der technische Aspekt in der Intensivtherapie zu einseitig im Vordergrund[9]. Die Situation in der Intensivtherapie

[7] S. 743; vgl. Depner, 125; Lau, 87 ff.; v. Uexküll, in: Sudnow, XIII.

[8] Mündliche Äußerung auf dem Symposion über »Suizid und Euthanasie« (Bielefeld 1975).

[9] In dem von Kucherer u. a. hrsg. Lehrbuch der Intensivtherapie (über 800 Seiten) ist nicht einmal eine Seite ausschließlich den psychologischen Problemen gewidmet. In dem Lehrbuch von P. Lawin (Hrsg.) findet sich immerhin der recht instruktive Artikel von H. Freyberger. Sehr wichtig und interessant ist der Aufsatz von J. S. Robinson, der nach 12-jähriger Erfahrung als Anaesthesist in der Intensivtherapie selbst als Patient auf seine eigene Intensivstation kommt und dort beatmet werden mußte und nunmehr wieder seinem Beruf nachgeht. Mit ethischen Fragen der Intensivtherapie hat sich vor allem der Anaesthesist P. Fritsche auseinandergesetzt.

fordert zu der Frage heraus, ob die Medizin weiterhin dem Diktat der Machbarkeit verhaftet bleiben will, gleich ob sie dem Wohl des Menschen damit dient oder schadet, und ob sie dieses weiterhin mit dem Hinweis darauf begründen will, daß medizinisches Handeln »wertneutral« sein müsse, ein Grundsatz, der sich überall dort als »illusionär und gefährlich« erweist, »wo der Arzt vor der Entscheidung steht, den Patienten sterben zu lassen oder aber sein Leben . . . zu verlängern«[10]. Eine differenzierte ethische Fassung des Heilauftrags der Medizin ist auch Voraussetzung dafür, daß über all den Spezialisierungen und Mechanisierungen in der Medizin der Patient wieder als ganzheitliches Subjekt einschließlich seiner mitmenschlichen Bezüge in den Blick kommt. Weil dies aus vielerlei Gründen in der Intensivtherapie kaum noch von einer Berufsgruppe allein geleistet werden kann, kommt es darauf an, daß alle, die mit dem Patienten und seinen Angehörigen befaßt sind, möglichst gut zusammenarbeiten und sich ergänzen[11]. Da bisher in nur ganz wenigen Kliniken Menschen direkt und ausschließlich für die psychologische Betreuung von Intensivpatienten eingesetzt werden, stellt dieses Defizit eine ganz große Herausforderung an die Krankenhausseelsorger dar. Es stellt sich die Frage, wie und unter welchen Voraussetzungen für sie eine seelsorgerliche Arbeit auf Intensivstationen möglich ist, die zugleich ein Beitrag zur Humanisierung der Intensivtherapie darstellen könnte[12].

Nach persönlicher Auskunft ist er mit diesen nicht medizinischen Fragestellungen bei Kollegen nicht auf viel Verständnis gestoßen.

10 Buddeberg, 741; vgl. Kautzky (1972, 4 f.; A/I u. II.

11 Die Zusammenarbeit ist zunächst und zumeist nötig zwischen Ärzten und Pflegepersonal. Teamarbeit ist statt Hierarchie gefordert (vgl. Lüth, 1974 b, 145 ff.; Fritsche, 86 f.; Genewein/Sporken, 145 ff.).

12 Vgl. Mayer-Scheu (1974 a), 33 ff. Zu Problemen der Intensivtherapie aus medizinischer Sicht vgl. die Beiträge in: Der Internist 16 (1975), 81 ff.; für Literaturhinweise und Gespräche über die Intensivpflege habe ich Herrn Dr. K. Rommelsheim (leit. Anaesthesist der chirurg. Intensivstation der UNI-Klinik, Bonn), Frau Dr. B. Zschaege (Fachärztin für Psychiatrie und innere Medizin) und Herrn Dr. Piekarski (Psychosomat. Abt. der Med. UNI-Klinik Bonn) zu danken.

1. *Zum »Unbehagen« des Seelsorgers gegenüber der Intensivstation – Voraussetzungen der Seelsorge in der Intensivtherapie*

Nicht wenige hauptamtliche Krankenhausseelsorger klammern die Intensivstation aus ihrem Dienst aus oder besuchen sie nur mit Unbehagen, wenn ausdrücklich nach ihnen verlangt wird. Das hat nicht nur den Grund, daß fast alle Krankenhausseelsorger mit der Betreuung der normalen Stationen immer schon überlastet sind. Der Seelsorger wird zumindest bei seinen ersten Besuchen wie jeder andere Mensch von der technisch kühlen Atmosphäre, der Unzahl von Apparaturen, der Hektik, dem beträchtlichen Lärm und dem Anblick der hilflos ans Bett gefesselten Patienten erschreckt und verunsichert sein. Auf keiner anderen Station des Krankenhauses (von Laboren abgesehen) ist die Begegnung mit dem Patienten so technisch vermittelt, wie auf der Intensivstation. Der Seelsorger kommt aber nicht zu einer technischen Verrichtung, sondern er soll auch in dieser technisch-kühlen Atmosphäre unmittelbar die menschliche Begegnung mit dem Patienten suchen. Dieser stehen viele Hindernisse im Wege, die Allgegenwart des Personals, das den Seelsorger mehr oder weniger mißtrauisch beobachtet, in ihm vielleicht einen Störfaktor für den reibungslosen Ablauf technischer Verrichtungen sieht, zudem den Patienten beunruhigt usw. Am entmutigendsten jedoch dürfte sein, daß die Begegnung mittels verbaler Kommunikation, wie sie der Seelsorger erlernt hat und wie er sie auf anderen Stationen praktiziert, mit vielen Patienten nicht möglich ist, weil sie bewußtseinsgetrübt oder zu schwach oder intubiert oder tracheotomiert sind und daher nicht sprechen können. Die *nonverbale Kommunikation*[1], etwa das Deuten von Mimik und Gestik als Ausdruck psychischer Zustände, wie Angst, Verleugnung, Depression, Schmerz, und das Ablesen von den Lippen[2], unmittelbarer körperlicher Kontakt als Mitteilung der Nähe, ist für den Seelsorger, aber auch für das medizinische Personal und die Ärzte meist eine unbekannte Größe. Da die Begegnung des Seelsorgers mit dem leidenden Mitmenschen jedoch nicht durch technische Verrichtungen vermittelt ist, ist er mehr als

[1] Vgl. Kübler-Ross (1974), 43 ff.
[2] Ganz unerträglich ist es, wenn von den auf der Intensivstation Tätigen keiner in der Lage ist, an den Lippen abzulesen (Taubstummensprache). Schreibtafeln und Papier sind meist ein zu ungenügender Ersatz, wenn der Patient zum Schreiben zu schwach ist, aber noch Wichtiges mitzuteilen hat.

das medizinische Personal der Gefahr des Scheiterns der Kontaktaufnahme ausgesetzt. Sie gelingt umso seltener, je mehr er ausschließlich auf die verbale Kommunikation eingestellt ist.

Der Seelsorger kommt sich als überflüssiger Fremdkörper in der von Notfallklima beherrschten Atmosphäre vor, weil er scheinbar zu der Zielsetzung dieser Stationen, das Überleben zu gewährleisten, nichts beiträgt. Ob der Seelsorger mit seinen Zielsetzungen und seinem spezifischen Auftrag in den Ablauf einer Intensivtherapie integriert werden kann, hängt zum großen Teil auch von ihm selber ab. Voraussetzung dafür ist zunächst eine gute Vertrautheit mit den technischen Notwendigkeiten, Schwierigkeiten und Handhabungen, ein Blick für die oft schnell wechselnden Gegebenheiten auf der Station und ein größtmögliches Verständnis und Einfühlungsvermögen in die besondere psychologische Situation nicht nur der Patienten, sondern auch des Personals. Da man sich diese Kenntnisse rein theoretisch nicht aneignen kann, ist ein mindestens zweimonatiges pflegerisches Praktikum auf einer Intensivstation dringend zu empfehlen, eigentlich aber Bedingung[3]. So kann man vielleicht bei gleichzeitiger theoretischer Weiterbildung eine ungefähre Kenntnis der zu erwartenden psychopathologischen Phänomene bei Patienten in Extremsituationen und bei besonders schweren Krankheiten erlangen[4], vor allem aber auch die psychischen und existentiellen Belastungen einschätzen lernen, denen nicht nur die Patienten, sondern auch die Schwestern, Pfleger und Ärzte ausgesetzt sind, wenn sie ständig mit den Schattenseiten menschlichen Daseins so massiv konfrontiert werden. Um die jeweils notwendigen Kenntnisse über die oft schnell wechselnden somatischen Zustände, denen immer auch Veränderun-

3 Darin ist dem Anaesthesisten Chr. Stolz (I/13) unbedingt zuzustimmen. Der Verfasser würde wahrscheinlich die Intensivstation nicht zu einem Schwerpunkt seiner seelsorgerlichen Tätigkeit gemacht haben, wenn ihm diese Voraussetzung gefehlt hätte. Das ermöglicht es dem Seelsorger auch, bei pflegerischen Maßnahmen zu helfen und diese (z. B. Lippen benässen, Mund auswaschen, Schweiß abtrocknen) dazu auszunutzen, Kontakt mit dem Patienten zu bekommen.

4 Vgl. Freyberger, 49 ff. Die psychische Situation eines Patienten mit Herzinfarkt ist zweifellos anders als die eines Unfallpatienten. Es gibt noch wenig Literatur über spezielle psychische Auswirkungen von besonderen somatischen Krankheiten und von besonderen Eingriffen in den Körper, wenn auch die Belastungen durch Anus praeter, Extremitätenverlust, Eingriffe in die primären und sekundären Geschlechtsmerkmale (vgl. dazu W. Heyde u. P. Aban, Eheliche Konflikte bei behandelten gynäkologischem und Mamma-Karzinom, in: Praxis der Psychotherapie 18, 1973, 49 ff.) bekannt sind. Zur Situation von Suizid-Patienten vgl. Reiner, 130 ff.; zur Dialyse und Transplantation vgl. C/II/4/d u. C/II/5.

gen des psychischen Befindens parallel gehen, zu erlangen und um wichtige Äußerungen des Patienten mitteilen zu können, ist ein guter Kontakt zu Ärzten, Pflegern und Schwestern unbedingt notwendig[5]. Die Teilnahme an ärztlichen Besprechungen ist wünschenswert. Auf jeden Fall muß der Seelsorger sich möglichst gut über den Zustand der Patienten und den Verlauf ihrer Behandlung unterrichten, sich auch bei »Katastrophenreaktionen« reibungslos einordnen können, möglichst mehrmals täglich auf der Station präsent und *jederzeit erreichbar* und herbeirufbar sein. Um diesen Anforderungen ungefähr gerecht werden zu können, dürfte kein Seelsorger, der eine Intensivstation zu betreuen hat, darüber hinaus für mehr als 50 bis maximal 100 Allgemeinbetten zuständig sein.

Voraussetzung für die Arbeit ist auch eine genügende eigene psychische Stabilität, denn es gibt keine andere Station, auf der sich mehr menschliches Elend, psychischer Streß und dauernde Konfrontation mit dem Tod so ballen. Dem Seelsorger ist es nicht möglich, sich als Person hinter den technischen Apparaturen zu verstecken und auf sie statt auf den leidenden Mitmenschen ausgerichtet zu sein. Er wird auch nicht die gleichen Abwehrmechanismen gegen die mit Leiden und Sterben verbundenen physischen, psychischen und metaphysisch-religiösen Belastungen entwickeln dürfen, deren das medizinische Personal bedarf, um die extremen Belastungen und Konflikte durchstehen zu können[6]. Läßt sich der Seelsorger durch ähnliche Abwehrmechanismen bestimmen, so wird er unfähig zur seelsorgerlich helfenden Begegnung, verliert das notwendige Einfühlungsvermögen und die Sensibilität für den leidenden Menschen und kann auch nicht mehr das unbedingt notwendige Korrektiv in der von der Technik beherrschten Atmosphäre sein. Er darf den Blick für das Außerordentliche, Unnormale und teils auch Inhumane dieser Stationen nicht verlieren, denn er muß im Umgang mit den Patienten und in Gesprächen mit dem Personal – oft gegen deren Widerstand – eine Dimension einbringen, die nicht auf der Ebene der einseitigen Zielsetzung, das Überleben zu ermöglichen, zu vereinnahmen ist. Routine ist der beste Abwehrmechanismus gegen die Wahrnehmung der eigenen psychischen Schwierigkeiten angesichts von Grenzsituatio-

[5] Stolz (II/14) fordert die Teilnahme des Seelsorgers an den ärztlichen Besprechungen und morgendlichen Visiten.
[6] Vgl. Bowers, 62 ff.; Kübler-Ross (1971), 46, 206; dies. (1974), 104 ff.

nen menschlichen Daseins. Die Durcharbeitung der Ängste vor dem eigenen Tod, die in dieser Konfrontation mit der »Todeswelt« aufbrechen, ist ebenso wesentlich wie die theologische Verarbeitung der im Umgang mit solchen Extremformen des Leidens erlebten geistlichen Anfechtungen.

Ist der Seelsorger für die psychischen und geistlichen Probleme der Patienten, ihrer Angehörigen und des medizinischen Personals offen, so bedeutet das für ihn eine extreme Belastung in psychischer und geistlicher Hinsicht. Auf kaum einer anderen Station dürfte die Theodizee-Frage (Warum?) in all ihren Schattierungen häufiger von Patienten und Angehörigen gestellt werden, und wenn sie nicht ausdrücklich gestellt wird, dann stellt sie sich der Seelsorger meist doch selbst. Es ist in der Tat schon eine extreme Anfechtung im Glauben, sich die absolute Sinnlosigkeit vielen Leidens und Sterbens eingestehen zu müssen[7] und auf die brennenden Fragen von Patienten keine Antwort geben zu können. Es gibt Leiden, dem man einen Sinn abringen kann, und es gibt ein Sterben, das man annehmen und zu dessen Bejahung man Patienten führen kann; es gibt aber auch Leiden und schwerste Versehrtheit, die der Seelsorger nicht bejahen darf, da sie jeglichen Sinnes entbehren und nur die Kennzeichen der Verfallenheit der Welt an die gottfeindliche Todeswelt tragen[7]. Solches Leiden mit dem Patienten durchzustehen, die eigene Ohnmacht zu erkennen und in ihr beim Patienten auszuharren, kann in tiefe Anfechtungen hineinführen, in denen selbst die Dimension der Hoffnung verdunkelt wird, daß die Auferstehung von den Toten und die Erlösung von allem Leiden die einzige Lösung der absoluten Nichtigkeit vielen auf Intensivstationen begegnenden Leidens ist. Der Rat *M. Luthers*[8], den Tod nicht in sich selber anzuschauen, sondern in dem, in dem er überwunden und die Erlösung und das ewige Leben verheißen ist, ist nicht zuletzt in der seelsorgerlichen Tätigkeit auf Intensivstationen zu beachten. Niemand kann ständig im Angesicht des Todes leben, ohne selbst zu resignieren und depressiv zu werden, wenn er nicht zugleich auch in Beziehung zu den freudigen Seiten des Lebens steht. Das Problem von Nähe und Distanz zum leidenden Menschen ist ein Grundproblem der Seelsorge an schwer Kranken. Will man nicht seine Sensibilität verlieren, nicht abstumpfen gegen-

[7] Vgl. zum Folgenden B/II/4
[8] Vgl. zum Folgenden B/II/4, Anm. 62; vgl. Tacke, 238 ff., 262 ff.

über den Leiden anderer und im persönlichen Leben, nicht die Fähigkeit zum Mit-Leiden verlieren, so sollte keiner zu lange als Seelsorger auf solchen Stationen arbeiten[9]. Da der Seelsorger jedoch eine längere Einarbeitungszeit braucht und zumal wenige aufgrund ihrer Ausbildung, psychischen Belastbarkeit und vielleicht auch emotionalen und geistlichen Einstellungen diesen Dienst zu tun in der Lage sind, wird man die Tätigkeit doch etwa auf 4 Jahre projektieren müssen, sollte aber – je nach persönlicher Belastbarkeit – diesen Zeitraum nicht weit überschreiten, ohne eine längere Unterbrechung einzuschalten[10]. Auf jeden Fall sollte die psychische Belastbarkeit auch schon vor der Aufnahme dieser seelsorgerlichen Arbeit getestet werden, und der Seelsorger sollte einen verständnisvollen Seelsorge- und Gesprächspartner haben, in Beziehung zu dem er die ihn belastenden Erlebnisse verarbeitet.

Das Unbehagen des Seelsorgers gegenüber der Intensivstation kann noch durch das Unverständnis für seine Arbeit auf seiten des Personals verstärkt werden. Die Intensivpflege erfordert technisch gut ausgebildete, zuverlässig arbeitende Fachkräfte[11]. In ihrer Ausbildung spielt fast nur der technische Aspekt der Intensivtherapie eine Rolle, während allenfalls ganz beiläufig Anleitungen zur Bewältigung der massiven psychischen Probleme gegeben werden[12]. Diesbezüglich scheinen sich die von der pharmazeutischen Industrie reichlich angebotenen Medikamente als die am einfachsten zu handhabenden und besonders in der Intensivtherapie reichlich eingesetzten Mittel zur Beruhigung der Patienten geradezu anzubieten[13]. Zudem sind die Menschen, die die psychischen Belastungen der Intensivpflege

[9] Die Vorschläge der Gesellschaft für Intensivpflege, keinen länger als ein halbes Jahr ohne Unterbrechung auf einer Intensivstation arbeiten zu lassen, scheinen nirgends eingehalten zu werden, wegen des Mangels an entsprechend qualifiziertem Personal und aus organisatorischen und finanziellen Gründen.

[10] Möglich ist hier auch ein regelmäßiger Wechsel, etwa jedes oder jedes zweite Jahr mit dem Kollegen der anderen Konfession. Mayer-Scheu (1974 a, 34) schlägt einen Wechsel in einem 2 bis 3-tägigem Turnus vor. Dies hält der Verf. wegen der notwendigen Kontinuität der Begleitung von Patienten und der Zusammenarbeit mit dem med. Personal nicht für angebracht.

[11] Vgl. Lüth (1974 b), 145 ff.

[12] Vgl. C/II, Anm. 9.

[13] Mit dieser Kritik soll keinesfalls behauptet werden, daß sich der Einsatz solcher Mittel bei genügender psychotherapeutischer und menschlicher Zuwendung erübrige (vgl. C/II/2), sondern nur, daß sie nicht bedenkenlos als Ersatz für diese, sondern begleitend eingesetzt werden sollten (vgl. Witzel, 1975, 188 ff.). Robinson (S. 417) macht darauf aufmerksam, daß Beruhigungsmittel oft auch einfach eingesetzt werden, wenn der Patient zu Recht eine Maßnahme verweigert.

über längere Zeit verkraften, meist nicht die, die am einfühlsamsten und für die psychische Seite des Menschseins, geschweige denn für die religiös-geistliche am offensten sind. Die rein naturwissenschaftlich orientierten Mediziner, die in der Intensivtherapie nicht selten sind, und die technisch am besten arbeitenden Pfleger und Schwestern haben meist auch die stärksten Abwehrmechanismen entwikkelt und lassen sich daher selbst in Extremsituationen nicht leicht aus dem Gleichgewicht bringen. Läßt man sich zu sehr auf die Nöte und Sorgen des Patienten ein und identifiziert sich zu sehr mit ihm, so wird man in der zur Handhabung der Technik notwendigen Routine und Distanz zum Patienten zu sehr verunsichert. Geht der Seelsorger jedoch auf diese Belange des Patienten ein, so wird dies vielleicht als unerlaubte Einmischung in den Zuständigkeitsbereich der jeweiligen Pflegekraft betrachtet, die dadurch darauf hingewiesen wird, daß der Patient nicht nur Objekt ihrer Pflege ist und daß diese ergänzungsbedürftig ist. Dies kann zur offenen oder geheimen Ablehnung des Seelsorgers führen. Auch die Spezialisierung der Mediziner auf die wesentlichsten Grundfunktionen des Körpers fördert nicht die Offenheit, auch in der Intensivtherapie den ganzen Menschen zu sehen und die Tätigkeit des Seelsorgers als notwendige Ergänzung zu betrachten[14]. Der Seelsorger wird diese offene oder geheime Ablehnung bedenken müssen und durch eine gute Ausbildung, ein Höchstmaß an Verständnis für die medizinisch-technische Seite der Behandlung, durch überzeugenden persönlichen Einsatz für die Patienten und durch häufige Gespräche mit Pflegepersonal und Ärzten dieses Mißtrauen abbauen können. Solange allerdings die Seelsorger auf Intensivstationen nur so nebenbei unregelmäßig und ohne die notwendigen psychologischen und medizinisch-technischen Kenntnisse und ohne großen persönlichen Einsatz betrieben wird, wird die mißtrauische Ablehnung des Seelsorgers als eines überflüssigen Störfaktors teils auch berechtigt sein. Sind diese Voraussetzungen jedoch gegeben, so daß jeder weiß, daß der Seelsorger »sachgerecht« mit den Patienten umgeht, so kann es fast immer zu einer guten Zusammenarbeit zum Wohle des Patienten kommen.

[14] Vielleicht sind auch aus dem Grund keine Psychologen oder entsprechend geschulte Ärzte in der Intensivtherapie tätig, weil sie hier nicht als gleichwertige Partner betrachtet werden. Daß die Bereitschaft zur Zusammenarbeit mit dem Seelsorger bei vielen Ärzten besteht, sei unbestritten (vgl. den Artikel von Chr. Stolz u. Fritsche, 85 f.).

2. *Möglichkeiten der Seelsorge auf Intensivstationen*

Die Bedenken mancher Pfarrer gegenüber einer seelsorgerlichen Tätigkeit auf Intensivstationen gehen dahin, daß dort keine Seelsorge im engeren Sinne wegen des Zustands der Patienten und der äußeren Umstände möglich sei und daß die psychischen Belange nicht ins Aufgabenfeld des Seelsorgers, sondern in das des klinischen Psychologen fallen. Ganz abgesehen davon, daß klinische Psychologen bisher in kaum einer Klinik diese Aufgaben wahrnehmen und sich die Seelsorger daher die Frage stellen müssen, ob sie dieses Defizit nicht soweit wie möglich ausfüllen sollten, ist es ein Irrtum, daß die eigentlich seelsorgerliche Tätigkeit im Bereich der Intensivtherapie nicht zur Geltung kommen kann. Wo Leiden sich derart massiv ballt, brechen auch immer »metaphysische« Fragen auf, wie die nach dem Sinn des Lebens und Sterbens, nach Vergebung der Schuld und der Hoffnung und Geborgenheit über den Tod hinaus. Sicherlich ist es in der Intensivtherapie mehr als auf jeder anderen Station unerläßlich, genau auf den Zustand des Patienten und seine Bedürfnisse zu achten und ihn in der ihn augenblicklich bedrängenden Not zu verstehen. Auch ist das beherrschende Grundphänomen der *Angst* ein höchst ambivalenter Ansatzpunkt für die Seelsorge, den man nicht in falscher Weise religiös »ausbeuten«, aber auch nicht als seelsorgerlich irrelevant mißachten sollte. Zudem hat sich die seelsorgerliche Tätigkeit nicht nur auf die Patienten, sondern auch auf deren Angehörige und das medizinische Personal auszurichten. Aus der Fülle der seelsorgerlichen Möglichkeiten und Aufgaben sollen im folgenden nur die wichtigsten Aspekte hervorgehoben werden.

a) Aufgaben gegenüber dem Patienten

Die eigentliche Zielsetzung der Intensivpflege besteht darin, Menschen über akut lebensbedrohliche Zustände durch optimale Behandlung und Pflege hinwegzuhelfen. Da eine solche akute Erkrankung entweder zur Besserung (Defektheilung, Heilung) oder zum Tode führt, sterben auf Intensivstationen viele Menschen einen »mechanisierten Tod«. »Die akut auftretende . . . Krankheit und schwere Verletzungen nach Unfall zeigen, was die psychischen Reaktionen, Erlebnis- und Verhaltensweisen des Kranken anbelangt, einen ziemlich ähnlichen Verlauf: Schock, depressive Phase, Besinnung, Integration. Die Phasen . . . gehen unscharf ineinander über, haben aber doch ein typisches Gepräge.«[1] Das Wissen um das phasentypische Verhalten ist ein wertvolles Indiz für die Art der Zuwendung zum Patienten. Von den angedeuteten Phasen werden häufig nur die Schockphase und die depressive Phase auf der Intensivstation beobachtbar sein. »Die Schockphase fällt zeitlich etwa mit dem ›kritischen Zustand‹ (im klinischen Sinn) zusammen, wo die Prognose quoad vitam noch unsicher ist. Die Bewußtseinslage des Kranken ist verändert, auch wenn er nicht bewußtlos ist.«[2] Der Patient fühlt meist seine vitale Bedrohung selbst, starke Ängste vor dem Tod bestimmen ihn und mobilisieren seine Abwehrkräfte. Entgegen einer auch bei Ärzten weit verbreiteten Ansicht nehmen die Patienten sogar bei relativ schwerer Bewußtseinstrübung und Desorientierung und trotz Unfähigkeit zu Blickkontakt und sprachlicher Äußerung vieles, vor allem die Gegenwart von anderen und Stimmen wahr[2]. Dies zu wissen, ist wesentlich, um von Anfang an alles zu unterlassen, was den von Todesangst umgetriebenen Patienten noch zusätzlich beunruhigen könnte. Wenn der Patient zum Sprechen und auch zum langen Hinhören unfähig ist, die Angst ihn aber umtreibt, dann haben die Zuwendung zu ihm, das verständnisvolle »Da-sein« für ihn, vor allem die non-verbale Kommunikation durch Mimik, Gestik, beruhigenden Blick und Klang der Stimme, der unmittelbare Körperkontakt (z. B. Halten der Hand) und auch kurze beruhigende und genau überlegte Äußerung einen kaum zu überschätzenden Stellenwert, besonders dann, wenn der Patient völlig unvorbereitet allmählich zu Bewußtsein kommt, desorientiert ist, seinen bedrohlichen Zustand empfindet und durch die ihn umgebenden Apparaturen noch zusätzlich in Angst versetzt wird[3]. Das »Da-sein« bekundet ihm, daß er

[1] Bührer, 34; vgl. die Entsprechungen zu den Phasen des Sterbens nach Kübler-Ross (B/I/2, Anm. 21 f.); vgl. Freyberger, 49 ff.

[2] Bührer, 34; vgl. Robinson, 416 ff.; Lüth (1974 b), 146. Der Verfasser war sehr oft erstaunt, daß Patienten ihm, wenn sie schon auf normalen Stationen lagen, häufig noch über diese anfänglichen Erlebnisse und das, was sie in dieser Phase am meisten beunruhigte, ziemlich genau berichten konnten. Das gilt auch für Patienten, die nach einer schweren Operation allmählich erst auf der Intensivstation aus der Narkose erwachen. Vgl. Kübler-Ross (1974), 49, 51.

[3] »Vollkommen abgeschnitten von seiner vertrauten Umwelt, in einer Weise ans Bett gefesselt, die selbst ein Gelähmter nicht kennenlernt, in seinen elementaren vitalen Funktionen unablässig kontrolliert und womöglich assistiert, mit Schläuchen und Drähten an Apparate angeschlossen, deren Zweck und Wesen ihm verschlossen

nicht aufgegeben ist, vermittelt ihm Halt und Hoffnung und vermindert seine Angst. Wichtig ist nur, daß dies alles ohne »Verkrampfung« geschieht, daß man nicht von Abwehrhaltung und negativen Gefühlen bestimmt ist. Wer auf Intensivstationen tätig sein will, darf sich vor nichts ekeln, er muß Wunden und Verunstaltungen sehen, Fäkalien ohne Widerwillen riechen und ertragen und seine eigenen Gefühle beherrschen können.

Am Ende dieses »Durchgangssyndroms« wartet der Patient meist vor allem auf Hinweise, die ihm deutlich machen, daß er seine Krise überwunden hat und er überleben wird. »Die Mitteilung des Arztes, daß der ›kritische Punkt‹ überwunden, die Lebensgefahr gebannt sei . . ., befreit von der Todesangst. Der Beruhigungseffekt ist – in vielen Fällen – von kurzer Dauer. Die günstige medizinische Prognose eröffnet dem Kranken Zukunft, doch er vermag sie noch nicht in Griff zu nehmen. Die depressive Verfassung des Patienten ist für die Umwelt oft kaum verständlich, am wenigsten seine offensichtliche Angst. . . . Dazu ist zu sagen: Erst wenn die vitale Bedrohung verebbt, realisiert der Mensch, was passiert ist und erlebt das Widerfahrnis als *existentielle* Bedrohung, und sich selber in seiner ganzen Existenz getroffen. Durch Krankheit, Unfall ist nicht nur die beseelte Leiblichkeit desintegriert, sondern der Mensch in seiner Ganzheit erfährt und erleidet eine tiefgreifende . . . Erschütterung. Die existentielle Krisis ist von der ›kritischen Phase der Krankheit‹ verschieden und tritt mit zeitlicher Verzögerung auf. Beide sind von massiver Angst begleitet, doch sind die angstauslösenden Erlebnisse und Erfahrungen während der Schockphase andere als während des depressiven Stadiums.«[4] Die Depression hat ihren Grund oft darin, daß der Kranke zunehmend registriert, daß seine Gesundheit dahin ist, er ein Krüppel ist, weil z. B. sein Bein amputiert ist, er querschnittsgelähmt ist, die primären oder sekundären Geschlechtsmerkmale entfernt sind usw.[5]. Auf das ganze Geschehen ist er vielleicht völlig unvorbereitet, eben noch gesund, befindet er sich jetzt unter extremsten Bedingungen auf der Intensivstation und muß hier binnen eines kurzen Zeitraums registrieren: Ich bin vom gesunden Menschen, der sich al-

sind, ist es ein Wunder, daß er nicht sofort den Verstand verliert, wenn er wieder zu Verstand gekommen ist« (Lüth, 1974 b, 146). Vgl. Robinson, 416; Freyberger, 49 ff.

[4] Bührer, 35.

[5] Vgl. C/III/1, Anm. 4.

les selbst erarbeitet hat, zum hilfsbedürftigen Krüppel, zum Invaliden geworden. Dabei weiß er zu genau, in welcher Gesellschaft er lebt und worauf es in ihr ankommt; er »hat sein Leben bisher ja nach dieser Norm ausgerichtet: *Der Mensch ist soviel wert, wie er leistet und sich leisten kann.*«[6] Er ist nunmehr nicht mehr attraktiv, nicht mehr leistungsfähig und damit minderwertig. Sein Selbstwertgefühl ist zutiefst in Frage gestellt. Verzweiflung und Depression überkommen ihn.

Für den Seelsorger ist es wichtig, daß er diese auf der Intensivstation allmählich ins Bewußtsein tretende Erkenntnis und die daraus resultierende Depression richtig erkennt, den Kontakt zum Patienten von der Schockphase aus aufbaut, sein Vertrauen gewinnt und ihn nun aus der Depression heraus zu einer allmählichen Verarbeitung des Geschehens hinführt, ihm hilft, einen neuen Sinn für das Leben aufzubauen, ein neues Wertgefühl zu entwickeln, das nicht primär auf Leistung aufbaut. Dazu bedarf es zunächst der allmählichen Ablösung von den doktrinären Wertsetzungen der Leistungsgesellschaft. Mit dieser Aufarbeitung der Krankheits- oder Unfallfolgen muß bereits auf der Intensivstation begonnen werden, um sie dann durch eine gezielte Betreuung auf normalen Stationen fortzusetzen. Dann besteht auch der notwendige Kontakt bereits von Anfang an, während er sich nach der Verlegung auf Allgemeinstationen viel schwieriger anknüpfen läßt. Es bedarf keiner besonderen Hinweise, daß der Aufbau eines neuen Wertgefühls, die Aussöhnung mit dem »Schicksal« und die Findung eines neuen Lebenssinns eine echt seelsorgerliche Aufgabe ist, in der die Grundaussage evangelischen Menschenverständnisses, daß das Leben nicht auf Leistung, sondern auf Gnade beruht, daß die Person vor Gott eine von allen ihren Taten unterschiedene Größe ist[7], sich bewähren müßte. Gelingt es, von diesem Ansatzpunkt aus den Sinn des Lebens »tiefer« als in der »Leistungsfähigkeit« zu begründen, und begleitet man dementsprechend den Patienten von Anfang an durch intensive Zuwendung und einfühlsame Gespräche, so kann vielleicht nicht nur der Schock der aufdämmernden Erkenntnis, ein »halber Mensch« zu sein, gemildert, sondern es sogar zu einer zunehmenden Verarbeitung und Bejahung des unwiderruflichen Schicksals während des oft langen Krankenhaus-

[6] Bührer, 37; vgl. B/II/1 u. 2.
[7] Vgl. B/II/1, 2, 4; Tacke, 213 ff., 277 ff.

aufenthalts kommen. Nicht nur bei Suizidpatienten[8], sondern besonders auch bei allen Krankheiten und Unfällen, bei denen Leichtfertigkeit und Selbstverschulden mit im Spiele sind, sind Selbstvorwürfe und Schuldgefühle häufig so ausgeprägt, daß sie eine Integration der Folgen ins Lebensverständnis schwer machen. Die Aufarbeitung der häufig bereits auf der Intensivstation geäußerten Schuldgefühle und der Zuspruch der Vergebung können die Annahme des »Schicksals« erleichtern und das Verharren in der Depression verhindern[9]. Daß es wesentlich ist, daß der Kontakt zwischen dem Kranken und dem Seelsorger schon auf der Intensivstation aufgebaut wird, muß nun nicht mehr weiter begründet werden. Dies gilt selbst für die Patienten, die sich weitgehend erholen. Auch für sie ist der Aufenthalt auf der Intensivstation ein »traumatisierendes Erlebnis« – ja er wird von manchen als die »Hölle auf Erden« erlebt[10] –, das sie weit über den Aufenthalt auf der Station hinaus belastet und der psychologischen und seelsorgerlichen Nacharbeit auf normalen Stationen – und wahrscheinlich bei vielen über den Krankenhausaufenthalt hinaus – bedarf.

Selbst für diejenigen Patienten, die die Station mit Aussicht auf eine teilweise oder volle Genesung wieder verlassen können, ist jede Milderung der traumatisierenden Erlebnisse auf der Station eine entscheidende Hilfe. Erholt sich der Patient aus der anfänglichen Schockreaktion, so treten oft depressive resignierende oder ängstlich hypochondrische Gefühle in den Vordergrund, wobei die Verleugnung und die Infantilisierung dominieren. Durch ein Gewirr von Schläuchen und Drähten und vielleicht noch zusätzlich direkt ans Bett gefesselt erwacht der Patient völlig desorientiert und erschöpft, unfähig sich selbst irgendwie anderen mitzuteilen und sich zu helfen. Diese Hilflosigkeit und völlige Abhängigkeit von den Ansichten der Ärzte und des Pflegepersonals läßt frühinfantile Verhaltensweisen, vor allem Anlehnungs- und Anklammerungswünsche aufkommen[11],

[8] Vgl. Literatur B/III/2/a, Anm. 6.

[9] Vgl. B/II/4, Anm. 18 ff.; Reiner, 152 ff.; Bührer, 40 f.; Engelhardt, 102 ff. Neben Suizid und Unfall wären hier die Folgeschäden von Alkoholmißbrauch (Leberzirrhose) und psychischem Streß (Magengeschwüre, Herzinfarkt) zu erwähnen.

[10] Eine Patientin, deren vorzeitige Verlegung von der Intensivstation auf eine normale Station der Verfasser wegen akuter, aus Übertragungen resultierender Todesängste veranlaßt hatte, begrüßte diesen später immer mit den Worten: Da kommt der, der mich aus der »Hölle« befreit hat.

[11] Vgl. Freyberger, 51 ff.; Robinson, 417; Stolz, I/12.

durch die der Patient Geborgenheit in der lebensbedrohlichen und Todesängste auslösenden Situation und Atmosphäre sucht. Das willenlos, passive »Akzeptieren-müssen« der therapeutischen Maßnahmen ist in vielen Fällen zunächst unerläßlich, um die Krisensituation nicht noch zu verschärfen. Die Infantilisierung wird noch dadurch verstärkt, daß der Mensch durch sein passives »Wohlverhalten« am meisten belohnt wird, während er sich dann, wenn er seine Hilflosigkeit und seine Ängste in aggressiv fordernder Weise dem Personal kundtut, vielleicht dessen Wohlwollen, auf das er völlig angewiesen ist, verscherzt, man sich von ihm abwendet oder ihm einfach mehr Sedativa verabreicht. Infantilisierung, Angst vor Liebesverlust und sehnsüchtiges Warten auf verständnisvolle Zuwendung entsprechen sich und sind oft zu beobachten. Der Seelsorger sollte auf dieses Verlangen so eingehen – ohne die Züge der Infantilisierung noch zu verstärken –, daß er den Patienten mit wachsender Kommunikationsfähigkeit zunehmend als mündige Person in ihren Anliegen ernst nimmt und nach den Ursachen der Unruhe und Ängste fragt.

Viele Patienten sind von der ständigen grellen Beleuchtung, den erheblichen Geräuschen der Maschinen, dem fehlenden Tag-Nacht-Rhythmus, dem Mangel an menschlicher Zuwendung und vor allem – wenn sie sich ein wenig erholt haben und zunehmend zu Bewußtsein kommen – von der Wahrnehmung der Umgebung und des Schicksals der Mitpatienten, der Hektik – z. B. bei einem Herzstillstand, der Einlieferung eines »Unfalls« – und vom Miterleben des Sterbens anderer so mitgenommen, weil es zu Todesängsten auslösenden Übertragungen auf das möglicherweise bevorstehende eigene Schicksal kommt. Besonders bedrückend ist dies für die Patienten, die nun in der Tat unter diesen Umständen weitgehend abgeschnitten von allem vertrauten menschlichen Kontakt auf der Intensivstation sterben müssen und dies auch deutlich spüren[12]. Schlägt das Pendel zum tödlichen Ausgang hin aus, so fühlt sich das Personal durch den Fehlschlag seiner intensiven Bemühungen um Überleben in seinem Selbstverständnis und seinen Zielsetzungen »gekränkt«. Die Folge davon, daß der Patient das »Handtuch geworfen hat«, kann sein, daß man sich nun, da bei ihm nichts mehr »drin« ist, von ihm abwendet,

[12] Von den von Witzel (1971, 577) auf einer internistischen Intensivstation beobachteten 100 sterbenden Patienten waren 73 bis 24 Stunden und 29 bis 15 Minuten vor dem Tod ansprechbar. Auf chirurg. und vor allem neurochirurg. Stationen liegt der Prozentsatz jedoch niedriger.

seine Aufmerksamkeit ganz auf die hoffnungsvolleren Fälle konzentriert oder aber die Niederlage aller biotechnischer und menschlicher Bemühungen dergestalt überspielt, daß man sich nun ganz an technisch-apparativen Erfolgen befriedigt und sich auf sie und das, was am Patienten in dieser Hinsicht noch für künftige Behandlungen von ähnlichen Fällen zu lernen sein mag, konzentriert[13]. Hinzu kommen die bereits erwähnten Schwierigkeiten, die Situation unausweichlichen Sterbens angemessen emotional und sprachlich so zu bewältigen[14], daß man mit dem Patienten über seinen hoffnungslosen Zustand auch vorsichtig, seinen Gefühlen folgend, sprechen kann. Die Sterbenden müssen dann bis zu ihrem Tod auf ihrem Platz in der Intensivstation bleiben, weil ein Abbruch der Behandlung aus ethischen, juristischen oder auch Routine-Gründen nicht gewagt wird oder weil keine besonderen Räume für Sterbende auf der Intensivstation bereit stehen. Räume für Sterbende, »zu denen selbstverständlich auch die Angehörigen ungehinderten Zutritt haben müssen«[15], werden offenbar auf den meisten Intensivstationen erst gar nicht eingeplant, weil das Sterben, erst recht das menschenwürdige Sterben und der »eigene Tod« (R. M. Rilke), in der Zweckbestimmung dieser Stationen offenbar nicht vorkommt, ja ihnen widerspricht und daher weder in den beruflichen Sozialisationsprozessen noch in der Organisation und Einrichtung der Station vorgesehen ist, geschweige denn von vornherein eingeplant wird[17]. So fehlen natürlich meist auch Räume für die emotionale Konfliktbewältigung des Personals und der Angehörigen[18], so als sei der Tod eines Menschen ein ohne Gefühlsausbrüche hinzunehmendes Ereignis. Am meisten treffen diese Mängel jedoch den Patienten selbst, und hier vor allem die intubierten und tracheotomierten Patienten, die sich kaum mitteilen können.

[13] Vgl. C/III, Anm. 7. Das angebliche Wohl des Patienten ist dann auch nicht selten das Alibi, mit dem man den Drang, medizinisches Neuland zu betreten und seine wissenschaftliche Neugierde zu befriedigen, bemäntelt (so der Anaesthesist Opderbecke, in: Eser, Hrsg.); vgl. A/II.

[14] Vgl. C/II/1, Anm. 27 ff.

[15] Stolz, II/14. Bewußtseinsklare Menschen bedürfen in einem solchen Raum jedoch der intensiven menschlichen Zuwendung, wenn sie ihn nicht als »Sarg« deuten und so zusätzliche Ängste bekommen sollen.

[17] Vgl. v. Ferber (1970), 242; Lau, 41 ff., 65 ff., 76 ff.; Glaser/Strauß, 172 ff.; Sudnow, 46 ff.; J. Rohde, in: Döhner (Hrsg.), 13 ff.

[18] Vgl. Kübler-Ross (1974), 28. Stolz (II/14) macht darauf aufmerksam, daß dies bei Krankenhausneubauten noch immer ebenso wenig berücksichtigt wird, wie die Notwendigkeit von Räumen auf jeder Station, in die Arzt und Seelsorger die schwer kranken Patienten in ihren Betten zu persönlichen Gesprächen fahren können.

Der Seelsorger kann sich dann nicht wie das medizinische Personal auf die Beobachtung von Apparaturen und physiologischen Funktionen zurückziehen, sondern muß für den sterbenden Menschen und seine Nöte offenbleiben. Gerade bei plötzlich einbrechendem Tod stirbt der Mensch unvorbereitet, hat viele Dinge zu klären und mitzuteilen, ist von vielen Sorgen um die Familie und oft auch von Schuldgefühlen bedrückt[19]. Die Aussprache, die Entgegennahme von Mitteilungen an die Angehörigen, Zuspruch der Vergebung, tröstende und Hoffnung auf die Sinnhaftigkeit des gelebten Lebens und den Bestand des Lebens vor Gott in der Auferweckung von den Toten vermittelnde Worte und auch der beruhigende Körperkontakt sind dann wesentliche Aufgaben des Seelsorgers. Kurze stille Gebete oder auch vernehmliche, leicht faßbare und bekannte Worte der Bibel, Gebete und Segenshandlungen können durchaus selbst in der von Apparaturen und Hektik geprägten Atmosphäre angebracht sein.

b) Aufgaben gegenüber medizinischem Personal und Angehörigen

Das Verhalten des medizinischen Personals könnte oberflächlich betrachtet oft als bewußt unmenschlich gedeutet werden. Jedoch muß man bedenken, welchen physischen und psychischen Belastungen besonders die Pfleger und Schwestern acht Stunden hintereinander ausgesetzt sind. Sie werden erfahrungsgemäß vom Arzt in schwierigen Situationen – ganz besonders auffällig bei sterbenden Patienten –

[19] Der Verfasser fand einen ihm unbekannten Patienten nach einer schweren Leber-Operation in sehr angstvollem Zustand maschinell beatmet vor. Die anfängliche Meinung, seine somatische Situation oder die vielen Apparaturen seien der Grund seiner Unruhe, bestätigte sich nicht. Nach drei Tagen mühevollen Ablesens an den Lippen und des wegen der Schwäche des Patienten nur kurz möglichen Schreibens auf eine Tafel stellte sich heraus: Die Frau des Patienten hatte vor 3 Jahren Selbstmord begangen, der Patient kam daraufhin ans Trinken, wurde von seinen Kindern deshalb verstoßen und zuletzt, weil er ein ansehnliches Vermögen vertrank, entmündigt. Wegen einer Leberzirrhose und Oesophagus-Varizen kam er im kritischen Zustand ins Krankenhaus. Bedrückt war der Patient auf der Intensivstation dadurch, daß er seinen Tod herannahen fühlte und von Schuldgefühlen darüber gequält war, daß er den Suizid seiner Frau verursacht habe. Ebenso bedrückte ihn, daß seine Kinder ihn selbst jetzt nicht besuchten. Der Verfasser sprach mit ihm an mehreren Tagen über das Unergründliche, das zum Selbstmord veranlaßt, und über die Vergebung, die Gott dem, der schuldig geworden ist, gewährt. Der Patient bat darum, seinen kath. Gemeindepfarrer zu benachrichtigen, der daraufhin auch kam. In den folgenden Tagen war der Patient wesentlich ruhiger, dankbar für jeden kurzen, kaum der Worte bedürfenden Besuch, bis er nach einigen Tagen bewußtlos wurde und bald darauf verstarb.

häufig allein gelassen. Ärzte können sich noch am ehesten zurückziehen und ihre Anweisungen abseits des Krankenbetts geben, wenn die Lage medizinisch aussichtslos wird. Alleingelassen und überfordert fühlen sich jedoch auch oft die jungen Ärzte, die den Dienst unmittelbar am Krankenbett tun, von den leitenden Oberärzten, die nur für Minuten auftauchen und Anweisungen geben, die die Kollegen dann durchstehen müssen. Gerade in den schwierigen und belastenden Fragen des Abbruchs oder der Fortführung von Behandlungen und des Unterlassens weiterer Maßnahmen bei schwer geschädigten und moribunden Patienten wäre das Gespräch zwischen den leitenden und ausführenden Ärzten und zwischen diesen und dem medizinischen Personal unbedingt notwendig, um zu gegenseitigem Verstehen, zu Klärungen und zur Durchsichtigkeit der Entscheidungen für alle im »therapeutischen Team« Arbeitenden zu kommen[20]. An solchen regelmäßigen Besprechungen zwischen Ärzten und Pflegekräften sollte der Seelsorger teilnehmen. Eine wichtige Aufgabe könnte dann auch darin bestehen, daß er aufzeigt, wie sehr medizinische Entscheidungen in der Intensivtherapie ethische Entscheidungen, also Wertgesichtspunkte implizieren und voraussetzen, daß er bei Entscheidungen die ethischen Gesichtspunkte einbringt und sie genügend verdeutlicht, gerade auch hinsichtlich der Berücksichtigung der sozialen Dimension des Menschseins, daß er die von ihm im Umgang mit den Patienten und seinen Angehörigen ermittelten Wünsche und Bedürfnisse ethisch verarbeitet und als Entscheidungskriterien mit zur Geltung bringt[21]. Voraussetzung dafür ist aber, daß der Krankenseelsorger neben Kenntnissen medizinischer Sachverhalte Fragen medizinischer Ethik gründlich bedacht und aufgearbeitet hat. Außerdem hat der Seelsorger, weil er nicht in die »Hierarchie« des Kranken-

[20] Der Verfasser muß aufgrund seines eigenen Erlebens als Pfleger auf einer Intensivstation sagen, daß es gänzlich unerträglich ist, wenn bedingt durch Schichtwechsel und andere Faktoren unterschiedliche und teils widersprechende Anweisungen in Grenzfällen gegeben werden (z. B. von Minimaltherapie wiederum auf den Einsatz aller Mittel bis hin zur Dialyse umgeschaltet wird) und wenn dem die Anordnungen ausführenden und den Patienten am unmittelbarsten beobachtenden Pflegepersonal die Entscheidungen nicht einsichtig sind und sie es »gewissensmäßig« belasten. Vgl. Fritsche, 86; Lüth (1974 b), 145. Wenn Teamarbeit hierarchisches Denken (vgl. Genewein/Sporken, 163 ff.) gerade in der Intensivpflege weithin ersetzen muß, müssen auch allen die Entscheidungen verdeutlicht und eine Aussprachemöglichkeit bei unterschiedlichen Auffassungen eingeräumt werden.

[21] Vgl. Fritsche, 85 f. Ziel dieser Veröffentlichung ist es nicht zuletzt, dem Krankenhausseelsorger zu dem Dialog mit Ärzten und Pflegepersonal über ethische Fragen eine Hilfe anzubieten.

hauspersonals eingeordnet ist, nicht nur die Möglichkeit und Aufgabe, zwischen Patienten, seinen Angehörigen und dem medizinischen Personal eine Mittler- und Vermittlerrolle zu spielen, sondern auch zwischen Schwestern und Pflegern einerseits und Ärzten andererseits bei unterschiedlichen Auffassungen und Spannungen innerhalb dieser Gruppen über die Behandlung von Patienten und die Art des Umgangs mit ihnen und ihren Angehörigen.

Eine derart vermittelnde Rolle – z. B. auch bei ungezwungenen Zusammenkünften im Stationszimmer – wirkt sich meist zum Wohle aller durch die Situation belasteten Beteiligten, nicht zuletzt des Patienten selbst aus. Bei solchen regelmäßigen Zusammenkünften mit Schwestern, Pflegern und Ärzten wächst auch das Verständnis für die Außenstehenden oft seltsamen und unangemessen erscheinenden Verhaltensweisen, wie eine recht eigenwillige, distanzierende und euphemistische Sprache und eine oft völlig unverständliche Albernheit und Heiterkeit, wenn ein Patient »es geschafft hat«, »sich verabschiedet hat«, »Platz gemacht hat«, »in den Keller gegangen ist«. Die euphemistische und teils ironisierende Sprache und der Witz sind als Schutzmechanismen, als »Abwehr der Totengeister« (C. G. Jung) zu deuten. Vielleicht kann man nur so mit der Tatsache fertig werden, daß der *Tod* auf der Intensivstation trotz aller Technik und intensiver menschlicher Bemühungen letztlich doch der größte *Herr* ist, der meist siegt und allen menschlichen Mühen spottet. Hinzu kommt, daß das Intensivpersonal »auf jede, für die Bestätigung der eigenen Tätigkeit so wichtige Geste der Anerkennung und des Dankes von seiten der Patienten oder ihrer Angehörigen in den meisten Fällen verzichten muß«[22], weil die Patienten nach ihrer akuten Bedrohung auf allgemeine Stationen verlegt werden und auch die »finstere« Zeit auf der Intensivstation meist »verdrängen«. Der Seelsorger sollte, wissend um diesen notwendigen Selbstschutz (Wie viele Sterbefälle kann ein Mensch pro Woche verarbeiten?) jedoch nicht so betriebsblind werden, daß er nicht darauf achtet und hinweist, daß die Atmosphäre innerhalb der Krankenzimmer der »Tatsächlichkeit« angemessen bleibt und daß man sich bewußt bleibt, daß Patienten, die den Tod eines Mitpatienten vielleicht bemerken, in der oft nicht unberechtigten Angst leben, daß sie die nächsten sein können, bei denen das »Gespenst« zuschlägt. Guter Kontakt und gegenseitiges Akzeptieren sind

[22] Stolz, I/13; vgl. zu dem Befremdlichen im Verhalten des Personals Rohde, 401 ff.

Voraussetzungen dafür, daß man unangebrachte Verhaltensweisen gegenseitig korrigieren kann.

Der Hilfe und des Beistands bedürfen besonders auch die *Angehörigen*. Wenn ein Mensch durch Unfall oder schwere Krankheit plötzlich ganz ohne emotionale Vorbereitung auf eine Intensivabteilung kommt, dann ist das auch für die Angehörigen in mehrfacher Hinsicht ein tiefer Schock, zumal ihnen damit angedeutet wird, daß es um Leben und Tod gehen kann. Die Krankenhausatmosphäre an sich bringt für viele Angehörige schon eine Verunsicherung, ganz bestimmt aber die einer Intensivstation. Nicht nur, weil die Möglichkeit des Einschleppens von Infektionskeimen besteht, sondern auch, weil Angehörige durch die Situation auf Intensivstationen so tief erschüttert werden können, daß sie die »Fassung« verlieren und beim Patienten zusätzliche Ängste auslösen und das Personal bei der Arbeit stören, erlaubt man auf vielen Intensivstationen Besuche überhaupt nicht oder nur kurzfristige Besuche der allernächsten Angehörigen. Der englische Anaesthesist *J. S. Robinson*[23], der sich eine Zeit lang in lebensbedrohlichem Zustand auf seiner eigenen Intensivstation als Patient befand und dort beatmet wurde, schreibt in seinem persönlichen Erfahrungsbericht zu diesem Aspekt: »Die Besuche eines geliebten Menschen . . . bleiben wie klare Inseln im Gedächtnis; ihre (sc. Ehefrau) Anwesenheit war die beste psychologische Therapie . . . Die von Schwestern diktierten Einschränkungen der Besuchszeiten sind nicht gerechtfertigt; häufig sollen sie nur der Bequemlichkeit der Schwestern selbst dienen. Besuche sollten auf diejenigen beschränkt bleiben, die sich von dem in der Intensivstation Gesehenen und Gehörten nicht deprimieren lassen – keinesfalls aber sollten sie, was Zeit und Häufigkeit angeht, gekürzt oder nur nahen Angehörigen gestattet werden.« Vom Bedürfnis der Patienten her kann man dem nur zustimmen. Jedoch sollten die Angehörigen durch Gespräche emotional auf den zu erwartenden Zustand und die Atmosphäre in der Station vorbereitet werden, damit sie keinen Schock bekommen und nicht ihre Fassung verlieren. Auch sollte man ihnen Hinweise auf den Umgang mit ihren schwer kranken Angehörigen geben.

Nach einem Besuch haben Angehörige häufig das Bedürfnis, das

23 S. 417 f. Freyberger (S. 55) dgg. rät, auch kurze Besuche weitgehend wegen der Gefährdung der Sterilität und der Behinderung des Stationsablaufs einzuschränken und nur bei starken Todesängsten und extremer Hoffnungslosigkeit zuzulassen. Kübler-Ross (1974, 119) hält solche Begrenzungen für »unmenschlich«.

Gesehene und Erlebte, das sie beunruhigt, vor jemandem auszusprechen, ihre tiefe innere Bewegung und Ratlosigkeit zu äußern, ja die auf der Station aufgestauten Gefühle hervorbrechen zu lassen. Hier kann gerade der Seelsorger den Angehörigen und auch den Ärzten und Schwestern eine große Hilfe sein[24]. Die Rollenerwartung gegenüber dem Pfarrer ist eine andere, als die gegenüber dem medizinischen Personal. Wenn der Arzt sich vielleicht auf die Mitteilung von Fakten beschränkt und sich dann zurückzieht, müßte der Seelsorger zur Konfliktbewältigung im ausführlichen Gespräch zur Verfügung stehen, die Angehörigen in die auf sie bei einer Defektheilung zukommenden Probleme einführen und alle für die Behandlung wichtigen familiären und sozialen Probleme so weit wie möglich erkunden und anschließend mit den Ärzten besprechen. Auch die Vermittlung von Gesprächen zwischen Angehörigen und Ärzten ist eine wesentliche Aufgabe. Mehr als das Personal sind die Angehörigen vom Tod betroffen. Es bedarf keiner Frage, daß da, wo der Tod ständig zuschlägt, wo es sich oft nur um Stunden handelt, wo Angehörige mitunter weinend auf Fluren warten, bis das Ereignis eingetreten ist, oder wo sie erst einmal benachrichtigt und vorbereitet werden müssen, die Sorge um sie eine seelsorgerliche Aufgabe ist[25]. In den Strukturen der heutigen Intensivtherapie sind die Rolle der Angehörigen und ihre Bedürfnisse überhaupt nicht bedacht. Orte, wo sie sich aussprechen und ausweinen können, gibt es im Krankenhaus kaum. Notfalls muß sich das alles auf den Fluren abspielen.

Das »Arbeitsfeld Krankenhaus«[26] ist ein seit langem von den Kirchen vernachlässigtes Arbeitsgebiet. Bisher haben die Kirchen noch nicht den gesellschaftlichen Veränderungen der letzten Jahrzehnte in ihrer seelsorgerlichen Arbeit Rechnung getragen, aufgrund deren heute jeder sechste Bundesbürger jährlich einmal stationär im Krankenhaus aufgenommen wird und über 70 % der Menschen in Krankenanstalten sterben. Innerhalb des »Arbeitsfelds Krankenhaus« ist die Seelsorge auf Intensivstationen ein bisher kaum betretenes Neuland. Die Wichtigkeit und die Möglichkeiten der Seelsorge auf Inten-

[24] Vgl. Stolz, II/15; Lau, 46 ff. Zur Art des Umgangs mit Angehörigen von soeben Verstorbenen vgl. Sudnow, 197 ff.

[25] Vgl. Kübler-Ross (1974), 63 ff., 92 ff., 161 ff. vgl. C/II/4/a, Anm. 12 ff. Nicht zu wünschen wäre eine derartige gesetzliche Regelung der Fragen der Organentnahme, daß in solchen Situationen auch Gespräche über die Organentnahme von Arzt und Seelsorger geführt werden müßten (vgl. Stolz, II/15 u. C/II/5/b).

[26] Vgl. K. R. Mitchells gleichnamiges Buch, 1974.

sivstationen dürften durch die vorausgegangenen Ausführungen deutlich geworden sein. Um diese Aufgabe wahrzunehmen, ist allerdings eine Reform der Krankenhausseelsorge von Grund auf nötig[27] und eine veränderte Einstellung auf seiten der leitenden Organe der Kirche Voraussetzung, damit eine bessere quantitative Besetzung und eine bessere Ausbildung der Krankenhausseelsorger ermöglicht wird. Krankenhausseelsorge ist überhaupt nur sinnvoll möglich, wenn ein Patient mindestens einmal in der Woche Gelegenheit zu einem echten Gespräch mit dem Seelsorger bekommt, dieser also maximal 200 Patienten zu betreuen hat. Seelsorge auf Intensivstationen kann jedoch nur dann sinnvoll sein, wenn man ihr unbedingte Priorität einräumt und der Seelsorger ständig erreichbar ist. Im Grunde ist ein Seelsorger mit der Arbeit auf einer größeren Intensivstation und der Betreuung der von dort auf allgemeine Stationen verlegten Patienten ausgelastet. Selbst bei kleineren Intensivabteilungen (unter 10 Betten) wird er über deren Betreuung hinaus höchstens 100 Allgemeinbetten zusätzlich übernehmen können. Die Arbeit ist in jeder Hinsicht belastend, doch erntet der Seelsorger auch, gerade durch die Nachbetreuung auf allgemeinen Stationen, von vielen Dank. Eine ökumenische Zusammenarbeit der katholischen und evangelischen Seelsorge könnte den Mangel an geeigneten Kräften etwas mildern. In der Betreuung der Intensivstationen könnte man sich in größeren Abständen abwechseln[28].

[27] Vgl. Mayer-Scheu (1974 a), passim.

[28] Vgl. C/III/1, Anm. 10. Eine Zusammenarbeit ist ohne große Schwierigkeiten etwa in der Weise möglich, daß man sich die Allgemeinstationen aufteilt und nur auf besonderen Wunsch hin, z. B. zur Sakramentsausteilung, den Seelsorger der jeweiligen Konfession hinzuzieht.

IV. Grenzen des Rechts auf Leben und Gesundheit? – Sozialethische Überlegungen zu den Grenzen und Prioritäten im Gesundheitswesen.

In den bisherigen Ausführungen stand die Erörterung ethischer Einzelfragen im Vordergrund, die vor allem durch den medizinisch-technischen Fortschritt in der Lebenserhaltung, besonders die Intensivmedizin, aufgeworfen worden sind. Dabei kam die Gesamtheit des Gesundheitssystems, in dessen Horizont die Probleme einzuordnen sind, nicht genügend in den Blick. Zum anderen darf auch nicht übersehen werden, daß die ethischen Probleme des Gesundheitssystems nicht nur Folgen des Fortschritts der Medizin, sondern auch der Veränderungen in Sozialstruktur und Lebensweise und Lebenseinstellungen in der von der wissenschaftlich-technischen Zivilisation geprägten Industriegesellschaft sind. Diese Aspekte sollen daher in den folgenden Überlegungen im Mittelpunkt stehen.

1. *Medizin und Gesundheit in der Industriegesellschaft – Kritische Bemerkungen zur berechtigten Kritik I. Illichs am Gesundheitssystem*

Gleichzeitig mit der Diskussion um die Kostenexplosion startet ein einzelner einen Angriff auf das Gesundheitssystem der Industrienationen. Dabei geht er bereits von der Tatsache der mangelnden Effektivität »einer kostspieligen und mit hohen Risiken verbundenen Medizin« aus[1]. Der Kritiker der industriellen Zivilisation *I. Illich* geht jedoch viel weiter; er behauptet, daß dieses Medizinsystem seit der Besiegung der großen Geißeln der Menschheit, der schweren Infektionskrankheiten, keinen nennenswerten Beitrag mehr zur Verbesserung der Gesundheit der Bevölkerung geleistet habe, ja er unterstellt sogar, daß diese Medizin und die Ärzte »zu einer Hauptgefahr für die Gesundheit« geworden seien[1]. Der Angriff richtet sich nicht nur gegen die Entwicklung der so kritiklos in die Krankenhäuser einziehenden *Intensivmedizin*[2], sondern gegen das Medizinsystem überhaupt,

[1] Illich, 9 f. Vgl. zum Hintergrund die Einleitung, besonders Anm. 5 ff.
[2] S. 53 ff., 115 ff.

in dem die Ärzte in einer unheiligen Allianz mit den Herstellern und Verkäufern von Medikamenten und biotechnischen Geräten eine umfassende »Medikalisierung« des Lebens betreiben. Dies schaffe erst eine wirklich durch und durch kranke Gesellschaft, in der die Gebrechen industriell konserviert, die Menschen erst krank gemacht und so als Kunden der Therapeuten (Mediziner) auf rückgekoppelte Art gezüchtet und ihnen dann zugeführt würden. Auf diese Weise ließe sich das »Milliardengeschäft mit der Krankheit« überhaupt erst machen[3]. Den Ärzten sei daran gelegen – wie den magisch, suggestiv arbeitenden Medizinmännern bei Naturvölkern – einen magischen Glauben an die Wirksamkeit ihrer Behandlungen und die Machbarkeit der Gesundheit zu erzeugen, und sie gefielen sich in der Rolle der Priester und Magier[3a]. Die durch ärztliche Behandlungen verursachten Leiden (infolge schädigender Nebenwirkungen) seien bereits heute größer als die Leiden infolge von Verkehrs- und Arbeitsunfällen zusammen. Dies sei die »Nemesis« (Rache) an einer Medizin, die sich nicht mehr an den Bedürfnissen des Menschen orientiert, sondern der *Eigengesetzlichkeit* des technischen Wachstums und seiner Erfordernisse verfallen sei. Die Folge sei eine »Enteignung« der Gesundheit. Schmerz, Krankheit und Tod würden von der Person isoliert, ihr »enteignet« und in technisch behandelbare Betriebsstörungen umgewandelt, für die nicht die Person selbst, sondern die Ärzte und die Pharmaindustrie zuständig seien. So werde der Mensch zum Behandlungsobjekt und der Satz des *Paracelsus*, wonach der Patient der Arzt und der Arzt sein Gehilfe sei, in sein Gegenteil verkehrt. Mit seiner Krankheit werde der Mensch Objekt und Opfer der Ärzte und Medizinindustrie[4].

Hatte man bisher allenfalls gemeint, daß die westliche Medizin für die Entwicklungsländer eine äußerst ambivalente Hilfe sei, da sie die

[3] Vgl. Lüth (1972), 230 ff.; Blüchel, passim, Einleitung, Anm. 12 f.
[3a] Vgl. A/I.
[4] Illich, bes. 171 ff.; vgl. Lüth (1972), 234 ff. »Die Krankheiten nehmen mit dem Wachstum der Betreuung zu. Unfähig die Ursachen zu erkennen und zu heilen, schafft die moderne Medizin eine übermedikalisierte Gesellschaft. Statt die Gesundheit zu erhalten, wurden Krankheiten produziert.« Diese provozierenden Sätze standen auf der Einleitung zum Symposion über »Grenzen der Medizin« in Davos (März 1975), das dem Theologen und Zivilisationskritiker I. Illich ein Forum bot, vor dem er seine Thesen so vortrug, daß medizinische Fachblätter – vor allem im Ausland – sich mit Auseinandersetzungen mit dem Nicht-Mediziner füllten, der als »Medizin-Papst« und »Martin Luther der Medizin« bezeichnet wurde. Vgl. den selbstkritischen Bericht von Halhuber, 1993 ff.

Probleme der Überbevölkerung in diesen Ländern nur noch vergrößere, so will Illich gerade den Mythos zerstören, daß diese Medizin für die reichen Industriestaaten ein Segen sei. Der Glaube, daß die Leiden der Menschheit durch die medizinische Technik vermindert würden, beruhe auf dem Bedürfnis nach Heilung[5], sei aber nichtsdestoweniger ein Produkt des Wunschdenkens, eine Fiktion, die widerlegbar sei. Illich versucht vor allem am Beispiel der alten Leute darzulegen, daß deren ärztliche Behandlung zu einer Verschlimmerung und Verlängerung ihres Leidens führt und schon in naher Zukunft größte gesellschaftliche, personelle und finanzielle Probleme aufwirft. Die Lebenserwartung ist innerhalb eines Jahrhunderts von 35 auf 70 Jahre angestiegen[6], aber in letzter Zeit nimmt sie nicht mehr zu. Dennoch wachse die Zahl der über 65-jährigen um 2–4 % schneller an als die Gesamtgesellschaft und die pro Kopf Ausgaben der Medizin für diese Altersgruppe liege weitaus am höchsten. Was die Medizin erreicht, ist offenbar nur eine Verschiebung der Krankheiten in spätere Lebensphasen[7], in der sich die Krankheiten dann umso mehr häufen. Damit gerieten die alten Menschen total in die Abhängigkeit der Ärzte, die ihre Lage nur verschlimmerten, indem sie das leidvolle Leben hinauszögerten und der Gesellschaft damit Probleme aufbürdeten, die sie auf die Dauer nicht bewältigen könne. Die Medizin schaffe nicht nur zusätzlich somatische Krankheiten (klinische Iatrogenesis), sondern verfestige auch gesellschaftlich unerwünschte Verhaltensweisen – zu denen offenbar auch das Streben nach einem möglichst langen Leben selbst betagter Menschen gehöre –, die zur Entstehung einer kranken und leidensunfähigen Gesellschaft beitragen, die von den Medizinern abhängig wird. Die Mediziner sollen und wollen die Krankheit »abschaffen« statt nach den wahren Ursachen und der Bedeutung der Krankheit für das Leben zu fragen[8]. Gesund-

5 »Die öffentliche Begeisterung für ›medizinische Durchbrüche‹, hochtechnisierte Krankenpflege und ärztliche Kontrolle des Todes ist ein Symptom der intensiven Medikalisierung der Kultur. Sie läßt sich bestenfalls als tief verwurzeltes Bedürfnis nach Wunderheilungen verstehen. Die hochtechnisierte Medizin ist das erhabenste Element eines Rituals, das den Mythos des heldenhaften Kampfes der Ärzte gegen den Tod feiert und bestärkt« (Illich, 54).

6 Vgl. Illich, 46 ff.; Schenda, 30 ff.

7 Vgl. Müller, 60 ff. Illich (S. 47) gibt an, daß 10 % der US-Bevölkerung über 65 Jahre alt sei. »28 % der Gesundheitsfürsorge werden für diese Minderheit aufgewandt« (Illich, 180). Die Pro-Kopf-Kosten für ihre Pflege steigen um 5-7 % schneller als die gesamten Behandlungskosten pro Kopf. Vgl. Zuckerman, 423 f.

8 Vgl. Müller, 105.

heit wird als »Ware« gekauft, statt aus eigenen Kräften mit seiner Krankheit fertigzuwerden und sie als »Geschick« und Bestandteil des Lebens anzunehmen, wenn sie nicht zu beseitigen ist. Als Illich in einer Pressekonferenz darauf angesprochen wurde, daß Menschen bereits unter Berufung auf seine Ansichten Operationen an Krebs und Bestrahlungen abgelehnt hätten, konnte ihm auf seine Gegenfrage, ob man beweisen könne, daß diese Menschen mit Operationen und Bestrahlung länger und besser gelebt hätten, kein Beweis erbracht werden.

Vieles von der Kritik Illichs kann man auch schon bei berühmten Ärzten lesen. So hat *V. v. Weizsäcker* nicht nur auf die Entpersonalisierung und den Verlust der Sicht für die Ganzheit des Menschen hingewiesen, sondern auch daran erinnert, »wie äußerst mächtig im Arzt, in der Berufsgruppe der Ärzte, die Tendenz ist, daß wenigstens so viele andere krank werden, daß den Ärzten die materiellen Grundlagen ihrer Existenz erhalten bleiben ... Interessanter wäre, die unbewußte Ausdehnung dieser Interessenverkettung einmal zu studieren. Es käme dann deren Verknüpfung mit der chemischen und Instrumentenindustrie zutage. Es genügt zu wissen, daß die Tendenz zur Krankheit nicht nur in der Krankheit, sondern auch im Arzt besteht, und wirksam sein muß.«[9] Solche Kritik wird auch von anderen – wie dem Physiologen und Arbeitsmediziner *H. Schäfer*[10] – geteilt.

An der weiteren Ausdehnung von inhumanen Strukturen in modernen Kliniken[11], die eigentlich humanen Zielen dienen sollen, der Verschleierung der Soziogenese von Krankheiten durch die isolierte Behandlung von somatischen Fehlfunktionen und der negativen Nebenfolgen von Behandlungen, der »Entmündigung« des Patienten zum Objekt der Behandlung und vielem mehr ist nicht zu zweifeln. Die Verharmlosung von Mißerfolgen in der Lebenserhaltung wird dadurch begünstigt, daß Erfolge in der Medizin weitgehend nur nach der *Überlebenszeit*, nicht aber nach der *Qualität* des verlängerten Lebens bemessen werden. Dennoch ist zu fragen, von welchem Standpunkt aus Illich seine Kritik aufbaut. In verdächtiger Weise tritt – wenn auch wahrscheinlich nicht beabsichtigt – der Gesichtspunkt der

9 Aus: Der kranke Mensch, zitiert nach Blüchel, 240; vgl. Einleitung, Anm. 12 f.; Lüth (1972), 203 ff., 227 ff.; A/II.
10 Vgl. Halhuber, 1997 f.
11 Vgl. J. J. Rohde, Strukturelle Momente der Inhumanität einer humanen Institution, in: Döhner (Hrsg.), 13 ff.

statistisch meßbaren quantitativen Effizienz für die Gesamtgesellschaft in den Vordergrund. Vom Standpunkt des betroffenen Menschen selbst aus sehen die Dinge jedoch anders aus. Mit die häufigste Frage, der der Seelsorger in einer Tumorklinik begegnet, ist die, warum man zur Bekämpfung *der* Krankheit im Vergleich zu den Ausgaben für Verteidigung u. a. so wenig einsetze. Freilich müssen die meisten Kranken zugeben, daß sie, als sie gesund waren, sich darüber auch keine Gedanken gemacht haben. Das erkennt man erst, wenn man die Gesundheit plötzlich verloren hat, unheilbar ist und damit auch an den Rand der Gesellschaft gedrückt oder ganz ausgestoßen wird.

Die *Toleranz* – wir verstehen darunter sowohl die aufgrund der veränderten Sozialstruktur noch bestehende Aufnahmemöglichkeit als auch die Bereitschaft zum Er- und Mittragen – der Gesellschaft gegenüber teilgesunden, behinderten, chronisch kranken und sterbenden Menschen ist im Sinken begriffen, denn – so hat es der Psychiater *W. Schulte*[12] ausgedrückt – die Gesellschaft ist in einem brutalen »Alles-oder-Nichts-Gesetz« auf die Alternative Wiederherstellung und Leistung oder Verbannung und Versorgung in Anstalten abseits des Lebens eingestellt. Der Verlust der Gesundheit ist daher immer zugleich verbunden mit tiefgreifenden sozialen Schädigungen bis hin zum »sozialen Tod«. Unter dieser Voraussetzung wird verständlich, daß Menschen, gerade auch alte Menschen, sich davor fürchten, krank, alt und schwach und pflegebedürftig zu werden und mit ihrer Krankheit nicht leben, ihr Altern nicht wahrhaben und ihre Sterblichkeit nicht bejahen können[13]. Jede ernsthafte Krankheit wirft schwere soziale Probleme auf, weil die Gesellschaft nicht mehr in der Lage ist, die Kranken ins gesellschaftliche Leben zu integrieren. In einer derart kranken und komplexen Gesellschaft kann daher auch dem Individuum die Integration der Krankheit ins Leben und die Mobilisierung der eigenen inneren Kräfte gegen die Krankheit kaum noch gelingen. Eine pauschale Verdammung des Gesundheitssystems, der romantische Ruf »zurück zur Natur« und der Appell an die Eigenverantwortlichkeit (Autonomie) des Kranken helfen nicht allein aus der Misere des Gesundheitssystems, das unauflöslich in das Gesamtsy-

12 Verbesserungen der Hilfe für psychisch Kranke und geistig Behinderte, in: WzM 23 (1971), 291; vgl. Soziale Sicherung, 45 ff.
13 Vgl. Eibach (1975), 139 ff.; Illich, 95 ff., 171 ff.

stem der Industriegesellschaft verwoben ist. Zu fragen wäre aber, ob es nicht doch so etwas wie einen »natürlichen« Verlauf von Krankheiten gibt, der durch medizinische Behandlung nur bedingt zu beeinflussen ist. Die Erkenntnis der antiken Ärzte, daß die Heilkunst nicht alles vermag[14], daß man deshalb auch auf zweifelhafte Behandlungen verzichten darf und sollte, stellt sich für Illich zu Recht nicht primär als fatalistische Resignation dar, weil er darum weiß, daß es andere Formen des Umgangs mit und der Verarbeitung von Leiden geben könnte, die dem leidenden und sterbenden Menschen hilfreicher sind als der blinde Kampf gegen Krankheit und Tod mit biotechnischen Mitteln[15].

Gegen die Definition von Gesundheit als »Zustand des vollständigen körperlichen, geistigen und sozialen Wohlbefindens«[16] wäre mit Recht ein Verständnis von Gesundheit geltend zu machen, das Gesundheit nicht als Abwesenheit von Störungen biologischer, psychischer und sozialer Art, sondern in ihr die *Kraft* sieht, »mit ihnen zu leben«[17]. Jedoch ist zu fragen, ob Illich nicht einer gerade theologisch nicht haltbaren Glorifizierung des Leidens als positiver Gelegenheit zur Reifung, Bewährung und Vollendung der Persönlichkeit verfällt[18]. Ein Verzicht auf die Bekämpfung vermeidbarer Leiden und vermeidbaren vorzeitigen Sterbens kann theologisch ethisch wenigstens nicht gerechtfertigt, sondern nur als unverantwortliche Resignation aufgefaßt werden[18]. Es ist auch zu fragen, ob Illich mit seinem Appell, Leiden aus eigenen Kräften zu bewältigen, die autonomen Fähigkeiten des Menschen in dieser Hinsicht nicht überschätzt. Illich[19] verkennt nicht, daß Krankheit und Leiden auch in früheren Zeiten weitgehend nur in einem sozialen Kontext annehmbar und tragbar wurden, in dem Verhaltensweisen gegenüber schwerer Krankheit, Altern und Sterben kulturell vermittelt und eingeübt waren und in dem die Menschen im Kreis von Familie, Sippe und Dorfgemeinschaft die Hilfen, den Beistand und die Liebe emp-

14 Vgl. Literatur C/I/2, Anm. 35 ff. u. C/IV/3, Anm. 1.
15 Ein solcher Kampf kann »die persönlichen Antworten auf Schmerz, Invalidität, Schwäche, Angst und Tod beeinträchtigen« (Illich, 176).
16 D. Rössler, Der Arzt und das Recht des Kranken, in: EvKo 9 (1976), 80.
17 »Die bewußt gelebte Gebrechlichkeit, Individualität und soziale Offenheit des Menschen machen die Erfahrung von Schmerz, Krankheit und Tod zu einem integralen Bestandteil seines Lebens. Die Fähigkeit, diese Dreiheit autonom zu bewältigen, ist Grundlage seiner Gesundheit« (Illich, 180).
18 Vgl. zur theologischen Kritik B/II/4, bes. Anm. 62 ff.
19 S. 91 ff.

fingen, die Krankheit und Sterben ertragbar machen.

Durch die Einweisung von Menschen in die Krankenanstalten, in denen heute etwa 75 % der Menschen ihre letzten Lebenstage zubringen müssen, werden diese nicht nur der Maschinerie des Krankenhauses unterworfen, die ihre Krankheitssymptome, aber oft nicht den Menschen behandelt, ihn vielmehr entmündigt[20], sondern der Kranke wird auch dem sozialen Kontext entrissen, der oft zur Genesung notwendig und unvermeidbares Leiden und Sterben tragbar machen könnte. Diese Rolle und Bedeutung der *Angehörigen* ist in den Krankenhäusern überhaupt nicht bedacht und noch weniger institutionell abgesichert[21]. Es gehört zum System der »passiven Gesundheitspflege«, »daß im Prozeß der Heilung ein aktiver Partner (Arzt, Schwester) die Heilung bringt, ein anderer (der Patient) die Heilung empfängt«[22] und sich deren Anordnungen passiv und willenlos unterwerfen muß. In einem solchen Medizinbetrieb haben erst recht die Angehörigen, die durch die Atmosphäre moderner Krankenhäuser meist nicht weniger eingeschüchtert werden als die Patienten selbst, nicht nur kein Mitspracherecht, sondern werden häufig auch als unerwünschte Störfaktoren empfunden. So wird es verständlich, daß für viele Menschen eine Betreuung und Behandlung zu Hause innerhalb der vertrauten Umgebung und in der Familie wesentlich besser wäre und daß die meisten Menschen zu Hause sterben möchten[23].

Dem stehen jedoch tiefgreifende Veränderungen in der Lebenseinstellung, der Sozialstruktur und der Gesundheitsfürsorge der Industriegesellschaft entgegen. Der Zerfall der alten Primärgruppen wie Großfamilie, Nachbarschaft, Gemeinde ist eine Folge der Anforderungen der modernen Arbeitswelt und der Lebenseinstellung in der Industriegesellschaft, die die Kleinfamilie, häufigen Wohnungswechsel, die Berufstätigkeit von Mann und Frau und zur Pflege ungeeignete Wohnverhältnisse mit sich gebracht haben[24]. Nur wenige haben noch die Möglichkeit und zeigen noch die Bereitschaft, mit ihren Eltern zusammenzuleben und sie zu pflegen, wenn sie krank wer-

20 Vgl. B/II/2, Anm. 31 ff.
21 Vgl. C/III/2/b; C/IV/3; Engelhardt, 146 ff.; Buddeberg, 743; A. J. H. Thiadens, Im Bündnis mit Arzt und Krankenschwester, in: Orientierung 39 (1975), 101 ff.
22 H. Schäfer (der das für eine der modernen Medizin-Häresien hält), berichtet bei Halhuber, 1998; vgl. C/II/1.
23 Vgl. B/II/4, Anm. 48 f.; Illich, 54.
24 Vgl. Hahn, bes. 84 f.; Eibach (1974), 36 ff.; ders. (1975), 139 ff.; Tews, Bd. II, 263 ff.

den. Man überläßt die Pflege der alten und kranken Menschen den dafür eingerichteten Institutionen, und den meist schon vorher auf sich allein gestellten alten und kranken Menschen bleibt – da sie sich nicht mehr selbst pflegen können – meist kein anderer Weg offen als der in die Krankeninstitutionen.

Der Mangel an sozialer Interaktion zwischen alten und jungen, kranken und leistungsfähigen Menschen führt nicht nur zu Verbannung von Altern, Krankheit und Sterben hinter die Türen von Krankeninstitutionen und damit zur völligen »Privatisierung« der Erfahrung und des Durchstehens von Leiden in der Zeit der Krankheit, des Alterns und des Sterbens[25], sondern auch dazu, daß keine konkreten Verhaltensweisen mehr gegenüber schwerer Krankheit und Sterben anderer eingeübt werden[25], so daß die Familie, selbst wenn sie von den äußeren Umständen wie Wohnverhältnisse, Arbeitsbelastung usw. her zur Pflege in der Lage wäre, auf diese weder emotional noch sachlich vorbereitet ist. Dies führt – verstärkt durch die in der Konfrontation mit Altern und unheilbarer Krankheit aufbrechenden Abwehrmechanismen gegen den eigenen Tod[26] – dazu, daß die »Gesunden« unfähig und nicht bereit sind zu der Pflege zu Hause. So kommt auch *I. Illich*[27] zu dem Schluß: »Die modernen Wohnungen eignen sich immer weniger für die Pflege der Kranken, und oft sind Familienmitglieder entsetzt bei dem Gedanken, sie könnten aufgefordert werden, einen kranken Angehörigen zu pflegen.« Ein hoher Prozentsatz von Menschen müßte aufgrund des Krankheitszustands nicht in Krankeninstitutionen aufgenommen werden[28]. Für das Wohl vieler könnte zu Hause auch besser gesorgt werden. Wenn man jedoch aus Gründen der Kostenersparnis fordert, daß nicht mehr als 20 % der Menschen in Krankenhäusern sterben dürfen[29] – es sind heute bereits

[25] Vgl. v. Ferber (1970), bes. 244 ff.; Hahn, 82 ff.; Eibach (1975), 144 ff.

[26] Vgl. Bowers, 14,57 ff.; Kübler-Ross (1971), 48, 206 ff.; v. Ferber (1970), 241 ff.; Eibach (1975), 158 ff.

[27] S. 41. Hinzuweisen wäre auch auf das regelmäßig starke Ansteigen der Einweisungen pflegebedürftiger Menschen ins Krankenhaus zu Urlaubs- und Festzeiten.

[28] So gibt Hinton (S. 148 ff.) für England an, daß etwa 80 % der Männer und 64 % der Frauen zu Hause gepflegt werden könnten. 50 % der »Geisteskranken« brauchten nicht in Anstalten zu sein, wenn sie von ihren Angehörigen aufgenommen würden. Geringfügige Verbesserungen der Versorgung zu Hause würden ein Viertel der Einweisungen ins Allgemeinkrankenhaus überflüssig machen. Zur Betreuung und Integration psychisch Kranker und Behinderter in der BRD vgl. Bericht-Psychiatrie, 9 ff., 16 ff.; vgl. B/II/2, Anm. 32 ff.

[29] So G. Bucerius, in: Die Zeit, Nr. 30, 18. 7. 75. Bucerius verweist darauf, daß in

70 % –, so müßte man zunächst doch einmal nach den zivilisatorischen Ursachen der Verlagerung der Pflege von Menschen in die Krankeninstitutionen fragen. Die Erfordernisse der Industrie- und Konsumgesellschaft, deren Ziele die Arbeits- und Genußfähigkeit (M. Horkheimer) sind und deren »Religion« das »kraftvoll gesunde und jugendlich vitale Leben« und der Glaube an den Fortschritt und die technische Bewältigung menschlicher Probleme ist[30], laufen bis in die Bauweise von Wohnungen auf eine Verdrängung der pflegebedürftigen Menschen in die dafür eingerichteten »Asyle« hinaus[31], denn die Verleugnung und Verdrängung der als Störfaktoren empfundenen Bereiche um Altern, Krankheit und Tod wirkt in der entfalteten Industriegesellschaft als *Entlastung* vom Negativen und erhöht so die Funktionsfähigkeit der technischen Zivilisation und die Möglichkeiten entsagungsfreien Genießens[32]. Ohne grundlegende Änderungen in der Sozial- und Wertstruktur der Gesellschaft wird der Trend zum Abschieben aller pflegebedürftigen Menschen in die dafür eingerichteten Institutionen und die wachsende Intoleranz der Gesellschaft und ihrer Strukturen ihnen gegenüber nicht aufzuhalten sein.

Selbst dann, wenn die äußeren Verhältnisse von Familien für die Pflege günstig sind und auch die Bereitschaft zur Pflege zu Hause besteht, ist eine Betreuung aus Rücksicht auf das Wohl des Kranken heute vielleicht mehr als früher nicht mehr zu vertreten. *C. Saunders*[33] weist darauf hin, daß eine sachgerechte Betreuung und Schmerzlinderung für chronisch Kranke und Sterbende oft nur in geeigneten Krankenanstalten gewährleistet werden kann, die über die notwendigen medizinischen und pflegerischen Möglichkeiten verfügen. Andernfalls hätten die Kranken oft unnötige Schmerzen auszuhalten. Zu beachten ist vor allem auch, daß es im Zuge der Verlagerung von Krankheit und Sterben in die Institutionen zum Abbau der

Holland noch 50 % der Menschen zu Hause sterben. 1972 ereigneten sich in den Krankenhäusern der BRD 33 % mehr Sterbefälle als 1962 (Lau, 11).

30 So der Sozialpsychologe R. A .Kalish, in: Pearson, (Ed.), 82 ff.; ähnlich Schenda, 11 ff.; Bowers, 76 f.; G. Sieber, Die Altersrevolution, 1972, 49 ff.

31 Vgl. E. Goffman, Asyle; 1972; Lau, 11 ff., 36 ff.; Schenda, 117 ff.; zur Wohnsituation alter Menschen vgl. auch Lehr, 259 ff.; Tews, Bd. I, 131 ff., Bd. II, 291 ff.

32 Vgl. v. Ferber (1963), bes. 351 ff.; Schelsky, 6; Eibach (1974), 36 ff.; Beiträge in Mitscherlich, Brocher u. a.; B/II/2, Anm. 31 ff.

33 S. 53 ff. Hinton (S. 148 ff.) berichtet, daß 15 % der zu Hause Sterbenden beträchtliche Schmerzen auszuhalten hatten. 7 % der Krebskranken, die zu Hause starben, seien allein gewesen. Zur Schmerzlinderung vgl. B/III/2, Anm. 104.

medizinischen »*Zwischensysteme*« alten Stils gekommen ist, die für eine sachgerechte pflegerische und medizinische Betreuung zu Hause Sorge trugen und auch die Angehörigen zur Pflege anleiteten. Immer weniger politische und kirchliche Gemeinden haben und finden Schwestern und Pfleger. Bei Erwartungen, die von Gemeindeschwestern früher selbstverständlich erfüllt wurden – wie Bereitschaft auch in der Nachtzeit –, kann man kaum noch mit Kräften rechnen. Ärzte, die immerhin durch Hausbesuche gut verdienen können, sind bei überfüllten Praxen immer mehr darauf bedacht, die Zahl der Hausbesuche und besonders der Nachtdienste zu verringern und chronisch kranke und pflegebedürftige Menschen möglichst bald in die Krankenhäuser einzuweisen, meist natürlich auch in der Meinung, dort werde am besten für sie gesorgt, und aus der Sorge heraus, man könnte irgendetwas zur Rettung oder Verlängerung von Menschenleben unterlassen. Diese Sorge entspringt aus dem Wissen um die diesbezüglich viel größeren Möglichkeiten im Krankenhaus und aus der Auffassung, daß es die Aufgabe des Arztes sei, Leben möglichst mit allen Mitteln um jeden Preis zu erhalten. Die Tendenz zur Einweisung ins Krankenhaus wird notwendig verstärkt durch die sinkende Zahl der Hausärzte (Ärzte für Allgemeinmedizin), verursacht durch die Bevorzugung von Facharztpraxen und klinischer Tätigkeit bei jüngeren Medizinern. Die Interessen der Angehörigen und der Ärzte sind daher allzuoft den Bedürfnissen der Kranken zuwiderlaufend auf eine baldige Einweisung ins Krankenhaus hin ausgerichtet.

Bei Illichs Absicht, das ganze Medizinsystem der Industriestaaten als eine Fehlentwicklung zu entlarven und großartige neue gesellschaftspolitische Leitlinien auf der Basis der Autonomie der Person gegenüber den Zwängen der technischen Zivilisation und der Gerechtigkeit und Solidarität in der Gesellschaft zu entwickeln, wird nicht sichtbar, wie und wo sich diese Leitlinien in den gesellschaftlichen Realitäten der Industrienationen verwirklichen lassen, wie z. B. der Appell an die Selbstverantwortung und die Fähigkeiten des Kranken zur Selbstbehandlung diesem die Möglichkeit geben soll, sich nicht nur aus der Abhängigkeit von profitinteressierten Therapeuten und der Pharmaindustrie zu befreien, sondern sich auch noch gegen eine Kranken und Behinderten gegenüber intolerante Gesellschafts- und Wertstruktur durchzusetzen. Trotz der zahlreich aufgeführten Einzeldaten werden in der makrosoziologischen Analyse, zu der sie verwertet werden, doch auch pauschale Einseitigkeiten und Unrichtigkeiten sichtbar. Das Dilemma des Medizinsystems liegt nicht allein in dessen Eigengesetzlichkeit, in den Profitinteressen der Ärzte und der pharmazeutischen Industrie begründet, sondern ebenso in der gesamten Gesellschafts- und Wertstruktur der Industrienationen[34]. Die Tatsache zum Beispiel, daß die Lebenserwartung wieder sinkt[35], beweist ja wenigstens nicht, daß die Medizin an sich eine Hauptgefahr für die Gesundheit geworden ist, und auch nicht, daß die Medizin nicht für viele Menschen »effektiv« ist, d. h. ein wenigstens erträgliches und sinnvolles Leben erreicht, ja nicht einmal, daß sie nicht »effizient« ist, d. h. mehr Schaden von der Gesamtgesellschaft abwendet als ihr zuzufügen[36]. Jüngste Erhebungen in den USA zeigten einen erheblichen Anstieg der Todesfälle infolge Krebs. Die Überprüfung ergab, daß dieses Anwachsen fast ausschließlich auf den Lungen- und Bronchialkrebs zurückzuführen ist, die vorwiegend in ursächlichem Zusammenhang mit dem Rauchen stehen. Auf dem erwähnten Symposion in Davos hat *H. Schäfer*[37] gegen Illich dargelegt, daß die vier Todesursachen, die an Häufigkeit deutlich zunahmen 1. der Herzinfarkt, 2. das Lungenkarzinom und die Bronchitis, 3. die Leberzirrhose, 4. die Verkehrsunfälle sind. Die wesentlichen Ursachen für diese Todesfälle sind bekannt. Es sind Überernährung und psychosozialer Streß für Herzinfarkt, das Zigarettenrauchen und – nach Schäfer – zu einem Siebentel die Luftverschmutzung der Großstädte für Lungenkarzinom und Bronchitis, fast ausschließlich der Alkoholkonsum und zu einem schwer meßbaren geringen Teil der Mißbrauch von Medikamenten für Leberzirrhose, für Verkehrsunfälle die Technik im Bunde mit dem Alkohol[38]. Dabei muß man bedenken, daß der größere Teil der in dieser Arbeit besprochenen ethischen Probleme der Medizin in unmittelbarem Zusammenhang mit diesen Todesursachen steht und daß die Intensivmedizin sich ganz überwiegend um Patienten mit Herz-Kreislauferkrankungen (Herzinfarkt, Wiederbelebung) und um Verkehrsunfälle bemüht[39].

[34] Vgl. A/I u. II.
[35] Illich, 36.
[36] Vgl. Einleitung, Anm. 5 ff.
[37] Angaben nach einem Bericht im Südd. Rundfunk 12. 4. 75, 18.05–18.50 Uhr.
[38] Erwähnt werden müssen in diesem Zusammenhang auch die 13 000 registrierten eindeutigen Selbstmorde.
[39] Es ist jedoch auch die Leberzirrhose mit Oesophagus-Varizen-Blutung und als Folge die problematische Shunt-Operation zur Umleitung des Blutes um die Leber zu erwähnen. Die Folge ist oft eine zunehmende Verblödung wegen der Vergiftung des Gehirns durch das nunmehr nicht mehr hinreichend gereinigte Blut.

Jährlich erzeugt allein der Straßenverkehr etwa 500 querschnittsgelähmte, 250 erblindete, 60 000 hirnverletzte und von 1960–1970 540 000 erwerbsunfähige Bundesbürger[40]. Diese Krankheiten und Unfälle wären unter die sogenannten Zivilisationskrankheiten zu zählen, bei denen die Herzkreislaufkrankheiten mit einem Anteil von zwei Drittel aller Krankheiten und wenigstens zwei Fünftel der Todesursachen den weitaus größten Anteil einnehmen, während Krebs nur mit etwa einem Fünftel beteiligt ist[41].

Auch *Illich* erkennt in der industriellen Umwelt und ihren Anforderungen die wesentlichen krankmachenden Faktoren, fürchtet aber zu Recht, daß eine Medizin, die den Anspruch erhebt, die von Umweltfaktoren erzeugten Krankheiten heilen oder vor ihnen retten zu können, dazu verführt, daß man sich nicht mehr genügend darum bemüht, nach den Ursachen der Krankheit und ihrer Signalwirkung zu fragen und die »mörderische Umwelt« zu ändern[42]. Nach den Erwartungen einer fortschrittsgläubigen Gesellschaft sollen gerade die Errungenschaften der technischen Medizin die Leiden und Krankheiten »reparieren«, die die auf dem Leistungszwang aufbauende industrielle Zivilisation und die Konsumgesellschaft erzeugen. Daß der medizinische Fortschritt als Teil der gesamten technischen Zivilisation die Schäden, die diese erzeugt, reparieren oder auch nur ausgleichen könne, ist eine widerlegbare, wenn auch noch wirksame Fiktion, die zur Gleichgültigkeit im Umgang mit dem eigenen Leibe und der Gesundheit verführt und die der Anschauung Vorschub leistet, als sei Gesundheit ein kaufbarer Konsumartikel und als könne man bei Arbeit und Genuß mit seinem Leibe willkürlich umgehen und als seien Entsagung, Verzicht, Askese und Ehrfurcht vor dem eigenen Leibe Begriffe einer längst vergangenen restriktiven moralischen Lebensanschauung. Die Leichtfertigkeit, mit der sich Menschen heute durch Rücksichtslosigkeit gegenüber ihrem Leibe schaden, ist ethisch und erst recht sozialethisch unverantwortlich. Allein die durch das Rau-

[40] Angaben nach H. Schulze (Hrsg.), Straßen für das Jahr 2000, 1971, 5 u. 157 f.; Der Spiegel (Nr. 7/1975, 43) gibt 150 000 schwer Unfallverletzte, 25 000 mit schweren Hirntraumen und 50 000 Wiederbelebungsmaßnahmen pro Jahr an (vgl. C/II/4/a, Anm. 25; C/II/4/c, Anm. 6).

[41] In der BRD starben 1973 731 000 Menschen. 46 % davon erlagen einer Herz-Kreislaufkrankheit. 20 % starben an einer bösartigen Neubildung, 6,9 % kamen auf unnatürliche Weise ums Leben (Angaben nach Geißler, 11).

[42] Vgl. Illich, 152; Müller, 105.

chen und Alkohol verursachten volkswirtschaftlichen Schäden erreichen schwindelhafte Höhen[43].

»Die bislang nicht gelungene Anpassung an die veränderten Lebensbedingungen könnte für den somatischen Bereich auf die einfache Formel gebracht werden: Zuviel an Essen, Trinken und Rauchen – zuwenig an Bewegung und Ausnutzung der gebotenen Vorsorgemöglichkeiten. Viel gravierender jedoch und das äußere Verhalten mehr und mehr mitprägend sind die vergeblichen Bemühungen der psychischen Anpassung an die Umwelt, verstärkt durch die vermeintliche Ohnmacht, diese Umwelt verändern zu können. Eine Umwelt, die mit ihrer auf Konsum, Genuß und Leistung ausgerichteten Orientierung auch gleichzeitig ein vielfältiges Angebot zur schnellen und leichten Befriedigung dieser Bedürfnisse bereit hält. Übersättigung auf der einen und Überforderung auf der anderen Seite läßt bei den schwindenden emotionalen Bindungen Menschen unserer Zeit schneller zur Flasche, zur Zigarette, zu Psychopharmaka greifen«[43a] und damit zugleich auch Schäden bei sich, anderen und der Gesellschaft verursachen, zu deren Reparatur die »kurative« Medizin große Anstrengungen unternimmt. Man darf den psychosozialen Streß, das Rauchen, den Alkohol- und Medikamentenmißbrauch nicht in erster Linie als Ausdruck individuellen Versagens der Lebensgestaltung ansehen, sondern muß erkennen, daß diese primär von den Einwirkungen, Anforderungen und Strukturen der Lebensbedingungen in Industrienationen bedingt sind, aber doch auch vom

[43] »140 000 Bundesbürger sterben nach offizieller Feststellung der Bundesregierung jährlich vorzeitig, nur weil sie rauchen. Ca. 100 000 Raucher müssen jährlich frühinvalidisiert werden. Jeder sechste Krankheitsfall wird durch Rauchen verursacht. Die dadurch bedingte Einbuße des Volkseinkommens schätzt die Bundesregierung pro Jahr auf 15 bis 20 Miliarden DM . . . Diese Schätzung . . . ist sehr vorsichtig. Nach Berechnungen der Forschungsgruppe Sicherheitsauto . . . kostet ein einziger tödlicher Verkehrsunfall der Volkswirtschaft durchschnittlich 200 000 DM. Diese Zahl zugrunde gelegt, würden schon die 140 000 Zigarettentoten – ohne Berücksichtigung der Raucherkrankheiten und Frühinvaliden – eine Einbuße von 28 Milliarden DM bedeuten« (F. Schmidt, Anreize für eine gesundheitsbewußte Lebensweise schaffen, in: Dtsch. Ärzteblatt 25, 1976, 586). 20 000 Raucherbeine werden jährlich amputiert. 600 000 Bürger erkrankten 1973 an Herzinfarkt (nach Geißler, 11).

[43a] Geißler, 12. »Rechnete man 1969 noch mit 600 000 Alkoholkranken, so muß jetzt von 1,2 bis 1,8 Millionen – das sind 2 bis 3 % der Bevölkerung – ausgegangen werden. Der jährliche Pro-Kopf-Verbrauch an Alkohol stieg von 3,2 Liter im Jahre 1950 auf 12,2 Liter im Jahre 1973. Alkoholkranke und Drogensüchtige stellen inzwischen 30 % der Aufnahmen der psychiatrischen Krankenhäuser . . . Jüngere Menschen und Frauen sind zunehmend gefährdet« (Bericht-Psychiatrie, 13).

individuellen Verhalten des einzelnen beeinflußt werden. Illich kritisiert in erster Linie die kurative Medizin, die der Meinung bei den Bürgern Vorschub leistet, man müsse nur den richtigen Spezialisten aufsuchen und die richtigen Tabletten einnehmen und schon stelle sich die infolge ruinöser Umweltverhältnisse und individuellen Fehlverhaltens verlorene Gesundheit wieder ein. So fördere die Medizin Verhaltensweisen, die zur Gleichgültigkeit gegenüber den Ursachen von Krankheiten in der Umwelt und der individuellen Lebensgestaltung führen, die den Menschen der Selbstverantwortlichkeit für seine Gesundheit berauben, ihn zum blindgläubigen Konsumenten von Medizin herabwürdigen, statt ihn zur eigenen Verantwortung und zur Beseitigung der Ursachen der Krankheit anzuleiten. Der Mensch der Konsumgesellschaft habe es auf diese Weise verlernt, sich um die Erhaltung seiner Gesundheit und gesunder Lebensbedingungen selbst zu bemühen, weil dies für die Aufgabe der Mediziner gehalten werde. Es ist heute bei Experten unbestritten, daß die verantwortliche Mitarbeit der Bevölkerung an der Erhaltung ihrer Gesundheit einen weit höheren Wirkungsgrad hat als die technisch hoch ausgerüstete und teure und gut organisierte kurative Medizin je erreichen kann[44]. Die Frage ist nur, wie der Bürger zu einem aktiven selbstverantwortlichen *Gesundheitsverhalten* mobilisiert werden kann, denn dies ist die wirksamste Vorbeugung und auch Voraussetzung allen Bemühens der Vorsorgemedizin.

Bisher sind die meisten Menschen zu Entsagungen und zum Verzicht um der Erhaltung ihrer Gesundheit willen erst bereit, wenn sie diese verloren haben, denn bis dahin glaubt man allenfalls, daß es »die anderen«, aber nicht die eigene Person treffen könnte[45]. Dadurch, daß die Opfer ruinösen Umgangs mit dem eigenen und fremden Leben aus der Öffentlichkeit in die Asyle verbannt werden, mahnen sie nicht einmal mehr zu verantwortlichem Umgang mit dem eigenen Leben. Unter diesen Gesichtspunkten sind auch nochmals die Ehrfurcht vor dem Leben, der Zusammenhang zwischen Schuld und Krankheit und die vor allem im Pietismus unter anderem Vorzeichen erörterte Frage nach der Erlaubtheit der sogenannten Adiaphora (Mitteldinge) wie Eßverhalten, Alkohol- und Nikotingenuß theolo-

44 So Chr. v. Ferber auf dem Symposion über »Grenzen der Medizin« in Davos (berichtet gemäß Angaben Anm. 37).

45 Das ist die ganz überwiegende Erfahrung, die der Verfasser in der Krankenhausseelsorge macht.

gisch und ethisch neu zu bedenken. Der Leib ist gemäß biblischer Anthropologie[46] nicht ein Ding, das ich habe, sondern er ist als »Schnittfeld« der Beziehungen, die das Leben ausmachen, »Ausdrucksfeld« der Person, die mit ihrem Leibe weithin identisch ist. Die somatische Krankheit wird als Störung der Identität zwischen dem Ich und seinem Leibe, als Entfremdung vom Leibe empfunden. Das leibliche Leben ist auch nicht Besitz des Menschen, sondern Gabe des Schöpfers, von ihm dem Menschen mit einem bestimmten Auftrag gegeben. Der *Leib* ist das »Feld«, in dem sich das vernommene Wort Gottes als gehorsame Antwort vollzieht (Röm 12,1 f.), er ist Ort des Wirkens des Heiligen Geistes (1 Kor 6,17 ff.), aber er ist auch das »Feld« der Begegnung mit und der Beziehungen zum Mitmenschen. Von daher ist die Verantwortung für das eigene leibliche Leben immer zugleich Verantwortung für das Leben der Mitmenschen. Dabei ist nicht allein und nicht in erster Linie an die enormen volkswirtschaftlichen Schäden zu denken, die unverantwortliches Verhalten gegenüber dem leiblichen Leben verursacht, sondern vor allem an das Elend, das Alkoholismus, Unfall, Defektheilungen und Frühinvalidität und früher Tod über Familien bringen. Insofern ist die *»Sünde wider den eigenen Leib«* nicht nur Sünde gegenüber dem Schöpfer und Geber des Lebens, sondern auch Lieb- und Verantwortungslosigkeit gegenüber den Mitmenschen, für die ich verantwortlich bin, zur Solidarität mit denen ich verpflichtet bin und auf deren Kosten dann das durch Rücksichtslosigkeit geschädigte Leben wiederhergestellt werden soll.

Daß ein Zusammenhang zwischen der Person und ihrer Krankheit, der Lebensführung und der Krankheit besteht, ist zu Recht von psychosomatisch orientierten Medizinern in den Vordergrund gerückt worden[47]. Der Zusammenhang zwischen Sünde und Krankheit ist theologisch sehr differenziert und nicht primär als individuell bedingter Ursache-Folge-Zusammenhang zu betrachten[48]. Krankheit, Versehrtheit und Tod als Folge von Verantwortungslosigkeit gegenüber dem eigenen und fremden Leben sind auch nicht als konkrete Strafe Gottes zu deuten, sind aber doch »Zeichen« dafür, daß der Mensch ohne Verantwortung der den »chaotischen« Mächten des »Nichtigen« ausgelieferte Mensch ist. Die Kranken selbst empfinden ge-

[46] Vgl. B/II/1; B/II/5; Anm. 30 ff.; Eibach (1974), 167 ff.

[47] Vgl. V. v. Weizsäcker, Der kranke Mensch, 1951; A. Jores, Der Mensch und seine Krankheit; vgl. dazu Eibach (1974), 20 ff.

[48] Vgl. B/II/1, Anm. 11 f.; B/II/3, Anm. 6, 10 f.; B/II/4, bes. Anm. 18 ff.

rade nach Verkehrsunfällen, aber auch nach Herzinfarkt und bei Leberzirrhose, ja selbst bei Krebs nicht selten einen Zusammenhang zwischen ihrem eigenen »Fehlverhalten« und der Krankheit[49]. Solche Einsichten sind, auch wenn sie meist zu spät kommen und das Leben eines Kranken noch zusätzlich erschweren können, dennoch nicht – gerade in der Seelsorge nicht – als mythische Krankheitsauffassung abzutun, sondern aufzuarbeiten und auf ihre Wahrheit hin zu bedenken.

Wenn man die Folgen von Nikotin- und Alkoholgenuß, Völlerei, Trunkenheit am Steuer, überhöhter Geschwindigkeit bedenkt, so ist die ethische Beurteilung solcher Verhaltensweisen keine Nebensächlichkeit oder gar Belanglosigkeit. Gleichgültigkeit auf diesen Gebieten hat verheerende Folgen nicht zuletzt auch für Unschuldige (Unfälle), für die Familie, aber auch für die ganze Gesellschaft. Gesundheitserziehung, Gesundheitsförderung und Weckung eines verantwortungsbewußten Verhaltens sind nicht nur Aufgaben des Staates, sondern auch der Kirchen, der kirchlichen Verkündigung und Lehre, die den Sinn der *Askese*, des Verzichts auf unbedachtes Genießen, als Form der Ehrfurcht vor dem von Gott geschenkten Leben und der Verantwortung gegenüber den Mitmenschen und der gesamten Gesellschaft erneut erschließen müßten, dabei freilich auch nicht auf die Analyse und Aufarbeitung der strukturellen und geistigen Gegebenheiten verzichten dürfen, die zu solchen verantwortungslosen Verhaltensweisen führen. Die Betonung der individuellen Verantwortlichkeit darf nicht dahingehend mißverstanden werden, als seien der Genußmittelmißbrauch, übersteigerte Eßgewohnheiten, zu geringer körperlicher Ausgleich nicht Folgen und Ausdruck von Strukturen der Leistungs- und Konsumgesellschaft, als seien die krankmachenden Umwelt- und Arbeitsbedingungen etwa nur zweitrangig bei der Frage nach den Ursachen des sinkenden Gesundheitsstandards[50]. Jedoch müßte der Bevölkerung erneut bewußt werden, daß Gesundheit

49 Vgl. Engelhardt, 99 ff.; C/III/2, Anm. 8 f., 19 (mit Literatur); B/II/3, Anm. 6 f.; B/II/4, Anm. 21 ff.

50 Vgl. H. Baier, Die Wirklichkeit der Industriegesellschaft als Krankheitsfaktor, in: Mitscherlich, Brocher u. a., 37 ff. Das Grundproblem der Herz-Kreislauferkrankungen ist die Diskrepanz zwischen dem Individuum und seiner Umwelt bzw. den tatsächlichen Möglichkeiten des Individuums und den Anforderungen, die die Mit- und Umwelt an es stellt. »Etwa 70 % der Bevölkerung suchen innerhalb eines Jahres den praktischen Arzt . . . auf. Von diesen weisen etwa 10 bis 20 % psychische Krisen, Krankheiten oder vorwiegend psychisch bedingte körperliche Beschwerden auf. Dies sind 4 bis 8 Millionen. Als dringend psychiatrisch bzw. psychotherapeu-

keine Ware ist, die man verschleudern und leicht reparieren oder ohne weiteres wieder kaufen kann, und auch, daß Krankheit in vielen Fällen ein durch verantwortungsbewußte Lebensführung vermeidbares »Schicksal« ist[51]. Die Vermeidung von viel Elend und die Beeinflussung des Gesundheitsstandards ist durchaus auch über das individuelle Verhalten möglich und nicht allein durch Veränderungen der Umweltverhältnisse und Verbesserungen auf dem Gebiet der Präventivmedizin. Ein zu großes Vertrauen in die Vorsorgemedizin kann nicht nur die Abhängigkeit von den Medizinern und die Kosten erhöhen, sondern auch die Gleichgültigkeit gegenüber der Gesundheit fördern, denn Vorsorgeuntersuchungen können auch als »Erlaubnis« mißverstanden werden, mit dem bisherigen »Raubbau« an der Gesundheit fortzufahren, da ja noch keine bedrohlichen Zeichen registriert sind[52].

Eine *Selbstbeteiligung* an den Kosten der kurativen Medizin ist freilich kein Heilmittel gegen die Gleichgültigkeit, und sie wäre ethisch nicht vertretbar, da sie die einkommensschwachen Kreise benachteiligen und eine gute medizinische Betreuung noch mehr als bisher zum Privileg der Reichen machen würde[53]. Ethisch ebenso bedenklich sind Vorschläge, die in der Selbstverschuldung einer nur mit hohen Kosten zu behandelnden Krankheit ein Kriterium für die Begrenzung der Behandlungspflicht sehen und die bei selbstverschuldeter Krankheit von dem *Solidaritätsprinzip* in der Deckung der Behandlungskosten abrücken wollen[54]. Sicherlich ist es alles andere als

tisch behandlungsbedürftig erweisen sich innerhalb eines Jahres dabei 1,8 bis 2 % der Bevölkerung, also rd. eine Million Personen« (Bericht-Psychiatrie, 7).

51 Vgl. M. Pflanz, Gesundheitsverhalten, in: Mitscherlich, Brocher u. a., 283 ff., 290 ff.; Soziale Sicherung, 33 f., 36, 38, 19 f.

52 Mit diesen Hinweisen soll nicht die noch immer beobachtbare Gleichgültigkeit in der Wahrnehmung der angebotenen Vorsorgeuntersuchungen gerechtfertigt werden. Zur Präventivmedizin vgl. z. B. E. Gerfeldt, Sozialhygiene, Sozialmedizin und prophylaktische Medizin, 1970. Zur Kritik der Präventivmedizin vgl. Illich, 49 ff. »Die Zahl derjenigen, die von ihrem Arzt erfahren, ihr Herz sei gesund, und die damit ermuntert werden, mit einem ungesunden Lebensrhythmus fortzufahren, ist wahrscheinlich viel höher als die Zahl derer, denen tatsächlich durch den Rat des Arztes geholfen wird, sobald sie echte Beschwerden haben. Die Medikalisierung der Frühdiagnose hemmt und beeinträchtigt nicht nur eine präventive Gesundheitspflege, sondern sie erzieht den zukünftigen Patienten auch, in der Zwischenzeit als treuer Gefolgsmann des Arztes zu fungieren« (Illich, 52).

53 Vgl. Soziale Sicherung, 36 f.; dgg. spricht sich auch H. Geißler (S. 20 f.) aus; ebenso H. Tönis (Direktor des AOK-Bundesverbands), in: EvKo 9 (1976), 32. Vgl. zur ethischen Begründung B/II/2, Anm. 43 ff.

54 So etwa der Vorschlag von F. Schmidt, aaO (Anm. 43), 585.

Ausdruck von Solidarität, wenn man sich Kosten, die durch bewußtes Fehlverhalten verursacht werden, durch die Inanspruchnahme von Versicherungsleistungen decken läßt, die auch von Mitgliedern aufgebracht werden, die sich um eine gesundheitsbewußte Lebensweise bemühen. Dennoch sollte die Eigenverantwortlichkeit nicht zur Grundlage einer Vergeltungs- und Straftheorie werden, zumal in den meisten Fällen auch wiederholtes hartnäckiges oder gar andauerndes Fehlverhalten nicht nur individuelle, sondern auch oder gar primär psychosoziale und strukturelle Ursachen hat, für die man das Individuum nur noch bedingt verantwortlich machen und aus denen es sich aus eigener Kraft nicht befreien kann[55]. Die Antwort Jesu auf den Zusammenhang zwischen Schuld und Krankheit bzw. Unfall sollte gerade Christen vor voreiligen Vergeltungs- und Straftheorien warnen: »Oder jene Achtzehn, die der Turm am Teich von Siloah bei seinem Einsturz erschlug, meint ihr, sie seien schuldiger gewesen als alle anderen Menschen . . .? Nein, sage ich euch, sondern wenn ihr nicht Buße tut, werdet ihr alle auf diesselbe Weise umkommen« (Lk 13,4). Der ruinöse Umgang mit Gesundheit und Leben und die auch infolgedessen rapide ansteigenden Kosten zur Wiederherstellung der Gesundheit erfordern in der Tat nicht nur eine Umkehr und Änderung in der individuellen Lebensweise, sondern in den gesamten Umwelt-, Lebens- und Arbeitsbedingungen und in der Wertstruktur der Industrie- und Genußgesellschaft.

2. *Die Kluft zwischen den technisch fortschrittlichen und den pflegenden Bereichen des Gesundheitswesens – Prioritäten medizinischen Handelns angesichts der Grenzen der Gesundheitsfürsorge*

Einerseits müssen wir uns angesichts eines sinkenden Gesundheitsstandards und rapide zunehmenden Medikamentenmißbrauchs und der großen Zahl pflegebedürftiger Menschen »davon lösen, daß gesund Werden und gesund Bleiben ein Zustand des völligen körperlichen und geistig-seelischen Wohlbefindens ist, wie es in der Präam-

[55] Das heißt nicht, daß im Einzelfall eine medizinische Behandlung nicht davon abhängig gemacht werden dürfte, ob der Patient überhaupt in der Lage ist, eine dazu unbedingt notwendige Änderung seiner Lebensweise auf sich zu nehmen. Wäre er dazu nicht bereit oder in der Lage, erweist sich von daher eine Behandlung oft als sinnlos, und sie bringt so dem Patienten keinen Gewinn.

bel der Magna Charta der WHO zu lesen ist, kurzum, daß Gesundsein der normale Zustand ist.«[1] Wir müssen lernen, Krankheiten, Altern und Sterben in menschenwürdiger Weise zu bewältigen und den Aspekt des Leidens und Alterns als den zu Leistung und Glück komplementären Aspekt des Lebens in unser Denken und Leben wieder stärker aufzunehmen und das »Pathische« und damit die Fähigkeit zu leiden nicht mit dem »Pathologischen« gleichzusetzen[2]. Anderseits wäre es ethisch nicht vertretbar, auf die aussichtsvolle Bekämpfung von Krankheiten zu verzichten. Dabei kommt es aber gerade angesichts der ökonomischen und personellen Grenzen im Gesundheitswesen darauf an, wie und mit welchen Mitteln Krankheiten bekämpft werden und die Behandlung welcher Krankheitsformen den Vorrang haben sollen. Vor allen wissenschaftlichen und ökonomischen Interessen müssen dabei sozialethische Gesichtspunkte den Ausschlag geben[3]. Das heißt primär, daß all das, was machbar und möglich ist, unter Berücksichtigung des Grundsatzes der *Gerechtigkeit* und *Solidarität* getan werden muß[4]. Bei dieser Betrachtungsweise ist die Kluft zwischen den technisch fortschrittlichen Bereichen der Medizin, auf die der Kostenanstieg im Gesundheitswesen ganz überwiegend zurückzuführen ist, und dem finanziellen und personellen Einsatz für die Bereiche der Medizin, in denen durch den Einsatz technischer Mittel kaum oder überhaupt nicht geholfen werden kann, sozialethisch ein Skandal, eine unverzeihliche Ungerechtigkeit und eine grobe Mißachtung des Grundsatzes *des gleichen Rechts auf Gesundheit und Pflege*. In diesen Bereichen kommt es freilich nicht in erster Linie auf technisches Können, sondern auf menschliche Qualitäten, die Bereitschaft und Fähigkeit zur menschenwürdigen Pflege an.

Die Diskrepanz zwischen den mit neuesten technischen Mitteln ausgerüsteten modernen Kliniken, die auf eine Wiederherstellung der Körper-

[1] Geißler, 11; vgl. zum Gesundheitsbegriff der WHO die Einleitung und zur Kritik des Verständnisses von Gesundheit in der Leistungsgesellschaft: Görres (Hrsg.), bes. 31 ff.; T. Parsons, Definition von Gesundheit, in: Mitscherlich, Brocher u. a., 57 ff.; H. Strotzka, Psychische Gesundheit in der Leistungsgesellschaft, in: Gesundheit, 292 ff.; Schaefer/Blohmke, 326 ff.; Eibach (1974), 292 ff.; E. Müller, in: Prolegomena zur Allgemeinen Pathologie, hrsg. von H. W. Altmann u. a., 1969, bes. 67 ff.; zur Geschichte der Begriffe Krankheit und Gesundheit vgl. P. Diepgen u. a., ebd. 1 ff; K. E. Rothschuh (Hrsg.), Was ist Krankheit?, 1975.

[2] Vgl. Eibach (1974), 256 ff. u. Literatur B/II/4, Anm. 83 ff.

[3] Vgl. A/I, Anm. 26 ff.; A/II.

[4] Vgl. B/II/2, Anm. 40 ff.

funktionen eingerichtet sind, und den Bereichen des Gesundheitswesens, die sich mit der Betreuung unheilbar chronisch kranker, behinderter und pflegebedürftiger alter Menschen befassen, hat zuletzt der »Bericht über die Lage der Psychiatrie« wiederum deutlich gemacht. Danach kann man sich nicht des Eindrucks erwehren, daß man bis heute gemäß dem »Alles-oder Nichts-Gesetz« einerseits Krankheit und Tod mit allen Mitteln bekämpft und andererseits, wenn und wo das nicht mehr möglich ist, mit der Verbannung und Asylierung in teils menschenunwürdige Pflegeanstalten reagiert, die zu einem großen Teil im vergangenen Jahrhundert außerhalb der Ballungszentren auf dem flachen Lande erbaut und bis heute nur geringfügig verbessert wurden[5]. Dieses alternative Vorgehen ist Ausdruck des gleichen Ethos des Kampfes ums Dasein[6] und der technischen Machbarkeit von Gesundheit. Ist sie technisch nichts mehr »machbar«, so kann man im modernen Krankenhaus, in dem von der Organisation her nichts anderes als die technische Bekämpfung der Krankheit möglich ist, nichts anderes mehr »machen«, als die aussichtslosen Fälle in die Pflegeinstitutionen abzuschieben, die auf das »nichts mehr zu machen« nicht nur von ihrer technischen und baulichen Ausrüstung, sondern vor allem von der qualitativen personellen Besetzung her »abgestellt« sind. Gleichzeitig wird der Mensch vom »Kranken«, den man behandelt, um ihn wiederherzustellen, zum aussichtslosen »Pflegefall« und von den Krankenkassen »ausgesteuert«. Die Zustände in psychiatrischen Anstalten (»Irrenhäuser«) und vielen Pflegeheimen (Siechenhäuser) belehren darüber, wie wenig man »macht«, wenn nichts mehr zu machen ist, wie man mit dementen und siechen Menschen verfährt, sie ihrem »Schicksal« überläßt, wie sie einsam und verlassen vom »sozialen Tod« bereits überrollt sind, in menschenunwürdigen Verhältnissen und oft überfüllten Räumen »dahinvegetieren« und sterben. Psychiatrische und geriatrische »Anstalten« dienen noch immer weit mehr der »Asylierung« und der Abschirmung der Gesellschaft vor »Abnormen« als der Behandlung nach dem derzeitigen Stand psychiatrischer und geriatrischer Kenntnisse[7]. Die Alten- und Pflegeheime sind mehr »Warteräume« und »Abstellräume zum Tode«[8] als

[5] Wie die Arbeit von E. Goffman (Asyle, 1972) zeigt, ist dies kein spezifisch deutsches Phänomen. Jedoch ist das Elend der deutschen Psychiatrie beim internationalen Vergleich besonders groß. Im Durchschnitt kommen 1,6 Betten pro 1 000 Einwohner. Zur Psychiatrie zählt jedes 6. Bett und jede 37. Krankenhausaufnahme. Zwei Drittel der Betten befinden sich noch immer in Häusern, die vor 1925 errichtet wurden. Jeder Arzt ist im Durchschnitt für 60, bei Anstalten mit über 1000 Patienten für 66 Patienten zuständig (Angaben nach Bericht-Psychiatrie, 10 f.). Zu den Zuständen und Problemen vgl. folgende Literatur: K. P. Kisker, Medizin in der Kritik, 1971; F. Fischer, 17 ff.; Blüchel, 147 ff.; Lüth (1975), 29 ff.; Beiträge in: Kölner Zeitschrift für Soziologie und Sozialpsychologie 25 (1973), 233–474.

[6] Vgl. B/II/2.

[7] Vgl. K. Oesterreich, Psychiatrie des Alterns. Grundlagen, Diagnose, Therapie, 1975; Bericht – Psychiatrie, 12 f., 24 f

Orte bestmöglicher ganzmenschlicher Betreuung. Nicht besser ist es häufig um die Situation alter, alleinstehender und hilfsbedürftiger Menschen in Großstadtwohnungen bestellt[9].

Die durch die Industrialisierung bedingten und erforderten Veränderungen in der Sozialstruktur und Lebensweise (Urbanisierung, Kleinfamilie, Mobilität, Berufstätigkeit von Mann und Frau usw.) und die hedonistische, an Leistung, Erfolg und Genuß ausgerichtete Wertstruktur der Gesellschaft erzwingen geradezu das Abschieben der alten und pflegebedürftigen Menschen in die dazu vorgesehenen »Asyle«. Wenn man von der gleichen technischen Zivilisation, die die Verdrängung von Kranken, Alten und Sterbenden aus der Gesellschaft hervorruft, auch die Lösung der durch Krankheit und Altern aufgeworfenen Probleme erwartet, dann kommt es zum Bau von Kliniken, die Krankheit und Tod bis zum letzten Atemzug mit technischen Mitteln mit dem Ziel bekämpfen, diese individuelle und soziale »Betriebsstörung« zu beseitigen. Die Ambivalenz derartiger technischer Einrichtungen besteht auch darin, daß hier alles Machbare gemacht und damit auch ganz ungewollt immer mehr Menschen das Leben erhalten und verlängert wird, die dauernder Pflege bedürfen und daher meist in die Pflegeinstitutionen abgeschoben werden[10]. In pseudoreligiöser, fortschrittsgläubiger Erwartungshaltung gegenüber der technischen Medizin hat die Gesellschaft in diese Einrichtungen ungeheure Mittel investiert, ohne diese Nebenfolgen genügend zu bedenken und zu ihrer Bewältigung durch Rehabilitation, sinnvolle Betätigungsmöglichkeiten für Behinderte und menschenwürdige Pflege eine dem Einsatz im technischen Bereich der Medizin entsprechende Vorsorge zu treffen. Für die Tätigkeiten in modernen Kliniken läßt sich meist auch noch genügend qualifiziertes Personal finden, zumal solche Berufe in der öffentlichen Wertschätzung steigen und man auch »sichtbare Erfolge« seiner Arbeit sieht. Ganz anders steht es um den Einsatz für die Pflege der »unheilbaren Fälle«, der körperlich und geistig schwer behinderten, der altersschwachen und

[8] So Lentrodt, 300; F. Fischer (bes. 138) hält die »Nähe zum KZ« häufig deutlich für erkennbar. Die Alten- und Pflegeheime sind »die letzte Konsequenz der sozialen Entfremdung der Alten, die greifbare Institutionalisierung dieser Entfremdung, und sie schafft der Gesellschaft das gute Gewissen, für ihre Alten etwas getan zu haben, bietet eine moralische Entlastung«, obgleich diese Heime oft nicht mehr sind als »Rumpelkammern« für die, von denen nichts mehr zu erwarten ist (Schenda, 120, vgl. 157 ff.).

[9] Vgl. Schenda, 109 ff.; Tews, Bd. I, 131 ff., Bd. II, 291 ff.; Lehr, 259 ff.; G. Sieber, Die Altersrevolution, 1972, 91 ff.; H. P. Bleuel, Alte Menschen in Deutschland, 1972, 141 ff.; J. D. Junker, Alter als Exil, 1973; H. u. H. Reimann (Hrsg.), Das Alter (Soziale Probleme 1), 1974; Beiträge in WzM 25 (1973), 49 ff. Zu verweisen ist auch auf die von H. Geißler veröffentlichte Studie: »Dokumentation zur neuen sozialen Frage« (Nov. 1975; Bericht in: Südd. Ztg. 1975, Nr. 292, 7).

[10] Dabei ist nicht nur, aber doch besonders an die hohe Zahl alter pflegebedürftiger Menschen zu denken, bei denen die verschiedenartigsten Krankheiten oft gehäuft auftreten (vgl. C/IV/1, Anm. 7).

sterbenden Menschen, und zwar nicht primär in finanzieller und baulicher, sondern in *personeller* Hinsicht. Die Tabuisierung des Bereichs des Unheilbaren und des Todes ist häufig begleitet von einem »genierten Verächtlichmachen«[11] der Stätten, in die die Gesellschaft die Schwächsten verstößt. Eine Folge davon ist auch die im Gegensatz zu Tätigkeiten im Bereich der technisch fortschrittlichen Medizin geringe Wertschätzung der Pflegetätigkeiten, obwohl gerade die Betreuung der Schwächsten vor allem psychisch sehr belastend ist, nicht zuletzt deshalb, weil der Erfolg nicht nach dem Leistungsprinzip der Gesellschaft und nach den Kategorien des Nutzens meßbar ist. Der erhebliche Mangel an qualifiziertem, zu sachgerechter Behandlung[12] und menschenfreundlicher Betreuung fähigem Personal verschlimmert die Zustände in den Anstalten und Heimen und die Lage der zu Hause gepflegten Menschen. Dieser Mangel an Personal ist auch eine Folge der Einstellung der Öffentlichkeit zu diesen Bereichen des Lebens und davon, daß der Umgang mit diesen Menschen nicht nur »technisch« als »Job« erlernt werden kann, sondern eine tiefergehende innere Motivation, »menschliche Qualitäten« (Hingabebereitschaft, Geduld, Einfühlungsvermögen) und eine Wertschätzung gerade auch des »nutzlosen« Lebens voraussetzt, denn man kann bei einer die Person primär nach Leistung und Nutzen bewertenden Einstellung in der Pflege der »aussichtslosen Fälle« und »hilflosen Schwächlinge aller Sorten« (A. Hoche) kaum einen Sinn erkennen. Ohne im Leben auch dieser Menschen einen »transzendenten« Sinn und Wert zu sehen, sie als Personen zu achten, deren Würde jenseits aller Verwertbarkeit liegt, dürfte die Pflege nicht lange menschlich bleiben. Würde die Betreuung dieser Menschen nach den Kriterien des *Nutzens* für die Gesellschaft und des sichtbaren Erfolgs gemessen, so wäre sie in der Tat meist zweck- und nutzlos.

Man muß bedenken, daß die »Ausstoßung« der schwächsten Menschen aus der Gesellschaft und ihre Verbannung in Heime und Anstalten oft dem totalen Abbruch von mitmenschlichen Beziehungen, einer Entwurzlung und Zerrüttung der Person und damit dem *sozialen Tod* gleichkommt, der den physischen Tod oft psychisch vorbereitet. Dieser tritt dann nach der Einlieferung oft schnell ein[13]. Man

[11] Schenda, 24. Die »Irrenanstalten« wurden, wie die Aussätzigenasyle des Mittelalters, weit außerhalb der Städte erbaut. Altenheime wurden und werden im Grünen gebaut, damit – wie man sagt – die Alten »Frischluft« haben, eigentlich aber doch, damit sie das Getriebe der Stadt nicht behindern.

[12] Vgl. Bericht-Psychiatrie, 11 f.; 30 f.

[13] Nach Schenda (S. 120) sterben 32 % der in Pflegeheime eingewiesenen alten Menschen im ersten halben Jahr nach der Einlieferung. »Die Sterblichkeitsrate während des ersten Jahres der Unterbringung in einem Altersheim ist signifikant höher als die Sterblichkeitsrate bei denen, die in ihrer gewohnten Umgebung bleiben . . . Die Trennung von der Familie und die Heilung in einer Institution bilden einen mitwir-

verkennt das latente Gefälle von der Ausstoßung aus der Gesellschaft hin zur *»gelenkten Sterblichkeit«* und der Vernichtung sogenannten »lebensunwerten« Lebens[14], wenn man sich damit beruhigt, daß für das physische Leben dieser Menschen durchaus gesorgt wird[15]. Die sozial-mitmenschliche Dimension des Lebens – ob also der Mensch als Person von anderen angenommen wird, Zuwendung und Liebe empfängt, die Möglichkeit zur Kommunikation hat – ist für das Menschsein ganz entscheidend. Von einem derart »qualitativen« Verständnis von Leben her wäre zu fragen, ob der von Menschen aktiv durch Verstoßung in Anstalten oder passiv durch Unterlassen von Zuwendung und Hilfe zugefügte soziale Tod wirklich moralisch grundsätzlich anders als die Tötung unwerten Lebens zu beurteilen ist[16]. Wie elend und trostlos das Leben sein muß, geht aus der extrem hohen und mit zunehmendem Alter rapide ansteigenden Selbstmordrate[17] alleinstehender alter Menschen hervor, die oft durch ihre Vereinsamung und Hilflosigkeit buchstäblich in den Tod getrieben werden. Insofern ist die Anfrage von *W. Fuchs*[18] nicht unberechtigt,

kenden Faktor beim Entstehen schwerer Krankheiten . . . Häufig hat die durch die Trennung ausgelöste oder bedingte Krankheit eine überdurchschnittliche Sterblichkeitsrate« (Illich, 47, Anm. 79; vgl. Hahn, 26). Zum »psychogenen Tod« vgl. H. Kächele, Der Begriff »psychogener Tod« in der medizinischen Literatur, in: Ztschr. f. psychosomatische Medizin und Psychoanalyse 16/17 (1970), 105 ff., 202 ff.; K. D. Stumpfe, Der psychogene Tod, 1973; Eibach (1974), 34 ff., 44 ff., 61 ff.

14 Die Überalterung der Gesellschaft und die dadurch bedingte enorme personelle und finanzielle Belastung ließ schon auf dem ersten Europäischen Bevölkerungskongreß (Straßburg, 1966; vgl. J. Fischer, 11 f.) den Gedanken der »gelenkten Sterblichkeit« als Mittel der Bevölkerungskontrolle aufkommen. Vgl. die Andeutungen bei R. H. Williams, 92 ff. und den von J. G. Ziegler (in: Hiersche, 81) zitierten Vorschlag, wonach das Sterbealter entsprechend den Nahrungsmittelvorräten festgesetzt werden soll.

15 Vgl. B/II/2, Anm. 34 ff.

16 Schenda (S. 24) spricht von den alten Menschen als von »lebenden Sozial-Leichen, deren Obszönität von den Jüngeren der Gesellschaft nur durch Tabuisierung und geniertes Verächtlichmachen überspielt werden kann. Wenn der gesellschaftliche Prozeß nur unter dem Gesichtspunkt der Kapitalvermehrung gesehen wird, sind die Alten überflüssiges Abfallprodukt.«

17 Die durchschnittliche Selbstmordrate liegt in der BRD bei 28 pro 100 000 Einwohner, bei 75–80jährigen jedoch bei 69 und bei den über 90jährigen bei 103 (Schenda, 60). Auf einen vollendeten Selbstmord kommen etwa 10 Selbsttötungsversuche. Dabei wächst die Gefahr des tödlichen Ausgangs mit zunehmendem Alter. Thomas (S. 16) fand unter rund 30 Versuchen von Jugendlichen in der Pubertätszeit einen mit »tragischem« Ausgang, doch von drei Patienten über 70 Jahren, die Hand an sich legen, lassen 2 ihr Leben, ein Zeichen dafür, wie ausweglos für viele alte Menschen ihr von Vereinsamung und Hilflosigkeit geprägtes Leben im »sozialen Tod« ist. Vgl. Ringel, 40 ff.; Reiner, 138 ff.; Literatur Anm. 9.

18 S. 196; vgl. 46 ff.; zur Altentötung vgl. B/III/1/a.

ob diese Verbannung von alten und behinderten Menschen in Anstalten und die totale Isolierung alter Menschen in Großstadtwohnungen nicht eine »höchst vermittelte Fortsetzung der Übung« bei Nomaden sei, die Alten zu töten, wenn sie schwach, lästig und »untragbar« werden. Und *Chr. v. Ferber*[19] befürchtet gar, daß das doktrinäre Wertsystem der Leistungsgesellschaft den Boden für die »Vernichtung unwerten Lebens« und die »bürokratisch organisierte ›Endlösung‹« bereitet.

Man mag diese Befürchtungen für übertrieben halten, doch bietet die Gesellschaft, die mit ihrer industriellen Zivilisation auch den wachsenden Wohlstand institutionalisiert hat, kaum noch Platz für nicht leistungsfähiges Leben. Bei weiterer Verfestigung dieser Strukturen und Mentalität wird es wahrscheinlich immer unklarer werden, worin der *Lebenswert* dieser ausgestoßenen und nutzlos dahinlebenden Menschen und worin der Sinn und Grund ihrer Pflege besteht, und die Frage wird zunehmend aufkommen, ob es nicht besser wäre, diese Menschen »einzuschläfern«, sie zu »erlösen«, ihnen den »Gnadentod« zu geben. Natürlich wird man betonen, daß dies nur um der Menschen selbst willen, aus Mitleid mit ihnen geschehe. Wenn sich heute bereits in Deutschland wieder über 35 % der Menschen für die Vernichtung sogenannten lebensunwerten Lebens aussprechen[20], so ist das ein deutliches Warnzeichen. Die betroffenen schwerkranken und alten Menschen freilich zeigen an derartigen »Erlösungsbestrebungen« am allerwenigsten Interesse[21]. Sie verlangen vielmehr nach einer guten Pflege und Betreuung, mitmenschlicher Zuwendung und nach Möglichkeiten und Hilfen zu sinnvoller Lebensgestaltung im Rahmen der ihnen verbliebenen körperlichen und geistigen Fähigkeiten. Bisher konzentrieren sich die Hilfen vornehmlich auf materielle und bauliche Verbesserungen, während die Möglichkeiten zur sinnvollen Lebensgestaltung und zu mitmenschlichen Beziehungen für behinderte und alte Menschen in und außerhalb von Heimen noch immer vor allem wegen des Mangels an qualifiziertem Personal (Heilpädagogen, Beschäftigungstherapeuten usw.) gering sind[22].

Die wachsende Zahl behinderter und vor allem pflegebedürftiger

[19] (1963), 360.
[20] Vgl. Einleitung, Anm. 29.
[21] Vgl. N. Erlemeier, Beiträge der psychologischen Thanatologie zum Euthanasieproblem, in: Eid (Hrsg.), 116 f.; vgl. C/I/5, Anm. 11 f.
[22] Bericht-Psychiatrie, 16 ff.; Menschen wie wir, 11 ff.

alter Menschen[23] wirft eine Fülle sozialer, personeller und ökonomischer Probleme auf, besonders durch die Anhäufung von Krankheiten in der höheren Lebensphase[24]. Von selbst entwickelt auch der ältere Mensch »gewöhnlich keine explizite Haltung – weder positiv noch negativ – zum eigenen Sterben und Tod«[25]. Die Nichtvertrautheit mit der eigenen Sterblichkeit und die allgemeine Unfähigkeit, den eigenen Tod zu bejahen, die neben der kreatürlichen Todesfurcht auch wiederum soziale und kulturelle Ursachen haben[26], lassen auch betagte Menschen immer weniger »alt und lebenssatt« ihren Tod als »Schickung« annehmen, sondern auch bei ihnen immer häufiger den Wunsch nach einer Lebensverlängerung um jeden Preis aufkommen. Diesem wird dann auch durch die Einlieferung der alten Menschen in Akutkrankenhäuser, die entsprechende Zielsetzungen verfolgen, weitgehend entsprochen, wenn auch überwiegend deshalb, weil andere Einrichtungen zur medizinisch fachgerechten und menschlichen Betreuung in völlig ungenügender Zahl bestehen. Aus ethischen Gründen wird man jedoch – wohl auch im Sinne der wahren Interessen alter und pflegebedürftiger Menschen – weniger auf eine Verlängerung der Quantität der Lebenszeit als auf eine *Verbesserung der qualitativen Lebensbedingungen* innerhalb der verbleibenden Lebensspanne drängen müssen. Dazu sind zwar auch erhebliche Anstrengungen in der medizinischen Erforschung und Behandlung von Alterskrankheiten und Siechtum nötig, um die Altersbeschwerden zu *lindern* und das Lebensalter erträglich zu machen, doch liegen die eigentlichen Probleme weniger im engeren medizinischen Bereich, als vielmehr in dem der guten und umfassenden ganzmenschlichen Be-

23 Die Zahl der Behinderten in der BRD beläuft sich auf mehr als 4 Millionen. Jedes Jahr werden mindestens 40 000 Kinder (von etwa 700 000) mit körperlichen oder geistigen Behinderungen geboren. Hinzu kommen die Behinderungen durch Unfälle und Krankheit (Menschen wie wir, 7; vgl. C/II/4/c, Anm. 31). »Es wird damit gerechnet, daß 6 von 1 000 Einwohnern geistig behindert sind, also etwa 360 000 Personen. Knapp ein Zehntel der geistig Behinderten (0,55 pro 1 000 bzw. 34 000) ist schwerst oder mehrfach behindert und bedarf im allgemeinen der stationären Dauerunterbringung« (Bericht-Psychiatrie, 14). Am stärksten fallen jedoch die Alterskranken ins Gewicht. 1975 waren 8,1 Millionen Menschen über 65 Jahre, 1980 werden es 9,1 Millionen, also etwa jeder siebente Bürger sein. Etwa 2,5 % davon sind dauernd pflegebedürftig, 20 % der hospitalisierten Patienten in psychiatrischen Krankenhäusern sind über 65 Jahre (Bericht-Psychiatrie, 13).

24 Vgl. C/IV/1, Anm. 7.

25 Vgl. Hahn, 26; J. M. A. Munnichs, in: H. Thomae u. U. Lehr (Hrsg.), Altern. Probleme und Tatsachen, 1968, 579 ff.; N. Erlemeier, aaO (Anm. 21), 113 f., 117 ff.

26 Vgl. Eibach (1975), 142 ff.; C/IV/1, Anm. 23 ff.

treuung, bei der die medizinische Behandlung nur ein Aspekt unter vielen anderen ist[27]. Die Akutkrankenhäuser sind in der bisherigen Struktur wenigstens nicht in der Lage, die erforderlichen Hilfen zu gewähren[28]. Sie fördern nur die *Passivität*, die Abhängigkeit von einer entmündigenden Maschinerie, ohne eine aktive Rehabilitation oder eine sinnvolle Betätigung für chronisch Kranke, die meist Langzeitpatienten sind, anbieten zu können.

Man hat zwar auch argumentiert, daß das Akutkrankenhaus eine zu kostspielige Einrichtung für die Betreuung von chronisch kranken, altersschwachen und sterbenden Menschen sei[29]. Jedoch könnte sich der Gesichtspunkt einer großen Kostenersparnis bei Pflegeeinrichtungen als ein Irrtum erweisen, wenn man bedenkt, welche umfassenden sozialmedizinischen Hilfen und personellen Voraussetzungen nötig sind, um Menschen die Altersbeschwerden und das Sterben erträglich zu gestalten und das Altern als lebenswerte und sinnvolle Lebensphase erleben zu lassen. Die Organisation der durch private Initiative entstandenen englischen »Sterbekliniken« könnte für den Bereich des nahen Todes ein Beispiel abgeben[30]. Die Grundprobleme in der Betreuung von chronisch kranken und altersschwachen Menschen bestehen in der Verhinderung der sozialen Entfremdung (sozialer Tod) und völligen Passivität des Menschen als reiner *Pflegefall*, also in der *Ermöglichung von Sozialbeziehungen*, vor allem mit Menschen, zu denen man im Leben außerhalb von Heimen und Anstalten Kontakt hatte (Angehörige), und in dem *Angebot von sinnvollen Betätigungen*, die die Passivität von Leib und Seele trotz Pflegebedürftigkeit verhindern. Durch Strukturveränderungen im Bereich der Gesundheitseinrichtungen müßten erst die notwendigen Übergangs- und Zwischensysteme mit entsprechend qualifiziertem Personal geschaffen werden[31], um die vorschnelle Verbannung seniler, behinderter und sterbender Menschen in die Anstalten zu verhindern, die die letzte Konsequenz und »greifbare Institutionalisierung der sozialen Entfremdung« von und der Intoleranz der Gesellschaft gegenüber »nutzlosen« Mitmenschen sind[32]. Eine längere und

[27] Vgl. Literatur Anm. 7.
[28] Vgl. B/II/2, Anm. 34 ff.
[29] Vgl. C/IV/1, Anm. 29; vgl. auch Soziale Sicherung, 42 f.
[30] Vgl. Saunders, 49 ff. u. den Bericht von M. Prem, 597 ff.; C/IV/3.
[31] Vgl. Bericht-Psychiatrie, 16 ff., bes. 25 ff.; Soziale Sicherung, 42, 54 ff.
[32] Vgl. Schenda, 120.

weitere Vernachlässigung dieser Bereiche des Gesundheitswesens ist ethisch nicht damit zu begründen, daß die Sorge um die »Leistungsfähigen« absoluten Vorrang vor der um die »Nutzlosen« habe, zumal es sich hier um die *Befriedigung von menschlichen Grundbedürfnissen* und nicht um die Inanspruchnahme »außergewöhnlicher« Maßnahmen der Lebensverlängerung handelt[33]. Der Grundsatz des gleichen Rechts auf Fürsorge und Leben wird ansonsten zum leeren Slogan.

Die Erhaltung der *Lebensqualität* einzelner, bereits jetzt unverantwortlich vernachlässigter Gruppen von schwachen und »nutzlosen« Menschen wird in Zukunft anderen Gruppen der Gesellschaft mehr *Verzicht auf Wohlstand* und Genuß und wenn auch vielleicht keinen größeren technischen, so doch einen höheren menschlichen Einsatz abverlangen. Angesichts der Grenzen des Wachstums und der immer größeren Belastung der Gesellschaft durch die Folgen der Industrialisierung, zu denen auch die ansteigende Zahl der pflegebedürftigen Menschen gehört, muß sich jeder bewußt werden, daß die Erhaltung oder notwendige Verbesserung der Lebensqualität der einen nicht mehr ohne weiteres ohne Einschränkung der Lebensqualität anderer möglich sein wird. Freilich kann ein sich äußerlich als Verlust an Lebensqualität darstellender Tatbestand unter der Voraussetzung eines von dem Gebot der Nächstenliebe geprägten Verständnisses von *Solidarität*, eines Lebens im Horizont des Miteinanders und Füreinanders, auch als Bereicherung an Lebensqualität des einzelnen und aller verstanden werden, besonders dann, wenn die Hilfe für Benachteiligte und in Not geratene Menschen andere aus ihrer Tatenlosigkeit befreit zu guten Werken, die die Not lindern und dem Helfenden einen neuen Sinn seines Lebens erschließen[34]. Eine Infragestellung der *Befriedigung* von *Grundbedürfnissen* selbst der nutzlosesten Glieder der Gesellschaft kann auch bei steigendem sozialen und ökonomischen Druck niemals ethisch gerechtfertigt werden. Solange unzählige Menschen durch ihren unverantwortlichen Umgang mit ihrer Gesundheit einen riesigen volkswirtschaftlichen Schaden verursachen[35], sind solche Ansinnen nur als Verhöhnung der Ehrfurcht vor der Würde der Person und der sozialethischen »Leitidee«

[33] Vgl. C/II/3, Anm. 81 ff.; C/II/4/a/ab; B/II/2, Anm. 40 ff.
[34] Vgl. E. Amelung, Alternative zwischen Tod und Leben, in: EvKo 9 (1976), bes. 88; B/II/1, Anm. 18 ff.; B/II/4, Anm. 82 ff.
[35] Vgl. C/IV/1.

von der zuteilenden *sozialen Gerechtigkeit* aufzufassen. Die durch den »Bericht über die Lage in der Psychiatrie« aufgezeigten Mißstände in der Versorgung psychisch kranker, geistig behinderter und altersschwacher Menschen fordern trotz des Wissens um die Grenzen des ökonomisch Möglichen dazu heraus, die unberechtigte Benachteiligung dieser Gruppen baldigst durch wesentliche Verbesserungen zu beheben und ihnen, nachdem sie jahrzehntelang vernachlässigt wurden, nunmehr eine vorrangige Beachtung und Förderung im Rahmen des Gesundheitswesens zukommen zu lassen.

Unter Berufung auf die Grenzen der ökonomischen Belastbarkeit durch unheilbare pflegebedürftige Menschen und auf die vielen unerledigten Aufgaben im sozialen Bereich haben schon *K. Binding* und *A. Hoche*[36] die Vernichtung unwerten Lebens gefordert. Eine Gesellschaft, die unter sozialem und ökonomischem Druck zu solchen Mitteln greift, ist – wie *K. Barth*[37] es ausdrückte – moralisch im Zusammenbrechen begriffen, denn »wie eine unter Leistungsdruck stehende Gesellschaft mit den Leistungsunfähigen umgeht, ist ein Test auf ihre humane Entwicklung«[38]. Es ist eine Fiktion zu meinen, daß durch relativ geringfügige Einsparungen in den Ausgaben für die Schwächsten die Lage anderer mit etwas größeren Rehabilitationschancen verbessert werden könnte. Eine Gesellschaft, die sich von sozialer Gerechtigkeit bestimmen und sich das Wohl der Ärmsten angelegen sein läßt, wird nicht noch auf deren Kosten Verbesserungen anstreben.

In neuester Zeit bezieht man auch vermehrt die Lage der Entwicklungsländer der dritten und vierten Welt in solche Überlegungen ein und argumentiert, daß man bei uns nicht durch die Sorge um die nutzlosen Krüppel und Schwächlinge Mittel verschwenden dürfe, während in diesen Ländern gesunde Menschen verhungern und an vermeidbaren Infekten sterben, und daß man die bei uns zur Erhaltung der Schwächsten ausgegebenen Mittel daher dort einsetzen solle. Daß solche Äußerungen einer echten Sorge um das Wohl der Menschen der ärmsten Länder der Welt entspringen, muß bezweifelt werden. Sie sind vielleicht nur Ausdruck allzu naiven Denkens. Der Standard der Gesundheitsfürsorge ist immer Ausdruck von Wertsetzungen und des Standes der Technisierung und Zivilisation einer Gesellschaft. Von daher ist es sozialethisch belanglos, wenn man die Gesundheitsfürsorge von Ländern mit völlig unterschiedlichem »Zivilisationsniveau« vergleicht und dann das eine unmittelbar zum Maßstab des anderen zu machen versucht. Eine geradezu unsinnige Annahme ist es

[36] Vgl. C/I/2 und zu W. Catel C/I/3.
[37] KD III/4, 484; vgl. B/II/2, Anm. 23 ff.; C/I/3.
[38] Gollwitzer, 63; vgl. Thielicke, ThE III, Nr. 2743; Schenda, 121; B/II/1,2.

aber, man könne bei uns durch Einsparungen in der Sorge um aussichtslose Fälle eine Besserung der Lage in den ärmsten Ländern erreichen. Mit Einsparungen im Gesundheitsbereich technisch zivilisierter Länder wird den ärmsten Ländern nicht geholfen, ohne daß das vermittelt würde über den gesamten Staatshaushalt eines Landes und den Wohlstand aller Menschen in ihm, die dann auch alle verzichten müßten, um anderen zu helfen. Wenn es aber wirklich um Einsparungen zugunsten der Ärmsten der Welt geht, dann kann – wenn auch nicht ausgerechnet an erster Stelle stehend – das aufgeblähte Gesundheitswesen davon nicht ausgenommen werden. Dabei wäre jedoch in allererster Linie an die Bereiche der technisierten Medizin zu denken, die man sich nur im Luxus der Industrienationen leisten kann, die nur wenigen zugute kommen und von zweifelhafter »Effektivität« sind und die primär die Profitinteressen der Industrie und sonstiger Gruppen oder die wissenschaftliche Neugierde befriedigen. Ehe man hier jedoch teure Behandlungen wie die Dialyse in Frage stellt[39], sollte man an die enormen Einsparungen erinnern, die durch eine verantwortungsbewußte, gesunde Lebensführung und Schaffung einer »gesundheitsfreundlicheren« Arbeits- und Lebenswelt möglich wären.

Einsparungen im Bereich des Gesundheitswesens dürfen nicht mehr in den Bereichen vorgenommen werden, an denen die Verbesserungen bisher vorbeigegangen sind, und bei den Menschen, deren Lebensqualität daher im Vergleich zu der anderer gesunken ist. Bei der Rangordnung der Zielsetzungen im Gesundheitswesen müßten diese Bereiche in besonderer Weise bedacht und Einsparungen in anderen Bereichen des Gesundheitswesens müßten primär zur Deckung dieses Defizits eingesetzt werden. Eine Verlagerung der Prioritäten innerhalb des Gesundheitswesens ist aus sozialethischen und individualethischen Gründen unerläßlich. Der frühere UNO-Generalsekretär U Thant hat schon 1970/71 gefragt, »ob die modernsten medizinischen Techniken zur Verlängerung des Lebens bei einigen wenigen Kranken angewendet werden müßten, solange die dabei entste-

[39] Sehr vorsichtig ist Sporken (1971, 199 f.) mit diesbezüglichen Überlegungen. Nicht gerade gut durchdacht erscheint die Äußerung von Mayer-Scheu (1975, 15) im Zusammenhang mit sozialethischen Problemen der Dialyse: »Schließlich dürfen wir auch die weltweite Dimension der Gesundheitsfürsorge nicht aus den Augen verlieren. Können wir es uns leisten, unsere Gesundheitsfürsorge so kostspielig und aufwendig bedenkenlos zu erweitern, ohne Mitverantwortung zu tragen für die vielen Millionen Menschen in unterentwickelten Ländern, denen die primitivste Gesundheitsfürsorge zur Erhaltung des nackten Lebens fehlt, die ihnen mit vergleichsweise geringem Aufwand bereitgestellt werden könnte?« Im Zusammenhang mit dem Behandlungsabbruch in der Intensivtherapie bringt Schara (S. 588) diesen Vergleich mit den Entwicklungsländern.

henden Kosten die medizinische Versorgung vieler Kranker beeinträchtigen«[40]. Befinden wir uns heute nicht mit »unserem hohen technologischen Einsatz zum Überleben weniger durch Organverpflanzung und durch aufwendigste Intensivtherapie . . . auf einem falschen Weg«[41], der uns neben hohen Kosten und zweifelhaftem Erfolg zur problematischen Auswahl derer nötigt, die behandelt werden dürfen, und damit auch zu einem wachsenden Maß an Ungerechtigkeit in der medizinischen Behandlung und zur Vernachlässigung der einen auf Kosten anderer?[42] Man muß überhaupt fragen, ob bei dem raschen medizinischen Wissenschafts- und Technisierungsbetrieb und dem Fortschrittsoptimismus ethische und sozialethische Überlegungen mitbestimmend waren. Neben den Interessen der pharmazeutischen und biotechnischen Industrie waren wohl vor allem auch wissenschaftliche Interessen der Mediziner dabei ziemlich bestimmend. Vor Illich hat bereits der englische Mediziner *Lord Zuckerman*[43] das Argument dahingehend zusammengefaßt, »daß die professionellen Kreise sich mehr für esoterische Entwicklungen im medizinischen Wissen und in der medizinischen Praxis interessierten als für die sozialen Probleme von Gesundheit und Erkrankung«. Dabei haben die Mediziner offenbar übersehen, daß das neue Wissen und die neuen Behandlungsverfahren in der Bevölkerung auch die *Bedürfnisse* nach entsprechender Behandlung schaffen und daß man daher von vornherein überlegen muß, ob und wie man die derart erzeugten Bedürfnisse überhaupt befriedigen kann. Über der Begeisterung für sensationelle Leistungen, wie die Herztransplantation, hat man vergessen, daß man damit die Ruhmsucht einiger weniger bestätigt, daß aber kaum vielen Menschen damit geholfen werden kann[44]. Schon in der medizinischen Ausbildung stehen oft mehr die wissenschaftlich interessanten seltenen Krankheitsbilder im Vordergrund als die häufigen und gängigen Erkrankungen.

Im Rahmen einer Verantwortungsethik, die die *Folgen* des Handelns für die gesamte Gesellschaft bedenkt, ist der Grundsatz der *sozialen Gerechtigkeit* von vornherein bei der Forschung und der Anwendung von Forschungsergebnissen zu berücksichtigen. »Auf diese Weise werden medizinische Prioritäten offensichtlich durch das Kon-

40 Wiedergegeben nach Fritsche, 53.
41 Schara, 588.
42 Vgl. zur Auswahl bei der Dialyse C/II/4/d/db u. C/II/5/a.
43 S. 436; vgl. A/II.

zept der sozialen Gerechtigkeit beeinflußt . . . Dieses System hat nicht nur die Summe in Betracht zu ziehen, die . . . für die direkte Anwendung neuen medizinischen Wissens bereitgestellt werden kann, es muß auch die sich ergebenden sozialen Kosten erwägen, die bei einem erfolgreichen ›Durchbruch‹ . . . getragen werden müssen.«[45] Ob all das, was im Bereich der Medizin getan werden *kann*, auch getan werden *soll*, sollte nicht nur aus der individualethischen Sicht, ob eine Behandlung für einen einzelnen Menschen eine *sinnvolle* Lebensverlängerung bringt, sondern auch unter sozialethischen Gesichtspunkten entschieden werden. Dabei ist in erster Linie zu beachten, daß all das, was technisch machbar ist, unter Berücksichtigung des Grundsatzes der *Gerechtigkeit für alle* und der *Solidarität* getan wird. Unter diesem Gesichtspunkt ist es ethisch wohl kaum noch zu rechtfertigen, wenn unter erheblichem finanziellen und personellem Aufwand medizinische Verfahren entwickelt und angewendet werden, von denen man mit einiger Sicherheit sagen kann, daß sie in absehbarer Zeit oder gar *nie bei all den betroffenen Menschen* angewendet werden können, die für solche Behandlungen von ihrer Lebenssituation her in Frage kommen[46]. Dabei darf man nicht übersehen, daß die Anwendung solcher Behandlungsverfahren nicht nur Bedürfnisse erzeugt, sondern daß, wenn sie bestimmten Menschen gewährt werden, die übrigen Betroffenen auch Rechtsansprüche auf die gleiche Behandlung geltend machen können.

Bei Begrenzung des Wachstums des Gesundheitsetats und der personellen Möglichkeiten kann es bei Nichtbeachtung des Grundsatzes der *Solidarität* dazu kommen (oder ist es bereits dazu gekommen), daß Mittel aus Bereichen abgezogen werden oder dort nicht eingesetzt werden, in denen die Verbesserung der Lebenssituation von weit mehr Menschen mit diesen Mitteln möglich und nötig wäre. Die Entwicklung und Anwendung personell und finanziell aufwendiger Verfahren, mit denen nur *wenigen* Menschen geholfen werden kann, haben daher zurückzutreten hinter der Entwicklung von Behand-

44 Vgl. Illich, bes. 54 u. 57.
45 Zuckerman, 436; vgl. Pellegrino, bes. 42; vgl. A/II.
46 Was H. Schäfer bereits 1969 (in: Was ist der Tod?, 22) zu den Herztransplantationen sagte, ist heute vielen einsichtig: Man soll über dem »Modebetrieb« der Herztransplantationen nie vergessen, »daß sie letztlich der Menschheit nicht viel weiter helfen; sie sind Operationen für reiche Leute und sicher nur für seltene Gelegenheiten.« Ähnlich L. A. Kapiro, Gesundheitsprobleme in der Industriegesellschaft, in: Gesundheit, 46. Vgl. jedoch auch C/II/5, Anm. 2.

lungsmethoden gegen Krankheiten, von denen *viele* Menschen betroffen sind. Im Hinblick auf diese Probleme ist das Argument der *größeren Zahl*, also die Bentham'sche Regel, für das *größtmögliche Wohl der größtmöglichen Zahl* zu sorgen, mit den ausgeführten Vorbehalten[47] durchaus in der Frage der *Prioritäten* innerhalb des Gesundheitswesens geltend zu machen. »Ohne den Wert eines einzigen Individuums abzuwerten, muß doch auch vom theologischen Standpunkt aus gesagt werden, daß ›ceteris paribus‹ der Vermittlung erhöhter Lebensqualität für möglichst viele der Vorrang zukommt.«[48] Unter dieser sozialethischen Voraussetzung kann man mit *Lord Zuckerman*[49] folgern: »Größeres Gewicht muß jener Forschung zukommen, deren Resultate die größte Auswirkung haben. Nämlich die Forschung auf den Gebieten der Geburtenkontrolle, der Sicherheit neuer Medikamente, der einfacheren Erkrankungen ... und der invalidisierenden Alterserscheinungen (Arthritis und Rükkenschmerzen), der Schmerzlinderung und schließlich der psychischen Erkrankungen. Dies könnte sicher auf Kosten dramatischer chirurgischer Fortschritte gehen – wie zum Beispiel der Herztransplantation – oder auf Kosten der Erforschung gewisser seltener Erkrankungen, deren Heilung, oder vermeintliche Heilung, vielleicht leichter zu erreichen wäre als jene für viele alltägliche Erkrankungen, deren Erfolge jedoch durch die Massenmedien nur zu häufig unnötig dramatisiert werden.« Neben der Verbreitung einer Krankheit sollte jedoch der *Schweregrad* einer Krankheit, also das Maß des Leidens, das eine Krankheit verursacht, berücksichtigt werden, so daß auch seltenere Krankheiten mit einem notwendig hohen Maß an physischen und psychischen Leiden (z. B. multiple Sklerose) vorrangige Stellung in der Forschung haben sollten.

Es kann letztlich nicht Gegenstand sozialethischer Überlegungen sein, einen genaueren Prioritätenkatalog oder Vorstellungen zur Reduzierung der Kostenexplosion im Gesundheitswesen zu entwickeln oder zu entscheiden, ob etwa eine Verkürzung der Liegezeiten und degressive Pflegesätze ein Heilmittel gegen die Kostenlawine sind.

47 Vgl. B/II/2, Anm. 43 ff.; B/II/5, Anm. 48 ff.

48 F. Böckle, Theologisch-ethische Aspekte des Alterns, in: Arzt und Christ 20 (1974), 180; so auch A. Ziegler, Die Pflege Sterbender, in: Orientierung 39 (1975), 56; Mayer-Scheu (1975), 15; L. A. Kapiro (Regionaldirektor der WHO für Europa) formuliert (aaO, Anm. 46): »Teure Behandlungsmethoden, die nur wenigen zugute kommen, sollten vermieden werden.«

49 S. 436 f.

Jedoch gibt bisher eine allzu einseitige Förderung von primär medizinisch-technischen Einrichtungen, wie die Akutkrankenhäuser, im Vergleich zum geringen Einsatz für Psychiatrie, die Alten- und Behindertenbetreuung zu Protesten vom sozialethischen Standpunkt aus Anlaß. In diesem Zusammenhang ist – neben einer allgemeinen Ergänzungsbedürftigkeit der technischen Medizin und der technisierten Krankenhäuser durch eine psychologische und mitmenschliche Betreuung der Kranken und entsprechende strukturelle Änderungen – auch der Mangel an *rehabilitativen Einrichtungen* und entsprechend qualifiziertem Personal bedenklich, zumal vielen der in den Akutkrankenhäusern behandelten, aber nicht geheilten Menschen nur in dieser Weise und in entsprechenden Einrichtungen geholfen oder das Leben erleichtert und tragbar gemacht werden kann. Gleicherweise ist auch der Abbau der *semimedizinischen Systeme* bedenklich, die für eine sachgerechte Betreuung von Kranken zu Hause sorgen und die Übergangseinrichtungen zwischen einer Betreuung zu Hause und in den Akutkrankenhäusern oder psychiatrischen Anstalten bilden und eine soziale Isolierung und Vereinsamung zu verhindern in der Lage sind. Bedenklich ist auch das allzugroße Übergewicht der kurativen Medizin gegenüber der *Präventivmedizin*. Nicht nur, weil die *Vorbeugung* gegen Krankheiten, ihre Früherkennung und rechtzeitige Behandlung die größte finanzielle und personelle Entlastung im Gesundheitsbereich bringen, sondern schon vom auch theologisch-ethisch gesehen vorrangigen Auftrag der Medizin her[50], die Gesundheit zu bewahren und für ihre Erhaltung zu kämpfen, sollte die Präventivmedizin mehr gefördert werden; denn durch Vorbeugung und rechtzeitige Erkennung und Behandlung kann viel Leiden verhindert und manches kranke und behinderte Leben weitgehend wiederhergestellt oder doch zu selbständigem Leben befähigt werden[51]. Freilich erfordert gerade die Vorbeugung auch eine umfassende Erziehung zu einem selbstverantwortlichen Umgang mit der Gesundheit.

[50] Vgl. B/II/3, Anm. 38 ff.; C/IV/1, Anm. 52 (Literatur).

[51] Zu versehrten Kindern vgl. Literatur C/I/4, Anm. 14; Menschen wie wir, 9 ff.; zur Rehabilitation vgl. ebd. passim.

3. *Prioritäten christlicher Diakonie im Gesundheitswesen der Industriegesellschaft*

Die Sorge um die Schwächsten der Gesellschaft, vor allem die chronisch Kranken, Siechen und Sterbenden, besonders aus den ärmsten Schichten des Volkes, ist durch die christlichen Gemeinden und Orden in die Gesellschaft der Antike eingebracht und im Mittelalter und auch in der Neuzeit lebendig erhalten worden. Wenn der Zustand des Kranken hoffnungslos und seine Krankheit unheilbar war, wollte nicht nur der Arzt nichts mehr mit ihm zu tun haben[1], auch die Gesellschaft überließ diese Menschen in ihrem Elend weithin sich selbst oder stieß sie gar noch bewußt aus. Erst die Christengemeinden organisierten die ersten *Hospitäler*[2] zur Fürsorge für Fremde, Heimatlose, Arme und Pflegebedürftige. In diesen Häusern war – neben der Sorge um das »Seelenheil« der Pflegebefohlenen – die Versorgung mit Nahrung, die Pflege und – soweit das möglich war – auch eine gewisse ärztliche Betreuung von Kranken vorgesehen, und zwar besonders der von der Gesellschaft ausgestoßenen Aussätzigen[3]. Dies zeigt an, daß die Betreuung der Schwächsten und Nutzlosen auch in der Antike nur bedingt innerhalb der Gesellschaft möglich war und geduldet wurde, denn die in den Hospizen geübte »körperliche und geistige Barmherzigkeit« ist eine »Ausweitung der in Familien- und Sippenverbänden üblichen Hilfsbereitschaft auf die solchen sozialen Bindungs- und Stützungsgefügen zeitweise oder ganz Entglittenen . . . Und was den solcherweise familiär Entwurzelten geboten werden sollte, war neben dem Lebensnotwendigen jene soziale Heimstätte, derer sie in der Fremde als Kranke, Arme oder Alte entbehrten, und die zugleich geistliche Heim- und Troststätte, Gasthaus Gottes, sein sollte.«[4] Obwohl diese Hospize meist sehr undifferenziert waren, erhielten auf diese Weise auch chronisch kranke, unheilbare

[1] Vgl. H. Sigerist, Anfänge der Medizin, 1963, bes. 720 ff.; Diepgen, 230 ff.; Schadewaldt, 147 ff.; C/I/2, Anm. 35 ff.

[2] Eine Schilderung des frühesten historisch nachweisbaren »Hospitals« findet sich bei Gregor von Nazianz, der diese Gründung des Basilius von Caesarea in Cappadocien (369 n. Chr.) »ein größeres Werk« nennt, »als es die sieben Weltwunder waren« (W. Liese, Geschichte der Caritas, Bd. 1, 1922, 112). Wahrscheinlich hat schon das Konzil von Nicaea (325 n. Chr.), bestimmt aber das 4. Konzil von Karthago (398 n. Chr.) den Bischöfen die Verpflichtung auferlegt, für die Einrichtung solcher Hospitäler (Herbergen) an ihrem Sitz Sorge zu tragen (W. Liese, aaO 101 u. 104).

[3] Rohde, 65.

[4] Rohde, 66; vgl. Finzen, 57 ff.

und altersschwache Menschen die Möglichkeit einer menschenwürdigen, auf das »ewige Heil« und das »irdische Wohl« zielenden Betreuung und Pflege und auch – wenn auch bei den geringen Möglichkeiten oft nur in bescheidenem Maß – der ärztlichen Betreuung[5], wofür im Mittelalter besonders die Hospitäler des »Johanniterordens« berühmt waren[6].

Diese ärmsten und schwächsten Menschen wurden trotz Christianisierung offenbar auch im Mittelalter noch nicht allgemein als *Menschen* anerkannt, so daß in zahlreichen Apologien und Predigten ganz ausdrücklich für ihre Anerkennung als Menschen Partei ergriffen werden mußte[7]. Die Überzeugung, daß auch der schwächste und nutzloseste Mensch von Gott geschaffen, Gottes Ebenbild und von Jesus Christus geliebt und erlöst ist und an der Vollendung des Menschen und der Aufrichtung des Reiches Gottes in der Auferweckung von den Toten teilhaben wird[8], hat zweifellos nicht nur zu dem Aufbau von Hospitälern zur Sorge für diese Schwächsten im christlichen Abendland beigetragen, sondern ist auch der geistige Wurzelboden des modernen Gedankens von der Unverletzlichkeit und Unverlierbarkeit der *Würde der Person.* So selbstverständlich dieser Gedanke in den Verfassungen säkularer Staaten heute auch vertreten ist, seine säkulare Begründung – die offenbar allenthalben von einer dem Menschen innewohnenden (inhärenten) Qualität ausgeht, die ihn in seinen Leistungen über das Tier weit hinaushebt – steht bei kritischer Prüfung doch gerade dort auf schwachen Füßen[9], wo bei Menschen die spezifischen geistigen Leistungen ausfallen und der Mensch völlig hilfsbedürftig und nutzlos ist. Gefährdeter als durch die mangelnde säkulare theoretische Begründung sind diese Auffassungen von der Würde des Menschen und ihre praktischen Auswirkungen in der Form der Pflege der Schwächsten jedoch durch die herrschende Wert- und Sozialstruktur der Industriegesellschaft[10], in der der Mensch nach seiner Leistung, seinem Nutzen, seiner Verwertbarkeit bewertet wird und in der das Gesundheitswesen, vor allem dessen herausragendste Einrichtung, das Krankenhaus, weitgehend auf die Alter-

[5] Diepgen, 231.
[6] Vgl. W. Liese, Geschichte der Caritas, Bd. 2, 1922, 23 ff.; J. v. Steynitz, »Ohne Weh und Klage dienen«, in: Dtsch. Ärzteblatt 13/1975, 891 ff.; Rohde, 72 f.
[7] W. Liese, aaO (Anm. 2), 185; Rohde, 69.
[8] Vgl. B/II/1 u. 2.
[9] Vgl. Eibach (1974), 112 ff.; Ritschl, 22 f.; B/I/1; B/II/1 u. 2; B/III/2/b.
[10] Vgl. Einleitung, Anm. 26 u. 29; A/II, Anm. 18 ff., bes. 22 a.

native Wiederherstellung der Leistungsfähigkeit oder Verbannung in die Asyle für Unheilbare und Pflegefälle eingestellt ist[11].

Durch seine Tischgemeinschaft mit vielen von der Gesellschaft Ausgestoßenen gab Jesus diesen Teil an der *Würde*, von Gott geliebte Menschen zu sein. Dieses Verhalten Jesu und seine Heilungen bedeuteten aber immer auch eine Solidarisierung mit »unreinen« und aus der Gesellschaft verbannten Menschen und ihre Wiedereingliederung in eine menschliche Gemeinschaft[12]. Christliche Verkündigung, Lehre und Diakonie, die sich von der Liebe Christi zu denen leiten lassen, die vor der Welt nichts gelten und schwach sind (vgl. Mt 5,3 ff.; 1 Kor 1,25 ff.), haben der Diffamierung der behinderten und pflegebedürftigen Menschen als »Idioten« und »Untermenschen« und der daraus resultierenden gesellschaftlichen Intoleranz ihnen gegenüber entgegenzutreten und durch ihre eigene diakonische Tätigkeit vor allem ihrer Ausstoßung aus der Gesellschaft entgegenzuwirken und auf ihre *Eingliederung* in die christliche Gemeinde und die Gesellschaft hinzuwirken (vgl. Mt 25,36)[13]. Zwar ist es auch der christlichen Gemeinde der Alten Kirche und des Mittelalters nicht gelungen – es gehörte wahrscheinlich auch gar nicht zu ihren Zielsetzungen und lag auch nicht in ihrem Vermögen – die gesellschaftlichen Einstellungen und Strukturen zu überwinden, die zur Ausgrenzung der Hilfsbedürftigen führten, und deren Eingliederung zu erreichen[14], doch hat sie mit der Einrichtung von Hospitälern zur Pflege unheilbar kranker und alter Menschen einer Auffassung vom Menschen Geltung verschafft, die in ihrer Wirkungsgeschichte sehr bedeutsam wurde und sowohl in dieser als auch in ihrer heutigen Begründung, die säkular-philosophisch und juristisch kaum überzeugend möglich ist, ein Spezifikum, ein *Proprium christlicher Ethik und Diakonie* darstellt[15].

[11] Vgl. Lentrodt, 284 f.; W. Schulte, aaO (Einleitung Anm. 12); C/IV/2, Anm. 1 ff.

[12] Zur Ausstoßung infolge Krankheit in alttestamentlicher und neutestamentlicher Zeit vgl. G. v. Rad, Theologie des AT, Bd. I, 1962, 285 ff.; Allwohn, 21 ff.; Faber (1969), 5 ff.

[13] »In der Diakonie solidarisiert sich die Gemeinde ausdrücklich mit den ›Geringsten‹ . . ., mit denen im Dunkel, die man nicht sieht, mit den an den Rand, zum Teil an den äußersten Rand des Lebens der menschlichen Gesellschaft gedrängten und damit für diese vorübergehend, vielleicht aber auch dauernd bedeutungs- und nutzlos, wenn nicht lästig gewordenen menschlichen Mitgeschöpfen« (Barth, KD IV/3, 1021 f.).

[14] Vgl. Rohde, 69 ff.; Finzen, 57 ff.

[15] Vgl. Anm. 9; Gollwitzer, 63; Ehrhardt (1965), 51; C/I/3.

Wenn diese heute wieder gefährdete Auffassung vom Lebenswert des versehrten Menschen Geltung behalten soll, können sich die Kirchen nicht mit dem Hinweis darauf begnügen, daß es zahlreiche gut geführte Anstalten in kirchlicher Trägerschaft – wie etwa die Bodelschwinghschen Anstalten in Bethel – gibt, sondern der Gesamtbereich der in kirchlicher Trägerschaft befindlichen Einrichtungen des Gesundheitswesens muß daraufhin überprüft werden, inwieweit hier Veränderungen möglich sind, die dem aufgezeigten Proprium christlicher Diakonie mehr Geltung verschaffen. Die christliche Gemeinde muß zunächst in ihrem Bereich die schwerwiegenden Mängel im Gesundheitsbereich beseitigen und versuchen, bisher nicht gesehene oder vernachlässigte, aber zutiefst berechtigte Bedürfnisse von kranken Menschen zu befriedigen. Es ist Aufgabe der Kirchen und Christen, *exemplarisch*, repräsentativ und modellhaft dem Handeln Jesu Christi zu entsprechen, *zeichenhaft* für die Gesellschaft dem Gebot Gottes zum Wohle des Menschen so Gehorsam zu leisten, daß sie für die Gesellschaft wie ein »Spiegel« wirkt und aufzeigt, wie auch »unter den Bedingungen einer entfremdeten Welt und Gesellschaft«[16] und eines teils nicht mehr menschenfreundlichen Medizinbetriebs der Verwirklichung von *Liebe* gedient werden kann. Wenn sich die dem Gebot Jesu Christi folgende Kirche nicht den Strukturen der Gesellschaft anpaßt, wird sie mit ihrem Dienst die Gesellschaft auch einer Kritik aussetzen[17], die zur Erhaltung der Lebensqualität *aller* Menschen und zur Humanisierung der Lebensbedingungen förderlich ist.

In kirchlicher Trägerschaft findet sich ein großer Teil der Allgemeinkrankenhäuser. Die Führung dieser Krankenhäuser hing bisher weitgehend ab von den christlichen Schwesternverbänden, die den größten Teil des Personals stellten und mit ihrer christlichen Lebenseinstellung den »Geist« des Hauses bestimmten. Im Zuge der Änderungen der Gesellschafts- und Wertstruktur, besonders nach dem 2. Weltkrieg, hat sich das Bild von der Krankenschwester erheblich gewandelt. Die Bereitschaft zum Verzicht auf Ehe, Freizeit und Glück aus Sorge um die Kranken schwand, die Diakonissen und Ordensschwestern gerieten in eine gesellschaftliche Außenseiterrolle und wurden teils als die betrachtet, die im Leben zu kurz gekommen sind und dies dann durch die Flucht in caritative Tätigkeiten überdecken.

[16] M. Honecker, Liebe und Vernunft, in: Ztschr. f. Theologie u. Kirche 68 (1971), 258; vgl. Barth, KD IV/3, 944 ff., bes. 1020 ff.

[17] Vgl. M. Honecker, Sozialethische Aspekte des Kirchenverständnisses, in: EvTh 30 (1970); 90 f.; vgl. Eibach (1974), 363 ff.

Seitdem leiden die meisten kirchlichen Schwesternverbände an einem chronischen Nachwuchsmangel und haben teils mehr Schwestern, die im Ruhestand leben, als noch berufstätige. Gleichzeitig mit der veränderten Einstellung zum »selbstlosen Dienen« und zum Schwesternberuf zieht mit großer Schnelligkeit die technische Perfektion ins Krankenhaus ein und erhöhen sich die Anforderungen an den medizinischen Wissensstand und die technischen Fähigkeiten der Schwestern und Pfleger[18]. Dieser Beruf wird nun wie jeder andere erlernt und dem Maß der Leistung entsprechend entlohnt. Die besondere Motivation tritt gegenüber den Kenntnissen und Fähigkeiten auf fachlichem Gebiet in den Hintergrund. In der Hierarchie der Schwestern stehen diejenigen obenan, die am wenigsten mit der unmittelbaren Pflege und am meisten mit medizinisch-technischen Verrichtungen zu tun haben[19]. Mit dem Einzug der Technik ins Krankenhaus tritt in der Hierarchie des Krankenhauspersonals die Gruppe der medizinisch-technisch spezialisierten Hilfsberufe zwischen Ärzte und Krankenschwestern. Die in Trägerschaft christlicher Verbände befindlichen Krankenhäuser wurden durch den Schwund an Verbands- und Ordensschwestern und den großen Bedarf an Personal genötigt, zum Teil Personal ganz unabhängig von einer christlichen Motivation einzustellen. Zugleich mußten diese Krankenhäuser entsprechend dem Stand der medizinischen Technik modernisiert werden, um nicht als rückständige Pflege-Krankenhäuser in Verruf zu kommen. Ziemlich unkritisch hat die Technisierung auch in diesen Krankenhäusern die Oberhand gewonnen gegenüber der ganzmenschlichen Betreuung von Patienten, zumal die Technisierung nicht durch entsprechend motiviertes und ausgebildetes Personal aufgefangen werden konnte. Die Folge ist, daß Krankenhäuser in kirchlicher Trägerschaft sich in ihrer Struktur, ihrem Geist und der Art des Umgangs mit Patienten meist kaum noch von anderen Krankenhäusern unterscheiden. Die Frage nach der Berechtigung der kirchlichen Trägerschaft von Krankenhäusern muß daher dringend gestellt werden. Diese hängt wesentlich davon ab, ob sich in die Zielsetzungen und Strukturen dieser Krankenhäuser das oben herausgestellte Proprium der Sorge um die Außenseiter der Gesellschaft in genügendem Umfang einbauen läßt.

Geht man davon aus, daß es im Anschluß an das Vorbild Jesu Christi und der Orden der alten und mittelalterlichen Kirche auch heute noch in erster Linie Aufgabe der christlichen Diakonie ist, gerade die *Anwaltschaft für die Schwachen* zu übernehmen, für die sich in der übrigen Gesellschaft nur wenig Interessenvertreter finden, so ist der unkritische Ausbau der kirchlichen Krankenhäuser zu modernen

[18] Vgl. zur veränderten Stellung der Schwestern Rohde, 277 ff.; v. Lehndorff, 19 f.
[19] Allen voran stehen die Operationsschwestern und die Schwestern und Pfleger auf Intensivstationen. Vgl. C/IV/1, Anm. 33 f.; C/IV/2, Anm. 11 ff.

»Gesundheitsfabriken«, die auf die Wiederherstellung der Leistungsfähigkeit hin organisiert sind, als »Fehlinvestition« zu betrachten, durch die keine Anwaltschaft für die Schwachen übernommen wird. An der »Wiederherstellung« derer, die grundsätzlich noch leistungsfähig sind und nicht nur am Bruttosozialprodukt zehren, ist die Gesellschaft von sich aus genügend interessiert, da eine teure Krankenhausbehandlung zur Reparatur der »Betriebsstörung« immer noch billiger ist als die Zahlung von Renten usw.[20] In Abwandlung eines Wortes Jesu (Lk 5,31) könnte man sagen: Die Leistungsfähigen bedürfen der Anwaltschaft nicht, wohl aber die unheilbar kranken, altersschwachen, sterbenden und behinderten Menschen. Die aufgezeigte Kluft im personellen und finanziellen Einsatz für medizinisch fortschrittliche Bereiche einerseits und für die Betreuung von Unheilbaren und ständig Hilfsbedürftigen andererseits stellt eine große Herausforderung an die christliche Diakonie dar.

Unter dieser Voraussetzung kann es nicht mehr Aufgabe kirchlicher Verbände sein, die Trägerschaft von Akutkrankenhäusern auszuweiten und ihre Krankenhäuser weiterhin unkritisch zu Kliniken mit technischer Perfektion zu modernisieren. Es wäre vielmehr nötig, sich aus solcher Trägerschaft zurückzuziehen, wenn durch sie eine Verlagerung der Schwergewichte kirchlicher Diakonie auf die Sorge um die Schwächsten verhindert wird, und auf strukturelle Veränderungen in den kirchlichen Krankenhäusern in der Weise hinzuarbeiten, daß sachgemäße Vorkehrungen für die Betreuung von Langzeitpatienten, chronisch Kranken und Sterbenden und auch für psychiatrisch behandlungsbedürftige Menschen geschaffen werden. Dies erfordert eine eindeutige Verlagerung des Schwergewichts von der medizinisch-technischen Behandlung auf die ganzmenschliche Betreuung, die besonders auf die Verhinderung der sozialen Isolation und die Ermöglichung einer sinnvollen Lebensaktivität zielen müßte[21]. Eine Umstrukturierung der Krankenhäuser ist nicht ohne weiteres möglich, da die notwendigen baulichen und personellen Veränderungen nur allmählich eingeführt werden können und da ein Abbau der »Akutbetten« z. B. die Gefahr aufwirft, daß nicht mehr die genügende Bettenzahl für eine Facharztausbildung zur Verfügung steht,

[20] Vgl. C/II/4/a, Anm. 10. Offenbar ist jetzt auch eine Deckung des Bedarfs an Akutbetten wirklich weitgehend erreicht, so daß die kirchlichen Verbände auf diesem Sektor keine Lücken mehr decken müssen.
[21] Vgl. C/IV/2, Anm. 8 ff.

das Krankenhaus für qualifizierte Ärzte und Schwestern daher uninteressant wird, es seinen »Ruf« verliert, zu einem »Pflegekrankenhaus« absinkt und – wenn etwa für Langzeitpatienten die Pflegesätze gesenkt werden – in wirtschaftliche Schwierigkeiten gerät. Diese Probleme sollten aber kein Hindernis sein, zunächst einmal in einzelnen Krankenhäusern besondere Stationen zur Betreuung unheilbar kranker und sterbender Menschen und zur psychiatrischen Behandlung einzurichten[22] und entsprechende personelle Veränderungen vorzunehmen.

C. Saunders[23] hat in England »*Sterbekliniken*« eingerichtet, die auf privater Trägerschaft aufbauen und vor allem von religiösen Gruppierungen unterstützt werden. Sie wollte mit diesen Einrichtungen auf die Möglichkeiten und die Bedeutung einer humanen Hilfe beim Sterben aufmerksam machen, wie sie im Allgemeinkrankenhaus nicht gewährt wird, und zugleich mit ihrem Modell der »Sterbeklinik« ein Vorbild geben, ohne es für eine allgemeingültige Lösung zu halten. Mittlerweile sind in England mehrere dieser Einrichtungen entstanden, die neben einer fachgerechten Schmerzlinderung vor allem für einen umfassenden menschlichen und seelsorgerlichen Beistand sorgen und dabei besonderen Wert auf die Mitwirkung der Angehörigen legen. Soweit wie möglich werden die Patienten noch ins Freie gebracht, und es werden ihnen Betätigungsmöglichkeiten angeboten. Der quantitative Bedarf an Personal ist groß[24], die Betreuung der Sterbenden und die Sorge um die Angehörigen stellt hohe Anforderungen an die Bereitwilligkeit, Geduld und Liebe der hauptamtlichen und der freiwilligen Mitarbeiter. Die Organisation der Einrichtungen und die Art der Betreuung hängt weitgehend von der Motivation und der Einsatzbereitschaft des Personals ab. Inwieweit diese Modelle übertragbar sind und durch sie die notwendige Breitenwirkung erreichbar ist, mag hier dahingestellt bleiben, eine vorbildliche Herausforderung an die Gesellschaft stellen sie auf jeden Fall dar und als solche sollten sie gerade auch der kirchlichen Diakonie einen Anstoß geben.

Einer Umwandlung von wenig »rentablen« Krankenhäusern in sogenannte »Nachsorgekliniken« für unheilbar Kranke und für gerin-

22 Vgl. Vorschläge in: Bericht-Psychiatrie, 20 f.; Soziale Sicherung, 42 f.

23 Vgl. S. 49 ff. u. den Bericht von M. Prem, 597 ff. Weitere Hinweise auf diese Einrichtungen und ihre Wirkung in England verdankt der Verf. Gesprächen mit Herrn Dr. med. C. G. Scorer (London) und dem Arzt und Pharmakologen von »St. Christopher« R. G. Twycross. Vgl. ders. in: Eser (Hrsg.).

24 Pro Pflegebefohlenen stehen eine Nonne zur Verfügung und zusätzlich viele andere, auch unentgeldlich arbeitende Mitarbeiter. Außerdem wird in St. Christopher Forschungsarbeit auf dem Gebiet der Schmerzlinderung betrieben (vgl. Twycross, in: Eser, Hrsg.).

gerer medizinischer Betreuung bedürftige »Pflegefälle« mit niedrigeren »Pflegesätzen« – wie es aus Gründen der Kostenersparnis vorgeschlagen wird –, in der dann auch die Sterbenden einen Platz finden sollen, stehen ganz erhebliche ethische Bedenken entgegen, da hier offenbar nach neuen Formen der »Abstellräume zum Tode« und »Asyle« für ansonsten zu teure »nutzlose« Menschen gesucht wird. Solange für solche Häuser nicht das Personal zur Verfügung steht, das in Liebe und Hingabebereitschaft das Leiden und Sterben in jeder Weise erleichtert, kann aus solchen Einrichtungen jedoch nicht das werden, was die englischen Sterbekliniken sind und sein wollen. Daher ist, um den Bedarf an geeigneten Einrichtungen zu decken, zunächst und am wirksamsten mit der entsprechenden Umgestaltung von Stationen in möglichst jedem Krankenhaus zu beginnen. Da der dauernde Umgang mit unheilbar kranken, siechen und sterbenden Menschen fast notwendig abstumpfend auf das Personal wirkt und es psychisch überfordern kann[25], wäre in Krankenhäusern allgemeiner Art auch ein häufigerer Wechsel des Personals auf solchen Stationen, der die Abstumpfung und psychische Überforderung mindert, am ehesten möglich.

Mittlerweile erkennen auch staatliche Stellen bereits, daß man den Schrumpfungsprozeß traditioneller Einrichtungen kirchlicher *Gemeindekrankenpflege* nicht länger hinnehmen kann, und man beginnt mit dem Aufbau sogenannter »Sozialstationen«, die die frühzeitige und nicht notwendige Einweisung pflegebedürftiger Menschen in Krankenhäuser verhindern sollen, indem sie für eine sachgerechte Pflege zu Hause und eine entsprechende Anleitung der Angehörigen sorgen. Der Abbau der Institution »Gemeindeschwester« in vielen Kirchengemeinden hängt nicht nur mit der zunehmenden Verlagerung aller Pflege in die Krankeninstitutionen und einer dadurch angeblich bedingten geringen Auslastung der Gemeindeschwestern zusammen, sondern auch damit, daß man für diese Arbeit kaum noch

[25] Vgl. C/III/2/b. Hinzuweisen ist auch darauf, daß notfalls erforderliche größere Palliativeingriffe zur Schmerzbekämpfung am ehesten bei der Eingliederung von Stationen für chronisch Kranke ins Allgemeinkrankenhaus gewährleistet sind (vgl. C/IV/1, Anm. 33; B/III/2, Anm. 104). Da Pflegeabteilungen nach dem Krankenhausfinanzierungsgesetz nicht gefördert werden, ist ganz besonders damit zu rechnen, daß die medizinische Versorgung und die sozialtherapeutischen Verhältnisse mangelhaft bleiben. Von einer vorschnellen Einrichtung solcher »Pflegehäuser« muß auch deshalb abgeraten werden (gegen soziale Sicherung, 42).

Kräfte fand. Kirchengemeinden, Diakonisches Werk bzw. Caritas sollten daher den Aufbau von »Sozialstationen« vorantreiben und sie gerade auch dann unterstützen und in ihnen mitwirken, wenn sie nicht in kirchlicher Trägerschaft übernommen werden, und sie sollten, soweit möglich, die alte Form der kirchlichen Gemeindekrankenpflege den jetzigen Erfordernissen anpassen, sich aber keinesfalls damit begnügen, daß hier einer oder mehrere hauptamtliche Mitarbeiter eine wichtige Aufnahme wahrnehmen. Diese Arbeit ersetzt nicht das, was in früherer Zeit durch Nachbarschaftshilfe und gelebte Nächstenschaft in der christlichen Gemeinde an Hilfe für den Kranken und Unterstützung der Familie geleistet wurde. Der Aufbau eines Kreises von freiwilligen Mitarbeitern zu Besuchen bei Kranken und Alten und zur Hilfe und Entlastung der Familie bei der Pflege ist eine besonders wesentliche Aufgabe der christlichen Gemeinde[26]. Auch in der Anleitung zum Umgang mit Kranken und Sterbenden[27], sowohl in der Pflege als auch im Gespräch und menschlichen und seelsorgerlichen Beistand, könnte die christliche Gemeinde durch die Mitwirkung von Gemeindeschwester, Krankenhausschwestern, Ärzten und Krankenhausseelsorger einen wesentlichen Beitrag leisten, etwa in Form von Gemeindeseminaren, deren Teilnehmer dann auch Besuche in Krankenhäusern, Alten- und Pflegeheimen und in den Privathäusern machen[27].

Der Zusammenarbeit von Ortsgemeinde und Krankenhaus kommt eine erhebliche Bedeutung in der Überwindung der sozialen Isolierung der Kranken zu[28]. Dies gilt zwar in erster Linie für die Krankenanstalten mit Langzeitpatienten, also besonders für die psychiatrischen Krankenhäuser und Pflegeheime, ist jedoch auch für die All-

[26] Vgl. Soziale Sicherung, 53 ff. Zu den betrüblichsten Erlebnissen, die der Verf. als Krankenhausseelsorger hatte, gehörten die oft vergeblichen Versuche, für alleinstehende und ältere Patienten, bei denen der Ehepartner nicht mehr zur Pflege in der Lage war, Menschen in den Kirchengemeinden zu finden, die zur Hilfe bei dieser meist keiner medizinischen Kenntnisse bedürfenden Pflege bereit wären. Wo keine Gemeindeschwester vorhanden war, erklärten Gemeindepfarrer dem Verf. öfter, daß sie in ihrer Gemeinde niemanden kennen, der dazu bereit und in der Lage wäre. Selbst auf Kanzelabkündigungen hin hatte sich in einem Fall niemand gefunden. Das muß in der Tat erschütternd wirken für den, der diesen negativen Erfolg in der Suche nach gelebter Nächstenliebe dann auch noch dem Kranken mitteilen muß, der sehnsüchtig darauf wartet, zu Hause betreut zu werden.

[27] Vgl. dazu Sporken (1973); Faber (1969); J. H. van den Berg, Der Kranke. Ein Kapitel medizinischer Psychologie für jedermann, 1961.

[28] Auf die Bedeutung der Zusammenarbeit von Ortsgemeinde und Krankenhaus weist auch Graf Lehndorff (S. 22 f.) hin.

gemeinkrankenhäuser nicht unwesentlich. Die Bedeutung der Sozialkontakte und der menschlichen Gemeinschaft für den Heilungsprozeß, die Verhinderung von Passivität, Infantilisierung und Hospitalismus der Kranken[29] ist mittlerweile erkannt, die Mitwirkung von Angehörigen und Besuchern aber organisatorisch in der »passiven Gesundheitspflege« noch nicht vorgesehen. Im Zusammenwirken mit dem Krankenhauspfarrer könnten interessierte und etwas geschulte Mitglieder der Gemeinde jedoch durch einen regelmäßigen Besuchsdienst die Vereinsamung von Menschen in Krankenanstalten, Pflege- und Altenheimen durchaus lindern und vielen Menschen eine echte Hilfe geben. Bei Langzeit- und Dauerpatienten, besonders in psychiatrischen Krankenhäusern, kommt diesem Besuchsdienst eine ganz besondere Bedeutung zu, da dies für viele die einzigen Sozialkontakte abgesehen vom Umgang mit dem Personal sind und da sich auf diese Weise ermöglichen läßt, daß Dauerpatienten die Anstaltsmauern in Begleitung dieser Besucher auch einmal verlassen und etwas Freude durch Spaziergänge, Besuche in einer Familie usw. erleben können. Für psychisch Kranke, die nicht der Dauerunterbringung in Anstalten bedürfen, ist es geradezu Bedingung für eine Rehabilitation, daß sie einer normalen Lebenswelt nicht entfremdet werden, sondern genügend Kontakt mit ihr und den Ansprüchen, die die Umwelt an sie stellt, behalten. Dafür ist es eine wesentliche Hilfe, wenn sie in Begleitung anderer Menschen regelmäßig mit dem alltäglichen Leben »draußen« in Berührung kommen. Die christliche Gemeinde sollte solche Besuchskreise aufbauen und bestehende Bürgerinitiativen, die sich dies zur Aufgabe gesetzt haben, in personeller und finanzieller Hinsicht nach Kräften fördern. Solche wertvollen Hilfen ersetzen freilich nicht den politischen Einsatz der Gemeinde für eine Verbesserung der Zustände in den Anstalten zur Betreuung der behinderten, chronisch kranken und alten Menschen und eine weitere Verlagerung des Schwergewichts kirchlicher Diakonie in diese Richtung.

Ob es gelingt, die teils menschenverachtenden Zustände in psychiatrischen Anstalten und Pflegeheimen zu verbessern und eine Humanisierung des technischen Krankenhausbetriebs zu erreichen, so daß auf die Bedürfnisse der Patienten, vor allem der Sterbenden,

[29] Vgl. Bericht-Psychiatrie, 11; Engelhardt, 53 ff.; 146 ff.; A. Finzen (Hrsg.), Hospitalisierungsschäden im Krankenhaus, 1974; C/III/2.

mehr Rücksicht genommen wird, hängt weniger davon ab, ob diese Häuser sich in kirchlicher Trägerschaft befinden, als davon, ob man genügend entsprechend motiviertes, im Geist der Liebe tätiges und qualifiziertes Personal für die psychisch, physisch und auch »geistlich« belastende Aufgabe findet. *K. Barth*[30] hat mit Recht betont, daß es in erster Linie der Auftrag der Christen und Kirchen und ihrer Diakonie ist, der staatlichen Fürsorge genügend geeignete und im christlichen Sinne tätige Kräfte zur Verfügung zu stellen und so den größten Beitrag zur Linderung des Leidens und zur Humanisierung des Alterns und Sterbens zu leisten. Dies hängt freilich auch davon ab, ob in der christlichen Gemeinde und durch ihren Einsatz auch in der Gesellschaft das Bewußtsein vom *Wert* der leistungsunfähigen, unheilbar geschädigten und sterbenden Mitmenschen und der großen Verantwortung für sie wieder deutlicher wird und so in ihrer guten Betreuung eine wirklich sinnvolle und lohnende Lebensaufgabe erkannt wird. Da jüngere Menschen durch die Veränderung der Sozialstruktur und die Verbannung allen Leidens hinter die Türen von Krankeninstitutionen heute in ihrer Lebenswelt nicht mehr mit schwerer Krankheit, Siechtum und Sterben konfrontiert werden, kommt es erst gar nicht mehr zu einer Auseinandersetzung mit der Herausforderung, die die *Schattenseiten des Lebens* an unser Fühlen und Denken stellen, kommt es nicht mehr zur Integration der Schattenseiten ins persönliche Leben und zur Vorbereitung auf das eigene Altern und Sterben[31]. So gerät auch das Wissen in Vergessenheit, daß es »zum Gelingen des Lebens gehört, einander leben und leiden zu helfen«[32] und daß jeder irgendwann einmal mehr oder weniger auf die Hilfe der Mitmenschen angewiesen ist. Eine Aufgabe kirchlicher Gemeindearbeit, vor allem der Jugendarbeit, bestünde daher darin, den Menschen erst einmal wieder die Schattenseiten des Lebens durch häufige Besuche und Übernahme freiwilliger Dienste in Krankenhäusern, Alten- und Pflegeheimen und Anstalten für körperlich und geistig behinderte Menschen vor Augen zu führen, denn auf diese Weise beginnt die Auseinandersetzung mit diesen Problemen und wird gerade bei Jugendlichen eine veränderte Einstellung und viel Bereitschaft geweckt, entsprechende Berufe zu ergreifen oder auch als freiwillige Helfer mitzuarbeiten.

30 KD IV/3, 1024; vgl. Soziale Sicherung, 54 f.
31 Vgl. Hahn, 26; vgl. Literatur C/IV/2, Anm. 8 ff.
32 Lentrodt, 302; vgl. B/II/4, Anm. 47 ff.

Eine Chance zur Humanisierung des Krankenhausbetriebs, bis hin zur Intensivtherapie[33], ist den Kirchen auch durch die *Krankenhausseelsorge* gegeben. Diese ist eine lange Zeit gegenüber dem Gemeindepfarramt völlig vernachlässigte Aufgabe kirchlicher Arbeit gewesen[34]. Die mittlerweile erreichten Verbesserungen werden jedoch den sozialen Veränderungen, vor allem der Verlagerung fast aller ernsthafter Krankheitsfälle und der Pflege in Krankenanstalten, auch nicht annähernd gerecht. Wenn 75 % der Menschen in Krankenanstalten sterben und jeder sechste bis siebente Bürger jährlich einmal stationär ins Krankenhaus aufgenommen wird, so bedingt das auch eine Wandlung der klassischen Aufgaben der Gemeindeseelsorge, zu denen nämlich der Besuch von kranken und alten Menschen zu Hause gehört. Die Seelsorge in Krankenhäusern kann aus vielerlei Gründen nur schwer von den Gemeindepfarrern wahrgenommen werden, obgleich dies sehr wünschenswert wäre und in keiner Konkurrenz zur Arbeit des Krankenhauspfarrers stünde, der kaum Möglichkeit hat, die im Krankenhaus begonnenen Kontakte über den Krankenhausaufenthalt hinaus fortzusetzen und den Kranken in die christliche Gemeinde einzuführen. Um die Verbindung mit der Gemeinde herzustellen, ist die Zusammenarbeit von Krankenhausseelsorger und Gemeindepfarrer notwendig und sind Besuche von Gemeindepfarrern bei ihren im Krankenhaus befindlichen Gemeindemitgliedern sehr wünschenswert. Nach übereinstimmender Beobachtung[35] nimmt die Zahl der Gemeindepfarrer ständig ab, die regelmäßig Besuche in Krankenhäusern machen. Damit entfällt auch die seelsorgerliche Begleitung von kranken, pflegebedürftigen und sterbenden Menschen immer mehr, da lange nicht in allen Krankenhäusern hauptamtliche Seelsorger tätig sind und da diese mit den ihnen allein in quantitativer Hinsicht gestellten Aufgaben völlig überfordert sind. »Wenn ein Arzt, dem mehrere Pflegepersonen zur Seite stehen, 15 Betten betreut, ist ein Seelsorger, dem das 40- bis 100fache übertra-

[33] Vgl. C/III.

[34] Vgl. H. Doebert, Seelsorge am Krankenbett und im Krankenhaus, in: Schulze (Hrsg.), 33 ff.; L. Volz, Ein Stiefkind der Kirche, in: EvKo 5 (1972), 484 ff.; zu den Aufgaben des Pfarrers im Krankenhaus vgl. Faber (1970); U. Wirth, Die Rolle des Pfarrers im Krankenhaus, Berliner Hefte für Ev. Krankenseelsorge, Nr. 29; R. Giera, Seelsorge im Krankenhaus, Berliner Hefte . . ., Nr. 26; K. R. Mitchell, Arbeitsfeld Krankenhaus, 1974; Sporken (1973), 77 ff.; v. Lehndorff, 85 ff.; Bowers, 69 ff.; Mayer-Scheu (1974 a); Eibach (1974), 352 ff.

[35] Umfragen in Synoden und bei Krankenhausseelsorgern bestätigten den persönlichen Eindruck.

gen« und zugemutet wird, total überfordert[36]. Er muß sich mit der offiziellen Zielsetzung, 500 und mehr Patienten seelsorgerlich verantwortlich betreuen zu sollen, geradezu lächerlich machen. Aufgrund der sozialen Veränderungen in der Gesellschaft und den Kirchengemeinden müßte der Krankenhausseelsorge doch allmählich eine vorrangige Stellung im kirchlichen Handeln eingeräumt werden, und man müßte die Reform der Krankenhausseelsorge schnellstens vorantreiben[37]. Dabei ist zu beachten, daß diese Arbeit in qualitativer Hinsicht hohe Anforderungen stellt[38], zu denen neben der Betreuung der Kranken auch das Gespräch mit dem Personal und die Fähigkeit gehört, zusammen mit Ärzten und Schwestern in den ethischen Problemen der modernen Medizin nach Antworten zu suchen, die vom christlichen Glauben her verantwortbar sind. Der Dialog über ethische Fragen der Medizin wird in Zukunft für den Krankenhausseelsorger ein größeres Gewicht haben müssen, da viele ethische Fragen nur aus der konkreten Begegnung mit dem Kranken und der ganzen Krankenhaussituation heraus erörtert werden können[39].

[36] L. Volz, aaO (Anm. 34) 486; vgl. Doebert, aaO 35 ff.

[37] Vgl. die Vorschläge von Mayer-Scheu (1974 a). Ausdrücklich hinzuweisen ist auf die verbesserte ökumenische Zusammenarbeit, die das bisherige Nebeneinander in der Krankenhausseelsorge ersetzt und so schon allein durch die Vermeidung von unnötig doppelter Arbeit den quantitativen Mangel an Seelsorgern mindert (vgl. C/III/1, Anm. 10; C/III/2, Anm. 28).

[38] Vgl. z. B. C/III.

[39] Vgl. A/II, Anm. 41 ff.; C/III/2; Pellegrino, 58 f.

Literaturverzeichnis (in Auswahl)

Aufgenommen wurde nur Literatur, die mit der Thematik des Buches unmittelbar zu tun hat. Seltener benützte Veröffentlichungen sind in den Anmerkungen mit Titel usw. angegeben. Sammelbände werden unter dem Namen des Herausgebers aufgeführt. Sind Teile gesondert aufgeführt, so wird der Name des Herausgebers wiederholt. Sind von einem Autor mehrere Veröffentlichungen benützt worden, so steht die Jahreszahl der Erscheinung der benutzten Auflage in Klammern hinter dem Namen des Autors, und, wenn in einem Jahr mehrere Veröffentlichungen eines Autors erschienen und benutzt sind, so steht zusätzlich zur Jahreszahl ein kleiner Buchstabe, z. B. Kautzky (1969 a). Entsprechend werden die Literaturangaben auch in den Anmerkungen gemacht. Nur in einigen Fällen ist statt der Jahreszahl des Erscheinens ein Stichwort angegeben, das im Literaturverzeichnis genannt ist. Abkürzungen bedürfen meist keiner weiteren Erklärung, außer: EvKo = Evangelische Kommentare; EvTh = Evangelische Theologie; MMW = Münchener Medizinische Wochenschrift; RGG = Religion in Geschichte und Gegenwart, 3. Aufl.; WzM = Wege zum Menschen; ZEE = Zeitschrift für evangelische Ethik.

Allwohn, A., Evangelische Pastoralmedizin – Grundlegung der heilenden Seelsorge, Stuttgart, 1970.

Altner, G., Den neuen Menschen planen. Aspekte für die Zukunft der Biomedizin, in: EvKo 5 (1972), 260 ff.

Ansohn, E., Die Wahrheit am Krankenbett, München, 1965.

Barth, K., Die Kirchliche Dogmatik, Bd. I/1 – IV/4, Zürich, 1936–67 (zit. KD).

Beecher, H. K. (1968), Ethical Problems Created by the Hopeless Unconscious Patient, in: New England Journal of Medicine 278 (1968), 1425 ff.

– (1970), Research and the Individual. Human Studies, Boston.

Bennholdt-Thomsen, C., Grenzen der Therapie bei Kindern, in: Monatsschrift für Kinderheilkunde 115 (1967), 178 ff.

Bericht über die Lage der Psychiatrie – Zusammenfassung – Auszug aus dem Bericht der Sachverständigen Kommission, Deutscher Bundestag, Drucksache 7/4200 (zit. Bericht Psychiatrie).

Binding, K. u. A. Hoche, Die Freigabe der Vernichtung lebensunwerten Lebens. Ihr Maß und ihre Form, Leipzig, 2. Aufl. 1922.

Bitter, W. (Hrsg.), Alter und Tod – annehmen oder verdrängen? Ein Tagungsbericht, Stuttgart, 1974.

Blüchel, K., Die weißen Magier. Das Milliardengeschäft mit der Krankheit, Gütersloh, 1974.

Bockmühl, K., Gott im Exil? Zur Kritik der »Neuen Moral«, Wuppertal, 1975.

Böckle, F. (1970), Ethische Aspekte der Organtransplantation beim Menschen, in: Studium Generale 23, (1970) 444 ff.

– (1971), u. A. W. v. Eiff, Das Experiment in der klinischen Forschung, in: Concilium 7 (1971), 347 ff.

– (1975), Recht auf menschenwürdiges Sterben, in: EvKo 8 (1975), 71 ff.

Böhme, G., Die Verlegenheit der Ethik. Das Leiden wird zur zentralen Kategorie, in: Ev Ko 5 (1972), 392 ff.

Bonhoeffer, D., Ethik, München, 7. Aufl. 1966.

Bowers, M. K. u. a., Wie können wir Sterbenden beistehen?, München, 1971.

Buchheim, H., Sozialpolitische Stellungnahme zur Euthanasie, in: Hiersche (Hrsg.), 169 ff.

Buddeberg, C., Wie human ist die Humanmedizin? Zum gegenwärtigen Dilemma ärztlichen Handelns, in: EvKo 8 (1975), 740 ff.

Bührer, M., Das Gespräch am Krankenbett, in: Diakonia 5 (1974), 34 ff.

Buytendijk, F. J. J., Prolegomena einer anthropologischen Physiologie, Salzburg, 1967.
Caruso, I. A., Die Trennung der Liebenden. Eine Phänomenologie des Todes, Bern/Stuttgart, 1968.
Catel, W. (1962), Grenzsituationen des Lebens. Beitrag zum Problem der begrenzten Euthanasie, Nürnberg.
– (1966), Leidminderung richtig verstanden, Nürnberg.
Choron, J., Der Tod im abendländischen Denken, Stuttgart, 1967.
Denecke, A., Evangelische Kasuistik – Entwickelt am Modell der Notlüge, in: ZEE 17 (1973), 75 ff.
Depner, R., Ärztliche Ethik und Gesellschaftsbild. Eine soziologische Untersuchung zur Entwicklung des Selbstverständnisses von Medizinstudenten und Ärzten, Stuttgart, 1974.
Dialyse und Transplantation. Symposion der Klinikseelsorge Gießen, in: Wissenschaftliche Informationen Fresenius Beiheft 5 (1973) (zit. Dialyse).
Diepgen, P., Geschichte der Medizin, Bd. I, Berlin, 1949.
Dijksterhius, E. J., Die Mechanisierung des Weltbildes, Berlin/Göttingen/Heidelberg, 1956.
Dixon, S., (1966), Recht auf Leben – Recht auf Sterben. Hilfe zum Sterben? Die Frage der Euthanasie, Referat (Maschinenschrift), Bonn, 1966.
– (1969), Kritisches zum heutigen Euthanasie-Gespräch, in: Valentin (Hrsg.), 7 ff.
Döhner, O. (Hrsg.), Arzt und Patient in der Industriegesellschaft, Frankfurt, 1973.
Downing, A. B. (Ed.), Euthanasia and the Right to Death. The Case for Voluntary Euthanasia, London, 1969.
Dyck, A. J., An Alternative to the Ethic of Euthanasia, in: R. H. Williams (Ed.), 98 ff.
Edelstein, L., Der hippokratische Eid, Zürich, 1969.
Ehrhardt, H. (1965), Euthanasie und Vernichtung »lebensunwerten« Lebens, Stuttgart.
– (1974), Schwangerschaftsabbruch und Euthanasie, in: Deutsches Ärzteblatt 23 (1974), 1695 ff.
Eibach, U. (1972), Wann und wie beginnt menschliches Leben?, in: Theologische Beiträge 3 (1972), 152 ff., Wuppertal.
– (1973), Der biologische Tod als Grenze menschlichen Lebens und die medizinischen Möglichkeiten der Lebensverlängerung, in: Honecker (1973, Hrsg.), 33 ff.
– (1974), Recht auf Leben – Recht auf Sterben. Anthropologische Grundlegung einer medizinischen Ethik, Wuppertal.
– (1974 b), Tötung auf Verlangen? »Mercy Killing«?, in: Der Ev. Erzieher 26 (1974), 252 ff.
– (1975), Der verdrängte Tod. Ein gesellschaftliches, ethisches und theologisches Problem, in: Theologische Beiträge 6 (1975), 139 ff.
– Thesen zur Diskussion um die sogenannte »Euthanasie«, in: Eser (Hrsg.) (im Druck).
Eid, V. (Hrsg.), Euthanasie oder Soll man auf Verlangen töten?, Mainz, 1975.
Eissler, K. R., The Psychiatrist and the Dying Patient, New York, 1955.
Elkinton, J. R., Ethical and Moral Problems in the Use of Artificial and Transplantated Organs, in: R. H. Williams (Ed.), 123 ff.
Engelhardt, K., Wirth, K. u. Kindermann, L., Kranke im Krankenhaus. Grenzen und Ergänzungsbedürftigkeit naturwissenschaftlich-technischer Medizin, Stuttgart, 1973.
Eser, A. (Hrsg.), Suizid und Euthanasie, Stuttgart, 1976 (im Druck)
Ettinger, R. C. W., Aussicht auf Unsterblichkeit, Freiburg, 1965.
Faber, H. (1969), Seelsorge am kranken Menschen, Handbücherei für Gemeindearbeit 45, Gütersloh.
– (1970), Der Pfarrer im modernen Krankenhaus, Handbücherei für Gemeindearbeit 48, Gütersloh.
Ferber, Chr. v. (1963), Soziologische Aspekte des Todes. Ein Versuch über einige Be-

ziehungen der Soziologie zur Philosophischen Anthropologie, in: ZEE 7 (1963), 338 ff.
– (1970), Der Tod. Ein unbewältigtes Problem für Mediziner und Soziologen, in: Kölner Zeitschrift für Soziologie und Sozialpsychologie 22 (1970), 237 ff.
Finzen, A., Arzt, Patient und Gesellschaft. Die Orientierung der ärztlichen Berufsrolle an der sozialen Wirklichkeit, Medizin in Geschichte und Kultur, Bd. 10, Stuttgart, 1969.
Fischer. F., Irrenhäuser. Kranke klagen an, München, 1972.
Fischer, J., Euthanasie heute? Theologische Existenz heute Nr. 151, München, 1968.
Fletcher, J. (1960), Morals and Medicine, Boston.
– (1967), Moral ohne Normen?, Gütersloh.
– (1969 a), The Patient's Right to Die, in: A. B. Downing (Ed.), 61 ff.
– (1969 b), Leben ohne Moral?, Gütersloh.
– (1973), Ethics and Euthanasia, in: R. H. Williams (Ed.), 113 ff.
Forster, K. (Hrsg.), Aktuelle Probleme des Lebensschutzes durch die Rechtsordnung, (Studien und Berichte der kath. Akademie in Bayern), Würzburg, 1964.
Frankl, V. E., Homo patiens. Versuch einer Pathodizee, Wien, 1950.
Freyberger, H., Psychosomatische Aufgabenbereiche, in: Lawin (Hrsg.), 49 ff.
Fritsche, P., Grenzbereich zwischen Leben und Tod. Klinische, juristische und ethische Probleme, Stuttgart, 1973.
Fuchs, W., Todesbilder in der modernen Gesellschaft, Frankfurt, 1969.

Gadamer, H.-G u. P. Vogler (Hrsg.), Neue Anthropologie, Bd. 1 u. 2 (Biologische Anthropologie), Bd. 3 (Sozialanthropologie), Stuttgart, 1972.
Gebsattel, V. E. Frh. v., Aspekte des Todes, in: A. Jores (1949), 60 ff.
Geilen, G., Euthanasie und Selbstbestimmung. Juristische Betrachtungen zum »Recht auf den eigenen Tod«, Tübingen, 1975.
Geißler, H., Gesundheitsförderung und Gesundheitserziehung – Neue Ansätze zur aktiven Gesundheitspolitik, Rede vom 13. 4. 75 (Maschinenschrift)
Genewein, C. M. u. P. Sporken, Menschlich pflegen. Grundzüge einer Berufsethik für Pflegeberufe, Düsseldorf, 1975.
Gerlach, J. (1969 a), Syndrome des Sterbens und der vita reducta, in: MMW 111 (1969), 169 ff.
– (1969 b), Gehirntod und totaler Tod, in: MMW 111 (1969), 732 ff.
– (1970), Die Definition des Todes in der Medizin, in: MMW 112 (1970), 65 ff.
Gessler, U., Nierenübertragung und künstliche Niere, München, 1971.
Gesundheit, Bd. 5 der Reihe Aufgabe Zukunft. Qualität des Lebens, Beiträge zur 4. internationalen Arbeitstagung der IG-Metall, Frankfurt, 1972 (zit. Gesundheit).
Giesen, W. u. F. Keienburg (Hrsg.), Organtransplantation. Wann endet das Leben?, Stuttgart, 1971.
Glaser, B. G. u. A. L. Strauss, Interaktion mit Sterbenden. Beobachtungen für Ärzte, Schwestern, Seelsorger und Angehörige, Göttingen, 1974.
Gödan, H. (1964), Der Mensch ohne Krankheit. Christlicher Auftrag und medizinischer Fortschritt, Hamburg.
– (1972), Die sogenannte Wahrheit am Krankenbett, Darmstadt.
Görres, A. (Hrsg.), Der Kranke – Ärgernis der Leistungsgesellschaft, Düsseldorf, 1971.
Gollwitzer, H., Krummes Holz – aufrechter Gang. Zur Frage nach dem Sinn des Lebens, München, 3. Aufl. 1971.
Greshake, G., Bemühungen um eine Theologie des Sterbens, in: Concilium 10 (1974), 270 ff.
Gründel, J., Moraltheologische Überlegungen zur Organ- und Herztransplantation und zum ärztlichen Ethos, in: Schlesisches Priesterjahrbuch VII–IX, Köln, 1969, 169 ff.
Gründel, J. u. H. van Oyen, Ethik ohne Normen? Zu den Weisungen des Evangeliums, Kleine Ökumenische Schriften Bd. 4, Freiburg, 1970.

Gsell, O., Notstand der Sterbehilfe (dargelegt am Fall von Prof. U. Haemmerli, Zürich), in: Schweizerische Ärztezeitung 18 (1975), 677 ff.
Gurland, H. J., Die psychologischen Probleme bei der Dauerdialyse und Nierentransplantation, in: MMW 11 (1968), 337 ff.
Gütgemann, A., Über ärztliche Verantwortung in der Chirurgie, in: MMW 109 (1967), 333 ff.
Habermas, J., Technik und Wissenschaft als »Ideologie«, Frankfurt, 3. Aufl. 1969.
Haemmerli, U. P., Das Problem der Euthanasie, Versuch einer Begriffsbestimmung aus der Sicht eines Arztes, in: Schweizerische Ärztezeitung 15 (1975), 554 ff.
Häring, B., Heilender Dienst. Ethische Probleme der modernen Medizin, Mainz, 1972.
Härle, W., Unverfügbarkeit des Lebens oder Freiheit zum Tode. Euthanasie als ethisches Problem, in: ZEE 19 (1975), 143 ff.
Hahn, A., Einstellungen zum Tod und ihre soziale Bedingtheit. Eine soziologische Untersuchung, Stuttgart, 1968.
Halhuber, M. J., Grenzen der Medizin?, in: Therapie d. Gegenwart 114 (1975), 1993 ff.
Hammer, F., Selbsttötung philosophisch gesehen, Düsseldorf, 1975.
Hampe, J. C., Sterben ist doch ganz anders. Erfahrungen mit dem eigenen Tod, Stuttgart, 1975.
Hartmann, F., Ärztliche Anthropologie. Das Problem des Menschen in der Medizin der Neuzeit, Bremen, 1973.
Hase, H. C. v. (Hrsg.), Evangelische Dokumente zur Ermordung der »unheilbar Kranken« unter der nationalsozialistischen Herrschaft in den Jahren 1939–1945, Stuttgart, 1964.
Hedinger, U., Wider die Versöhnung Gottes mit dem Elend. Eine Kritik des christlichen Theismus und A-Theismus, Zürich, 1972.
Heifetz, M. D. und Ch. Mangel, Das Recht zu sterben, Frankfurt, 1976.
Heitmann, C., Grenzen der Therapie bei Kindern, in: Monatsschrift für Kinderheilkunde 115 (1967), 182 ff.
Hellbrügge, Th., Ärztliche Gesichtspunkte zu einer »begrenzten Euthanasie«, in: K. Forster (Hrsg.), 57 ff.
Hiersche, H.-D. (Hrsg.), Euthanasie. Probleme der Sterbehilfe. Eine interdiziplinäre Stellungnahme, München, 1975.
Hinton, J., Dying, Harmondsworth, 1967 (Pinguin TB).
Hoerster, N., Utilitaristische Ethik und Verallgemeinerung, Freiburg/München, 1971.
Honecker, M. (1971), Konzept einer sozialethischen Theorie, Tübingen.
– (1973, Hrsg.), Aspekte und Probleme der Organverpflanzung, Grenzgespräche 4, Neukirchen.
– (1975), Ethische Überlegungen zur Dialyse und Transplantation, in: ZEE 19 (1975), 129 ff.
– (1975 b), Theologisches Gutachten zu Fragen der Organtransplantation, in: epd Dokumentation Nr. 44 (1975), 19 ff. (zit. Gutachten).
– (1975 c), Euthanasie, in: Ev. Staatslexikon, 2. Aufl. 1975, 628 ff. (zit. Euthanasie).
– (1975 d), Organverpflanzung, in: Ev. Staatslexikon, 2. Aufl. 1975, 1710 ff. (zit. Organverpflanzung).
Howe, G. (1970), Die Christenheit im Atomzeitalter. Vorträge und Studien, Stuttgart.
– (1971), Gott und die Technik. Die Verantwortung der Christenheit für die technisch-wissenschaftliche Welt, Hamburg.
Illich, I., Die Enteignung der Gesundheit – Medical Nemesis, Hamburg, 1975.
Janzen, R., Körper, Hirn und Personalität. Ergebnisse der Hirnforschung – nach den Erfahrungen eines Neurologen, Stuttgart, 1973.
Jenkins, D. u. H. Bryant, Moral Issues and Health Care, in: Ecumenical Review XXV/I (1973), 80 ff.

Jonas, H., Die Natur auf der moralischen Bühne. Überlegungen zur Ethik im technologischen Zeitalter, in: EvKo 6 (1973), 73 ff.
Jores, A. (Hrsg.), Der Tod. Synopsis Bd. 3, Studien aus Medizin und Naturwissenschaft, Hamburg, 1949.
Josuttis, M., Praxis des Evangeliums zwischen Politik und Religion. Grundprobleme der Praktischen Theologie, München, 1974.
Jüngel, E. (1969), Die Welt als Möglichkeit und Wirklichkeit, in: EvTh 29 (1969), 417 ff.
– (1971), Tod, Themen der Theologie Bd. 8, Stuttgart (zit. Tod).
Jungk, R. u. H. J. Mundt (Hrsg.), Das umstrittene Experiment: Der Mensch. Elemente einer biologischen Revolution. Modelle für eine neue Welt, München 1966.
Kamisar, Y., Euthanasia Legislation: Some Non-Religious Objections, in: Downing (Ed.), 85 ff.
Kautzky, R. (1965), Die Verletzung der körperlichen Integrität in der Sicht ärztlicher Ethik, in: Arzt und Christ 11 (1965), 32 ff.
– (1967), Der Arzt und der menschliche Leib, in: Arzt und Christ 13 (1967), 135 ff.
– (1968), Die ärztliche Manipulation des menschlichen Lebens, in: Die Umschau in Wissenschaft und Technik 68 (1968), 193 ff.
– (1969 a), Die Euthanasie als Problem ärztlicher Ethik, in: Valentin (Hrsg.), 32 ff.
– (1969 b), Technischer Fortschritt und ethische Problematik in der modernen Medizin, in: Concilium 5 (1969), 371 ff.
– (1969 c), Der Arzt vor dem Phänomen des Todes, in: Arzt und Christ 15 (1969), 129 ff.
– (1972), Grenzerfahrungen in der empirischen Medizin als Grundlage einer zeitgenössischen Pastoralmedizin, in: Arzt und Christ (1972), 1 ff.
Knevels, W., Euthanasie – aus Liebe, in: W. Knevels, F. Böckle u. E. Schmalenberg, Euthanasie. Hilfe beim Sterben – Hilfe zum Sterben, Evangelische Zeitstimmen Nr. 75, Hamburg, 1975, 9 ff.
Köberle, A., Christliches Denken. Von der Erkenntnis zur Verwirklichung, Hamburg, 1962.
Kohl. M., The Morality of Killing. Sanctity of Life, Abortion and Euthanasia, London, 1974.
Koty, J., Die Behandlung der Alten und Kranken bei den Naturvölkern, Stuttgart, 1934.
Krankenversicherungsbudget (Kurzfassung), hrsg. u. erarbeitet vom Ministerium für Soziales, Gesundheit und Sport des Landes Rheinland-Pfalz, 1974 (Kurzfassung).
Krauß, P., Medizinischer Fortschritt und ärztliche Ethik, München, 1974.
Kress, H. Frh. v. (1969), Das Problem des Todes, in: Handbuch der allgemeinen Pathologie, Bd. I, (hrsg. von H.-W. Altmann u. a.), Berlin, 205 ff.
– (1970), Klinische Aspekte des Sterbens, in: Die Naturwissenschaften 57 (1970), 1 ff.
Krösl, W. u. E. Scherzer (Hrsg.), Die Bestimmung des Todeszeitpunkts, Wien, 1973.
Kübler-Ross, E. (1971), Interviews mit Sterbenden, Stuttgart.
– (1974), Was können wir noch tun? Antworten auf Fragen nach Sterben und Tod, Stuttgart.
Lau, E. E., Tod im Krankenhaus. Soziologische Aspekte des Sterbens in Institutionen, Köln, 1975.
Lawin, P. (Hrsg.), Praxis der Intensivbehandlung, Stuttgart, 2. Aufl. 1971.
Leach, G., Medizin ohne Gewissen? Macht und Ohnmacht der Ärzte, München/Zürich, 1970.
Das Lebensrecht des Menschen und die Euthanasie, Hirtenwort der Deutschen (kath.) Bischöfe, 1. Juni 1975.
Lehndorff, H. Graf v., Humanität im Krankenhaus, München/Luzern, 1975.
Lehr, U., Psychologie des Alterns, UTB 55, Heidelberg, 1972.
Lentrodt, K. W., Das Leiden als Kernproblem von Theologie und Medizin, in: EvTh 31 (1971), 238 ff.
Lessing, E., Euthanasie aus evangelischer Sicht, in: H.-D. Hiersche (Hrsg.), 89 ff.

Leuenberger, R., Der Tod. Schicksal und Aufgabe, Zürich, 1971.
Lohff, W., Theologische Erwägungen zum Problem des Todes, in: Festschrift für H. Thielicke, Tübingen, 1968, 157 ff.
Lohmann, T., Euthanasie in der Diskussion. Zu Beiträgen aus Medizin und Theologie seit 1945, Düsseldorf, 1975 (dort weitere Literatur).
Lüth, P., (1972), Kritische Medizin. Zur Theorie-Praxis-Problematik der Medizin und der Gesundheitssysteme, Reinbek.
– (1974 a), Sprechende und stumme Medizin. Über das Patienten-Arzt-Verhältnis, Frankfurt/New York.
– (1974 b), Medizin. Medizin als Natur- und als Sozialwissenschaft, Darmstadt.
– (1975), Die Leiden des Hippokrates oder Medizin als Politik, Darmstadt/Neuwied.
Luther, M., Ein Sermon von der Bereitung zum Sterben, Münchener Ausgabe, Ausgew. Werke Bd. I, 1951 (entspricht WA 2, 685–697).
Lyons, C., Organ Transplantation. The Moral Issues, Philadelphia, 1970.
Marlet, M. (1961), Wiederbelebung und die Grenzen künstlicher Lebensverlängerung, in: Arzt in der technischen Welt (Sonderband der Zeitschrift »Arzt und Christ«), Salzburg, 251 ff.
– (1969), Medizinische Experimente am Menschen? in: Orientierung 33 (1969), 21 ff.
Maurer, B., Ethische Fragen in der Krankenpflegeausbildung, in: WzM 26 (1974), 259 ff.
Mayer-Scheu, J. (1974 a), Seelsorge im Krankenhaus. Entwurf für eine neue Praxis, Mainz.
– (1974 b), Der mitmenschliche Auftrag am Sterbenden, in: Concilium 10 (1974), 286 ff.
– (1975), Sozialethische Probleme der Dialyse bzw. der Nierentransplantation, in: Krankendienst 1 (1975), 5 ff.
Meer, C. van der u. H. Mochel, . . . wenn nicht ein Wunder geschieht. Ein Sterbegeleit, Konstanz, 1973.
Melsen, A. G. M. van, Ethik und Naturwissenschaft. Eine Besinnung auf den Zusammenhang zwischen Natur und Sittlichkeit, Köln, 1967.
Menschen wie wir, hrsg. von der Bundeszentrale für gesundheitliche Aufklärung, Köln, 1976, (zit. Menschen wie wir)
Meyer, J., Tod und Neurose, Göttingen, 1973.
Mitscherlich, A. u. F. Mielke (Hrsg.), Medizin ohne Menschlichkeit. Dokumente des Nürnberger Ärzteprozesses, Frankfurt, 1960.
Mitscherlich, A., Brocher, T., O. v. u. K. Horn (Hrsg.), Der Kranke in der modernen Gesellschaft, Köln, 1967.
Mochel, H. (Hrsg.), Milder Tod. Euthanasie. Aufzeichnungen nach einer Fernsehsendung, München, 1973.
Moltmann, J., (1972 a), Der gekreuzigte Gott. Das Kreuz Christi als Grund und Kritik christlicher Theologie, München.
– (1972 b), Hoffnung und die biomedizinische Zukunft des Menschen, in: EvTh 32 (1972), 309 ff.
Moor, P., Die Freiheit zum Tode. Ein Plädoyer für das Recht auf menschenwürdiges Sterben. Euthanasie und Ethik, Hamburg, 1973.
Müller, A. M. K., Die präparierte Zeit. Der Mensch in der Krise seiner Zielsetzungen, Radius Bücher, Stuttgart, 1972.
Nelson, J. B., Human Medicine. Ethical Perspectives on New Medical Issues, Minneapolis, 1973.
Nietzsche, F., Werke in drei Bänden (hrsg. von K. Schlechta), München, 1954–1956.
Nowak, K., Eugenische Ausmerze und Vernichtung sogenannten lebensunwerten Lebens, Theol. Diss., Leipzig, 1971.
Organ-Spende ist Christen-Pflicht, epd Dokumentation 44 (1975), Frankfurt (zit. Organ-Spende).
Oyen, H. van (1960), Grenzfälle der medizinischen Ethik, in: ZEE 4 (1960), 193 ff.
– (1966), Beendigung des Leidens als ethischer Grenzfall, in: ZEE 10 (1966), 129 ff.

Pearson, L. (Ed.), Death and Dying – Current Issues in the Treatment of the Dying Person, Cleveland/London, 1969.
Pellegrino, E., Die Notwendigkeit, Aussichten und Gefahren des Experimentierens am Menschen, in: H. R. Weber (Hrsg.), 35 ff.
Peters, H. M., Historische, soziologische und erkenntnistheoretische Aspekte der Lehre Darwins, in: Gadamer-Vogler (Hrsg.), Bd. 1, 326 ff.
Picht, G., Wahrheit, Vernunft, Verantwortung. Philosophische Studien, Stuttgart, 1969.
Pius XII., Papst (1957), Anaesthesie und menschliche Persönlichkeit. Ansprache des Heiligen Vaters Pius XII. zur Beantwortung von drei religiös sittlichen Fragen über die Analgesie, in: Der Anaesthesist 6 (1957), 191 ff.
– (1958), Antwort des Heiligen Vaters, Papst Pius XII., über die »Wiederbelebung«, in: Der Anaesthesist 7 (1958), 234 ff.
Pohier, J.-M., Tod, Natur und Kontingenz. Anthropologische Überlegungen zu der Möglichkeit, den Tod medizinisch hinauszuzögern, in: Concilium 10 (1974), 262 ff.
Pompey, H. (1969), Gehirntod und totaler Tod. Moraltheologische Erwägungen zur Herztransplantation, in: MMW 111 (1969), 736 ff.
– (1974), Fortschritte der Medizin und christliche Humanität. Der Dienst der praktischen Theologie an einer Medizin im Umbruch, Würzburg.
Prem, M., Vier Wochen in St. Christopher's, in: Dtsch. Krankenpflegezeitschrift 11, 1974, 597 ff.
Prest, A. P. L., Die Sprache der Sterbenden, Göttingen, 1970.
Rahner, K. (1966), Über christliches Sterben, in: Schriften zur Theologie Bd. VII, Einsiedeln, 1966, 273 ff.
» (1970), Theologische Erwägungen über den Eintritt des Todes, in: Schriften zur Theologie Bd. IX, Einsiedeln, 1970, 323 ff.
– (1975), Die Freiheit des Kranken in theologischer Sicht, in: Stimmen der Zeit, Heft 1 (1975), 31 ff.
Ramsey, P., The Patient as Person. Explorations in Medical Ethics, New Haven, 1970.
Regenbrecht, J., Zum Problem der »Sterbehilfe«, in: Schwestern Revue 1974, Heft Nov. Dez., 4 ff.
Reiner, A., Ich sehe keinen Ausweg mehr. Suizid und Suizidverhütung – Konsequenzen für die Seelsorge, München, 1974.
Ringel, E., Selbstmord – Appell an die anderen, München, 1974.
Ringeling, H., Theologische Kriterien der Lebensqualität dargestellt am Konfliktmodell der genetischen Indikation des Schwangerschaftsabbruchs, in: EvTh 34 (1974), 571 ff.
Ritschl, D., Menschenrechte und medizinische Ethik, in: WzM 28 (1976), 16 ff.
Robinson, J. S., Psychologische Auswirkungen der Intensivtherapie, in: Der Anaesthesist 24 (1975), 416 ff.
Röhricht, R., Lebenserhaltung um jeden Preis?, in: Dtsch. Allgem. Sonntagsblatt, Nr. 13 (26. 3. 1972), 12, (Hamburg).
Röttgen, P., Die Grenzen der Neurochirurgie, in: K. Forster (Hrsg.), Möglichkeiten und Grenzen der Medizin, München, 1969, 75 ff.
Rohde, J.,J., Soziologie des Krankenhauses. Zur Einführung in die Soziologie der Medizin, Stuttgart, 2. Aufl. 1974.
Rothschuh, K. E. (Hrsg.), Was ist Krankheit?, Darmstadt, 1975.
Ruff. W., Organverpflanzung. Ethische Probleme aus katholischer Sicht, München, 1971.
Sax, W., Zur rechtlichen Problematik der Sterbehilfe durch vorzeitigen Abbruch einer Intensivbehandlung, in: Juristenzeitung 30 (1975), 137 ff.
Saunders, C., The Moment of Truth: Care of the Dying Person, in: L. Pearson (Ed.), 49 ff.
Schadewaldt, H., Arzt und Patient in antiker und frühchristlicher Zeit, in: Med. Klinik 59 (1964), 146 ff.

Schaefer, H. u. M. Blohmke, Sozialmedizin. Eine Einführung in die Ergebnisse und Probleme der Medizin-Soziologie und Sozialmedizin, Stuttgart, 1972.
Schara, J., Die Grenzen der Behandlungspflicht in der Intensivmedizin, in: Dtsch. Ärzteblatt 25 (1976), 507 ff. u. 587 ff.
Scheler, M., Tod und Fortleben, in: Schriften aus dem Nachlaß, Bd. I, Bern, 2. Aufl. 1957, 9 ff.
Schelsky, H., Der Mensch in der wissenschaftlichen Zivilisation, Opladen, 1961.
Schenda, R., Das Elend der alten Leute. Informationen zur Sozialgerontologie für die Jüngeren, Düsseldorf, 1972.
Schipperges, H., Moderne Medizin im Spiegel der Geschichte, Stuttgart, 1970.
Schmalenberg, E. (1975 a), Sinnhaftes Leben – sinnhafter Tod. Ein Beitrag zum Euthanasiegespräch, in: ZEE 19 (1975), 160 ff.
– (1975 b), Zum Sinn des Lebens und des Todes. Ein theologischer Beitrag zum Euthanasie-Problem, in: W. Knevels, F. Böckle u. E. Schmalenberg, Euthanasie, 41 ff.
Schmidt, M., Sterben als Erlösung, Zürich, 1973
Scholmer, J., Patient und Profitmedizin. Das Gesundheitswesen in der Bundesrepublik zwischen Krise und Reform, Opladen, 1973
Schrage, W., Leid, Kreuz und Eschaton. Die Peristasenkataloge als Merkmale paulinischer theologia crucis und Eschatologie, in: EvTh 34 (1974), 141 ff.
Schüller, B., Die Begründung sittlicher Urteile. Typen ethischer Argumentation in der katholischen Moraltheologie, Düsseldorf, 1973.
Schultz, H. J. (Hrsg.), Was wissen wir von der Seele?, Stuttgart, 1968
Schulze, H. (Hrsg.), Der leidende Mensch. Beiträge zu einem unbewältigten Thema, Neukirchen, 1974.
Sieber, G., Die Altersrevolution, Zürich/Köln, 1972.
Siefert, H., Der hippokratische Eid – und wir? Plädoyer für eine zeitgemäße ärztliche Ethik: Ein Auftrag an den Medizinhistoriker, Feuchtwangen, 1973.
Slater, E., Wandlung der ethischen Auffassung über Euthanasie in England, in: W. Bitter (Hrsg.), 139 ff.
Sölle, D., Leiden, Stuttgart, 1973.
Die soziale Sicherung im Industriezeitalter. Eine Denkschrift, hrsg. vom Rat der Evang. Kirche in Deutschland, Gütersloh, 1973 (zit. Soziale Sicherung).
Sporken, P., (1971) Darf die Medizin was sie kann? Probleme der medizinischen Ethik, Düsseldorf.
– (1972), Menschlich sterben, Düsseldorf.
– (1973), Umgang mit Sterbenden. Medizinische, pflegerische und pastorale Aspekte der Sterbehilfe, Düsseldorf.
– (1976), Euthanasie im Rahmen der Lebens- und Sterbehilfe, in: Medizinische Klinik 71 (1976), 729 ff. (entspricht Artikel in Eser, Hrsg.).
Stolz, C., Der »integrierte« Seelsorger auf der Intensivpflegestation, in: Schwestern Revue 11 (1973), Ausg. v. 15. März, 12 ff. (Teil I), Ausg. v. 15. April, 14 ff. (Teil II).
Sudnow, D., Organisiertes Sterben. Eine soziologische Untersuchung, Frankfurt, 1973.
Tacke, H., Glaubenshilfe als Lebenshilfe, Neukirchen, 1975.
Tews, H. P., Soziologie des Alterns, Teil I u. II, UTB 83 u. 96, Heidelberg, 1971.
Thielicke, H., Theologische Ethik, Bd. I, 3. Aufl. 1965; Bd. II/1, 1955 Bd. III, 1964, Tübingen (zit. ThE).
– (1970), Wer darf leben? Ethische Probleme der modernen Medizin, München.
Thomas von Aquin, Summa Theologica. Deutsch-lateinische Ausgabe (hrsg. vom kath. Akademikerverband), Heidelberg u. a., 1934 ff. (zit. S. th.).
Thomas, K., Menschen vor dem Abgrund. Ein Arzt und ein Psychotherapeut berichtet aus der Praxis der Selbstmordverhütung, Hamburg, 1970.
Tibbe, T. u. J., Leben an der Grenze des Todes, Neukirchen, 1971.
Tillich, P., Systematische Theologie, Bd. II, Stuttgart, 1958.
Todeszeichen und Todeszeitpunkt. Stellungnahme der Kommission für Reanimation

und Organtransplantation der Deutschen Gesellschaft für Chirurgie, in: Der Chirurg 39 (1968), 196 f.
Trillhaas, W., Ethik, Berlin, 3. Aufl. 1970.
Ulrich, H. G., Anthropologie und Ethik bei Friedrich Nietzsche. Interpretationen zu Grundproblemen theologischer Ethik, München, 1975.
Valentin, F. (Hrsg.), Die Euthanasie. Ihre theologischen, medizinischen und juristischen Aspekte, Göttingen, 1969.
Vaux, K., Biomedical Ethics, New York, 1974.
Vaux, K. (Ed.), Who Shall Live? Medicine-Technology-Ethics, Philadelphia, 1970.
Wagner, F., Weg und Abweg der Naturwissenschaft, München, 1970.
Walter, F., Die Euthanasie und die Heiligkeit des Lebens, München, 1935.
Walther, D., Theologisch-ethische Aspekte einer Herztransplantation, in: ZEE 13 (1969), 52 ff.
Weber, H. R. (Hrsg.), Experimente am Menschen. Studien des Ökumenischen Rates der Kirchen, Nr. 6, Genf, 1969.
Weißauer, W. u. H. W. Opderbecke, Tod, Todeszeitbestimmung und Grenzen der Behandlungspflicht, in: Anaesthesiologische Informationen 14 (1972), 2 ff.
Weizsäcker, C. F. v., Die Tragweite der Wissenschaft, Bd. I, Schöpfung und Weltentstehung, Stuttgart, 1964.
Weizsäcker, V. v., (1947), Euthanasie und Menschenversuche, Sonderdruck aus der Zeitschrift Psyche, Heidelberg.
– (1951), Der kranke Mensch. Eine Einführung in die medizinische Anthropologie, Stuttgart.
– (1956), Pathosophie, Göttingen.
Weth, R., Freispruch und Zukunft der Welt, in: Freispruch und Freiheit. Theol. Aufsätze für W. Kreck (hrsg. v. H. G. Geyer), München, 1973, 407 ff.
Wickler, W., Die Biologie der Zehn Gebote, München, 3. Aufl. 1971.
Wiesenhütter, E., Selbsterfahrung im Sterben, in: Praxis der Psychotherapie 18 (1973), 7 ff. und 54 ff.
Williams, G., The Sanctity of Life and the Criminal Law, London, 1958.
Williams, R. H. (Ed.), To Live and to Die: When, Why and How, Berlin/Heidelberg/New York, 1973.
Witzel, L. (1971), Das Verhalten von sterbenden Patienten, in: Medizinische Klinik 66/1 (1971), 577 ff.
– (1973), Der Sterbende als Patient, in: Medizinische Klinik 68 (1973), 1373 ff.
– (1975), Sterben auf Verlangen aus der Sicht des Kranken und Sterbenden, in: Hiersche (Hrsg.), 183 ff.
Wolf, E., Das Problem der Euthanasie im Spiegel evangelischer Ethik. Ein Gutachten, in: ZEE 10 (1966), 345 ff.
Wolff, H. W., Anthropologie des Alten Testaments, München, 1973.
Wolstenhome, G. E. W. (Hrsg.), Ethics in Medical Progress. Ciba Foundation Symposion, London, 1966.
Wüllenweber, R., Zur Frage der Anwendbarkeit ethischer Normen auf einem naturwissenschaftlichen Fachgebiet, in: Acta Neurochirurgica Bd. IX (1961), 251 ff.
Wunderli, J., Euthanasie oder Über die Würde des Sterbens. Ein Beitrag zur Diskussion, Stuttgart, 1974.
- (1976), Vernichtung oder Verwandlung? Der Tod als Verhängnis und Hoffnung, Stuttgart.
Ziegler, J. G., Grenzgebiete der Anaesthesie und Theologie, in: Der Anaesthesist 20 (1971), 453 ff.
Zuckerman, S. Lord, The doctor's dilemma. The right to health. Choices and priorities in research and development in the biomedical field, in: M. Kunz u. H. Fehr (Ed.), The Challenge of Life. Biomedical Progress and Human Values, Stuttgart, 1972, 421 ff.

Literatur-Nachtrag: Wichtige, seit 1976 erschienene Literatur zu ethischen Problemen in der Medizin, die in diesem Buch behandelt werden.

Agich, G.J. and C.E. Begley (Eds.), The Price of Health, Dordrecht NL, 1987.

Ariès, Ph., Geschichte des Todes im Abendland, München u.a., 1980.

Atrott, H.H. u.a., Sterbehilfe. Mitleid oder Mord? Wiesbaden, 1984.

Auer, A./H. Menzel/A. Eser, Zwischen Heilauftrag und Sterbehilfe, Köln u.a., 1977.

Barnard, C., Glückliches Leben – würdiger Tod, Bayreuth, 1981.

Baumann, J. u.a., Alternativentwurf eines Gesetzes über Sterbehilfe (AE-Sterbehilfe), Stuttgart, 1986.

Beauchamp, T.L./J.F. Childress, Principles of Biomedical Ethics, New York/Oxford, 1979.

Beauchamp, T.L./Le Roy Walters (Eds.), Contemporary Issues in Bioethics, Belmont/Cal., 1978.

Bundesärztekammer (Hg.), Kriterien des Hirntods, in: Dtsch. Ärzteblatt 79 (1982) 45-55.

–, Richtlinien zur Sterbehilfe, im Anhang S. 582.

Campell, A.v., Medicine, Health and Justice, Livingstone, 1978.

Childress, J.F., Priorities in Biomedical Ethics, New York/Oxford, 1981.

–, Who Should Decide? Paternalism in Health Care, New York/Oxford, 1982.

Condrau, G., Der Mensch und sein Tod, Zürich/Köln, 1985.

Eid, V./R. Frey (Hg.), Sterbehilfe oder wie weit reicht die Behandlungspflicht? Mainz, 1978.

Eibach, U., Experimentierfeld: Werdendes Leben, Göttingen, 1983.

–, Gentechnik – der Griff nach dem Leben, Wuppertal, ^{2}1988.

–, Sterbehilfe – Tötung auf Verlangen? Wuppertal, 1988.

Engelhardt, D.v./H. Schipperges, Die inneren Verbindungen zwischen Philosophie und Medizin im 20. Jahrhundert, Darmstadt 1980.

Furger, F./K. Koch, Verfügbares Leben? Freiburg/Schweiz, 1978.

Groß, R. u.a. (Hg.), Ärztliche Ethik, Stuttgart u.a., 1978.

Hahn, S./S. Thom, Sinnvolle Lebensbewahrung – humanes Sterben, Berlin (DDR), 1983.

Hannich, H.J./M. Wendt, P. Lawin (Hg.) Psychosomatik der Intensivmedizin, Symposion in Münster, Stuttgart, 1983.

Holderegger, A., Verfügung über den eigenen Tod? Freiburg u.a., 1980.

Illhardt, F.J., Medizinische Ethik. Ein Arbeitsbuch, Berlin u.a. 1985.

Jeziorowski, J., Leben als Last, Hannover, 1986.

Jonas, H., Technik, Medizin und Ethik, Frankfurt/M. 1985.

Koch, G., Euthanasie-Sterbehilfe. Eine dokumentierte Bibliographie, Erlangen, 1984.

Koch, T., »Sterbehilfe« oder »Euthanasie« als Thema der Ethik, in: Ztschr. f. Theologie u. Kirche 84 (1987), 86-117.

Kuhse, H./P. Singer, Should the Baby Live? Oxford 1985.

Kuitert, H.M., Das falsche Urteil über den Suizid. Gibt es eine Pflicht zu leben? Stuttgart, 1986.

Lammers, S.E./A. Verhey (Hg.), On Moral Medicine. Theological Perspectives in Medical Ethics, Grand Rapids, Michigan, 1987.

Lockwood, M. (Ed.), Moral Dilemmas in Modern Medicine, Oxford u.a. 1986.

Luther, E. (Hg.), Ethik in der Medizin, Berlin (DDR), 1986.

Lutterotti, M.v., Menschenwürdiges Sterben, Freiburg, 1985.

Marty, M.E., Health and Medicine in the Lutheran Tradition, New York, 1983.

Marty, M.E./K.L. Vaux (Eds.), Health Medicine and the Faith Traditions, Philadelphia, 1982 (Lit.).

Mayer-Scheu, J./R. Kautzky (Hg.), Vom Behandeln zum Heilen, Wien u.a., 1980.

McCormick, R.A., Health and Medicine in the Catholic Tradition, New York, 1985.
McGilvray, Die verlorene Gesundheit – Das verheißene Heil, Stuttgart, 1982.
McMillian, R./H.T. Engelhardt Jr./S.F. Spicker (Eds.), Euthanasia and the Newborn, Dordrecht NL, 1987.
Meyer, J.E., Todesangst und Todesbewußtsein in der Gegenwart, Berlin, u.a. [2]1982.
Moskop, J.C. and L. Kopelman (Eds.), Ethics and Critical Care Medicine, Dordrecht NL, 1985.
Nowak, K., »Euthanasie« und Sterilisierung im »Dritten Reich«, Göttingen, [2]1980.
Piechowiak, H. (Hg.), Ethische Probleme der modernen Medizin, Mainz, 1985.
Piechowiak, H., Eingriffe in menschliches Leben. Sinn und Grenzen ärztlichen Handelns, Frankfurt/M. 1987.
Rachels, J., The End of Life: Euthanasia and Morality, Oxford u.a. 1986.
Reich, W.T. (Eds.), Encyclopedia of Bioethics. Vol. 1-4, New York/London, 1978.
Ritschl, D., Konzepte. Ökumene, Medizin, Ethik, München, 1986.
Rössler, D., Der Arzt zwischen Technik und Humanität, München, 1977.
Rotter, H., Die Würde des Lebens, Fragen med. Ethik, Innsbruck, 1986.
Schara, J., Humane Intensivtherapie, Frankfurt, 1983.
Schlaudraff, U. (Hg.), Ethik in der Medizin, Berlin u.a., 1987.
Schmalenberg, E., Tod und Tötung, Stuttgart, 1976.
Schubert, R./A. Strömer (Hg.), Schwerpunkte in der Geriatrie, Bd. 4 Euthanasieprobleme, München, 1978.
Sporken, P., Die Sorge um den kranken Menschen, Düsseldorf, [2]1981.
Shelp, E.E., Justice and Health Care, Dordrecht NL, 1981.
Shelp, E.E. (Eds.), Theology and Bioethics, Dordrecht NL, 1985.
Tausch, R., Sanftes Sterben, Reinbek, 1985.
Thielicke, A., Wer darf sterben? Freiburg, 1979.
Troschke, J.v./H. Schmidt (Hg.), Ärztliche Entscheidungskonflikte, Stuttgart, 1983.
Vaux, K.L., Health and Medicine in the Reformed Tradition, New York, 1984.
Wehowsky, S. (Hg.), Sterben wie ein Mensch, Gütersloh, 1985.
Wieland, W., Strukturwandel der Medizin und ärztlichen Ethik, Heidelberg, 1986.
Wittkowski, J., Tod und Sterben. Ergebnisse der Thanatopsychologie, Heidelberg, 1978.
Wunderli, J./K. Weisshaupt (Hg.), Medizin im Widerspruch, Olten/Freiburg, 1977.
Zielinski, H.R. (Hg.), Prüfsteine medizinischer Ethik, 2. Bd., Düsseldorf, 1980.

Richtlinien zur Sterbehilfe

Der Vorstand der Bundesärztekammer hat in Übereinstimmung mit den Richtlinien der Schweizerischen Akademie der medizinischen Wissenschaften die folgenden »Richtlinien für die Sterbehilfe« verabschiedet. Diese unterscheiden sich substantiell nicht von dem schweizerischen Vorbild. Sie sind lediglich den deutschen Rechtsverhältnissen und dem deutschen Sprachgebrauch angepaßt worden.

I. Einleitung

Zu den Pflichten des Arztes, das Leben zu erhalten, die Gesundheit zu schützen und wiederherzustellen sowie Leiden zu lindern, gehört auch, dem Sterbenden bis zu seinem Tode zu helfen. Die Hilfe besteht in Behandlung, Beistand und Pflege.

II. Behandlung

a) Bei der Behandlung ist nach angemessener Aufklärung der Wille des *urteilsfähigen* Patienten zu respektieren, auch wenn er sich nicht mit der von dem Arzt für geboten angesehenen Therapie deckt.

b) Beim *bewußtlosen* oder sonst *urteilsunfähigen* Patienten sind die im wohlverstandenen Interesse des Kranken medizinisch erforderlichen Behandlungsmaßnahmen unter dem Gesichtspunkt einer Geschäftsführung ohne Auftrag durchzuführen. Hinweise auf den mutmaßlichen Willen des Patienten sind dabei zu berücksichtigen. Dem Patienten nahestehende Personen müssen angehört werden; rechtlich aber liegt die letzte Entscheidung beim Arzt, es sei denn, daß nach den Vorschriften des Bürgerlichen Gesetzbuches ein Pfleger zu bestellen und dessen Einwilligung einzuholen ist. Ist der Patient unmündig oder entmündigt, so darf die Behandlung nicht gegen den Willen der Eltern oder des Vormundes eingeschränkt oder abgebrochen werden.

c) Bestehen bei einem *dem Tode nahen Kranken oder Verletzten* Aussichten auf Besserung, setzt der Arzt diejenigen Behandlungsmaßnahmen ein, die der möglichen Heilung und Linderung des Leidens dienen.

d) Beim *Sterbenden, einem dem Tode nahe Erkrankten oder Verletzten,*
- bei dem das Grundleiden mit infauster Prognose einen irreversiblen Verlauf genommen hat und
- der kein bewußtes und umweltbezogenes Leben mit eigener Persönlichkeitsgestaltung wird führen können, lindert der Arzt die Beschwerden. Er ist aber nicht verpflichtet, alle der Lebensverlängerung dienenden therapeutischen Möglichkeiten einzusetzen.

III. Beistand

Der Arzt steht einem dem Tode nahen Kranken, Verletzten oder sterbenden Patienten, mit dem ein Kontakt möglich ist, auch menschlich bei.

IV. Pflege

Der dem Tode nahe Kranke, Verletzte und der sterbende Patient haben einen Anspruch auf die ihren Umständen entsprechende und in der gegebenen Situation mögliche Pflege. Der Sterbende hat einen Anspruch auf eine menschenwürdige Unterbringung und Betreuung.

Quelle: Dt. Ärzteblatt, Heft 14 vom 5. April 1979.

Namenregister (Auswahl)